William Zimmerman

Russland regieren

WILLIAM ZIMMERMAN

Russland regieren

Von Lenin bis Putin

Aus dem Englischen von Claudia Kotte

Philipp von Zabern

Die englische Originalausgabe ist 2014 bei Princeton University Press unter dem Titel *Ruling Russia. Authoritarianism from the Revolution to Putin* erschienen.

Copyright © 2014 by Princeton University Press
Published by Princeton University Press, 41 William Street, Princeton, New Jersey 08540
In the United Kingdom: Princeton University Press, 6 Oxford Street, Woodstock, Oxfordshire OX20 1TW

Die Deutsche Nationalbibliothek verzeichnet diese Publikation in der Deutschen Nationalbibliographie; detaillierte bibliographische Daten sind im Internet über http://www.dnb.de abrufbar.

Der Philipp von Zabern Verlag ist ein Imprint der WBG.

© der deutschen Ausgabe 2015 by WBG (Wissenschaftliche Buchgesellschaft), Darmstadt
Die Herausgabe des Werkes wurde durch die Vereinsmitglieder der WBG ermöglicht.
Lektorat: Melanie Heusel, Freiburg
Satz: Satzpunkt Ursula Ewert GmbH, Bayreuth
Einbandabbildung: Wladimir Putin 2004, © akg-images / RIA Nowosti
Einbandgestaltung: Stefan Schmid Design, Stuttgart
Gedruckt auf säurefreiem und alterungsbeständigem Papier
Printed in Germany

Besuchen Sie uns im Internet: **www.wbg-wissenverbindet.de**

ISBN 978-3-8053-4931-4

Elektronisch sind folgende Ausgaben erhältlich:
eBook (PDF): 978-3-8053-4932-1
eBook (epub): 978-3-8053-4933-8

Inhalt

Einleitung

Dieses Buch geht auf einen Aufsatz zurück, den ich vor Jahren geschrieben habe.[1] Darin habe ich verschiedene Ansätze vorgeschlagen, um eine neue, fundiertere Antwort auf eine Frage zu geben, die politische Entscheidungsträger, Wissenschaftler und viele Menschen seit über 150 Jahren umtreibt: „War oder ist oder wird Russland je ein normales Land?", wobei mit „normal" gewöhnlich westlich-demokratisch gemeint ist.[2]

Der erste Präsident der Russischen Föderation, Boris Jelzin, erklärte 1994: „Wir [Russen] leben in einem normalen Land." Er war so entschlossen, diesen Anspruch geltend zu machen, dass er das erste Kapitel seines Buchs *Auf des Messers Schneide. Tagebuch des Präsidenten* mit „Ein Land wie alle anderen" überschrieb.[3] Zehn Jahre später veröffentlichte der Harvard-Ökonom Andrei Shleifer ein Buch und eine Reihe von Aufsätzen, darunter einen Leitartikel in *Foreign Affairs* mit dem Titel „Ein normales Land".[4] Darin vertritt er die These, dass das politische und wirtschaftliche System Russlands etwa dem entspreche, was von einem Land in seinem Entwicklungsstadium zu erwarten sei – ein Stadium, das die Organisation für wirtschaftliche Zusammenarbeit und Entwicklung (OECD) seinerzeit als Schwellenland auf mittlerem Niveau bezeichnete. Die Arbeiten von Andrei Shleifer und Daniel Treisman, Politikwissenschaftler an der University of California, Los Angeles, führten wiederum zu den kritischen Einschätzungen von Peter T. Leeson und William N. Trumbull in *Post-Soviet Affairs* 2006 sowie zu meiner Bewertung 2007.[5]

Tatsächlich half mir die Frage, ob Russland ein normales Land sei, meine Überlegungen zur Entwicklung der russischen Politik zu strukturieren. Anhand statistischer Erhebungen habe ich die Russische Föderation mit anderen Staaten verglichen. Doch je weiter das Buch gedieh, umso mehr wurde mir klar, wie leicht die zahlreichen und unterschiedlichen Verwendungen des Begriffs „normal" in die Irre führen.[6] Dementsprechend verwende ich den Begriff „Normalität" nur dort, wo er für die historische Entwicklung der politischen Systeme Russlands von 1917 bis 2013 relevant und erhellend ist.

Worauf aber spielen führende sowjetische und post-sowjetische russische Persönlichkeiten an, wenn sie sich auf „normale" politische Systeme beziehen? Wie sich gezeigt hat, tat sich eine fundamentale Kluft auf, allerdings nicht etwa zwischen sowjetischen und post-sowjetischen Personen des öffentlichen Lebens in Russland. Vielmehr trennte diese Kluft jene, die mit „normal" Stabilität, Sicherheit, das Fehlen von Wandel und oftmals die Einzigartigkeit Russlands meinten, von denen, für die „normal" eine Entwicklung hin zu einem politischen System implizierte, das ganz oder in Teilen Systemen im Westen gleicht.

Stabilität, Sicherheit und der Erhalt des Status quo waren das, was Gennadi Janajew, Vizepräsident der UdSSR, während des gescheiterten Putsches gegen Michael Gorbatschow im August 1991 im Sinn hatte, als er von der Rückkehr zu einem Normalzustand sprach. Ähnliches schwebt auch Wladimir Putin vor, wenn er von „normal" spricht, abgesehen von Ausnahmen etwa während der ersten zwei Jahre seiner Präsidentschaft. Zu denjenigen hingegen, die westliche politische Systeme im Sinn hatten, wenn sie von „normalen" politischen Systemen sprachen, gehören so unterschiedliche Personen des öffentlichen Lebens wie Michael Gorbatschow, Boris Jelzin und der sehr präsente Blogger Alexej Nawalny.

Dennoch hat die Gleichsetzung von „normal" mit westlichen Systemen führende russische Politiker nicht davon abgehalten, alles zu tun, um den ungewissen Ausgang von Wahlen, der ein zentraler Bestandteil der Wahlsysteme des Westens ist, möglichst zu vermeiden. Ganz im Gegenteil haben auch Gorbatschow und Jelzin ebenso wie Putin zu verschiedenen Tricks gegriffen, um Bedingungen herzustellen, die für autoritäre Systeme typisch sind und den Amtsinhaber „am Wahlabend ruhig schlafen" lassen.[7] Dies ist einer der Gründe, warum die zu Beginn des 21. Jahrhunderts weit verbreitete optimistische Rede von Demokratisierung mit ihren teleologischen Konnotationen zehn Jahre später schon hohl klang. Russland zu diesem Zeitpunkt noch als demokratisches Land zu bezeichnen, war kaum mehr angebracht, wie am Rückwärtstrend bei den Präsidentschaftswahlen von 2000, 2004 und 2008 abzulesen ist.

Wie wir sehen werden, war es für Gorbatschow leicht, die Niederlage anderer Parteifunktionäre bei allgemeinen Wahlen als „normales" Vorkommnis zu behandeln, nicht jedoch seine eigene. Er selbst wurde nicht von der Gesamtheit der Sowjetbürger, sondern vom Kongress der Volksdeputierten zum Präsidenten gewählt. Um zum Präsidenten gewählt zu werden, musste er die absolute Mehrheit der Kongressmitglieder auf sich vereinen. Ohne Gegenkandidaten erhielt Gorbatschow weniger als sechzig Prozent der abgegebenen Stimmen. Wäre die Sowjetunion nicht 1991 zusammengebrochen, hätte er sich 1995 zur Wahl stellen müssen, um im Amt zu bleiben.

Jelzin brach sein Versprechen, frühe Präsidentschaftswahlen abzuhalten. Er stand kurz davor, die Wahlen 1996 abzusagen, als ihn zahlreiche Persönlichkeiten des öffentlichen Lebens und andere – insbesondere seine Tochter und der Ökonom Anatoli Tschubais – vom Gegenteil überzeugten.

Putin wiederum gelang es, die verfassungsgemäße Obergrenze von zwei aufeinanderfolgenden Amtsperioden auszuhebeln, indem er Dmitri Medwedew 2008 zu seinem Nachfolger im Amt ernannte und selbst Ministerpräsident wurde. Somit war an den Präsidentschaftswahlen 2008 ein „Elektorat" beteiligt, das lediglich aus ein oder höchstens zwei Personen bestand: aus Putin und Medwedew.

In Anlehnung an Philip Roeder verwende ich auch im Weiteren den Begriff „Elektorat", um den Personenkreis zu bezeichnen, der die politische Führung bzw. den Machthaber durch festgelegte Verfahren wählt und absetzt.[8] Diejenigen, welche die Macht besitzen, durch nichtgesetzliche Maßnahmen wie Kundgebungen und Staatsstreiche die Regierung abzusetzen, bezeichne ich als „Ejektorat".[9]

Putins Entscheidung, sich selbst 2012 erneut zum Präsidenten zu wählen und Medwedew zum Ministerpräsidenten zu machen, stieß bei einem Teil der russischen Bürger, insbesondere bei den Moskauern, auf massiven Widerstand. So vehement widersetzte sich die breite Bevölkerung, dass Putin ungefähr einen Monat vor der Wahl im März 2012 einräumte, ihm stehe trotz der Schwäche der Gegenkandidaten möglicherweise eine Stichwahl bevor.

Diese Möglichkeit einer Stichwahl im März 2012 brachte zwei Dinge ans Licht, auf die ich im Laufe des Buches zurückkommen werde. Sie verdeutlicht, wie wenig linear sich die russische Politik von 1917 bis 2013 entwickelt hat: Der Zusammenbruch der Sowjetunion verleitete Autoren zunächst dazu, den Begriff „Demokratisierung" teleologisch zu konnotieren, nur um später der umgekehrten Versuchung nachzuge-

ben und nach dem demokratischen Rückwärtstrend bei den Präsidentschaftswahlen von 2000, 2004 und 2008 darauf zu schließen, dass die
Wahl 2012 noch weniger offen und kompetitiv sein würde als die vorangegangenen.

Um solche Fehlschlüsse zu vermeiden, ist es wichtig, die immanenten
Unterschiede des sowjetischen Systems und die entsprechenden immanenten Unterschiede des post-sowjetischen Systems Russlands im Blick
zu behalten.[10] Dieses Ziel verfolgt auch die Typologie (Tabelle I.1), welche die Dreiteilung von Steven Levitsky und Lucan Way weiterentwi-
ckelt.[11] In ihrer Analyse verschiedener Regierungsformen seit dem Kalten Krieg unterscheiden diese Autoren zwischen demokratischen, kompetitiv autoritären und solchen Systemen, die sie als „voll autoritär"
bezeichnen; diese drei differenzieren sie anhand des Status von demokratischen Kerninstitutionen, des Status der Opposition und offener
Wahlen.

Ich habe eine vierte Spalte mit der Bezeichnung „totalitär mobilisierend"[12] hinzugefügt. Mit „mobilisieren" meine ich grundsätzlich das
Ausüben von Druck, um Menschen für Ziele eines Regimes einzuspannen, die sie ansonsten nicht freiwillig verfolgt hätten.[13] Diese vierte
Spalte erlaubt mir, jene autoritären Systeme mit transformativen Zielen
zu berücksichtigen, die weitaus vollständiger autoritär waren als Levitskys und Ways „voll autoritäre" Systeme. Letztere bezeichne ich mitunter
einfach als normale autoritäre Systeme. Hinzugefügt habe ich außerdem zwei Zeilen, wobei eine der Größe des Elektorats – und der Möglichkeit eines Ejektorats – Rechnung trägt, die andere den übergeordneten Zielen des Regimes.

Bei der Konzeption der vierten Spalte habe ich mich stark an Zbigniew
K. Brzezinskis *Ideology and Power in Soviet Politics*[14] sowie meine früheren
Arbeiten zu Mobilisierungssystemen angelehnt.[15] Totalitär mobilisierende Systeme sind solche, in denen das Regime überwunden hat, was
Brzezinski als „die natürlichen Hemmnisse" bezeichnet; hierunter fallen
etwa „Verwandtschaftsstrukturen und insbesondere die primäre soziale
Einheit, die Familie"[16] sowie der Großgesellschaften eigene Pluralismus,[17]
sowie natürlich die Kerninstitutionen der Demokratie, wobei Letztere
entweder nicht vorhanden sind oder lediglich als Fassade dienen.

Die Bürger voll autoritärer Systeme sind nicht nur Repressionen ausgesetzt, sondern sie nehmen auch extranationale Informationsquellen
aufmerksam wahr. Regime passen ihre Ziele und Politik den Realitäten

	I. demokratisch	II. kompetitiv autoritär	III. voll autoritär	IV. totalitär mobilisierend
Status der demokratischen Kerninstitutionen (direkte Einschränkungen / Rechtsstaatlichkeit) Wahlen	systematisch anerkannt	existieren, werden jedoch systematisch zugunsten des Amtsinhabers verletzt	nicht vorhanden oder auf den Status einer Fassade reduziert	Status einer Fassade oder nicht vorhanden
Status der Opposition	konkurriert mehr oder weniger gleichberechtigt mit dem Amtsinhaber	rechtlich besteht eine größere Opposition, die jedoch durch den Missbrauch des Amtsinhabers erheblich benachteiligt wird	größere Opposition verboten bzw. weitgehend im Exil oder Untergrund	größere Opposition verboten, Parteien pro forma oder im Exil bzw. Untergrund
Grad der Offenheit eines Wahlausgangs	hoch	niedriger als in einer Demokratie, höher als in einem voll autoritären Regime	niedrig	nicht gegeben
Größe des Elektorats, Möglichkeit eines erfolgreichen Ejektorats	weitgehend allgemeines Erwachsenenwahlrecht; Ejektorat selten	weitgehend allgemeines Erwachsenenwahlrecht; Ejektorat möglich	wenige Wähler wählen tatsächlich; Ejektorat unwahrscheinlich	(max.) eine Handvoll Personen wählen tatsächlich; Ejektorat sehr unwahrscheinlich
Ziele des Regimes	internationale und nationale Sicherheit; weitgehend offen gegenüber Einfluss von außen; passt seine Politik an die Komplexität von Großgesellschaften an	internationale und nationale Sicherheit; weitgehend offen gegenüber Einfluss von außen; passt seine Politik an die Komplexität von Großgesellschaften an	internationale und nationale Sicherheit; wehrt sich gegen Einfluss von außen; passt seine Politik an die Komplexität von Großgesellschaften an	international *und* national umgestaltend; wehrt sich strikt gegen Einfluss von außen; will die wichtigsten Sozialisationsinstanzen (wie etwa Familie) sowie den Pluralismus von Großgesellschaften überwinden

Tabelle I.1.[18]. Regimevergleiche: demokratisch, kompetitiv autoritär, voll autoritär und totalitär mobilisierend von Großgesellschaften, traditionellen Gepflogenheiten und zentralen Werten ihrer Bürger und den Gefahren an, die sie in extranationalen Einflüssen sehen. Totalitäre Systeme wehren sich hartnäckig gegen Einflüsse von außen, indem sie eine autarke Wirtschaftspolitik verfolgen, Menschen mit Verbindungen ins Ausland unterdrücken und entschlossen versuchen, Denken und Verhalten ihrer Bürger zu verändern, anstatt an zentrale Werte der Bürger zu appellieren.

Zwar unterscheidet Tabelle I.1 solche klar abgegrenzten Regimetypen, doch die Realität russischer Politik folgt nicht immer in allen Aspekten einem einzigen Typus. Folglich verlangt dieses formalisierte System nach einer gewissen Flexibilität. In manchen Fällen ist die Zuordnung leicht. Die Sowjetunion von 1937 bis 1938 war eindeutig totalitär und das Russland im Jahr 2008 illustrierte offenkundig, was Levitsky und Way als vollen Autoritarismus bezeichnen. Zu anderen Zeiten sind die Sowjetunion und Russland schwieriger einzuordnen, etwa weil wir ihnen in jenen Jahren aus der Rückschau Merkmale zuschreiben, die sie erst später entwickelten, oder weil sie in den meisten, aber nicht in allen Aspekten einem Typ entsprachen, oder weil sie an der Schwelle zwischen zwei Typen standen, etwa zwischen kompetitivem Autoritarismus und normalem Autoritarismus oder zwischen kompetitivem Autoritarismus und Demokratie. Das hier verwendete Schema liefert nichtsdestotrotz eine Methode, eine komplexe und sich kontinuierlich entwickelnde Geschichte zu strukturieren.

Anhand dieser Kriterien lässt sich nicht beweisen, dass das sowjetische System von Anfang bis Ende totalitär gewesen sei.[19] Mein Ansatz unterscheidet sich jedoch auch von dem vieler anderer, die in den 1960er- und 1970er-Jahren den Totalitarismus an sich in Frage stellten.[20] Sie hätten sagen sollen, dass die Sowjetunion zu der Zeit, über die sie schrieben, nicht totalitär, sondern vielmehr autoritär gewesen ist. Das allerdings hätte ein Differenzieren erfordert zwischen der Sowjetunion um 1970 und den schrecklichen Jahren 1937 und 1938, in denen das sowjetische System am ehesten als totalitär zu bezeichnen war. Ebenso hätte es erfordert, der glänzenden Forschung zu den Jahren 1937 und 1938 einer Handvoll westlicher und russischer Wissenschaftler (wie Terry Martin, Sheila Fitzpatrick, Peter Solomon und Oleg Khlevniuk)[21] Rechnung zu tragen, deren Recherchen in den Sowjetarchiven die Merkmale des stalinistischen Totalitarismus dokumentiert haben – die Atomisierung und Hypermobilisierung der Gesellschaft, die Tiefen des Terrors und das Fehlen von Normen innerhalb der Elite.

Im Laufe der Zeit nahmen diese Merkmale des stalinistischen Totalitarismus allmählich ab. Es entstanden Bereiche der Privatsphäre, der tatsächliche Terror schwächte sich ab (die Bedrohung blieb bestehen), die Zwangsmobilisierung der Gesellschaft ließ nach, innerhalb der Elite entwickelten sich bescheidene, jedoch signifikante Normen. Das totalitär mobilisierende System entwickelte sich schrittweise zu einem konventionelleren (sprich: „vollen" oder „normalen") Autoritarismus, weshalb zwei sowjetische Systeme zu unterscheiden sind.

Ebenso schwer haben sich westliche und russische Wissenschaftler damit getan, die postkommunistischen politischen Systeme Russlands zu charakterisieren. So gibt es beispielsweise eine Fülle von Termini für die Mischformen von Demokratie und Diktatur, welche die Russische Föderation um 1996 beschreiben sollen – kompetitiver Autoritarismus (Levitsky und Way)[22], Wahldemokratie (Michael McFaul[23] in Anlehnung an Adam Przeworski) bzw. ein „teilweise freies" Land (Freedom House). Die meisten westlichen Experten schlossen sich jedoch der Aussage von Levitsky und Way an, „das Regime Anfang und Mitte der 1990er-Jahre [sei] relativ offen" gewesen mit „äußerst kompetitiven Wahlen", einer „Legislative[, die] eine erhebliche Macht ausübte, und privaten Massenmedien …, [die] Jelzin regelmäßig kritisierten und eine Plattform für die Opposition darstellten".[24]

Zugleich würden wenige Wissenschaftler die immanenten Veränderungen des politischen Systems Russlands in den rund zwölf Jahren nach den Wahlen 1996 bestreiten. In dieser Zeit rückte man ab von dem, was einmal ein kompetitives System – mit all seinen Schwächen – gewesen war. Stattdessen wurden die Präsidentschaftswahlen in der Zeit nach dem Wahlsieg Jelzins 1996 und dem Jahr 2008, als Dmitri Medwedew zu Putins Nachfolger als Präsident erkoren wurde, immer weniger offen, immer weniger kompetitiv und immer bedeutungsloser. Diese Unterschiede traten um 2010 noch deutlicher hervor, als maßgebliche westliche und russische Wissenschaftler Aufsätze mit Titeln wie „Die Sowjetisierung der russischen Politik"[25] publizierten. Gerald Easters These, Russland habe sich im Jahr 2008 zu „einem normalen Polizeistaat"[26] entwickelt, war übertrieben. Grigori Golossow lag jedoch nicht falsch, als er die Ernennung von Dmitri Medwedew 2008 zum Nachfolger von Wladimir Putin als „wahlähnliches Ereignis" beschrieb. Dies war ein wichtiger Grund dafür, weshalb von den 35 Staaten, die Levitsky und Way zwischen 1990 und 1995 als kompetitiv autoritär einordneten, Russland und Weißrussland die beiden Länder waren, die 2008 als „voll autoritär" eingestuft wurden.[27]

Zum Aufbau dieses Buches

Im *ersten Kapitel* beschreibe ich die Entscheidungsfindung der Elite in den drei, vier Jahren unmittelbar nach der Oktoberrevolution, die mit geregelten Abstimmungen innerhalb eines kleinen Elektorats einherging und somit nur wenig mit der hohen sowjetischen Politik der Stalinzeit gemein hatte. Diese Einhaltung von Verfahrensnormen fand vor dem Hintergrund der Unterdrückung nicht-bolschewistischer Parteien statt und löste sich kontinuierlich auf. Was blieb, waren die Institutionen, die in den frühen Jahren nach der Revolution gegründet worden waren und die den stetigen Rückgang des Elektorats in so hohem Maße beförderten, dass mit einigem Recht behauptet werden kann, Stalin selbst habe von der Mitte der 1930er-Jahre an bis zu seinem Tod 1953 in seiner Person das Elektorat dargestellt.

Kapitel 2 schildert erfolgreiche und erfolglose Versuche, die Sowjetbürger in den Jahren zwischen der Oktoberrevolution und dem Zweiten Weltkrieg zu mobilisieren. Was die Beziehungen zwischen Regime und Gesellschaft angeht, so kündigten die anfänglichen Anstrengungen während des Kriegskommunismus und des Bürgerkriegs die schlimmsten Jahre der stalinistischen Herrschaft an und verdeutlichten, inwieweit sich Russland über weite Strecken der Sowjetzeit von dem unterschied, was wir gemeinhin als traditionelle autoritäre Staaten bezeichnen, nämlich Diktaturen, die einen Status quo zementieren. Zu verschiedenen Zeitpunkten in jener Ära verfolgte die russische Führung, anders als traditionelle autoritäre Staaten, transformative Ziele, für die sie ihre Bürger erfolgreich zwangsmobilisierte. Wie wir sehen werden, war das während der Sowjetzeit nicht immer der Fall: Die Geschichte des Zusammenbruchs der Sowjetunion ist über weite Strecken eine von der zunehmenden Unfähigkeit des Regimes, die Bürger für seine Zwecke zu mobilisieren.[28]

Kapitel 3 beschreibt den steten Verfall der entscheidenden Parteiorgane, des Zentralkomitees und der Parteitage nach dem X. Parteitag 1921. Ungefähr zehn Jahre später, Anfang der 1930er-Jahre, waren Parteitag wie Zentralkomitee bestenfalls auf Elektorats-Status reduziert, das zentrale Entscheidungsgremium war das Politbüro. Wie *Kapitel 4* zeigt, hatte dann ab der zweiten Hälfte der 1930er-Jahre auch die Unterscheidung zwischen Parteimitgliedern, ja sogar zwischen Mitgliedern des Politbüros und der sowjetischen Bevölkerung allgemein jegliche Bedeutung verloren. Es gab praktisch keine Bürger mehr in dem Sinn, wie etwa Bueno de Mesquita den Begriff verwendet. Mit Ausnahme Stalins und einer Handvoll seiner engsten Berater wie Alexander Poskrjobyschew („Stalins treuer Schildträger") waren alle zu Einwohnern ohne politische Rechte geworden.[29]

Kapitel 4 konzentriert sich auf die tiefgreifenden Umwälzungen der 1930er-Jahre, die einhergingen mit der Massenmobilisierung der Bürger und dem systematischen Terror gegen Altbolschewiki, Bauern, Geistliche, Nationalitäten mit Bevölkerungsgruppen in und außerhalb der Sowjetunion und somit auch gegen Menschen mit Auslandserfahrung oder zumindest vergleichsweise häufigem Kontakt zu Ausländern.

Kapitel 5 beschreibt die gesellschaftlichen Umwälzungen um 1937, als die Politik einer Elite kaum mehr existierte, als im Grunde Stalin allein das Elektorat bildete und die Mobilisierung der Bürger zu Friedenszeiten am ausgeprägtesten war. Zu dieser Zeit stellten sich die gesellschaftlichen Umwälzungen und die von Stalin vorgegebenen Ziele als kontraproduktiv heraus. Um den sowjetischen Staat und die Bindung der Bürger an diesen Staat zu stärken, ergriff Stalin Maßnahmen, die den tatsächlichen Einsatz von Terror reduzieren und das politische System berechenbarer machen sollten. So kam ein Prozess in Gang, der letztlich zur Stagnation der Breschnew-Ära führte – ein Phänomen, das durch die nachlassende Fähigkeit des Regimes, seine Bürger wirksam zu mobilisieren, durch wachsende Manifestationen von Gruppenartikulationen und feine, aber substanziell wichtige Meinungsverschiedenheiten innerhalb der Elite gekennzeichnet war.

Darüber hinaus behandelt *Kapitel 5* die Zeit nach Stalin, in der unter Nikita Chruschtschow und Leonid Breschnew ein kleines Elektorat politisch wiederauflebte, sich bescheidene Normen innerhalb der Elite entwickelten und die Fähigkeit des Regimes, die Sowjetbürger zu mobilisieren, merklich zurückging. Ohne den systematischen Gebrauch von Terror, ohne den großen Gesellschaftsentwurf, der vor allem für die Ära Stalins kennzeichnend war (teilweise auch für die Ära Chruschtschow), entsprachen die Beziehungen zwischen Regime und Gesellschaft sowie die Interaktionen innerhalb der Elite im weiteren Verlauf des 20. Jahrhunderts zunehmend denen eines normalen autoritären Systems.

Kapitel 6 beschreibt Gorbatschow als systemverändernden politischen Führer.[30] Es schildert seine Bemühungen, die Vorbedingungen für ein System mit allgemeinem Wahlrecht zu schaffen, das die für Demokratisierung (und offene Wahlen) charakteristische Ungewissheit mit sich brachte. Seine eigene Macht sicherte Gorbatschow jedoch so lange ab – und dies ist ein typisches Merkmal von Autoritarismus –, bis es ihm gelungen war, die sowjetische Politik umzugestalten, bis Putschisten ihn erfolglos abzusetzen versucht hatten und bis Jelzin sich als dominante politische Kraft in der russischen Politik erwies.

Kapitel 7 schließt sich der Auffassung von Levitsky und Way an, dass die Wahl 1996 nicht demokratisch war. So kompetitiv sie auch war, war sie doch nicht der Meilenstein, der auf weitere Demokratisierung hoffen lassen durfte. Vielmehr war die in *Kapitel 8* beschriebene Entwicklung bis 2011 eine Bewegung in die umgekehrte Richtung, die in einer Wahl-Farce gipfelte, welche 2008 die „Salbung" Dmitri Medwedews zum Präsidenten bestätigte.

Kapitel 9 beschreibt die Entwicklungen, die mit dem Wahlzyklus 2011/12 einhergingen. Erneut kündigten Putin und Medwedew im September 2011 an, dass einer von ihnen für das Amt des Präsidenten kandidieren werde, während der andere Ministerpräsident werden würde. Diesmal würden sie jedoch ihre Rollen tauschen. Die Wahlen zur Duma im Dezember fielen indes anders aus als erwartet. Die offizielle Anzahl der Stimmen für das *Einige Russland* lag unter fünfzig Prozent, deutlich unter der Zahl, die für eine Verfassungsänderung erforderlich war. Es folgten Großkundgebungen, auf denen gegen Wahlfälschung demonstriert und gegen Putins Präsidentschaftskandidatur agitiert wurde; Wahlreformen schlossen sich an. Ungefähr einen Monat vor den Präsidentschaftswahlen im März herrschte jene Ungewissheit, die mit demokratischen und kompetitiv autoritären Systemen einhergeht, und es war fraglich, ob Putin in der ersten Runde eine Mehrheit erhalten würde. Der Kreml mobilisierte jedoch erfolgreich enorme Ressourcen, um zu vermeiden, dass sich die Erfahrung von *Einiges Russland* vom Dezember 2011 wiederholte – mit dem Ergebnis, dass Putin im März 2012 in der ersten Runde gewählt wurde. In den darauffolgenden Monaten leiteten Putin und die Mehrheit in der Duma systematisch Schritte ein, um sicherzustellen, dass sich Anti-Putin-Kundgebungen von der Art und Größe der Proteste vor der Wahl nicht wiederholen würden.

Abschließend knüpfe ich an das klare Verständnis vieler Russen, insbesondere der Moskauer, sowie an das von Michael Gorbatschow und Boris Jelzin an, das sowjetische System sei nicht „normal". Während die Fähigkeit des Systems, die Gesellschaft zu mobilisieren, an Wirksamkeit verlor, deutete alles oben Genannte auf den Wunsch hin, „normal" zu leben, *zhit' normalno*. Übersetzt bedeutete dieser Ausdruck im Allgemeinen „wie ein Europäer leben", letztlich europäische Institutionen zu übernehmen. Trotz dieser Bestrebungen bleibt im zweiten Jahrzehnt des 21. Jahrhunderts offen, ob sich die breite Masse der Bevölkerung nach kurzer Berührung mit echter Teilhabe als „Bürger" oder doch nur als „Einwohner" erweisen wird.

Der drastische Rückwärtstrend der Präsidentschaftswahlen 2000, 2004 und 2008 hatte sich im Wahlzyklus 2011/12 eher umgekehrt. Jenem Zyklus fehlten die Merkmale eines voll autoritären Systems, die der Wahlzyklus 2008 noch gezeigt hatte, auch wenn er einige Ähnlichkeit mit einem modernen Gegenstück zum sowjetischen System mit seinem „zirkulären Machtfluss"[31] aufwies, nämlich einem Ein-Mann-Elektorat begleitet vom Jubel einer kleinen, aber wachsenden Gruppe im Hintergrund.

Der Wahlzyklus 2011/12 war nicht demokratisch, da er weder Schumpeter'schen Kriterien - weitgehend freie Presse, Diskussionsfreiheit, alle ernsthaften Kandidaten treten gegeneinander an - entsprach noch den Kriterien von Levitsky und Way - eine Opposition, die mehr oder weniger auf Augenhöhe mit einem Amtsinhaber konkurriert, wobei Letzterer mit hoher Unsicherheit agiert.[32]

Wie sieht es auf längere Sicht aus? Dass die Politik Russlands im 21. Jahrhundert weniger offen ist, ist augenscheinlich. Der Protest als Reaktion auf Putins „Rochade" 2011 änderte für einen kurzen Augenblick das Verhältnis zwischen Obrigkeit und Öffentlichkeit. Die Faktoren, die auf ein demokratischeres Ergebnis hindeuten sollten, liegen relativ klar auf der Hand und werden im Schlussteil ausführlicher erörtert. Es schien denkbar, dass das Regime die Mittelschicht in Städten außerhalb von Moskau davon überzeugen könnte, die nach Putins Amtseinführung im Mai 2012 erlassenen angeblich drakonischen Gesetze seien nur Schau gewesen und könnten getrost ignoriert werden. Drei Jahre nach Putins Amtseinführung scheint dies nicht der Fall zu sein. Und doch kann das Regime sich in letzter Konsequenz selbst abschaffen, indem es

Massenproteste anzettelt und die Elite über Themen spaltet, die viele als moralische Fragen wahrnehmen.

Die Opposition könnte sich ebenfalls selbst abschaffen. Die Wahl zur Duma im Dezember 2011 war insofern bemerkenswert, als es vielen Menschen möglich war, durch die Wahl einer anderen zugelassenen Partei gegen Putins *Einiges Russland* zu stimmen, anstatt sich nur zu enthalten oder den Stimmzettel zu vernichten. Solch ein strategisches Wählen wird Putin wahrscheinlich nicht oft ermöglichen. Angesichts der bisherigen Erfahrungen ist die Wahrscheinlichkeit einer geeinten Opposition gering, es sei denn, sie wählte ihre Schlachten sorgfältig aus. Die Opposition hat bewiesen, dass sie klug und hartnäckig sein kann. Im Nachgang zu den Wahlen 2012 übte der renommierte Schriftsteller Boris Akunin sein verfassungsmäßiges Recht auf einen Kontrollspaziergang aus. Der bekannte Blogger Alexej Nawalny wurde (wenn auch nur kurz) Vorstandsmitglied von Aeroflot;[33] sein Sponsor, der Banker Alexander Lebedew, kündigte an, er wolle eine Kreditkarte herausgeben,[34] die Nawalnys Anstrengungen zur Korruptionsbekämpfung finanzieren sollte (was er dann wieder verwarf); die erste Karte wolle er Putin überreichen. Der Herausgeber der *Nowaja Gaseta,* Dmitri Muratow, verlangte und bekam eine Entschuldigung vom Leiter des Untersuchungsdienstes, Alexander Bastrykin, der Sergej Sokolow, einen Mitarbeiter der Zeitung, mit dem Tod bedroht hatte.

Aber – und das ist ein großes Aber – der Kreml wird wahrscheinlich die Kontrolle über drei wichtige Ressourcen behalten: die diversen bewaffneten Einheiten, die Medien und die Menschen, die sich aus Furcht um ihre Arbeit oder Sozialhilfe zwangsmobilisieren lassen. Sollte es einen politischen Führer geben, der einen echten Mittelpunkt darstellt und es vermag, die Menschen auf der Straße, einen Teil der gespaltenen Elite, einige entscheidende gesellschaftliche Gruppierungen und die städtische Mittelschicht Moskaus zu einen – eine Mischung etwa aus älteren Menschen, der Arbeiterklasse oder sogar der städtischen Mittelschicht der elf[35] Städte außerhalb von Moskau mit einer Bevölkerung von einer Million oder mehr –, sollte dieser Oppositionelle kurzum in der Lage sein, eine Oppositionspartei auf die Beine zu stellen, dann könnte es ihm oder ihr irgendwann bis zu oder bei den Präsidentschaftswahlen 2018 gelingen, Putin aus dem Amt zu drängen. Wahrscheinlicher ist jedoch, dass sich diejenigen mit den meisten Ressourcen durchsetzen werden und dass erneut Putin gewinnt.

1. Vom demokratischen Zentralismus zum demokratischen *Zentralismus*

Die Bolschewiki übernahmen im Herbst 1917 erfolgreich die Macht. Wie viel Unterstützung sie dabei erhielten, ist unter Historikern stark umstritten, wobei nicht alle Argumente bei diesem Grabenkampf als rational zu bezeichnen sind.[1] Unstrittig ist hingegen, dass ein „bolschewistischer Coup d'Etat" die Existenz eines Staats voraussetzt. Wenn Spötter entgegnen, es habe ja gar keinen Staat gegeben, gegen den ein Streich zu führen gewesen wäre, so bringen sie die Sache auf den Punkt. Die wichtigsten Institutionen der gesamten Sowjetzeit gingen aus dem vierjährigen institutionellen Vakuum von Oktober 1917 bis zum X. Parteitag im März 1921 hervor, als das innerparteiliche Fraktionsverbot und die Neue Ökonomische Politik (NÖP) verabschiedet wurden.

Bei der Lektüre dieses Kapitels sind zwei Dinge im Hinterkopf zu behalten. Erstens war die hier behandelte Ära anfangs gekennzeichnet von einer offeneren Politik und einer stärkeren Bemühung um geregelte Abstimmungen innerhalb eines kleinen Elektorats als zu irgendeiner anderen Zeit zwischen März 1921 und Michael Gorbatschows Amtszeit als Generalsekretär der KPdSU Ende der 1980er-Jahre. Zweitens ist die Geschichte der vier Jahre nach der Machtergreifung auch die eines sich kontinuierlich verkleinernden Elektorats, wobei der Staat zunehmend autoritär wurde.

Die Parteichefs negierten Verfahrensnormen immer mehr, geregelte Abstimmungen blieben jedoch ein wichtiger Aspekt der Entscheidungsprozesse. Das sollte sich im Folgenden erheblich verschlechtern. (Die ungeheure Gewalt, welche die Beziehungen zwischen Regime und Gesellschaft während des Kriegskommunismus prägte, wird zu Beginn des zweiten Kapitels geschildert werden; neben den Interventionen verschiedenster ausländischer Staaten, so die zentrale These, gab es nicht nur einen Bürgerkrieg zwischen den Weißen und den Roten, sondern auch einen mindestens genauso gewalttätigen Bürgerkrieg zwischen den Roten und den Grünen.[2])

Die bei Weitem offenste Wahl in der russischen Politik vor der Ära Gorbatschow war eine unmittelbar nach der Machtergreifung der Bolschewiki. Gemeint ist die Wahl zur Konstituierenden Versammlung. Es war eine „fundamental freie Wahl, an der durchaus organisierte und stark voneinander abweichende Parteien auf der Basis des allgemeinen, gleichen, unmittelbaren und geheimen Wahlrechts teilnahmen".[3] In einem überwiegend bäuerlichen Land ist es nicht verwunderlich, dass die *Sozialrevolutionäre* (SR), eine dezidiert bauernfreundliche Partei, mit großer Mehrheit gewannen. Die Bolschewiki schnitten als zweitstärkste Fraktion ab, weit vor den anderen Parteien, aber deutlich hinter den SR.

In den strategisch wichtigen Städten sind zwei Trends bei den Abstimmungen auszumachen. Erstens polarisierten sich die Städte zwischen Juni und Dezember 1917 zunehmend. Die Wähler stellten sich entweder auf die Seite der Bolschewiki oder auf die der *Konstitutionellen Demokraten* (daher die Abkürzung „Kadety"), der stärksten „bürgerlich-liberalen" Partei, die sich für eine konstitutionelle Demokratie einsetzte. Die SR hingegen verloren deutlich an Stimmen. In Moskau (und mit leichter Abweichung auch in Petrograd – heute wieder St. Petersburg) fanden die Wahlen für die verschiedenen Verwaltungsebenen im Juni, September und November 1917 statt. Bei annähernd gleicher Wahlbeteiligung sank in diesem Zeitraum die Zahl der Stimmen für die SR von rund 375.000 auf etwa 62.000. Die Stimmen für die Kadetten hingegen stiegen von etwas unter 110.000 auf fast 264.000, während die für die Bolschewiki sogar von 75.000 auf 366.000 kletterten.[4]

Also konnten die Bolschewiki in Anbetracht ihrer Wahlergebnisse, und das war der zweite Trend, für sich beanspruchen, auf der Seite der Geschichte zu stehen. Wie als Selbstvergewisserung stellten Lenins „Thesen zur Konstituierenden Versammlung" klar heraus, dass er und die Mehrheit der Bolschewistenführer die Wahl zwar widerwillig zuließen, es jedoch nicht dulden würden, falls sich die Konstituierende Versammlung in irgendeiner Weise in die „Sowjetmacht" einmischen sollte. Einem entsprechenden Versuch würde „auf revolutionäre Weise begegnet".[5] Und so geschah es auch: Einen Tag nachdem die Konstituierende Versammlung das erste Mal zusammengetreten war, lösten die Bolschewiki sie auf.

Der Zeitpunkt der Wahl zur Konstituierenden Versammlung hat für einige Verwirrung gesorgt. Obwohl die Abgeordneten zur Konstituierenden Versammlung in den Wochen unmittelbar nach der Machtergreifung der Bolschewiki gewählt wurden, war es die Provisorische Regierung – und nicht die Bolschewiki –, welche deren Wahl genehmigte. Diese Abstimmung ist zu Recht als „eines der ersten Wahlverfahren der Geschichte mit allgemeinem Erwachsenenwahlrecht" bezeichnet worden.[6] Es wäre jedoch falsch,[7] sie als Teil einer Gesamtstrategie der Bolschewiki zu charakterisieren, ihre wohlgehütete Macht als allgemein legitimiert darzustellen. Dazu kam es erst später.

Vielmehr waren bei Wahlen, welche die Bolschewiki vor der Verabschiedung der „Stalin'schen" Verfassung von 1936 durchführten, bestimmte Personengruppen systematisch unterrepräsentiert bzw. ohne Wahlrecht. So erkannte die Verfassung von 1918 ausdrücklich all denjenigen das Wahlrecht ab, „die andere zum Zweck des Profits anstellen": den Kapitalisten, privaten Geschäftsleuten, „Mönchen und Priestern aller Konfessionen", der zaristischen Polizei und ihren Agenten, den Mitgliedern der ehemaligen Herrscherfamilie und „Geistesgestörten oder Schwachsinnigen".[8]

Ebenso waren Bauern systematisch unterrepräsentiert, wie in ähnlicher Weise schon bei den Wahlen zur Duma nach der Revolution 1905 und vor dem Ersten Weltkrieg.[9] Sowohl die Russische Verfassung von 1918 wie auch die erste sowjetische Verfassung von 1924 statuierten, dass der Sowjetkongress sich aus „Vertretern der Stadtsowjets (je ein Deputierter auf 25.000 *Wähler*) und Vertretern der Gouvernement-Sowjetkongresse (je ein Deputierter auf 125.000 *Einwohner*)" zusammensetzen solle.[10] Angesichts dieser expliziten Diskriminierung von Dorfbewohnern ist es wenig sinnvoll, diese insgesamt als Teil eines Elektorats zu betrachten, oder Wahlen, in denen sie wie Bürger zweiter Klasse behandelt wurden, als „Wahlverfahren mit allgemeinem Erwachsenenwahlrecht"[11] einzustufen. Vor 1936 war nur die städtische Arbeiterklasse voll wahlberechtigt; danach waren Bauern, die sogenannten „Kulaken", bereits als Klasse liquidiert und die sogenannten kapitalistischen Ausbeuter größtenteils ermordet oder inhaftiert.

In den ersten Monaten nach der Machtergreifung der Bolschewiki, als Lenin dem Rat der Volkskommissare (Sownarkom) bei Versammlungen vorstand, war die allgemeine Arbeiterschaft begründet als Teil des Elektorats zu bezeichnen. Sicherlich waren die Arbeiter Nutznießer des neuen Regimes, und in Zeiten großer Not standen sie an der Spitze der Warteschlangen für Brot und andere Lebensmittel.[12] Auch bei der

Wahl zum Allrussischen Sowjetkongress, der das Zentrale Exekutivkomitee auswählte, das wiederum die Mitglieder des Sownarkom bestimmte, wurden sie ausdrücklich begünstigt. Doch schon bald verloren die russischen Arbeiter die ‚Waffe‘, mit der sich Arbeiter überall auf der Welt traditionell behaupten – unabhängige Gewerkschaften und das Recht zu streiken. Dadurch unterstanden sie ähnlich wie die Soldaten der Roten Armee der Disziplinierung und Mobilisierung durch das Regime. Dennoch könnte man für eine kurze Zeitspanne behaupten, dass die Stimmen der allgemeinen Arbeiterschaft insofern zählten, als der Sowjetkongress das Zentrale Exekutivkomitee und dieses den Sownarkom wählte. Diese Phase währte jedoch nur kurz: Waren im März 1918 nur etwas weniger als zwei Drittel des Sowjetkongresses Bolschewiki, so belief sich die Parteimitgliedschaft im Kongress Ende 1919 auf 97 Prozent. „Ausgenommen die kurze Phase vom 22. Dezember 1917 bis zum 15. März 1918, in der drei Linke Sozialrevolutionäre dem Sownarkom angehörten",[13] bestand er ausschließlich aus Bolschewiki. Die Parteidisziplin hatte sich durchgesetzt mit vorhersehbaren Konsequenzen:[14] Die Abstimmung für den Allrussischen Sowjetkongress wurde zur reinen Routine und bloßen Gelegenheit für die Partei, die Bürger zu mobilisieren, während der Sownarkom bald zu dem Ort verkam, an dem Parteibeschlüsse ratifiziert wurden.

Von 1918 bis 1920 jedoch war der Sownarkom durchaus nicht unbedeutend, wenn auch alle wichtigen Entscheidungen vom Zentralkomitee der Partei gefällt wurden. Anfangs hatte er noch „erhebliche Autonomie in seiner täglichen Arbeit und konnte unter anderem eigenständig seine Mitglieder ernennen".[15] Es kam zu heftigen Debatten über wichtige Themen wie etwa der Frage nach der Ratifizierung des Friedensvertrags von Brest-Litowsk und Entscheidungen über die Verbindungen zwischen Partei und Gewerkschaften. Erst mit der weiteren Entwicklung des Parteiapparats wurde der Sownarkom zu einem bloßen Verwaltungsorgan, dessen Aufgabe es war, die Beschlüsse des Politbüros umzusetzen. Verschiedene Faktoren hatten zu seinem Bedeutungsverlust geführt.

So setzte Lenin bei den nicht immer erfolgreichen Versuchen, seine Ziele durchzusetzen, Regierungs- und Parteiorgane strategisch ein. Nach seinem ersten Schlaganfall 1922 musste er jedoch seine Schlüsselrolle in Entscheidungsprozessen abgeben. Jakow Swerdlow hatte von Oktober/November 1917 bis zu seinem frühzeitigen Tod Anfang 1919 faktisch das Parteisekretariat dargestellt. Fainsod weist darauf hin, dass „er [Swerdlow] fast ohne Gehilfen [arbeitete], und ein vollständiges Verzeichnis seiner Transaktionen nur in seinem Kopf existierte".[16]

Nach seinem Tod erweiterte sich der Parteiapparat rasant. Mit der Einrichtung des Organisationsbüros (Orgbüro) und dem raschen Anwachsen des Sekretariats wurde ein beträchtlicher Teil der entscheidenden Regierungskommissariate (später Ministerien) bald entweder vom Sekretariat, dem Orgbüro oder – in den wichtigsten Fällen – vom Politbüro besetzt. „Von April 1920 bis Februar 1921 besetzten diese zentralen Parteiorgane [das Politbüro, das Sekretariat und das Orgbüro] Berichten zufolge 1.715 Sownarkom-Positionen in Moskau."[17] Zu diesem Zeitpunkt Anfang 1920 war Stalin das einzige Mitglied des Orgbüros, das auch Mitglied des Politbüros war. Im April 1922 wurde der Posten des Generalsekretärs geschaffen, den Stalin als Erster innehatte. Von da an war er der Einzige, der in allen drei Schlüsselgremien vertreten war: im Politbüro, im Sekretariat und im Organisationsbüro (Orgbüro). Ab 1923 erstellte das Orgbüro die berühmten Namenlisten für Verwaltungspositionen, die Nomenklatura.

In nur kurzer Zeit wurden also Institutionen der Legislative und der Exekutive, die möglicherweise der allgemeinen Arbeiterschaft das Elektorat hätte sichern können, von den beherrschenden Parteiinstitutionen an die Kette gelegt. Mit der Umsetzung des Kriegskommunismus wurden die Gewerkschaften größtenteils zu administrativen Organen. Die Disziplin in Sowjetkongressen, die fast ausschließlich aus Parteimitgliedern bestanden, nahm spätere gleichgeschaltete Parteitage vorweg, auf denen Einstimmigkeit herrschte. Ohne eine zentrale, dominante Figur wie Lenin entwickelte sich der Sownarkom zwar zum administrativen Arm der Partei, nicht aber zu einem Ort, an dem entscheidende inhaltliche Beschlüsse gefasst worden wären. Der Parteiapparat, bestehend aus Politbüro, Orgbüro und Sekretariat, kontrollierte die Besetzung von regionalen Parteipositionen und entscheidenden administrativen Posten in der Wirtschaft.

Zwar konnte man auch 1921 noch von einem Elektorat sprechen, jedoch war inzwischen die Parteimitgliedschaft und nicht mehr der Status als Arbeiter oder Werktätiger für die Teilhabe daran entscheidend. Zudem sollte sich das Elektorat im Laufe der 1920er-Jahre weiter verkleinern. Abgesehen von denjenigen, die von der Verfassung von 1918 ihres Wahlrechts beraubt und von der Tscheka[18] verfolgt worden waren,

waren auch die Arbeiter und Bauern zur Zeit des X. Parteitags im März 1921, sicher aber nach der Niederlage der Arbeiteropposition auf dem XI. Parteitag im März 1922, keine „Bürger" mehr sondern bloß noch „Einwohner", um mit Bueno de Mesquita, Smith, Siverson und Morrow zu sprechen.[19]

Innerhalb der Partei waren anfangs hitzige Debatten an der Tagesordnung. In den ersten Monaten nach der Machtergreifung verdeutlichten die Diskussionen in verschiedenen Foren der Bolschewiki über einen möglichen Friedensvertrag zwischen Deutschland, seinen Alliierten und Russland, der später als Brest-Litowsk Vertrag ratifiziert werden sollte, beispielhaft den anfänglichen Politikstil innerhalb der Partei. Zwar erlaubte dieser Vertrag Russland, aus dem Ersten Weltkrieg auszuscheiden, doch das Land bezahlte dem ersten Anschein nach einen hohen Preis: „Durch diesen Vertrag verlor Russland 34 Prozent seiner Bevölkerung, 32 seines Agrarlandes, 85 Prozent seiner Zuckerrübenflächen, 54 Prozent seiner Industriebetriebe und 89 Prozent seiner Kohlebergwerke."[20] Die Verluste waren jedoch nur von kurzer Dauer. Als Deutschland den Ersten Weltkrieg verlor, gelang es den Bolschewiki rasch, den Großteil des zaristischen Erbes, das es an Deutschland und seine Alliierten abgetreten hatte, zurückzugewinnen. Von weitaus größerer Tragweite war daher, dass der Friedensvertrag von Brest-Litowsk den Bolschewiki erlaubte, sich an der Macht zu halten.

Studierende und selbst manche Kollegen sehen mich mit leerem Blick an, wenn der Begriff Friedensvertrag von Brest-Litowsk fällt. Das ist bedauerlich, wenn man bedenkt, welche Rolle er für den Machterhalt der Bolschewiki spielte und wie vergleichsweise offen der Entscheidungsprozess war, der zu seiner Ratifizierung führte. In diesem Kapitel beschäftige ich mich nur am Rande mit den Besonderheiten des Vertrags, den durchaus faszinierenden Dimensionen der Verhandlungen und seiner Bedeutung für unser Verständnis der russischen Außenpolitik, die zu Beginn der Sowjetphase einerseits die Außenpolitik einer konventionellen Großmacht war, andererseits aber auch nicht.

Es geht hier vielmehr um die politischen Prozesse, mit denen die Bolschewiki die Unterzeichnung des Friedensvertrags erzielten. Diese Prozesse sind bereits ausführlich beschrieben worden[21] ebenso wie die regen Debatten, die vor allem unter den Bolschewiki im Hinblick auf die Verhandlungen mit den Deutschen in Brest-Litowsk stattfanden. Es lohnt sich jedoch, die Geschichte noch einmal detailliert aufzurollen –

nicht nur, weil es in diesen Diskussionen um etwas ging, das im wahrsten Sinne des Wortes eine Frage von Leben oder Tod für die Sowjetmacht war, sondern auch, weil nur ein relativ geringer Teil der jüngeren Forschung den krassen Gegensatz zwischen jenen Debatten und den Ereignissen der folgenden siebzig Jahre berücksichtigt.

Historiker und Politologen haben gleichermaßen den Prozess des stetig kleiner werdenden Elektorats in den Jahren 1917 bis 1921 geschildert, der mit dem X. Parteitag im März 1921 seinen Höhepunkt erreicht. Zu diesem Zeitpunkt wurde der berühmte Artikel 7 verabschiedet, der Fraktionen verbot und dazu führte, dass die herrschenden Bolschewiki jener engen konspirativen Partei der Macht*ergreifung* ähnelten, die Lenin in *Was tun?* (1902) propagierte.[22] Im Folgenden geht es jedoch zunächst um etwas anderes; es geht um wechselnde Koalitionen, Rücktrittsdrohungen und tatsächliche Rücktritte, strategische Abstimmungen, gegensätzliche Ansichten und einseitige Rhetorik – Ereignisse also, die auch in Ländern mit sehr großer Wählerschaft als normale Politik gelten. So betrachtet sind die Beschlüsse, die im Friedensvertrag von Brest-Litowsk gipfelten, vergleichbar mit den Verfahren, an die sich gewöhnliche Oligarchien mit relativ kleinen Elektoraten halten. Die Bolschewiki agierten in dieser Zeit nach klaren Mehrheitsverhältnissen, grenzten allerdings die Zahl derer, die politisch zählten, stark ein. Dennoch wurde Lenin regelmäßig überstimmt und musste bei den meisten entscheidenden Abstimmungen mit seinem Ausscheiden drohen, um seinen Willen zu bekommen. Auch bei der wichtigsten Wahl, bei der es um die russische Ratifizierung des Vertrags ging, gelang es ihm nicht allein, eine Mehrheit unter den Mitgliedern des Zentralkomitees zu erzielen. Vielmehr setzte er sich nur durch, weil Trotzki und seine Koalitionspartner sich enthielten. Andere führende Parteimitglieder drohten ebenfalls mit Rücktritt, falls ihre Haltung nicht akzeptiert würde, und machten ihre Drohung wahr, als sie unterlagen.

Von dem Augenblick der Machtergreifung in Petrograd an wollten die Bolschewiki sich aus dem Krieg zurückziehen. Selbst wenn dabei ein gewisses Maß an politischem Schaulaufen im Spiel war, spricht es Bände, dass die Friedenserklärung das erste Gesetz der neuen Regierung war. Innerhalb weniger Wochen hatten sich die Deutschen und ihre Alliierten bereit erklärt, mit den Bolschewiki in Brest-Litowsk über einen Waffenstillstand zu verhandeln. Beide Seiten vereinbarten, Vertreter zu Verhandlungen zu entsenden.[23] Von Anfang an lehnten es manche

Petrograder Kommunisten jedoch ab, Verträge mit „imperialistischen Staaten" zu schließen.[24] Trotzdem einigte man sich nach einigen Verzögerungen Mitte Dezember 1917 auf einen Waffenstillstand, und die Verhandlungen über einen Friedensvertrag wurden am 20. Dezember aufgenommen.

Die Sowjets entschieden sich dafür, auf Zeit zu spielen, in der Hoffnung, eine Verbrüderung werde zu Unruhen auf deutscher Seite führen. Die Verhandlungen zogen sich hin, und die ersten ausgiebigen Diskussionen auf nationaler Entscheidungsebene fanden während einer informellen Sitzung der Parteiführung[25] am 21. Januar 1918 statt. Dabei, so bemerkte Lenin, „wurden drei Standpunkte vorgebracht: (1) die Unterzeichnung eines separaten Annexionsfriedens, (2) ein revolutionärer Krieg, (3) den Krieg für beendet zu erklären, die Armee zu demobilisieren, aber den Frieden nicht zu unterzeichnen."[26] Lenin war ein starker Befürworter der ersten Option, Nikolai Bucharin, der damals zum linken Flügel der Bolschewiki gehörte, der zweiten Position und Trotzki der dritten, er befürwortete mit anderen Worten eine Beendigung des Krieges, ohne den Friedensvertrag zu unterzeichnen. Sowohl Lenins als auch Trotzkis Standpunkte wurden von den Anwesenden abgelehnt: Nur 15 schlossen sich Lenins Position an, 16 Trotzkis und 32 Bucharins Aufruf zu einem revolutionären Krieg.

Die Folge war, dass das Zentralkomitee bei einem Treffen am nächsten Tag, dem 22. Januar, in einer Reihe von für den Sownarkom verbindlichen Beschlüssen mit elf Stimmen bei zwei Gegenstimmen und einer Enthaltung entschied, sich nicht Bucharins Position anzuschließen, sondern mit zwölf zu einer Stimme für Lenins Empfehlung votierte, die Verhandlungen weiter hinauszuzögern. Entscheidend war die Abstimmung darüber, ob man Trotzkis „weder-Krieg-noch-Frieden"-Taktik übernehmen sollte. Hierfür stimmten die Mitglieder mit neun zu sieben Stimmen.[27] Die Verhandlungen wurden mit Trotzki als Vertreter für die sowjetische Seite wieder aufgenommen und gerieten erneut ins Stocken, bis Trotzki schließlich die Verhandlungen verließ und erklärte: „Wir gehen aus dem Krieg heraus, sehen uns aber genötigt, auf die Unterzeichnung eines [von den Deutschen vorgeschlagenen] Friedensvertrages zu verzichten."

Am 15. Februar 1918 kündigten die Deutschen daraufhin ein Ende des Waffenstillstands für den 17. Februar an und drangen rasch auf russisches Territorium vor. Sie trafen auf keinerlei Widerstand und rückten mit erstaunlichem Tempo weiter vor. Inmitten des russischen Winters „legten [die Deutschen] in 124 Stunden 150 Meilen zurück".[28]

Die Reaktion der russischen Führung ließ nicht lange auf sich warten. Das Zentralkomitee der Partei kam am 18. Februar zusammen. Wie Louis Fischer schreibt, „war dies kein Zeitpunkt für lange Debatten. Das war selbst den Russen klar."[29] In einer Sitzung, in der die Befürworter und die Gegner jeder Position in fünfminütigen Redebeiträgen auf die Frage „„Sollen wir den Deutschen telegrafieren und um Frieden bitten?""[30] zu antworten hatten, sprachen sich Lenin und Sinowjew für eine Annahme des Friedens aus. Trotzki und Bucharin lehnten dies ab. Lenin plädierte – realistisch wie immer – für die Kapitulation. Er verlor zunächst mit sechs zu sieben Stimmen.

Später am Abend trat das Zentralkomitee jedoch erneut zusammen. Nach einer erheblich längeren Diskussion – und nicht zuletzt als Reaktion auf die Kriegsereignisse des Tages – schloss sich Trotzki jetzt Lenin an. Das Votum lautete diesmal sieben zu sechs zugunsten eines Friedensgesuchs. Am selben Abend noch wurde der Rat der Volkskommissare einberufen, der zu diesem Zeitpunkt neben den Bolschewiki aus sieben Linken Sozialrevolutionären bestand. Die Linken SR waren jedoch nicht über das Ergebnis der Diskussionen unter den Bolschewiki in ihrem Zentralkomitee informiert. Vier der sieben Linken SR unterstützten die sieben Bolschewiki, die für eine Annahme stimmten, sodass sich Lenin mit elf zu neun durchsetzte.

Die Deutschen machten indes nicht halt. In ihrer Verzweiflung baten die Sowjets die westlichen Alliierten um Hilfe, und die Franzosen machten offenbar einige konkrete Zusagen. Am Abend des 22. Februar wurde eine weitere Sitzung des Zentralkomitees einberufen, in der diejenigen, die für die Annahme von Unterstützung waren, mit sechs zu fünf Bucharin und die anderen Befürworter eines „revolutionären Kriegs" überstimmten. Lenin war bei dem Treffen nicht anwesend und votierte *in absentia*. „Bitte zählt meine Stimme *dafür*, Kartoffeln und Waffen von den anglo-französischen imperialistischen Räubern zu nehmen."[31] Doch eine merkliche Unterstützung blieb aus. Die Russen hatten allein gegen die deutsche Armee zu kämpfen.

Erneut trat das Zentralkomitee der Partei am 23. Februar zusammen. Lenin drohte relativ explizit mit Rücktritt[32] und stellte sich ebenso entschieden gegen einen revolutionären Krieg (Trotzkis bevorzugte Position) wie gegen die revolutionären Phrasendrescher (als solchen stellte er Bucharin dar). Auf die entscheidende Frage – „Sollen wir umgehend die deutschen Konditionen akzeptieren?" – erhielt Lenin eine mehrheitlich positive Antwort von sieben zu vier bei vier Enthaltungen. Obwohl er anderer Meinung war, hatte sich Trotzki zusammen mit dreien seiner Anhänger (Dschersinski, Joffe und Krestinsky) enthalten, um Lenin bei dieser Wahl zu helfen. Sie hielten es für wichtiger, eine Abspaltung von Lenin in der Partei zu verhindern, als sich dem Friedensvertrag von Brest-Litowsk zu widersetzen. Auch Lenin, so Schapiro, „sei um jeden Preis darauf bedacht gewesen, eine innerparteiliche Spaltung" abzuwenden, und habe Stalin „zum Schweigen gebracht", als dieser vorschlug, ein Rücktritt von „verantwortlichen Positionen solle als Austritt aus der Partei gelten".[33] Diejenigen, die dagegen gestimmt hatten, hatten „ihren Rücktritt von allen verantwortlichen Posten an[geboten]", sich aber das Recht vorbehalten, „innerhalb und außerhalb der Partei frei zu agitieren". Später sollten sie ohnehin wieder von ihrer letzten Forderung Abstand nehmen,[34] um dem zu entsprechen, was Bueno de Mesquita u. a. als Loyalitätsnorm bezeichnet haben.[35]

An jenem Abend gab es daraufhin zusätzliche Abstimmungen durch das Allrussische Zentrale Exekutivkomitee und den Petrograder Sowjet. Beide Sitzungen waren von einer gehässigen Rhetorik vonseiten der Linken Kommunisten und der Linken Sozialrevolutionäre gegen Lenin und seine Positionen geprägt. Karl Radek, ein führender Linker Kommunist, soll gesagt haben: „Wir wollen Frieden, aber keinen schmachvollen Frieden, keinen Frieden der Verräter und Streikbrecher."[36] Alexandra Kollontai beschuldigte Lenin des „Opportunismus" und der „Kompromisse mit dem Imperialismus".[37] Die Schmähungen seitens der Linken SR fielen sogar noch schärfer aus, auch sie bezichtigten Lenin des Verrats. Letztlich setzte sich Lenin jedoch trotz hartnäckigen Widerstands durch. Wie schon in der entscheidenden sieben-zu-vier-zu-vier-Abstimmung des Zentralkomitees war er dabei aber erneut auf das strategische Verhalten anderer Bolschewiki angewiesen. Diesmal war es nicht Trotzki, sondern es waren die von Bucharin angeführten Linken Kommunisten, deren Strategie es ihm erlaubte, sich durchzusetzen. Sie entschieden sich dafür, den Saal zu verlassen, anstatt gegen ihn zu stimmen. Von denjenigen, die zur Abstimmung blieben, stimmten 116 für Lenins Position, 85 dagegen und 26 enthielten sich.

Obwohl die Russen erkannten, dass dies eine Zeit der Taten und nicht der Worte war, waren sie unterschiedlicher Ansicht darüber, wie diese Taten aussehen sollten. Das Zentrale Exekutivkomitee beschloss am 26. Februar, örtliche Sowjets zur Entscheidung über Krieg und Frieden zu befragen. Im Dezember und Januar war der regionale Widerstand sowohl in den Sowjets als auch in den Parteikomitees relativ stark gewesen. Auch wenn sich dieser abschwächte, als die Deutschen Mitte Februar ihren Vormarsch fortsetzten, gab es noch immer Orte, wo der Widerstand sogar noch lange nach Unterzeichnung des Friedensvertrags von Brest-Litowsk am 3. März groß war. Vertreter der Linken, die den revolutionären Krieg befürworteten, konnten geltend machen, dass eine knappe Mehrheit von 105 der 200 befragten Sowjets sich hinter Bucharins Position gestellt hatte; darüber hinaus konnten sie argumentieren, dass die Befürworter eines revolutionären Kriegs vor allem in den Städten ansässig waren, während die Sowjets, die sich Lenins Position anschlossen, überwiegend aus Bauern bestanden. Daher rührte auch der Vorwurf, Lenin wolle nur die Bauern beschwichtigen.[38]

Nicht nur in Petrograd und Moskau war der Widerstand groß, auch die wichtigsten Städten im Norden wie Archangelsk und Murmansk und in der Wolgaregion hielten dagegen, insbesondere Saratow. Dort „beauftragten [die Sowjets] ihre Delegierten zum anstehenden IV. Allrussischen Sowjetkongress, [der vom 14. bis 16. März stattfinden sollte,] Widerstand gegen die Ratifizierung des Brest-Friedens zu leisten".[39] Auch in Sibirien bestand selbst nach dem VII. (außerordentlichen) Parteitag (4. bis 6. März) und dem Sowjetkongress Mitte März weiter Widerstand. Am 22. März „weigerte sich das Exekutivkomitee des sibirischen Rats der Volkskommissare weiterhin, die [Ratifizierung des Vertrags] zu unterstützen, während ‚der sibirische Rat der Volkskommissare sogar erklärte, er befinde sich noch immer im Kriegszustand mit der Zentralmacht'".[40]

Auf nationaler Führungsebene spielte sich die Debatte über die Ratifizierung zunächst auf dem VII. Parteitag und daraufhin in Moskau auf dem Sowjetkongress ab. Die schärfste Kluft bestand zwischen Lenin und Bucharin, ihre Standpunkte waren im Wesentlichen jedoch ein Aufguss der Debatten von Ende Februar. Neu war hingegen, dass das Parteikomitee von Petrograd Stadt und das Regionalkomitee von Petrograd während des VII. Parteitags eine Tageszeitung namens *Kommunist* veröffentlichte, die von Bucharin, Radek und Uritzky – alles Linke Kommunisten – herausgegeben wurde und sich „der populären Agitation zum revolutionären Krieg" verschrieben hatte.[41] Sie erschien erstmals am 5. März. Zwei Tage darauf wurden die Linken Kommunisten auf einer Petrograder Parteikonferenz dafür kritisiert, eine „unabhängige organisatorische Existenz"[42] zu führen; der *Kommunist* verfolge eine „Spaltungstaktik"[43]. Er wurde eingestellt, erschien jedoch im April neu als Wochenzeitung, diesmal mit Bucharin, Radek, W. W. Obolenski und W. M. Smirnow als leitenden Redakteuren. In dieser Ausgabe war die Agitation für den „revolutionäre[n] Krieg komplett fallengelassen worden". An deren Stelle traten Diskussionen darüber, welche innenpolitischen Maßnahmen zu ergreifen seien angesichts der „Kapitulation" gegenüber den Deutschen und der Kapitulation gegenüber „den weniger entwickelten und am wenigsten revolutionären Teilen des Proletariats und der Bauern".[44]

Tatsächlich war der Handlungsspielraum aller Mitglieder des Zentralkomitees äußerst begrenzt. Lenin versuchte, seinen Sieg mit der Vermeidung einer innerparteilichen Spaltung zu koppeln. Bucharin trat zurück und organisierte einen Aufruf zum revolutionären Krieg, verhielt sich jedoch so, dass Lenin seinen Willen durchsetzen konnte, als die Entscheidung den Sowjetkongress erreichte. Trotzki ging, wie wir gesehen haben, bei seinen Stimmabgaben zur entscheidenden Frage innerhalb des Zentralkomitees höchst strategisch vor. Seine Begründung dafür, weshalb er Bucharins Aufruf zum revolutionären Krieg nicht folgen könne, ist bezeichnend: „Ein revolutionärer Krieg hätte eine Spaltung der Partei bedeutet", schlussfolgert Fischer. Er zitiert Trotzki: „Es ist unmöglich, einen Krieg gegen die Deutschen und gegen unsere *Bourgeoisie* zu führen ..., wenn man die halbe oder mehr als die halbe Partei unter Führung von Lenin gegen sich hat."[45] Pipes zufolge machte Lenin klar, dass Friede für Trotzki nichts anderes war als „eine Atempause für den Krieg".[46] Letztlich verschoben sich die Standpunkte aufgrund der Entwicklungen auf russischem Boden aber klar in Richtung Frieden: Während die deutsche Armee weiter vorrückte, wurde die Alternative eines revolutionären Kriegs immer weniger attraktiv und die Notwendigkeit einer Kapitulation immer deutlicher.

Deshalb waren die Linken Kommunisten auf dem VII. Parteitag entschieden in der Minderheit. Der Parteitag votierte 28 zu 9 für Lenins Position bei einer Enthaltung. Um Anschuldigungen zuvorzukommen, er habe seinen revolutionären Eifer verloren, „hatte Lenin daraufhin den Parteitag gebeten, eine geheime Resolution zu verabschieden, die auf unbestimmte Zeit nicht zu veröffentlicht werden brauchte und die dem Zentralkomitee ‚jederzeit die Befugnis [gab], alle Friedensverträge mit imperialistischen und bürgerlichen Regierungen zu annullieren und ihnen in gleicher Weise den Krieg zu erklären. ‘“[47] Der Sowjetkongress trat schließlich in der Nacht vom 16. auf den 17. März zusammen und handelte. In der Vorwahl vor dem Parteitag lautete das Abstimmungsergebnis 453 zu 36 bei 8 Enthaltungen gegen die Position der Linken Kommunisten.[48] Vom Parteitag insgesamt wurde der Friedensvertrag mit 784 Stimmen bei 261 Gegenstimmen und den Enthaltungen der Linken Kommunisten mit großer Mehrheit angenommen.[49] Die Entscheidung des Sowjetkongresses gab den vorangegangenen Maßnahmen von Partei und Staatsorganen insofern den Firnis der Legitimität, als es sich um ein gesamtrussisches Gremium handelte, das mit überwältigender Mehrheit für eine Ratifizierung votiert hatte (siehe Tabelle 1.1).

Die Beurteilung des Ratifizierungsprozesses fällt aus der Rückschau leichter, wissen wir doch, was sich bald ereignen sollte. Das politische System wurde innerhalb weniger Jahre, und in einigen wesentlichen Punkten sogar innerhalb weniger Monate, immer restriktiver. Vor dem Hintergrund der späteren sowjetischen Politik sind verschiedene Aspekte des Entscheidungsprozesses besonders hervorzuheben.

Interessant ist erstens, dass es als wünschenswert erachtet wurde, die regionalen Sowjets zu einem Thema von so überragender Bedeutung wie der Ratifizierung des Friedensvertrags zu konsultieren. Dies lag zum einen an der großen Bedeutung staatlicher Instanzen gegenüber

Datum (alle 1918)	dafür	dagegen	Enthaltungen
21. Januar	15	32	16
22. Januar	7	9	–
18. Februar tagsüber	6	7	–
18. Februar abends	7	6	–
23. Februar	7	4	4
7. März	30	12	4
16. März	784	261	Linke Kommunisten enthielten sich

Tabelle 1.1[50]. Entscheidende Abstimmungen (alle 1918) der bolschewistischen Führung über den Friedensvertrag von Brest-Litowsk: Stimmen für Lenins Position, Stimmen gegen Lenins Position (für den revolutionären Krieg) und Enthaltungen (weder Krieg noch Frieden)

Parteiinstanzen zu dieser Zeit und zum anderen an der Tatsache, dass regionale Standpunkte bei wichtigen Beschlüssen der Außenpolitik 1918 durchaus Gewicht hatten.

Zweitens ist es aufschlussreich, wie Lenin, der von allen als Bolschewistenführer betrachtet wurde, in Bezug auf Trotzki und die Mitglieder des Zentralkomitees agierte, die sich gegen eine Annahme der deutschen Bedingungen gewehrt hatten. Er sah sich außerstande, seinen Willen durchzusetzen, ohne eine unwiederbringliche Spaltung der inzwischen regierenden Koalition zu riskieren.

So berichtet erneut Wheeler-Bennett, Lenin sei überzeugt gewesen, Trotzkis „Weder Krieg noch Frieden"-Politik wäre zum Scheitern verurteilt, doch ohne „einen zweiten *Staatsstreich* und eine Spaltung der Partei, von der sie sich vielleicht nie erholt hätte, gelang es ihm nicht, seine Ansichten unter seinen Kollegen durchzusetzen. Er war bereit, Trotzkis Strategie auszutesten. ‚Wir [soll Lenin gesagt haben] riskieren nur, Estland oder Livland [das nach dem Zusammenbruch des Zarenreichs in Lettland und Estland geteilt war] zu verlieren, und ein guter Friede mit Trotzki', so fügte Lenin schmunzelnd hinzu, ‚ist uns den Verlust von Livland und Estland allemal wert.'"[51]

Selbst Pipes, dessen Urteil über Lenin häufig vernichtend ausfällt,[52] schreibt, dieser habe zwar bekommen, was er wollte, doch dafür „flehte er Trotzki und die Linken Kommunisten an, ihren Rücktritt erst dann wahrzumachen, wenn die russische Delegation aus Brest zurückgekommen sei"; er legte „brillante Führungsqualitäten an den Tag, mal schmeichelte er seinen Anhängern, dann wieder redete er ihnen gut zu und verlor weder die Geduld noch die Entschlossenheit".[53]

Drittens hatten die Linken Kommunisten eine „unabhängige Organisationsstruktur", um ihre Positionen zu stützen, und nutzten diese für kurze Zeit, um ihre Ansichten darzulegen – anfänglich vor allem jene zum „revolutionären Krieg". Selbst nachdem Partei- und Sowjetkongress der Entscheidung des Zentralkomitees zugestimmt hatten, den Vertrag zu ratifizieren, waren die Linken Kommunisten noch für kurze Zeit weiter imstande, ein Wochenmagazin zu publizieren, das ihre Grundüberlegungen zu einer Reihe von Maßnahmen darlegte, die geeignet waren, ihre Innenpolitik angesichts der veränderten äußeren Rahmenbedingungen umzusetzen. Wenn man bedenkt, was sich in den folgenden Monaten herausstellte und wie nicht-bolschewistische sozialistische Parteien bereits zu dieser Zeit behandelt wurden, ist Fainsods zusammenfassende Beobachtung zum Ratifizierungsprozess des Brest-Litowsk-Abkommens alles andere als eine Randbemerkung: „Über die Mitglieder der Opposition wurden keine Repressalien verhängt."[54]

Das Elektorat schrumpft

Lenins Sieg in Brest-Litowsk hatte seinen Preis. Der sozialistische Widerstand – der Linken Kommunisten, der Menschewiki und der SR – gegenüber seiner Politik hielt selbst Monate nach der Ratifizierung des Friedensvertrags von Brest-Litowsk an. Trotz des Roten Terrors, der sich vor allem gegen die immer breiter definierten Klassenfeinde richtete, war die Unzufriedenheit der Arbeiterklasse bei den Kommunalwahlen in den großen europäischen Städten Russlands 1918 deutlich zu spüren. Bei diesen Wahlen spielten Menschewiki und Rechte SR eine maßgebliche Rolle. Laut Wladimir Browkin gewannen sie „die städtischen Sowjetwahlen in Tula, Jaroslawl, Kostroma, Sormowo, Brjansk, Ischewsk und anderen Industriezentren – in den meisten Provinzhauptstädten des europäischen Russlands, wo die Sowjetmacht tatsächlich existierte". Und er unterstreicht im Folgenden: „Die Bolschewiki lösten all diese neu gewählten Sowjets mit Gewalt auf."[55]

Zwar mussten die Linken Kommunisten bald schon hinnehmen, dass die Moskauer Version des *Kommunist* eingestellt wurde, auf nationaler Ebene setzten sie sich aber im Frühjahr und Frühsommer 1918 mit ihren Vorstellungen zur nationalen Wirtschaftspolitik durch. Was später als Kriegskommunismus bezeichnet wurde – die effektive Abschaffung von Geld als Tauschmittel, Verstaatlichung im großen Stil und die eingeschränkte Rolle von „bürgerlichen Spezialisten" – wurde mit aller Macht und gegen den Widerstand Lenins umgesetzt.

Das daraus resultierende Durcheinander ließ Lenin und Trotzki den Versuch unternehmen, eher traditionell-hierarchische Beziehungen auf Unternehmensebene anzuordnen wie etwa die Ernennung alleiniger Betriebsleiter und das Einspannen der Gewerkschaften für Ziele der Partei. Mit Letzterem stimmten auch viele kommunistische Gewerkschaftsführer überein, wobei über die Einzelheiten und über die weitere gesellschaftliche Rolle der Gewerkschaften völlige Uneinigkeit bestand. Auseinandersetzungen über die Art betrieblicher Entscheidungsprozesse hielten bis zum X. und XI. Parteitag 1921 bzw. 1922 an. Im Mittelpunkt der Kontroversen standen der Streit über die Rolle der Arbeiter und der Gewerkschaften, über „bürgerliche Spezialisten" und die Art

und Weise der Betriebsleitung in der sogenannten Diktatur des Proletariats. Die Auseinandersetzung fand anfangs zwischen einem weitgehend geschlossenen Zentralkomitee auf der einen Seite und verschiedenen regionalen und Gewerkschaftsvertretern auf der anderen Seite
statt. Lenins Eintreten für die „Einmannleitung" stieß auf besonderen
Widerstand.

Wie auch bei der Besetzung von Posten in der Roten Armee durch
ehemalige zaristische Offiziere gab es großen Widerstand gegen die Einstellung ziviler „bürgerlicher Spezialisten". Dem gegenüber stand das
Modell einer von Arbeitern gewählten kollektiven Unternehmensfüh-
rung, die sowohl Betriebe als auch Industriezweige kontrollieren sollte.
Lenin war entschlossen, die Einmannleitung einzuführen, um gegen die
mangelnde Effizienz einer geteilten Betriebsführung vorzugehen. Die
Liste der Widerständler, die Schapiro resümiert,[56] ist beeindruckend.
Lenin wurde auf dem Treffen der Parteifraktion des Allrussischen Zen-
tralrats der Gewerkschaften Anfang 1920 überstimmt. Der sich an-
schließende Kongress der Nationalen Wirtschaftsräte verabschiedete
eine Resolution zugunsten einer Kollektivführung, und auch auf Parteikonferenzen in Moskau und Charkiw wurde die Einmannleitung abgelehnt.

Tomski, Mitglied des Zentralkomitees und führender Gewerkschaft-
ler, wandte sich auf dem IX. Parteitag 1920 gegen Lenins Politik wie
auch sämtliche sogenannte Demokratische Zentralisten und Lutowi-
now (im Namen einer Minderheit der Gewerkschaftsführer), dennoch
konnte Lenin sich durchsetzen. Dies lag zum einen daran, dass die
Wirtschaft am Boden lag und der Bürgerkrieg anhielt. Zum anderen
hatten institutionelle Entwicklungen, insbesondere die Einführung
des Orgbüros 1919, Auswirkungen darauf, wie energisch Maßnahmen
verfolgt wurden, die vom Konsens des Zentralkomitees abwichen. Über
diese veränderten Rahmenbedingungen hinaus hatten zwar nicht die
Arbeiter, durchaus aber die Gewerkschaftsführer häufig ein wirtschaft-
liches Interesse an den von Lenin vorgeschlagenen Maßnahmen, während Trotzki konsequent für eine Militarisierung des Arbeitsplatzes
eintrat.[57] Lenin verband in seinen Äußerungen auf dem IX. Parteitag
eine Verteidigung der Zentralisierung mit Beschwichtigungen, die es
einem Gewerkschaftsführer wie Tomski erlaubten, einerseits als Mitglied des Zentralkomitees weiterzumachen und andererseits zu argumentieren, er habe die Interessen der Arbeiter vertreten. (Tomskis

Schlingerkurs, der 1920 offen zutage trat, zeigte sich insbesondere in seinem Verhalten auf dem X. Parteitag 1921.)

Lenin insistierte daher recht explizit auf der Einmannleitung und dem Prinzip der persönlichen Verantwortung: „Das Wahlprinzip muss durch das Auswahlprinzip ersetzt werden". „Das *Kollegialprinzip* ... muss im Prozess der Umsetzung unbedingt hinter *persönlicher Verantwortung* zurückstehen."[58]

Die Beschlüsse, die auf dem IX. Parteitag verabschiedet wurden, sahen ebenfalls vor, dass Gewerkschaftsführer entweder als Assistenten des Leiters oder als Kommissare (ähnlich wie militärische Berater) an der Leitung eines Betriebs teilhaben konnten; in manchen Fällen konnten Gewerkschaftsführer sogar Betriebsleiter werden. Außerdem durften erfolgreiche kollektive Unternehmensführungen weiter bestehen, während der Gewerkschaftsführung ein Konsultationsrecht bei Ernennungen zugesichert wurde.[59] Die allgemeine Stoßrichtung von Lenins Position war klar: Er vertuschte geschickt die Streitigkeiten, um so das Zentralkomitee zusammenzuhalten – der Bürgerkrieg war noch nicht beendet –, spannte jedoch jene ranghohen Kommunisten, die wie Tomski zum Teil Mitglied des Zentralkomitees waren, für seine eigenen Zwecke ein, indem er die Durchsetzung der Einmannleitung mit Zusicherungen an die Gewerkschaftsführer verknüpfte.

Die Spaltung der Gewerkschaftsführer und Arbeiter über die Frage der Einmannleitung trug maßgeblich dazu bei, gewöhnliche Arbeiter aus dem Elektorat auszuschließen. Die Kompromisse, die auf dem IX. Parteitag angenommen wurden, waren ein riesiger Schritt in Richtung von Gewerkschaften, deren gesellschaftliche Rolle auf der Annahme gründete, die Partei – und nicht die Arbeiter selbst – wisse am besten, was im Interesse der Arbeiter sei. Die Gewerkschaften stellten eine ernst zu nehmende Macht dar, mit der zu rechnen war und die es einzudämmen galt. Die Kontroverse über die Betriebsleitung war ein erneuter Beweis dafür, dass regionale oder funktionale Organisationen sich zuweilen gegen Lenin und das Zentralkomitee auflehnten, jedoch weniger durchschlagend und weniger organisiert als die Linken Kommunisten beim Streit um den Friedensvertrag von Brest-Litowsk.

Die Entscheidung zugunsten der Einmannleitung brachte die Debatte über die Rolle der Gewerkschaften in einem proletarischen Staat nicht zum Abschluss. Vielmehr war sich das Zentralkomitee Ende der 1920er-Jahre über die Steuerung der Gewerkschaften uneins. Das zeigte

sich schon darin, dass das Zentralkomitee ein Gemeinsames Zentralkomitee der Transportarbeiter (Zektran) unter der Leitung von Trotzki
gründete, um vor allem den Schienenverkehr zu überwachen, was einer
direkten Kampfansage an die nationale Gewerkschaftsorganisation
gleichkam.

Den gemeinen Arbeitern und Gewerkschaftsführern wie Tomski be-
hagte Zektran folglich gar nicht, so dass eine größere Debatte über die
Rolle von Gewerkschaften insgesamt entbrannte. Die Rhetorik, mit der
Lenin und Trotzki ihr bevorzugtes Ergebnis in dieser Angelegenheit
darstellten, war höchst unterschiedlich.[60] Trotzki befürwortete ausdrücklich eine Fusion der Gewerkschaften mit der Regierung. Für ihn
galt: „[I]m Arbeiterstaat ... müssen die Überlegungen und Energien der
kommunistischen Partei, der Gewerkschaften und der Regierungsor-
gane auf die Fusion zu wirtschaftlichen Organen und Gewerkschaften
in der mehr oder weniger nahen Zukunft gerichtet sein."[61] Lenins politische Haltung war deutlich klüger. Er war überzeugt, dass „[d]ie rasche
Fusion von Gewerkschaften im Staat ein großer politischer Fehler wäre
... Die Gewerkschaften üben momentan bereits gewisse staatliche Funktionen aus, und diese werden stetig zunehmen." Er wandte sich gegen
„jede künstliche Beschleunigung des Tempos einer Fusion von Staat
und Gewerkschaften".[62] Trotzki hingegen äußerte erneut die Ansicht,
dass Militarisierung für sozialistische Staaten eine gängige Praxis sein
solle, und ging so weit, eine Unterscheidung zwischen „Militär" und
„Gewerkschafts"-Methoden als „ein Kautsky'sches-Menschewiki'sches-
sozialrevolutionäres Vorurteil" zu bezeichnen. Lenin war offenkundig
ebendieser   „Kautsky'schen-Menschewiki'schen-sozialrevolutionären"
Meinung, war aber im Vergleich zu Trotzki diplomatischer: „Die wichtigste Methode der Gewerkschaften ist nicht Zwang, sondern Überzeugung – auch wenn dies die Gewerkschaften in keiner Weise davon ab-
hält, die Methode des proletarischen Zwangs, wo nötig, erfolgreich anzuwenden."[63]

Eines der ältesten Axiome in der Politik besagt, dass kleine Gruppen,
die sich einig sind und sich häufig treffen, die Agenda kontrollieren und
größere, diffusere Gruppen dominieren, die weniger häufig zusammen-
treffen. Dieser Grundsatz gilt für Zentralkomitees (und im weiteren
Verlauf für eine sogar noch kleinere Gruppe, das Politbüro) und Zen-
tralkongresse ebenso wie für Exekutivkomitees der Fachbereiche ameri-
kanischer Universitäten und Fakultätssitzungen.

In der Frage nach dem Umgang mit Gewerkschaften war das Zentral-komitee gespalten: Lenin und Sinowjew waren die beiden wichtigsten Vertreter der einen Position, Trotzki und Bucharin die der anderen. Beide Seiten waren sich einig, dass die Partei – und nicht die Gewerk-schaften – die tragende Rolle in der Betriebsführung spielen sollten, die Meinungen gingen jedoch weit auseinander darüber, wie dies zu errei-chen sei. Die Spaltung, die durch Sinowjews persönliche Angriffe auf Trotzki verschärft wurde, rief das Schreckgespenst auf den Plan, das Zentralkomitee könne beim anstehenden X. Parteitag im März 1921 seinen beherrschenden Einfluss auf den größeren Kreis der Kommunis-ten verlieren. Menschen außerhalb des Zentralkomitees strebten eine weitaus wichtigere Rolle für die Gewerkschaften bei der Kontrolle der Industrie an und nutzten die Spaltung des Zentralkomitees, um ein breiteres Spektrum an Fragen aufzuwerfen. Sie kritisierten zu Recht die zunehmend diktatorische Beziehung des Zentralkomitees zu unterge-ordneten Parteigremien sowie staatlichen und gesellschaftspolitischen Institutionen wie Gewerkschaften und machten sich als Arbeiteroppo-sition und als Demokratische Zentralisten einen Namen.

Zweierlei macht die Spaltung des Zentralkomitees besonders interes-sant. Erstens beschlossen seine Mitglieder, eine Art großer Aussprache zuzulassen, um die Vorteile der jeweiligen Positionen zu prüfen. Hier-aus entspann sich eine öffentliche Debatte, die rund zwei Monate an-dauerte. Sie wurde mit großer Geste im Moskauer Bolschoi-Theater am 30. Dezember 1920 eröffnet. Bei jenem Treffen wurden der Öffentlich-keit die unterschiedlichen Standpunkte vorgestellt, insbesondere die von Lenin und Sinowjew auf der einen Seite und die von Trotzki auf der anderen. Im Verlauf der Debatte kamen viele Positionen zur Sprache, von denen nur drei abschließend auf dem X. Parteitag im März 1921 diskutiert wurden. Diese waren Trotzkis Thesen, die Thesen der Arbei-teropposition und eine Kompromissformel von Lenin und neun ande-ren (die als das „Programm der Zehn" bekannt wurde).

Zweitens entschied das Zentralkomitee mit einem Wahlergebnis von acht zu sieben[64] – Lenin war diesmal in der Mehrheit –, dass die Dele-gierten zum Parteitag von getrennten Gremien gewählt werden sollten. Der Vorschlag ging von der Petrograder Parteiorganisation aus, die vollständig von Sinowjew beherrscht wurde. Daniels charakterisiert sie als etwas, „das einem von den Kommunisten legalisierten Mehrpar-teien-System in den eigenen Rängen am nächsten kam".[65] Schapiro hingegen verstand die praktischen Implikationen der Annahme einer solchen Regelung besser: Sie „verpflichtete ihre Gegner dazu, sich offen in oppositionellen Gruppen zu positionieren und zwang alle Parteimitglieder aufgrund der fehlenden geheimen Stimmabgabe bei Parteitreffen und -konferenzen ganz nebenbei auch dazu, ihre Position offenzulegen".[66]

Der von Petrograd aus initiierte Vorschlag erzürnte viele Mitglieder der Moskauer Parteiorganisation, die sich Anfang 1921 fast zu gleichen Teilen in Befürworter und Gegner des „Programms der Zehn" teilte.[67] Es herrschte jedoch ausreichend Geschlossenheit, so dass die Moskauer Stadtorganisation mit 14 zu 13 Stimmen die Petrograder Organisation dafür tadelte, „nicht die ordnungsgemäßen Vorschriften der Auseinandersetzung eingehalten zu haben". Genauer bemängelte sie „die Tendenz der Petrograder Organisation, sich zu einem besonderen Zentrum für die Vorbereitung des Parteitages zu machen".[68]

Über das Fehlverhalten der Parteiorganisation in der nördlichen Hauptstadt – und über die Anfeindungen durch Sinowjew – waren sich die Anhänger von Trotzkis Militarisierungs-These mit den Befürwortern einer führenden Rolle für Gewerkschaften in der Industrie einig. Weiter reichte diese Einigkeit aber auch nicht. Diejenigen im Moskauer Komitee, die sich Trotzkis Meinungen oder Bucharins Positionen anschlossen (ich verwende hier bewusst den Plural),[69] lehnten etwa die Meinungen der Arbeiteropposition mit aller Entschiedenheit ab.

Trotzki und Sinowjew gingen klar auf Konfrontationskurs zueinander. Dennoch stellte keiner von beiden – wie auch weder Bucharin noch selbstverständlich Lenin – die Entscheidungskompetenz des Zentralkomitees bei der Frage über die Rolle der Gewerkschaften in der Industrie zur Disposition.

Die Demokratischen Zentralisten überschätzten die Ähnlichkeit des „Programms der Zehn" mit dem von Trotzki. Ihrer Lesart nach waren beide „Militarisierer". In gewissem Sinne war das richtig: Lenin war eindeutig davon überzeugt, dass die Gewerkschaften die Rolle des „Transmissionsriemens der Kommunistischen Partei gegenüber den Massen" spielen sollten.[70] Seine Äußerungen implizierten jedoch auch, dass Bildung und Agitation die ersten Schritte sein sollten, um die Gewerkschaften und daraufhin die Arbeiter zu kontrollieren. Für Trotzki hingegen waren die Arbeiter das zivile Pendant zur Roten Armee, die ihrerseits aus Arbeitern und Bauern bestand. Blair Rubles argumentiert in seinen kurzen Ausführungen über die Gruppe der Zehn und die Entwicklung der Gewerkschaften in den 1920er-Jahren, Lenin habe Trotzkis Standpunkt geteilt, die „Gewerkschaften sollten zur Steigerung der Produktivität beitragen"; anders als Trotzki ergänzte er aber einschränkend: „unter der Bedingung, dass sie die legitimen Rechte der Arbeiter vor Verstößen durch die Betriebsleitung schützen".[71] Trotzkis Militarisierung der Gewerkschaften zur Produktion wurde erst in den 1930er-Jahren unter seinem Erzfeind Stalin vollständig umgesetzt.

Was alle Mitglieder des Zentralkomitees und sogar die Führung der Demokratischen Zentralisten gegen Einwände der Arbeiteropposition verteidigten, war die Vorrangstellung des Zentralkomitees gegenüber den Gewerkschaften. Schapiro behauptet zu Recht, dass weder diejenigen, die als Arbeiteropposition bekannt wurden, noch die Demokratischen Zentralisten „eine Opposition im echten Sinne [waren]. Sie hatten keine eigene Organisation, keine feste Mitgliedschaft, keine eigene Presse oder Publikationen".[72] Er zeichnet jedoch ein irreführendes Bild, wenn er hinzufügt, „[sie besaßen] keine Position oder Politik als Alternative zum offiziellen kommunistischen Programm".[73] Im Vorfeld des X. Parteitages (im März 1921) präsentierten und veröffentlichten beide durchaus alternative Positionen im Hinblick auf die Rolle der Gewerkschaften in der Sowjetunion. (Ich sage „irreführend", weil man gerechterweise einwenden könnte, dass die Veröffentlichung dieser Positionen nur möglich war, weil das Zentralkomitee verschiedenen Gruppen gestattete, ihre Standpunkte in verschiedenen Foren darzulegen.)

Die Arbeiteropposition wollte die Leitung der Industrie und einzelner Fabriken in die Hände gewerkschaftlich organisierter Kommunisten legen. Führungspositionen sollten – und das war ein entscheidender Aspekt – gewählt werden. Gewerkschaftsfunktionäre sollten nicht vom Zentralkomitee oder den sich rasch entwickelnden Zentralorganen – dem Orgbüro, dem Sekretariat oder dem Politbüro (sie alle waren 1919 gegründet bzw. im Falle des Politbüros neu gegründet worden) – ernannt werden. „Dieser Grundsatz[, die Leitung zu wählen]", so Schapiro, „zielte darauf ab, die Macht des Zentralkomitees der Partei und selbst der örtlichen Parteiorganisationen über die Gewerkschaften zu brechen."[74] Auch wenn der sowjetische Historiker S. N. Kanew[75] 1956 in einem Artikel die Unterschiede zwischen Lenins und Trotzkis Position maßlos übertrieb, hatte er recht mit seiner These, der Streit um die Gewerkschaften sei Teil eines viel größeren Problems gewesen: Im Mittelpunkt der Diskussion standen „die Frage über die Partei, ihren Platz im System der Diktatur des Proletariats, die Methoden, auf die Massen zuzugehen", und die Maßnahmen, die Massen am sozialistischen Aufbau zu beteiligen. Abgesehen von seinem Jargon bringt er die Herausforderung auf den Punkt, welche die Kontroverse um die Gewerkschaften darstellte. Gewerkschaften und Arbeiteropposition wollten die Diktatur des Proletariats, nicht aber eine Parteidiktatur über das Proletariat. Diese Provokation wäre unabhängig von den Beschlüssen, die auf dem X. Parteitag im März 1921 gefasst wurden, nicht toleriert worden, auch wenn Ruble[76] zu Recht behauptet, Lenins Reaktion darauf sei stark von anderen Ereignissen beeinflusst gewesen.

Mit „anderen Ereignissen" ist hier vor allem der Kronstädter Matrosenaufstand gemeint – mit seinem für die Bolschewiki rätselhaften Slogan „Sowjets ohne Bolschewiki" –, der während des X. Parteitages stattfand. Der Parteitag leitete einen fundamentalen Wandel in der russischen Politik ein, der bis zur Ära der Perestroika in den späten 1980er-Jahren anhalten sollte. Im Hinblick auf die Beziehungen zwischen Regime und Gesellschaft kam die Verabschiedung der Neuen Ökonomischen Politik einem Waffenstillstand mit den Bauern und der Wiederherstellung einer Marktwirtschaft gleich, bei welcher der Staat Kontrolle über die Kommandohöhen behielt.[77] Es handelte sich eindeutig um einen Rückzug.

Lenin wusste, was bei einem Rückzug zu sagen und zu tun war. Während die Auflagen der Bauern gelockert wurden, fand die bescheidene Duldung von nichtkommunistischer sozialistischer Partizipation auf regionaler Ebene sowie auf Ebene der Gewerkschaftspolitik ein Ende. Die Menschewiki hatten den Fehler gemacht, recht zu haben. Es sollte ihnen nicht gegönnt sein, das Volk daran zu erinnern. Zusammen mit der Arbeiteropposition hatten sie die Äußerungen über Diskussionsfreiheit von 1920 ernst genommen und bezahlten den Preis dafür. Lenin machte klar, dass das wenige, was von der SR- und der Menschewiki'schen Teilhabe an der Politik 1921 noch da war, ausgeschaltet werden würde. „Wir werden die Menschewiki und Sozialrevolutionäre (ob sie nun offen oder als ‚Unparteiische' getarnt sind) im Gefängnis halten."[78]

Lenin war jedoch nicht nur fest entschlossen, den nicht-kommunistischen, sozialistischen Widerstand zu beseitigen. Ihm ging es vielmehr darum, die kommunistische Ablehnung von Entscheidungen des Zentralkomitees massiv einzudämmen. Die Ära der relativ freien Diskussionen fand ein abruptes Ende. Weil die Ansichten der Arbeiteropposition in gewisser Weise mit denen der Menschewiki verflochten waren, wurde ihnen vorgeworfen, mit Letzteren zu sympathisieren. In einem seiner am häufigsten zitierten Zitate erklärt Lenin: „Ich muss sagen, dass es jetzt viel besser ist, ‚mit Gewehren zu diskutieren' als mit Thesen, wie sie von der Opposition aufgetischt werden. Wir brauchen jetzt keine Opposition, Genossen, es ist nicht die Zeit danach! Entweder hier oder dort mit dem Gewehr, aber nicht mit einer Opposition ... Und ich denke, der Parteitag wird diese Schlussfolgerung ziehen müssen, ... dass es jetzt mit der Opposition zu Ende sein, ein für allemal aus sein muss, dass wir jetzt der Opposition müde sind!"[79]

Die Beschlüsse, die auf dem X. Parteitag gefasst wurden, gipfelten in einem Prozess, der bereits seit der Machtergreifung der Bolschewiki im Gang war. In nur dreieinhalb Jahren war aus einer Partei *die* Partei geworden. Sie hatte ihre Forderung nach der Ernennung von Gewerkschaftsmitarbeitern geltend gemacht und damit praktisch die Arbeiter entrechtet, ob sie nun Kommunisten waren oder nicht. Auf dem X. Parteitag hatte sich das, was Lenin 1902 in *Was tun?* beschrieben hatte, in Marxismus verwandelt. In der Resolution, welche die Arbeiteropposition attackierte, hieß es: „Der *Marxismus* [Hervorhebung W. Z.] lehrt uns, dass nur die politische Partei der Arbeiterklasse, d. h. die kommunistische Partei, in der Lage ist, eine solche Vorhut des Proletariats und der werktätigen Massen zu vereinen, zu erziehen und zu organisieren, genau wie sie in der Lage ist, dem unvermeidlichen kleinbürgerlichen Wankelmut dieser Massen ... [und] ihrer Vorurteile gegenüber den Gewerkschaften zu widerstehen."[80] Und um all dem die Krone aufzusetzen, verabschiedete der Parteitag die Resolution „Über die Einheit der Partei" mit ihrem berühmten Artikel 7, der Fraktionsbildung verbot:

Um innerhalb der Partei und in der gesamten Sowjetarbeit strikte Disziplin herbeizuführen und die größte Einheit bei der Ausmerzung jeglicher Fraktionsbildung zu erzielen, ermächtigt der Parteitag das Zentralkomitee, in Fällen von Disziplinbruch oder Wiederaufleben oder Duldung der Fraktionsbildung alle Parteistrafen bis zum Ausschluss aus der Partei und gegenüber Mitgliedern des Zentralkomitees deren Überführung in den Stand von Kandidaten des Zentralkomitees, ja als äußerste Maßnahme sogar den Ausschluss aus der Partei in Anwendung zu bringen.[81]

Die Kommunistische Partei verwandelte sich außerdem rasant in einen großen Verwaltungsapparat, dessen Führung in der Lage war, ihre politischen Anliegen durchzusetzen. Sie war im März 1921 eine radikal andere Organisation als noch zwei Jahre zuvor. Die Entwicklungen in den folgenden Jahren verwandelten die Partei als Organisation weiter hin zu dem Konstrukt, das im Wesentlichen bis zu Glasnost und Michael Gorbatschow Mitte der 1980er-Jahre bestehen sollte.

Zunächst war Swerdlow bis zu seinem Tod im März 1919 das Sekretariat gewesen. Auf dem VIII. Parteitag 1919 waren dann das Orgbüro und das Sekretariat gegründet worden. Außerdem wurde das Politbüro (das 1917 existiert hatte, aber nach der Oktoberrevolution nicht mehr genutzt wurde) wieder eingesetzt und dazu ermächtigt, wichtige Beschlüsse zwischen den Treffen des Zentralkomitees zu fassen. Diesen institutionellen Entwicklungen folgte 1920 die Gründung einer Zentralen Kontrollkommission, die Anfang der 1920er-Jahre eine immer wichtigere Rolle spielte.

Genau genommen war das Politbüro anfänglich ein Unterkomitee des Zentralkomitees gewesen. Das Gewicht der beiden Organe wurde zunächst vor allem durch den fortschreitenden Bürgerkrieg bestimmt. Obwohl das Politbüro bereits in den ersten Monaten des Jahres 1920 tagte, traf es sich häufiger als das gesamte Zentralkomitee. Als die Gefahr schließlich gebannt war und die Mitglieder des Zentralkomitees nach Moskau zurückgekehrt waren, kehrte sich das Verhältnis der Sitzungen in der zweiten Hälfte 1920 um,[82] und ab 1922 war das Politbüro das dominantere Organ der beiden. Die Erweiterung des Zentralkomitees (Tabelle 3.1.) ging also mit einem Machtverlust einher, bis das Komitee nur dann noch eine Rolle spielte, wenn im Politbüro Uneinigkeit herrschte – wie etwa im berühmten Streit 1957 zwischen Nikita Chruschtschow und der Anti-Partei-Gruppe, die ihn von seinem einträglichen Posten als Parteiführer verdrängen wollte.

Auch die Zahl der Mitarbeiter des Sekretariats stieg deutlich an: „zwischen 1919 und 1921 von 30 auf 602; im August 1922 waren 325 ‚verantwortliche Arbeiter' in den Zentral- und Regionalbüros beschäftigt und geschätzte 15.000 in Organisationen auf Provinz- und Ortsebene".[83] Die gestiegene Zahl der Mitarbeiter verschaffte dem Sekretariat die Möglichkeit, Ämter nicht nur in regionalen Parteiorganisationen, sondern auch in nicht-parteilichen Institutionen in Moskau (insbesondere in der Regierung, den Gewerkschaften und in den Streitkräften) zu besetzen.

Da es hier um die Folgen institutioneller Entwicklung für die Größe des Elektorats geht, ist zu betonen, dass sowohl Jewgeni A. Preobraschenski als auch N. M. Krestinski, die ersten aktiven Parteisekretäre, relativ tolerant gegenüber abweichenden Meinungen waren.[84] Insbesondere Preobraschenski setzte sich für freie Diskussionen innerhalb der Partei ein und wandte die Waffen der Organisation nicht in fanatischer Weise an, wenn es darum ging, abweichende Auffassungen in regionalen Parteiorganen einzufangen.[85] Beide waren Unterstützer von Trotzki. Dennoch schwächten die Ernennungen durch die Partei im Staatsapparat rasch die Rolle der Regierung bei Entscheidungen, obwohl Lenin den Vorsitz des Sownarkom innehatte und Preobraschenski und Krestinski Trotzki unterstützten. Die erste Nomenklatura-Liste von rund 5.000 Staatsbeamten, die der Genehmigung der zentralen Parteiorgane bedurfte, erschien im Oktober 1923.[86]

Ein weiteres Indiz für die zunehmende Machtkonzentration betrifft die Sitzungen vieler staatlicher Institutionen. Wenn auch der Staat an sich keinesfalls Verfallserscheinungen zeigte, setzte seine Verwandlung in einen Parteistaat bereits im Dezember 1919 ein. Zu dem Zeitpunkt „hatte sich der Allrussische Sowjetkongress ein Jahr lang nicht getroffen ... das Zentrale Exekutivkomitee hatte sich überhaupt fast nie getroffen und über kaum ein Dekret debattiert oder abgestimmt; die Gesetzgebung erfolgte entweder durch das Präsidium des Zentralen Exekutivkomitees oder durch den Rat der Volkskommissare (die beiden Instanzen waren in ihrer Zusammensetzung weitgehend identisch)".[87]

Durch ihren beherrschenden Einfluss auf die wichtigsten Ernennungen in der Gewerkschaft beseitigten die Kommunisten faktisch andere Arbeiter aus dem Elektorat, obwohl sie die Gewerkschaften weiter als ernst zu nehmenden Faktor betrachteten. Wäre allerdings der Aufstand der Kronstädter auf die Arbeiter in den zwei Hauptstädten übergesprungen, könnte man heute eine Geschichte erzählen, in der die Arbeiter das Kronstädter Motto – „Sowjets ohne Bolschewiki" – umgesetzt, sich selbst zum Ejektorat ernannt und den Bolschewiki die Macht entzogen hätten.

Auf dem IX. Parteitag 1919[88] hatte das Orgbüro die Befugnis erhalten, Parteifunktionäre unter Ausschluss des Politbüros oder des Zentralkomitees „außer für Ernennungen innerhalb des zentralen Apparats" zu versetzen und zu ernennen. Ab 1920[89] war es in der Lage, seine Versetzungs- und Ernennungsbefugnis als wirksame Waffe zu nutzen, um kommunale Parteiorgane zumindest in den wichtigsten Industriezentren zu kontrollieren. Anfangs wurde von dieser Macht in Bezug auf regionale Parteiorgane nur begrenzt Gebrauch gemacht. Roeder erwähnt das Beispiel des Ukrainischen Zentralkomitees, das 1920 vom Zentrum aufgelöst wurde, und das des Samara Regionalkomitees, das 1921 von Moskau abgeschafft wurde. In beiden Fällen wählte Moskau den Ersatz.[90] Vor März 1921 waren Beispiele wie diese selten.

Die Situation ein Jahr vor dem X. Parteitag 1921 unterscheidet sich erheblich von der ein Jahr darauf. Nach dem März 1922 wurde das, was Roeder als reziproke Rechenschaftspflicht bezeichnet, zum neuen Trend: Sie „tritt da auf, wo [Wahlmänner] ... von genau den Führern ernannt und abgesetzt werden können, die sie ernennen und absetzen."[91] Über das Sekretariat und das Orgbüro ernannte das Zentralkomitee diejenigen, deren Positionen die Teilnahme an Parteitagen erforderten. Das Tempo beschleunigte sich. „1922 berichtete [das Sekretariat], es habe 37 *guberniia* (Provinz-) [Vorläufer der Oblast] Sekretäre abgesetzt oder versetzt und bei 42 Wahlen Empfehlungen ausgesprochen ... Es habe ungefähr 5.000 Stellenzuweisungen ‚verantwortlicher Beamter' vorgenommen und mindestens so viele Zuordnungen anderen Personals"[92] auf niedrigerer Parteiebene im selben Jahr.

Diejenigen, deren Position eine Teilnahme an Parteitagen erforderlich machte, wählten im Gegenzug die Mitglieder des Zentralkomitees in einem Verfahren, das Robert Daniels mit der berühmten Formel vom „zirkulären Machtfluss" auf den Punkt gebracht hat. Darin nutzte zum Beispiel der Generalsekretär den zentralen Parteisekretär dafür, regionale Sekretäre zu ernennen. Letztere ernannten dann Delegierte (durchaus auch sich selbst) für den Parteitag der KPdSU. Der Parteitag bestimmte sodann das Zentralkomitee, das wiederum das Politbüro und den Gensek wählte.[93] Dasselbe Verfahren galt in der Folge, als die Parteitage inhaltlich zunehmend irrelevanter wurden – eine „Versammlung der Getreuen"[94], wie Fainsod sie genannt hat. So war es nicht mehr angebracht, das Zentralkomitee – mitunter erweitert durch das Zentrale Kontrollkomitee – als Siegerkoalition zu betrachten, vielmehr war es das

Elektorat des Politbüros. In der post-leninistischen sowjetischen Phase (Lenin starb 1924) stellte wiederum das Politbüro oder immer häufiger eine Mehrheit seiner Mitglieder das wahre Elektorat dar. In den 1930er-Jahren nahmen die Sitzungen des Politbüros dann rapide ab, bis sich das Elektorat faktisch auf eine Person reduzierte, auf Stalin.[95]

Folgen für das Elektorat

Ohne eigenes Zutun gründete die Macht der Bolschewiki anfänglich auf einem fast universellen Elektorat. Dieses fand mit der Auflösung der Konstituierenden Versammlung ein rasches Ende. Mit Repression und dem Ausbau des Parteiapparats entrechteten, tyrannisierten und schlachteten die Bolschewiki in vielen Fällen diejenigen in Stadt und Land systematisch ab, die sie als ihre Klassenfeinde betrachteten. Sie ahmten ihre zaristischen Vorgänger nach, indem sie ein Wahlsystem schufen, das auch die kleinbäuerliche Landbevölkerung, die sie theoretisch nicht als Feind betrachteten, erheblich unterrepräsentierte. Durch die Ausweitung der Ernennungs- und Versetzungsbefugnis zentraler Parteiorgane auf die Gewerkschaften machten sie ihre Stammwählerschaft – die große Masse der Arbeiterklasse – selbst im Hinblick auf die Wahl der Betriebsführung faktisch machtlos und für die Wahl der politischen Führer irrelevant.

Im Laufe der ersten drei oder vier Jahre der Sowjetmacht trafen die Kommunisten Entscheidungen, die nicht-kommunistischen Sozialisten ihre Rechte entzogen und häufig zu deren Inhaftierung führten. Auf dem X. und XI. Parteitag (1921 bzw. 1922) schränkten sie außerdem die Art von innerparteilichem parlamentarischem Mehrheitsprinzip ein, das noch die Entscheidung, den deutschen Forderungen in Brest-Litowsk nachzugeben, geprägt hatte. Unter diesen zunehmenden Einschränkungen waren zwei besonders bemerkenswert, da es sich bei ihnen um institutionelle Entwicklungen handelte, die der Manipulation Vorschub leisteten. Die eine war die Entscheidung, die Wahl von Blöcken zu verlangen, die sich durch ihre Unterstützung von Resolutionen vor einem bevorstehenden Parteitag definierten. Die andere war die Forderung, auf Parteitagen grundsätzlich öffentlich abzustimmen. Beide erstickten solche Stimmen, die vom Standpunkt des Zentralkomitees oder dessen Mehrheit abwichen.

Auch wenn Streitfälle innerhalb des Zentralkomitees weiterhin durch Abstimmung gelöst wurden, kam darüber hinaus zunehmend eine

Vielzahl von Verfahren zum Einsatz, um regionale Gremien auf Linie zu bringen. Vertreter wurden zu regionalen Parteitreffen entsandt, um die Position des Zentralkomitees darzulegen. Drei Monate nach dem X. Parteitag im März 1921 reagierte das Zentralkomitee zum Beispiel scharf auf eine Resolution, die mit 1500 zu 30 Stimmen auf dem IV. Allrussischen Gewerkschaftskongress verabschiedet worden war und die einerseits die „Federführung der Partei" bei der „Auswahl der Führung für die Gewerkschaftsbewegung" bestätigte, andererseits aber dafür eintrat, dass „die Auswahl der Führer in den Gewerkschaften ... vor allem durch die organisierten Parteimassen selbst vorgenommen werden sollte".[96]

Ein Aufruhr war die Folge. Tomski wurde als Vertreter des Zentralkomitees im Parteitag abgelöst, und die kommunistische „Fraktion" musste ihre Entscheidung zur selben Resolution, die sie am Vortag mit einer überwältigenden Mehrheit von 1.500 zu 30 Stimmen verabschiedet hatte, auf dem Parteitag zurückziehen.[97] Schließlich kann nicht genug betont werden, wie stark die Loyalitätsnorm selbst in den ersten Tagen nach der Oktoberrevolution unter den Kommunisten war. Sie nahm zum Teil die Form von Ehrerbietung gegenüber Lenin als Person an. Trotzkis Verhalten in der Debatte über die Gewerkschaften Anfang 1921 war sicherlich von solchen Gefühlen geprägt.[98] Eine Vielzahl kleinerer Lichter beugte sich Lenin ebenfalls. Darüber hinaus hatten viele Kommunisten die Vorstellung verinnerlicht, die Partei habe immer Recht. Diese Vorstellung sollte den Kommunisten – insbesondere denjenigen, die vor der Revolution Parteimitglieder gewesen waren (die Altbolschewiki) – in den 1930er-Jahren zum Verhängnis werden. In seiner oft zitierten Erklärung, warum er für das „Programm der Zehn" stimme, fasste Karl Radek 1921 das Dilemma vieler zusammen: „Wenn ich dieser Resolution zustimme, so fühle ich wohl, dass sie auch gegen uns angewendet werden kann und trotzdem unterstütze ich sie ... Das ZK mag in Augenblicken der Gefahr die strengsten Maßnahmen gegen die besten Parteigenossen ergreifen, wenn es das für nötig hält ... mag das ZK sich sogar irren! Das ist weniger gefährlich als die Unentschlossenheit, die man jetzt sieht."[99]

Darüber hinaus war noch eine weitere Art der Loyalitätsnorm im Spiel. Wie wir gesehen haben, machte die kommunistische Führung ungeachtet der geteilten Meinungen innerhalb des Zentralkomitees keine Anstalten, Macht an die Gewerkschaften abzugeben. Das Zentralkomitee sowie die Führungsriege entscheidender regionaler Parteiorgane und eine Handvoll derer, die die regionalen Parteiorganisationen kontrollierten und keine ordentlichen Mitglieder des Zentralkomitees waren, einte die Überzeugung, es müsse seine Macht erhalten und Abtrünnigkeit sei gefährlich. Trotzki und Sinowjew mochten erbitterte Feinde sein und aus ihrer Verachtung keinen Hehl machen. Bucharin mochte nett über die Arbeiteropposition reden, aber wenn es darauf ankam, war noch nicht einmal er bereit, die beherrschende Stellung des Zentralkomitees aufs Spiel zu setzen und die von der Arbeiteropposition vorgeschlagenen Maßnahmen zu unterstützen, um die zentrale Entscheidungsbefugnis des Zentralkomitees abzuschaffen. Er war sogar ein starker Befürworter des Gebrauchs von Ernennungen und Versetzungen, um so die Organisation in Moskau-Stadt, einer Hochburg der Arbeiteropposition, gefügig zu machen: „Die Moskauer Organisation muss *gesund gemacht* werden ... Es ist notwendig, ... das aufwieglerischste Element ... zu entfernen, um *neue,* frische Gesichter zu entsenden."[100]

Kurz gesagt, hatte die kommunistische Führung das Elektorat erheblich verkleinert und eine Situation geschaffen, in der die Machtverteilung zwischen dem Zentralkomitee und dem wachsenden Staatsapparat auf der einen Seite sowie den potenziellen Herausforderern auf der anderen Seite Erstere erheblich begünstigte. Der Parteitag spielte weiter eine gewisse Rolle. Als Mitglieder der Arbeiteroppositionen beharrlich darauf bestanden, ihren Standpunkt vorzubringen, und sogar so weit gingen, ihrer Bestürzung über die Entwicklungen gegenüber der Kommunistischen Internationale Ausdruck zu verleihen,[101] versuchte das Zentralkomitee, fünf der führenden Oppositionsmitglieder vom Parteitag aus der Partei ausschließen zu lassen. Der Parteitag gab bei zwei der fünf nach, wehrte sich jedoch erfolgreich gegen den Versuch, drei langjährige Kommunisten auszuschließen. Trotz der wachsenden Bedeutung des Sekretariats bei der Ernennung und Versetzung von Parteitagsmitgliedern – Roeders reziproke Rechenschaftspflicht, Daniels' zirkulärer Machtfluss – verhielten sich diejenigen, die nominell befugt waren, als Elektorat zu dienen, in bescheidenem Maße weiter so, als ob dies der Fall wäre.

Diese Beobachtung schmälert indes nicht das zentrale Fazit dieses Kapitels. In den ersten Monaten nach dem Oktober 1917 verkleinerte sich das Elektorat erheblich und wurde durch das sich rasant entwickelnde System reziproker Rechenschaftspflicht, das wiederum vor allem ein Produkt des wachsenden Parteiapparats war, immer weiter eingeschränkt. In der Folge verkleinerte sich auch die regierende Koalition. Das Zentralkomitee kämpfte energisch und erfolgreich gegen Versuche, wonach andere Gruppen amtliche Entscheidungen hätten treffen können, und bildete eine einheitliche Front gegenüber allen anderen Gruppen. Intern war es jedoch zerstritten. Als der explodierende Apparat (insbesondere im Zuge der Verschlechterung von Lenins Gesundheitszustand) zu einer politischen Ressource wurde – die Parteiregeln von 1919 schrieben vor, dass das Zentrum „die Kräfte und Gelder der Partei verteilt"[102] –, wurde klar, dass eine Mehrheit, zunächst im Zentralkomitee und bald auch im Politbüro, diese Waffe nutzen konnte, um regionale Parteieinheiten und das Zentralkomitee gegen Gegner, einschließlich der Mitglieder des Zentralkomitees, zu mobilisieren.

2. Alternative Mobilisierungsstrategien, 1917–1934

Staaten unterscheiden sich in ihrer Fähigkeit, Bürger für ihre Zwecke zu mobilisieren. In diesem Kapitel beschäftige ich mich mit den sowjetischen Bemühungen um Mobilisierung der eigenen Bürger in den Jahrzehnten vor dem Großen Terror.

Im Anschluss an die Oktoberrevolution ging es vor allem darum, Bauern für die Rote Arbeiter- und Bauernarmee (RKKA) zu gewinnen und die städtische Bevölkerung für eigene Zwecke zu rekrutieren. In den 1920er-Jahren folgte die Neue Ökonomische Politik (NÖP), in der das Regime seine Macht konsolidierte. Damals glich das Regime noch anderen normalen oder „voll"[1] autoritären Staaten und war keines, das im Sinne von Jowitts „Kampfaufgabe"[2] auf Mobilisierung und Veränderung setzte. Darauf folgte jedoch eine Phase, während der sich auf dem Land die Schrecken der Kollektivierung manifestierten und in den Städten die Parteidoktrin faktisch alle beruflichen, wissenschaftlichen und künstlerischen Kreise durchdrang.

Die Geschichte des Bauernwiderstands gegen die Politik der Bolschewiki ist umfassend dokumentiert. Diese Politik führte u. a. zu einer galoppierenden Inflation, die noch durch die bolschewistische Idee verschärft wurde, Geld könne als Zahlungsmittel abgeschafft werden, sowie zu einem Mangel an Konsumgütern, der wiederum die Tendenz der Bauern verstärkte, Getreide zu horten.

Anders als Mao und Tito, die zunächst auf dem Land die Macht ergriffen und dann in die Städte vordrangen, waren die Bolschewiki in den Städten an die Macht gelangt und versuchten nun, ihren Einfluss auszuweiten. Sechs Monate nach der Machtergreifung war Jakow Swerdlows Beobachtung, „die revolutionäre Sowjetmacht [sei] in den Städten stark genug", zwar übertrieben, mit seiner Einschätzung, „dasselbe könne man nicht von den Dörfern behaupten", lag er jedoch genau richtig. Um Abhilfe zu schaffen, machten sich die Bolschewiki daran, „das Dorf in zwei unversöhnliche feindliche Lager" zu spalten, „um dort einen Bürgerkrieg ... zu entfachen".[3] Dies geschah auf dreierlei Weise: durch die Einrichtung von Dorfkomitees der Armen *(kombedy)*, durch die Entsendung von „Beschaffungstrupps" aus bewaffneten Arbeitern, die in den Dörfern das Staatsmonopol auf den Getreidehandel durchsetzten, und durch den Einsatz der neu gegründeten Roten Armee.

Tatsächlich entfachten die Bolschewiki mit diesen drei Mitteln nicht nur einen, sondern gleich mehrere Bürgerkriege: Da war zum einen der Krieg der Weißen gegen die Roten, den – so heißt es gewöhnlich – die Roten gewannen, weil die Bauern die Weißen noch weniger leiden konnten und die Rückkehr der Gutsbesitzer fürchteten. Und da war zum anderen der Krieg der Roten gegen die Grünen, gegen die Bauern. Beide hinterließen – im Zusammenspiel mit den verschiedenen ausländischen Interventionen – bleibende Spuren in der russischen Gesellschaft.

Die Zusammenstöße zwischen Grünen und Roten fanden häufig in Form eines Guerillakriegs statt, wobei die Grünen Wälder als Schutzschilde nutzten und Beschaffungstrupps der städtischen Arbeiter sowie die Rote Armee aus dem Hinterhalt überfielen. Die Roten verfolgten mit ihrem Kampf die Beschlagnahmung von Getreide und den Aufbau der Sowjetmacht auf dem Land sowie allgemeiner die Einschüchterung der Bürger. Während sie mit ihrem ersten Ziel, der Zwangseintreibung von Getreide, weniger erfolgreich waren, gelang es den Bolschewiki trotz ihrer lange untergeordneten Rolle außerhalb der großen Städte, regionale Regierungen einzusetzen. Insgesamt stellte nach Einschätzung von Vladimir Brovkin und Robert Conquest „das Ausmaß des bolschewistischen Krieges gegen die Bauern [die Grünen] im Innern den Frontkrieg gegen die Weißen bei Weitem in Schatten".[4]

Zwar ist dies ein weitgehend unerforschtes Thema, doch einige der größten Aufstände – der Bauernaufstand von Tambow ist das bekannteste Beispiel[5] – und der Großteil des organisierten Widerstands gegen bolschewistische Einfälle auf dem Land sind eingehend untersucht worden. Unstrittig ist, dass der für die Bauern typische passive Widerstand – das Verstecken von Getreide, verminderter Anbau und so weiter – weitreichend war. Außerdem kam es zu zahlreichen lokalen Bauernaufständen *(bunty)*, die häufig die Entsendung von „Strafkommandos" zur Folge hatten.[6] Brovkin zitiert amerikanische Geheimdienstquellen: „[D]ie Landbevölkerung der Bezirke Nowgorod, Petrograd und Twer hat vor Kurzem eine riesige Bewegung organisiert. In den meisten Bezirken sind die Bauern gut bewaffnet und besitzen sogar eine Kanone [sic], Maschinengewehre und Handgranaten."[7] Ähnlich zitiert Brovkin kommunistische Quellen, denen zufolge im zentralrussischen Twer 50.000 und in Rjasan fast 55.000 grüne Rebellen festgenommen worden seien.[8] Das Problem besteht darin, wie Brovkin feststellt, dass wir nicht wissen, wie verbreitet solche Vorkommnisse waren. Man kann jedoch davon ausgehen, dass Lenins Anstrengungen, die Dorfbewohner gegeneinander und gegen die bewaffneten Arbeiter aufzubringen bzw. die Rote Armee gegen die Dörfer aufzuhetzen, nur bedingt erfolgreich waren.

Unstrittig ist auch, dass die Gewalt auf beiden Seiten erschreckend war – wie es in Bürgerkriegen oft der Fall ist. Lenin bestand auf Geiselnahmen, einer Maßnahme, die in den Roten Terror überging, in dem die Tscheka fast ohne Kontrolle agierte. Als Reaktion auf einen Aufstand in Pensa forderte Lenin, dieser müsse „gnadenlos unterdrückt" werden:

„1. **nicht weniger als 100 bekannte** Kulaken, reiche Männer, Blutsauger unbedingt hängen, damit die **Leute das sehen**

2. ihre Namen veröffentlichen

3. ihnen **alles** Getreide wegnehmen

4. Geiseln bestimmen – siehe gestriges Telegramm"[9]

Anatoli Lunatscharski informierte Lenin über die Urenskoje-Affäre in Kostroma, die „ein einziger Albtraum [gewesen sei]. Ihr Ende war schrecklich. Die Bauern töteten 24 unserer Genossen bzw. ließen sie erfrieren oder verbrannten sie bei lebendigem Leib, nachdem sie sie schrecklichen Foltern unterzogen hatten." „Doch", so fügt Lunatscharski in wahrscheinlich ungewollter Untertreibung hinzu, „bin ich mir nicht ganz sicher, dass einzig die Bauern die Schuld tragen ... es begann mit einem Maschinengewehrfeuer auf sie."[10]

Die vielleicht aufschlussreichsten Informationen über den begrenzten politischen Einfluss des Regimes betreffen jene Russen, die zugleich Bauern und Zwangsrekrutierte waren. Wenn auch die Verpflichtung der Bauern, Getreide an die Städte abzutreten, nur mäßig erfolgreich war, lohnt es sich doch, den Erfolg der Bolschewiki bei der Rekrutierung von Steuereintreibern zu untersuchen, die ebenfalls überwiegend Bauern waren.

Im Folgenden schildere ich die Entwicklung der RKKA, die in verschiedener Hinsicht und vor allem dank Trotzkis Bemühungen eine große Leistung war. Dabei handelt es sich indes nicht um eine reine Erfolgsgeschichte. Ein erheblicher Teil der Männer, die zum Militär eingezogen, gedrängt oder gezwungen worden waren, desertierte. Laut

Schätzungen führender westlicher Historiker wie John Erickson und Mark von Hagen liegt die Zahl derer, die entkamen, bei einer Million oder mehr. Das beeinträchtigte erheblich die Umgestaltung dessen, was unmittelbar nach der Revolution die Streitkräfte waren und sich rasch zur RKKA entwickelte.

Dennoch kann man durchaus von einer Umgestaltung sprechen. Die Aufgaben der Sowjet-Armee in der Zeit von 1919 bis 1920 unterschieden sich weitgehend von jenen, die sie unmittelbar nach der Machtergreifung der Bolschewiki in Petrograd wahrnahm. Armeen sind normalerweise disziplinierte und hierarchische Organisationen, doch die Bolschewiki setzten anfangs ihre Politik aus der Zeit vor der Machtergreifung fort, eine Politik, welche die Spaltung einer ohnehin in Auflösung begriffenen Armee noch verschärfen sollte. Merle Fainsod[11] bringt das Ergebnis auf den Punkt: „Der ... Traum von einem egalitären Volksheer beherrschte die Köpfe der bolschewistischen Führung und bestimmte den Inhalt der ersten Dekrete über die Armee. Dem Befehl vom 29. Dezember 1917, der die militärischen Ränge und Titel abschaffte, folgte das Dekret des Rats der Volkskommissare vom 12. Januar 1918,[12] das die Bildung einer sozialistischen Armee proklamierte, die ‚von unten auf den Grundsätzen der Offizierswahl und der gegenseitigen kameradschaftlichen Disziplin und Achtung aufgebaut werden sollte.'"

Diese Maßnahmen dienten einem konkreten Ziel: die Truppenloyalität gegenüber einer Regierung zu verbessern, die den Anspruch hatte, die Arbeiter in einem Land zu repräsentieren, das zu drei Vierteln aus Bauern bestand. Das gelang den Bolschewiki zunächst, indem sie nur Soldaten aus der städtischen Arbeiterklasse rekrutierten und eine Art Loyalitätsbeweis verlangten in Form einer Empfehlung durch eine Parteiorganisation, eine Gewerkschaft oder „demokratische Organisationen, die auf der Plattform der Sowjetmacht stehen".[13] Doch für eine Armee, die zunächst aus Freiwilligen bestand, war dies von geringem Wert. Sicherlich gingen manche aus Gründen zum Militär, die mit den Zielen des Regimes vereinbar waren. Doch wie Trotzki beobachtete, waren „die meisten von denen, die sich meldeten, Vagabunden übelster Art".[14]

Eine Kehrtwende hin zur Schaffung einer konventionelleren Armee zeichnete sich erst mit der Ernennung Trotzkis zum Volkskommissar für Krieg im März 1918 ab, auch wenn der 23. Februar 1918 offiziell als

Gründungsdatum der Roten Arbeiter- und Bauernarmee gilt. Im April wurde die Wehrpflicht eingeführt, die sich in den folgenden Monaten über alle Alters- und Klassenkohorten hinweg auswirkte. Eine Armee, die im Mai 1918 noch nur ungefähr 300.000 Mann zählte, war am 1. Januar 1920 auf drei Millionen angewachsen und im Laufe desselben Jahres auf über fünf Millionen, wenngleich die Zahlen in gewissem Maße fiktiv sind und die Einheiten bunt zusammengewürfelte Haufen waren: „Lettische Grenadiers, bolschewistische Matrosen, Arbeiter aus Moskau, Petrograd und dem Ural, Freiwillige aus dem alten kaiserlichen Heer, ehemalige Kriegsgefangene und Bauern, die sich in lokalen Milizeinheiten durchmischten, sie alle tummelten sich im Zentrum oder über die Provinzen verteilt oder wurden erneut in herumstolzierende Mini-‚Armeen' eingeteilt." [15] Darüber hinaus ergriff Trotzki Maßnahmen, um Entscheidungsprozesse zu zentralisieren, ehemalige zaristische Offiziere und Unteroffiziere in Kommandostrukturen einzugliedern, die Disziplin herzustellen und die gewöhnlichen Soldaten für einfache, aber wesentliche Aufgaben zu schulen, die Soldaten in einer großen schlagkräftigen Massenarmee zu erfüllen haben.

Mit den Dekreten vom 21. März und 22. April 1918 wurde die Wahl von Offizieren eingestellt und die Todesstrafe wieder eingeführt.[16] Fast 50.000 ehemalige Offiziere, die schönfärberisch als „Militärspezialisten" bezeichnet wurden, schlossen sich im Laufe des Bürgerkriegs der Roten Armee an. Zwei Maßnahmen dienten dazu, sich ihrer Loyalität zu versichern. Dies war zum einen die Einrichtung eines Systems politischer Kommissare, die – wie Trotzki es ausdrückte – neben den Spezialisten stehen sollten, „einer zur Rechten und einer zur Linken mit dem Revolver in der Hand".[17] Zum anderen wurden die Familien der Militärspezialisten als Geiseln genommen, wobei man ihnen „sofortige Verhaftung" androhte. Wenn Offiziere die Bolschewiki verrieten, so Trotzki, sollten sie wissen, dass sie „gleichzeitig Mitglieder ihrer eigenen Familien"[18] verrieten.

Die Rolle der Militärspezialisten in der neuen Armee rief unter vielen Bolschewiki, insbesondere unter bolschewistischen Soldaten, scharfe Kritik hervor. Skepsis war in gewissem Maße berechtigt, da – wie Trotzki erkannte – viele der ehemaligen zaristischen Offiziere zu den Weißen übergelaufen waren.[19] Im Allgemeinen fügten sich die Offiziere jedoch der neuen Realität. Die Verwendung von Militärspezialisten auf Schlüsselpositionen jetzt zu verwerfen, wäre genauso kontraproduktiv, bekräftigte abermals Trotzki, „als wollte man alle Eisenbahningenieure wegjagen, ... weil es unter ihnen ein paar Saboteure gibt".[20]

Der vielleicht wichtigste Faktor beim Übergang zu einer konventionellen Armee waren jedoch Trotzkis entschlossene Bemühungen: „Jede Armee-Einheit muss regelmäßig ihre Rationen bekommen, Lebensmittel dürfen nicht dem Verderb ausgesetzt werden, und das Essen muss ordentlich gekocht sein. Wir müssen unseren Soldaten persönliche Sauberkeit beibringen und darauf sehen, dass sie Ungeziefer vertilgen. Sie müssen ihr Ausbildungspensum richtig lernen und es so oft wie möglich im Freien üben. Wir müssen sie lehren, ihre politischen Reden kurz und verständlich zu halten, ihre Gewehre zu putzen und ihre Stiefel einzufetten ... Das ist unser Programm [für die nächste Zeit]."[21] Craig Nation weist zu Recht mit Trotzki darauf hin, dass die Ambitionen der RKKA „deutlich erkennbar blieben" und insofern unverwässert, als sie „durch die Präsenz einer moralischen Idee definiert [waren] – daher siegreich".[22] Dennoch bedeutete dies „eine Rückkehr zur Normalität",[23] da „das Schlachtfeld" von der Roten Armee Maßnahmen verlangte, „die denen ihrer Feinde ähnelten".[24]

Der Erfolg blieb nicht aus. Innerhalb nur eines Jahres „hatte eine besiegte Nation, die man am Ende ihrer Kräfte glaubte, eine Massenarmee mobilisiert, ihr eine qualifizierte Führung verschafft und erfolgreich eine Vision ihrer Ziele entworfen. Es war eine Armee, die – wie die Ereignisse zeigen sollten – kämpfen und gewinnen konnte."[25] Diese positive Einschätzung ist jedoch in einen größeren Kontext zu stellen. Tatsächlich stand die neu gebildete Rote Armee vor vielfältigen Aufgaben, die sie mal besser, mal schlechter bewältigte. Die Ergebnisse ihrer Bemühungen, Lebensmittel auf dem Land zu beschaffen, um sich und die Städte zu versorgen, waren, wie wir gesehen haben, zweifelhaft und brachten zahllose Menschen eher dazu, zu desertieren, als ihr Leben dem Kampf zu opfern.

Für gewöhnlich liegt zudem die Kernaufgabe von Armeen im Schutz des Staates vor äußeren und inneren Bedrohungen. In der Situation eines zusammengebrochenen Imperiums waren 1919 gängige Vorstellungen von äußerer und innerer Bedrohung jedoch hinfällig geworden. Eine Liste der Länder, deren Truppen sich auf russischem Gebiet befanden, deutet die gewaltige Aufgabe an, vor der die Rote Armee stand. Zwischen November 1917 und März 1921 drohte wechselweise Gefahr von den Alliierten (Großbritannien, Frankreich und den USA), den Deutschen (mit und ohne schwächere Verbündete), den Japanern, den Tschechoslowaken, den Polen und den Weißen.

Anfangs suchten die Bolschewiki die Unterstützung der Alliierten gegen die Deutschen. In einem Telegramm an den amerikanischen Botschafter vom 21. März 1918 erklärte Raymond Robin: „Telegramm aus Murmansk meldet, dass Engländer und Franzosen mit der Sowjetregierung beim Schutz von Häfen und Schienen auf ausdrückliche Anordnung von Moskau kooperieren."[26] Eine Bedrohung stellte die Kontrolle der Transsibirischen Eisenbahn durch die Tschechoslowaken dar – ein wichtiger Anstoß für die Entscheidung, die Armee in eine konventionelle Armee rückzuverwandeln. Pipes[27] behauptet jedoch, „mehrere Hundert Tschechen" seien mit den Briten in Murmansk gelandet, wo sie anfangs den Bolschewiki helfen wollten. Und während der deutsche Vormarsch nach dem Aussetzen der Friedensverhandlungen in Brest-Litowsk die Oktoberrevolution anfangs bedrohte, spielten die Deutschen in der Folge eine nicht unwesentliche Rolle für den Machterhalt der Bolschewiki.

Neben ihrem Kampf gegen ausländische Streitkräfte, gegen die Weißen und die Grünen war die Rote Armee mit zahlreichen anderen Aufgaben beschäftigt. Trotzki hatte die Idee, Einheiten, die aus den Kampfgebieten abgezogen worden waren, dazu zu verpflichten, ihre Uniform weiterhin zu tragen und Aufgaben zu übernehmen „wie das Reparieren von Schienenbetten, den Transport von Treibstoff und das Reparieren von Landmaschinen".[28] Damit war sie freilich nicht die einzige Armee, die solche zivile Funktionen übernahm, wie sie insbesondere im Anschluss an Katastrophen anfielen – sei es infolge von Krieg, Aufständen oder Unwetter.

Die bolschewistische Führung sah eine sogar noch größere Rolle für die RKKA vor. Für sie war die Armee das Mittel, mit dem sich die Russische Revolution mit den Revolutionen in Ost- und Zentraleuropa verbinden ließ. In dieser Verbindung sahen sie anfangs eine unabdingbare Voraussetzung für ihren Machterhalt in Russland. Dass die Bolschewiki die Armee nicht nur für Verteidigungszwecke, sondern auch als Eingreiftruppe bei den Revolutionen in Europa verwenden wollten, unterstreicht auch Craig Nation.

Die Polen, die gewartet hatten, bis klar war, dass die Roten gegen die Weißen gewinnen würden, griffen 1920 die Sowjetrepublik Ukraine an. Anfangs konnte die Rote Armee erhebliche Erfolge verbuchen und den

Einfall der Polen abwehren. Die sowjetische Führung erkannte schnell, dass sie den russischen Nationalismus nutzen konnte, um Stimmung gegen äußere Bedrohungen zu machen. Nur drei Monate nach der Machtergreifung der Bolschewiki in Petrograd drängten Lenin und andere das russische Volk mit beachtlichem Erfolg, sich für ihre Sache zu engagieren: „Das sozialistische Vaterland ist in Gefahr!"

Wie indes die Ereignisse in Polen bewiesen, änderte sich die Situation schlagartig, als die Rote Armee, angetrieben von Slogans wie „Gebt uns Warschau!", die polnische Armee nicht nur aus der Ukraine zurückdrängte, sondern weiter in polnische Gebiete vorrückte.[29] Die RKKA sah sich bald in einer unhaltbaren Position, vor allem deshalb, weil die polnischen Arbeiter und Bauern die Armee als russisch-imperialistische Besatzer und nicht als Befreier und revolutionäre Wegbereiter begriffen, die einen Bogen zwischen der Revolution in Russland und der Revolution in Deutschland sowie möglicherweise in anderen Ländern Ost- und Mitteleuropas schlagen würden. Dennoch hatte sich eine Rote Armee mit herkömmlichen hierarchischen und disziplinarischen Strukturen zusammen mit einer beträchtlichen Dosis revolutionärer Begeisterung und politischer Kontrolle als erfolgreich erwiesen und den Armeen europäischer Staaten wie Polen ebenbürtig, wenn sie auch noch nicht auf Augenhöhe mit den Armeen der europäischen Großmächte kämpfte. Wie andere Streitkräfte schlug sie sich allerdings in den Anfangsjahren der Sowjetmacht weitaus besser bei der Verteidigung des Mutter- respektive Vaterlandes als bei Eroberungsfeldzügen; das sollte sich später ändern.

Selbstverständlich war es in erster Linie das Militär, das mit ausländischen Interventionen, der Tschechoslowakischen Legion und den Weißen fertig werden musste. Schon früh wurde es aber auch damit betraut, Bauern zu unterdrücken und mit vorgehaltener Pistole Getreide zu requirieren, um die Städte zu ernähren. Die Armee, die Armenkomitees und andere bolschewistische Anhänger wurden auf das Land losgelassen. Ihre Gegner kämpften landesweit entschlossen zurück, allerdings mit begrenzter Feuerkraft und mangelnder Organisation. Pipes weist darauf hin, dass die Einführung der Wehrpflicht und Lenins Anweisungen, das Kriegskommissariat in Militärisches Versorgungskommissariat umzubenennen, am selben Tag erfolgten. Lenins vordringlicher Grund für diese Namensänderung war, dass „neun Zehntel der Arbeit des Kriegskommissariats sich darauf konzentrieren [sollten], die Armee auf den Krieg um Brot einzustellen und einen solchen Krieg über drei Monate, von Juni bis August, zu führen".[30] Die Bolschewiki erweiterten aber nicht nur die Aufgaben des Militärs, vielmehr ging es ihnen darum, die gesamte Gesellschaft zu militarisieren.

Es wird gern behauptet, der Kriegskommunismus sei eine Reaktion auf den Bürgerkrieg und ausländische Interventionen gewesen. Das früheste Dekret (29. November 1917) zur Rolle der Arbeit hatte tatsächlich noch einen ausgesprochen syndikalistischen Einschlag und sah Arbeiterkontrollen vor – eine Einrichtung, die unter anderem das Recht der „Organe der Arbeiterkontrolle" bekräftigte, in den Fabriken „die Produktion zu überwachen, eine Mindestleistung festzulegen und die Produktionskosten zu bestimmen". Die Kontrolle sollte von „[durch Arbeiter] gewählten Organisationen"[31] ausgehen. Der Glaube an vollständiges Staatseigentum, an Planwirtschaft und an die ,führende Rolle der Partei'[32] ging dem Bürgerkrieg voraus. Wie Paul Gregory anmerkt, fanden alle Verstaatlichungen 1917 vor Ausbruch des Bürgerkriegs statt, „das extremste Verstaatlichungsdekret wurde im November 1920 verabschiedet, nachdem der Bürgerkrieg weitgehend beendet war".[33] 1920 waren die Weißen so gut wie besiegt. Zu diesem Zeitpunkt leiteten die Bolschewiki – vor allem, aber nicht nur Trotzki – die Maßnahmen ein, die zu einer Diktatur *über* das Proletariat – statt eines Diktatur *des* Proletariats – führten.[34]

Der Status der Fabrikarbeiter wandelte sich ähnlich wie der des Armeesoldaten und fand fast zeitgleich zu den Veränderungen im Militär statt, traf jedoch auf größeren Widerstand. Im Januar 1918 verloren die Fabrikkomitees einen Großteil dessen, was sie auf dem Ersten Gewerkschaftskongress im November 1917 errungen hatten.[35] Im selben Monat gab das Regime „die Erklärung der Rechte des werktägigen und ausgebeuteten Volkes" heraus, in der es „mit Blick auf die Zerstörung der parasitären Klassen der Gesellschaft und die Organisation der nationalen Wirtschaft" hieß: „[D]er universelle Arbeitsdienst ist etabliert."[36] Dieser Erklärung folgte im Oktober ein Dekret, das verkündete: „[A]lle Bürger der Russischen Sozialistischen Föderativen Sowjetrepublik (RSFSR) ... [mit einigen Ausnahmen] unterliegen der Pflichtarbeit." Was auf die Einberufung von Zivilisten herauslief, begann im November und Dezember 1918. Ganz ähnlich wie die Militärspezialisten wurden zivile Arbeiter und Techniker „für den Militärdienst mobilisiert und unterstanden dem Militärgericht".[37]

Pipes' umfangreiche Liste verdient es, zitiert zu werden: „Die ersten Zivilisten, die ‚mobilisiert' wurden, waren Eisenbahner (28. November 1918). Weitere Kategorien folgten: ... medizinisches Personal (20. Dezember 1918), Angestellte der Fluss- und Meeresflotten (15. März 1919), Bergarbeiter (7. April 1919), Angestellte der Post-, Telefon- und Telegrafenämter (5. Mai 1919), Arbeiter in der Kraftstoffindustrie (27. Juni 1919 und 8. November 1919), Arbeiter in der Wollindustrie (13. August 1920), Metallarbeiter (20. August 1920) und Elektriker (8. Oktober 1920).“[38] Symbolisch für die Fusion von militärischem und zivilem Sektor übernahm der im März 1918 zum Kriegskommissar ernannte Trotzki im Dezember 1919 zusätzlich den Posten des Präsidenten einer Kommission zur Arbeitsorganisation. In einer solchen Situation verstand es sich von selbst, dass die Gewerkschaften nicht mehr Arbeiter gegen die Launen der Betriebsleitung verteidigten, wie es im Kapitalismus der Fall gewesen war. Vielmehr wurden sie immer mehr zum verlängerten Arm des Staates und blieben es in der gesamten sowjetischen Ära. Der junge sozialistische Staat, so Trotzki, „braucht Gewerkschaften nicht zum Kampf für bessere Arbeitsbedingungen – das ist Aufgabe der gesellschaftlichen und politischen Organisation insgesamt – sondern zur Organisation der Arbeiterklasse zum Zweck der Produktion ... [Sie sollen] ihre Autorität Hand in Hand mit dem Staat ausüben, um die Arbeiter im Rahmen eines einzigen Wirtschaftsplans zu führen.“[39]

So schuf Trotzki, in der Regel gedeckt von Lenin, nicht nur eine Armee, die mit Blick auf Disziplin, Ordnung und Hierarchie viele Merkmale einer konventionellen Armee des frühen 20. Jahrhunderts aufwies, wenn auch mit vergleichsweise breitem Mandat selbst zu Kriegszeiten. Lenin und Trotzki – und nicht Stalin – waren es auch, die den Zivilsektor nach dem Muster der Roten Armee umgestalten wollten, wozu sie ebenfalls bürgerliche ‚Spezialisten' einführten. Fehlzeiten von Arbeitern sollten als Fahnenflucht gelten, die Aufgaben sollten von Moskau aus verteilt werden. Chamberlin beschreibt sehr schön, wie die kommunistischen Führer Anfang 1920 „noch nicht zum Eingeständnis bereit [gewesen seien], dass der Kriegskommunismus ... nicht imstande war, das Land zur normalen Produktivität von Industrie und Landwirtschaft und zu erträglichen Lebensbedingungen zurückzuführen.“ Er zitiert das Zentralkomitee auf dem IX. Parteitag Anfang 1920, das „die Mobilisierung des industriellen Proletariats, eine Verpflichtung zum Arbeitsdienst, die Militarisierung des wirtschaftlichen Lebens und den Einsatz von Militäreinheiten zu ökonomischen Zwecken"[40] befürwortete.

Die repressiven Maßnahmen gegen Stadt- und Landbewohner lösten nicht unerhebliche Aufstände im ganzen Land aus, insbesondere als die Gefahr eines Siegs der Weißen gebannt war. Die Wirtschaft lag am Boden. Im Militär grassierte Fahnenflucht. Der bekannteste Bauernaufstand unter vielen fand 1920 statt und setzte sich 1921 fort. Die alarmierendsten Aktionen der Arbeiter waren aus bolschewistischer Sicht die Streiks in Petrograd im März 1921, die zu einer solidarischen Rebellion der Matrosen auf der Insel Kronstadt kurz vor Petrograd führten. Der Aufstand, der während des X. Parteitages stattfand, forderte ominöserweise „Sowjets ohne Kommunisten". Er wurde brutal niedergeschlagen.

Ernst nahm Lenin den Aufstand dennoch, sah er das Regime doch in großer Gefahr. Das Ergebnis war die Neue Ökonomische Politik, die das Verhältnis zwischen Regime und Gesellschaft neu zu gestalten suchte und deren Kernpunkte das Ende der Getreidekonfiszierung, die Einführung einer „proportionalen Steuer auf Landwirtschaft" sowie die Stabilisierung der Währung und die Legalisierung des freien Handels waren.[41] Dies kam einem enormen Zugeständnis an die Bauern gleich und bedeutete einen deutlichen Rückzug aus dem Mobilisierungssystem, das die Bolschewiki angestrebt hatten. Zugleich kündigte es einen stärkeren Trend in Richtung eines geschlossenen politischen Systems an.

Die Neue Ökonomische Politik

Die NÖP lässt sich am besten als Waffenstillstand der Bolschewiki mit dem Kleinbürgertum (sprich hier den relativ begüterten Bauern) im Inland und einem vergleichbaren Waffenstillstand mit dem Großbürgertum im Ausland (siehe das anglo-russische Handelsabkommen, die Anerkennung von Atatürks Türkei und *vice versa* sowie geheime militärische Abkommen mit Deutschland) begreifen.[42] Innenpolitisch ähnelten diese Verhältnisse sehr denen anderer autoritärer Regime. Vom stalinistischen Versuch, die gesamte Gesellschaft für den Kampfauftrag[43] des Regimes einzuspannen, um den industrialisierten Westen einzuholen und zu überholen, unterschieden sie sich maßgeblich.

Im Hinblick auf das Gros der Gesellschaft – d. h. die Bauern – bedeutete diese spätere Politik Stalins „die Liquidierung der Kulaken als Klasse", wie er es formulierte, sowie massive und rasche Kollektivierung.

Dem städtischen Arbeiter brachte sie zunächst den ersten Fünfjahres-plan und dann den Fünfjahresplan, der bereits nach vier Jahren für er-reicht erklärt wurde. Künstler und Wissenschaftler waren mit der Auf-forderung zur „Kulturrevolution" konfrontiert – ein Begriff, der nicht auf allen Gebieten der Wissenschaft und Fachausbildung greift. Er steht für die Anstrengungen des Systems, Parteidiktate über die ver-schiedensten Wissensgebiete von der Literatur bis zu Ichthyologie zu verhängen. Die Anfangsjahre dieser Bemühungen wurden als der Große Umbruch *(Velikij Perelom)* bezeichnet und brachten neben Repressionen eine nicht unerhebliche Förderung dessen mit sich, was vorsichtig als politischer Unternehmer zu bezeichnen ist. Hierbei handelte es sich um Menschen verschiedenster Provenienz, die oft aus Karrieregründen starke Anhänger der Umgestaltung bestimmter Bereiche der ländlichen und städtischen Sowjetgesellschaft waren.

Zu behaupten, wer im Auftrag der Sowjetmacht gehandelt habe, sei zunächst entweder Anhänger des Kriegskommunismus oder des NÖP gewesen, ist eine starke Vereinfachung. Diese Überspitzung macht je-doch eine zentrale Tatsache deutlich: War ein Bürger auf dem Land, ein Wissenschaftler, eine qualifizierte Führungskraft oder ein Vertreter der Geistes- und Sozialwissenschaften nicht Regimegegner oder als solcher erkannt, wurde er während der NÖP und vor Stalins Interventionen auch wie ein Befürworter behandelt.

Die Regelung, die das Regime den Bauern unter dem Namen NÖP anbot, war klar und weit vom politischen Terror in den Dörfern mit dem entsprechenden Kampagnenvokabular des Kriegskommunismus – Kampf, Front, Schlacht – entfernt. Kernelement dieser Abmachung war, was normalerweise als Naturaliensteuer beschrieben wird. (Anfangs war der Begriff noch treffend, doch ab 1924 bezahlten die Bauern mit Geld.) Eine proportionale Landwirtschaftssteuer[44] abhängig von der Größe der Ländereien ersetzte die Praxis der Requisitionen mit vorgehaltener Waffe. Diejenigen mit größeren Flächen – die wahrscheinlich auch die Bauern waren, deren Getreidemengen über den Eigenbedarf ihrer Fami-lie hinausgingen – wurden stärker besteuert. In den ersten Jahren der NÖP war der Steuersatz jedoch nicht so erdrückend, als dass er dem Anreiz der relativ wohlhabenden reicheren und mittleren Bauern (der „Kulaken" und *serednyaks*, „Mittelbauern") entgegengewirkt hätte, Ge-treide anzubauen und zu verkaufen. Ihre Erzeugnisse konnten sie zudem nach Abzug von Steuern auf einem mehr oder weniger offenen

Markt verkaufen. Natürlich waren nach Beginn der Kollektivierung die Kriterien, die festlegten, wer ein Kulake war, häufig nicht eindeutig und manipulierbar. Die Kategorisierung als Kulake war somit häufig eine Waffe, die sich – unabhängig von Grundbesitz, Getreideproduktion oder der Zahl der Beschäftigten – gegen aufsässige Bauern richtete. Sofern die Bauern während der NÖP jedoch mobilisiert wurden, geschah dies durch Preis- und Steueranreize, nicht durch Zwang bei vorgehaltener Waffe.

Das Regime erlaubte nicht nur, sondern ermunterte motivierte Bauern sogar, mehr zu produzieren (dies galt in erster Linie für die mittleren und mäßig begüterten Bauern), indem es die Pacht von Land und die Anstellung von Landarbeitern legalisierte. Während die NÖP die Währung stabilisierte und die Voraussetzung für einen Markt an Konsumgütern schuf, wirkte sie sich zudem auf die Konsumfreudigkeit der Bauern aus. Insofern sie alles außer den „Kommandohöhen" des Industriesektors privatisierte, veränderte sie auch das Arbeitsumfeld der Städte.

Wie Gregory feststellt, „war die NÖP allen normalen Indikatoren zufolge ein voller Erfolg. Die wirtschaftliche Erholung, die 1921 eingesetzt hatte, war eine der rasantesten der Geschichte".[45] 1926 befand sich die Landwirtschaft wieder auf Vorkriegsniveau.[46] 1927 jedoch gingen die *staatlichen Einkäufe,* nicht aber die ... gesamten landwirtschaftlichen Verkäufe",[47] merklich zurück und sanken 1928 und 1929 noch weiter. Folglich wurde es erforderlich, „zum ersten Mal in der russischen Geschichte Getreide zu importieren".[48] Wie Tabelle 2.1 zeigt,[49] gingen die staatlichen Ankäufe mit hoher Wahrscheinlichkeit deswegen zurück, weil sich die staatlichen Preise gegenüber denen auf dem freien Markt verschlechtert hatten. Angesichts dieses Umschwungs verkauften die Bauern aus gutem Grund mehr Getreide auf dem freien Markt und modifizierten ihre Aussaat leicht, um höhere Erträge einzufahren. Gregory stützt diese Vermutung anhand ökonometrischer Modelle und behauptet: „Wenn man das Landwirtschaftsjahr 1925–26 als ‚normales' Verhalten einstuft, dann reagierte die Bauernwirtschaft auf jeden Prozentpunkt Senkung des staatlichen Getreidepreises relativ zum privaten, indem sie ihren Verkauf an den Staat um 13 Prozentpunkte senkte ... 1927–28 beherrschen [jedoch] administrative Maßnahmen privatwirtschaftliche Entscheidungsprozesse. Das ökonometrische Model weist keine ‚normalen' Reaktionen auf relative Preisanreize mehr auf. Im Landwirtschaftsjahr 1928-29 ... waren außergewöhnliche Maßnahmen vonnöten, um einer unwilligen Bauernschaft Getreide abzupressen. Der Befehl hatte die Märkte ersetzt."[50]

Ankäufe	1926–27	1927–28	1928–29
Produziertes Getreide (in Millionen Tonnen)	74,6	72,8	72,5
Staatlich gesammeltes Getreide (in Millionen Tonnen)	11,6	11,1	9,4
Preis auf dem freien Markt in Kopeken pro Zentner	861	892	1.120
Staatlicher Preis in Kopeken	648	622	611

Tabelle 2.1[51]. Produktionsmenge, Weizenpreis und staatliche Ankäufe

Stalin behauptete, die Bauernschaft habe sich gegen die Sowjetmacht verschworen, schürte die Angst vor einem Krieg und erklärte, rasche Industrialisierung sei unbedingt erforderlich, aber unmöglich, wenn nicht sofortige Kollektivierung erfolge.[52] Er verlangte die Liquidierung der Kulaken als Klasse und eine massive und rasche Kollektivierung der Landwirtschaft. Die Fachliteratur ist geteilter Meinung darüber, inwieweit die sich anschließenden Ereignisse auf dem Land vor allem von Moskau ausgingen, inwieweit also die ländliche Mobilisierung von patriotischen Überlegungen oder Karriereplänen der Stadtbewohner geleitet war oder von örtlichen Parteifunktionären veranlasst wurde. Unter Ersteren sind insbesondere die sogenannten Fünfundzwanzigtausend zu nennen, oder um mit dem Titel eines maßgeblichen Buchs von Lynne Viola zu sprechen: *The Best Sons of the Fatherland*.[53] Diese „besten Söhne des Vaterlandes" waren eine bunte Truppe: „ausgebildete oder hoch qualifizierte Kaderarbeiter, Bürgerkriegsveteranen, Stoßarbeiter, Fabrikaktivisten, Mitglieder der Kommunistischen Partei",[54] die in Dörfer der gesamten Sowjetunion geschickt wurden, um das Tempo der Kollektivierung zu beschleunigen, und die oftmals als erste Vorsitzende der verschiedenen Kolchosen dort blieben.

Die entsprechenden Anweisungen des Zentrums waren vage und schwankten im Laufe der Zeit.[55] Wichtige Dokumente aus den Sowjetarchiven, die zunächst auf Russisch und inzwischen auch auf Englisch vorliegen,[56] untermauern jedoch die These führender Spezialisten dieser Epoche wie Viola und insbesondere Fitzpatrick, dass diese Unbestimmtheit durchaus Absicht und strategisch motiviert war. So schaltete sich Stalin im November 1929 in S. I. Syrzows Rede im Plenum des Zentralkomitees ein und verspottete die Vorstellung, „alles [könne] ‚im

Voraus organisiert' werden".[57] Er und Molotow setzten sich mit Nachdruck dafür ein, das Dokument zur Kollektivierung, welches eine Kommission des Politbüros im Dezember 1929/Januar 1930 vorbereitete, zu kürzen und in seinen Anweisungen weniger konkret zu halten, um – so Stalin – „der wachsenden kollektivwirtschaftlichen Bewegung maximale Unterstützung"[58] zu bieten. Fitzpatrick merkt dazu an: „Dass das Regime es nicht fertigbrachte, entsprechende Instruktionen zur Kollektivierung und Entkulakisierung zu erteilen, war nicht einfach nur ein Versehen. Vielmehr scheint es eine Strategie gewesen zu sein, ... um örtliche Kader dazu zu bewegen, auf das absolute Maximum zu drängen. ... Die zur Kollektivierung hinausziehenden Kader ... wussten sehr wohl, dass es (für ihre eigene Karriere und für die Sache) besser war, bei der Kollektivierung zu weit zu gehen als nicht weit genug ... Sie wussten auch, dass das Kleben am Buchstaben des Gesetzes nicht der richtige Weg war, um revolutionäre soziale Veränderungen zu erzielen."[59]

Fitzpatricks zynischer Standpunkt zu den Beweggründen derer, die wie die Fünfundzwanzigtausend 1930 auf das Land zogen, ist völlig angemessen. Jedoch ist die von den Begriffen „Kulturrevolution" und „Großer Umbruch" geprägte Atmosphäre der damaligen Zeit zu bedenken. Ende der 1920er- und Anfang der 1930er-Jahre nährten das Regime und insbesondere Stalin das Gefühl von einer neuen revolutionären Phase, in der traditionelle Ansätze infrage zu stellen seien und die Einführung wahrer sozialistischer Praktiken und Denkweisen in den unterschiedlichsten Lebensbereichen stark erwünscht sei. Insbesondere Stadtbewohner wurden durch das Gefühl mobilisiert, sie beteiligten sich an einem Großen Umbruch. Die enorme Mobilisierung der Bürger geschah nicht nur durch Repressionen, sondern auch durch die erfolgreiche Überzeugung der größtenteils städtischen Anhänger und Unternehmer. Auf dem Land jedoch waren Repressionen der wichtigste Antrieb für die radikalen Umwälzungen.

Das Ergebnis war ein Bürgerkrieg mit begrenztem aktiven Widerstand der Bauern und enormem menschlichen Leid sowie weit verbreitet passivem bäuerlichen Widerstand. Heute liegen glaubwürdige Berichte der Geheimpolizei (der OGPU, wie sie damals hieß) vor, die einen Eindruck vom Widerstand der Bauern und von den menschlichen Verlusten durch die Kollektivierung geben. Das Ausmaß des Widerstands belegt ein streng geheimer Bericht der OGPU aus dem Jahr

1931. Demnach[60] kam es 1930 zu 13.754 Unruhen (zehnmal so viel wie im Vorjahr), an denen insgesamt „über 2.468.000 Menschen" beteiligt waren, im Durchschnitt rund 170 Menschen pro „Unruhe". Die Geheimpolizei klassifizierte 176 dieser Vorfälle als „aufständisch". Dem Bericht zufolge waren allein im Jahr 1930 fast 1.200 Beamte und andere Anhänger der Kollektivierung ermordet und Mordanschläge auf eineinhalbmal so viele Befürworter der Kollektivierung unternommen worden.

Der Bericht schildert außerdem, wie brüchig die Sowjetmacht in manchen Gegenden geworden war, und gibt damit einen Eindruck von der Intensität des Widerstands. Im März/April 1930 bemerkte die OGPU:

Aufseiten der Kulaken und der Konterrevolutionäre ... hat eine Verschiebung hin zu einem offenen bewaffneten Kampf gegen die Sowjets [stattgefunden]. In der Zentralen Schwarzerde-Region, in der Ukraine, in der Krai Nördlicher Kaukasus, in Transkaukasien, in der Krai Untere Wolga, in den Weißrussischen SSR, im Oblast Moskau, in Sibirien, in der Krai Fernost, in Burjatien-Mongolei und Kasachstan haben Kulaken und antisowjetische Element nicht ohne Erfolg versucht, einzelne lokale Unruhen mit der aufständischen Bewegung ganzer Rayons abzustimmen und sie kontrarevolutionär zu prägen ... Die Sowjetmacht hat faktisch mehrere Tage nicht existiert. ... Im Okrug Mosyr, in den Weißrussischen SSR leisteten die Teilnehmer an Unruhen selbst gegenüber einsatzfähigen Kommandos hartnäckigen Widerstand.[61]

Die Folgen für die Menschen waren verheerend. Millionen zogen in die Städte, manche unter Zwang, andere als Reaktion auf den ersten Fünfjahresplan.[62] Ein Dekret des Politbüros vom 30. Januar 1930 teilte die Kulaken in drei Kategorien ein: Kulaken der ersten Kategorie sollten „umgehend" liquidiert werden, „indem man sie in Konzentrationslagern interniert und bei Organisatoren terroristischer Akte, kontrarevolutionärer Unruhen und aufständischer Organisationen nicht vor der Todesstrafe Halt macht[e]". Die zweite Kategorie bestand aus den verbleibenden „reichsten Kulaken und Halb-Grundbesitzern ..., die in entlegene Regionen der UdSSR und [dort] in die entlegensten Gebiete ... zwangsumgesiedelt werden soll[t]en". Deportierte der dritten und letzten Kategorie durften in ihrem Rayon bleiben, mussten allerdings „außerhalb von Kolchosen" siedeln.[63] Laut Beschluss waren zunächst 60.000 Kulaken der ersten Kategorie festzunehmen. Bereits Mitte April 1930 überstieg die Zahl der Festgenommenen jedoch bei Weitem diesen ursprünglichen Richtwert. Ein Dokument der OGPU sprach von rund 140.000, eine Übererfüllung des Plans, die laut Viola eine Folge des „bolschewistischen Tempos, gesellschaftlicher Säuberungen und einer Polizeiführung, die sich mehr für Fälle als für Kulaken interessierte" gewesen sein mag.[64] Der Chef der Geheimpolizei, Genrich Jagoda, setzte Stalin davon in Kenntnis, dass laut Stand vom Januar 1932 1,4 Millionen Menschen deportiert worden seien.[65] Tausende starben auf dem Weg, Tausende andere kamen in ihrem ersten Winter in Sibirien oder Kasachstan um.

Auch die Hungersnot 1932 bis 1933 stand in unmittelbarem Zusammenhang mit diesem Kampf zwischen Regime und Bauern. Fitzpatrick merkt an, dass bei Hungersnöten „ein gewisser Grad an staatlicher Verantwortung ... eher eine Regel als eine Ausnahme ist" und dass „die Hungersnot 1932–33 ein ungeheuerliches Beispiel dafür war". Für die Tausenden, die starben, ist dies zwar völlig irrelevant, doch Wissenschaftler debattieren, ob sie als Opfer von Mord oder von Totschlag zu bezeichnen sind. Für unsere Geschichte ist allerdings sehr wohl von Belang, dass das Regime ausdrücklich untersagte, die Hungersnot in der Presse zu benennen – die „wohlbekannten Ereignisse" lautete die Umschreibung –, dass ausländische Journalisten keinen Zutritt zu Gebieten erhielten, die von der Hungersnot betroffen waren, dass sowjetische Kommentatoren öffentlich und privat behaupteten, die Bauern versuchten eine Hungersnot zu inszenieren und stellten sich als ruinierte Kolchosbauern hin, und ein delinquenter Bauer habe gar seine Familie aus Propagandazwecken verhungern lassen.[66] Stalin und seine Anhänger lagen mit den Dörfern im Krieg. Das vielleicht expliziteste Eingeständnis dieser Realität stammte von Mendel Chatajewitsch, einem hochrangigen ukrainischen Parteifunktionär: „Zwischen den Bauern und unserem Regime herrscht ein erbarmungsloser Kampf ... Dieses Jahr war eine Bewährungsprobe für unser Durchhaltevermögen. Es brauchte eine Hungersnot, um ihnen zu zeigen, wer hier der Herr ist. Sie hat Millionen Leben gekostet, doch das Kollektivwirtschaftssystem wird so schnell nicht verschwinden. Wir haben den Krieg gewonnen."[67]

Eine Mehrheit der Bauern, die während der Jahre 1929 bis 1933 nicht gestorben waren, war für die Ziele des Regimes eingespannt worden.

Viele wurden in Lagern interniert, beim Bau von Projekten wie dem Weißmeer-Ostseekanal geknechtet oder in entlegene Gegenden der Sowjetunion zwangsumgesiedelt, wo sie häufig umkamen. Als das im Dezember 1932 verabschiedete Gesetz über Inlandspässe in Kraft trat, mussten die Kolchosbauern feststellen, dass sie faktisch genauso eingeschränkt in ihrer Bewegungsfreiheit waren wie jene in den Lagern oder im Exil. Zusammen mit einem System obligatorischer Werktage für das Kollektiv[68] lief dieses Gesetz überspitzt gesagt auf eine Wiederherstellung der Leibeigenschaft hinaus. Während die Städter von Arbeit zu Arbeit ziehen konnten, hatte der Krieg gegen die Kulaken letztlich zur Geiselhaft der gesamten Bauernschaft geführt[69] – unabhängig davon, ob sie nun mit ihrem Dorf in eine Kolchose eingegliedert worden waren, ob sie interniert oder verbannt worden waren in den Norden Sibiriens, in den Ural oder nach Kasachstan. Die Bauern hatten Widerstand geleistet, was zu Stalins Rede „Vor Erfolgen von Schwindel befallen" und der kurzzeitigen Unterbrechung der Kollektivierung 1930 geführt hatte.

Lynne Viola konstatiert zu Recht, dass die Kollektivierung sowohl von oben nach unten als auch von unten nach oben durchgesetzt wurde.[70] Was in jener Formulierung fehlt, ist der Aspekt der asymmetrischen Interdependenz der Wirkfaktoren. Jenes Verhalten, das die Kollektivierung von unten nach oben durchsetzte, war daher eine Folge dessen, was Fitzpatrick treffend als von Stalin geschaffene politische Atmosphäre beschreibt; eine Atmosphäre, in der Übererfüllung und Eifer gewöhnlich Wege zum Erfolg waren, und die auch in „Vor Erfolgen von Schwindel befallen" noch zum Ausdruck kommt. Um eine Analogie aus dem Bridge-Spiel zu verwenden, empfiehlt es sich oftmals, der anderen Partei einen Stich zu überlassen, um einen Kleinschlemm anzusagen.

Mit der energischen Reaktion Ende 1929 und über weite Teile des Jahres 1930 konnten die Bauern einen Stich machen. Doch es blieb bei einem. Im Gegensatz zum weiter verbreiteten passiven Widerstand, etwa dem Verstecken von Getreide, hatte der aktive Widerstand der Bauern zwar bis zu einem gewissen Grad Erfolg, nahm aber rapide ab, als die Kollektivierung im Herbst 1930 mit Nachdruck wieder aufgenommen wurde.

Der Große Umbruch in den Städten

Der Schachty-Prozess im Mai und Juni 1928 und sein Nachfolger, der Prozess gegen die Industriepartei, kündigten die Kulturrevolution der späten 1920er- und frühen 1930er-Jahre sowie die „Säuberungen" und Schauprozesse Mitte und Ende der 1930er-Jahre an. Der Schachty-Prozess im Mai und Juni 1928 richtete sich gegen „bürgerliche Spezialisten", die – so hieß es – Schädlinge seien und für ausländische Regierungen sowie das „internationale Kapital" arbeiteten.[71]

Der Schachty-Prozess hing insofern mit der Kulturrevolution zusammen, als seine politische Botschaft lautete, man benötige wahrhaft sowjetische Ingenieure und Wissenschaftler, die keine Verbindungen zur Vergangenheit oder zu ausländischen Mächten hätten. Ähnlich war das übergeordnete Thema der Kulturrevolution ab 1928 das Bestreben nach einer wahrhaft revolutionären und wahrhaft sozialistischen Wissenschaft, entsprechenden öffentlichen Institutionen und einer entsprechenden Literatur. So entstand ein Klima, in dem die Jagd auf nicht-bolschewistische oder nicht-stalinistische Kommunisten in den wissenschaftlichen Instituten der Akademien und Universitäten eröffnet war. Es trug ebenfalls zum Misstrauen gegenüber den unterschiedlichsten nicht-sowjetischen Dingen bei – einem Misstrauen, das die gesamten 1930er-Jahre prägte, obwohl die Phase, in der radikales Denken viele Bereiche zu dominieren schien, kaum länger andauerte als der Fünfjahresplan. Sowjetische Wissenschaft unterschied sich oder sollte sich radikal von bürgerlicher Wissenschaft unterscheiden. So entwickelte sich ein grassierendes xenophobes Denken, das sich durch die gesamten 1930er-Jahre zog und zu extremen Repressionen in den verschiedenen Eliten führte. Auch gerieten nun Völker verstärkt ins Visier, die sowohl innerhalb als auch außerhalb des sowjetischen Staatengebiets ansässig waren. Der Schachty-Prozess und der Prozess gegen die Industriepartei sind außerdem zu Recht als Generalproben für die politischen Prozesse des Jahres 1937 bewertet worden, wobei sie keinesfalls milder ausfielen: „[N]ur zehn der 53 Angeklagten legten ein umfassendes Geständnis ab und belasteten die anderen; ein weiteres halbes Dutzend legte Teilgeständnisse ab; der Rest pochte auf seine Unschuld und wehrte sich gegen die Beschuldigungen."[72] Dabei war kaum zu übersehen, dass es sich um Schauprozesse handelte. So gibt Tucker in *Stalin in Power* eine englische Übersetzung der Anklageschrift wieder, die sich nicht von einem Programmheft unterscheidet und tatsächlich die Aufschrift „Der Plot" trägt.[73]

Die Prozesse dienten als Kulisse für die Kulturrevolution, indem sie das Gefühl von einer kapitalistischen Umzingelung vermittelten und von deren gefährlichen Manifestationen im Inland – vor allem in Form von Zersetzung. Sie verstärkten Forderungen nach einheimischen Ingenieuren und Wissenschaftlern, welche die Industrialisierungspläne – ihr Inbegriff war der außerordentliche Dünkel der Fünfjahrespläne – umsetzen sollten. In einem brillanten Aufsatz hat Richard Lowenthal[74] dargelegt, wie die Utopie einer Revolution schließlich von eher alltäglichen Entwicklungsaufgaben eingeholt wurde.

Die Geschichte der Sowjetunion gestaltete sich jedoch komplizierter, da eine Art dialektischer Prozess im Gange war. Während der Jahre des Großen Umbruchs sind radikale Ansätze auf breiter Front auszumachen, welche im Laufe der 1930er-Jahre häufig sehr traditionellen, ja geradezu viktorianisch anmutenden oder nationalistischen Symbolen, Strategien und Normen Platz machten. Der sogenannte Große Umbruch lieferte den Rahmen und die Gründe für eine radikale und wahrhaft sozialistische Wissenschaft. Forderungen wurden laut, die bürgerliche Wissenschaft müsse auf verschiedenen Gebieten durch eine sozialistisch-proletarische abgelöst werden. Entsprechendes wurde in fast allen Bereichen, aber nicht durchgängig proklamiert: „In der Ökonomie gab es Schädlings-Theorien von Planern wie [W]. Basarow und N. Kondratjew (die das heroische stalinistische Industrialisierungstempo nicht annähernd für möglich hielten). ‚Schädlinge' grassierten in der Forstwissenschaft, in der Meliorationstheorie, in der Bergbauwissenschaft, in der Hochspannungstechnologie, in der Mikrobiologie und sogar in der Ichthyologie."[75]

An der Ichthyologie lässt sich eine Kernprämisse veranschaulichen. Die normale Wissenschaft[76] ging davon aus, der Fünfjahresplan sei nicht auf Fische anwendbar, da ihr Verhalten nicht dahingehend zu beeinflussen sei. Wer jedoch so dachte, beging den fundamentalen Denkfehler, nicht zwischen Fischen in einem kapitalistischen Land und Fischen in der Sowjetunion zu unterscheiden.[77] Auf manchen Gebieten hielt sich diese Vorstellung einer sozialistischen Besonderheit bis weit in die Post-Stalin-Zeit hinein. Selbst nach der Kuba-Krise 1962 wies die sowjetische Führung beispielsweise die Chinesen noch darauf hin, dass „die Atombombe sich nicht an das Klassenprinzip hält".[78]

Es gibt jedoch eine entgegengesetzte Entwicklung, die ebenfalls mit dem Großen Umbruch ihren Anfang nahm. Wie Kulturhistoriker gern

feststellen, war dies eine Zeit enormer horizontaler und vertikaler Mo-
bilität.[79] Und in Anbetracht dieser entwicklungspolitischen Realität
warnte Stalin schon früh davor, radikale Innovationen zu ernst zu nehmen. Die Kulturrevolution war eine Zeit, in der Wissenschaftler und
Politstrategen die Abschaffung verschiedener wichtiger „bürgerlicher "
Institutionen nachdrücklich vorantrieben und den Egalitarismus hoch-
hielten. Ihnen zufolge sollten nicht nur der Staat, sondern auch Institutionen im Bereich des Rechtsystems und Schulen allmählich verschwinden. Stalins Augenmerk hingegen lag konsequent auf der Begründung
und dem Ausbau der staatlichen Macht mit Hinweis auf die kapitalistische Umzingelung.

Bereits 1931 attackierte er auf einem Industriellenkongress „linken
Egalitarismus *(uravnilovka)* im Lohnsektor". Schon zuvor hatte er auf
dem Höhepunkt der Kulturrevolution erklärt: „Höchste Entfaltung der
Staatsmacht zur Vorbereitung *für* das Absterben der Staatsmacht – so
lautet die marxistische Formel." Das sei, so erkannte er natürlich,
„widerspruchsvoll. ... Aber dieser Widerspruch ist dem Leben eigen, und
er spiegelt vollständig die marxistische Dialektik wider."[80]

Insgesamt ist das Thema in der Ära der Fünfjahrespläne ein „Schwinden des Verschwindens", bis Ende der 1930er-Jahre hatte Stalin die Vorstellung eines schwindenden Staats vollständig aufgegeben. „Manchmal wird gefragt: ,Die Ausbeuterklassen sind bei uns aufgehoben, feindliche Klassen gibt es im Lande nicht mehr, es gibt niemanden mehr, der
zu unterdrücken wäre, also braucht man den Staat nicht mehr, er muss
absterben ... Ist es nicht an der Zeit, den Staat in ein Museum für Alter-
tümer abzuschieben?" In solchen Fragen, so erklärte Stalin, „kommt
nicht nur die Unterschätzung des Bestehens der kapitalistischen Umzingelung zum Ausdruck. In ihnen offenbart sich ebensowohl die Unterschätzung der Rolle und Bedeutung der bürgerlichen Staaten und
ihrer Organe, die in unser Land Spione, Mörder und Schädlinge entsenden und nur auf den Moment lauern, um einen militärischen Überfall
auf unser Land zu unternehmen; ebenso offenbart sich in ihnen die Unterschätzung der Rolle und Bedeutung unseres sozialistischen Staates
und seiner ... Organe [,Organe' meint hier die Geheimpolizei und andere, die Gewaltinstrumente einsetzten]."[81]

Auch war die kapitalistische Umzingelung für Stalin kein geografisches Konzept. Mit der Bildung des Sowjetblocks nach dem Zweiten
Weltkrieg war sie in Stalins Augen nicht beseitigt. Noch 1950, nachdem

die Kommunisten die Macht in Osteuropa und in Fernost übernommen hatte, erklärte er: „[W]enn der Sieg der sozialistischen Revolution im Angesicht der kapitalistischen Umzingelung in nur einem Land stattgefunden hat, während der Kapitalismus weiter in allen anderen Ländern herrscht, darf das Land, in dem die Revolution gesiegt hat, nicht nachlassen, sondern muss auf alle nur mögliche Weisen seinen Staat, die Staatsorgane, die Geheimdienste und die Armee stärken, wenn es nicht von der kapitalistischen Umzingelung zerstört werden will."[82] Erst Ende der 1950er-Jahre, als Chruschtschow feststellte, es sei nicht länger klar, „wer wen umzingelt",[83] wurde die Begründung für den anhaltenden Terror offiziell verworfen.[84]

Hierzu kam es jedoch erst lange, nachdem die Kulturrevolution Mitte der 1930er-Jahre eingestellt worden war. Stellvertretend für andere Fachgebiete seien an dieser Stelle nur einige Beispiele aus dem Rechts- und Bildungswesen genannt, in denen das Verschwinden des Staates während der Kulturrevolution ernsthaft angeregt wurde: In den Bereichen Literatur und Geschichte hatten radikal-marxistische Wissenschaftler während der Kulturrevolution scheinbar die Oberhand und legten das Verschwinden des Staates nahe, nur um daraufhin zu erleben, wie ihre Bemühungen durch intensivierte Eingriffe der Partei in ihr Forschungsgebiet durchkreuzt wurden; am Rande sei auch auf die Physik und Biologie hingewiesen, in denen der unmittelbare Schaden aus der Kulturrevolution zwar gering war, sich jedoch für die Biologie und Biologen zu einer Katastrophe entwickelte. Diese Beispiele geben einen Eindruck davon, wie sehr diese Zeit auf Wandel setzte und wie groß das Ausmaß der Mobilisierungsbemühungen des Regimes während der Kulturrevolution war. Sie ermöglichen auch ein besseres Verständnis dafür, wie tief die Kulturrevolution die Beziehungen zwischen Regime und Gesellschaft prägte und welch geradezu einzigartiges Ausmaß des Terrors sie ermöglichte, das mit einer verstärkten Verwendung von traditionalistischen Symbolen und Anreizen einherging.

Für den Wandel argumentierten die Vertreter der Kulturrevolution auf dreierlei Weise. Erstens gingen sie davon aus, die nahende Vollendung des Sozialismus bringe völlig neue Wissenschaften mit sich – *sowjetische* Wissenschaften und Künste. Diese würden sich nicht nur von westlicher Wissenschaft unterscheiden, sondern besser sein als diese und auch besser als die Wissenschaften und Künste vor dem Triumph der Sowjetmacht in Russland. Zweitens vertraten sie den Standpunkt, dass angesichts der Erfolge bei der Umsetzung des Sozialismus fundamentale Institutionen „bürgerlicher" Gesellschaften – wie der Staat, das Rechtssystem[85] und die Schule – deutlich weniger benötigt würden und daher verschwinden könnten. Drittens argumentierten sie für Veränderung, indem sie behaupteten, das Wesen des Menschen insgesamt unterliege aktuell einem Wandel, der den neuen Sowjetmenschen hervorbrächte.[86]

Die Entwicklungen in Physik und Biologie liefern weitere Beispiele dafür, wie der Anspruch, sowjetische von bürgerlicher Wissenschaft zu unterscheiden, sich während der Kulturrevolution in den Naturwissenschaften auswirkte. Im Falle der Physik drohte, wie Loren Graham gezeigt hat, „ein Bündnis aus marxistischen Ideologen und stalinistischen Bürokraten damit ... [, die] Physik als solche einzuschränken ... vielleicht sogar die Relativitätsphysik und die Quantenmechanik"[87] ganz zu verbieten. Anders als auf anderen Forschungsgebieten entzündete sich die harsche Kritik (weniger von Physikern als vielmehr von Philosophen) im Wesentlichen an den philosophischen Prämissen der modernen Physik statt an der Physik selbst. Daher vertraten sowjetische Physiker Anfang der 1930er-Jahre in erster Linie die Auffassung, die analytische Kraft von Relativität und Quantenmechanik sei von den philosophischen Präferenzen westlicher Physiker abzukoppeln.

Wie Graham zeigt, waren die späten 1920er- und frühen 1930er-Jahre zunächst eine Phase großer Erfolge in der sowjetischen Physik.[88] Zur wahren Herausforderung kam es erst 1936, als in einer Fachzeitschrift für Physik eine ernsthafte Kampfansage an die Quantenmechanik erschien.[89] Danach waren Physiker von den „Säuberungen" 1937 bis 1938 stark betroffen und standen während des Kalten Krieges unter Druck, allerdings wurde kein Forschungsansatz oder -gebiet je ganz verboten.

Anders im Falle der Genetik. Die Sowjetunion verpasste verschiedene große Revolutionen des 20. Jahrhunderts, darunter die genetische. Dieses Versäumnis war anfangs eine direkte Folge der Kulturrevolution und der Kollektivierung in der Landwirtschaft und später eine Folge des Aufstiegs von Trofim Lyssenko, der die Biologie beherrschte. Lyssenko machte schon während der Kulturrevolution von sich reden, da das Landwirtschaftsministerium 1931 beschloss, seinen Ansatz in der Pflanzenphysiologie zu erproben. Wie im Falle der Physik traten die wirklich destruktiven Ereignisse jedoch erst Mitte der 1930er-Jahre und 1948 ein, als nach einer Rede von Lyssenko, die bekanntermaßen von

Stalin redigiert worden war und gemäß dessen Änderungen den „reaktionären Charakter ... ausländischer Wissenschaft"[90] betonte, die Genetik ausdrücklich verboten wurde. Lyssenko war ein Scharlatan und Marktschreier, der gefälschte Produkte und – durch sein Ausblenden von (westlichen) Erkenntnissen – letztlich eine komplett unseriöse Theorie darüber anpries, wie die Landwirtschaft in der Sowjetunion auf wundersame Weise verändert werden könne; Stalin und später Chruschtschow fielen auf ihn herein.

Weitaus seriösere sowjetische Wissenschaftler vertraten hingegen die Auffassung, die nahende Vollendung des Sozialismus werde erst den unverwechselbaren Charakter der Sowjetmacht im Gegensatz zu normalen bürgerlichen Staaten hervortreten lassen, da im Sozialismus der Zwangsapparat fehle, der für Marxisten den essenziellen Kern des Staates ausmachte.[91] In verschiedenen Veröffentlichungen[92] hat Robert Sharlet die Rolle von Jewgeni Paschukanis während der Kulturrevolution beleuchtet, seine Kritik an der Rechtsform: die begriffliche Unmöglichkeit eines proletarischen respektive sozialistischen Rechts – ein Versuch, der gegen Ende der NÖP begann, sich bis in die Kulturrevolution fortsetzte und endete, als Paschukanis als einer von Tausenden 1937 hingerichtet wurde. Für ihn war die Rechtsprechung eine direkte Folge des Privateigentums und des Warentausches. Der Staat war als Institution der Klassenherrschaft – „der politische Staat" – in Paschukanis' Augen ein „meta-juristisches Phänomen, das den Rahmen der Rechtstheorie sprengte".[93] Wenn Sozialismus und Planung den freien Markt und die Rechtsprechung ersetzten, würde der „Rechtsstaat" verschwinden. Diese Ansichten hatten Ende der 1920er- und Anfang der 1930er-Jahre enormen Einfluss, „insbesondere im Straf- und Zivilrecht bzw. -verfahren und der Strafrechtspflege."[94] Als Teil eines allgemeineren Trends, „bürgerliche" Spezialisten aus dem Weg zu räumen, entfernten Paschukanis und seine Anhänger erfolgreich leitende Professoren aus den juristischen Fakultäten und aus dem Staatsapparat.

Allerdings stand Paschukanis vor dem Problem, dass Stalin bereits Mitte der 1930er-Jahre explizit ausgeschlossen hatte, den Staat in naher Zukunft verschwinden zu lassen. Wie viele Vertreter auch anderer Fachrichtungen gegen Ende der Kulturrevolution wurde Paschukanis zur Selbstkritik und zur Änderung seiner Ansichten gezwungen, obwohl er bis Mitte der 1930er-Jahre eine wichtige Rolle gespielt hatte. Zu dem

Zeitpunkt war unübersehbar, dass „Stalin das Rechtswesen zum einen zur Stabilisierung seiner ‚Revolution von oben' und zum anderen als Instrument für künftige soziale Manipulationen benötigte".[95] Paschukanis' endgültiger Untergang war die Verabschiedung der neuen sowjetischen (Stalin'schen) Verfassung Ende 1936, die unter anderem das Recht auf „Privateigentum ... [und] einen verlässlichen Rechtsrahmen"[96] garantierte. Kurz darauf, Anfang 1937, wurde Paschukanis verhaftet und verschwand (vermutlich in Lagern). Fortan definierte Stalins berühmte Bemerkung „die Stabilität der Gesetze aber brauchen wir jetzt mehr denn je" die Aufgaben sowjetischer Anwälte, Richter und juristischer Fakultäten. „Paschukanis' Nachfolger ließen im Grunde die Rechtskultur der NÖP mitsamt ihren stalinistischen Beigaben wieder aufleben"[97] – ein Rechtssystem, das trotz ungeheuerlicher Auswüchse wie Artikel 58 des Gesetzbuches der UdSSR (ein bewusst vage gehaltener Artikel, der „Terrorismus, gegenrevolutionäre Agitation und Schädlinge"[98] unter Strafe stellte) erkennbar kontinentaleuropäisch war.

Bildung war ein weiteres Gebiet,[99] auf dem die Kulturrevolution weitreichende Folgen hatte, und diese Folgen hingen direkt mit dem Schachty-Prozess zusammen. Als sich der Klassenkampf verschärfte, erhob die Kulturrevolution Forderungen, wonach Studierende „proletarisiert" und Mitglieder der alten Intelligenzija aus den Fachbereichen entfernt werden mussten. Die soziale Struktur der Universitäten veränderte sich dramatisch zugunsten der Arbeiter, während sich der Schwerpunkt des Lehrplans in Richtung einer Ausbildung mit unmittelbaren industrienahen Anwendungen verschob. In diesem Milieu genoss Wassili Schulgin einen kurzen Augenblick des Ruhms. Seiner Ansicht nach sollte die Schule eine immer unbedeutendere Rolle bei der Ausbildung der Schüler spielen: „[D]ie Sowjets, die Partei, Berufsverbände, Massenorganisation – das waren für Schulgin die wahren ‚Schulen der Massen'."[100] Diese Haltung kam in den Jahren 1928 bis 1930 gut an, als Bucharin und seine Verbündeten auf der Rechten die wichtigsten politischen Angriffsziele darstellten, sodass Schulgins Sinn für Umwälzungen anfangs auf Anklang stieß. Allerdings war die Wahrscheinlichkeit gering, dass Stalin mit seinem Augenmerk auf der wirtschaftlichen Entwicklung das Verschwinden der Schule positiver bewerten würde als das Verschwinden des Staates. Lapidus stellt daher treffend fest: „Bereits 1931 wurden linke Abweichler als größte Gefahr identifiziert."[101]

Das radikale Moment in der Bildung erfüllte den Zweck, die Position von vorrevolutionären Spezialisten – seien es Lehrer oder Forscher – zu untergraben und das Schulklima zu politisieren. Dieses Moment wich jedoch rasch der Meinung, Kernaufgaben der Bildung sei die Vorbereitung einerseits der Arbeiter auf gewöhnliche Stellen und andererseits jener, die ihre akademische Ausbildung über die Sekundarstufe hinaus fortsetzen würden. Landesweit wurden der Lehrplan und das Schulsystem vereinheitlicht, so dass sie bald schon an das Schulsystem in der Zarenzeit erinnerten, wobei die Indoktrination im Sinne der Partei eine sehr viel größere Rolle als noch während der NÖP oder der Kulturrevolution spielte. Lapidus warnt ihre Leser, diese Entwicklungen nicht „als Reaktion auf die universellen funktionalen Anforderungen der Modernisierung" zu verstehen.[102] Stalins Rache am Überbau[103]der sowjetischen Gesellschaft verlieh – angesichts des streng hierarchischen Verhältnis des Regimes zu allen gesellschaftlichen Aspekten einschließlich den Schulen seit der Kulturrevolution – „sowjetischen Modernisierungsmustern einen ganz besonderen Beigeschmack."[104] Dennoch machten die Wiedereinführung von Zensuren und Prüfungen, die Abkehr von positiver Diskriminierung zugunsten von Arbeiterkindern und die Rückkehr von Uniformen in Verbindung mit der Überwachung der Lernfortschritte sowjetische Schulen klar wiedererkennbar für diejenigen, die mit den stereotyp traditionalistischen westeuropäischen oder amerikanischen Schulen bzw. den Zarenschulen aus dem 19. Jahrhundert vertraut waren.[105]

Bildung und Rechtsprechung waren nur zwei der vielen Bereiche, die maßgeblich von der Kulturrevolution betroffen waren. Von 1928 bis 1931 gab es zahllose Versuche, radikal andere und wahrhaft sowjetische kulturelle und wissenschaftliche Gebiete zu schaffen. Ein solches Gebiet, mit dem sich die westliche und russische Forschung[106] ausführlich beschäftigt hat und auf dem der Versuch unternommen wurde, etwas wirklich Eigenes zu schaffen, waren Literatur und Kunst. Persönlichkeiten des kulturellen Lebens, die selbst nicht aus einer niedrigeren sozialen Klasse stammten, forderten, dass Literatur und Kunst „proletarisiert" werden sollten, wobei sie als Sprecher des Proletariats den Ton dabei angeben wollten.

In Bezug auf die Literatur bedeutete dies im Wesentlichen, einem bereits von ihnen dominierten Organ, nämlich der Russischen Assoziation Proletarischer Schriftsteller (RAPP), eine hegemoniale Stellung in der

Kulturszene zu verschaffen. Auf den meisten kulturellen Gebieten einschließlich dem der Literatur brachte dies auch die Verdrängung einiger
älterer, häufig nichtkommunistischer Zeitgenossen von prominenten
Positionen mit sich sowie die Neubesetzung dieser Positionen mit radikalen Elementen. Doch Anhänger der RAPP taten sich durchaus auch in
künstlerischer Hinsicht hervor. Westliche Literaturwissenschaftler loben
ihr Bekenntnis zu einem ungeschminkten Realismus und das Recht des
Autors, sein bzw. ihr Werk selbst zu bewerten – vorausgesetzt, das spielte
sich innerhalb eines klassenbewussten Rahmens ab.[107] Wie im Falle von
Bildung und Rechtsprechung geriet der radikale Marxismus, den die
RAPP-Mitglieder vertraten, in Konflikt mit Stalins Sorge um eine Atmosphäre, in der Themen wie die Staatsbildung, die Industrialisierung und
die Fähigkeit des sowjetischen Volkes, übermenschliche Aufgaben zu erfüllen, zentral waren für die Mobilisierung der Bürger.

Stalins Ansinnen erforderte eine andere Organisationsstruktur und
eine ganz andere Art von Realismus. In der Literatur führte es in institutioneller Hinsicht zum Niedergang der radikalen, aber nicht allumfas-
senden RAPP und zur Gründung einer Schriftstellerunion[108] im April
1932. Diese bestand sowohl aus kommunistischen wie nicht-kommunistischen Schriftstellern, wobei der kommunistische Flügel die herausragende Rolle spielte.[109] Der sozialistische Realismus unterschied sich
erheblich vom Realismus der radikalen Marxisten. Während Letzterer
„ein Abreißen der Masken" und eine Darstellung kommunistischer Helden in all ihrer Komplexität forderten, ging der sozialistische Realismus
davon aus, dass das „Enthüllen der menschlichen Komplexität politisch
schädlich" sei und dass es stattdessen die Pflicht der Autoren sei, positive
Helden darzustellen. Sie sollten darüber hinaus die Regeln der *partiinost'*
(Parteigesinnung) je nach Parteilinie in die Praxis umsetzen. Der Realismus bezog sich nicht auf Bestehendes, sondern auf das Werdende; das
Ideal war real. So wurde der Realismus zum Darstellungsmodus des my-
thischen Neuen Sowjetmenschen, wie ihn die Stachanowisten versinn-
bildlichten, mit deren Hilfe eine neue sozialistische Ordnung entstehen
sollte. Die Stachanowisten waren selbstverständlich hünenhafte Arbeiter, die das Plansoll sagenhaft übererfüllten. Wie der für Kulturfragen
zuständige Parteisekretär Andrej Schdanow betonte, sollten Literatur
und Kultur wie fast alle anderen Bereiche ihren Teil dazu beitragen, die
Gesellschaft für die Zwecke des Regimes einzuspannen. Der Zweck der
Literatur bestand nach sowjetischem Verständnis darin, ein neues Vor-

bild für die Sowjetbürger zu gestalten und damit einen Beitrag zu ihrer Mobilisierung und zu ihrer Transformation zu leisten. Schdanow formulierte es so: „Die Sowjetliteratur muss verstehen, unsere Helden zu gestalten, sie muss verstehen, einen Blick in unsere Zukunft zu werfen. Das wird keine Utopie sein, denn unsere Zukunft wird durch planmäßig bewusste Arbeit schon heute vorbereitet."[110]

Die Ambition, einen Neuen Sowjetmenschen zu schaffen, galt logischerweise auch für die Psychologie. In den 1920er-Jahren bestimmte der „Umweltdeterminismus" das sowjetische Bild von der menschlichen Psyche.[111] Wie weit sich der Mensch ändern könne, war umstritten; während der Kulturrevolution neigte man jedoch dazu, menschliches Verhalten durch die marxistische Brille zu betrachten. Wie bereits in anderen Bereichen wurden Psychologen in rascher Folge zunächst des rechten Opportunismus beschuldigt und bezichtigt, sie würden einer reaktionären Doktrin anhängen, nach der „die Arbeiterklasse aus Robotern"[112] bestünde. Später dann wurden insbesondere Psychologen, die im Kontext von Fabriken und Schulen angewandt forschten, linksgerichtete Tendenzen unterstellt, die dem Menschen „Bewusstsein und Bestimmung" zubilligten.[113]

Ähnlich hatte 1931 die deutlich stärkere Betonung der *partiinost'* zur Folge, dass Forschung, welche unerwünschte Ergebnisse produzierte – nämlich solche, die bestehende Parteidogmen infrage stellte –, als politisch schädlich galt und unterdrückt wurde. Wie in anderen Bereichen sowjetischer Forschung galt auch in der Psychologie die Praxis im weitesten Sinne als entscheidend und hatte daher Vorrang vor bloßer theoretischer Forschung – etwas, was linke Schwärmer unter den Psychologen verkannt hatten. Und so galten ab 1932 so einfache Elemente im Portfolio eines Psychologen wie „Forschung zu Gesinnungsfragen" als suspekt. Denn offene Fragen könnten ja den Eindruck erwecken, es gäbe mehr als eine akzeptable Antwort. 1936 hieß es offiziell: „Fragebögen, welche die politischen Ansichten der Testperson betreffen oder die tiefe und intime Seite des Lebens erforschen ... müssen *kategorisch verboten* werden."[114]

Das in gewisser Weise interessanteste und instruktivste Beispiel betrifft die Geschichtswissenschaft. Auf diesem Forschungsgebiet versuchten zwei Marxisten in der Annahme, ihre Ansichten deckten sich mit denen des Zentrums, eine beherrschende Stellung einzunehmen, wobei sie unterschiedliche Auffassungen vertraten und unterschiedliche institutionelle Bindungen hatten: Michail N. Pokrowski und Jemeljan Jaroslawski, die sowohl in wissenschaftlichen als auch in Parteikreisen verkehrten. Pokrowski war 1930 Mitglied des Präsidiums der Zentralen Kontrollkommission der KPdSU, während Jaroslawski einer ihrer Sekretäre und Mitglied der Chefredaktionen führender Partei- und staatlicher Zeitungen war. Wie wir bei der Darstellung der anderen Disziplinen gesehen haben, waren die späten 1920er-Jahre eine Zeit, in der es nach Ansicht der jüngeren Generationen opportun war, Wissenschaftler zu attackieren, die nicht in der Partei waren. So auch in den Geschichtswissenschaften. Pokrowski hatte den Angriff offenbar nicht initiiert, schloss sich ihm jedoch in dem Klima nach dem Schachty-Prozess an und machte ihn sich zunutze, um eine Kommunistische Akademie zu propagieren, deren Mitglieder – wie ihr Name schon sagte – Kommunisten sein sollten. Er geriet außerdem in ernsthaften Konflikt mit einem Historiker und Altbolschewik, Iwan A. Teodorowitsch, der Verbindungen zu Jaroslawski hatte.

Diese Auseinandersetzungen hatten nichts gemein mit dem manierlichen akademischen Geplänkel, wie es im Westen üblich ist. In den Debatten ging es um inhaltliche Kommentare sowie um die durchaus gefährliche Anklagen des „Trotzkismus" und des „bürgerlichen Liberalismus". Die Streitigkeiten unter Historikern reichten bis hinauf ins Zentralkomitee und mündeten im März 1931 in eine Resolution desselben. Im Oktober 1931 schrieb Stalin seinen berühmten Brief an die Redaktion der Zeitschrift *Proletarskaya Revolyutsiya*, in dem er „Archivratten und hoffnungslose Bürokraten" attackierte, womit er ganz klar brave Historiker aller politischer Couleur meinte, für die Fakten wichtiger waren als Aktionismus und die Parteilinie.

Der Brief hatte verheerende Auswirkungen für die Historiker und schwerwiegende Folgen für unterschiedlichste Gebiete der Wissenschaft. Der englische Historiker John Barber[115] bemerkt, dass „die Geschichtswissenschaft quasi zum Erliegen kam".[116] Es war eine Zäsur. „Kritik, Selbstkritik, die Entlassung aus akademischen Positionen, Parteiausschluss"[117] und in manchen Fällen Repressionen[118] waren fast umgehend die Folge. Jaroslawski und seine Mitarbeiter sowie Pokrowskis Kollegen wurden sämtlich kritisiert. Viele von ihnen verloren ihre Stellung. Pokrowski wurde wahrscheinlich nur deshalb nicht angegriffen, weil er quasi im Sterben lag. 1932 erlag er seiner Krebserkrankung. Ab 1934 galt er offiziell als Volksfeind.[119]

Was das Verhältnis zwischen Regime und Wissenschaft anbelangt, so kam es zu zwei entscheidenden Entwicklungen. Erstens hatten die Befürworter von Wandel auf die Signale der politischen Führungsebene reagiert. In Zeiten, da alle Anzeichen wie der Schachty-Prozess, die Angriffe auf rechtsgerichtete Kräfte in der Führung und der erste Fünfjahresplan auf Wandel hindeuteten, ließen sie ihren revolutionären Ansichten oftmals freien Lauf. Ferner nutzten sie das Klima der Zeit, um ihre institutionelle Position zu stärken, und kommunizierten häufig mit zentralen Parteiführern, um diese um Unterstützung bei entsprechenden Projekten zu bitten. In den meisten Fällen scheiterten sie jedoch an Stalins Entschlossenheit, praktisch alle intellektuellen Ressourcen der Akademie für den Aufbau staatlicher Strukturen zu nutzen. In einem solchen Milieu waren die Institutionen und der Alltag Einzelner in der Akademie unmittelbarer von den alles durchdringenden Parteiorganen kontrolliert als noch während der NÖP oder der Kulturrevolution. Das Ausmaß der Einmischung in Institute und sogar in den beruflichen Alltag einzelner Wissenschaftler nahm neue und direktere Formen an. In der Geschichtswissenschaft, so Barber, „schrieb die höchste politische Autorität Intellektuellen zum ersten Mal genau vor, welche Interpretation eines bestimmten Themas vorzulegen war. Fortan sollte die Parteiführung selbst als Richter über die Wahrheit auftreten – in der Geschichte und auf potenziell jedem anderen wissenschaftlichen und kulturellen Gebiet ... Da die Unterscheidung zwischen Parteigehorsam und Staatstreue praktisch nicht mehr existierte, war jegliches Abweichen von der Parteilinie nicht nur falsch, sondern Treuebruch und Verrat."[120]

Mitglieder des Politbüros, von denen zu vermuten wäre, sie hätten etwas Besseres zu tun, diktierten Autoren buchstäblich, was diese zu schreiben hatten.[121] Jaroslawski etwa erhielt „persönliche Instruktionen von [Lasar] Kaganowitsch und Stalin, wie er sein [Buch zur Geschichte der Kommunistischen Partei] zu überarbeiten habe".[122]

Zweitens versuchten die Führer der Kulturrevolution ebenfalls häufig, ranghohe nichtkommunistische Professoren aus ihren Ämtern zu drängen, um Platz für jüngere, marxistische Wissenschaftlicher oder für sich selbst zu machen. Ironischerweise blieben zahlreiche der vielgeschmähten „bürgerlichen Spezialisten"[123] zu Hochzeiten der Kulturrevolution auf ihren Posten bzw. wurden auf ihre einflussreichen Stellungen in der Akademie zurückversetzt – im Falle der Geschichtswissenschaften vor allem, weil ihre Sicht auf die vorrevolutionäre russische Geschichte der positiven Sicht des russischen Staates näher kam, die Stalin im Laufe der 1930er-Jahre zunehmend propagierte. Stalins Brief löste einen Prozess aus, welcher der Kulturrevolution im Allgemeinen praktisch ein Ende setzte. Im Dezember 1931 verlangte Kaganowitsch zur Krönung des Ganzen, der „Trotzkischen Kontrabande" müsse man „auf bolschewistische Weise" begegnen.[124] Zentrale Figuren wie Paschukanis, Schulgin und G. E. Deborin (Philosophie)[125] mussten sich der Kritik und Selbstkritik unterziehen und wurden gezwungen, ihre Meinungen zu widerrufen.

Die hier erörterten Wissenschaftsgebiete hatten Verschiedenes gemeinsam. Sie vertraten die Ansicht, dass sie insofern erkennbar marxistisch waren, als sie die Auswirkungen der gesellschaftlichen Basis bei der Erklärung von Ereignissen berücksichtigten. Und sie hatten eine ähnliche Vorstellung davon, wie das soziale und ökonomische Umfeld die menschliche Natur prägte. Spätestens 1932 war klar geworden, dass die stalinistische Führung und Stalin selbst mit solch einschränkenden Sichtweisen nichts zu tun haben wollten. Stalin suchte in der Geschichte nach Staatsgründerfiguren, nach heldenhaften Erbauern und nach wachen und zielstrebigen Menschen in allen Bereichen des alltäglichen Lebens. Was er nicht wollte, waren Wissenschaftler und Spezialisten, welche die Komplexität der Menschen und ihrer Aufgaben in den Mittelpunkt stellten oder den russischen Staat in einem schlechten Licht erscheinen ließen.

3. Vom kleinen Elektorat zur Autokratie

Wie es Stalin gelang, Trotzki zu überlisten und sich dann von Sinowjew und Kamenew abzusetzen, ist wohlbekannt und in der Literatur gut dokumentiert.[1] Angesichts der Entscheidungen, die auf dem X. Parteitag 1921 fielen, und angesichts des rasant wachsenden Parteiapparats wurde die „Antwort auf die Frage ‚Wer wird Russland regieren?'", wie Robert Conquest beobachtet, schlicht zu der Frage: „Wer wird ein Parteigefecht gewinnen, das sich auf einen kleinen Teil der Führungsriege beschränkt?"[2]

Diese Verallgemeinerung übersieht jedoch, dass sich der institutionelle Bezugsrahmen für diesen so bezeichneten „kleinen Teil der Führungsriege" im Laufe der rund zehn Jahre nach dem X. Parteitag grundlegend veränderte. Anfang der 1920er-Jahre hatten die Parteitage und das Zentralkomitee noch Bedeutung, Anfang der 1930er-Jahre waren beide auf Beobachterposten verwiesen worden. An ihrer statt stellte das Politbüro das Elektorat – ein Versuch der Teilnehmer am XVII. Parteitag 1934, die Teilhabe daran zurückzugewinnen, blieb erfolglos. In der zweiten Hälfte der 1930er-Jahre konnte man wiederum das Politbüro kaum noch als Elektorat betrachten. Zu diesem Zeitpunkt war fraglich geworden, ob überhaupt noch irgendeine Institution – sei es eine Partei oder der Staat – diese Bezeichnung verdiente.

Im ersten Kapitel haben wir Belege dafür zusammengetragen, wie sich das Zentralkomitee einschließlich der Demokratischen Zentralisten – trotz unterschiedlicher Meinungen zum Umgang mit Gewerkschaften – geschlossen gegen Vorschläge der Arbeiteropposition zur Wehr setzte, welche die beherrschende Rolle des Zentralkomitees geschmälert hätten.

So waren es auch nicht etwa externe Gruppen wie die Arbeiteropposition, die das Zentralkomitee in seiner Macht beschnitten, vielmehr waren es Parteiinstitutionen. Im Laufe eines Jahrzehnts vergrößerte sich die Zahl der Parteitagsmitglieder rasant und Parteitage spielten immer mehr eine nur symbolische Rolle. Ähnlich erging es dem Zentralkomitee: Die Häufigkeit seiner Sitzungen nahm ab, seine Größe nahm zu, und seine Macht ging zurück. Es wurde faktisch zu der Institution, an die sich das Politbüro wandte, wenn es geteilter Meinung war. Im weiteren Verlauf der 1920er-Jahre entwickelte sich das Politbüro zum wahren Ort der Macht – ein Zustand, der bis weit in die 1930er-Jahre anhielt, bis auch das Politbüro nur mehr eine Pro-forma-Veranstaltung war.

Im Falle des Parteitags erstreckt sich der Niedergang von einer wirksamen zu einer bloß noch symbolischen Institution über die Zeit der NÖP und die 1930er-Jahre. Der Beschluss, regionalen Parteiorganisationen abzuverlangen, als Blöcke teilzunehmen, stärkte nicht nur die Mitglieder des Sekretariats, sondern auch die des Politbüros, insbesondere Grigori Sinowjew, dessen Machtbasis sich in Leningrad befand.[3]

Insgesamt wirkten sich die Veränderungen in zweifacher Hinsicht aus. Sie verringerten die Möglichkeiten des Parteitags, das Zentralkomitee oder die immer mächtiger werdenden zentralen Parteiorgane – das Politbüro, das Sekretariat und das Orgbüro – zur Rechenschaft zu ziehen. Darüber hinaus veränderte sich der Inhalt der Parteitage. Das einstige Forum für ernsthafte Debatten zu ernsthaften Themen – ein typisches Beispiel war die Debatte über die Ratifizierung des Friedensvertrags von Brest-Litowsk auf dem VII. Parteitag im März 1918 gewesen – entwickelte sich zu einem Instrument Stalins und seines Gefolges, um in Ungnade gefallene Führer, die in der Regel symbolisch Mitglieder im Zentralkomitee blieben, einzuschüchtern.

Allein von der steigenden Zahl der Teilnehmer und den immer größer werdenden Abständen zwischen den Zusammenkünften ließe sich auf den Bedeutungsverlust der Parteitage schließen: Die Struktur des VII. Parteitags 1918 entsprach zahlenmäßig noch in etwa der des US-Senats.[4] Er bestand aus 106 Mitgliedern, von denen 47 stimmberechtigt waren. Hingegen nahmen am XVII. Parteitag im März 1934 schon 2.016 Personen teil, wovon 1.225 stimmberechtigt waren. Außerdem tagte der Parteitag immer seltener, je länger Stalin als Schlüsselfigur in der sowjetischen Politik agierte. Von 1917 (dem VI. Parteitag) bis Dezember 1925 (dem XIV. Parteitag) trat der Parteitag jeweils einmal im Jahr zusammen. Der XV. Parteitag fand hingegen erst im Dezember 1927 statt, der XVI. im Juni/Juli 1930 und der XVII. dann im März 1934. Die letzten zwei Parteitage zu Stalins Lebzeiten tagten im März 1939 bzw. Oktober 1952, wobei dieser lange Abstand auch dem Zweiten Weltkrieg geschuldet gewesen sein dürfte.

Für den dramatischen inhaltlichen Wandel der Parteitage ist zudem wesentlich, wie das Orgbüro und das Sekretariat (mit Unterstützung der Zentralen Kontrollkommission[5]) Einfluss nahmen auf die Zusammensetzung. Diese Einflussnahme ließ den Parteitag letztlich zu einer bloßen Gelegenheit verkommen, jene Führer einzuschüchtern und zu drangsalieren, die zwar noch Mitglieder des Zentralkomitees, aber nicht mehr Teil von Stalins Gefolgschaft waren.

Das Sekretariat und das Orgbüro ernannten die örtlichen und regionalen Sekretäre, welche wiederum politisch zuverlässige Personen aus ihren jeweiligen Regionen als Teilnehmer zum Parteitag entsandten.[6] Das geschah unter anderem, indem man Kandidaten oder stimmberechtigte Mitglieder des Zentralkomitees zu regionalen Parteikonferenzen abordnete, auf denen die Parteitagsmitglieder gewählt wurden. Das funktionierte. Um dieses Prozedere zu illustrieren, zitiert Gill nicht nur Stalins Aussage über die Zusammenstellung des XII. Parteitags, sondern auch die Erklärung der „Gruppe der 46", die Trotzki nahestand.

Stalin: „Die letzten sechs Jahre hat das Zentralkomitee kein einziges Mal einen Parteitag wie diesen vorbereitet."

Erklärung der 46: „In immer größerem Maße wählt die Sekretärs-Hierarchie der Partei die Teilnehmer für Konferenzen und Parteitage, die immer mehr zu Versammlungen werden, auf denen diese Hierarchie bestimmt."[7]

Diese Bemühungen fruchteten bald: Auf dem XI. Parteitag 1922 hatte der Kongress noch den Vorschlag des Zentralkomitees abgelehnt, A. G. Schljapnikow, S. P. Medwedew und Alexandra Kollontai, welche die Kühnheit besessen hatte, die Kommunistische Internationale um Unterstützung zu bitten, aus der Partei auszuschließen,[8] und empfahl stattdessen ein weniger rigides Vorgehen. Es kam darüber hinaus zu einer lebhaften Debatte über die Frage, ob die Zentrale Kontrollkommission entmachtet werden solle. Auf dem XII. Parteitag äußerten schon nur noch Einzelne ihre Missbilligung angesichts der wachsenden Rolle des Sekretariats, allerdings ohne Auswirkungen. Als dann der XIII. Parteitag im Mai 1924 zusammentrat, „hatten die Maßnahmen der Sekretariats-Maschinerie so durchschlagende Wirkung gehabt, dass kein einziger Oppositioneller als stimmberechtigter Delegierter in den Parteitag gewählt wurde".[9] „Auf dem XIV. Parteitag war", so ergänzt Gill, „das Massengejohle und das Niederschreien von Rednern zur Regel geworden, und dieses Muster sollte sich erhalten, bis die Opposition besiegt war."[10] Mit Ausnahme von Sinowjew, der auf diesem Parteitag noch die Kontrolle über die Leningrader Teilnehmer hatte, war monolithische Einheit ohnehin schon vom XIII. Parteitag an zum Charakteristikum der Zusammenkünfte geworden, bei denen einstimmige Ergebnisse öffentlicher Abstimmungen die Regel waren.

Ohne eine genaue Betrachtung dessen, wie der Parteitag als wirksame Instanz allmählich verschwand, entstünde aber ein zu konformer Eindruck seiner Sitzungen zwischen 1921 und 1939. So brach etwa auf dem XVII. Parteitag im Januar 1934 ein seit Langem schwelender Streit zwischen Wjatscheslaw Molotow, dem damaligen Vorsitzenden des Sownarkom, und Sergo Ordschonikidse, dem Leiter des Obersten Rats für Volkswirtschaft (*Vesenkha*), auf, der sich um das Tempo des Wirtschaftswachstums drehte.[11]

Das eindrucksvollste Beispiel dafür, dass die Parteitagsteilnehmer nicht völlig gefügig waren, betrifft jedoch die Frage von Stalins fortgesetzter Führungsrolle, die anscheinend auf demselben Parteitag aufkam. Von den schrecklichen Jahren zwischen 1930 und 1932, in denen die Bauern auf Kosten enorm vieler Menschen- und Tierleben kollektiviert wurden, war bereits die Rede.

Auf politischer Führungsebene hatte Stalin nacheinander Trotzki, Kamenew und Sinowjew sowie im Anschluss Bucharin, Tomski und Rykow verdrängt. Diese Ereignisse beschäftigten die Parteitagsteilnehmer offensichtlich sehr. Darüber hinaus hatte Stalin selbst verkündet: „Musste man auf dem XV. Parteitag noch die Richtigkeit der Parteilinie beweisen und einen Kampf gegen bestimmte anti-leninistische Gruppierungen führen und auf dem XVI. Parteitag mit den letzten Anhängern dieser Gruppierungen aufräumen, so braucht man auf diesem Parteitag nichts zu beweisen, und es gibt wohl auch niemanden, der geschlagen werden müsste."[12]

Angesichts der nun abgeschwächten Krise, die durch das Chaos und die Verwüstungen der Kollektivierung entstanden war, und angesichts der Erniedrigungen derer, die sich gegen Stalin gestellt hatten, fanden unter einem Teil der älteren Parteitagsdelegierten anscheinend Gespräche statt, insbesondere unter denjenigen, die mit dem sogenannten Lenin-Testament vertraut waren.[13] Sie waren besorgt über die „anormale Situation", die innerhalb der Partei entstanden war,[14] und kamen offenkundig zu dem Ergebnis, „es [sei] an der Zeit, Stalin von seinem

Posten als Generalsekretär zu entfernen und ihn an eine andere Stelle zu versetzen."[15]

Was bedeutete für diese älteren Parteitagsdelegierten eine solche Situation, die kaum der Stalin'schen Vorstellung von monolithischer Einheit entsprach? Die Offenheit der Partei zu beschneiden, wie auf dem X. Parteitag mit dem verhängten Fraktionsverbot geschehen, hatten sie vermutlich noch als angemessen empfunden. Damals war es darum gegangen, den Bauern ein Stück entgegenzukommen, was die NÖP mit sich gebracht hatte. Die wichtigsten Maßnahmen, die auf Stalin zurückgingen, hielten sie jedoch kaum für angemessen. Dies deuten zumindest die Äußerungen Kirows an, als die Altbolschewiki an ihn herantraten und ihn fragten, ob er die Ernennung zum Generalsekretär annehmen würde.[16]

Über 100, aber weniger als 300 der 1.225 stimmberechtigten Mitglieder des Parteitags scheinen nicht für Stalin votiert zu haben. Über genauere Angaben herrscht Uneinigkeit. Anton Antonow-Owsejenko zufolge gab es bei der Abstimmung über die Kandidatenliste des Zentralkomitees 292 Stimmen gegen Stalin. Zu dieser Zahl gelangt er, indem er das Auszählungsergebnis der Wahlkommission von den insgesamt 1.225 stimmberechtigten Mitgliedern subtrahiert.[17] Im zusammenfassenden Bericht hatte es geheißen, es habe nur 936 Stimmen für Stalin gegeben.[18] Nach einer solchen Zählung hätte Stalin zwar nur 289 Gegenstimmen erhalten, da Kirow aber drei Gegenstimmen bekommen hatte, soll das Politbüro-Mitglied Lasar Kaganowitsch angeblich angeordnet haben, man solle offiziell auch für Stalin drei Gegenstimmen eintragen.[19] Robert Tucker zitiert eine andere Quelle,[20] in der von einem Dokument in den Parteiarchiven die Rede ist, verfasst von Wassili Werchowych, dem stellvertretenden Vorsitzenden der Zählkommission; dieser habe im Jahr 1960 von 123 oder 125 Stimmen gegen Stalin geschrieben. Der Artikel mit Werchowychs Erinnerungen erschien 1989 und enthält eine Fotokopie der Abstimmungsergebnisse für die Mitglieder des Zentralkomitees; demzufolge wurden 1.059 der möglichen 1.225 Stimmen abgegeben, von denen Kirow 1.055 und Stalin 1.056 Stimmen erhalten habe. Wenn nicht alle fehlenden Stimmzettel Stalin unterstützt haben, würde dies bedeuten, 169 hätten gegen ihn gestimmt.

Stalins anschließendes Verhalten mag übertrieben gewesen sein, doch sein Gebaren in dem fünfjährigen Zeitraum zwischen dem XVII. und dem XVIII. Parteitag deutet mit Sicherheit darauf hin, dass der Widerstand, wie auch immer die genaue Zahl gelautet haben mag, zumindest für Stalins Verständnis nicht unerheblich gewesen war – wobei man betonen sollte, dass tatsächlich drei Gegenstimmen genügt hätten, um Stalin in Rage zu bringen. In jedem Fall ging er in seiner typischen Manier mit denen um, die sich auf dem XVII. Parteitag möglicherweise gegen ihn gestellt hatten. Von all jenen, die damals entweder abgestimmt oder kandidiert hatten, nahmen nur drei Prozent am XVIII. Parteitag teil.[21] Laut Nikita Chruschtschows berühmter „Geheimrede" von 1956 wurden „von den 1966 Delegierten [des XVII. Parteitags] auf der Grundlage von Beschuldigungen wegen konterrevolutionärer Verbrechen ... 1.108 Personen festgenommen."[22] Denjenigen, die auf dem XVII. Parteitag als Mitglieder des Zentralkomitees bestätigt worden waren, erging es noch schlimmer. So stellte Chruschtschow fest: „[V]on den 139 Mitgliedern und Kandidaten des Zentralkomitees, die auf dem XVII. Parteitag gewählt worden waren, [wurden] 98 Personen, d. h. 70 Prozent (hauptsächlich in den Jahren 1937/1938) verhaftet und erschossen."[23] Der eingeschränkte Versuch des XVII. Parteitags, 1934 die Rolle eines Ejektorats zu übernehmen, erwies sich nicht nur für seine Mitglieder, sondern insbesondere für diejenigen, die von den Stimmberechtigten bestätigt worden waren, als fatal.

Der Parteitag war zu etwas geworden, was Fainsod fünfzig Jahre später als „Versammlung von Partei- und Staatsfunktionären"[24] beschreiben sollte. Er wurde je nach Laune der Führung einberufen und hatte nichts gemein mit dem kleinen Elektorat, das typischerweise in autoritären Systemen anzutreffen ist. Hatte der Abstand zwischen dem XVII. und dem XVIII. Parteitag noch fünf Jahre betragen, trat der XIX. Parteitag erst 13 Jahre später zusammen, 1952, was Chruschtschow nachträglich – und nach Stalins Tod – zu der rhetorischen Frage veranlasste, ob man diesen Abstand „als normal ansehen [könne, da die] Partei und das Land so viele Ereignisse erlebten? Diese Ereignisse verlangten nachdrücklich von der Partei, Beschlüsse zur Verteidigung des Landes unter den Bedingungen des Vaterländischen Krieges und dem friedlichen Aufbau in den Nachkriegsjahren zu fassen."[25]

Die Umgestaltung des Zentralkomitees

Für das Zentralkomitee verhält es sich ähnlich. So uneins seine Mitglieder in den ersten Jahren nach der Revolution auch waren, so einig waren sie sich darin, dass das Zentralkomitee das zentrale Entscheidungsorgan

sein sollte.[26] Im Laufe der 1920er-Jahre stand das Gremium vor zwei institutionellen Herausforderungen: die eine war die Zentrale Kontrollkommission, die andere das Politbüro. Die Gefahr, die von der Zentralen
Kontrollkommission ausging, wäre auf dem XI. Parteitag 1922 beinahe
ausgeschaltet worden, als „eine Abstimmung zur Abschaffung der Kon-
trollkommissionen nur knapp scheiterte".[27] Stattdessen etablierte sich
die in einem Teil der Resolution zur Parteieinheit auf dem X. Parteitag
verabschiedete und anfangs geheim gehaltene Praxis, wonach sich Zentralkomitee und Kontrollkommission gemeinsam zu Personalfragen
trafen. Da aber der Apparat – und das bedeutete immer mehr: Stalin – die
Besetzungen für die Kontrollkommission überwachte, verwässerte dies
die Macht des Zentralkomitees. Hinzu kam, dass „ein neues Forum gegründet wurde, das gemeinsame Plenum des Zentralkomitees und der
Zentralen Kontrollkommission", dessen breites Mandat unter anderem
„die wichtigsten allgemeinen politischen und allgemeine Parteifragen"[28]
mit einem Schwerpunkt auf Kaderfragen umfasste.

Zudem schmälerten dieselben Faktoren, die bereits den Einfluss der
Parteitage beschnitten hatten, auch die Macht des Zentralkomitees als
Institution: die zunehmende Größe und die immer länger werdenden
Abstände zwischen den Sitzungen. Tabelle 3.1 zeigt die Zahl der Mitglieder des Zentralkomitees von 1917 bis 1971. Die zahlenmäßige Ver-
größerung war ein politisch gewiefter Schachzug, um die Altbolschewiki zu schwächen. Sie blieben zwar Mitglieder des Zentralkomitees,
doch ihre Möglichkeit, bei Streitigkeiten zwischen Fraktionen im Politbüro zu vermitteln, sank kontinuierlich, je mehr die Zahl der Mitglieder
stieg. Die neuen Mitglieder waren fast ausnahmslos vom Sekretariat
und/oder vom Orgbüro nominiert worden und somit Stalinisten. Sie
waren häufig Erste Parteisekretäre aus verschiedenen Regionen oder
Schlüsselpersonen aus den wichtigsten Wirtschaftssektoren.[29] Es wurde
zur Norm, dass Inhaber gewisser Ämter – Erster Sekretär des Moskauer
Stadtkomitees, Erste Sekretäre der Republiken – Anrecht auf eine Mitgliedschaft im Zentralkomitee hatten. Tabelle 3.1 zeigt, dass die Mitglieder, die auf ein solches Anrecht zurückzuführen sind, mit der Zeit
zahlreicher wurden. Wie Daniels feststellt, wuchs sich für den Einzelnen
„die Mitgliedschaft im Zentralkomitee zum Statussymbol" aus,[30] während das Zentralkomitee als Institution schwächer wurde. Eine solche
Institution konnte als Berufungsgremium dienen, an das sich Stalin
wenden konnte, um Streitigkeiten innerhalb des Politbüros zu lösen –

und tatsächlich diente es zuweilen als solches. Doch je weiter das Zentralkomitee wuchs, desto mehr sank seine Bedeutung. Wie Roeder bemerkt, wurde die Rechenschaftspflicht in einem solchen System „reziprok" und damit begrenzt. Obwohl die Sekretäre der Kommunistischen Partei im Prinzip gewählt wurden, wurden sie ab Mitte der 1920er-Jahre faktisch vom Parteisekretariat, genauer von Stalin, ernannt, der den Umstand nutzte, als Einziger volles Mitglied des Politbüros, des Orgbüros und des Sekretariats zu sein. Die Parteisekretäre wiederum bestimmten Vertreter aus ihrer Region – einschließlich ihrer selbst –, die auf den Parteitagen als Repräsentanten auftraten. Daniels hat dies treffend als „zirkulären Machtfluss"[31] bezeichnet. Die Parteitage genehmigten eine Liste von Personen, die Mitglieder des Zentralkomitees wurden. „Stalin begann, ... Oppositionelle aus jenem Gremium und aus dem Politbüro zu entfernen." So „schloss sich der Kreis": Stalin „kontrollierte das Gremium, das ihn nominell wählte".[32] Der vermeintlich Gewählte wählte in der Praxis das Elektorat, das den Kreis schloss, indem es ihn wählte – auch wenn, wie wir gerade in Bezug auf den XVII. Partei-

Jahr	Stimmberechtigte	Kandidaten
August 1917	21	4
März 1918	15	8
März 1919	19	8
April 1920	19	12
März 1921	25	15
April 1922	27	19
Mai 1924	53	34
1925	63	43
1930	71	50
1934	71	67
1939	71	68
1952	125	110
1956	133	122
1961	175	156
1966	195	165
1971	241	155

Tabelle 3.1[33]. Zahl der Mitglieder des Zentralkomitees 1917–1971

tag gesehen haben, selbst dies nicht immer ein hundertprozentig sicherer Weg war, ein Mindestmaß an Rechenschaftspflicht als Führer zu
umgehen.

Stalins Methoden machten die Frage überflüssig, ob das Zentralkomitee im Hinblick auf den Generalsekretär – nicht jedoch im Hinblick
auf den Ausschluss von Mitgliedern des Politbüros – in irgendeiner
Weise ein Wahlgremium darstellte. Die Bedeutung der Mitgliedschaft
zu verwässern, war eine Taktik. Eine weitere bestand, wie Chruschtschow[34] berichtete, darin, einen wesentlichen Teil der Mitglieder beider
Gremien – Parteitag und Zentralkomitee – zu töten und Genossen zu
ernennen, deren fortgesetzte Existenz und nicht nur Karriere davon
abhing, ob sie den Personalentscheidungen des Kreml zustimmten.
Die Berufung von Kadern auf regionaler und unterer Ebene musste
Ende der 1930er-Jahre außerdem vom NKWD genehmigt werden. Da
das Gros der Mitglieder aus regionalen Sekretären (der Oblaste und
Republiken) bestand, minderte dies ferner die Gefahr, dass das Zentralkomitee irgendeine unabhängige Rolle bei der Auswahl von Mitgliedern des Politbüros – ganz zu schweigen vom Generalsekretär – spielen
konnte.[35]

Eine letzte Möglichkeit bestand darin, die Anzahl der Zentralkomi-
tee-Sitzungen auf genau dieselbe Weise wie im Falle der Parteitage zu
reduzieren. Die Sitzungsfrequenz nahm in den Jahren, in denen Stalin
Generalsekretär war, stetig ab. Die Abstände reichten von Wochen bis
zu Monaten und wurden entgegen der Parteiregeln sehr unregelmä-
ßig.[36] Roeder zitiert eine amtliche sowjetische Quelle, der zufolge die
„Sitzungen [des Zentralkomitees] selten wurden: Allem Anschein nach
wurden in den letzten 16 Jahren unter Stalins Herrschaft nur sechs einberufen".[37]

Aufstieg und Niedergang des Politbüros

„Das Gremium, das die Position des Zentralkomitees innerhalb der Partei untergrub, war das Politbüro", betont Gill.[38] Das Politbüro war anfangs ein Exekutivausschuss, wie ihn auch heute noch viele Institutionen kennen: „Unser Politbüro des Zentralkomitees ist das operative
Führungsorgan aller Bereiche des sozialistischen Aufbaus", erklärte
Politbüro-Mitglied Lasar Kaganowitsch 1934.[39]

In den ersten drei Jahren traf es sich mindestens einmal und häufig
zweimal wöchentlich. Ähnlich häufig waren die Sitzungen des Politbü-

ros Ende der 1920er- und Anfang der 1930er-Jahre, wie Tabelle 3.2 zeigt. In den Jahren unmittelbar vor dem Großen Terror (1937 bis 1938) sank die Zahl jedoch rapide. 1935 trat es 15-mal und 1936 nur neunmal zusammen. Danach traf es sich noch sporadischer.

Diese Zahlen berücksichtigen keine informellen Zusammenkünfte, die das Politbüro als Institution schwächten, indem sie sich zum wahren Ort von Entscheidungen auswuchsen. Diese Taktik stammte noch aus den frühen 1920er-Jahren, als in Trotzkis Abwesenheit die berühmten Treffen der „Siebenergruppe" stattfanden. Als damals parteiinterne Streitigkeiten zuerst unter den Links- und dann unter den Rechtsoppositionellen aufkamen, traf sich diese Stalin-Clique zu zahlreichen Anlässen im Voraus, um über anstehende Maßnahmen zu entscheiden, und degradierte das Politbüro dadurch zu einer Institution, die bloß der nachträglichen Legitimierung diente. Wie aus Stalins Brief an Molotow hervorgeht,[40] waren Beratungen und Mobilisierung im Vorfeld ein typisches Merkmal der Art und Weise, wie die Koalition aus Stalin, Bucharin und anderen der vermeintlich „geschlossenen" Opposition von Trotzki, Kamenew und Sinowjew entgegentrat.[41] Die Briefe an Molotow

Jahr	Plenum des Zentral-komitees	Sitzungen des Politbüros	Anzahl der Male, die Stalin teilnahm
1928	3	53	51
1929	2	51	49
1930	1	38	30
1931	2	57	47
1932	1	43	30
1933	1	24	16
1934	2	18	14
1935	3	15	15
1936	2	9	7
1937	3	6	6
1938	1	4	4
1939	1	2	2
1940	2	2	2

Tabelle 3.2[42]. Offizielle Sitzungen des Politbüros 1928–1940

wurden von verschiedenen Mitgliedern des Politbüros gelesen und abgezeichnet.

Die Praxis solcher Zusammenkünfte vor anstehenden Sitzungen des
Politbüros setzte sich in den 1920er- und 1930er-Jahren fort. Allerdings
war Stalin bis Ende der 1920er-Jahre tunlichst darauf bedacht, auch die
Zustimmung des Politbüros einzuholen,[43] selbst wenn dies in erheblichem Maße Augenwischerei war, weil sein interner Kreis im Vorhinein
konspiriert hatte. Wäre Stalin zudem auf hartnäckigen Widerstand innerhalb des Politbüros gestoßen, hätte er jederzeit zum Zentralkomitee
gehen können, das mit den von ihm ernannten Vertretern besetzt war.
In der kurzen Spanne zwischen 1928 und 1930 wurden die Schlüsselfiguren der rechten Opposition aus dem Politbüro und von solchen Positionen entfernt, die eine Mitgliedschaft im Politbüros voraussetzten.
1929 wurde Bucharin als Vorsitzender der Kommunistischen Internationale (Komintern) abgelöst und dann aus dem Politbüro gedrängt.
Tomski wurde 1929 als Gewerkschaftsführer abberufen und verlor
1930 seinen Sitz im Politbüro. Rykow wurde Ende 1930 von seiner Position als Vorsitzender des Sownarkom verdrängt und aus dem Politbüro ausgeschlossen.

Im selben Zeitraum begann Stalin, eigenmächtig und abweichend
vom Konsens des Politbüros zu handeln. Gill liefert hierfür zwei Beispiele. Das erste betrifft Stalins Beschluss der Zwangskollektivierung.
Was das Ausmaß an Gewalt bei der Kollektivierung und Beschaffung
von Getreide anging, spiegelte der an die Regionen ergangene Rat die
Spaltung in der Führung wider. Einige Partei- und Regierungschefs –
als Beispiele nennt Gill M. I. Frumkin, den stellvertretenden Finanz-
kommissar, und N. A. Uglanow, den Moskauer Parteisekretär und Po-
litbüro-Kandidaten – rieten örtlichen Parteivorsitzenden, „im Umgang
mit Bauernproduzenten unangemessenen Druck zu unterlassen".[44] Stalin und seine engen Verbündeten hingegen – insbesondere Molotow,
Kaganowitsch und Mikojan – plädierten für die, wie sie später genannt
wurde, ural-sibirische Methode zur Beschaffung von Getreide, d. h. für
Zwangsmaßnahmen, die an den Kriegskommunismus erinnerten.[45]

Frumkin spielte die zentrale Rolle im zweiten Beispiel, bei dem es
darum ging, die Fassade einer kollektiven Führung einzureißen. In seiner Funktion als stellvertretender Volkskommissar für Finanzen schrieb
Frumkin Mitte 1928 (als die rechte Opposition noch überwiegend im
Politbüro vertreten war) einen Brief, in dem er sich kritisch zu den Me-

thoden der Kollektivierung äußerte. „Das Politbüro", so Gill, „entschied sich, die Angelegenheit zu regeln, … indem es [den] Brief zusammen mit einer offiziellen Antwort des Politbüros an das Zentralkomitee weiterleitete … Stalin kam der Aktion zuvor, indem er eine persönliche Antwort schrieb", was die Empfindlichkeiten im Politbüro nicht nur unter den Rechtsoppositionellen verschärfte.[46]

Als Bucharin erst einmal aus dem Politbüro entfernt worden war, nahmen die Initiativen zu, die Stalin ohne Abstimmung mit dem Politbüro ergriff. Eine seiner unheilvollsten Verordnungen war die Erklärung vom 27. Dezember 1929, die zur „Liquidierung der Kulaken als Klasse aufrief", bevor die mit „dem Kulakenproblem" beauftragte Kommission ihre Vorschläge bekanntgeben konnte.[47]

Auch wenn nun die Rechtsopposition politisch besiegt war, bedeutete dies nicht, dass die verbliebenen Mitglieder des Politbüros 1929 und 1930, die quasi alle Stalinisten waren, kampflos die Aushöhlung ihrer Institution hinnahmen. Auch wenn die institutionelle Integrität des Politbüros stetig aufgeweicht wurde, gab es in den 1930er-Jahren Fälle, in denen das Politbüro versuchte, einen Anschein von kollektiver Führung zu wahren.

Über diese Versuche ist seit Langem viel bekannt.[48] Die Arbeiten von O. V. Khlevniuk und seinen Kollegen haben unser Verständnis der Dynamik, die in der Elitepolitik[49] der 1930er-Jahre wirksam war, außerordentlich bereichert. So haben sie nicht nur einen hervorragenden Eindruck von der schlimmsten Phase der Stalinzeit vermittelt, als das Politbüro zu einem Schatten seiner selbst geworden war, sondern auch ein Verständnis dafür, wie unterschiedlich die Rolle des Politbüros als Institution und die Interaktion seiner Mitglieder mit Stalin, dem Generalsekretär, um 1930 und in der zweiten Hälfte der 1930er-Jahre war.

Als Stalin beispielsweise daran ging, Aleksej Rykows Position als Chef des Sownarkoms der UdSSR zu schwächen, versuchten Mitglieder des Politbüros durchaus, Stalins zunehmende Macht gegenüber dem Politbüro einzudämmen. Stalin hatte gegenüber Molotow vorgebracht, der Sownarkom könne unter Rykows Führung ein Gegengewicht zur „Parteiführung" (damit meinte er sich selbst) werden. In einem Brief vom 22. September 1930 drängte Stalin Molotow, einer Ablösung Rykows zuzustimmen. Er schlug außerdem die Einsetzung einer ständigen Kommission vor, die er als Erfüllungskommission bezeichnete, „deren ausschließlicher Zweck die systematische *Überprüfung der Erfüllung* von

Beschlüssen des Zentrums sein sollte"[50]; diese Angelegenheit, so Stalin, solle „bis zum Herbst" erledigt sein. „Andernfalls [werde] es eine Spaltung zwischen der Sowjetführung [sprich Regierung] und der Parteiführung geben."[51]

So prompt, wie sich Stalin dies wünschte, wurde die Angelegenheit nicht gelöst. Die entsprechenden Diskussionen im Politbüro zogen sich bis in den Herbst. Im Oktober schrieb Kliment Woroschilow, offenbar auf Wunsch des Politbüros und in Übereinstimmung mit demselben,[52] an Stalin: „Ich, Mikojan, Molotow, Kaganowitsch und teilweise Kuibyschew glauben, dass der beste Ausgang aus der Situation eine Vereinigung der Führung [von Partei und Regierung] wäre. Es wäre gut, wenn Sie einen Sitz [in der Führung des Sownarkom] übernehmen könnten und in der Ihnen bekannten Weise wirklich die Führung des gesamten Landes übernähmen."[53] Der Brief von Woroschilow macht allerdings auch deutlich, dass sich Widerstand gegen Stalins Idee einer weiteren Kommission regte. „Nach Kuibyschew äußerten ich und Sergo [Ordschonikidse] Zweifel an der Begründung für das Bestehen einer solchen Kommission."[54]

Es sei gut möglich, so Khlevniuks plausible Argumentation,[55] dass Woroschilow Stalin geschickt dazu zu verleiten versucht habe, Lenins Führungsstil zu imitieren (nämlich an der Spitze der Regierung zu stehen) – ein Schritt, der 1930 dazu geführt hätte, dass Stalin ständig in die Details des politischen Tagesgeschäfts involviert gewesen wäre und nicht nur „sporadisch", wie es in der Praxis der Fall war.[56] Somit wäre Stalin „die frühere Möglichkeit [abhanden gekommen], direkte Kontrolle über den Parteiapparat auszuüben". „Darüber hinaus war dies Stalins Kollegen durchaus klar", so Khlevniuk.[57] Er betont jedoch nachdrücklich: „Es ist schwierig zu sagen, inwieweit die Beweggründe für Stalins Kollegen auf den Wunsch zurückgingen, seine rasch wachsende Macht einzuschränken ... oder inwieweit Stalin sie derartiger Bestrebungen verdächtigte. Auf jeden Fall insistierte Stalin auf seiner Variante [der vorgeschlagenen Änderungen]. Erst zehn Jahre später, als Stalin die Macht eines absoluten Diktators erlangt hatte und über die Möglichkeit verfügte, allein über das Schicksal der Mitglieder des Politbüros zu entscheiden, übernahm er den Posten des Vorsitzenden des Sownarkom – wie Woroschilow es in seinem Brief von 1930 vorgeschlagen hatte."[58]

Es sei in diesem Zusammenhang jedoch daran erinnert, dass Woroschilows Vorschlag genau das wiedergab, was die Altbolschewiki 1934 auf den Fluren des XVII. Parteitags diskutierten. In Hinblick auf die neue institutionelle Rolle des Politbüros ist es unerheblich, ob Khlevniuks Behauptung korrekt ist oder nicht. Der springende Punkt ist hier der, dass einzelne Politbüro-Mitglieder 1930 Ansichten zu wichtigen Kaderfragen vertraten, die von denen Stalins abwichen. Zumindest in Stalins Abwesenheit versuchte das Politbüro 1930 zudem, gelegentlich als unabhängige Institution zu agieren und Interessen zu vertreten, die sich von denen des Generalsekretärs unterschieden.

Wie weitreichend solche Aktionen Einzelner oder mehrerer waren, ist schwer zu sagen; wir können jedoch mit Sicherheit behaupten, dass sie 1930 weitreichender waren als acht bis zehn Jahre später. Ohne Zweifel gab es Menschen, die genauestens mit den Funktionsabläufen des Politbüros vertraut waren und die angesichts seines Bedeutungsverlusts verzweifelten. Das beste Beispiel hierfür ist die sogenannte Lominadse-Syrzow-Affäre.

Bessarion Lominadse stand Ordschonikidse (der 1930 an der Spitze der Zentralen Kontrollkommission stand und Mitglied des Politbüros war) recht nah, nachdem er mit ihm im Transkaukasus zusammengearbeitet hatte, wo Lominadse Anfang der 1920er-Jahre Parteisekretär in Georgien gewesen war. Mitte der 1920er-Jahre kehrte er nach Moskau zurück, um in der Komintern zu arbeiten; 1929 beschuldigte man ihn der linken Gesinnung. Sicherlich hatte Lominadse eine eigene Meinung, was Menschen in diesen Jahren häufig zum Verhängnis wurde. So vertrat er, laut Ordschonikidse, „dezidierte Ansichten zu Fragen der Chinesischen Revolution [und] Kämpfen mit der Kulakenklasse".[59]

Auch hatte er eine Meinung zu solchen, die keine Meinung hatten, bevor man ihnen nicht sagte, welche sie zu vertreten hatten. Diese Haltung führte dazu, dass er den Personenkult um Stalin, der sich anlässlich des 50. Geburtstag 1929 noch steigerte, mit Unmut betrachtete und sich verächtlich über ihn äußerte. Khlevniuk berichtet, dass Lominadse als Reaktion auf die Vorwürfe, ein Linksabweichler zu sein, einen Brief an das Parteiinstitut der Roten Professoren schrieb, in dem er erklärte:

Ein *besonderer Typ von Kommunist* [Hervorhebung von Lominadse] hat sich ziemlich rasant ausgebreitet ... Dieser Typ von Kommunist äußert seine Meinung zu egal welcher Frage erst, nachdem er sich davon überzeugt hat, dass ein bestimmter Standpunkt von oben als korrekt anerkannt wurde ... Der fundamentale Charakterzug dieses typischen Vertreters der niederen Parteielemente ist Angst vor einem Fehler, ideologische Feigheit und das permanente Bangen, er könne etwas sagen, das möglicherweise von der Meinung der Führung abweicht. Diese Angst führt in den meisten Fällen natürlich zu Fehlern ... So landen „diejenigen, die Angst haben, einen Fehler zu machen" auf Schritt und Tritt unweigerlich in einer Sackgasse ... Jedweder neue Gedanke erscheint ihnen grundsätzlich als Abweichung nach links oder rechts.[60]

Diese und ähnliche Ansichten, die verschiedene wichtige Vertreter in der Führung der Kommunistischen Jugendliga (Komsomol) vertraten, stießen bei Stalin ganz und gar nicht auf Wohlwollen. Verärgert schrieb er an Molotow, Lominadse und die Führung des Komsomol „verlangten (im Wesentlichen) die *Freiheit,* die Parteilinie zu revidieren, die *Freiheit,* die Parteidisziplin zu schwächen, die *Freiheit,* die Partei in einen Debattierklub zu verwandeln."[61]

Um zu verstehen, wie das Politbüro 1929 bis 1930 funktionierte, sind zwei Aspekte der Lominadse-Geschichte wesentlich. Erstens hatte Lominadse keine Bedenken, seine Ansichten mit Ordschonikidse zu teilen, der ihn zu diesem Zeitpunkt und auch im Anschluss eindeutig protegierte. Zweitens brachten diese Briefe Ordschonikidse in eine extrem heikle Lage. Die Parteinormen schrieben klar vor, dass er das Politbüro vom Inhalt dieser Briefe in Kenntnis zu setzen hatte. Hätte er dies getan, hätte dies vermutlich schwerwiegende oder sogar fatale Folgen sowohl für Lominadse als auch für Ordschonikidse gehabt. Ordschonikidse versuchte, sich an die Parteinormen zu halten und zugleich sein Versprechen gegenüber Lominadse zu halten, indem er Stalin den Brief zwar vorlas, sich aber weigerte, ihm den Brief auszuhändigen – „ich habe ihm mein Wort gegeben", so Ordschonikidse. Stalin sollte es Ordschonikidse nie vergessen, dass dieser sein Versprechen gegenüber Lominadse hinter das Parteidiktat gestellt hatte, und erwähnte sein Verhalten gegenüber Lominadse noch in seiner Attacke auf Ordschonikidse nach dessen Selbstmord Anfang 1937.

Auch Syrzows Verhalten wirft ein aufschlussreiches Licht auf die Funktionsweise des Politbüros um 1930. Syrzow war noch schneller aufgestiegen als Lominadse und besaß Ende der 1920er-Jahre einen noch mächtigeren Protektor, nämlich Stalin selbst. Während seiner Zeit als Sekretär des Regionalen Parteikomitees in Sibirien galt er als strammer Stalinist; 1928 wurde er im Alter von 35 Jahren Vorsitzender des

Sownarkom der Russischen Republik, 1929 Kandidat des Politbüros, im September 1930 Vorsitzender einer Kommission des Politbüros.[62] Er hatte durchaus Aussichten, Rykow als Vorsitzenden des Allrussischen Sownarkom abzulösen. Als Kandidat des Politbüros hatte Syrzow Gelegenheit, die Funktionsweise des Politbüros als Institution aus erster Hand mitzuerleben.

Wie Lominadse neigte Syrzow dazu, sich Meinungen zu leisten und diese auch noch zu äußern. Die beiden freundeten sich an und tauschten sich zu sensiblen politischen Themen aus. Daraufhin wurden Anschuldigungen laut, es bestehe ein „Links"-Rechts-Block, weil Syrzow – dessen Ansichten, nun da er in Moskau war, in gewisser Weise an Bucharins Kritik am halsbrecherischen Tempo der Kollektivierung erinnerten – rechter, abweichlerischer Tendenzen beschuldigt wurde. Lominadse, dem linke Tendenzen vorgeworfen wurden, teilte jedoch Syrzows Vorbehalte gegenüber dem Kollektivierungstempo.

Es sei anderen überlassen, genau zu klären, was die beiden und ihre Kollegen zu erreichen hofften.[63] Fest steht jedoch, dass sich sowohl Lominadse als auch Syrzow als Freidenker erwiesen und Vorbehalte gegenüber dem Großen Umbruch (*Velikii Perelom*) bekundet hatten. Syrzow hatte Anfang 1930 eine „Broschüre" mit dem Titel „Unsere Erfolge, Misserfolge und Aufgaben" veröffentlicht. Dabei sei daran erinnert, dass Mitglieder des Politbüros zu diesem Zeitpunkt noch Zugang zu Medien hatten, die im Laufe der 1930er-Jahre immer stärker eingeschränkt wurden. Diese Medien nutzend, äußerte sich Syrzow öffentlich über Erfolge und Probleme und distanzierte sich so von Stalins offizieller Haltung. Er veröffentlichte in einer Auflage von 10.000 Exemplaren eine Rede über die landwirtschaftlichen „Kontrollzahlen", woraufhin Stalin eine Resolution vorlegte, welche die Veröffentlichung von Syrzows Rede rügte und sie als „irrigen politischen Schritt seitens des G. [Genossen] Syrzow" verurteilte. Das Politbüro stimmte der Resolution zu.[64]

Für unser Erkenntnisinteresse sind jedoch vor allem Syrzows Ansichten über das Politbüro und die Ansichten anderer Politbüro-Mitglieder relevant. Syrzow hatte sich mit einer kleinen Gruppe bestehend u. a. aus B. G. Resnikow getroffen. Ob Resnikow ein Spitzel war, ist unklar,[65] in jedem Fall denunzierte er Syrzow jedoch gegenüber Stalin. Resnikow berichtete unter anderem, Syrzow habe zusammen mit Lominadse erklärt, Stalin müsse abgelöst werden. Syrzow wurde daraufhin von einer

Gruppe unter Führung von Ordschonikidse verhört, doch er bestand darauf, nur mit der Zentralen Kontrollkommission sprechen zu wollen, obwohl Ordschonikidse zu diesem Zeitpunkt Vorsitzender ebendieser Institution war.

Dieses Insistieren auf der genauen Einhaltung von Verfahrensabläufen hatte zwar nur begrenzte Wirkung, wirft jedoch ein Licht auf seine Ansichten zur tatsächlichen Arbeitsweise des Politbüros. Resnikow unterstellt Syrzow folgende Behauptung: „[E]in erheblicher Teil des *Aktivs* der Partei ist natürlich mit dem Regime und der Politik der Partei unzufrieden. Sie sind jedoch der Überzeugung, dass das gesamte Politbüro, auch wenn es nicht leninistisch ist, letztlich der [Agent des] Zentralkomitees ist, das die bestehende harte Linie vertritt."[66] Resnikows Aussage zufolge hatte Syrzow behauptet, es sei „nötig, mit dieser Illusion aufzuräumen. Das Politbüro ist eine Fiktion. Tatsächlich wird alles hinter seinem Rücken von einer kleinen Clique *[kuchka]* beschlossen, die sich im Kreml in Tsetkinas ehemaliger Wohnung trifft. Kuibyschew, Woroschilow, Kalinin und Rudsutak sind nicht in dieser Clique, wohingegen andere wie etwa Jakowlew und Postyschew nicht Mitglieder des Politbüros sind."[67] Resnikow behauptete außerdem, Syrzow habe auf die Frage, ob „man sich auf gewisse Mitglieder des Politbüros verlassen" könne, geantwortet: „Ja, wenn die Angelegenheit etwas ernster wird."[68]

Syrzows Zeugenaussage scheint einen Großteil von Resnikows Darstellung zu bekräftigen. In einem Stenogramm-Auszug von Syrzows Antworten, die dieser vor einem gemeinsamen Komitee der Zentralen Kontrollkommission und des Politbüros gab, heißt es: „[M]ir scheint, dass die herrschende Gruppe des Zentralkomitees [damit meint er das Politbüro] in etlichen ihrer Handlungen nicht völlig frei ist, dass hier ein gewisser Automatismus der Handlungen vorliegt ... Die Situation scheint mir nicht normal, wenn eine gewisse Gruppe im Vorhinein eine ganze Reihe von Beschlüssen des Politbüros fasst. Ich habe volles Verständnis dafür, dass Rykow als jemand, der rechtsgerichtete Fehler gemacht hat und eine falsche politische Linie verfolgt, ausgeschlossen wird. Doch soweit mir bekannt ist, nehmen Kuibyschew, Rudsutak und Kalinin überhaupt nicht an dieser Gruppe teil und sind nur nominell Mitglieder des Politbüros *[mekhanicheskimi chlenami]*."[69]

Syrzow scheint mit seinen Anschuldigungen für böses Blut gesorgt zu haben. Stalin sah sich gezwungen, die Existenz einer kleinen Herrschaftsgruppe zu leugnen, zumal das Politbüro mit Ausnahme von Rykow 1930 ausschließlich aus Stalin-Unterstützern bestand und Trotzki, die Linke sowie die Rechte der Reihe nach entmachtet worden waren. Auf einer gemeinsamen Sitzung des Politbüros und des Präsidiums der Zentralen Kontrollkommission zehn Tage nach der Befragung Syrzows sagte Stalin – nach Aussage von Khlevniuk – in der Manier eines klassischen (Nicht-)Dementis, er habe sich einzeln mit „Molotow, Kalinin, Sergo [Ordschonikidse], Rudsutak, Mikojan" getroffen, um angeblich seine Rede für den XVI. Parteitag vorzubereiten. „Weder Kaganowitsch noch Jakowlew noch Postyschew waren in dieser Wohnung. Haben wir uns manchmal mit verschiedenen Mitgliedern des Politbüros getroffen? Ja, haben wir. Wir haben uns vor allem in den Räumlichkeiten des Zentralkomitees getroffen. Was ist daran so schlimm?"[70]

In den schlechten alten Tagen der Sowjetunion definierten Zyniker „kreativen Marxismus-Leninismus" als den Revisionismus der Machthabenden. „Sich mit verschiedenen Mitgliedern des Politbüros zu treffen", stellte sich als Klüngelei der Machthabenden heraus. Deshalb ist darauf hinzuweisen, dass Stalins übliche Vorgehensweise Anfang der 1930er-Jahre darin bestand, so zu tun, als könne er selbst gar nicht handeln, ohne zuvor die Entscheidung mit den Mitgliedern des Politbüros oder einem erheblichen Teil von ihnen abzustimmen. Außerdem hatte ein Politbüro-Mitglied wie Sergo Ordschonikidse genügend Format und Ressourcen, um bei Stalin den Eindruck zu erwecken, er müsse „Sergo" sorgsam behandeln.[71] Ordschonikidse trat, wie wir gesehen haben, zuweilen als Beschützer und Förderer seiner Freunde und Klienten auf,[72] sodass Lominadse und damit vielleicht auch Syrzow relativ milde behandelt wurden.

Ordschonikidse spielte das politische Spiel recht gut. Als man über das Vorgehen gegen Syrzow und Lominadse beriet, war er ihr schärfster Kritiker und erklärte, in der Partei sei kein Platz für „Doppelzüngler". Praktisch wurden jedoch weder Lominadse noch Syrzow aus der Partei ausgeschlossen. Lominadse sei, so Khlevniuk,[73] „nur" aus dem Zentralkomitee ausgeschlossen worden, was eine relativ milde Strafe für seine „Verfehlungen" war. Ordschonikidse förderte darüber hinaus während der gesamten ersten Hälfte der 1930er-Jahre Lominadses Karriere. „Im August 1933 erhielt Lominadse einen Leninorden und verließ ... bald darauf Moskau, um Sekretär des Stadtparteikomitees in Magnitogorsk zu werden."[74]

Im Umgang mit Syrzow und Lominadse liegt eine gewisse Ironie, waren sie doch in der Tat „Doppelzüngler". Diese Bezeichnung, mit der Personen verstecktes Agieren gegen das Regime vorgeworfen wurde und die nach dem XVII. Parteitag und der Ermordung Kirows im Dezember 1934 allgegenwärtig war, wurde von Stalin auf zahllose Menschen angewendet, die sich nie an irgendwelchen Aktionen gegen das Regime beteiligt hatten. Stalins Behauptung, „Saboteure verkleide[te]n sich, indem sie den Plan übererfüll[t]en", illustriert am besten die Qualität des Vorwurfs und warum dieser auf die Art vorauseilenden Gehorsams hinauslaufen musste, die Kuran so scharfsinnig als Präferenzverfälschung beschrieben hat.[75]

Die Autonomie des Politbüros nahm in den 1930er-Jahren kontinuierlich ab. Wo nun die Opposition aus dem Politbüro entfernt worden war, schien der berühmte *kto-kogo* – wer (bringt) wen (zur Strecke)? – beantwortet, doch Fragen danach, wer was bekommt – *kto-chego*-, blieben brandaktuell und mussten im und in gewissem Umfang vom Politbüro entschieden werden. Sowohl die oppositionellen Mitglieder des Politbüros (Bucharin wurde im April 1929 aus dem Politbüro ausgeschlossen, Tomski auf dem XVI. Parteitag im Juni/Juli 1930 und Rykow im Dezember 1930) als auch Stalins treue Gefolgsleute konnten auf nicht unerhebliche institutionelle Ressourcen zugreifen. Auf Partei- wie auf Regierungsebene gab es enorme personelle Überschneidungen zwischen dem Politbüro und anderen Schlüsselinstitutionen. Wer ein Regierungsamt innehatte, kämpfte, um bevorzugt in jene Institutionen zu gelangen, die Teil des eigenen Ressorts waren. Eine zentrale These von Khlevniuks zahlreichen Publikationen lautet daher,[76] dass es die institutionelle Position und Funktion war und nicht die Kluft zwischen Gemäßigten und Hardlinern, die in den 1930er-Jahren einen Keil zwischen die Mitglieder des Politbüros trieb.

Außerdem liegen überzeugende Belege vor, dass sich zumindest Sergo Ordschonikidse (insbesondere als Volkskommissar für Schwerindustrie von 1932 bis 1937) dafür einsetzte, die Autonomie seiner institutionellen Basis zu wahren, diejenigen innerhalb seines Zuständigkeitsbereichs zu protegieren und die Rolle des Politbüros bei der Politikgestaltung zu verteidigen.

Lasar Kaganowitsch hingegen entschied angesichts der Festnahmen in seinem Amtsbezirk und der Schwierigkeiten, mit denen das Politbüro als Institution zu kämpfen hatte, sich nur noch mehr zu Stalin zu bekennen[77] und jene Gnade zu ersuchen, die Odysseus von den Kyklopen erbat: als Letzter gefressen zu werden.

Kaganowitschs Aktionen waren natürlich völlig umsonst. Die Aushöhlung des Politbüros als institutionelles Gegengewicht zum Generalsekretär schritt im Laufe der 1930er-Jahre rasch voran, insbesondere nach dem XVII. Parteitag (Januar/Februar 1934) und nach der Ermordung Kirows im Dezember 1934. Wir haben gesehen, dass Stalin 1929 bis 1930 mit dem Ausschluss der Rechten aus dem Politbüro begann, im Alleingang und im Widerspruch zur Vorstellung des Politbüros, als kollektive Führung zu handeln. Wenn wir einen Sprung in die Zeit um 1940 machen, sehen wir, dass Stalin systematisch die Normen des Politbüros aushöhlte. Die Regeln gegen die Festnahme von Mitgliedern des Politbüros ohne Erlaubnis desselben wurden genauso ignoriert wie die Gepflogenheit, eine führende Person aus ihrem Amt im Politbüro oder Zentralkomitee vor der Festnahme zu entfernen.

Statt der Sitzungen des Politbüros entwickelten sich die Treffen der „Fünfer-" oder „Sechsergruppen" immer mehr zu den maßgeblichen Entscheidungsgremien. Diese Realität war 1937 de facto institutionalisiert worden. In einem Dekret, das auf dem Höhepunkt der Säuberungen im April 1937 verabschiedet wurde, unterschrieb das Politbüro praktisch sein eigenes Todesurteil und beschloss:

1. Zur Vorbereitung von Fragen geheimen Charakters, darunter auch solchen der Außenpolitik, ... in Fällen besonderer Dringlichkeit, jedoch auch für die Zwecke der Beschlussfassung, ist beim Politbüro eine ständige Kommission aus den Genossen Stalin, Molotow, Woroschilow, L. Kaganowitsch und Jeschow zu bilden.
2. Zur Vorbereitung von [Maßnahmen] des Politbüros zu dringenden ökonomischen Angelegenheiten ist beim Politbüro eine ständige Kommission aus den Genossen Molotow, Stalin, Tschubar, Mikojan und L. Kaganowitsch zu bilden.[78]

Wie Khlevniuk[79] feststellt, legitimierte diese Resolution die bestehende Praxis, dass eine „enge Gruppe bestehend aus Stalin und seinen engsten Mitarbeitern" Beschlüsse traf, die dann vom Politbüro ratifiziert wurden. Chruschtschow berichtet, dass die Praxis von Fünfer-, Sechser-, Siebener- und Neunergruppen durch eine von Stalin vorgeschlagene Resolution des Politbüros vom 3. Oktober 1946 weiter institutionalisiert wurde. In ihr hieß es:

1. Die Kommission für Auswärtige Angelegenheiten beim Politbüro (Sechsergruppe) ist zu beauftragen, sich in Zukunft neben Fragen der Außenpolitik auch mit Fragen des inneren Aufbaus und der Innenpolitik zu befassen.
2. Die Zusammensetzung der Sechsergruppe ist um den Vorsitzenden der Staatlichen Plankommission der UdSSR, Genosse Wosnessenski, zu ergänzen und die Sechsergruppe künftig Siebenergruppe zu nennen.[80]

Chruschtschow berichtet weiter, dass Kliment Woroschilow, „eines der ältesten Mitglieder unserer Partei" und langjähriges Mitglied des Politbüros, „des Rechts der Teilnahme an Sitzungen des Politbüros beraubt" worden sei: „Wenn das Politbüro tagte und Gen. Woroschilow davon erfuhr, rief er jedes Mal an und fragte, ob er zur Sitzung kommen dürfe. Manchmal gestattete Stalin es ihm, doch immer brachte er seine Unzufriedenheit zum Ausdruck."[81] In den letzten Jahren von Stalins Amtszeit als Generalsekretär konnte das Politbüro noch nicht einmal die Rolle eines Ejektorats spielen; dies belegt Stalins „von ihm allein getroffene Entscheidung", Andrej Andrejew aus dem Politbüro auszuschließen, die Chruschtschow als „zügellose Willkür" bezeichnete.[82]

Das Politbüro, das nach 1931 ausschließlich aus engen Verbündeten Stalins bestand, bekam darüber hinaus den Zorn der Säuberungen zu spüren, insbesondere des Großen Terrors 1937 und 1938. Im nächsten Kapitel werden wir sehen, wie der systematische Einsatz von Terror ein zentrales Merkmal von Stalins Umgang mit Menschen war, die sich ihm entgegenstellten oder sich ihm möglicherweise zu einem späteren Zeitpunkt entgegenstellen würden. Dies galt insbesondere für die Kulaken, für Facharbeitet, ethnische Minderheiten, ranghohe Militäroffiziere, Altbolschewiki und die Teilnehmer des XVII. Parteitages. Ende der 1930er-Jahre traf der Terror, wie sich herausstellte, selbst diejenigen, die noch 1930 Stalins engste Verbündete im Politbüro gewesen waren.

Stalins Einschüchterung der Politbüro-Mitglieder war keineswegs subtil. Es hat gewiss seine Berechtigung, wenn Chruschtschow berichtet, Nikolai Bulganin habe ihm erzählt: „Manchmal geschieht es, dass ein Mann auf eine Einladung hin als Freund zu Stalin geht; und wenn er dann mit Stalin zusammensitzt, weiß er nicht, wohin er von da aus geschickt wird – nach Hause oder ins Gefängnis."[83] Dabei betrieb Stalin eher eine Art schrittweises bösartiges Herantasten. Ein typisches Muster gestaltete sich wie folgt: Stalin demonstrierte seine Macht, indem er die Geheimpolizei zunächst Personen verhaften ließ, die Untergebene auf zweiter oder dritter Ebene von Mitgliedern des Politbüros waren. Diese Personen wurden üblicherweise zu einem „Geständnis" veranlasst mit einer Mischung aus entsetzlicher Folter und dem Versprechen, wenn sie geständig seien, wären die Folgen für sie und ihre Angehörigen weniger schlimm. (Ehepartner und Kinder von „Volksfeinden" wurden fast immer verhaftet.) Diese „Geständnisse" bezogen häufig ihre Vorgesetzten mit ein, die bereits in engerer Verbindungen zum Politbüro-Mitglied standen, um das es Stalin eigentlich ging. Auch Verwandte wurden zu diesem Zeitpunkt häufig „gesäubert". Unterdessen wurde das Mitglied des Politbüros üblicherweise an eine relativ unbedeutende Regierungsposition versetzt, zu einem Mitglied des Zentralkomitees degradiert und sein Fall an die Kontrollkommission der Partei weitergeleitet. Vorwürfe einer Verbindung zu Trotzki, Inhaftierung und „Geständnis" sowie Tod durch Erschießen waren die häufigsten Folgen, es sei denn der Betroffene brachte sich selbst vor Abschluss des beschriebenen Szenarios bzw. vor oder nach der Verhaftung um.[84]

Das beste Beispiel für Stalins Salamitaktik ist sein erpresserisches Vorgehen gegen Sergo Ordschonikidse, bei dem er sich systematisch über Ordschonikidses Protegés bis zu ihm selbst vorarbeitete. Ordschonikidse war bald nach der Revolution regionaler Parteisekretär im Kaukasus gewesen und amtierte von 1921 bis 1927 als Mitglied des Zentralkomitees; 1926 war er Kandidat des Politbüros und von 1930 an dessen Mitglied. Zugleich hatte er wichtige Posten wie den Vorsitz der Kontrollkommission der KPdSU inne und war ab 1932 Volkskommissar für Schwerindustrie. Stalin hatte sich auf Ordschonikidses ehemalige Kumpanen eingeschossen, „seine" Ingenieure und Techniker, darunter seinen Stellvertreter Georgi Pjatakow und Ordschonikidses älteren Bruder.

Ordschonikidses politisches Verhalten in den 1930er-Jahren belegt eindringlich Graham Allisons berühmt gewordenes Diktum: „Wo du stehst, hängt davon ab, wo du sitzt."[85] Wie bereits erwähnt, war Ordschonikidse Anfang der 1930er-Jahre imstande, Lominadse zu protegieren. In diesem wie auch in anderen Fällen übte Ordschonikidse eine Funktion aus, die für die sowjetische Politik typisch ist, nämlich die eines regionalen Parteisekretärs (in diesem Fall eines ehemaligen regionalen Parteisekretärs), der „seinen" Leuten, mit denen er in engem privaten und beruflichen Kontakt stand, Schutz bot. Lominadse wurde jedoch erneut in die Welle von Verdächtigungen verwickelt, die den Prozessen gegen das „Moskauer Zentrum" (darunter Sinowjew und Kamenew) und gegen die „Leningrader konterrevolutionäre Gruppe um Sinowjew" folgten.[86] Um der Verhaftung oder zumindest dem Gefängnis zu entgehen, beging Lominadse Selbstmord. Selbst danach bot Ordschonikidse seiner Familie weiterhin Unterstützung an. Lominadses Ehefrau erhielt zunächst zwei Jahre lang eine Pension, wurde jedoch nach Ordschonikidses Tod 1937 im Jahr 1938 und erneut 1950 als Ehefrau eines Volksfeindes festgenommen.[87]

Im Kaukasus war Ordschonikidse ein Hitzkopf und so etwas wie ein Unruhestifter gewesen. Als Chef der Zentralen Kontrollkommission hatte er zu den radikalsten Mitgliedern von Stalins innerem Zirkel gehört. Mit derselben inbrünstigen Fürsorge trat er als Kommissar für Schwerindustrie gegenüber seinen Leuten auf, allerdings waren „seine" Leute jetzt anderer Art. In dieser Funktion wurde ihm der destabilisierende und kontraproduktive Charakter der „Massensäuberungen" bewusst, insbesondere der „Säuberungen", die auf technische Spezialisten und Ingenieure abzielten, da diese für die Industrieproduktion und damit für die Erfüllung der Fünfjahrespläne verantwortlich waren: „[E]in normal funktionierendes Volkskommissariat" war „ohne ein gewisses Maß an Beständigkeit seiner Kader unmöglich".[88] Der Terror führte dazu, dass Industrieführer offen bekannten, die Ingenieure hätten die Wahl zwischen Pest und Cholera: Einerseits hätten sie Angst, als „Saboteure" beschuldigt zu werden, andererseits fürchteten sie den Vorwurf, übertrieben konservativ zu sein. Folglich machten sie immer mehr Dienst nach Vorschrift und „versuchten, sich bei allem [genau an die Regeln zu halten]".[89]

Ordschonikidse verteidigte die Bemühungen der Ingenieure geschickt und nachdrücklich und bezeichnete das Vorkommen weit verbreiteter Sabotage als „Unsinn".[90] Sein Versuch, den Schaden der Sabotage-Vorwürfe zu begrenzen, zeigt sich sehr schön darin, wie er einen gewissen Professor Galperin instruierte, die Sabotage-Vorwürfe in der Schwerindustrie in der Industriestadt Kemerowo zu untersuchen. „Beachten Sie", so Ordschonikidse zu Galperin, „dass Sie an einen Ort gehen, der eines der aktiveren Zentren der Sabotage war ... Sie müssen diese Angelegenheit als Techniker angehen und versuchen, bewusste Sabotage von unbeabsichtigten Fehlern zu unterscheiden – das ist Ihre Hauptaufgabe."[91]

Mit diesem Marschbefehl produzierten Galperin und sein Komitee ein Dokument, das wahrscheinlich Stalin, ganz gewiss jedoch Molotow als Schönfärberei betrachtete. Letzterer klagte, dass in dem von Galperin vorgelegten 45-seitigen Bericht an keiner Stelle von Sabotage die Rede sei, „trotz der wohlbekannten Geständnisse von Schädlingen wie Norkin, Drobnis und anderen; die Kommission hat die übliche Art von Schlussfolgerung über Mängel im Bau vorgelegt, aber einen Punkt übersehen – Sabotage." [92]

Stalin setzte seinen Druck auf Ordschonikidse fort, indem er diesmal ein wichtiges Familienmitglied ins Visier nahm.[93] Ordschonikidse feierte im Oktober 1936 seinen 50. Geburtstag, was landesweit festlich begangen wurde. An diesem Tag erfuhr er, dass das NKWD seinen älteren Bruder verhaftet hatte, was er als direkte Bedrohung aufgefasst haben muss. Nach Berichten seiner Frau weigerte er sich, an einer Feier zu seinen Ehren teilzunehmen, sodass sie diese allein besuchte.[94] Nur wenige Monate nach seinem Geburtstag beging Ordschonikidse Selbstmord.

Fazit

Nachdem Trotzki, die Links- und die Rechtsoppositionellen entmachtet worden waren, war es zwar unwahrscheinlich, aber nicht unvorstellbar, dass das Politbüro um 1930 imstande gewesen wäre, Stalin im Zaum zu halten. Es hätte diese Möglichkeit gehabt, obwohl nach der Amtsenthebung von Rykow das Politbüro ausschließlich aus Stalins Gefolgsleuten bestand und das Zentralkomitee sich vor allem aus regionalen Parteisekretären zusammensetzte, die vom Sekretariat ausgewählt worden waren.

Diese regionalen Parteisekretäre hatten die bürgerkriegsähnlichen Zustände miterlebt, die mit der Kollektivierung einhergingen. Nicht alle waren Stalin daher völlig hörig, obwohl sie ihm ihr Amt verdankten. Viele von ihnen hätten, wie sich später herausstellte, möglicherweise mobilisiert werden können und eine gewisse Änderung von Stalins Status unterstützt, wenn nur eine Mehrheit des Politbüros aktiv eine diskrete Art und Weise befürwortet hätte, um Stalins beherrschende Stellung im Parteiapparat zu schmälern.

Zumindest einige Mitglieder des Politbüros hielten 1930 offenbar den scheinbar unterwürfigen Schritt, Stalin zu ermutigen, wie Lenin seine dominante Rolle im Sekretariat zugunsten des Vorsitzes der mächtigsten Regierungsinstitution, des Sownarkom, aufzugeben, für einen wirksamen Trick, um Stalin zu schwächen und so etwas wie eine kollektive Führung zu schaffen. So sehr die Mitglieder des Politbüros und Stalin selbst unter dem Fluch der Diktatoren standen – sich zu verzetteln, weil man über Tausende trivialer Angelegenheiten zu befinden hat[95] –, so wahrscheinlich war es, dass Stalin als anerkannter Führer sich als Vorsitzender des Sownarkom nur noch mehr in Lappalien verzettelt hätte. Dies wiederum hätte dem Politbüro freiere Hand gelassen – so schienen zumindest Mitglieder des Politbüros und Stalin zu folgern. Syrzows Überlegung mag durchaus richtig gewesen sein, dass Mitglieder des Politbüros Bemühungen um die Begrenzung von Stalins Macht und Wiederherstellung der kollektiven Führung, die Syrzow für normal und wünschenswert hielt, unterstützen würden, „wenn die Angelegenheit etwas ernster wird".[96] Anscheinend übersah er komplett, dass die Mitglieder des Politbüros 1930 vor dem Problem kollektiven Handelns standen. Alle oder nahezu alle Mitglieder des Politbüros mussten davon überzeugt werden, dass alle anderen Mitglieder des Politbüros Stalin energisch an die Kandare nehmen würden, und dass alle anderen Politbüro-Mitglieder der Überzeugung waren, dass jedes Politbüro-Mitglied einen solchen Schritt unterstützen würde und so weiter.

In dieser Beziehung befanden sich Stalin und das Politbüro 1930 in einer Situation, die sich nicht groß von der typischer Juntas unterschied: Sie stellten eine sehr kleine herrschende Gruppe dar, die sich in dem ewigen Dilemma befand, ob der eindeutige Führer Erster unter Gleichen sein sollte oder Erster über Gleichen.[97]

Die Situation änderte sich jedoch sehr rasch. Wie wir gesehen haben, agierte Stalin als Generalsekretär anfangs eigenmächtig, indem er dem Politbüro bei einer belanglosen Angelegenheit – wie man auf den Brief des stellvertretenden Finanzkommissars reagieren solle – zuvorkam und mit seinem Aufruf zur „Liquidierung der Kulaken als Klasse" eine Kommission des Politbüros zu Angelegenheiten mit weitreichenden Konsequenzen umging, ohne sich irgendwelche Sanktionen einzuhandeln. Mitte der 1930er-Jahre – nach dem XVII. Parteitag und nach der Ermordung Kirows – nahmen Stalins Alleingänge zu. In seiner Geheimrede spricht Chruschtschow davon, dass „ohne Beschluss des Politbüros" und „auf Initiative Stalins" folgende Anordnung des Zentralen Exekutivkomitee erlassen worden sei:

I. Den Untersuchungsbehörden ist vorzuschlagen, die Fälle von Personen, die der Vorbereitung bzw. der Verübung von Terrorakten beschuldigt werden, im Schnellverfahren abzuwickeln.
II. Den Gerichtsorganen ist vorzuschlagen, die Vollstreckung der Urteile zur Höchststrafe in Anbetracht von Gnadengesuchen der Verbrecher dieser Kategorie nicht hinauszuschieben, da das Präsidium des Zentralen Exekutivkomitees der UdSSR es nicht für möglich hält, solche Gesuche zur Prüfung anzunehmen.
III. Den Organen des Volkskommissariats für innere Angelegenheiten (NKWD) ist vorzuschlagen, Todesurteile bei Verbrechern der genannten Kategorien sofort nach der Urteilsverkündung zu vollstrecken.[98]

Mit dieser Anordnung verloren die Grenzen zwischen Parteimitgliedern, ja sogar Politbüro-Mitgliedern, und der Sowjetbevölkerung jegliche Bedeutung. Jeder mit Ausnahme Stalins und einer Handvoll seiner engsten Berater wie Alexander Poskrjobyschew waren zu dem geworden, was Bueno de Mesquita und andere als „entrechtete Bewohner" bezeichnen.[99] Wenn man bedenkt, dass Jewgenija Ginsburg zu Recht behauptet hat, „das Jahr 1937 [habe] eigentlich ... am 1. Dezember [1934] begonnen,"[100] so konnte 1937 und 1938 „jeglicher Vorwurf ... unter die Rubrik des Terrorismus fallen ... [Es war] ein unendlich dehnbarer Begriff".[101] Der Terror, der zur Mobilisierung des größten Teils der Sowjetbevölkerung, der Bauern, genutzt und dann gegen die zweite sehr große Gruppe, Nationalitäten mit grenzüberschreitenden Verbindungen, gerichtet worden war, wandte sich nun gegen jeden.

4. Der Große Terror

Waren zuvor vor allem wohlhabendere Bauern, die sogenannten Kulaken, als Klasse das Ziel politischer Verfolgung gewesen, richtete sich das Regime ab 1935 zunehmend gegen nicht näher spezifizierte „Volksfeinde". Zugleich fanden während des Großen Terrors wichtige gesellschaftliche Veränderungen statt. Diese betrafen Leistungsanreize, Normen und Kontrollen. Der Fokus der politischen Führung veränderte sich.

Diese Veränderungen waren so umfangreich, dass Nicholas Timasheffs Einschätzung, es habe eine Art „Großer Rückzug" eingesetzt, weitgehend, wenn auch nicht zur Gänze zutrifft.[1] Zweifelsohne änderten sich einige Grundlagen der Mobilisierung dramatisch. Anstatt auf marxistische Symbole und Institutionen zu setzen, spielte das Regime die nationale Karte „Russland", verwarf den Egalitarismus, ergriff Maßnahmen, die zuvor als bürgerlich verpönt waren, und verstärkte die Kontrolle durch die Partei und die Geheimpolizei in fast allen Bereichen der Gesellschaft. Kenneth Jowitt und Gail Lapidu haben jedoch recht, wenn sie Timasheff vorwerfen, verkannt zu haben, wie sehr schon die Mobilisierung sowie die Gewalt während der Kollektivierung und der Kulturrevolution den Weg für diese Veränderungen bereiteten.[2]

Außerdem darf man nicht vergessen, dass alle Anreize und positiven Veränderungen für die vom Regime Begünstigten von „Terror als Machtsystem"[3] begleitet waren. Die Jahre nach der Kollektivierung, der erste Fünfjahresplan, die Hungersnot im Winter 1932/33 und das Ende der Kulturrevolution gingen mit einem dramatischen Wandel des städtischen Lebens einher. Dass dieser Umbruch vor allem 1937 und 1938 zeitgleich mit den grauenhaften „Säuberungen" stattfand, macht es so schwer, das Verhältnis zwischen dem Regime und Teilen der sowjetischen Gesellschaft – vor allem der Stadtbevölkerung und den nichtrussischen Nationalitäten – Mitte der 1930er-Jahre richtig zu beschreiben. In diesem Kapitel werde ich daher sowohl den Wandel als auch den Terror eingehend behandeln.

Der soziale und kulturelle Wandel

Sheila Fitzpatrick hat den wohl gelungensten kulturhistorischen Versuch unternommen, den Alltag in russischen Städten der 1930er-Jahre zu erfassen. Als Gegenstand ihrer Untersuchung definiert sie „alltägliche Interaktionen, die auf die eine oder andere Weise mit dem Staat zu tun hatten".[4] Dies bedeute, so Fitzpatrick, dass sie „Themen wie Freundschaft, Liebe und gewisse Aspekte von Freizeit und Geselligkeit im privaten Kreis" weitgehend ausklammern könne.

Sie listet daraufhin die „alltäglichen Interaktionen" auf, die sie in ihrer Untersuchung für relevant hält: „Einkaufen, reisen, feiern, Witze erzählen, eine Wohnung finden, eine Schul- und Berufsausbildung erhalten, eine Arbeit finden, beruflich weiterkommen, Förderer und Verbindungen pflegen, heiraten und Kinder aufziehen, Beschwerden und Anklagen schreiben, wählen und versuchen, der Geheimpolizei aus dem Weg zu gehen."[5]

All diese Dinge gehören auf die Liste. Auch ist ihr voll und ganz klar, was dies für unser Verständnis der Beziehungen zwischen Regime und Gesellschaft in den 1930er-Jahren bedeutet. Daher verwundert es mich, dass sie behauptet, Themen wie Freundschaft und Liebe könnten weitgehend ausgeklammert werden. Leider mischten Staat und Partei sehr viel bei diesen Fragen mit. Mir ist schleierhaft, welche Unterscheidung sie im Sinn hat, wenn sie Heirat und Kindererziehung einbezieht, Liebe jedoch außen vor lässt. Stephen Kotkin und Oleg Kharkhordin haben untersucht, inwieweit die gegenseitige Überwachung Freundschaften prägte und wie, um mit Kharkhordin zu sprechen, „Netzwerke unter Freunden ... die eigentliche Kollektivität des *Kollektivs* untergraben konnten".[6]

Sowjetischen Behörden waren tiefe Freundschaften suspekt. Ihr Druck auf Einzelpersonen war weniger effektiv, wenn diese einen Menschen hatten, dem sie sich ungeachtet möglicher Folgen anvertrauen konnten.[7] In den 1930er-Jahren fand die Überprüfung solcher Freundschaften größtenteils durch die Geheimpolizei statt, blieb aber häufig erfolglos, wenn es um Menschen ging, die gemeinsam im Lager gewesen waren[8] oder sich selbst unter Folter weigerten, einander zu verraten.[9] Trotz solcher Beispiele extremer freundschaftlicher Treue war die Gesellschaft allgemein aber derart von Misstrauen durchdrungen, dass die Hürden für zwischenmenschliches Vertrauen und damit auch für Freundschaften extrem hoch waren: Anna wusste nicht, ob Sergej ein wahrer Freund war, weil Sergej möglicherweise auch ein Informant der Geheimpolizei war oder jemand, der sie durchaus anzeigen konnte.[10] Auch auf die Liebe wirkte sich die fast allgegenwärtige Präsenz des Regimes aus. Das Regime versuchte, die Loyalität gegenüber der Partei und dem Staat über alle anderen Beziehungen zu stellen. Ein Beispiel für die Propaganda in diese Richtung war der Versuch, Pawlik Morosow zum Helden zu stilisieren. Sowjetische Darstellungen würdigten ihn dafür, seinen eigenen Vater angezeigt zu haben, und verklärten ihn dann zum Märtyrer, der von Mitgliedern seiner eigenen Familie ermordet worden sei.

Die Fachliteratur ist sich zwar einig darin, dass es einen Pawlik Morosow gegeben hat, der ermordet wurde, doch über weitere Details besteht keine Einigkeit. Wie ein Rezensent von Catriona Kellys *Comrade Pavlik: The Rise and Fall of a Soviet Boy Hero* bemerkt, „wissen wir so gut wie nichts über den kleinen Jungen, der einen enormen landesweiten Ruf erlangte. Außer, dass er lebte und dass er ermordet wurde, muss jeder Aspekt seiner Geschichte bezweifelt werden. Es ist noch nicht einmal sicher, dass er tatsächlich jene Tat beging, die ihn berühmt bzw. berüchtigt machte: den Verrat an seinem Vater."[11] Fest steht allerdings, dass er zur Ikone wurde, weil das Regime bemüht war, jemanden zum Helden zu stilisieren, der seinen Vater „verpfiffen" und die Liebe zum Vaterland über die zu den Eltern gestellt hatte.

Fitzpatricks Darstellung von Heirat und Scheidung ist nur eine von zahlreichen Beschreibungen,[12] die verdeutlichen, wie tiefgreifend die Beziehung von Ehepartnern häufig von der Präsenz des Regimes im alltäglichen Leben bis hinein in private Wohnungen durchdrungen war. Weil Personen, die mit einem „Volksfeind" verheiratet waren, schnell selbst als Volksfeinde galten, wurde bei der Partnerwahl durchaus erwogen, wie wahrscheinlich es war, dass der andere inhaftiert oder erschossen werden würde. Insbesondere wer mit einem relativ prominenten Ehepartner verheiratet war, musste damit rechnen, sich aufgrund der Ehe mit einem „Volksfeind" im Lager wiederzufinden: „Smirnow hat sich als Volksfeind herausgestellt. Es ist ausgeschlossen, dass Smirnowa in den 1920er-Jahren und bis in die 1930er-Jahre hinein hätte verheiratet bleiben können, wenn sie nicht dieselben abscheulichen Überzeugungen geteilt hätte. Q.E.D." Für viele bedeutete die Internierung den Verlust ihres Arbeitsplatzes, den Verlust ihrer Wohnung und den Verlust ihrer Rente.[13]

Durch die Landflucht von Millionen Menschen infolge von Kollektivierung und Fünfjahresplänen kam es in den Städten zu Wohnungsknappheit. Die Zwangsmaßnahmen des Regimes machten die Lage der Stadtbewohner nur noch schlimmer. Fitzpatrick illustriert deren schwierige Situation anhand zahlreicher Beispiele und kommt dabei nicht umhin, ganz im Gegensatz zu ihren Beteuerungen Liebe eben doch als Interaktion zu thematisieren, „die auf die eine oder andere Weise mit dem Staat" zu tun hat.

Ein besonders aufschlussreiches Beispiel von Fitzpatrick stammt aus dem *Harvard Russian Refugee Project*. Das Paar, um das es hier ging, war zwar geschieden, lebte jedoch weiter wie Mann und Frau zusammen. Ihre Scheidung hing maßgeblich mit dem Einfluss des Regimes auf das Liebesleben seiner Bürger zusammen. Die geschiedene Ehefrau berichtete den Interviewern des Harvard-Projekts, ihre Scheidung sei, „eine gezielte Überlebensstrategie [gewesen.] (‚Wir [ließen uns scheiden], damit wir nicht mehr füreinander verantwortlich waren. Wären wir noch verheiratet gewesen, als mein Mann [1938] verhaftet wurde, säße ich heute nicht hier.')"[14]

Auch unter den Beispielen, die Fitzpatrick aus anderen Quellen zitiert, bringen die Fälle, in denen es um die Reaktionen auf die Verhaftung eines Partners oder Elternteils geht, vielleicht am besten zum Ausdruck, wie das Regime die Interaktionen zwischen einander nahestehenden Menschen beeinflusste. Solche überlieferten Erzählungen betreffen größtenteils Personen von gewissem Rang und Namen, sind es doch überall auf der Welt nur selten die einfachen Leute, die Bücher schreiben. In dem von Inkeles und Bauer zusammengefassten Harvard-Projekt hingegen wurden Menschen aus allen sozialen Schichten interviewt. Arbeiter- und Bauernfamilien seien zwar aufgrund der allgemeinen Zerrüttung in der Sowjetgesellschaft während der turbulenten Zwischenkriegszeit häufiger „auseinandergerissen"[15] worden. Doch steht für die Autoren, die sich nur unbestimmt über die Umwälzungen insgesamt und die Folgen von Verhaftungen im Besonderen äußern, fest, dass in allen gesellschaftlichen Gruppen „Einzelpersonen aus Familien, in denen ein Mitglied von der Geheimpolizei verhaftet worden war, häufiger zu der Aussage tendierten, dies habe ihre Familien zusammengeschweißt".[16]

Das Bild war freilich keineswegs einheitlich. Mitglieder der Kommunistischen Partei gingen zuweilen davon aus, dass sie – sofern sie unschuldig waren – nicht mit einer Verhaftung rechnen mussten. Entsprechend gingen sie ins Gefängnis in dem Glauben, sie kämen am nächsten Tag wieder frei, sobald sich alles geklärt habe, mussten dann allerdings feststellen, dass ihre Unschuld nichts zur Sache tat. Nach Hause zurück kehrten sie nur selten. Die Familienmitglieder eines Verhafteten vertraten normalerweise die Auffassung, dass *ihr* Vater oder Ehemann unschuldig war; bei den Mitverhafteten waren sie sich jedoch nicht so sicher. Andere Familienmitglieder von Verhafteten, welche die Maxime von der Unfehlbarkeit der Partei verinnerlicht hatten, quälte die Vorstellung, ihr Partner oder Vater sei schuldig oder könne zumindest schuldig sein. Das vielleicht ergreifendste Beispiel stammt von Elena Bonner und wird von Fitzpatrick besonders hervorgehoben. Bonner schildert das Verhalten ihres jüngeren Bruders, „dessen erste Reaktion es war, die Schuld [seines Vaters] zu akzeptieren. ‚Sieh dir an, was diese Volksfeinde für Menschen sind … *Einige von ihnen behaupten sogar, Väter zu sein.*'"[17]

Unter ethnischen Russen war eine der zahlenmäßig größten Zielgruppen des Großen Terrors die Intelligenzija, wobei Untergruppen wie die Altbolschewiki, Richter und Anwälte[18] sowie hohe Militäroffiziere prozentual am stärksten betroffen waren. Dennoch tauchen verschiedene Berichte gegen Ende der 1930er-Jahre auf, wonach zuvor unterdrückte Mitglieder sowohl der vorrevolutionären als auch der neuen sowjetischen Intelligenzija, sofern sie während des Großen Terrors 1937 und 1938 nicht verhaftet worden waren, rehabilitiert worden seien, eine relativ hohe Summe als Entschädigung erhalten hätten und symbolisch anerkannt worden seien. Solche scheinbaren Widersprüche machen es so schwierig, über die Zeit zu berichten.

Tatsächlich war diese nachträgliche Rehabilitierung Teil einer übergreifenden Strategie des Regimes, um einen nennenswerten Teil der städtischen Bevölkerung für sich zu gewinnen. Dafür wandte es sich teilweise ab von der Betonung der Produktionsmittel, von aufgeschobener Belohnung und dem Credo des Egalitarismus. Stattdessen bot das Regime Bürgern die Aussicht auf Konsumgüter, allerdings zu Preisen, die sich nur wenige – vor allem Parteifunktionäre und Staatsbedienstete, die literarische und künstlerische Elite sowie Stachanowisten – leisten konnten. Dennoch wurde mit der Tatsache, dass es Konsumgüter gab und dass es legitim war, sie zu genießen, massiv geworben: Wenn der einfache „Iwan" noch härter und effizienter arbeite, bekomme auch er schließlich die Möglichkeit, wie kultivierte Menschen an schönen Dingen, an Essen und an Veranstaltungen teilzuhaben.[19]

Es war „in", kultiviert zu sein war. Vadim Volkow hat beschrieben, wie sich das Verständnis von Kultiviertheit in den 1930er-Jahren wandelte. Die Bemühungen zielten anfangs zum größten Teil darauf, die Folgen der massiven Landflucht von rund drei Millionen Menschen pro Jahr infolge des ersten Fünfjahresplans in den Griff zu bekommen. Nachdem die politische Führung den Mann vom Lande in die Stadt geholt hatte, war sie nun entschlossen, alles Ländliche von ihm abzuwaschen. Dies lief zum großen Teil auf eine konventionelle städtische Vorstellung von Körperpflege hinaus, die als förderlich erachtet wurde.[20] Dabei ging die proklamierte Alternative zum „Ländlichen" mit vielen oberflächlichen Insignien der westlichen Moderne[21] und des urbanen vorrevolutionären Russlands einher.[22] Wie sich an der neuen Garderobe von Politbüro-Mitgliedern zu offiziellen Anlässen zeigte, lösten Anzüge und Krawatten das postrevolutionäre Outfit ab. Moskauer Restaurants, die Bürgern zu Zeiten der Kulturrevolution verschlossen gewesen waren, standen nun der Allgemeinheit offen, wenn auch zu Preisen, die sich im Grunde nur die politische und kulturelle Elite leisten konnte.

Mit der Kampagne zur Körperpflege hatte sich das Regime vornehmlich an zugezogene Bauern gerichtet, doch es hatte auch andere nichtelitäre Zielgruppen im Blick. So stellte Moskau umfangreiche Einrichtungen bereit, die ein breites Publikum ansprachen. Genauso wie Verfolgungen ein wesentlicher und verheerender Aspekt der Beziehungen zwischen Regime und Gesellschaft zur Mitte und gegen Ende der 1930er-Jahre waren, so ist auch die Versorgung mit Freizeitangeboten ein essenzieller Bestandteil der Modernisierungsstrategien in dieser Zeit. Medien und Großveranstaltungen, die sich neue Technologien etwa im Film, bei Autorennen oder Flugshows zunutze machten, boten nicht nur Unterhaltung, sondern waren für das Regime auch eine Möglichkeit, in der breiten Masse ein Bewusstsein für die sowjetischen Errungenschaften zu schaffen und sie mit Stolz auf diese Leistungen zu erfüllen. Kultur- und Erholungsparks – der bekannteste war der Gorki-Park in Moskau – waren weit verbreitet. Ebenso verbreitete sich parallel zu den Entwicklungen in Nazi-Deutschland die Begeisterung für körperliche Ertüchtigung und Aktivität.

In seinem Standardwerk *Red and Hot: The Fate of Jazz in the Soviet Union*[23] berichtet S. Frederick Starr, der zuvor verteufelte Foxtrott sei mit einem Mal so populär geworden, dass „1934 zahlreiche Fabriken ihren Arbeitern kostenlose Foxtrott-Stunden anboten. An ein oder zwei Tagen pro Woche konnten Arbeiter eine Stunde nach Schichtende bleiben, um von modisch gekleideten Frauen, die von der Betriebsleitung angestellt worden waren, in den neuesten Tänzen aus dem Westen unterrichtet zu werden."[24] Richard Stites berichtet, dass angesichts des Jazz-Triumphs „Tanzstunden für Offiziere in der Roten Armee von ihrem Befehlshaber Kliment Woroschilow vorgeschrieben [waren]; er und Wjatscheslaw Molotow lernten Tango".[25]

Politbüro-Mitglied Anastas Mikojan konnte für sich beanspruchen, neue Produkte und/oder neue Methoden der Fertigung für den russischen Massenmarkt eingeführt zu haben. So etablierte er relativ preisgünstige Eiscreme, deren Herstellung ihn während eines Besuchs in den USA beeindruckt hatte. Auch setzte er sich für die Produktion von gutem Bier (ein Ziel, das zu Sowjetzeiten nie erreicht wurde) und Likören ein, die zu nicht unwesentlichen Bestandteilen eines „glücklichen Lebens" erklärt wurden. Frankfurter Würstchen, zuvor als Beispiel bürgerlichen Geschmacks verpönt, verkauften sich rasant. Mikojan ging sogar noch einen Schritt weiter und setzte sich nachdrücklich für Ketchup ein, ein weiteres amerikanisches Produkt, das er auf dem russischen Massenmarkt einführen wollte.[26] Man könnte beinahe meinen, Stalins häufig zitierte Bemerkung habe der Wahrheit entsprochen: „Das Leben ist besser geworden, Genossen; das Leben ist fröhlicher geworden."

Nun, nicht ganz. Die Verfügbarkeit von Konsumgütern schärfte den Blick der Sowjetbürger und gab ihnen ein Gefühl für das, was die Moderne möglicherweise mit sich bringen könnte. Hot Dogs, Bier, Ketchup und Eiscreme sowie Erholungsparks, sprich Phänomene der amerikanischen Konsumgesellschaft, hatten die ausgebliebenen Belohnungen des ersten Fünfjahresplans und der Kollektivierung wettzumachen. Nun, da der Kommunismus erreicht worden sei, sollten Güter, die bisher lediglich Ausländern mit harter Währung, Parteifunktionären, Medienstars und Stachanowisten vorbehalten und gewöhnlich nur in speziellen Läden verfügbar gewesen waren, am Ende allen wirklich Arbeitsamen und politisch Korrekten zur Verfügung stehen.

Die Betonung liegt hier auf „am Ende". Denn Vorstellungen vom „Überfluss im Sozialismus" und von „Gleichheit" hingen zu dieser Zeit mit den marxistischen Vorstellungen vom Verschwinden des Staates zusammen und galten somit als nur auf dialektische Weise erreichbar. Wie wir gesehen haben, hatte Stalin das Schwinden des Staates abgetan und dies mit dem Argument gerechtfertigt, eine solche Leistung erfordere zunächst das Stärken des Staates und seiner „Organe". So galt auch Gleichheit *(uravnilovka)* zunehmend als etwas, das durch eine Steigerung der Ungleichheit von Löhnen und Statussymbolen erzielt werden sollte, wobei am unteren Ende der Lohnskala der gewöhnliche Arbeiter in den Städten stand.

In ihrem Buch *In Stalin's Time* hat die Autorin Vera S. Dunham beschrieben, wie sich die Themen sowjetischer Romane veränderten.[27] Vereinfacht gesagt fand Dunham heraus, dass Roman-Mütter in den ersten Jahren nach der Revolution ihren Söhnen empfahlen, hart zu arbeiten, um wirklich gute Arbeiter zu werden.[28] In späteren Romanen dagegen mahnten sowjetische Mütter ihre Kinder: „Hör auf, im Haus herumzulungern. Wenn du so weiter machst, wird aus dir nichts als ein normaler Arbeiter." Daten aus dem *Harvard Russian Refugee Project* deuten darauf hin, dass die von Dunham beschriebenen Mütter wussten, wovon sie sprachen. Mitte der 1930er-Jahre war es schwierig, die eklatanten Standesunterschiede zu übersehen, die sich auch in Lohndifferenzen ausdrückten.

Andere Unterschiede hatten sich nivelliert. So spielte zum einen die Unterscheidung zwischen Bürgern und sogenannten Unpersonen (Priestern, Kulaken usw.), die in der russischen Verfassung von 1918 und der sowjetischen Verfassung von 1924 entrechtet worden waren, keine Rolle mehr, ebensowenig die zwischen Parteigenossen und Nicht-Parteigenossen. Laut der „Stalin"-Verfassung von 1936 war das Land in

Beruf	Weniger als 4.200 Rubel (in %)	4.200 bis 6.599 Rubel (in %)	6.600 Rubel oder mehr (in %)	Insgesamt (*n*)
Verwaltung	8	29	63	115
Semiprofessionelle	43	37	20	93
Angestellte	59	35	7	130
Facharbeiter	52	32	15	80
Angelernte Arbeiter	67	26	7	193
Ungelernte Arbeiter	87	11	2	64

Tabelle 4.1[29]. Einkommen sowjetischer Berufsgruppen, 1940 (Jahreseinkommen in Rubel)

zwei harmonische Klassen – Arbeiter und Bauern – sowie eine weitere Schicht unterteilt, die Intelligenzija. Mitglieder der letzteren entstammten nun vorwiegend der Arbeiter- oder Bauernschaft. Diese Behauptung von „harmonischen Verhältnissen" entsprach durchaus einer grausigen Realität, denn zahllose ehemalige „Unpersonen" und andere, die sich nicht in Kategorien einordnen ließen, waren eingesperrt, verbannt oder getötet worden.

Ähnlich verwischte Stalin die Unterschiede zwischen Parteimitgliedern und Nicht-Parteimitgliedern. Beide konnten für Stalin Bolschewiki sein. Verhängnisvoll daran war der unausgesprochene Umkehrschluss, dass Altbolschewiki nicht zwangsläufig mit Respekt zu begegnen war und dass die Parteimitgliedschaft keinen Schutz vor „Säuberungen" darstellte. Zugleich behauptete Stalin, anders als nur wenige Jahre zuvor, dass Menschen, die ihre Ausbildung vor der Oktoberrevolution absolviert hatten, nicht mehr von vornherein als suspekt galten. Er versprach außerdem enorme Aufstiegschancen für diejenigen, die wirklich an das System glaubten.

Im Mai 1935 erklärte Stalin laut Tucker:[30] „Ein Bolschewik ist jemand, der sich ... der Sache der proletarischen Revolution verschrieben hat. Viele von ihnen sind Nicht-Partei-Leute. Entweder haben sie keine Zeit gehabt, in die Partei einzutreten, oder sie betrachten diese als so heilig, dass sie sich besser auf den Eintritt vorbereiten wollen. Häufig beweisen solche Menschen mehr Rückgrat als so manches Parteimitglied. Sie sind treu bis ins Grab." Unter solchen Umständen zu entscheiden, wer wirklich an das System glaubte, muss eine ziemliche Kunst gewesen sein – und fiel häufig genauso willkürlich aus wie die zahlreichen grundlosen Verhaftungen. Zur selben Zeit, Anfang 1935[31] (unmittelbar nach der Ermordung Kirows im Dezember 1934), forderten Stalin und andere lautstark dazu auf, „Doppelzüngler" zu verraten, die sich hinter einer Maske versteckten (dvurushiki), indem sie das Plansoll übererfüllten, ihre soziale Herkunft verbargen und insgeheim Trotzki unterstützten, auch wenn sie vordergründig ihre Treue zur Partei und zu Stalin persönlich beteuerten. Im damaligen Sprachgebrauch betrieben diese Menschen „Präferenzverfälschung".[32]

Mitte der 1930er-Jahre existierte ein neuer Dienstadel von Aufsteigern, die weitgehend aus der Arbeiterklasse stammten oder einen bäuerlichen Hintergrund hatten und sich weithin sichtbar zu erkennen gaben: Im Militär wurden die Offiziersränge ebenso wie Paradeuniformen und der entsprechende Pomp und Prunk wieder eingeführt. Der Volkskommissar für Verteidigung hieß jetzt *Marschall* Kliment Woroschilow.[33] Das NKWD erhielt ebenfalls Dienstgrade, die laut Tucker von Sergeanten bis zu Kommissaren ersten Ranges reichten, die Hosen in der Farbe der zaristischen Geheimpolizei trugen.[34]

Da nicht nur die Geheimpolizei und die Armee entsprechende Insignien einführten, lohnt es sich, Fitzpatricks Liste wiederzugeben: „Titel, Ränge und Uniformen wurden wieder eingeführt. 1934 empfahl eine Regierungskommission, individuelle Uniformen für Personal in der zivilen Luftfahrt, der Schifffahrt und den Fischereibehörden, im Holzexport und im Büro für Polarforschung einzuführen, zusätzlich zu denen, die Eisenbahnbedienstete und Milizionäre bereits trugen. Alle Uniformen sollten auf dieselbe Weise – durch Halbkreise, Kreise, Fünfecke und Sterne – den Rang anzeigen und ebenfalls einen Mantel sowie eine Feldjacke mit Ledergürteln in der Taille umfassen. Bei Führungspersonal ... war ein Schulterriemen am Gürtel zu befestigen."[35]

Zur selben Zeit uferten „Orden" aus, die zum Teil auf die erste Zeit nach der Revolution zurückgingen und sich in der gesamten kommunistischen Zeit halten sollten.[36] Mitte der 1930er-Jahre erhielt man möglicherweise einen Leninorden und ab 1939 einen Stalin-Preis.[37] Beide waren mit erheblichen Preisgeldern verbunden. Daneben gab es weniger bedeutende Preise und Auszeichnungen: den Orden des Roten Banners der Arbeit, das Ehrenzeichen, Helden der Arbeit und so weiter. All diese Statussymbole verschafften ihrem Träger eine monatliche Gehaltszulage.[38] Laut Shlapentokh gab es 1984 „16 nationale Titel für Persönlichkeiten in Kunst und Kultur und 20 verschiedene Arten von Medaillen".[39] Darüber hinaus brachten diese Auszeichnungen auch nichtmonetäre Vorteile, die gesellschaftliche Unterschiede noch stärker unterstrichen.[40] Der wichtigste unter ihnen war der „Zugang". Die Preisträger wie die Führungsriege in Partei und Regierung erhielten Zugang zu speziellen Läden, wo es möglich war, günstiger und vielseitiger einzukaufen als in regulären Läden; auch hatten sie bevorzugten Zugang zu seltenen Vergnügungen wie Ferien am Schwarzen Meer und „jährlichen Freikarten für Zugreisen sowie bevorzugten Schulzugang für die eigenen Kinder".[41]

Diese Versuche, einerseits die neuen Eliten zu binden und andererseits einer breiteren Öffentlichkeit Unterhaltung zu bieten, prägten die Beziehungen zwischen Regime und Gesellschaft von der Mitte bis zum

Ende der 1930er-Jahre. Allerdings hatte Stalin seine eigene unverwechselbare Art, eine „harmonische Gesellschaft" aus Arbeitern, Bauern und Intelligenzija zu schaffen. Während er über materielle Anreize die Produktivität steigerte und sich als gütiger Führer stilisierte, unterdrückte er ganze Gruppen von Menschen, die möglicherweise für ihn oder die Sowjetmacht eine Bedrohung darstellen konnten.

Der Terror

Personen, die Mitte der 1930er-Jahre unterdrückt wurden, wurden nicht länger mit Klassenbegriffen kategorisiert. Nachdem die „Kulaken als Klasse" vernichtet worden waren, sollte der nicht näher spezifizierte Begriff „Volksfeind" die Unterdrückung eines breiten Spektrums an Menschen rechtfertigen. Wer die Geschichte der Zeit kennt, denkt dabei unwillkürlich an die Altbolschewiki, da ihre spektakulären Schauprozesse die eindringlichsten Episoden des Großen Terrors von 1937 bis 1938 darstellten. Sie waren in gewisser Weise jedoch nur eine Untergruppe der vermeintlichen oder tatsächlichen „Doppelzüngler", die verraten und/oder unterdrückt wurden, weil sie objektiv oder subjektiv[42] eine potenzielle Bedrohung für die Führung – das heißt in diesem Fall Stalin – darstellten. Ein erheblicher Anteil der Unterdrückten wurde beschuldigt, ihre wahre Identität, ihre Vergangenheit oder ihre egal wie spärlichen Verbindungen zu anderen Unterdrückten zu verheimlichen. Da waren Betriebsleiter mit scheinbar erfolgreichen Produktionszahlen, die angeblich Saboteure waren. Da waren Menschen, die, ungeachtet ihrer aktuellen Situation, Trotzki zu einem früheren Zeitpunkt unterstützt oder vermeintlich unterstützt hatten. Da waren die tatsächlichen oder auch nur angeblichen Nachkommen eines Priesters oder einer anderen Unperson. Dies hatte zur Folge, dass grundsätzlich jeder suspekt war und denunziert werden konnte, einschließlich der Geheimpolizei selbst.

Ein anschauliches Beispiel für die Geschichte[43] der katastrophalen Wechselwirkungen zwischen dem von Stalin geschaffenen makropolitischen Rahmen und dem Verhalten von Individuen, die ihre eigenen Interessen vertraten, sind die Geschehnisse im Raketenforschungsinstitut RNII, die Asif Siddiqi in einem beeindruckenden Aufsatz geschildert hat. Das RNII entstand im September 1933 aus der Fusion zweier Einrichtungen, einem Institut in Moskau, in dem Forscher vor allem am Flüssigkeitsraketenantrieb arbeiteten, und einem Institut in Lenin-

grad, in dem der Forschungsschwerpunkt auf dem Feststoffraketen-
antrieb lag. Flüssigraketen sollten die Erforschung des Weltraums ermöglichen, während Feststoffraketen von größerer militärischer Bedeutung waren.

Der Zusammenschluss war vor allem auf Betreiben von Marschall
Michail Tuchatschewski zustande gekommen. Nach der Fusion unter-
stand das Institut jedoch dem Volkskommissariat für Schwerindustrie,
weshalb Tuchatschewski offiziell keine leitende Funktion mehr hatte.
Trotz der Zuordnung zum zivilen Sektor der Schwerindustrie wurde
das Institut von Wissenschaftlern, die an den militärisch relevanteren
Feststoffraketen forschten, dominiert. Unter ihnen befand sich der
erste Direktor Iwan Kleimenow, ein Protegé von Tuchatschewski. Sergej
Koroljow, ein Befürworter von Flüssigtreibstoffen für den Einsatz im
Weltall, wurde stellvertretender Direktor, hatte jedoch wenig Einfluss
und spielte im Raketenbau nur eine untergeordnete Rolle.

Nur zwei Monate nach Gründung des Instituts brach ein hässlicher
interner Streit aus. Dabei ging es unter anderem darum, dass Kleimenow die Forschungsmittel der Anhänger von Flüssigtreibstoffen ge-
kürzt hatte, insbesondere solcher Projekte, die Flüssigsauerstoff im Gegensatz zu Salpetersäure verwendeten.[44] Koroljow beschwerte sich
mehrfach über die beherrschende Rolle der Festtreibstoff-Ingenieure,
woraufhin Kleimenow an das kommunale Parteikomitee schrieb und
um Koroljows Entlassung bat. „Als Kompromiss degradierten die Funktionäre Koroljow auf eine nachgeordnete Stelle." Koroljow beschwerte
sich schriftlich bei Tuchatschewski und drängte auf Kleimenows Entlassung. Laut Siddiqi[45] wurde Kleimenow jedoch von Sergo Ordschonikidse – der sich auch in anderen Situationen für seine Untergebenen
einsetzte – protegiert. Wie so oft bei solchen Auseinandersetzungen
kündigten viele der Institutsmitarbeiter, wurden zum Rücktritt gezwungen oder degradiert. Unter denjenigen, die entlassen wurden,
waren zwei starke Befürworter von Flüssigsauerstoff, Leonid Kornejew
(der sogar zweimal entlassen wurde) und Andrej Kostikow, die sowohl
Kleimenow als auch Koroljow attackiert hatten. Kleimenow stellte seine
gesamte Forschung zu Flüssigkeitsraketentriebwerken im November
1936 ein.

Dann brach der Große Terror auch über das Raketeninstitut herein.
Ende Mai 1937 wurde Tuchatschewski verhaftet, vor Gericht gestellt
und erschossen. Fast unmittelbar nach Tuchatschewskis Hinrichtung

setzten die gegenseitigen Denunziationen unter den Raketenforschern ein. Kornejew schrieb an Marschall Woroschilow und nannte Kleimenow „einen Saboteur, der Seite an Seite mit dem Abschaum der Menschheit, außerordentlichen Bastarden des 20. Jahrhunderts wie ... Tuchatschewski und anderen steht".[46]

Kleimenow schlug zurück, indem er direkt an das NKWD schrieb und eine „Untersuchung und ein Belangen" verschiedener Wissenschaftler verlangte, darunter Kostikow und Kornejew, die „eine *Reduzierung der Arbeit zu Puderraketen und [Salpetersäure] zugunsten einer Stärkung des Sauerstoffsektors* verlangt" hatten und von einem institutsexternen „Protegé des hingerichteten Spions M. N. Tuchatschewski"[47] angeführt worden seien. Kostikow reagierte mit einem Brief an das örtliche Parteikomitee, in dem er Kleimenow und andere im Institut attackierte und ihnen „Inkompetenz und stillschweigende Sabotage"[48] vorwarf.

Kleimenow war auf einer Handelsmission in Deutschland gewesen. Wie bei vielen anderen Menschen mit Auslandskontakten galt dies als Beleg für Spionagetätigkeit. Er wurde im November 1937 festgenommen, schwer gefoltert und nach einem zwanzigminütigen Prozess am 10. Januar 1938 hingerichtet. In seinem Geständnis, das zu unterschreiben er sich weigerte, belastete er unter anderem Koroljow, der im Juni 1938 verhaftet und zu „zehn Jahren Gefängnis mit fünf Jahren ,Entzug von Rechten'" verurteilt wurde.[49] Koroljow kam 1944 frei und machte rasant Karriere; sein Team war 1957 für den Start des Sputnik verantwortlich.

Neben solchen sogenannten „Doppelzünglern" und Individuen, die in die Mühlen der Verfolgung gerieten, während sie Eigeninteressen vertraten, standen vor allem Angehörige von „Diaspora-Nationalitäten", die sowohl in als auch außerhalb der Sowjetunion lebten, im Fokus des Regimes. Erst in jüngerer Zeit haben Wissenschaftler das Ausmaß der Repressionen gegenüber Letzteren beschrieben.[50] Ebendiese Menschen hatten in den 1920er-Jahren im positiven Sinne als mögliche Verbindungsmänner zu ihren Landsleuten im Ausland – und damit möglichen ausländischen Unterstützern der Sowjetunion in Friedens- wie in Kriegszeiten – gegolten, wie insbesondere Terry Martin betont.[51]

Mitte der 1930er-Jahre hatte ein grundlegender Wandel in Stalins Denken eingesetzt. Es spricht viel dafür, dass das Movens für diesen Wandel in dessen gesteigerter Kriegsfurcht zu suchen ist. Die wiederum die Befürchtung befeuerte, dass Personen der einen oder anderen Prove-

nienz mit feindlichen Staaten gemeinsame Sache gegen die Sowjetunion machen könnten. Wobei das einen Schlüsselaspekt der Rechtfertigung für den Großen Terror übergeht: jenes Phänomen, das treffend
als Spionagewahn der späten 1930er-Jahre bezeichnet wurde.[52] Man
könnte auch auf Stalins wachsende Angst in den 30er-Jahren vor Angriffen auf die territoriale Integrität des Sowjetstaats verweisen, sei es
durch Spionage, Sabotage oder die Mobilisierung von Teilen der Bevölkerung durch eine andere Macht im Kriegsfall. Die sowjetische Führung war schnell bei der Hand damit, Personengruppen zu identifizieren, die aufgrund ihrer Herkunft (ukrainisch, polnisch, deutsch) – weniger aufgrund ihrer Klassenzugehörigkeit (z. B. Kulaken) – unter
Generalverdacht standen und von den Grenzregionen deportiert werden sollten.

Die Deportationen waren anfangs mit einer zunehmend nationalen
Bewertung des Widerstands gegen die Kollektivierung in der Ukraine
verbunden. Diese Einschätzung war insofern berechtigt, als Ukrainer
beschuldigt wurden, die Unabhängigkeit der Ukraine zu unterstützen
und hierzu mit der polnischen und deutschen Regierung zu konspirieren. Außerdem wurden gezielt Polnisch- und Deutschstämmige aus den
europäischen Grenzregionen zumeist nach Kasachstan deportiert. Im
Laufe der 1930er-Jahre wuchs die Befürchtung, dass Fremdstämmige
generell zum Feind halten würden, egal, ob der nun Polen, Deutschland
oder Japan hieß.[53] Die Angehörigen ethnischer Minderheiten wurden zu
„Volksfeinden" und entsprechende Gruppierungen zu „feindlichen Nationen" erklärt.

Nationalität wurde außerdem zunehmend als etwas definiert, das
sich nach der Nationalität der Eltern richtete, und nicht als etwas, das
man wählen konnte. Terry Martin zeigt, wie das Kriterium Nationalität
schrittweise das Kriterium Klasse ablöst, wenn es darum geht, die Feinde
der Sowjetmacht auszumachen und auszuschalten.[54] Während die Kulaken zu Beginn der 1930er-Jahre der Feind schlechthin waren, zielen
die NKWD-Dekrete 1938 namentlich auf „Diaspora-Nationalitäten"
und nehmen explizit auf „nationale Operationen" Bezug – ein Schlag-
wort für Aktivitäten, die sich gegen bestimmte Volksgruppen im Unterschied zu anderen „Massenoperationen" richteten. Zu den NKWD-Kri-
terien für diese Aktivitäten zählten 1938 etwa die Verhaftungen von
Menschen „gemäß der polnischen Linie". Sogar noch eindeutiger waren
laut Martin interne NKWD-Dokumente, die die Operationen als gegen

„Nationalitäten ausländischer Regierungen" gerichtet beschrieben. Die auf diese Weise Verfolgten waren häufig in Gebieten geboren, die vor der Oktoberrevolution zu Russland gehört hatten, und ihre Familien hatten seit Jahrhunderten in Russland gelebt.

Tausende wurden zu Verhören beim NKWD oder anderen Behörden einbestellt, so auch der Professor einer Berufsfachschule im westsibirischen Bijsk, Pawel Baranow. Auf die Frage des örtlichen Polizeichefs, „Sie sind anscheinend Ausländer?", antwortete Baranow, er sei 1898 in Warschau geboren worden (das zu diesem Zeitpunkt russisch besetzt war). Für solche Subtilitäten hatte das NKWD in seinem Fall und in Tausenden anderer Fälle keinen Sinn. Baranow wurde Anfang 1938 verhaftet und verschwand.[55]

Laut KGB-Akten wurden während des Großen Terrors von 1937 bis 1938 fast 700.000 Menschen hingerichtet, darunter fast 250.000 im Rahmen „nationaler Operationen". Nach Darstellung von Petrov und Roginsky wurden fast drei Viertel (74 Prozent) der insgesamt bei nationalen Operationen Verhafteten hingerichtet.[56] Martin fasst die Zahlen wie folgt zusammen: „Die nationalen Operationen stellten rund ein Fünftel aller Verhaftungen und ein Drittel aller Hinrichtungen während des Großen Terrors dar, Verhaftungen in nationalen Operationen führten also in deutlich höherem Maße zu Hinrichtungen."[57]

Besonders aufschlussreich ist der Umgang der Sowjets mit zwei Volksgruppen – den Koreanern und den Polen. Die Deportation von Koreanern war eine „ethnische Säuberung" im buchstäblichen Sinn, die mit ihren Prozentzahlen an sowjetische Wahlergebnisse erinnerte. 1937 wurden bis auf rund 700 alle (exakt 99,6 Prozent) der über 170.000 Koreaner, die damals im fernöstlichen *krai* lebten, nach Kasachstan und Usbekistan deportiert.

Dies stellte, so Martin, „die erste ethnische Säuberung einer ganzen Nationalität einschließlich der Kommunisten" dar.[58] Indem das sowjetische Regime quasi alle südkoreanischen Bewohner des fernöstlichen *krai* deportierte, hatte es nahezu verhindert, dass Zurückgelassene von außen mobilisiert werden könnten. Martin zitiert eine verräterische Aussage des stellvertretenden Leiters des NKWD, der erklärte: „Jene paar Tausend Koreaner im fernöstlichen *krai* zu lassen, wenn die Mehrheit bereits deportiert wurde, wird gefährlich sein, weil der Familienzusammenhalt der Koreaner sehr stark ist. Die territorialen Einschränkungen für die, die in Fernost bleiben, werden sich zweifellos auf ihre Stimmung auswirken, und diese Gruppen werden für die Japaner fruchtbarer Boden sein."[59]

Wie Martin bemerkt, verrät diese Beobachtung die Mechanismen der Sippenhaft: War jemand verhaftet und für schuldig befunden worden, häufig ohne Grund oder aufgrund irgendeines belanglosen Kontaktes mit einem Ausländer, galten Ehepartner, Kinder,[60] bisweilen andere Verwandte und Arbeitskollegen (insbesondere Angestellte) ebenfalls als potenzielle „Volksfeinde" und als Kandidaten für den Gulag.

Einer ganz ähnlichen Logik scheint auch die „Säuberung" europäischer Nationalitäten gefolgt zu sein. Es liegen Zahlen für Hinrichtungen nach Nationalität für die Autonome Sozialistische Sowjetrepublik Karelien, den Leningrader Oblast und den Oblast Odessa während des Großen Terrors vor. Die 11.341 in Karelien Verhafteten (von denen 9.750 hingerichtet wurden) waren überwiegend Finnen oder Karelier. Verglichen mit ihrem Anteil an der Bevölkerung, war die Zahl der Finnen unter den Verhafteten extrem hoch. Für sie lag die Wahrscheinlichkeit, verhaftet zu werden, 15-mal höher als ein Extrapolieren der ethnischen Zusammensetzung in der Autonomen Republik erwarten ließ, und überwältigende 45-mal höher als für ethnische Russen. Auch die Karelier machten einen größeren Anteil der Verhafteten aus, als ihr Anteil an der Gesamtbevölkerung vermuten ließe. Die Wahrscheinlichkeit, dass ein ethnischer Russe verhaftet wurde, lag hingen deutlich unter dem, wovon man anhand ihres Anteils an der karelischen Bevölkerung ausgehen könnte.[61]

Stalin und vor allem der Chef des NKWD, N. I. Jeschow, scheinen insbesondere nach der Unterzeichnung des Deutsch-Polnischen Nichtangriffspakts Anfang 1934 eine besondere Abneigung gegen Polen gehabt zu haben. Martin[62] zitiert Schätzungen, denen zufolge die Wahrscheinlichkeit, während des Großen Terrors hingerichtet zu werden, für Polen im Oblast Leningrad 30-mal höher war, als man angesichts ihres Anteils an der Bevölkerung im Oblast hätte meinen können. Im Vergleich war das Risiko, hingerichtet zu werden, für Polen in Odessa etwas geringer. Nichtsdestotrotz war die Größenordnung enorm verglichen mit der Zahl der Polen in der Region (22-mal höher als ihr Anteil an der Bevölkerung). Es empfiehlt sich, zu diesen Zahlen auch die der Weißrussen hinzuzufügen. Obwohl sie von Martin nicht als „Diaspora-Nationalität" klassifiziert werden, waren sie unter den im Oblast Leningrad und im Oblast Odessa hingerichteten Personen erheblich überrepräsentiert. In

gewisser Weise scheinen sie zu ihrem Leid beigetragen zu haben: Viele
katholische Weißrussen, so Martin, „gaben sich in den 1920er-Jahren
als Polen aus und schickten ihre Kinder auf polnische Schulen". Das
sollte in den 1930er-Jahren auf sie zurückfallen, als sie während der polnischen „Operation" verhaftet wurden. „In Weißrussland machten
Weißrussen 47,3 Prozent der während der polnischen Operation Verhafteten aus (mehr als die Polen mit 42,3 Prozent)."[63]

Die Angst vor Verbindungen zum Ausland ging weit über jene Gruppen hinaus, die wegen ihrer ethnischen Zugehörigkeit verdächtigt wurden. Oftmals hatten diejenigen, die „Säuberungen" zum Opfer fielen,
aufgrund ihrer beruflichen Tätigkeiten Verbindungen ins Ausland oder
zu Ausländern, die sich im Kriegsfall als feindlich erweisen konnten. In
der Fachliteratur streitet man allerdings darüber, ob Mitarbeiter von
Institutionen mit Auslandskontakten tatsächlich während des Großen
Terrors häufiger verhaftet wurden oder ob solche Personen und Institutionen für den Westen schlicht sichtbarer waren. Bis zu einer abschlie-
ßenden Auswertung der Daten gehe ich davon aus, dass Verbindungen
ins Ausland insgesamt höhere „Säuberungsraten" zur Folge hatten als
bei Vergleichsgruppen von Personen in Institutionen ohne Auslandskontakte.

Wie wir gesehen haben, steht außer Frage, dass die Zahl der Verhafteten gewisser Volksgruppen, die sowohl auf sowjetischem Boden als
auch in einem Nachbarland der Sowjetunion angesiedelt waren, unver-
hältnismäßig hoch war. In jedem Fall erleichterten es Verbindungen zu
Ausländern sowie Auslandsreisen und andere Auslandskontakte dem
NKWD, die zu Verhaftenden ins Visier zu nehmen.

So schreibt Frederick Starr: „Eine Gemeinsamkeit fast aller während
des Großen Terrors hingerichteten sowjetischen Jazzmusiker war, dass
sie zuvor ins Ausland gereist waren oder enge Kontakte zu Ausländern
hatten, die in der UdSSR wohnten."[64] Aus dem Ausland zu stammen
oder Kontakt zu Ausländern zu haben, traf auch auf Menschen mit Verbindungen zur Partei oder zur Regierung zu. Unter denen, die den „Säuberungen" zum Opfer fielen, befanden sich ausländische Kommunisten
(die im Ausland oder im Exil in der Sowjetunion lebten),[65] Sowjet- und
andere Bürger, die Mitglieder der Komintern gewesen waren, Beamte im
Volkskommissariat für Internationale Angelegenheiten (Narkomindel)
sowie in Europa stationierte NKWD-Agenten, von denen nur wenige
den Terror überlebten.

Das NKWD nahm sogar ausländische Kommunisten ins Visier, die außerhalb der Sowjetunion wohnten. Selbst wenn man bedenkt, wie stark autoritär die meisten politischen Regime in Zentral- und Osteuropa in den 1930er-Jahren waren, ist angesichts dieser Umstände der Hinweis von Robert Tucker korrekt, dass ausländische Kommunisten in ihrem Heimatland sicherer waren als in der Sowjetunion. Für ausländische Kommunistenführer war es daher keine gute Idee, Einladungen nach Moskau anzunehmen, und für sowjetische Diplomaten war es nicht klug, entsprechenden Anweisungen Folge zu leisten und nach Hause zurückzukehren.[66]

Ein gutes Beispiel hierfür sind die polnischen Kommunisten. Wir haben bereits gesehen, wie sehr ethnische Polen mit sowjetischer Staatsangehörigkeit vom NKWD ins Visier genommen wurden. 1938 wurden zudem Vorwürfe laut, dass jene Polen, die während des Polnisch-Sowjetischen Krieges 1920 kapituliert hatten, in Sowjetrussland geblieben und häufig in wichtige Führungspositionen aufgestiegen waren, in Wirklichkeit Spione seien. Es erfordert schon einiges an Phantasie, sich vorzustellen, dass einige derer, die 1920 kapituliert hatten, nach Sowjetrussland eingeschleust worden waren, um zwanzig Jahre später als Spione zu agieren. Angesichts des Ausmaßes, in dem polnische Organisationen von sowjetischen Agenten unterwandert worden waren,[67] ist umgekehrt allerdings auch eine gewisse Unterwanderung sowjetischer Organisation einschließlich der Komintern von polnischer Seite denkbar. Wie dem auch sei – Stalin fertigte mutmaßliche polnische „Doppelzüngler" auf die für ihn charakteristische Weise ab, indem er sie fast alle töten ließ. Die Führung der polnischen Kommunisten im sowjetischen Exil wurde verhaftet, die meisten von ihnen erschossen und die polnische kommunistische Partei aufgelöst.[68]

Teddy Uldricks hat eine genaue Studie des Schicksals von Personen im Narkomindel (dem Vorläufer des sowjetischen Außenministeriums) im Anschluss an den Großen Terror vorgelegt. Wenn wir seine Zählung übernehmen, waren die Verluste des Narkomindel auf Führungsebene in etwa vergleichbar mit denen des Zentralkomitees, das auf dem XVII. Parteitag der KPdSU 1934 gewählt wurde (70 Prozent).[69] Seiner Zählung zufolge fielen unter den „Kommissaren, stellvertretenden Kommissaren, Kollegiumsmitgliedern und Botschaftern mindestens 62 Prozent ... in der *ezhovshchina*."[70] Seine Verwendung des Begriffs „mindestens" kann man infrage stellen. Seine Schätzung mag etwas hoch angesetzt sein, da er all jene einrechnet, über die ab 1937 oder 1938 keine Informationen mehr vorliegen. Dass sie hingerichtet wurden, mag zwar ein Hauptgrund für das Abreißen der Informationen über sie sein. Dennoch sind auch andere Gründe dafür denkbar, dass manche nicht mehr in der sowjetischen Presse erwähnt wurden. Auch wenn man leichte Vorbehalte gegenüber Uldricks Zahlen haben kann, sind diese sicherlich nicht grundsätzlich falsch.

An dieser Stelle mag ein Gedankenexperiment triftige Zahlen ersetzen. Stellen wir uns einen Entscheidungsträger vor, der keine Skrupel hat, Menschen zu töten – eine plausible Annahme im Falle Stalins, der tausende Todesurteile höchstpersönlich unterzeichnet hat. Wie würde ein solcher Mensch Personen mit Auslandskontakten oder mit Kontakten zu in der Sowjetunion lebenden Ausländern betrachten? Er wäre nicht in der Lage vorherzusagen, wer unter ihnen sich womöglich auf die Seite des Feindes stellen würde oder unter gewissen Umständen geneigt wäre, die Ablösung Stalins als Generalsekretär zu unterstützen. Der Generalsekretär würde jedoch – wie im Falle von Angehörigen einer Diaspora-Nationalität oder von Personen, die vor über zehn Jahren zu einem Oppositionsführer gehalten hatten – davon ausgehen, dass solche Menschen vermutlich eher als andere ohne entsprechende Erfahrungen für ihn oder die Sowjetunion potenziell gefährlich waren. Die effizienteste Art und Weise, mit solchen Menschen umzugehen, bestand darin, sie alle wie ein Geschwür im Gemeinwesen zu behandeln, anstatt Zeit und Ressourcen darauf zu verwenden, differenziertere Kategorien möglicher Gegner zu entwickeln. Alle (ethnische Polen, polnische Kommunisten, Jazzmusiker usw.) galten daher von vornherein als schuldig und wurden entsprechend behandelt. Und um wie bei einer Krebsbehandlung absolut sicher vor einem Rezidiv zu sein, schnitt das Regime in das umliegende Gewebe, indem es Ehepartner, andere Verwandte, Bekannte und Kollegen mit verhaftete.

Reisen wir einmal ins Reich der Phantasie – oder des Horrors: Stellen wir uns vor, Stalin stellte eine Regressionsanalyse mit verschiedenen Variablen auf. Eine Variable könnte lauten: „wahrt die sowjetische territoriale Integrität oder nicht, wenn der Krieg einen schlechten Verlauf nimmt." Eine andere Variable könnte sein: „bevorzugt unter solchen Umständen eine oder keine Alternative zu Stalin." Wie bei solchen Regressionen mit Einflussvariablen üblich, würde sein brutal rationales Kalkül die Bevölkerung einteilen einerseits in jene mit ethnischen

Landsleuten in einem Nachbarland, mit vergleichbaren Verbindungen, mit umfangreicher Auslandserfahrung oder mit alltäglichem Umgang mit Ausländern und andererseits in jene ohne solche Kontakte. Diese zwei Gruppen würden in ein Modell eingehen, das neben Steuerungsgrößen für Geschlecht, Alter und Nähe zur Grenze Variablen berücksichtigte, die Mitglieder der Kommunistischen Partei (z. B. Altbolschewiki) danach unterschieden, ob sie Stalin schon vorher oder erst als obersten Führer gekannt hatten. Das Modell würde Parteimitglieder außerdem danach sortieren, ob sie irgendwann einmal gewisse Sympathien für Trotzki oder andere zentrale Parteimitglieder (d. h. Bucharin, Sinowjew, Kamenew) gehegt hatten. Eine zusätzliche Variable würde die Parteimitgliedschaft an sich betreffen. Wie Oleg Khlevniuk anmerkt, hatte Georgi Malenkow Stalin im Februar 1937 berichtet: „[A]ktuell gibt es im Land über 1.500.000 ehemalige Mitglieder und Beitrittskandidaten der Partei, die zu unterschiedlichen Zeitpunkten seit 1922 ausgeschlossen und automatisch abgewiesen wurden."[71] Weitere Kandidaten, die aufgrund ihres Lebenslaufs infrage kamen und die laut Khlevniuk im ZK-Plenum im Februar-März zur Sprache kamen, waren ehemalige Kulaken, die aus den Lagern entlassen worden waren, sowie Glaubensanhänger. Dies betraf keinen unerheblichen Anteil der Bevölkerung.

Wie bei jeder derart beliebigen Auflistung würden viele so eingeteilte Menschen niemals eine Bedrohung für das Regime oder für Stalin darstellen. Stalin konnte jedoch annehmen, dass ein höherer Prozentsatz der so Klassifizierten eine Bedrohung darstellte als derjenigen, die beispielsweise niemals irgendeine Form von Unterstützung für einen Oppositionsführer bekundet hatten. Stalins Neigung, ganze Gruppen von Menschen – Diaspora-Nationalitäten, Menschen mit Auslandsverbindungen jeglicher Art, Altbolschewiki, die vor über zehn Jahren möglicherweise mit dem Gedanken gespielt hatten, Trotzki zu unterstützen – mit Blick auf einen möglichen Kriegsfall hinzurichten, zu internieren oder zu deportieren, war möglicherweise das Ergebnis einer grausamen Ratio.[72]

Die obigem Gedankenexperiment zugrunde liegende Logik impliziert, dass für Stalins Verhalten in den 1930er-Jahren Wahnsinn nicht zwangsläufig eine Voraussetzung war.[73] Vielmehr wollte er der unangefochtene Führer sein, der die Industrialisierung vorantrieb, um das Land auf einen Krieg vorzubereiten. Was dem Großen Terror ein Ende setzte, war die Tatsache, dass das Kalkül, über das im vorangehenden Abschnitt spekuliert wurde, auch wenn es durchaus Stalins persönliche Macht festigte und Millionen Menschen aus dem Gemeinwesen entfernte, die im Falle eines unglücklichen Kriegsverlaufs zur Mobilisierung zur Verfügung gestanden hätten, einem anderen entscheidenden Ziel Stalins zuwider lief. Ich meine hiermit natürlich die rasche Industrialisierung und Militarisierung der Gesellschaft, um die erforderlichen Mittel zu haben, einen bevorstehenden Krieg erfolgreich zu führen. Für viele, sowohl Zivilisten als auch Militärs, widersprachen die „Säuberungen" allen gängigen Vorstellungen von Ursache und Wirkung. Wenn sich der Feind hinter einer Übererfüllung des Plans versteckte, was sollte dann ein wirtschaftlicher Entscheidungsträger tun? Wenn eine Innovation scheiterte, würde dann der unternehmerische Werksleiter der Sabotage angeklagt und im Gulag landen? Führende kommunistische Beamte, vor allem Chruschtschow (natürlich nach Stalins Tod), und Wissenschaftler sind sich einig, dass dies für die Sowjetbürger keineswegs rhetorische Fragen waren und dass der Terror das Wachstum und Funktionieren staatlicher Institutionen de facto verhinderte.

Teddy Uldricks etwa sieht speziell zwischen dem Funktionieren des Narkomindel Ende der 1930er-Jahre und den „Säuberungen" einen Zusammenhang: „[Die] radikale Vertreibung von Personal in Verbindung mit der Atmosphäre des Schreckens muss das normale Funktionieren sowjetischer Diplomatie vollständig zum Erliegen gebracht haben."[74] Sein Fazit für das Narkomindel lässt sich ebenso auf die Kampfkraft der Roten Armee im Winterkrieg mit Finnland 1940/41, auf ihr Vorgehen zu Beginn des Zweiten Weltkriegs und auf die Wirtschaft insgesamt übertragen.

Die Auswirkungen des Großen Terrors auf die Rote Armee waren verheerend. In seinen Memoiren erinnert sich Chruschtschow an einen Vorfall auf Stalins Datscha, bei dem Woroschilow, der die sowjetischen Truppen im Winterkrieg anführte, lautstark auf Stalins Kritik hin konterte: „Sie selbst sind an allem schuld! ... Sie haben die Alte Garde der Armee ausgerottet; unsere besten Generäle haben sie umgebracht!"[75] In seiner Geheimrede unterstrich Chruschtschow, wie die Denunziationen die Disziplin ausgehöhlt hätten: „Die Politik, Repressalien in großem Maßstab gegen militärische Kader zu ergreifen, führte auch zur Untergrabung der militärischen Disziplin, da Offiziere aller Dienstgrade und sogar einfache Soldaten in den Partei- und Komsomolzellen jahrelang angehalten wurden, ihre Vorgesetzten als verkappte Feinde zu ‚entlarven'. Natürlich wirkte sich dies negativ auf die militärische Disziplin in der ersten Phase des Zweiten Weltkriegs aus."[76] Die mangelnde Vorbereitung der Sowjetunion zu Beginn des Zweiten Weltkriegs führte Chruschtschow außerdem auf den Umgang mit Menschen mit Auslandserfahrung zurück: „Sehr ernste Konsequenzen, die sich besonders bei Kriegsausbruch bemerkbar machten, hatte die Liquidierung zahlreicher militärischer Führer und politischer Funktionäre, die in der Zeit von 1937 bis 1941 aufgrund von Stalins Misstrauen und verleumderischen Beschuldigungen erfolgte. In diesen Jahren wurden bestimmte Teile des Militärapparats, und zwar buchstäblich vom Kompaniechef und Bataillonskommandeur aufwärts bis zu den höheren militärischen Führungsstäben, Repressalien unterworfen. In dieser Zeit wurde der Führungskader, der in Spanien und im Fernen Osten militärische Erfahrungen gesammelt hatte, fast vollständig liquidiert."[77]

Die Folgen des Terrors betrafen auch die Wirtschaft insgesamt. So schlussfolgert Kendall Bailes, „selbst die spärlichen sowjetischen statistischen Quellen zum [Einfluss des Terrors deuteten] darauf hin, dass der Terror hemmende Wirkung hatte".[78] Ähnlich zitiert er unterstützend die Beobachtung eines Betriebsingenieurs, der vom *Harvard Refugee Project* interviewt wurde und zu Protokoll gab: „[Wir] hatten Angst, Innovationen und Rationalisierungen einzuführen. Zwar dachten wir oft, dass gewisse Methoden eingeführt werden müssten, aber normalerweise haben wir das nicht gemacht. Denn wenn ein Experiment schief gehen sollte, hätte man uns der Sabotage beschuldigen können."[79] Allgemeiner berichtet Tucker unter Berufung auf den sowjetischen Wissenschaftler Viktor Danilow: „Der Terror hatte solches Unheil in der Wirtschaft angerichtet, dass es zum Beispiel in der enorm wichtigen Kohle- und Stahlindustrie von 1937–39 null Wachstum gab, und ein so wesentlicher Bestandteil wie das Stahlwerk Magnitogorsk musste neben den acht Ingenieuren und 66 ausgebildeten Technikern, die von seiner Belegschaft übrig geblieben waren, mit 364 bloßen ‚Praktikern' (Arbeiter ohne besondere Ausbildung) auskommen, welche die Plätze der fehlenden qualifizierten Mitarbeiter einnahmen."[80]

Stalin erkannte offenbar, dass das Anhäufen persönlicher Macht auf Kosten rascher Militarisierung und Industrialisierung, die für den Beginn eines bevorstehenden Krieges erforderlich waren, verheerende Auswirkungen gehabt hatte. Im Laufe von eineinhalb Jahren, von Anfang

1938 bis etwa zum XVIII. Parteitag 1939, setzte er dem Großen Terror ein Ende, wenngleich er entscheidende Gesetze und Beschlüsse in Kraft ließ, die zu seiner Legitimierung gedient hatten, und die Kontrollen gewöhnlicher Sowjetbürger am Arbeitsplatz sogar noch verschärfte. Peter Solomons Buch *Soviet Criminal Justice* und die wichtigen sowjetischen Dokumente, die in dem von J. Arch Getty und Oleg V. Naumov herausgegebenen Band enthalten sind, vermitteln ein Bild der offiziellen, an der Spitze gefällten Entscheidungen, um die von Stalin entfesselten Kräfte im Zaum zu halten.

Dieser politische Richtungswechsel wurde – wenig überraschend – dadurch eingeleitet, dass man Untergebenen anlastete, sie seien zu weit gegangen. Stalin war weder der erste noch der letzte politische Führer, der auf diese Weise mit den Auswüchsen der eigenen Politik fertig wurde. Natürlich war er es selbst gewesen, der die Verhältnisse dahingehend verändert hatte, dass es für Untergebene nur vernünftig gewesen war, die Verhaftungs- und Hinrichtungsquoten überzuerfüllen. Sie taten dies aus genau denselben Gründen, aus denen es für einen Betriebsleiter während des Fünfjahresplans vernünftig gewesen war, den Plan überzuerfüllen. Ein Übererfüllen der Quoten schützte NKWD-Beamte allerdings genauso wenig wie den Betriebsleiter davor, selbst im Zuge der „Säuberungen" hingerichtet zu werden, wenn Sündenböcke gefunden werden mussten.

Die grundlegenden Schritte zur Beendigung des Großen Terrors bestanden darin, dem Chef des NKWD, Nikolai Jeschow, die Auswüchse zuzuschreiben; er habe die Aufrufe zur Wachsamkeit sowie die Aufrufe, kriminelle von politischen Verbrechen zu trennen, ungehört verhallen lassen. 1938 nahm diese Entwicklung ihren Anfang. Das Zentralkomitee verabschiedete damals einen Beschluss, der die „unbedachten Massenvertreibungen aus der Partei, die häufig zu Verhaftungen führten",[81] verurteilte. Die Quoten wurden jedoch nicht eingestellt. Am 31. Januar übermittelte das Politbüro dem NKWD in einer „streng geheimen" Nachricht seine nach Regionen aufgeschlüsselten Quotenvorschläge für das Quartal, denen ein Monat später eine Anweisung folgte, die Zahl der Verhaftungen in der Ukraine um 30.000 zu erhöhen.[82] Im März, so Getty und Naumov, „lehnte Stalin Jeschows Vorschlag ab, einen Schauprozess ‚polnischer Spione' zu inszenieren".[83] Im April wurde Jeschow zum Volkskommissar für Wassertransport ernannt, was seitens Stalins eine ambivalente Entscheidung war. Die Kontrolle über die Wasserwege war angesichts der Rolle des NKWD bei Projekten wie dem von Häftlingen erbauten Weißmeer-Ostsee-Kanal sinnvoll, doch eine vergleichbare Berufung von Jeschows Vorgänger G. G. Jagoda war als Degradierung zu verstehen gewesen und hatte Repressalien nach sich gezogen.

Die Unzufriedenheit mit dem NKWD trat offen zutage, als die Staatsanwaltschaft der UdSSR „am 1. Juni [1938] eine wichtige Direktive zur Umgestaltung (*perestroika* [sic]) seiner Arbeit erließ. Diese Direktive wies Ermittler und Staatsanwälte auf unmissverständliche Weise an, ‚alle bereits begonnenen unbegründeten Verfahren fallenzulassen‘ und ‚diese Praxis in Zukunft einzustellen.‘"[84] Das Regime ging im Laufe der nächsten Monate dazu über, diesen Beschluss umzusetzen. Es erhob Anklage gegen übereifrige Staatsanwälte und führte eine Reihe von sehr öffentlichkeitswirksamen Prozessen gegen „Verleumder", d. h. gegen seine eigenen Informanten.[85]

Zur unheilvollsten Entwicklung von Jeschows Warte aus kam es im Spätsommer, als Lawrenti Berija zu seinem Stellvertreter ernannt wurde. Ein sogar noch eindeutigerer persönlicher Schlag traf ihn im November 1938, als das Politbüro (sprich Stalin) in einem außergewöhnlichen Dokument eine Verordnung erließ, der zufolge das NKWD von ausländischen Spionen durchsetzt sei. Das Dekret verbot es dem NKWD und der Staatsanwaltschaft, „irgendwelche Massenverhaftungen oder Massendeportationen durchzuführen", und ordnete die Abschaffung „gerichtlicher Troikas"[86] an. Innerhalb weniger Tage trat Jeschow als Chef des NKWD zurück. Kurz darauf wurde Berija zu seinem Nachfolger berufen. Wie nicht anders zu erwarten, wurde Jeschow 1939 verhaftet und 1940 hingerichtet. Der Oblast Swerdlowsk beantragte, den Rayon Jeschowsk auf seinem Gebiet in Molotowsk umzubenennen. Zumindest für den Großteil der Russischen Republik[87] war der Massenterror, nicht jedoch die Terrorgefahr[88] zu Ende.

Darüber hinaus setzten Stalin und Molotow am 1. Dezember (im Namen des Rats der Volkskommissare) das Prinzip wieder in Kraft, wonach die Verhaftung von Mitgliedern zuvor auf entsprechender Parteiebene zu genehmigen sei.[89] Dieses Dekret stellte auf dem Papier die Unterscheidung zwischen Partei und Gesellschaft wieder her, die Stalin – wie im vorhergehenden Kapitel gezeigt – abgeschafft hatte. Ihm folgte im Januar 1939 ein Telegramm Stalins an die Polizeichefs und Parteifunktionäre. Darin hieß es, dass „die Anwendung physischer Einwirkung in der Praxis des NKWD, die seit 1937 mit Erlaubnis des Zentralkomitees [sic!]

zugelassen ist, ... die Entlarvung von Volksfeinden beschleunigt hat. Das Zentralkomitee ist der Ansicht, dass die Methode der physischen Einwirkung auch weiterhin unbedingt gegenüber offenen und sich nicht ergebenden Feinden des Volkes als vollkommen richtige und zweckmäßige Methode ausnahmsweise angewendet werden sollte."[90] Die Denunziationen ranghoher Beamte von unten, die dem Militär[91] und der Schwerindustrie so sehr geschadet hatten, wurden nun allerdings missbilligt. Auswüchse in diese Richtung wurden auf dem XVIII. Parteitag der KPdSU 1939, dem letzten Parteitag vor 1952, sogar scharf kritisiert.[92]

Das Ende der Massenoperationen bedeutete jedoch nicht das Ende willkürlicher politischer Verfolgung, wie Solomon schreibt.[93] Nach wie vor konnte ein eigenmächtig handelnder Richter (laut dem Gesetz vom 1. Dezember 1934 – dem Tag von Kirows Ermordung) Terroristen zum Tode verurteilen, wobei das Urteil unverzüglich ohne Berufung umgesetzt werden konnte. Außerdem wurde beschlossen, dass in Fällen von „Volksschädlingen" oder Sabotage (welche jetzt jedoch zumindest im Prinzip den Nachweis einer Absicht erforderten) weiterhin die Todesstrafe unmittelbar „nach Ablehnung eines Gnadengesuchs"[94] verhängt werden konnte.

Alles in allem war das Ende des Großen Terrors vor allem deshalb eine erste Abkehr vom Totalitarismus, weil das Regime fortan handelte, als beherrsche die Vorbereitung auf den Krieg alle anderen Überlegungen. Diese Beobachtung gilt sowohl für die Zeit vor dem Zweiten Weltkrieg als auch, wie Robert Tucker bemerkt hat, für die Zeit nach dem Krieg.[95] Nun, da die Kollektivierung abgeschlossen und potenziell rivalisierende Gruppen unterdrückt waren, war die Kriegs-Mobilisierung wichtiger als die politische und gesellschaftliche Mobilisierung. Wie wir gesehen haben, waren die Inhaftierung, Deportation und Tötung von nicht-russischen Personen zum großen Teil durch die Befürchtung motiviert, dass sich diese Gruppen gegen Stalin und den sowjetischen Staat (was für Stalin praktisch dasselbe war) hätten wenden können. Ein ähnliches Kalkül lag Stalins Schlag gegen Altbolschewiki und ehemalige Parteimitglieder zugrunde,[96] die ihm wegen seiner Machtpolitik möglicherweise gram waren, was sie für die politische Mobilisierung einer Gegenelite hätte verfügbar machen können. Nachdem all diese möglichen Feinde „unschädlich" gemacht worden waren, waren jene Verhältnisse geschaffen, die den Stalinismus von 1939 bis zu Stalins Tod ausmachten.

Auf politischer Führungsebene beherrschte Stalin jetzt alle entscheidenden Institutionen, wie sich sehr deutlich in der Zeit unmittelbar vor dem und während des Zweiten Weltkriegs zeigte. Ab dem 6. Mai 1941 (die UdSSR trat am 22. Juni in den Krieg ein) war er Chef des Sownarkom, während er weiter Generalsekretär der Partei blieb. Im Laufe des Sommers 1941 wurde Stalin Chef der Stawka (des Kommandohauptquartiers des Obersten Befehlshabers), Chef des Staatlichen Verteidigungskomitees, Volkskommissar für Verteidigung und Oberster Befehlshaber der sowjetischen Streitkräfte.[97] Seine beherrschende Position innerhalb der Institutionen setzte sich nach dem Krieg fort, wobei unklar war, ob die Regierung, die Partei oder die Geheimpolizei die entscheidende Rolle spielte. Nach dem Krieg wurden die Aufgaben des Staatlichen Verteidigungskomitees größtenteils einem Präsidium des Ministerrats übertragen (in diesen wurde der Sownarkom im März 1946 umbenannt).[98] Das Muster der Fünfer-, Sechser- und Siebenertreffen von Mitgliedern des Politbüros setzte sich fort. Das gesamte Politbüro traf sich selten und setzte damit den Trend fort, der sich bereits Ende der 1930er-Jahre abgezeichnet hatte. Das Elektorat bestand im Grunde aus einer Person: Stalin entschied, ob ein Thema im Präsidium des Ministerrats, im Politbüro der Partei oder in einer der Sechser- oder Siebenergruppen zur Debatte kam. Im Alleingang schloss er A. A. Andrejew aus dem Politbüro aus. Auf dem XIX. Parteitag 1952 (der XVIII. Parteitag war 1939 zusammengekommen) verwandelte er das Politbüro in ein erweitertes Präsidium des Zentralkomitees und gründete das, was einem echten Politbüro gleichkam: eine Institution, die Roeder als „geheimnisvolles, handverlesenes inneres Arbeitsgremium – das Büro des Präsidiums des Zentralkomitees"[99] beschreibt.

Stalins Machtmonopol spiegelte sich in der Beziehung des Staates, der Partei und der Geheimpolizei zur Gesellschaft wider. Solomon weist nachdrücklich darauf hin, dass die Rechtsgrundlage für „Massensäuberungen" mit dem Ende des Großen Terrors nicht beseitigt wurde.[100] Auch in puncto Doktrin beharrte Stalin selbst in der Phase von 1939 bis 1953, d. h. nach Gründung des sowjetischen Blocks während des Zweiten Weltkriegs und darüber hinaus, auf dem Bestehen einer kapitalistischen Umzingelung und erhielt so die Rechtfertigungsgrundlage für Repressionen und anhaltende „Säuberungen" aufrecht. Außerdem wurden noch während des Zweiten Weltkriegs verschiedene kleine Völker vor allem aus dem Nordkaukasus – die Balkaren, Tschetschenen, Inguschen und Karatschaier – zu Feinden erklärt und nach Zentralasien deportiert.[101] Tausende Menschen aus dem Baltikum und den sieben westlichen Bezirken der Ukraine wurden getötet, eingesperrt oder deportiert. Zahlreiche Parteifunktionäre und Persönlichkeiten des kulturellen Lebens verschwanden im Zuge der Leningrader Affäre, und die Ärzteverschwörung ließ noch Anfang 1953 vermuten, Stalin werde eine massive „Säuberung" lancieren. Stalin starb jedoch im März, was verschiedenen ranghohen kommunistischen Beamten sehr entgegenkam. Mit Auswüchsen massiver „Säuberungen", Deportationen und Inhaftierungen in der Größenordnung der 1930er-Jahre war es im Großteil der Sowjetunion, wie sie vor dem Molotow-Ribbentrop-Pakt existierte, vorbei.

Andere Aspekte der Beziehungen zwischen Regime und Gesellschaft, die das Sowjetsystem Ende der 1930er-Jahre geprägt hatten, blieben während der gesamten Zeit bis zu Stalins Tod bestehen. Die Bemühungen um symbolische Mobilisierung hielten an: Ein bloßes Dulden durch das Volk genügte nicht. Vielmehr sollten obligatorische Abstimmungen für Einparteien-Kandidaten, die Teilnahme an Massenveranstaltungen wie den unvermeidbaren Mai-Paraden und „Freiwilligendiensten" am Wochenende (*subbotniks*) unterstreichen, dass absolut jeder, allenfalls mit vernachlässigbaren Ausnahmen, das Regime und seine Politik unterstützte. Das zentrale Thema der Zeit war Modernisierung, was rasche Industrialisierung im großen Stil meinte. Weder Massenkonsum noch Zugang zu zeitgenössischen Entwicklungen in westlicher Kunst, Literatur, geschweige denn Politik, waren damit gemeint.

Die Verherrlichung des Staates – und zwar zunehmend des *russischen* Staates – hielt an, flankiert von einer inhaltlich viktorianischen Politik gegenüber der Familie zu Hause wie am Arbeitsplatz. Große Familien wurden durch die Anerkennung von Heldenmüttern gefördert, auch wenn diese Förderung angesichts des Wohnraummangels in den Städten ausschließlich symbolischer Natur war.

Während der gesamten 1930er-Jahre hatte sich auch der Trend zu immer strikteren Arbeitsgesetzen fortgesetzt. Als ein Krieg wahrscheinlicher wurde, wurden geradezu repressive Gesetze zur Regelung von Anwesenheit und Pünktlichkeit am Arbeitsplatz erlassen, wobei es den Arbeitern und Fabrikleitern in der Praxis sowohl vor dem Krieg als auch währenddessen und danach gelang, das System zu umgehen. Außerdem setzte sich die Tendenz aus der Mitte der 1930er-Jahre fort, dass in allen Fabriken und Instituten der Städte Partei- und Sicherheitskräfte präsent waren, deren Ernennung unweigerlich auf der Tagesordnung bestimmter Parteigremien gestanden haben muss.

In den verschiedenen Instituten der Akademie der Wissenschaften und andernorts behinderten die Präsenz einer Parteizelle und die Rolle von Parteifunktionären den Austausch unter Wissenschaftlern erheblich, schlossen ihn jedoch nicht völlig aus. Der Staat übte indes nicht nur soziale Kontrolle aus, er besaß auch ein Quasi-Monopol über Waren und Dienstleistungen. Sheila Fitzpatrick hat gezeigt, wie Mangel zu etwas Selbstverständlichem wurde für Russen, die größtenteils vom Staat abhingen. Zwar bot der sowjetische Staat zunehmend ein breiteres Angebot an Dienstleistungen zu häufig sehr niedrigen Preisen, doch da die Qualität entsprechend war, schwankte die Zufriedenheit erheblich. Die Bürger wurden immer abhängiger vom Staat als marktbeherrschendem Anbieter, was zweifellos eine Art asymmetrische Beziehung zwischen Gesellschaft und Regime verstärkte (unabhängig davon, ob mit Letzterem die Partei oder der Staat gemeint ist). Weniger gewiss war, ob das Regime ohne den ausgeprägten Terror weiter die transformativen Ziele verfolgen konnte, die es von anderen autoritären Systemen unterschieden, d. h. ob das Regime erfolgreich Bürger, Regierung und Parteibürokratie mobilisieren konnte, um seine angestrebten Ziele auch ohne groß angelegten Terror zu erreichen. In den letzten Monaten vor seinem Tod scheint Stalin zu dem Schluss gekommen zu sein, die Sowjetunion werde ohne diesen Terror in Richtung eines normalen autoritären Staates abdriften, was er mit einem Gegengewicht zum Politbüro und mit der „Aufdeckung" der Ärzteverschwörung entschieden verhindern wollte.

Mit seiner Befürchtung behielt er recht.

5. Vom Totalitarismus zum Wohlfahrts-Autoritarismus

Dieses Kapitel beschreibt den wechselvollen Prozess, den das politische System der Sowjetunion über die fast fünfzig Jahre vom Ende des Großen Terrors bis zum Ende der Ära Breschnew 1982 durchlief. In diesem Zeitraum wandelte es sich von einem System, das noch 1937 / 38 als äußerst autokratisch zu bezeichnen war, zu einem eher normalen („voll") autoritären Wohlfahrtsstaat.

In der gesellschaftlichen Elite kam es zu wichtigen und miteinander verquickten Entwicklungen, die einen Anflug von konventioneller autoritärer Politik hatten – selbst in Phasen wie den Jahren zwischen der Entmachtung der Anti-Partei-Gruppe durch Nikita Chruschtschow 1957 und seinem Sturz 1964, als er unbestritten, jedoch keineswegs unangefochten, die politische Führung innehatte. Sowohl er als auch Leonid Breschnew dominierten, wie George Breslauer zeigte,[1] in ihren gesamten Amtszeiten als Parteivorsitzende die Politik. Daneben konnte man aber im Laufe der Jahre durchaus von der Existenz eines kleinen Elektorats und von bescheidenen Verfahrensnormen sprechen, die das Politbüro als kollektives Entscheidungsgremium entwickelt hatte.

Die Balance zwischen oligarchischen und autokratischen Tendenzen innerhalb des Politbüros schwankte jedoch. Zudem veränderten sich mit der Zeit die Anstrengungen sowie die von Chruschtschow und Breschnew angewandten Methoden, um sich die nötige Autorität zu verschaffen. Verschiedene Faktoren trugen zu dieser Entwicklung bei. Zum einen hatte eine machtpolitische Niederlage in dieser Ära andere Konsequenzen als früher.[2] Für die sowjetische Führung waren die späte Stalinzeit und die Phase unmittelbar danach eine Hobbes'sche Welt gewesen, in der eine machtpolitische Niederlage fatal sein konnte. Nach und nach veränderten sich jedoch die Auswirkungen einer erfolglosen Fraktionsbildung. Unter Chruschtschow fluktuierten die Eliten enorm, doch wie Jerry Hough[3] und andere gezeigt haben, galt die Mitgliedschaft im Zentralkomitee in der Breschnew-Ära als eine Art Adelstitel auf Lebenszeit. Ironischerweise verlieh diese Entwicklung dem ZK-Mitglied einen Status vergleichbar mit dem des gewöhnlichen sowjetischen Arbeiters, der in der Breschnew-Ära an seinem Arbeitsplatz im Grunde ebenfalls eine Stelle auf Lebenszeit hatte.[4] Gegen Ende der Breschnew-Ära zahlte ein Verlierer auf politischer Führungsebene nicht mehr mit dem Leben. Vielmehr wurde er etwa auf einen angenehmen diplomatischen Posten im Ausland entsandt, zwangspensioniert oder in Moskau auf eine unbedeutende Stelle im öffentlichen Dienst versetzt. Neue Normen entwickelten sich auch im Hinblick darauf, wie genau der Erste Sekretär bzw. der Generalsekretär[5] Einfluss auf die Politik ausüben und ungestraft mit Verhaltensweisen davonkommen konnte, die unter anderen Mitgliedern des Politbüros/Präsidiums zu erheblichen Irritationen führten. Diese neue Art, mit in Machtkämpfen Unterlegenen umzugehen, intensivierte horizontale Allianzen zwischen Politbüro-Mitgliedern, während sich zugleich der Zwang zum kollektiven Handeln abschwächte, der zuvor eine Koalitionsbildung verhindert hatte. Dadurch erhielten Mitglieder des Politbüros/Präsidiums Informationen über die Ansichten von Kollegen, von der regierenden Gruppe sowie von Spezialisten und besaßen somit mehr Fakten, die für Haushaltsfragen und Grundsatzentscheidungen relevant waren.

Diese neuen Informationen sickerten durch, wirkten fort, und es entstand ein Klima, in dem allen und vielleicht erst recht der politischen Führung sowie den entscheidenden Subeliten mehr Informationen offen zugänglich waren. Für die Mitglieder des Präsidiums/Politbüros bedeutete dies, dass der noch von Stalin angewandte Trick, potenziell unbequeme Politbüro- bzw. Präsidiums-Mitglieder aus entscheidenden Unterkomitees auszuschließen, um deren Zugang zu Informationen zu kontrollieren, weniger Wirkung zeigte. Zudem wurde es für Außenstehende möglich, die groben Züge der Politik nachzuvollziehen, selbst auf Gebieten, bei denen ein Großteil der Informationen unter Verschluss war.

Es war nicht länger eine Welt, in der das politische System adäquat durch die schlichte Gegenüberstellung von einerseits der Politik innerhalb eines Elektorats (wie klein auch immer dieses sein mochte) und andererseits den Beziehungen zwischen Regime und Gesellschaft zu beschreiben war. Da Regimegegner nicht mehr mit einer Kugel im Hinterkopf endeten, konnten sich institutionell verankerte Subeliten in ihren Ansichten von der Parteilinie abgrenzen – und das taten sie auch. Sie sahen es als ihr höchsteigenes Interesse, alle politischen Möglichkeiten aufzubieten, um Forderungen hinsichtlich der Ressourcenverteilung und ihrer Rolle in Entscheidungsprozessen geltend zu machen, auch wenn autonome Interessengruppen sicherheitshalber nicht geduldet wurden.

Parallel stellte sich heraus, dass, obwohl der Parteienstaat ein Quasi-Monopol über den Arbeitsmarkt hatte und bestrebt war, viele mit einem attraktiven „Kampfauftrag"[6] zu begeistern, die Fähigkeit des Regimes nachgelassen hatte, gewöhnliche Sowjetbürger für seine Zwecke zu mobilisieren – schließlich drohte nun keine Höchststrafe mehr. Insbesondere Chruschtschow, aber auch Breschnew hatten große Pläne, was das Regieren der einfachen Bürger anging. Breschnew hatte sich auf einen Handel[7] mit dem Gros der sowjetischen Arbeiter geeinigt: Er gab sich mit einem fügsamen, wenn auch nicht affirmativen Verhalten ihrerseits zufrieden und bot ihnen im Gegenzug einen eher egalitären wirtschaftlichen Paternalismus. Vom gewöhnlichen Sowjetbürger erwartete das Regime nicht länger Engagement, sondern Konformität, und in den Jahren vor der Perestroika konnte es sich auch weitgehend darauf verlassen, diese zu bekommen.

Nach dem Einmarsch der Roten Armee in Ungarn 1956 lautete Janos Kadars autoritärer Konter auf Stalin:[8] „Wer nicht gegen uns ist, ist für uns." Breschnews Verständnis von den Beziehungen zwischen Regime und Gesellschaft ähnelte dem Kadars, und bei Breschnews Tod hatten sich normale Sowjetbürger mehr oder weniger auf diesen Sozialvertrag eingelassen. Diejenigen allerdings, die ihm am wenigsten zuneigten, waren ausgerechnet die Besten und Klügsten, die entscheidenden Subeliten (Politiker und Fachkräfte), bei denen eine Mobilisierung am unwahrscheinlichsten war und die am ehesten zu nicht-konformem Verhalten tendierten.

Kurz gesagt beschrieb zum Zeitpunkt von Breschnews Tod ein Verweis auf die Beziehungen zwischen Regime und Gesellschaft das System in etwa so ausführlich wie eine stenografische Notiz. Dieses Verhältnis zwischen Regime und Gesellschaft war zwar wichtig, aber nur ein sehr kleiner Teil der komplexen sowjetischen Realität. Daneben existierten die stärker differenzierten Interaktionen, die für eine „voll" autoritäre Diktatur – im Gegensatz zu einer totalitären Diktatur – typisch sind mit einem sehr kleinen Elektorat, einer kleinen, aufmerksamen Öffentlichkeit, die in gewissem Maße unterschiedliche Nachrichten aus verschiedenen Quellen bezieht, mit Subeliten, denen institutionelle Bin-

dungen die Möglichkeit verschaffen, Ansprüche auf Ressourcen anzu-
melden, und einer immensen konformistischen, aber größtenteils nicht
mobilisierten Masse. In diesem Zusammenhang ist Zbigniew Brzezinskis Model von den drei verschiedenen Einschränkungen der Machteli-
ten in Gesellschaften relevant.[9] Von diesen dreien – der direkten, der
indirekten und der natürlichen – blieb nur die direkte. Die indirekten
Einschränkungen waren ohne das Drohgesicht des Terrors und angesichts einer zunehmend gebildeten, urbanen und industrialisierten Bevölkerung nur begrenzt wirksam. Die natürlichen Einschränkungen
wurden allerdings zunehmend relevanter, je offensichtlicher die Ab-
grenzungen zwischen öffentlichem und privatem Bereich (insbesondere im Hinblick auf die Familie als primärem Sozialisierungsfaktor)[10]
wurden, obwohl das Regime bemüht war, die Bürger den Normen verschiedener „Kollektive" zu unterwerfen.

Die Verlierer nach dem Großen Terror

Im letzten Kapitel haben wir gesehen, welche Schritte das Ende des Großen Terrors einleiteten: Jeschow wurde für dessen „Auswüchse" verantwortlich gemacht; ihm wurde vorgeworfen, die Aufrufe zur Wachsamkeit
sowie die Aufforderung, kriminelle von politischen Verbrechen zu trennen, missachtet zu haben. Am 1. Dezember 1938 hatten Stalin und Molotow zudem im Namen des Rats der Volkskommissare die Wiederherstellung des Prinzips angeordnet, wonach die Verhaftung von Parteimitgliedern von der entsprechenden Parteiebene genehmigt werden musste.[11]

Nach dem Ende des Zweiten Weltkriegs sanktionierte Stalin weiterhin die Ermordung von Mitgliedern des Politbüros. Die Leningrader
Affäre und die Mingrelische Affäre forderten von der (sehr breit definierten) Leningrader Führung ihren Tribut und richteten unter der
Führung der georgischen Region Mingrelien verheerenden Schaden
an.[12] Auch wenn diese Ereignisse im Vergleich zum Großen Terror verblassen, so agierte Stalins Entourage doch nach wie vor in einem Umfeld, das vom berühmten *kto-kogo* (wer-wen) geprägt war.

Wäre Stalin länger am Leben geblieben, wäre es außerdem höchstwahrscheinlich zu Verfolgungen in noch größerem Umfang gekommen.
Die Aktionen 1952 und Anfang 1953 wiesen alle Merkmale von Vorläu-
fern einer „Säuberung" auf. Führende Politiker der Sowjetunion wussten solche Hinweise aus Erfahrung zu deuten: Warnsignale, institutionelle Veränderungen, explizite Attacken auf Einzelpersonen im kleinen

Kreise sowie verklausulierte, aber ebenso zielgerichtete Attacken in der wichtigen Presse.

Im Mittelpunkt dieser Entwicklungen stand wenige Monate vor Stalins Tod im März 1953 die „Aufdeckung" einer vermeintlichen „Ärzteverschwörung" – eines Komplotts von Ärzten, die angeblich führende Köpfe des Kreml ermorden wollten. Fast unmittelbar nach dem XIX. Parteitag der KPdSU 1952 hatte Stalin beschlossen, das aus zwölf Mitgliedern bestehende Politbüro (von denen ein Mitglied Kandidat war) zu einem „Präsidium" von 36 Mitgliedern (einschließlich elf Kandidaten) zu erweitern – und dessen Durchsetzungskraft damit zu verwässern.[13] Insgesamt scheint er darauf abgezielt zu haben, den Einfluss seiner Helfer aus den 1930er-Jahren zu verringern, die Weichen für eine neue Generation an Führungskräften zu stellen und die Absetzung – vielleicht sogar den Tod – des Großteils der älteren Generation vorzubereiten. „Stalin hatte offensichtlich seine Pläne, mit alten Mitgliedern des Politbüros abzurechnen", erklärte Chruschtschow[14] – natürlich erst, als Stalin unter der Erde war. Dies trifft nahezu sicher auf die Ausschaltung verschiedener, wenn auch vielleicht nicht aller älteren Politbüro-Mitglieder zu. Es gibt keinerlei Grund, zu glauben, Stalins grundsätzliches Vorgehen habe sich in den 15 Jahren seit 1937/38 zum Besseren gewendet; ein gutes ehemaliges Politbüro-Mitglied war für ihn ein totes ehemaliges Politbüro-Mitglied.

Ein weiterer Grund für die Angst unter seinen Lieutenants war, dass Stalin wahrscheinlich senil geworden war. Eines der Hauptargumente des vorherigen Kapitels lautet, dass eine einfache Erklärung für Stalins Verhalten in den 1930er-Jahren nicht auf Wahnsinn als Diagnose hinausläuft, sondern vielmehr auf seine erbarmungslose Rationalität. Die Brille hingegen, durch die Stalin die Welt von 1950 bis 1953 sah, wurden immer undurchsichtiger, sodass sein Verhalten ohne einen Verweis auf Senilität oder Ähnliches kaum mehr nachvollziehbar war.[15]

Nun stellte Stalin also die Weichen, um seine Vorkriegs-Kollegen im Politbüro in seinen – wie sich herausstellte – letzten Tagen zu beseitigen. Kaganowitsch war seit Langem in den Hintergrund gerückt und hatte im Zusammenhang mit der Ärzteverschwörung den Nachteil, Jude zu sein. Kliment Woroschilow sei ein Spion des Westens, erklärte Stalin nun und fragte laut: „Wie hat sich Woroschilow ins Büro eingeschlichen?"[16] Bei der ersten Sitzung des Zentralkomitees nach dem XIX. Parteitag 1952 griff Stalin auch Molotow und Mikojan auf übelste

Weise an. Diese „alten Parteiarbeiter", so Chruschtschow in seiner Geheimrede, seien „frei erfundener Verfehlungen beschuldig[t worden]. Wenn Stalin noch einige Monate länger am Ruder geblieben wäre, so wäre es nicht ausgeschlossen, dass die Genossen Molotow und Mikojan auf unserem [XX.] Parteitag nicht mehr hätten reden können."[17] In seinen Memoiren war Chruschtschow noch deutlicher: „Ich bin überzeugt", so schrieb er, „Molotow und Mikojan hätten ein katastrophales Ende genommen, wenn Stalin noch sehr viel länger gelebt hätte."[18] Ein weiterer Kandidat, der ausgeschaltet werden sollte, war Lawrenti Berija.

Im Januar 1953 wurde die Ärzteverschwörung aufgedeckt, ein angebliches Komplott von zumeist jüdischen Ärzten, die angeblich Mitglieder der sowjetischen Führungsriege ermorden wollten. Die Anzeichen dafür, dass Berija möglicherweise bereits vor der Ärzteverschwörung in Schwierigkeiten steckte, werden sehr unterschiedlich interpretiert.[19] Mein Standpunkt deckt sich mit dem von Robert Conquest und William Taubman. Es fällt ebenfalls schwer, daraus nicht die Schlussfolgerung zu ziehen, dass die Mingrelische Affäre Ende 1951 auf die Schwächung von Berijas Machtbasis in Georgien zielte. Taubman zufolge instruierte Stalin „den neuen Polizeichef Semjon Ignatjew" persönlich, nicht „den großen Mingrelier' zu vergessen"[20] – gemeint war Berija.

Sicher ist jedoch, dass die Ärzteverschwörung Berija zum Verhängnis zu werden drohte. In der *Prawda* und der *Iswestja* wurden explizit die ihm unterstehenden Sicherheitsorgane dafür angegriffen, hinsichtlich des Komplotts nicht wachsam genug gewesen zu sein, da diese vermeintlichen Verbrechen bereits seit drei Jahren vor sich gingen. Angeblich hätten die Ärzte bereits 1945 einen kommunistischen Beamten ermordet. In der (von Conquest zitierten) Meldung der *Iswestja* vom 13. Januar 1953 hieß es: „Die Schädlings-Ärzte konnten über einen beträchtlichen Zeitraum hinweg ihrem Werk nachgehen, weil einige unserer sowjetischen Organe *und ihre Führungskräfte* ihre Wachsamkeit verloren und von Leichtgläubigkeit angesteckt waren." Auch die (ebenfalls von Conquest zitierte) *Prawda* beklagte am selben Tag, „die staatlichen Sicherheitsorgane [hätten nicht] rechtzeitig die terroristische Sabotageorganisation unter den Ärzten [aufgedeckt]. Diese Organe [hätten] jedoch allen Anlass gehabt, besonders wachsam zu sein."[21] Keine zwei Monate nach Erscheinen der beiden Artikel starb Stalin. Fast unmittelbar danach wurde die Verschwörung als Schwindel entlarvt. Damit endete die Erwartung einer weiteren großen „Säuberung" schlagartig. Immerhin verlängerte Stalins Tod die Lebenserwartung verschiedener Mitglieder der Kerngruppe – die von Molotow und Mikojan sowie wahrscheinlich die von Woroschilow und möglicherweise die von Kaganowitsch.

Nicht jedoch die von Berija. Unabhängig davon, ob Berija nun eine größere Bedrohung für Stalin war oder umgekehrt, empfanden ihn seine Kollegen zweifelsohne als persönliche Bedrohung und als Bedrohung für die kollektive Führung, die bei Stalins Tod lautstark proklamiert worden war. In einem Prozess, der in gewissem Maße bereits vor Stalins Tod eingesetzt hatte, wurde eine byzantinische Verschwörung gegen Berija unter der Regie von Chruschtschow angezettelt.[22] Am 26. Juni 1953 wurde er bei einer Sitzung der Führung von Partei und Regierung verhaftet und sechs Monate später gemeinsam mit vielen seiner Schergen vor Gericht gestellt und erschossen. Weitere Mitglieder der Sicherheitskräfte wurden 1954 verurteilt und hingerichtet.

Ihnen wurde die zweifelhafte Ehre zuteil, als letzte sowjetische Führungskader die Höchststrafe erhalten zu haben. Danach setzte es sich durch, wichtige Akteure, auch wenn sie einen Machtkampf verloren hatten, am Leben zu lassen. Selbst in der Phase von der Entmachtung der Anti-Partei-Gruppe 1957 bis zu Chruschtschows Sturz im Oktober 1964, von der Roeder behauptet, Chruschtschow habe eine direktive[23] (Ein-Mann-)Führung verfolgt, und in der Taubman Chruschtschow als „alleinigen Mann an der Spitze" charakterisiert, endete keine zentrale Führungsfigur mehr so wie wichtige Oppositionsführer zu Stalins Zeiten – nämlich mit einer Kugel im Kopf.

Conquest liefert verschiedene Belege für Chruschtschows Versuche, Mitgliedern des Präsidiums, die an seinem Sturz mitwirkten, kriminelles Verhalten anzulasten; sie wurden jedoch nie verhaftet.[24] Was Roeder als Normen zur Regelung „erstrangiger Beziehungen" beschreibt, verhinderte eine Anklage gegen sie. Dennoch war Kaganowitsch für seinen Teil wie gelähmt von der Angst festgenommen zu werden.[25] Chruschtschow hatte dennoch Gelegenheit, zu zeigen, wie überaus bösartig er im Umgang mit Mitgliedern der Anti-Partei-Gruppe sein konnte. Bereits vor dem versuchten Sturz war Malenkow degradiert worden. Nach dem Scheitern des Staatsstreichs wurde er als Leiter eines Wasserkraftwerks in die Nähe von Ust-Kamenogorsk im Norden Kasachstans verbannt und erfuhr weitere Demütigungen, als er in Ekibastuz landete, wo Taubman zufolge die „Polizei jeden seiner Schritte überwachte."[26] Oberflächlich betrachtet erging es Molotow nicht ganz so schlecht. Er wurde zum Botschafter in Ulan Bator, der Hauptstadt der Äußeren Mongolei, ernannt – ein Posten, der angesichts seiner Lage nicht umsonst den Titel „Härteposten" trug.[27] Im Anschluss entsandte man ihn nach Wien, wo er die Sowjetunion bei der Internationalen Atomenergiebehörde repräsentierte.

Chruschtschows böswillige Strafen wurden von den geradezu milden in der Ära Breschnew abgelöst. Im Gegensatz zu den Turbulenzen der Chruschtschow-Ära war Breschnews vordringliches Thema das „Vertrauen in Kader". In gewisser Weise wurde diese Losung auch auf jene ausgeweitet, die nicht mehr zum Kader gehörten, sondern von einem wichtigen Parteiposten abberufen worden waren – sei es, weil sie sich gegen die Politik gestellt hatten oder weil sie so indiskret gewesen waren zu verraten, dass Breschnew kein intellektuelles Schwergewicht war. Die Entlassung aus Schüsselpositionen hatte unter Breschnew häufig nicht einmal mehr eine Verbannungsstrafe zur Folge. Vielmehr lief sie unter Umständen auf einen erstrebenswerten diplomatischen Posten – und zwar nicht in der Äußeren Mongolei, sondern etwa in Ottawa oder Kopenhagen – heraus, wie im Falle von Alexander Jakowlew bzw. Nikolai Jegorytschew (dem Ersten Sekretär des Moskauer Stadtkomitees).[28] Wie das Beispiel Jakowlews zeigt, schlossen entsprechende Entsendungen eine Rückkehr in entscheidende Moskauer Parteiämter nicht aus. Jakowlew spielte in der Gorbatschow-Ära eine ungemein wichtige Rolle. Ähnlich konnte die Entlassung aus einem entscheidenden Parteiamt auch einen durchaus attraktiven, einträglichen Ruheposten im öffentlichen Dienst in Moskau zur Folge haben. Für einen ehrgeizigen *apparatchik* mochte das zwar frustrierend sein, doch es bedeutete, dass seine Familie in Moskau bleiben konnte, was angesichts der Alternativen 1977 nicht unerheblich war.[29]

Die Wiederkehr der „normal"-autoritären Politik auf Führungsebene

Dass in einem Machtkampf Unterlegene nicht mehr getötet und unter Umständen nicht einmal mehr ins Exil geschickt oder aus der Partei ausgeschlossen wurden, trug maßgeblich dazu bei, dass sich die Intensität der Politik auf Führungsebene im Zeitraum von 1955 bis 1985 veränderte. Mit Einschränkungen wurde das Zentralkomitee wie in den ersten Tagen der Sowjetmacht wieder ein Elektorat. Die Einschränkungen zuerst: Was Roeder als reziproke Rechenschaftspflicht[30] bezeichnet,

wurde weiterhin durch zirkulären Machtfluss erzielt.[31] Die größte
Gruppe von ZK-Mitgliedern waren Erste Sekretäre aus den Regionen,
die vom Zentrum ernannt oder aber von den regionalen Sekretären berufen worden waren, welche ihrerseits vom Zentrum ernannt worden
waren. Dies führte normalerweise dazu, dass sich die ZK-Mitglieder der
Parteiführung und insbesondere dem Ersten oder dem Generalsekretär
verpflichtet fühlten, vorausgesetzt diese Führungsriege war sich einig.
Wer einen regionalen Posten innehatte, blieb üblicherweise auch Mitglied im Zentralkomitee. Mit der Zeit konstituierte sich das ZK auf
zweierlei Weise als institutioneller Ort des Elektorats. Zum einen bestätigte es Konsensentscheidungen der Parteiführung, wenngleich es diese
nicht initiierte; zum anderen erhielt es die reale und nicht nur formelle
Befugnis, den Staatschef abzusetzen, falls das Präsidium geteilter Meinung war.

Roeder zeigt in einem hervorragenden Abriss für die Zeit bis einschließlich des Sturzes von Chruschtschow im Oktober 1964, wie die
Bedeutung des Zentralkomitees stieg.[32] Die Wiederbelebung des Zentralkomitees als potenziellem Elektorat setzte fast unmittelbar nach
Stalins Tod ein. Zu Beginn hatte der amtierende Parteisekretär Malenkow noch eine weitere Regierungsfunktion als Vorsitzender des Ministerrats übernommen, doch diese war ihm keine zwei Wochen gegönnt.
Im September 1953 stimmte das Zentralkomitee seiner Enthebung vom
Posten des Parteisekretärs zu, so wie es bereits im Juni 1953 Berijas Verhaftung zugestimmt und Chruschtschow zum Ersten Sekretär und
nicht etwa zum Generalsekretär ernannt hatte. Auch als Malenkow
1955 aus seinem Amt als Vorsitzender des Ministerrats entlassen werden sollte, wurde zuvor ein ZK-Plenum einberufen. 1957 dann sah sich
Chruschtschow mit einer Mehrheit des Präsidiums konfrontiert, die
ihn als Ersten Sekretär abwählte. Als man ihm erklärte, er habe die
Mehrheit gegen sich und müsse zurücktreten, weigerte er sich Berichten
zufolge und erklärte: „Rechnen ist Rechnen, und Politik ist Politik."
Mit maßgeblicher Unterstützung von Marschall Georgi Schukow
wandte sich Chruschtschow an das Zentralkomitee, um das Votum
des Präsidiums abzuwehren, obwohl er zum Zeitpunkt der tatsächlichen ZK-Sitzung seine Vorherrschaft im Präsidium wiederhergestellt
hatte und über die Tagesordnung entschied. 1964 aber stimmten sich
Chruschtschows Gegner im Präsidium mit den stimmberechtigten Mitgliedern des Zentralkomitees *vor* der Präsidiumssitzung ab, bei der

Chruschtschow in den Ruhestand versetzt wurde. Dieselben ZK-Mitglieder genehmigten dann den Beschluss.

Wie so häufig überlappten sich die Normen, die das Autoritätsspektrum des Staatschefs bestimmten, mit denen, die den Einflussbereich der kollektiven Führung festlegten, und das führte zu Auseinandersetzungen. Insbesondere nach der Entmachtung der Anti-Partei-Gruppe ging Chruschtschow mehrfach über das hinaus, was andere und gelegentlich er selbst unter den üblichen oligarchischen Verfahren verstanden.

Im Nachhinein[33] erkannte Chruschtschow zum Beispiel, dass er zu weit gegangen war, als er Nikolai Bulganin als Ministerpräsidenten abgelöst hatte und so zu den übrigen Mitgliedern des Präsidiums auf Distanz gegangen war. Er hatte Stalin dafür kritisiert, Generalsekretär und Vorsitzender des Ministerrats zugleich zu sein, und konnte sein eigenes Verhalten nun schwerlich verteidigen. Seine Beteuerung, er habe die beiden Posten nur übernommen, weil er von Mitgliedern des Präsidiums darum gebeten worden sei, klingt unglaubwürdig, zumal er zugab, bei der Übernahme dieser Ämter habe „eine gewisse Schwäche [s]einerseits – irgendein Bazillus, der an [ihm] nagte und [s]eine Widerstandskräfte schwächte",[34] eine Rolle gespielt. Seine Kommentare in *Chruschtschow erinnert sich* belegen, dass er einerseits die Verfahrensnorm der Rücksprache mit den Präsidiumsmitgliedern anerkannte, andererseits aber behauptete, als Staatschef habe er das Recht, eigenmächtig zu handeln. Wie Grey Hodnett bemerkte, „wundert man sich … über den Kontrapunkt zwischen dem Hauptthema seiner persönlichen Macht und dem Nebenthema der Beteiligung ‚der Führung'".[35] Sowohl Chruschtschow als auch seine Kollegen verhielten sich ambivalent, wobei Letztere sein Recht als Staatschef auf eigenmächtiges Handeln anerkannten, sich zugleich jedoch beklagten, nicht konsultiert zu werden.

Doch selbst wenn Chruschtschow sie konsultierte, setzte er in der Regel seinen Willen durch. Insbesondere nachdem er all jene ersetzt hatte, die sich ihm 1957 entgegengestellt hatten, fügten sich seine Kollegen, wenn er, wie George Breslauer es nennt, den Staatschef herauskehrte.[36] Darüber hinaus standen sie weiter vor dem offensichtlichen Zwang, kollektiv handeln zu müssen: Wer hätte sich exponieren wollen, wenn Widerstand zwar nicht länger lebensbedrohlich war, aber dennoch leicht zum Ende der Karriere führte? Chruschtschow wie auch seine Präsidiums-Kollegen hatten somit widersprüchliche Verfahrensnormen vor Augen, sowohl monokratische als auch oligarchische.

Chruschtschow hing beiden an, stand aber anders als seine Kollegen nicht unter dem Zwang, kollektiv vorgehen zu müssen. Im Gegensatz zu den Präsidiums-Kollegen, die lange Zeit davor zurückschreckten, ihn für sich einzuspannen, fürchtete er keine Alleingänge, die dem Präsidium wenig Gelegenheit ließen, seinen Spielraum einzuschränken und seine politische Agenda vorantrieben.

Chruschtschows Art, die Präsidiumsmitglieder zu gängeln, bestand zum einen darin, das Publikum zu erweitern, an das er seine Botschaft richtete, und zum anderen darin, mit Diskussionen des Präsidiums an die Öffentlichkeit zu gehen. Chruschtschow begriff, dass die menschliche Stimme häufig genauso nützlich ist wie die Wahlstimme. Entsprechend verlegte er sich darauf, sorgfältig ausgewählte Experten in die Sitzungen des Zentralkomitees einzubeziehen. Was den Zeitpunkt spontaner Reden an die Öffentlichkeit anging, deren offizieller Text vom Präsidium genehmigt worden war, ging er durchaus strategisch vor.[37]

Chruschtschow entschied sich darüber hinaus, die Gruppe, mit der er sich beratschlagte, zu verkleinern bzw. sie zu verändern. Als Vorsitzender des Ministerrats konnte er entscheiden, ob er eine Angelegenheit beim Ministerrat oder beim Präsidium zur Sprache bringen wollte – ein Winkelzug, zu dem auch Lenin und Stalin gegriffen hatten. Verschiedene Quellen deuten zudem darauf hin, dass er sich nach der Entmachtung der Anti-Partei-Gruppe auf eine kleinen Gruppe von Beratern konzen-trierte und sich zur Umsetzung seiner Politik auf inoffizielle Kanäle verlegte. Die Präsidiums-Mitglieder scheinen sich insbesondere über den Einsatz seines Schwiegersohns Alexej Adschubej geärgert zu haben, der als inoffizieller Kontakt zur westdeutschen Regierung diente, sodass Chruschtschow das Präsidium in einem wichtigen Aspekt der Außenpolitik umging.

Wie der Kontakt Adschubejs zu den Westdeutschen zeigt, ist der Unmut in Bezug auf die Einhaltung von Verfahrensnormen schwer von inhaltlichen politischen Auseinandersetzungen zu trennen, doch spielten Letztere sicherlich eine Rolle.[38] Hodnetts Liste „gewaltiger politischer Themen" bringt die damaligen Probleme in aller Kürze auf den Punkt: „stagnierende landwirtschaftliche Produktion, nachlassende Industrieproduktivität, ein administratives Chaos, die Aushöhlung ideologischer Kontrollen, eine exponierte militärisch-strategische Haltung und ernsthafte Spannungen innerhalb des kommunistischen ‚Staatenbunds'."[39]

Viele Präsidiumsmitglieder waren zwar verärgert darüber, dass Chruschtschow inoffizielle Kanäle nutzte, sie wollten jedoch auch keine Änderung der sowjetischen Politik gegenüber der Bundesrepublik – was natürlich mit ein Grund dafür war, dass Chruschtschow hinter ihrem Rücken agierte. Sie fühlten sich durch die Kubakrise derart gedemütigt, dass sie diese nicht einmal in der Anklageschrift gegen Chruschtschow erwähnen wollten. Denn obwohl Chruschtschow in seinen Memoiren versichert, dass der Beschluss zur Stationierung von Raketen „von Anfang an durch die kollektive Führung ausgearbeitet"[40] worden sei, ist Taubmans Behauptung, die Stationierung von Mittelstreckenraketen auf Kuba sei Chruschtschows Projekt gewesen, sehr glaubhaft: „Chruschtschow führte, und seine Kollegen folgten gehorsam."[41] Diese Verquickung von falschen politischen Entscheidungen und dem Verstoß gegen oligarchische Verfahrensnormen forderte mit der Zeit ihren Tribut.[42] Schritt für Schritt entwickelte sich im Präsidium anscheinend ein Konsens darüber, dass Chruschtschow gehen müsse. Diesmal untergruben Chruschtschows politische Entscheidungen zudem seine Position bei seiner Basis im Zentralkomitee, das im Kern aus regionalen Parteisekretären bestand. Um als Erster Sekretär die Mehrheit der ZK-Mitglieder zu kontrollieren, war der zirkuläre Machtfluss deutlich weniger wirksam, nachdem Chruschtschow ihre Machtposition durch eine parteiinterne Reorganisation – der Apparat wurde auf Oblast-Ebene in einen landwirtschaftlichen und einen industriellen Zweig mit je einem regionalen Parteisekretär an der Spitze unterteilt – entscheidend geschwächt hatte. (Dieses verrückte Projekt wurde nach Chruschtschows Zwangspensionierung fast sofort aufgegeben.)

Die Umstände, unter denen Breschnew im Oktober 1964 Erster Sekretär wurde, prägten maßgeblich sein weiteres Verhalten im Amt. Sein Vorgänger war zum Rücktritt gezwungen worden. Dessen Sturz war von derselben Institution – dem Zentralkomitee – gebilligt worden, die der Empfehlung des Präsidiums zugestimmt hatte, Breschnew zum Ersten Sekretär zu ernennen. Breschnew konnte daher genauso gut gestürzt werden wie Chruschtschow.

In der Ära Breschnew etablierte sich eine größere Zahl neuer Verfahrensnormen als in der Ära Chruschtschow. Manche Normen stärkten die Rolle des Parteichefs, während andere ihn einschränkten. So wurde bei Chruschtschows Sturz im Oktober 1964 klar vereinbart, dass zukünftig niemand mehr die Rolle des Ersten Parteisekretärs und die des

Ministerratsvorsitzenden in Personalunion übernehmen solle. 1966 wurden diese Parteiregeln erneut geändert, um den Posten des Generalsekretärs wieder einzurichten, den Breschnew übernahm. In der Folge versuchte Breschnew offenbar, Vorsitzender des Ministerrats zu werden, allerdings vergeblich. Er wurde schließlich Vorsitzender des Präsidiums des Obersten Sowjet, eines, dem Wortlaut der sowjetischen Verfassung von 1977 nach zu urteilen, nicht unwichtigen Postens, der – wie Hodnett[43] betont – dem Ministerrat und seinem Präsidium übergeordnet war.

Die Einrichtung des Verteidigungsrats der UdSSR unter Vorsitz von Breschnew, dem nicht alle Präsidiumsmitglieder angehörten, stärkte sicherlich ebenfalls dessen Position. Dies galt insbesondere für die Zeit nach dem April 1973, als laut einem vom CIA freigegebenen Dokument[44] Außenminister Andrej Gromyko, KGB-Chef Juri Andropow und Verteidigungsminister Andrej Gretschko – die alle „Teilnehmer an Beratungen des Verteidigungsrates" waren – zu „vollen Mitgliedern des Politbüros" ernannt wurden. Dies mag zu einer gewissen Unterbrechung des Informationsflusses geführt haben, da Mitglieder des Politbüros, die nicht Mitglied des Verteidigungsrates waren, nicht über entsprechende Themen informiert wurden.

Gleichwohl steht fest, dass der Umfang an Informationen zu Themen der Sicherheits- und Außenpolitik, die Sowjetbürger wie Mitglieder des Politbüros erreichten, sei es über offene Quellen[45] oder über vertrauliche Dokumente, nach Chruschtschows Geheimrede 1956 weitaus größer war als zuvor. Später wird es noch ausführlicher um die Rolle gehen, welche die Veröffentlichung von Marschall Wassili D. Sokolowskis *Voennaya Strategiya* (dt. *Militär-Strategie*) 1962 im Rahmen grundsätzlicher strategischer Diskussionen innerhalb des Militärs und zwischen der militärischen und der politischen Führung spielte. Hier genügt es zunächst, festzuhalten, dass es seine Veröffentlichung, die auf Zahlen des Londoner Institute for Strategic Studies zurückgreift, jedem Sowjetbürger ermöglichte, sich über die Zahl, den Typ und das Spektrum der Raketen und Flugzeuge der USA zu Beginn der 1960er-Jahre sowie über deren für 1966 geplante einsatzfähige Raketenkapazitäten zu informieren. Darüber hinaus erschienen zeitgleich mit *Militär-Strategie* eine Reihe wichtiger westlicher Werke[46] zu Sicherheitsthemen,[47] sodass sich alle Sowjetbürger zumindest theoretisch (die Bücher erschienen in geringer Auflage) umfassend über westliche Sicherheitspolitik und die Folgen eines Atomkriegs informieren konnten.[48] Darüber hinaus vermittelten Übersetzungen anderer wissenschaftlicher Werke aus dem Westen, die als vertraulich klassifiziert wurden, einer ausgewählten Leserschaft wie etwa führenden politischen Beamten, Militäroffizieren, politischen Schlüsselfiguren und Spezialisten eine noch größere Sachkenntnis.

Während seiner langen Tätigkeit als Erster Sekretär und später als Generalsekretär (von Oktober 1964 bis 1982) scheint Breschnew das Politbüro nur in seinen letzten zwei Lebensjahren tatsächlich dominiert zu haben, so wie es Chruschtschow nach 1957 tat, doch selbst in diesen letzten zwei Jahren herrschten gewisse oligarchische Verhaltensnormen vor. Diese gingen größtenteils auf die Umstände zurück, unter denen Breschnew 1964 Erster Sekretär geworden war. Wie wir gesehen haben, bestand die wichtigste oligarchische Einschränkung darin, dass niemand Vorsitzender des Ministerrats und Parteichef zugleich sein konnte. Darüber hinaus wurden die Sitzungen des Politbüros und des Sekretariats standardisiert. Breschnew berichtete auf dem XXV. Parteitag, das Politbüro habe sich seit dem XXIV. Parteitag 215-mal getroffen;[49] „Informationen deut[et]en außerdem darauf hin, dass das Politbüro in wichtigen außenpolitischen Verhandlungen aktiv konsultiert und seine Zustimmung eingeholt [werde]."[50]

Den überwiegenden Teil seiner Amtszeit als Parteichef agierte Breschnew im Interesse der Kaderstabilität.[51] Die Fluktuation war in der Ära Breschnew im Allgemeinen weit niedriger als zuvor oder danach. Houghs Angaben[52] zufolge wechselten regionale Parteiämter offenbar nur selten und Kader auf zentralen Ministerposten kaum. So gab es in den Jahren von Chruschtschows Sturz bis ungefähr 1977 in der Zusammensetzung der ranghöchsten Mitglieder des Präsidiums wenig personelle Veränderungen. In einem 1975 veröffentlichten Aufsatz stellte Hodnett fest, dass zwischen November 1964 und April 1971 nur zwei Personen (Kirill Masurow und Arvīds Pelše) zu vollen (stimmberechtigten) Mitgliedern des Politbüros ernannt wurden. Insofern sicherte „Kaderstabilität" Breschnew seine Position.[53] Die einzige Einschränkung der These über die Trägheit personeller Veränderungen im Präsidium/Politbüro betrifft die bereits erwähnte Ernennung dreier Vollmitglieder des Politbüros 1973, die mit wichtigen außenpolitischen Aufgaben betraut waren: Juri Andropow (Vorsitzender des KGB), Andrej Gromyko (Außenminister) und Andrej Gretschko (Verteidigungsminister); ihre

Ernennung diente vermutlich dazu, Breschnew bei der Umsetzung seiner Entspannungspolitik den Rücken zu stärken.

Zugleich schwächte die Norm der Kaderstabilität über weite Strecken von Breschnews Amtszeit als Erster bzw. Generalsekretär seine Fähigkeit, ein Politbüro aufzubauen, dessen Mehrheit sich ihm aufgrund ihrer Ernennung verpflichtet fühlte. Im gesamten Zeitraum von November 1964 bis 1980 blieben Personen, die bei Chruschtschows Sturz einen gewissen individuellen Ruf genossen hatten, Mitglieder des Politbüros mit zentralen Verantwortungsbereichen. Außer Breschnew waren dies Alexej Kossygin, der Vorsitzende des Ministerrats; Michail Suslow, ZK-Sekretär für Ideologie; A. P. Kirilenko, ZK-Sekretär für Organisationsfragen, sowie Landwirtschaftsminister Dmitri Poljanski, ein eher kleines Licht. Außerdem war Nikolai Podgorny, Vorsitzender des Präsidiums des Obersten Sowjet, bis zu seiner Entlassung 1977 Mitglied des Politbüros.

Es herrscht weitgehende Übereinstimmung darüber, dass Breschnew von 1969 bis 1970 Kossygin als Vorsitzenden des Ministerrats abzusetzen versuchte, dabei jedoch scheiterte.[54] Daraufhin griff er offenbar zu einem raffinierteren Trick. In Rumänien und der DDR gab es Staatsräte, denen ein Präsident vorsaß, der zugleich Generalsekretär der Partei war.[55] Breschnew schlug die Einführung eines solchen Gremiums in der Sowjetunion vor. Wäre sein Vorschlag durchgekommen, wäre Kossygin als Vorsitzender des Ministerrats demnach Breschnew als Parteichef unterstellt gewesen. Der Staatsrat hätte die Aufsicht über die Wirtschaft übernommen, die außerhalb der Verantwortung des Politbüros lag. (Breschnew gelang mit den Verfassungsänderungen später möglicherweise etwas sehr Ähnliches.)

Eine zweite Norm bestand in der Bestrafung Abtrünniger[56] – also von Mitgliedern des Politbüros (außer Breschnew), die an die Öffentlichkeit getreten waren und breitere Wählerschaften mobilisiert hatten, um so Beschlüsse des Politbüros zu revidieren. Roeder zitiert eine offizielle Parteigeschichte, in der es heißt: „Im Zentralkomitee der KPdSU wurde ein strenges Verfahren festgelegt, wonach keine wichtige Maßnahme und keine (in der Presse veröffentlichte) Rede eines Präsidiumsmitglieds oder eines Sekretärs der KPdSU ohne vorherige Erörterung in der Gruppe ergriffen bzw. gehalten werden durfte."[57]

Trotz der Bemühungen, das Präsidium/Politbüro von äußeren Einflüssen abzukoppeln, setzten sich drei seiner Mitglieder – Gennadi Woronow (Landwirtschaft), Petro Schelest (Nationalitäten-Fragen) und

Alexander Schelepin (Außenpolitik) – vom Politbüro ab, indem sie ihre Ansichten bei politischen Meinungsverschiedenheiten in einen größeren Anhängerkreis jenseits des Präsidiums trugen, sei es durch esoterische Kommuniqués in der Presse oder dadurch, dass sie mit einer Schilderung der Differenzen im Zentralkomitee an die Öffentlichkeit traten. Schelepin zum Beispiel äußerte sich in *Krasnaya zvezda (Roter Stern)* zur Bedeutung der amerikanischen Vietnam-Politik für die allgemeinen amerikanisch-sowjetischen Beziehungen,[58] die nicht dem Konsens der von Breschnew angeführten Oligarchie entsprachen und die nicht in der *Iswestja* erschienen. Schelest wiederum wurde der Förderung von ukrainischem Nationalismus beschuldigt, während Woronow im Gegensatz zu Breschnew nicht auf hohe staatliche Investitionen in der Landwirtschaft, sondern auf das Prinzip kleinerer eigenverantwortlicher Zusammenschlüsse setzte.[59] Für ihr nonkonformes Verhalten mussten alle drei zahlen. Sie wurden ihrer Ämter enthoben und verloren damit auch ihren Sitz im Politbüro.

Über gut zehn Jahre herrschte im Politbüro ein oligarchisches Gleichgewicht, auch wenn Breschnew eindeutig „der Mann" war. Wenn man die Ernennung von stimmberechtigten und nicht stimmberechtigten Mitgliedern des Politbüros berücksichtigt, herrschte ein, um mit Hodnett zu sprechen, „ethnogeografisches" Gleichgewicht vor. Die amerikanische Politik lässt grüßen: „[D]en westlichen (baltischen und weißrussischen), kaukasischen und zentralasiatischen Republiken und Nationalitäten wurde eine gewisse Repräsentation zugestanden."[60] Erst nach 13 Jahren im Amt war Breschnew 1977 imstande, Nikolai Podgorny von seinem Posten als Vorsitzender des Präsidiums des Obersten Sowjet abzusetzen, und erst bei Kossygins Tod 1980, als Breschnew gesundheitlich bereits deutlich angeschlagen war, bestimmte er die Ernennung des Vorsitzenden des Ministerrats. Kossygins Nachfolger, Nikolai A. Tichonow, vertrat Positionen, die abgesehen von unwichtigen Ausnahmen viel stärker mit Breschnews Ansichten übereinstimmten, als dies bei Kossygin der Fall gewesen war.[61]

Ebenso wie Chruschtschow ein gespaltenes Verhältnis zu seiner Rolle und seinen Interaktionen mit Kollegen im Parteipräsidium hatte, zeigt sich also, dass auch in Breschnews Politbüro monokratische und oligarchische Strukturen nebeneinander bestanden. Die monokratischen dominierten in den letzten Jahren seiner Amtszeit, doch selbst zu dieser Zeit blieben gewisse oligarchische Verfahrensnormen bestehen. Zu diesen zählte vor allem, dass das Amt des Generalsekretärs bzw. des Vorsitzenden des Ministerrats nicht von derselben Person besetzt sein durfte; dass das Politbüro regelmäßig, etwa einmal die Woche, zusammentrat; dass ungeachtet der Präferenzen des Generalsekretärs und anderer Mitglieder des Sekretariats ein gewisses ethnisches und/oder geografisches Gleichgewicht im Politbüro gewahrt wurde; dass es für Mitglieder des Politbüros nicht opportun war, an die Öffentlichkeit zu treten, um die Politik zu beeinflussen bzw. dass ein entsprechendes Vorgehen zur Entlassung aus dem Gremium führen konnte, nicht jedoch zu Verhaftung, Tod oder erniedrigender Verbannung.

Neue Tendenzen der gesellschaftlichen Artikulation von 1956 bis 1985

Chruschtschow versuchte, denselben Grad politischer Mobilisierung zu erreichen wie Stalin. Allerdings verzichtete er dabei auf die Anwendung von Staatsterror und erklärte, mit der Bildung des sowjetischen Blocks sei die kapitalistische Umzingelung beseitigt. Diese „kapitalistische Umzingelung" hatte Stalin aber bekanntlich als Hauptargument dafür gedient, auf dem Weg zum Kommunismus zunächst den Staat und seine Repressionsorgane zu stärken.

Des Weiteren stand Chruschtschow für verschiedene politische Visionen. Was seine nationalen Ziele anging, äußerte er grandiose und verlockende Pläne – zum einen die Neuland-Kampagne, zum anderen das Ziel, die Vereinigten Staaten in der Produktion von Konsumgütern einzuholen oder sogar zu überholen. In globaler Hinsicht artikulierte er einen ungebrochenen Glauben an den unvermeidbaren Triumph des Kommunismus, auch wenn der Kapitalismus Atomwaffen besaß und ein Weltkrieg nicht nur den Kapitalismus, sondern die gesamte Zivilisation bedrohte.[62] Wenngleich er sich vom Großen Terror distanzierte, verklärte er die Idee des Kollektivs und betrachtete vertikale und horizontale Überwachung als angemessenes Mittel, um jene Einstimmigkeit zu erzielen, die Stalin mit dem systematischen Gebrauch von Terror erzielt hatte.[63] Mit dem Stalin des Großen Terrors teilte Chruschtschow ebenso die Sorge um die Gefahr der „Präferenzfälschung", wobei sich Chruschtschow selbst gern verstellte, wie Oleg Kharkhordin bemerkt.[64] Das zeige nicht nur seine Rede auf dem XIX. Parteitag, in der er Heuchler attackierte, sondern auch seine angebliche „Geheimrede" auf dem XX. Parteitag 1956.

Wie Stalin waren Chruschtschow und Breschnew ebenfalls große „Homogenisierer". Stalin hatte die sowjetische Gesellschaft durch die Kollektivierung der Bauern und die Unterdrückung Tausender und Abertausender ethnischer Minderheiten in den Grenzregionen der Sowjetunion „homogenisiert". Ähnlich war Chruschtschows „Anti-Parasiten-Gesetz" darauf angelegt, sowjetische Städte zu „homogenisieren" und den Eindruck zu vermitteln, sie seien einheitlich besiedelt. So sollten Nichtstuer – dies konnten Menschen ohne Arbeit sein, Menschen, die privat Geschäfte machten, religiöse oder politische Dissidenten und andere allgemeinere Störenfriede – aus den zentralen Städten, insbesondere aus den von westlichen Touristen besuchten Metropolen Moskau und Leningrad, vertrieben werden. Breschnew eiferte zwar Chruschtschows Handlungen nach, nicht jedoch seiner Rhetorik.[65]

Stalin – und Fainsod – hatten freilich Recht. Das sowjetische Mobilisierungssystem stand und fiel mit dem Terror. Der gezielte Einsatz des Kollektivs, Kampagnen gegen Abweichler, all das zeigte auch später noch durchaus Wirkung. Aber es vermochte nicht zu verhindern, dass sich institutionell verankerte Interessen zunehmend artikulierten und sich eine differenzierte Gesellschaft entwickelte, in der Subeliten mit institutionellem Rückhalt ihre Standpunkte zu politischen Entscheidungsprozessen und ihre Meinungen zur tagespolitischen Agenda im Lasswell'schen Sinne äußerten: Es kam zu Debatten darüber, wer was wann und wie bekam.[66]

Ohne den äußeren Druck des Terrors bekundeten institutionell miteinander verbundene Gruppierungen zunehmend ein Selbstverständnis als Gruppe mit Interessen, die sich nicht unbedingt mit denen der Partei deckten.[67] Auch andere Subeliten nahmen diese Interessensverbände durchaus als Gruppen war. Darüber hinaus erweiterten Sekretäre der Oblaste und Republiken insbesondere in der Breschnew-Ära die öffentlich verhandelten Themenfelder, da sie zunehmend sicher waren, dass sorgfältig gewählte Worte nicht zu ihrer Entlassung führen würden. Sowohl in der Chruschtschow- als auch in der Breschnew-Ära sind in der öffentlichen Diskussion Themen der politischen Führung auszumachen, die in den gesamten 1930er- und 1940er-Jahren derart zurückgehalten worden waren, dass sie niemals in öffentlich zugänglichen Quellen verhandelt worden wären. Die Sowjetunion, in der früher selbst verhaltene Meinungsäußerungen fatale Auswirkungen haben konnten, gab zunehmend das Prinzip der Nichtinformation auf. Statt von einer allgemeinen Parteilinie konnte man in der Ära Chruschtschow und Breschnew eher von einer kleinen Plattform oder einem Rahmen sprechen, in dem es einer leicht erweiterten Wählerschaft bestehend aus Experten, Oblast-Sekretären, anderen ZK-Mitgliedern und hohen Militärs erlaubt war, ihre politischen Einstellungen offiziell zu äußern, etwa indem sie in Fachzeitschriften publizierten. Wie Milton Lodge feststellte, beklagte die maßgebliche Zeitschrift *Kommunist* bereits 1955, nachdem sie pflichtgemäß erklärt hatte, „der Marxismus-Leninismus [müsse] den ‚essenziellen' Rahmen bilden, in dem Fachdiskussionen stattfinden", dass „wissenschaftliche Artikel ‚häufig' Parteiformeln umgehen und allzu oft versuchen, ‚fundamentale Thesen der Partei umzukehren'."[68]

Ebenso wichtig ist der Umstand, dass sich auch die Beziehungen des Regimes zur Gesellschaft insgesamt, zu den breiten Massen gewissermaßen, änderten. Diejenigen, die weder politisch aktiv noch politisch interessiert waren, waren angepasster. Würde man Momentaufnahmen der ausgehenden Stalinzeit und der ausgehenden Breschnew-Ära miteinander vergleichen, so würde zutage treten, dass der Erfolg des Regimes in der Mobilisierung der Bevölkerung unter Stalin deutlich größer war. Andererseits würde sich zeigen, dass viele gewöhnliche Sowjetbürger in der ausgehenden Breschnew-Ära horizontale Verbindungen pflegten, die auf die Existenz eines wirklich privaten Raumes hindeuteten, den der Große Terror so vehement zu zerstören versucht hatte.

Lassen Sie mich den Experten-Dialog der Partei anhand einiger einschlägiger Beispiele über militärische und außenpolitische Themen illustrieren – anhand von Gebieten also, über die kaum wesentliche Informationen in öffentlichen Quellen zu erwarten sind –, und lassen Sie mich dann die allgemeine Bereitschaft von Subeliten untersuchen, sich und ihre Standpunkte von denen der Partei abzugrenzen.

Das erste Beispiel betrifft die Fähigkeit, Informationen über einen zentralen sowjetischen Beschluss – nämlich den Militärhaushalt – in Erfahrung zu bringen.

Das zweite Beispiel bezieht sich auf die konstanten Bemühungen des sowjetischen Militärs, sich in laufenden politischen Gesprächen zu positionieren und gegen Versuche der Vereinnahmung durch die Partei zu wehren, um sich die alleinige Entscheidungskompetenz über wichtige Grundsatzangelegenheiten vorzubehalten.

Spezialisten auf dem Gebiet sowjetischer Politik erkannten schon früh, dass sowjetische Medien sich mit Bedacht äußerten, und spekulierten darüber, wann diese Bedachtsamkeit innenpolitisch motiviert, wann sie ein Signal an ausländische Eliten war und wann mit ihr in- und ausländische Kreise manipuliert werden sollten. Weitgehender Konsens bestand hingegen darüber, dass die veröffentlichten Zahlen des Verteidigungsbudgets keinerlei Bezug zum tatsächlichen Militärhaushalt hatten. Letzterer war ein streng gehütetes Geheimnis. Wie die CIA feststellte, war die einzige Statistik, die im Staatshaushalt für Verteidigung erschien, „nichtssagend, weil ihr Rahmen nicht definiert ist und ihre Höhe manipuliert zu sein scheint, um den politischen Zwecken der Sowjetunion zupasszukommen."[69]

Wie Glenn Palmer und ich jedoch herausfanden,[70] ließen sich Worte und Taten hinsichtlich der sowjetischen Militärausgaben bei sorgfältigem Vorgehen durchaus ins Verhältnis setzen. Mit Worten meine ich hier die jährliche Haushaltsrede des Finanzministers vor dem Obersten Sowjet, die den politischen Prozess zur Festlegung des Haushalts verbindlich abschloss.[71] Diese Rede war höchst formelhaft: Sie enthielt eine Gesamtzahl sowie eine Auflistung darüber, wie die Sowjetunion die Welt im vergangenen Jahr für den Sozialismus gesichert hatte, einschließlich des einen oder anderen Seitenhiebs in Richtung der USA oder des Imperialismus im Allgemeinen; daneben legte sie eine nichtquantitative Beschreibung der Veränderungen im Militärbudget für das kommende Jahr vor. Üblicherweise enthielt die Rede eine Absichtserklärung in dem Sinne, dass die Sowjetunion „die notwendigen Maßnahmen ergreifen [müsse], um den Verteidigungsposten zu stärken und zu erhöhen." In anderen Jahren bemerkte der Finanzminister nur, dass die UdSSR es für notwendig erachteten, „einen Teil ihres Volkseinkommens zur Stärkung" der sowjetischen Verteidigung zu verwenden, oder auch, wie im Dezember 1960, dass die Sowjetunion „ihre [Militär-]Ausgaben [für 1961] reduzieren"[72] werde.

Mit Taten hingegen meine ich die tatsächlichen jährlichen Veränderungen im sowjetischen Militärbudget von 1956 bis 1982 (d. h. von Chruschtschows „Geheimrede" bis zum Ende der Breschnew-Ära). Dabei werde ich mich auf verschiedene westliche Quellen stützen, in erster Linie auf die Einschätzungen von Robert Shishko von der RAND Corporation sowie auf die Daten von Miroslav Nincic.[73] Die daraus resultierenden Schätzungen werden mit Angaben vom Stockholmer Friedensforschungsinstitut (SIPRI) sowie mit einer Studie des Londoner Institute for International Strategic Studies zu vergleichen sein.[74]

Ein erstes wichtiges Ergebnis war, dass sich die Äußerungen des Finanzministers zum geplanten sowjetischen Haushaltsentwurf relativ dazu verhielten, ob er auf die Vereinigten Staaten und den Imperialismus Bezug nahm oder nicht. Im letzteren Fall wandte er sich an zwei Zielgruppen zugleich: an die aufmerksame sowjetische Öffentlichkeit – die im Wesentlichen aus dem Zentralkomitee und aus Spezialisten bestand – sowie an westliche Regierungen und die breite westliche Öffentlichkeit. Er und seine Chefs im Politbüro mögen geglaubt haben, es sei sinnvoll, normalerweise die Wahrheit zu sagen, doch waren sie sich der Tatsache bewusst, dass eine wohlplatzierte Überraschung unter gewissen Umständen opportun sein konnte.[75] Wie wir herausfanden, erlaubten die sowjetischen Erklärungen über das Verhalten der USA weitaus präzisere Rückschlüsse auf die sowjetischen Militärausgaben im kommenden Jahr als die diesbezüglichen Absichtserklärungen der Sowjetunion. Ein eindrucksvolles Beispiel hierfür ist die bereits erwähnte Rede im Dezember 1960, in welcher der Minister eine „signifikante Reduzierung der Streitkräfte [ankündigte] und in Verbindung damit ... ebenfalls [eine Kürzung der] Ausgaben ihrer Versorgung." Hierauf folgte eine lange Tirade über den Anstieg der Militärausgaben westlicher Länder in den letzten zehn Jahren. Westlichen Schätzungen zufolge erhöhte die Sowjetunion ihr Budget 1961 um fast ein Viertel.

Doch dieser strategische Versuch einer Überraschung war die Ausnahme. Mithilfe der Shishko-Nincic-Reihe entdeckten wir einen überraschenden Zusammenhang zwischen einer Erwähnung der Vereinigten Staaten und/oder des Imperialismus und der „verlautbarten" Veränderung in den sowjetischen Verteidigungsausgaben. In allen 13 Fällen, in denen auf die Vereinigten Staaten oder den Imperialismus Bezug genommen wurde, verzeichnen Shishko und Nincic eine Steigerung der sowjetischen Verteidigungsausgaben. Wenn die USA nicht erwähnt wurden, fiel das Ergebnis uneinheitlich aus. Insgesamt wurden in diesem Fall sechs Reduzierungen und vier Anstiege verzeichnet. Allgemein lag die durchschnittliche Veränderung in Jahren, in denen die USA und/ oder der Imperialismus erwähnt wurden, in der Shishko-Nincic-Reihe bei + 8,3 Prozent. Wenn die USA nicht erwähnt wurden, lag die mittlere Veränderung bei – 0,8 Prozent. Aufbauend auf dieser Erkenntnis entwickelten wir ein stabiles Modell (r^2 = 0,78), das die Veränderung in den sowjetischen Verteidigungsausgaben erklären und diese Schätzungen mit der angekündigten Budgetveränderung und den Ergebnissen des Shishko-Nincic-Modells vergleichen sollte.[76]

So sehr die Sowjetunion auch nach Stalins Tod ein System mit relativ geringem Informationsfluss blieb, so schien die Führung es doch für notwendig zu erachten, den entscheidenden Eliten des Landes den Staatshaushalt in groben Zügen zu vermitteln (auch wenn sie dabei manchmal zugleich versuchte, irreführende Signale an ein westliches Publikum zu senden). Wie Michael Cohen angemerkt hat, ist ein öffentliches Bekenntnis die einzige Möglichkeit, um alle wichtigen Personen davon zu überzeugen, die groben Züge eines Entscheidungsprozesses seien allgemein bekannt. Das verlangte in diesem Fall, dem aufmerksamen Leser der *Prawda* darzulegen, wie in etwa sich der Verteidigungshaushalt entwickeln werde – ob er erhöht oder reduziert würde oder aber unverändert bliebe.

Ein schönes Beispiel dafür, wie Spezialisten ihre Einflusssphäre absteckten, um sich ein Mitspracherecht bei politischen Themen zu sichern, war 1962 die Veröffentlichung der *Militär-Strategie,* herausgegeben von Wassili D. Sokolowski (einem sowjetischen Marschall, Mitglied des Zentralkomitees und ehemaligem Chef des Generalstabs) zusammen mit verschiedenen anderen Generälen und Obersten.[77] Bei Erscheinen war es das erste systematische sowjetische Werk zum Thema. Sein zentraler Gedanke war die Notwendigkeit neuer strategischer Konzepte, um das „radikal neue" Wesen des Krieges im Atomzeitalter zu erklären.[78] Zusammengefasst teilten seine Autoren die Standpunkte ihrer westlichen Pendants über den Charakter des Weltkrieges und die Kriegsführung im Raketenzeitalter, d. h. auch sie hielten Interkontinentalraketen für entscheidend.

Das Buch enthielt viel Werbung und Eigenwerbung,[79] entpuppte sich jedoch nicht als amtlicher Band im traditionell sowjetischen Sinne. Vielmehr musste man diese Veröffentlichung, wie westliche Militärexperten rasch erkannten, als den Versuch eines größeren Segments des Militärapparats begreifen, seine Chancen auf bevorzugte Behandlung bei der Verteilung von Ressourcen (wer bekommt was) zu verbessern und die Entscheidungskompetenz des Militärs zu erweitern (wer entscheidet darüber, wer entscheidet). Thomas Wolfe hat richtig angemerkt, dass „der Band in gewisser Hinsicht einen Punktgewinn für die Argumente der Militärs darstellt, ... da er den militärischen Standpunkt in Form der ersten umfassenden Darstellung der neuen Doktrin offiziell publik machte."[80]

Dies bestätigen insbesondere zwei Erklärungen in der ersten Auflage. In der einen ging es darum, was in Kriegszeiten wichtig sei; die zweite zielte nahezu sicher auf Chruschtschow ab: „In Kriegszeiten bestimmen strategische Überlegungen häufig die Politik ... [und] erlangen sogar entscheidende Bedeutung". In einer sogar noch spitzeren Bemerkung heißt es, die Militärdoktrin – ein breiteres und politischeres Konzept als die Militärstrategie – sei „nicht von einer *einzigen Person oder Personengruppe* erdacht oder erarbeitet worden."[81]

Hochrangige sowjetische Beobachter erkannten offenbar die Herausforderung, die der Band für die zivile Führung und insbesondere für Chruschtschow darstellte. Eine zweite „korrigierte und erweiterte" Auflage erschien nur 15 Monate nach der ersten. Die sogenannten „Korrekturen" zielten offensichtlich darauf ab, den Band für die politische Führung genehmer zu machen, war die zweite Auflage doch stärker auf die Meinungen Chruschtschows und der Partei abgestimmt.[82]

Sokolowski und seine Kollegen gaben jedoch nicht in allen Punkten nach. Nachdem sie ihre Ansichten in der Erstausgabe vorgebracht hatten, verzichteten sie auf die Bemerkung, die Militärdoktrin sei nicht das Produkt einer einzigen Person. Sie wehrten sich jedoch weiter dagegen, die „Fragen der Führung bei der Vorbereitung eines Landes auf den Krieg" zu streichen. „Ein solcher Vorschlag", so erklärten sie, „ist von der Vorstellung motiviert, die Militärstrategie habe sich ausschließlich mit der Führung der Streitkräfte zu beschäftigen, während die Vorbereitung eines Landes auf den Krieg selbstverständlich Sache der Politik sei."[83]

Im Zeitraum von Stalins Tod bis 1965 gab es zahlreiche Versuche, eine breit verstandene „Sache der Politik" zu umschreiben und für Ressourcenverteilung zu plädieren, die der einen oder anderen Subelite zugutekäme. In der westlichen Forschung führten diese Versuche zu einer Welle von Fallstudien über so vermeintliche „Gruppen" wie „die Geheimpolizei", „Juristen" und „Industrie-Manager". In analytischer Hinsicht griffen diese Fallstudien zwangsläufig etwas kurz, da die Westler sich darüber stritten, ob sie nun über Gruppen, Gruppierungen oder Tendenzen forschten. Womit sich ihre Aufsätze jedoch zweifelsfrei befassten, waren, um mit Franklyn Griffiths zu sprechen, „Tendenzen der Artikulation" politisch engagierter Teile der Öffentlichkeit, die sich sicher genug fühlten, ihre Meinungen innerhalb klarer Grenzen auszudrücken. Mit diesen Meinungen vertraten sie ihre Interessen und steckten ein Terrain ab, auf dem sie sich als Gruppe identifizierten mit eigenen Standpunkten, die sich von denen der Partei und anderen interessierten Sprechern unterschieden.

Am breitesten anerkannt waren eine Reihe von Formationen mit institutioneller Anbindung. Für einen wesentlichen Fortschritt im Hinblick auf die Charakterisierung der sich verändernden Beziehung zwischen Partei und zentralen Subeliten sorgten zwei Artikel von Milton Lodge. Seiner Auffassung nach bot eine vergleichende Inhaltsanalyse repräsentativer Medienquellen über einen längeren Zeitraum Anhaltspunkte dafür, ob die Akteure im zentralen Parteiapparat und unter den vier sowjetischen Subeliten (Lodge bezeichnete sie als Facheliten: den zentralen Wirtschaftsbürokraten, dem Militär, der literarischen Intelligenzija und den Juristen) von sich selbst glaubten, am politischen Prozess teilzuhaben, ob diese Rolle im Zeitraum zwischen Stalins Tod und dem Jahr 1965 ihrer Ansicht nach wuchs und wie sich die Beziehungen zwischen Partei und Spezialisten in jenen Jahren entwickelten.

Lodge fand Folgendes heraus: „1) Die Facheliten manifestieren zunehmend ein Gruppenbewusstsein und ein Gefühl für den ihnen zugeschriebenen Gruppenstatus. 2) Die Facheliten entwickeln im Laufe der Zeit eine spezielle Reihe von politischen Leitlinien, die sie von den *apparatchiki* der Partei unterscheiden, und stellen die Dominanz der *apparatchiki* im politischen System der Sowjetunion infrage." Um eine Gruppe zu sein, muss also ein Gruppenbewusstsein vorliegen und im sowjetischen Kontext müssen sich die Subeliten als von der Partei getrennt betrachten; andere Eliten müssen sie als Gruppe wahrnehmen, und sie müssen gemeinsame Werte haben, die sie von den Vertretern anderer Werte, insbesondere der Werte des Parteiapparats, unterscheiden. Unter Bezugnahme auf Brzezinskis und Huntingtons Unterscheidung zwischen ideologischen (sowjetischen) und instrumentellen (amerikanischen) Systemen stellte Lodge die Frage, ob die Subeliten, wie sich in der Fachpresse zeigte, mit der Zeit immer instrumenteller geworden seien.

Eine Möglichkeit, dies herauszufinden, bestand darin zu fragen, wem die verschiedenen Eliten die Rolle der Sozialisation zuschrieben. Von 1952 bis 1965 betonte die Partei, wie Lodge herausfand, ihre Rolle als primärer Sozialisationsfaktor, während die Spezialisten insgesamt von

1959 bis 1965 deutlich weniger als vorher zu dieser Aussage neigten, wie
Tabelle 5.1 zeigt.

Organisation	1952-57 (%)	1959-65 (%)	Veränderung in Prozent
Partei	69	73	+4
Ökonomisch	63	29	-34
Juristisch	62	19	-43
Militärisch	46	35	-11
Literarisch	30	19	-11
Spezialisten insgesamt	50	25	-25

Tabelle 5.1[84]. Wahrnehmung des Einflusses von Partei und Parteiorganisationen innerhalb
der Eliten, 1952-57 und 1959-65

Eine zweite Möglichkeit, Lodges Frage nach der Funktion der Subeliten
zu beantworten, bestand in einer Untersuchung, inwieweit die Eliten
die Rolle der Partei für ideologisch bzw. für instrumentell hielten. Alle
Subeliten gewichteten die instrumentelle Rolle der Partei stärker als
ihre ideologische, wohingegen die Partei ideologischen Werten deutlich
größeres Gewicht beimaß. Ebenso erstellte Lodge eine Skala von (1)
„Die Politikgestaltung sollte einzig Aufgabe der Parteiführung sein" bis
(5) „Sie sollte ausschließlich in den Bereich von Spezialisten fallen". Die
Zwischenstufen waren (2) „Die Politikgestaltung sollte vorwiegend Aufgabe der Parteiführung sein", (3) „Die Partei und Spezialisten sollten
beide an der Politikgestaltung teilhaben" und (4) „Die Politikgestaltung
sollte in erster Linie Aufgabe von Spezialisten sein". Seiner Kodierung
für das letzte untersuchte Jahr (1965) zufolge ergab die Parteipresse
einen Mittelwert von 2,4, während alle Medien der Subeliten Antworten
gaben, die sich zwischen 3,0 (Partei und Spezialisten haben beide teil)
und 4,0 (in erster Linie die Spezialisten) bewegten, wobei die Punktzahl
zwischen 3,1 und 3,6 schwankte. Zudem fand Lodge in Bezug auf die
normative Lasswell'sche Frage (wer sollte was bekommen?) heraus, dass
die Partei ihre Prioritäten im Laufe der Zeit weg von der Schwerindustrie und von Militärausgaben hin zu Konsumdenken verlagert hatte, allerdings erst, nachdem sich die ökonomischen, die literarischen und die
juristischen Subeliten in diese Richtung bewegt hatten. Entsprechend
vorsichtig war Lodge. Er hob ausdrücklich hervor, dass seine Untersuchungen die Einstellungen der Subelite und der Partei betrafen und

nicht ihr tatsächliches Verhalten. Sicherlich zu Recht zog er jedoch den Schluss, dass fachliche Eliten „keine Transmissionsriemen mehr [waren, sondern] mindestens potenzielle Interessensgruppen und ... vielleicht aktive Teilhaber am politischen System der Sowjetunion".

Elite-Masse-Beziehungen im Wandel

Dieses Kapitel schildert drei Prozesse, die sich über die Zeit vom Ende des Großen Terrors 1938 bis zu Leonid Breschnews Tod 1982 erstrecken. Im ersten Teil dieses Kapitels haben wir die langsame Herausbildung von Normen im Hinblick auf das Regime beschrieben. Im zweiten Teil haben wir die allmähliche Entwicklung einer stärker strukturierten Beziehung zwischen Regime und institutionell verankerten Subeliten gesehen, wobei Letztere deutlicher als Anwärter auf Ressourcen und auf Mitspracherecht bei Entscheidungsprozessen hervortraten. In diesem Abschnitt betrachten wir Trends, die sich zur selben Zeit in den Beziehungen zwischen Regime und Gesellschaft abzeichneten, weil die Erwartung einer Rückkehr des Staatsterrors zurückging und die sowjetische Gesellschaft immer komplexer und weitgehend städtisch-industriell wurde. Die zentrale These dabei lautet, dass die Fähigkeit des Regimes, seine Bürger für eigene Ziele zu mobilisieren, wodurch es sich von konventionellen autoritären Systemen unterschieden hatte, immer weiter zurückging, je mehr die Abwesenheit von Terror als zentralem Instrument politischer Kontrolle zum Normalzustand wurde; allerdings verschwand diese Fähigkeit zu mobilisieren nicht ganz. Auf welchen Zeitraum genau man diese Veränderungen datieren sollte, ist umstritten. In einem wichtigen Buch datiert Vera Dunham sie auf das Ende der Stalinzeit.

Zuvor haben wir auf Stalins Angriffe gegen „Doppelzüngler" verwiesen – unter anderem diejenigen, deren „Verrat" sich hinter einer Übererfüllung des Plans versteckte. Dunhams These zufolge sorgte sich Stalin zunehmend um das Verhalten von Menschen und nicht so sehr um das, was in ihren Köpfen vorging. Ihre Quellen sind dabei die zahlreichen Romane des Sozialistischen Realismus, die zu Stalins Zeiten veröffentlicht wurden. In diesen Romanen (die natürlich vorab die Zensurbehörde *glavlit* passieren mussten) war die Gebotenheit der Verstellung ein zentrales Thema. So zitiert Dunham aus der Erzählung *First and Last*, in der ein junger Marineoffizier nach eigenem Gutdünken dem Vaterland dient und dafür gerügt wird. Ein höherer Offizier und Freund „gibt ihm

Rat von der Art, die jedes Geschäft wie geschmiert laufen lässt". „Du solltest ihnen beipflichten", rät man ihm, „dann hast du deine Ruhe." Der prinzipientreue junge Fähnrich schlägt den Rat in den Wind, wird von seinen Kollegen und Vorgesetzten gleichermaßen gemieden und als einziger Fähnrich nicht zum Junior-Lieutenant befördert. Wie Kharkhordin bemerkt, ist „der höchste Richter ... in der Gesellschaft der späten Stalinzeit ... nicht mehr ein ideelles Dogma, sondern die Gemeinschaft, welche die maßgebenden Verhaltensnormen vorgibt." Man kann sich darüber streiten, wann die Betonung des Terrors als primärem Kontrollmechanismus nachließ.[85]

Wie wir gesehen haben, änderte Stalin zwar nicht die institutionelle oder ideologische Grundlage für anhaltende „Säuberungen". In seinen letzten Jahren setzte er jedoch nur noch Mechanismen ein, um die Bürger zu mobilisieren und politische Unterstützung zu erhalten, die mit dem Staatsterror nichts mehr zu tun hatten; viele dieser Mechanismen blieben noch lange nach Stalins Tod bestehen. Aufzählungen derselben würden unterschiedlich ausfallen, sicher veränderten aber die rasante Zunahme von Kollektiven als Mittel der sozialen Kontrolle, die Bereitstellung öffentlicher Güter (wie kostenloser öffentlicher Bildung und eine Gesundheitsversorgung) sowie Stalins unverhohlener russischer Nationalismus (einschließlich eines moderateren Vorgehens gegen die orthodoxe Kirche) die Grundlage, auf der die Bürger das Regime unterstützten.

Wie in der Einleitung konstatiert, bestehen zwei wesentliche Merkmale traditioneller, voll autoritärer Diktaturen im Hinblick auf die Beziehungen zwischen Regime und Gesellschaft darin, dass sie nicht versuchen, die Vorstellung von Privatsphäre – insbesondere innerhalb der Familie – vollständig über Bord zu werfen, und dass sie keine explizite Zustimmung verlangen, sondern sich mit stillschweigendem Einverständnis begnügen. Das totalitär mobilisierende Sowjetsystem der Stalinzeit verlangte hingegen, die Familie dem Staat unterzuordnen. Während des Großen Terrors durchdrang das Regime die Familie nahezu vollständig, wofür beispielhaft die Geschichte von Pawlik Morosow, der seinen Vater denunziert haben soll, angeführt worden ist. Vladimir Shlapentokh hat am entschiedensten die Meinung vertreten, dass sich die Dynamik zwischen Staat und Familie nach Stalins Tod grundlegend verändert habe. In einem 1989 veröffentlichten Buch schrieb er: „Seit 1953 hat sich die sowjetische Familie nach und nach zu einer geschlossenen Einheit entwickelt, die sich dem Staat gegenüberstellt, anstatt ihm zu dienen."[86] Ferner erklärte er unter Berufung auf Daten aus der Oblast Wladimir aus den späten 1970er-Jahren, dass die Befragten „auf die Frage, welche sozialen Faktoren Einfluss auf sie hätten, die Familie auffällig häufig an erster Stelle nannten".[87]

Für die Jahre vom Ende der Stalinzeit bis zum Ende der Breschnew-Ära haben wir einigermaßen gesicherte Belege dafür, dass sich die Fähigkeit des Regimes, seine Bürger für politische Zwecke zu mobilisieren, nachhaltig veränderte. Viele dieser Belege stammen aus dem *Sowjetischen Interview-Projekt (SIP)*. Forscher des Projekts interviewten ehemalige Sowjetbürger, die vor allem 1979 und 1980 in die USA ausgewandert waren, und befragten sie zu ihren Einstellungen und Verhaltensweisen in den Jahren unmittelbar vor dem Ausreiseantrag. Bei diesen ehemaligen sowjetischen Bürgern handelte es sich überwiegend um Juden, die überdurchschnittlich gut ausgebildet waren und zumeist aus Städten kamen. Die am SIP beteiligten Wissenschaftler – darunter auch ich selbst – kamen zu dem Ergebnis, man könne anhand der Gründe für eine Übersiedlung und anhand des von den Teilnehmern geäußerten Verhaltens plausible Rückschlüsse auf verschiedene gruppenübergreifende politische Verhaltensmuster in sowjetischen Städten ziehen, auch wenn das Verhalten der befragten Auswanderer deutlich von der Norm abwich.

Um die Qualität bzw. die Veränderung der Mobilisierung durch das Regime ermitteln zu können, teilte ich die Befragten in fünf Kategorien: (1) politische Führer, (2) Manager, (3) höher qualifizierte Fachkräfte, (4) niedriger qualifizierte Fachkräfte und Büroangestellte, sowie (5) „andere" – was in dieser sehr städtischen Auswahl größtenteils Arbeiter bedeutete.[88] Daraufhin untersuchte ich die Antworten aller Gruppierungen in Bezug auf fünf Verhaltenskategorien, die für politische Mobilisierung relevant sind. Diese waren (1) wahlbezogenes Verhalten, (2) regime-dominiertes Gruppenverhalten, (3) regime-dominiertes Medienverhalten, (4) Zugang zu Nicht-Regime-Medien sowie (5) Mobilisierung zur nationalen Sicherheit und militärische Einsatzbereitschaft.

Der Gang zur Wahlurne war für Sowjetbürger Pflicht, obwohl manche in der Praxis sagten, sie hätte nur „manchmal" oder sogar „nie" gewählt. Wertet man nur die Aussagen derjenigen Personen aus, die keine nennenswerte Rolle bei der Entscheidung zur Ausreise gespielt haben, so sind unter den fünf Gruppierungen keine statistisch signi-

fikanten Unterschiede zu erkennen. Dieses Ergebnis resultiert wahrscheinlich aus der Tatsache, dass es unter den 47 Befragten nur drei
politische Führer und drei Manager gab, die angaben, sie hätten keine
wesentliche Rolle bei der Entscheidung zur Ausreise gespielt und sie
hätten noch nie bzw. nur manchmal gewählt. Vergleicht man die weitaus größere Zahl derjenigen, die angaben, sie hätten an der Entscheidung teilgehabt oder die Entscheidung gefällt, so neigten, wie Friedgut
feststellte, „genau die Menschen [die politischen Führer und höher
qualifizierten Fachkräfte], die nach sowjetischen wie nicht-sowjetischen Kriterien die aktivsten Teilnehmer an Wahlen sein sollten",[89]
dazu, nicht zu wählen.

Untersucht man andere Aspekte des Wahlprozesses – die Mitgliedschaft in einer Wahlkommission, die Tätigkeit als Wahlhelfer/Agitator
oder sogar als Wahlkandidat – so wird deutlich, dass normale Arbeiter
größtenteils nicht zur Teilnahme an diesen Aktivitäten gedrängt wurden. Weniger als 7 Prozent der Arbeiter (die unter die Rubrik „andere"
fielen) nahmen in irgendeiner Form als Wahlhelfer teil, während mindestens 15 Prozent der anderen Befragten als solche tätig waren. Politische Führer und höher qualifizierte Fachkräfte wählten zwar nicht so
häufig wie andere in der UdSSR, doch erwartete man offenbar von
ihnen eine stärkere Mitarbeit bei den Sowjetwahlen. Wahrscheinlich
war dies keine schwere Bürde, zumal sich in der Praxis nur ein kleiner
Prozentsatz tatsächlich beteiligte.

Untersucht man die Beteiligung an Organen wie dem Kontrollkomitee oder den Kameradengerichten, fällt ebenfalls auf, wie wenige Menschen insgesamt dafür mobilisiert wurden. Nur wenig mehr als zehn
Prozent der Befragten antwortete, sie seien regelmäßig zu entsprechenden Treffen gegangen, was schwerlich für eine mobilisierte Gesellschaft
spricht, galt diese Teilnahme doch als eine Möglichkeit für Parteiführer
und höher qualifizierte Fachkräfte, ihre öffentliche Unterstützung für
das Regime zum Ausdruck zu bringen.

Ein weiterer Bereich, der üblicherweise mit politischer Mobilisierung
in Verbindung gebracht wird, sind die Medien. In der Sowjetunion der
späten Breschnew-Zeit war die Zeitungsleserschaft allgemein sehr groß.
Jedoch schenkten politische Führer und höher qualifizierte Fachkräfte
(und in geringerem Maße Manager) den Nachrichten in Zeitungen und
Fernsehen mehr Beachtung als niedriger qualifizierte Fachkräfte und
Arbeiter. Die drei Gruppierungen der höheren Ebene tendierten deut-

lich stärker dazu, im sowjetischen Radio Nachrichtensendungen statt Unterhaltungssendungen zu hören. Für sowjetische Städter in den späten 1970er- und 1980er-Jahren war das nationale Radio jedoch nur eine Informationsquelle unter vielen. Politische Führer und höher qualifizierte Fachkräfte lasen deutlich häufiger *samisdat*, nicht offizielle oder sogar illegale Schriften, als Manager oder Vertreter niedrig qualifizierter Berufe, welche sie jedoch deutlich eher lasen als das Proletariat. Höher gebildete und stärker politisierte Menschen waren es auch vor allem, die ganze Stadien füllten, um Jewgeni Jewtuschenko und andere Dichter zu hören, und kleine Gruppen aus normalerweise zwei oder drei Personen[90] bildeten, die sich über kulturelle und zunehmend politische nicht-sowjetische Themen austauschten.[91]

Politische Führer, Manager und höher qualifizierte Fachkräfte hörten zudem weitaus häufiger als andere ausländische Radiosender. Wenn man davon ausgeht, dass das System von mobilisierter Partizipation geprägt war, würde man erwarten, dass alle Sowjetbürger gleich wenig geneigt waren, Zugang zu regimefremden Medienquellen zu bekommen. Wenn das Regime in erster Linie daran interessiert war, Subeliten zu mobilisieren, so müssten diejenigen mit verantwortungsvollen Posten am ehesten davor zurückgeschreckt haben, ausländische Radiosender zu hören.

In der Praxis war genau das Gegenteil der Fall. Fast alle (96 Prozent) politischen Führer gaben an, ausländisches Radio gehört zu haben; ebenfalls bestätigten dies mehr als neun von zehn der höher qualifizierten Fachkräfte und Manager, während 80 Prozent der niedriger qualifizierten Fachkräfte und 77 Prozent der Arbeiter in der Stichprobe angaben, ausländisches Radio gehört zu haben. Diese Zahlen zeichnen ein Bild von der Sowjetunion gegen Ende der Breschnew-Ära, das einer konventionellen, „vollen", modernen Diktatur entspricht. In einem solchen System sind Abweichler von den Regimenormen Beispiele für eine *soziale Mobilisierung*, die Karl Deutsch als eine Folge der Modernisierung beschrieben hat, wobei die Protagonisten weiterhin an gewissen Routinen festhielten, welche der für die Sowjetunion typischen (zwangs-)mobilisierten Partizipation entsprachen.

Donna Bahry hat darüber hinaus in einer bemerkenswerten Studie das politische Verhalten von SIP-Teilnehmern mit der politischen Partizipation in der ehemaligen Bundesrepublik Deutschland verglichen, wobei sie auf eine Erhebung von Russell Dalton zurückgriff.[92]

Auch wenn keine exakten Parallelen vorliegen, waren die Ergebnisse erstaunlich ähnlich und lieferten stichhaltige Belege dafür, dass russische Städter zum Ende der Ära Breschnew Einstellungen hatten, die in etwa mit denen der Bewohner nordamerikanischer oder europäischer Städte vergleichbar waren; zudem war ihr Verhalten eher eine Folge sozialer Mobilisierung als die Folge einer Zwangsmobilisierung wie in der Stalinzeit.

Betrachten wir ein fünftes Gebiet, auf dem die Fähigkeit des Regimes zur Mobilisierung bewertet werden kann, nämlich die militärische Einsatzbereitschaft und nationale Sicherheit. „Permanent wirksame Faktoren", so Stalin, verliehen Mobilisierungssystemen sowjetischen Typs einen Vorteil gegenüber kapitalistischen Staaten. Diese Faktoren wirkten auch bei der Mobilisierung von Ressourcen für die Kriegsführung, wie im Zweiten Weltkrieg geschehen. Sollte dies erneut notwendig werden, würde sich dies seiner Meinung nach in hohen Einberufungsquoten und großer effektiver Beachtung des Zivilschutzes niederschlagen.

Tabelle 5.2 zeigt die Versuche von fünf Berufsgruppen (politische Führer, Manager, höher qualifizierte Fachkräfte, geringer qualifizierte Fachkräfte und normale Arbeiter), den Wehrdienst zu umgehen. Die Zahl der Befragten ist gering und der statistische Unterschied zwischen den Kategorien nicht signifikant. Dennoch zeichnet sich ein erwartungsgemäßes Muster ab. Es waren nämlich die politischen Führer, Manager und höher qualifizierten Fachkräfte, die den Wehrdienst zu umgehen versuchten, während diese Tendenz bei geringer qualifizierten Fachkräfte und normalen Arbeitern weit weniger ausgeprägt war.

Wie stand es um den Zivilschutz? Hier ist die berühmte Gegenfrage „Im Vergleich zu was?" angebracht. Wer sich während des Kalten Krieges um die jeweilige Zivilschutz-Bereitschaft der USA und der Sowjetunion gesorgt hat, wird wahrscheinlich darüber staunen, dass sich nur zwei von fünf (41 Prozent) der Befragten an den Ort der Zivilschutzan-

Klassifizierung nach Berufsgruppen				
Politische Führer	Manager	Höher qualifizierte Fachkräfte	Niedriger qualifizierte Fachkräfte	Arbeiter
29 % (4)	33 % (3)	24 % (32)	12 % (7)	17 % (22)

Versuchten zu umgehen (n)

Tabelle 5.2[93]. Versuche, den Wehrdienst zu umgehen, nach Berufsgruppen, 1965–80

lage erinnerten, der ihrem Arbeitsplatz oder ihrer Schule am nächsten lag. Ähnlich gaben gut ein Viertel der im SIP-Befragten an, dass sie in den zwei Jahren vor Beantragung ihrer Ausreise aus der Sowjetunion eine solche Anlage aufgesucht hätten (29 Prozent); 8 Prozent von ihnen berichteten von einem Evakuierungstraining, bei dem sie und/oder Kollegen und Mitschüler vorübergehend die Stadt hatten verlassen müssen. Verglichen mit den meisten anderen Ländern – außer vermutlich der Schweiz und Schweden – sind diese Zahlen hoch und ein Beleg für eine höhere Mobilisierung zur nationalen Sicherheit als in den USA.

Denjenigen hingegen, die eine eher entspannte Haltung zum Zivilschutz pflegten, würden sich in Anbetracht der Tatsache bestätigt sehen, dass drei Fünftel noch nicht einmal den Ort der Anlage kannte, die ihrem Arbeitsplatz am nächsten lag, dass rund drei Viertel von ihnen in den letzten zwei Jahren vor Beantragung ihrer Ausreise aus der Sowjetunion in keiner Anlage gewesen waren und dass im gleichen Zeitraum über 90 Prozent an keinem Evakuierungstraining teilgenommen hatten, bei dem Menschen ihre Stadt verlassen mussten. In Fragen des Zivilschutzes waren gewöhnliche Arbeiter am geringsten mobilisiert.

Betrachtet man alle fünf Verhaltenskategorien, so gibt es Gebiete, auf denen die Partizipation unabhängig von der Berufsgruppe relativ homogen war, so etwa die regelmäßige Teilnahme an der Volksmiliz und den Kameradengerichten; es gab jedoch keinen Bereich, in dem die Mobilisierung gruppenübergreifend unmissverständlich hoch und grundsätzlich homogen war. Die politischen Subeliten legten die Art von politischer Mobilisierung an den Tag, die man von entsprechenden Menschen überall auf der Welt erwarten würde; hingegen stellte ihr Verhalten eine Sicht der Sowjetunion zum Ende der Ära Breschnew als politisch durchmobilisiert ernsthaft infrage.

Es waren gerade jene mit politischen Karrieren und höher qualifizierte Fachkräfte, die häufiger ein Verhalten an den Tag legten, das mit regime-induzierter Mobilisierung nicht kongruent war. Sie wählten seltener, lasen häufiger *samisdat*-Publikationen, tendierten eher dazu, ausländisches Radio zu hören, und waren eher bestrebt, den Wehrdienst zu umgehen. Wie Bahry beobachtet hat,[94] war die Wahrscheinlichkeit für Verhalten, welches darauf hindeutete, dass sie nicht ausschließlich durch das politische System mobilisiert worden waren, bei den „Roten" oder „Experten" am höchsten. Um ihr Verhalten zu verstehen, ist nicht so sehr die klassische Totalitarismus-Theorie, sondern vielmehr Litera-

tur über Einstellungs- und Verhaltensänderungen im Zuge der Industrialisierung und Urbanisierung aufschlussreich.

Diejenigen, die am deutlichsten regime-konformes Verhalten an den
Tag legten, waren die Arbeiter. Sie passten sich eher an, wurden im Allgemeinen jedoch weniger mobilisiert: Sie lasen weitaus seltener sowjetische Zeitungen, beteiligten sich weniger an der Durchführung von
Wahlen und Arbeitskomitees und kannten weniger wahrscheinlich den
Ort der nächsten Zivilschutzanlage. Sie führten ein Leben in relativer
Abgeschiedenheit vom politischen System und von Quellen, die ein
konträres Bild der Politik boten. Für sie war die Sowjetunion ein normales autoritäres System, in dem es – so Breschnew – möglich war, „frei zu
atmen, gut zu arbeiten und ruhig zu leben."[95]

Den Wandel dokumentieren

Umfragen sind fast unweigerlich Momentaufnahmen, weshalb Einzel-
befragungen als Beweisquelle für Veränderungen über längere Zeit-
spannen hinweg nur bedingt aussagekräftig sind. Dennoch treten gewisse offensichtliche Verhaltensweisen bei allen Personen oder Personengruppen zu mehr oder weniger demselben Zeitpunkt auf. So treten
die meisten Menschen ihre erste Stelle ungefähr zum gleichen Zeitpunkt an. In der Sowjetunion sorgte der Staat nicht nur für Bildung,
sondern kontrollierte sie auch. Daher zeigt sich die Fähigkeit des Regimes, seine Ressourcen für seine Zwecke in der Gesellschaft zu nutzen,
darin, wie sich Bildungserfahrung und Ausbildung auf die erste Stelle
eines Menschen auswirkten. Wenn das politische System die Gesellschaft in der Tat durchdrungen hätte, dürfte man davon ausgehen, dass
ein erheblicher Anteil seiner Bürger typischerweise in einem Bereich ar-
beitete, für den sie ausgebildet wurden. Tabelle 5.3[96] bestätigt diese Annahme für die Zeit vom Ende der Stalinzeit bis 1976 mit Ausnahme des
Zweiten Weltkriegs, was leicht mit den besonderen Kriegsanforderun-
gen zu erklären ist. In den letzten fünf Jahren der Breschnew-Ära änderte sich das Muster jedoch. Nur die Hälfte der Befragten, die in dieser
Zeit ihre erste Anstellung erhielten, begann auf einem Gebiet zu arbeiten, für das sie ausgebildet war.

Denselben zeitlich übergreifenden Trend wird beobachten, wer die
Tendenz im Laufe der Jahre vergleicht, das System zum eigenen Vorteil
zu nutzen. *Blat vyshe chem Stalin* – Schmiergeld ist stärker als Stalin – lautete ein geflügeltes Wort, doch zumindest zu Beginn der beruflichen

Karriere war in der Stalinzeit wenig Platz für *blat*. Die Frage: „Haben Sie *blat* oder *protektsija* genutzt, um ihre erste Stelle zu bekommen?", bejahte für die Zeit vor dem Zweiten Weltkrieg einer von sieben Befragten (14 Prozent), in den letzten Jahren der Ära Breschnew hingegen schon die Hälfte (51 Prozent).[97]

	Stellenantritt aufgrund von Expertise	Stellenantritt mithilfe von *blat* oder *protektsija*
1936–40	76 % (67)	14 % (7)
1941–45	52 % (38)	11 % (5)
1946–50	70 % (71)	20 % (13)
1951–55	73 % (103)	26 % (17)
1956–60	74 % (151)	35 % (44)
1961–65	72 % (194)	33 % (38)
1966–70	76 % (277)	32 % (42)
1971–75	75 % (333)	44 % (61)
1976–81	50 % (168)	51 % (29)

Tabelle 5.3[98]. Erfahrungen bei der ersten Anstellung (nur Zahlen)

Zusammenfassend lässt sich festhalten, dass die totalitäre Mobilisierung in Ermangelung der Jowitt'schen „Kampfaufgabe" und ohne Staatsterror von einem „politischen Kapitalismus" verdrängt worden ist.[99] Am Ende der Ära Breschnew war die durch eine Idee von sozialer Transformation und durch den Terror angetriebene Mobilisierung einem eher konventionellen autoritären politischen System gewichen, das mit *blat* and *protektsija* geschmiert wurde. Es war ein System mit bescheidenen Verhaltensnormen innerhalb des Politbüros, in dem die Unterscheidung zwischen Parteimitglied und Nicht-Parteimitglied wieder hergestellt worden war. Und es war ein System, in dem die Komplexität eines stark militarisierten, urban-industriellen Systems zu staatlichen Institutionen geführt hatte, deren Hauptfiguren Ressourcen für sich beanspruchten.

Weitere Indizien dafür, dass das SIP auf ein allgemeines Phänomen gestoßen war, betrafen den Wehrdienst – der schließlich ein kritischer Indikator der Fähigkeit eines Regimes ist, seine Bürger für seine Zwecke einzuspannen.[100] Hier war zunächst dasselbe Muster zu beobachten wie im Falle des Gebrauchs von *blat* bzw. *protektsija*. Während keiner der Be-

Zeitraum	Prozentsatz, der nach eigenen Angaben versuchte, den Wehrdienst zu umgehen
Stalin (1930-40)	0 % (0)
Zweiter Weltkrieg (1941-45)	6 % (7)
Ende der Stalinzeit (1946-52)	7 % (6)
Beginn der Ära Chruschtschow (1953-59)	9 % (13)
Ende der Ära Chruschtschow (1960-64)	15 % (13)
Beginn der Ära Breschnew (1965-69)	16 % (21)
Mitte der Ära Breschnew (1970-75)	26 % (30)
Ende der Ära Breschnew (1976-80)	30 % (16)

Tabelle 5.4[101]. Prozentsatz der Befragten, die nach eigenen Aussagen versuchten, den Wehrdienst zu umgehen

fragten angab, er habe in den 1930er-Jahren versucht den Militärdienst zu umgehen, ändert sich das Bild maßgeblich, wenn man das Verhalten in anderen Epochen untersucht (Tabelle 5.4).

Schließlich war es ein System, von dem viele dachten, sie könnten es beeinflussen – und dies auch taten,[102] in dem für viele die „natürlichen Einschränkungen ... [wie] Verwandtschaft und insbesondere die primäre soziale Einheit, die Familie"[103] mit echter Bedeutung gefüllt wurden, wodurch die Grenze zwischen Privatsphäre und Öffentlichkeit neu gezogen wurde. In einem solchen System verfolgten „Rote" und „Experten" – auch wenn sie mit zum Teil empfindlichen Strafen rechnen mussten – mit zunehmender Aufmerksamkeit nicht-sowjetische Informationsquellen und neigten zunehmend zu Verhalten, das den konventionellen Erwartungen des Regimes völlig zuwiderlief.

6. Ungewissheit und „Demokratisierung": Politik nach Breschnew, 1982–1991

Wie im vorigen Kapitel gezeigt, hatten sich während der Amtszeit von Chruschtschow und Breschnew langsam neue Spielregeln auf der politischen Führungsebene durchgesetzt. Diese hatten den Handlungsspielraum sowohl des Generalsekretärs als auch der übrigen Mitglieder des Politbüros eingeschränkt. Mehr als alles andere verbindet Chruschtschow und Breschnew ein impliziter modus vivendi, der davon ausgeht, dass eine gescheiterte politische Opposition für den Verlierer nicht den Tod bedeutete. In Breschnews Fall hatten darüber hinaus die Umstände, unter denen er Nikita Chruschtschow abgelöst hatte, sein Verhalten bestimmt.

Und dann starb Breschnew 1982. Juri Andropow und Konstantin Tschernenko lassen sich kurz und schmerzlos abhandeln: Sie waren die sowjetischen Generalsekretäre in der Zeit zwischen Breschnews Tod und Michail Gorbatschows Wahl zum Generalsekretär im März 1985. Martin Malia[1] hat allerdings richtig bemerkt, dass Breschnews letzte Jahre und das Interregnum nach seinem Tod wichtig sind, um die Politik auf Führungsebene zu verstehen, die zur Wahl von Gorbatschow als Generalsekretär führte.

Zum einen waren diese Jahre schlicht und ergreifend von natürlicher Fluktuation geprägt. Schlüsselfiguren starben, die jahrzehntelang maßgebliche Akteure der sowjetischen Politik gewesen waren. Die wichtigsten unter ihnen waren der 1980 verstorbene Kossygin, der langjährige Partei-Ideologe Michail Suslow, der wie Breschnew 1982 starb, sowie Verteidigungsminister und Politbüro-Mitglied Dmitri Ustinow, der im Dezember 1984 verstarb. Zum anderen spielte Andropow eine aktive Rolle bei der Schaffung eines Milieus, aus dem Gorbatschow als einvernehmlicher Kandidat für den Posten des Generalsekretärs hervorgehen konnte. So setzte er sich energisch für die Bekämpfung der Korruption ein, was die Chancen des Vorsitzenden der Moskauer Parteiorganisation, Wiktor Grischin, auf den Posten des Generalsekretärs erheblich verschlechterte. Außerdem förderte er einige kluge sowjetische Intellektuelle und ermunterte sie, die Auswirkungen der spürbaren sowjetischen Malaise zu untersuchen. Das bekannteste Ergebnis dieser Anstrengungen war Tatjana Saslawskajas *Nowosibirsk-Papier* aus dem Jahr 1983, das spätestens 1984 in den Westen gelangte.[2] Es war eine umfassende Kritik am Versagen der Zentralen Planwirtschaft und eine lebhafte Schilderung der Unzufriedenheit der Arbeiterklasse: „Sie tun so, als bezahlten sie uns, und wir tun so, als arbeiteten wir." Außerdem legte Andropow ausdrücklichen Wert darauf, Gorbatschow, der seit 1980 Vollmitglied des Politbüros war, mit den Intellektuellen bekannt zu machen, die er „im Laufe seiner Karriere um sich geschart hatte",[3] und er unternahm weitere Schritte,[4] um Gorbatschow im Politbüro mehrheitsfähig zu machen.

Ebenso wichtig war, dass Andropow die Politik des „Vertrauens in Kader" aufgab. Nur fünf der damals 156 Ersten Sekretäre der Oblaste waren in den Jahren zwischen 1976 und 1981 abgelöst worden. Nachdem Andropow Jegor Ligatschow zum Verantwortlichen für Kader ernannt hatte, ersetzte dieser hingegen allein in Andropows kurzer Amtszeit als Generalsekretär 33 regionale Parteisekretäre.[5] Ligatschows „puritanische"[6] Gesinnung vertrug sich zweifelsohne sehr gut mit Andropows Maßnahmen zur Korruptionsbekämpfung. Allerdings erhöhte diese Gesinnung ebenso die Zahl der regionalen Parteisekretäre, die als ZK-Mitglieder zur Mobilisierung für Gorbatschow und gegen Grischin bzw. den Leningrader Parteichef Grigori Romanow bereitstanden, als schon ein Jahr nach Andropows Tod auch Konstantin Tschernenko starb.

Selbst Tschernenkos kurze Amtszeit als Generalsekretär ist ein Kapitel in der Erzählung von Gorbatschows Aufstieg. Jegor Ligatschow machte relativ unmissverständlich klar, dass Tschernenko „Charakterstärke" an den Tag gelegt hatte, als er darauf bestand, den erheblich jüngeren und dynamischeren Gorbatschow „mit der Leitung des Sekretariats" und damit „dem inoffiziell zweithöchsten Posten in der obersten Parteihierarchie" zu betrauen.[7] Obwohl Tschernenko Andropow ablöste, ernannte bzw. umwarb Ligatschow weiter verschiedene regionale Parteisekretäre, auch wenn er zugleich ganz klar machte, dass „zu jener Zeit nur Gorbatschow fähig [war], das Amt des Generalsekretärs anzutreten".[8] Tschernenkos angeschlagene Gesundheit war unter Politbüro-Mitgliedern ein offenes Geheimnis, da Gorbatschow die Politbüro-Sitzungen leiten musste, wenn Tschernenko – wie so oft – nicht teilnehmen konnte. Dennoch war es – wie Ligatschow berichtet – tabu, Tschernenkos Gesundheitszustand in den Büros des Zentralkomitees oder in der Öffentlichkeit zu erwähnen.

Gleichermaßen aus strategischen Überlegungen wie aus der Not heraus übernahm Gorbatschow eine Reihe öffentlichkeitswirksamer Aufgaben und machte sowohl bei öffentlichen Auftritten als auch intern zunehmend seine Distanz zu den Altlasten des Politbüros aus der Breschnew-Zeit deutlich. Seine Aktionen im Dezember 1984 konnten klar als eine Form von Wahlkampf gedeutet werden.[9] Besonders wichtig war in dieser Hinsicht Gorbatschows Reise nach Großbritannien, wo er mit der Premierministerin Margaret Thatcher zusammentraf, und seine Rede auf einer Klausurtagung der Partei zum Thema Ideologie; beides fand im Dezember 1984 statt. Die Reise nach Großbritannien verschaffte ihm im Westen eine gewisse Legitimität,[10] politisch wichtiger war jedoch die Rede auf der Klausurtagung der Partei.

Wenn George Breslauer diese Rede als „die radikalste Rede eines führenden Politbüro-Mitglieds seit Chruschtschow"[11] charakterisiert hat, so trifft er damit vor allem eine Aussage über die sowjetische Politik seit 1964. Tatsächlich gab Gorbatschow lediglich einen vagen Ausblick darauf, was er zu unternehmen gedachte, wenn das Politbüro ihn zum Generalsekretär wählen würde, und hob hervor, wie sehr sich seine Regierung von der eines Grischin oder Romanow unterscheiden würde. Wie jedoch Breslauers Aufzählungen andeuten, lieferte diese Rede bereits alle wichtigen Schlagwörter zu dem, was in der Folge das Gorbatschow'sche Programm darstellen sollte: „*perestroika, glasnost, reforma, demokratizatsija,* der ‚Faktor Mensch', und der Bedarf an Kadern, die den Menschen ‚vertrauten' und ‚deren Verstand respektierten'."[12] Auch wenn die Rede nur wenige konkrete Details nannte, stellte sie eine klare Kampfansage an den unter Breschnew herrschenden Konsens dar – und als solche wurde sie von den anderen Mitgliedern des Politbüros auch verstanden. Roeder ist skeptisch,[13] ob sie so folgenschwer war, wie spätere Autoren behauptet haben. Zu Recht warnt er davor, die Geschichte rückwärts zu lesen, doch scheinen die Mitglieder des Politbüros sie zweifelsfrei sehr ernst genommen zu haben. Tschernenko empfahl Gorbatschow sogar, die Rede gar nicht zu halten, was dieser jedoch ablehnte. Die *Prawda* veröffentlichte daraufhin eine redigierte Fassung, in der die innovativsten Passagen gestrichen worden waren, und Gorbatschow brachte es schließlich fertig, sie als kleine Broschüre in einer Auflage von 100.000 Exemplaren drucken zu lassen.[14] Wenige Monate später verstarb Tschernenko.

Im Allgemeinen blieb dem Zentralkomitee wenig mehr als Zustimmung übrig, wenn das Politbüro oder eine vergleichbare Institution sich ihm als geschlossene Front präsentierte. Dennoch galt es als politisch klug, sich in Sondierungsgesprächen vorab eben dieser Zustimmung zu versichern. Wenn sich in entsprechenden Gesprächen andeutete, dass die Vorschläge möglicherweise vom Zentralkomitee nicht gebilligt würden, konnten die übergeordneten Instanzen ihre Empfehlungen anpassen, um zu gewährleisten, dass das größere Gremium nicht von seinem Recht auf eine eigene Position gebrauch machen würde, sondern in altbewährter Weise das Politbüro bestätigte. Das übliche Entscheidungsschema lässt sich wie folgt auf den Punkt bringen: „Lieber eine zweitbeste Alternative vorschlagen, die das breitere Gremium ohne zu zögern bestätigt, als die Entscheidungskompetenz aus der Hand zu geben."

Schilderungen in Jelzins und Ligatschows Autobiografien deuten darauf hin, dass es relativ gleichgültig war, ob das Politbüro und das Sekretariat als Entscheidungsgremien wahrgenommen wurden oder nicht. Ging das Politbüro geschickt mit dem Zentralkomitee um, war es durchaus bereit, die ihm üblicherweise zugebilligte Rolle als „Abnicker" zu spielen, war es doch „für das Zentralkomitee gängige Praxis, die Empfehlungen des Politbüros zu akzeptieren".[15] In dieser Situation war es demnach geschickt, dem Zentralkomitee keine Empfehlung für Grischin oder Romanow als Generalsekretär vorzulegen. Geschickter war es höchstwahrscheinlich, zeitnah eine Empfehlung auszusprechen, Gorbatschow zum Generalsekretär zu wählen.

Es ist bekannt, dass damals viele ältere Parteisekretäre Grischin und Romanow mit aller Entschiedenheit ablehnten, dass es in Andropows kurzer Amtszeit als Generalsekretär zahlreiche Neuzugänge unter den Sekretären gegeben hatte, dass das Militär bei der Wahl Gorbatschows keinerlei Rolle spielte und dass sich – besonders unter denjenigen, die jünger waren als 70 – das Gefühl breit gemacht hatte, es müsse sich etwas grundsätzlich ändern.[16]

Man braucht nicht viel Phantasie, um sich ein Gegenszenario vorzustellen, in dem das Politbüro – gewiss ein Politbüro, in dem manche Mitglieder Vorbehalte anmeldeten, doch vielleicht sogar ein Politbüro, in dem alle stimmberechtigten Mitglieder mitzogen – herausgefunden hätte, dass das Zentralkomitee in Wirklichkeit die Rolle eines Elektorats spielte. Ich sage „in Wirklichkeit", weil der Respekt sicherlich zu stark war, um zu einer eindeutigen Ablehnung der Politbüro-Empfehlung durch das Zentralkomitee zu führen. Auch in einer solchen Welt hätte das ZK dem Politbüro vermutlich bloß die Botschaft übermittelt, es möge erneut zusammentreten, seine Position überdenken und diesmal die richtige Empfehlung abgeben.

Dieses Szenario ist relativ plausibel, insofern solche Gedankenexperimente überhaupt plausibel sein können, denn wie Ligatschow über die tatsächlichen Ereignisse sagte: „Die Frage nach dem Generalsekretär war mitnichten im Voraus entschieden."[17] Gorbatschows Dezember-Rede hatte angedeutet, dass er ein ernsthafter Kandidat geworden war. Sein stärkster Unterstützer war allerdings Ligatschow, der zwar dem Sekretariat, nicht jedoch dem Politbüro angehörte. Wenn Tschernenko einige Monate früher gestorben wäre oder Ustinow einige Monate länger gelebt hätte, wäre Ustinow Politbüro-Mitglied gewesen und das Militär hätte möglicherweise eine entscheidende Rolle gespielt, so wie es sich bei dem versuchten Sturz Chruschtschows 1957 demonstrativ hinter den Parteichef gestellt hatte.[18] Tschernenkos frühzeitiger Tod hätte sich leicht zu Gorbatschows Ungunsten auswirken können, selbst wenn man annimmt, dass Gorbatschow umgehend eine Sitzung einberufen hätte und es anderen Mitgliedern nicht gelungen wäre, eine Verzögerung dieser Sitzung zu bewirken, deren einziger Tagesordnungspunkt gewesen wäre: „Wer soll Generalsekretär werden?"[19] Eine hastig einberufene Sitzung hätte aber Dinmuchamed Kunajew, den Ersten Sekretär Kasachstans, an der Teilnahme gehindert, es sei denn, er wäre zufällig gerade in Moskau gewesen. Hingegen ist es leicht, sich eine Version der Ereignisse vorzustellen, in der Witali Worotnikow nicht in Jugoslawien eingeschneit war und Wladimir Schtscherbitski, der erste Sekretär der Ukraine, sich nicht in San Francisco aufhielt.[20]

Ligatschows und Jelzins Schilderungen weichen leicht voneinander ab, allerdings nicht so sehr, wie man angesichts von Ligatschows abfälligen Bemerkungen über Jelzin hätte meinen sollen. In Jelzins Bericht heißt es:

[Diesmal] entschied ... das ZK-Plenum das Schicksal des Generalsekretärs. Praktisch alle Teilnehmer in diesem Plenum, darunter auch sehr erfahrene Erste Sekretäre, hielten Grischin für völlig ungeeignet. Seine Wahl wäre verheerend für die Partei und das ganze Land gewesen. ...

Viele Erste Sekretäre waren der Meinung, man müsse aus dem Politbüro unbedingt Gorbatschow als Kandidaten für das Amt des Generalsekretärs aufstellen. Er besaß die meiste Energie, war gebildet und
hatte das richtige Alter. Wir beschlossen, auf ihn zu setzen, und sprachen mit einigen Politbüro-Mitgliedern, darunter auch mit Ligatschow.[21] Er war der gleichen Ansicht und fürchtete Grischin ebenso
wie wir. Nachdem klar war, dass die meisten diese Auffassung teilten,
beschlossen wir, einmütig gegen einen anderen Kandidaten – ob nun
Grischin, Romanow oder irgendeinen anderen – zu stimmen und ihn
durchfallen zu lassen.
Im Politbüro fand offenbar auch ein Gespräch statt. Unser fester Ent-
schluss war den Sitzungsteilnehmern bekannt, und auch Gromyko
unterstützte diesen Standpunkt. Er war es dann auch, der dem Plenum Gorbatschow als Kandidaten vorschlug. Grischin und seine
Umgebung riskierten nicht, irgendetwas zu unternehmen; sie hatten
erkannt, dass ihre Chancen klein oder vielmehr gleich null waren.
Deshalb ging Gorbatschows Kandidatur ohne Komplikationen
durch.[22]

Anders als bei Jelzin war die Tatsache, dass sich Andrej Gromyko für
Gorbatschow entschieden hatte und sowohl bei der zweiten Politbüro-
Sitzung als auch im ZK-Plenum als sein Fürsprecher auftrat, in Ligatschows Darstellung von großer Bedeutung. Ligatschows Ansicht nach
unterband Gromykos starker Auftritt bei der zweiten Politbüro-Sitzung
jede Widerrede, und auch im ZK-Plenum ergriff Gromyko als Einziger
das Wort.[23]

Ligatschows Schilderung der Ereignisse außerhalb des Politbüros
deckt sich jedoch im Wesentlichen mit Jelzins Bericht über die 24 Stunden nach Tschernenkos Tod am 11. März. Bei Ligatschow heißt es: „Einige[24] Erste Sekretäre erklärten mir ihre Bereitschaft, im Plenum bei
Bedarf das Wort zu ergreifen, um Gorbatschow zu unterstützen. Und
nicht bloß die eigene Meinung vorzutragen, sondern die einer ganzen
Gruppe von Sekretären und Mitgliedern des ZK."[25] Aus beiden Darstellungen geht klar hervor, dass das Politbüro nur hatte auf seinem Recht
bestehen können, den Vorsitzenden zu wählen, indem es Gorbatschow
als Kandidaten akzeptierte. Jahrzehntelang hatte die Parteiregel, dass
das ZK den Generalsekretär wählt, nur pro forma gegolten, sofern das
Politbüro einer Meinung war. 1985 hingegen war das ungeschriebene

Recht des Politbüros, seinen eigenen Vorsitzenden zu wählen, nur noch pro forma eingehalten worden; tatsächlich hatte es jedoch nicht mehr das alleinige Elektorat inne.[26] Wissenschaftler in Ost und West sind sich einig, dass die Gorbatschow-Ära mit einem vorübergehenden Puritanismus à la Andropow begann. Malia bemerkt zu Recht, dass die geplante ökonomische Umgestaltung im Inland anfänglich damit gerechtfertigt wurde, dass sie die Voraussetzung für internationale Wettbewerbsfähigkeit sei. Wissenschaftler in Ost und West betonen ebenso, dass alle Ingredienzen der Gorbatschow'schen Politik in den vier Schlagwörtern *reforma, perestroika*, *glasnost* und *demokratizatsija* enthalten waren, die den Kern seiner Rede vom Dezember 1984 ausmachten. Was genau diese Begriffe meinten, war jedoch unklar. Waren sie Mittel zum Zweck oder Ziele an sich? Und waren sie dehnbar genug, damit alle – einschließlich Gorbatschow – sie mit unterschiedlichen Inhalten füllen konnten, je offensichtlicher die Notwendigkeit von Wandel wurde und je mehr es die politische Entwicklung verlangte?

Die *normale* sowjetische Politik auf Führungsebene

Um einen Politikwechsel herbeizuführen, brauchte Gorbatschow sowohl eine Botschaft[27] als auch einen Personalwechsel. In einem 1990 erschienenen Artikel behauptete John Gooding, Gorbatschows Politik habe darauf abgezielt, „die Position der Kommunistischen Partei zu stärken statt zu untergraben".[28] Ähnlich konstatierte Hough ebenfalls 1990, Gorbatschow habe „eine äußerst methodische und rücksichtslose Konsolidierung seiner Macht betrieben".[29] Wenn man Gorbatschows Schritte vor dem Hintergrund traditioneller politischer Vorstellungen von der sowjetischen Führungsebene untersucht und das Augenmerk auf die Interaktion zwischen dem Generalsekretär, den übrigen Sekretären und dem Politbüro legt, spricht sehr viel für Houghs These. Ein kritischer Blick auf Gorbatschow ist in Anbetracht seiner Neigung zur Selbstdarstellung durchaus angebracht, vor allem wenn er – um mit Roeder zu sprechen – „*konstitutionelle Politik*" betrieb, eine Politik, bei der „Akteure ihre Sache voranzutreiben versuchen, indem sie die Regeln ändern", und keine „*normale Politik*", „bei der die politischen Akteure die bestehenden Regeln nutzen, um ihre Sache voranzutreiben".[30] Doch Gorbatschow machte durchaus und sogar recht erfolgreich *normale* Politik auf politischer Führungsebene. Tatsächlich wäre es 1986 schwierig gewesen, konkrete Maßnahmen zu benennen, durch die er sich von den Vorgehensweisen seiner Vorgänger maßgeblich unterschied. Nachdem er Generalsekretär geworden war, ging er rasch gegen Mitglieder des Politbüros und des Sekretariats vor, die noch ‚Altlasten' darstellten – häufig aus der Breschnew-Zeit. Aus der Sicht der sowjetischen Führungsebene war das Bemerkenswerte in den ersten rund zwölf Monaten seiner Amtszeit als Generalsekretär nicht sein demokratischer Instinkt, sondern das Marschtempo, mit dem er personelle Änderungen vornahm. Brown stellt zu Recht fest, dass „Gorbatschow nach einem Jahr im Amt des Generalsekretärs den bei Weitem größten Wechsel an der Führungsspitze eingeleitet hatte, der jemals zuvor so früh in der Amtszeit eines sowjetischen Parteichefs stattgefunden hatte."[31]

Im Schnellverfahren veränderte er die Zusammensetzung von Politbüro und Sekretariat. „In Gorbatschows erstem Jahr trat das ZK-Plenum fünfmal zusammen und rund 23 Personen in Politbüro und Sekretariat erhielten neue Ämter."[32] Im Juli 1985 wurde Grigori Romanow abgesetzt und durch Lew Saikow ersetzt. Im selben Monat fiel Andrej Gromyko, der Gorbatschow nominiert hatte, die Treppe hinauf und wurde Vorsitzender des Präsidiums des Obersten Sowjet, wo er Eduard Schewardnadse als Außenminister ablöste.[33] Im September schied der 80-jährige Nikolai Tichonow, der seit Kossygins Tod 1980 den Vorsitz über den Ministerrat führte, aus dem Amt. Im Dezember 1985 wurde Grischin kurzerhand von seinem Posten als Erster Sekretär des Moskauer Stadtkomitees abberufen; im Februar 1986 verlor er seine Mitgliedschaft im Politbüro und wurde durch Boris Jelzin ersetzt.[34]

Seit Gorbatschows Amtsantritt als Generalsekretär erlebte auch das Zentralkomitee eine rasante Fluktuation seiner Mitglieder. Wie im Falle des Politbüros und des Sekretariats lassen sich auch die Veränderungen im Zentralkomitee von 1985 bis 1988 plausibel als *normale* Politik auf sowjetischer Führungsebene verstehen. Die Zahlen variieren, weisen jedoch in dieselbe Richtung. So berichtet Brown: „[W]ährend in Breschnews 1981 gewähltem Zentralkomitee 28 Prozent Neumitglieder waren, machten sie 1986 44 Prozent der gewählten Mitglieder aus ... 1981 waren 41 der 319 Vollmitglieder absolute Neuankömmlinge gewesen, 1986 waren es 95 von 307."[35] Ähnlich argumentiert Richard Sakwa: „Unter Breschnew wurden rund 90 Prozent der lebenden ZK-Mitglieder alle fünf Jahre wiedergewählt, während am 5. März 1986 nur 60 Prozent der Vollmitglieder wiedergewählt und 23 Kandidaten aus dem Jahr

1981 Vollmitglieder wurden."[36] Nach Robert Kaisers Zählung gab es „unter den 307 stimmberechtigten ZK-Mitgliedern, die gegen Ende von Gorbatschows erstem Jahr gewählt wurden, 131 Neumitglieder".[37]

Anfangs versuchte Gorbatschow, ZK-Mitglieder auf einer Parteikonferenz[38] abzusetzen, holte sich damit jedoch eine Abfuhr. Man berief sich darauf, dass ZK-Mitglieder gemäß der Parteiregeln nur auf Parteitagen abgesetzt werden konnten. Gorbatschow gelang es daraufhin, 74 stimmberechtigte ZK-Mitglieder, die aus Ämtern ausgeschieden waren, welche ihnen fast automatisch eine Mitgliedschaft im ZK eingebracht hatten, davon zu überzeugen, im ZK-Plenum um die Annahme ihres Rücktrittsgesuchs zu bitten.

Ihre Gesuche wurden genehmigt. Wie Brown verschmitzt bemerkt, war „Stalins Lösung für die Präsenz potenzieller Feinde im Zentralkomitee [...] Festnahme und Erschießung gewesen; Chruschtschow ersetzte [seine Feinde] auf Parteitagen; Gorbatschow war der erste sowjetische Regierungschef, der zahlreiche Mitglieder des Zentralkomitees davon *überzeugte*, zwischen zwei Parteitagen auszuscheiden."[39] Dabei stellten diese 74 stimmberechtigten Mitglieder – die sogenannten „toten Seelen" – fast ein Drittel des Zentralkomitees dar. Ihr Ausscheiden und ihre Ablösung verringerten die Wahrscheinlichkeit, dass das Zentralkomitee Gorbatschow absetzen würde – eine Wahrscheinlichkeit, die ohnehin verschwindend gering war, wenn man bedenkt, dass „nur 26 Prozent der ZK-Mitglieder von 1990 unter den 5.000 Delegierten des XXVII. Parteitags 1986 gewesen waren. Gorbatschow hatte die politische Elite nahezu so vollständig ausgewechselt wie Stalin zwischen 1937 und 1939."[40]

Wenngleich unwahrscheinlich, war eine solche Entwicklung nicht völlig unmöglich. Man könnte mit Jerry Hough argumentieren, dass die Veränderungen 1986 Indizien dafür waren, dass Gorbatschow „all die üblichen Schritte eines sowjetischen Generalsekretärs unternahm, um seine Macht zu konsolidieren. Er entließ die – Leonid Breschnew verpflichteten – Mitglieder der alten Elite schneller als alle anderen Generalsekretäre in der Geschichte zuvor und besetzte entscheidende Machtpositionen systematisch mit Menschen, die sich ihm verpflichtet zu fühlen schienen."[41]

Houghs Argumentation trifft einigermaßen auf die personellen Veränderungen im Politbüro zu;[42] im Hinblick auf das Zentralkomitee ist sie jedoch nicht überzeugend. Es ist fraglich, ob man bei den 1986 Gewählten davon ausgehen kann, dass sie „Anhänger von Gorbatschow"[43] waren – zumindest waren sie es nicht lange. Kaiser hat zu Recht daran erinnert, dass Ligatschow der für Kaderfragen zuständige Sekretär war. Er war es, der „die Mehrzahl der neuen Männer" 1986 ausgewählt hatte.[44] Seine Kandidaten mögen sich durchaus für eine Version von Gorbatschow begeistert haben, die Ligatschow vorschwebte und die er für die regionalen Parteisekretäre entworfen hatte. Es scheint jedoch fraglich, ob sie den tatsächlichen Gorbatschow noch 1990/91 unterstützt hätten. Daher fragt sich Kaiser zu Recht, ob dieselben Männer in Anbetracht von Gorbatschows Politik bis 1990/91 wirklich noch zu den „Gorbatschow-Fans und radikalen Reformern" gehört hätten.[45] Ligatschow gehörte ganz sicher nicht dazu – und Gorbatschow selbst bemerkte gegenüber seinem Berater Anatoli Tschernjajew im Mai 1990: „70 Prozent des ZK-Apparats und das Zentralkomitee selbst sind gegen mich und hassen mich."[46] Ein Jahr darauf trat er als Generalsekretär in einer ZK-Sitzung zurück, in der er massiv kritisiert worden war. Nach kurzer Pause wurde abgestimmt und sein Rücktrittsgesuch abgelehnt.[47]

Konstitutionelle Politik

Gorbatschows Maßnahmen zur Umsetzung seiner Politik und zum Ausbau seiner Machtposition beschränkten sich nicht auf die *normale* Politik im Roeder'schen Sinne. Die zentralen Schlagwörter dieser Jahre – *perestroika, demokratizatsija, reforma* und *glasnost* – machten es erforderlich, „die politische Ordnung der Sowjetunion mit Themen [zu konfrontieren], die weit über den Bereich ‚normaler' Politik hinausgingen".[48] Insbesondere in den drei Jahren von 1988 bis 1990 unternahm Gorbatschow wiederholt Anstrengungen, die politischen Spielregeln zu ändern – nicht nur, um seine Machtposition zu stärken, sondern um das System insgesamt zu verändern. Im Mittelpunkt standen dabei Bestrebungen, die Parteiinstitutionen umzugestalten und zu ersetzen, das Amt des Präsidenten zu schaffen und mit weitreichender Macht auszustatten sowie das Elektorat zu erweitern. Ziel dieser Anstrengungen war es, die Macht von der Partei auf den Staat zu verlagern und Maßnahmen in Gang zu setzen, die das Elektorat grundlegend verändert und letztlich zu einer Sowjetunion mit nahezu allgemeinem Wahlrecht geführt hätten. Dieses Ziel wurde für 1995 angestrebt, günstigerweise also nach Ablauf von Gorbatschows erster Amtszeit als Präsident, da er 1990 vom Volksdeputiertenkongress in sein Amt gewählt worden war. Das hätte allerdings den Fortbestand der Sowjetunion vorausgesetzt. Diese löste sich jedoch nach dem gescheiterten August-Putsch und der Vereinbarung der Präsidenten von Russland, der Ukraine und Weißrussland, die UdSSR durch die Gemeinschaft Unabhängiger Staaten (GUS) zu ersetzen, am 25. Dezember 1991 auf.

Gorbatschows Aushöhlung der entscheidenden Parteiinstitutionen war gekoppelt an die gleichzeitige Schaffung neuer Regierungsorganisationen, insbesondere die Gründung eines Volksdeputiertenkongresses und die Umgestaltung des symbolischen Vorsitzes des Obersten Sowjet in ein starkes Präsidentenamt.

Die Demontage des Sekretariats gelang. Im August 1988 empfahl Gorbatschow die Abschaffung der Wirtschaftsabteilungen des Zentralkomitees. Im Oktober wurde die Zahl der entsprechenden Abteilungen von zwanzig auf neun reduziert. Im Grunde stellte das Sekretariat als Institution seine Tätigkeit für ein bis zwei Jahre ein. Ligatschow resümiert, was stattdessen geschah: „Mit der Schaffung [von] Kommissionen wurde automatisch das Sekretariat beerdigt. Zudem war das auch eine grobe Verletzung des Statuts der KPdSU ... Der Trick dabei war, dass von der Einstellung der Sitzungen des Sekretariats gar nicht die Rede war. Nach der Bildung der Kommissionen hörten die Sitzungen des Sekretariats von selbst auf."[49] Die Schaffung von Kommissionen in Verbindung mit der Entwicklung des Präsidentenamts und der – zumindest auf dem Papier – erheblich erweiterten Rolle der Legislative ließ hoffen, dass sich die Ministerien nicht mehr an der Art von reziproker Rechenschaft beteiligen würden, über die Roeder so eloquent schreibt. Vielmehr würden sie ersetzt „durch souveränes Delegieren, bei dem Bürokraten gegenüber Politikern [in der Exekutive und Legislative] rechenschaftspflichtig waren, die wiederum unabhängig von der Bürokratie einem Elektorat gegenüber rechenschaftspflichtig waren".[50]

Das ZK erfuhr ebenfalls insofern eine Schwächung, als die Parteiregeln zur Wahl des Generalsekretärs auf dem XXVIII. Parteitag geändert wurden. Fortan hatte das ZK nicht mehr das Recht, den Generalsekretär zu wählen oder abzulehnen, sondern dies war ausschließlich dem Parteitag vorbehalten. Wie Hough bemerkt, bannte „dies die Gefahr, dass [Gorbatschow] vom Zentralkomitee abgesetzt werden könnte".[51] Pflichtgemäß bestätigte ihn der Parteitag in seiner Sitzung. Gorbatschow erhielt 3.411 Stimmen, sein Gegner Teimuras Awaliani, ein Anführer im sibirischen Bergarbeiterstreik 1989,[52] erhielt 501 Stimmen.

Selbst wenn man nicht näher auf die Machtverlagerung von der Partei auf Regierungsinstitutionen eingeht, hatte sich damit das Elektorat tatsächlich um mehrere Größenordnungen erweitert – von dem Dutzend Mitglieder des Politbüros war es auf rund 4.700 Parteimitglieder angewachsen, die am Parteitag teilnehmen durften. Zusätzlich gab es Bestrebungen, eine gewisse Demokratisierung in der Auswahl der Parteitagsteilnehmer zu erzielen. Da jedoch im ZK-Plenum im Februar 1990 kein Beschluss erzielt wurde, wie genau die Teilnehmer ausgewählt werden sollten, reichte man den Schwarzen Peter an die regionalen Parteieinheiten weiter; sie sollten nun ihre eigenen Regelungen erlassen. Von den entsprechenden 164 Einheiten setzten 135 eine Art von vermeintlich gleichberechtigtem und kompetitivem Bewerbungsverfahren ein, um die Teilnehmer auszuwählen, obwohl Roeder zufolge Gorbatschow selbst zugab, dass die Parteisekretäre den Auswahlprozess weiter beherrschten.[53]

Die dritte Parteiinstitution, die eine ernsthafte Schwächung erfuhr, war das Politbüro selbst. Einst Inbegriff monolithischer Einheit, wurde es 1990 auf 25 Mitglieder erweitert, von denen 15 Erste Sekretäre der Republiken waren. Als Richard Pipes seinen Klassiker zur Entstehung der Sowjetunion schrieb,[54] bemerkte er, die Regierungsinstitutionen seien derart strukturiert, dass man die Sowjetunion als Föderation darstellen könne. Die Partei hingegen war eindeutig hierarchisch organisiert. Hier lag die wahre Macht. Wäre das Politbüro noch der zentrale Ort der Entscheidungsfindung gewesen, so wäre demnach die Einbindung von 15 Repräsentanten aus allen Republiken ein wichtiger Schritt in die Richtung einer föderativen Sowjetunion gewesen. Das Politbüro war indes nicht mehr der Ort des Geschehens oder der Ort, an dem sich die wichtigsten Akteure aufhielten – abgesehen natürlich von Gorbatschow.

Die Schlüsselfiguren waren jetzt Mitglieder des neu geschaffenen Präsidialrats,[55] der „zuallererst aus dem Vorsitzenden des Obersten Sowjet (Lukjanow), dem Ministerpräsidenten (Ryschkow), dem Minister für Auswärtige Angelegenheiten (Schewardnadse), dem Verteidigungsminister (Dmitri Jasow), dem Minister des Innern (Wadim Bakatin), dem Chef des KGB (Kryuschkow) und dem Chef der Staatlichen Plankommission ([Juri] Masljukow) bestand".[56] Außer diesen wichtigsten Akteuren, die qua ihres Amtes ernannt wurden, besetzte Gorbatschow den Präsidialrat mit Personen seiner Wahl, darunter zwei seiner engsten Berater, Alexander Jakowlew und Wadim Medwedew, sowie verschiedener anderer, angefangen von Jewgeni Primakow, der 1990 der Vorsitzende des Unionsrats des Obersten Sowjet war, und Walerie Boldin, seinerzeit Vorsitzender der Generalabteilung des Zentralkomitees, bis hin zum kirgisischen Autor Tschingis Aitmatow und dem namhaften Physiker Juri Osipian.[57]

Der Präsidialrat war nur ein Aspekt von Gorbatschows Bemühungen, ein mächtiges Präsidentenamt zu schaffen und zugleich seinen Posten als Generalsekretär der Partei zu behalten. (Erst nach dem gescheiterten Putsch im August 1991 trat er als Generalsekretär zurück.) Brown beschreibt den Präsidialrat zu Recht als „im Wesentlichen einen Beirat für den Präsidenten".[58] Ihm war allerdings keine lange Lebensdauer beschieden. Als Gorbatschow im November 1990 versuchte, hartnäckige Kritiker zu beschwichtigen,[59] die vordergründig auf eine weitere Stärkung des Präsidentenamts drängten, wurde der Präsidialrat aufgelöst. Diese Kritiker drängten Gorbatschow dazu, die ihm als Präsidenten zur Verfügung stehenden Ressourcen zu nutzen und eine Politik zu machen, die seine Beziehungen zu Intellektuellen und nicht-russischen Nationalisten trübte. Hough zählt die ganze Litanei präsidialer Befugnisse auf, die in der Folge existierten:

Der Präsident sollte nicht nur den Vorsitzenden des Ministerrats sowie den Leiter des Verteidigungsrats ernennen und auswärtige und Verteidigungspolitik betreiben, sondern auch die Befugnis haben, Dekrete im eigenen Namen zu erlassen. Theoretisch unterliegen diese der Zustimmung des Obersten Sowjets, in der Praxis erließ Gorbatschow jedoch weitreichende Dekrete zu den unterschiedlichsten innenpolitischen Themen ...

Obwohl die gesetzlichen Möglichkeiten des neuen Präsidenten beeindruckend sind, unterscheiden sie sich nur unwesentlich von den de facto Befugnissen des alten Generalsekretärs.[60]

Auf Grundlage dieser Aufzählung behauptet Hough, Gorbatschow habe „seine diktatorische Macht konsolidiert" und „im Herbst 1990 quasi absolute Machtfülle innerhalb der Zentralregierung der Sowjetunion erlangt".[61] Seine Liste von Gorbatschows Befugnissen als Präsident ist nicht außergewöhnlich und ein warnender Hinweis darauf, nicht zu übersehen, dass Gorbatschow sich gern als Teil der politischen Mitte inszenierte. 25 Jahre später tat er dies noch immer und wälzte „die

Hauptschuld" auf „die Radikalen" ab, die „zu rascherem Handeln gedrängt" hätten, und auf die Konservativen, die ihnen „auf die Füße getreten" seien.[62] Hätte er einfach nur seine Macht maximieren wollen, so Gorbatschow, hätte er seine Rolle als Generalsekretär nutzen können, um das Politbüro unter seine Kontrolle zu bringen. In Gorbatschows eigenen Worten: „Der Generalsekretär des ZK der KPdSU war ein Diktator, der weltweit seinesgleichen suchte. Keiner besaß mehr Macht als er ... Warum hätte ich dann all das in Gang setzen sollen?"[63]

Das Problem ist, dass Hough übersieht, welche wesentlichen konstitutionellen Veränderungen – wie Roeder sie nennt – es in den Jahren 1985 bis 1990 gegeben hatte. In einem 1990 veröffentlichten Artikel machte sich Hough über Seweryn Bialer lustig, der schon ein Jahr vor dem Zusammenbruch der Sowjetunion diesen als „unmittelbar bevorstehend" vorausgesagt hatte. Ähnlich beschuldigte er zahlreiche westliche Wissenschaftler und russische Demokraten, „die Sowjetunion fundamental misszuverstehen" und „die Schwere der Probleme der Sowjetunion maßlos" zu übertreiben.[64]

Ich werfe Hough nicht vor, die Widerstandsfähigkeit der Sowjetunion gegenüber äußeren und inneren Erschütterungen überschätzt zu haben – diesen Vorwurf könnte man einer ganzen Reihe von angesehenen und ausgewiesenen Sowjetspezialisten machen.[65] Wer jeglichen systemischen Wandel übersah und eine unveränderte Sowjetpolitik unterstellte, nahm tatsächlich nur zur Kenntnis, dass sich Gorbatschow von den Zwängen des Politbüros und des ZK losmachte und die direkte Wahl des Präsidenten bis 1995 aufschob. Eine solche Argumentation war natürlich Wasser auf die Mühlen derjenigen, welche die Mischung von Gorbatschows Bestrebungen kritisch beäugten.

Im Jahr 1990 war eine solche von früheren Erfahrungen geprägte Betrachtungsweise jedoch nicht mehr die einzig angemessene Art und Weise, Gorbatschow zu bewerten. Neben den zahlreichen von ihm initiierten Umwälzungen in der Innen- und der Außenpolitik war entscheidend, dass er geneigt war, die Verbindung zwischen dem Präsidenten und seiner Wählerschaft grundlegend zu verändern. Wäre dieser Prozess hin zu einer Präsidentschaft, die auf einem allgemeinen erwachsenen Wahlrecht beruht hätte, bis ins Letzte umgesetzt worden, hätte dies das Ende der reziproken Rechenschaftspflicht bedeutet: Im sowjetischen Politringelreigen hätte nicht mehr (1) Genosse Iwanow, der Generalsekretär der KPdSU, aus der Allrussischen Nomenklatura regionale

Parteisekretäre und führende Regierungsbeamte ausgewählt, die (2) wiederum automatisch ZK-Mitglieder geworden wären und dann (3) in ihrer Funktion als ZK-Mitglieder die – vermeintlich vom Politbüro ausgesprochene – Empfehlung bestätigt hätten, dass Genosse Iwanow als Generalsekretär der KPdSU im Amt bleibt. Stattdessen wäre die Beziehung zwischen Präsident und Legislative „in eine hierarchische politische Gesamtordnung der Volkssouveränität eingebettet [gewesen]".[66]

Regierungsbehörden wären in diesem System Politikern gegenüber Rechenschaft schuldig. Politiker wiederum wären den Bürgern gegenüber rechenschaftspflichtig, wodurch ein erheblich erweitertes Elektorat entstanden wäre. Dieses sollte auf nationaler Ebene anfangs aus zwei Legislativen bestehen, dem Volksdeputiertenkongress und dem Obersten Sowjet, deren Mitglieder wiederum hauptsächlich durch Volksabstimmung gewählt würden. Zumindest in der Theorie hätte im Jahr 2005 ein Großteil der Bürger den Präsidenten gewählt, der wiederum die Administrative kontrolliert hätte. Die hierarchische Beziehung zwischen Führer und Geführten in der Sowjetunion wäre damit auf den Kopf gestellt worden: Die Bürger hätten Souveränität ausgeübt, indem sie den Regierungschef wählten.[67]

Selbst die bereits erfolgten Veränderungen waren keineswegs unbedeutend. Erinnern wir uns: Ein Drittel der Parteitagsmitglieder wurde nicht von der Gesamtheit gewählt. Vielmehr repräsentierte es verschiedene „öffentliche Organisationen". Das reichte von jeweils hundert Vertretern für die KPdSU und den Allrussischen Gewerkschaftsrat bis zu dreißig Vertretern für die Allrussische Akademie der Wissenschaften und je einem für die Allrussische Philatelisten-Gesellschaft bzw. die Allrussische Gesellschaft für den Kampf für Abstinenz.[68] Wie zu erwarten, wählte die KPdSU hundert vorgeschlagene Kandidaten für ihre hundert Positionen als öffentliche Organisation und bewies damit, dass Einstimmigkeit und das Fehlen jeglichen Risikos ihr typischer Betriebsmodus als Organisation blieb.

Die Wahl der verbleibenden zwei Drittel des Parteitags war jedoch Ausdruck der Gegenmobilisierung der breiten Masse in der Gorbatschow-Ära. Diese war wiederum eine Folge der Öffnung der Medien,[69] der Öffnung vieler Archive und der Öffnung der Grenzen sowie der gewaltigen Zunahme von spontan organisierten Gruppen eigener Zielrichtung, die unabhängig von Parteikontrollen (*neformaly*) agierten. Anders als Gorbatschow und viele andere hohe Parteifunktionäre, die als Bevollmächtigte ebenfalls am Parteitag teilnahmen, empfanden Parteisekretäre, die in den Niederungen ihrer Wahlkreise um eine Position im Parteitag ringen mussten, diesen Wahlkampf häufig als unangenehm und karrierebedrohend[70] – nicht so sehr, weil sie möglicherweise mit ihrer Kandidatur für den Parteitag durchfielen, sondern weil sie im Falle einer Schlappe häufig entlassen wurden oder von ihrem Parteiamt zurücktreten mussten. Selbst wenn also nicht die gesamte erwachsene Bevölkerung den ersten Präsidenten der UdSSR unmittelbar wählte, spielte sie doch als Kohorte, die viele Deputierte wählte, welche wiederum das Elektorat darstellten, eine maßgebliche Rolle.

Die Wahl im März 1989 war deshalb die erste tatsächlich bedeutende landesweite Wahl seit der Abstimmung zur Konstituierenden Versammlung unmittelbar nach der Machtergreifung der Bolschewiki 1917. Die regionalen Parteisekretäre, die sich nicht durchsetzen konnten, stammten überwiegend aus Moskau und Gebieten nördlich davon.[71] Besonders die zwei Hauptstädte (Moskau und Leningrad), die Baltischen Republiken und Moldawien machten insofern von sich reden, als sie regionale Parteisekretäre tendenziell ablehnten.[72] Generell waren die Städte stärker gegen die Führungsriege der Partei mobilisiert als ländliche Gegenden. Außerhalb von Moskau und Leningrad setzten sich nur vier der 18 kandidierenden *gorkom* (Stadt-)Sekretäre durch. Ähnlich gewannen nur vier von 13 Sekretären der städtischen *raikom*, der Bezirkskomitees in den Rayons, wohingegen in den ländlichen *raikom* etwas mehr als die Hälfte (22 von 40) gewählt wurde.[73] Die Entwicklung in den beiden Hauptstädten war dramatisch und ein Beleg dafür, wie die Perestroika die gesellschaftliche Zusammensetzung der Wählerschaft erweitert hatte. In Moskau war Boris Jelzin zu einer Art Kultfigur unter Intellektuellen und Moskauer Bürgern im Allgemeinen geworden, nachdem er sich öffentlich gegen Ligatschow gestellt und dessen enge Auslegung der Perestroika kritisiert hatte.[74] Jelzin hatte von seinem Posten als Erster Sekretär des Moskauer Stadtkomitees zurücktreten müssen und sich einer Runde Kritik und Selbstkritik unterziehen müssen, die an frühere Zeiten erinnerte. Gleichwohl ergriff er die Gelegenheit, sich politisch zu rehabilitieren und in die Öffentlichkeit zurückzukehren, indem er sich als Kandidat für den Volksdeputiertenkongress aufstellen ließ. Im Moskauer Bezirk 2, dem größten Einzelbezirk des Landes (der Bezirk 1 war Lenin vorbehalten), erhielt er 89 Prozent der abgegebenen Stimmen und setzte sich damit gegen den Moskauer Bürgermeister

durch. In Leningrad erlitt die Parteiführung eine vernichtende Niederlage. Der Leningrader *obkom* (Stadt-)Sekretär trat ohne Gegenkandidat
an und verlor dennoch.[75] Der *gorkom* (Land-)Sekretär erhielt 15 Prozent
der Stimmen. Vier andere führende Parteipersönlichkeiten fielen durch.
Auf nationaler Ebene scheiterte ungefähr einer von fünf Oblast-Sekretären (*n* = 33), obwohl viele keine Gegenkandidaten hatten. Als Reaktion auf diese Entwicklungen betonte Gorbatschow, dass Wahlen, in
denen Parteifunktionäre ihren Sitz verlören, in seinen Augen ein Signal
an einzelne Parteiführer seien; sie seien „ein normaler demokratischer
Prozess", der nicht als Tragödie zu betrachten sei.[76] Die Wahlen seien, so
Gorbatschow, Teil eines Gesamtprozesses systemischen Wandels, der
die Einführung von kompetitiven Wahlen umfasse, „neuen Methoden
der Wirtschaftsführung ... [und] der Wiederbelebung der Sowjets ... Deswegen haben wir das alles überhaupt erst in Gang gesetzt – damit sich
ein Mensch in einem sozialistischen Staat normal und gut fühlen kann.
Damit er sich vor allem wie ein Mensch fühlen kann."[77]

Gorbatschows Rhetorik klang natürlich insofern etwas hohl, als der
Weg für seine Beförderung zum Präsidenten bestens bereitet war. Mit
skeptischem Blick auf Gorbatschows Taktieren wäre zu betonen, dass er
trotz all seiner Äußerungen über Demokratie nicht vor den Unwägbarkeiten stand, die wirklich kompetitive, ehrliche Wahlen kennzeichnen
und die vermutlich ein wesentliches Merkmal der sowjetischen Wahlen
1995 gewesen wären, wenn sich die Sowjetunion nicht vorher aufgelöst
hätte. Er war einer der hundert direkt aufgestellten Kandidaten gewesen, welche die Partei als gesellschaftliche Organisation repräsentieren
sollten. Anders als Jelzin, zu dessen Präsidentschaftswahl die gesamte
erwachsene Bevölkerung berechtigt war, war Gorbatschow kein vom
Volk gewählter Präsident, ja noch nicht einmal ein Stellvertreter. Vielmehr wurde er zum Präsidenten gewählt von einem Volksdeputiertenkongress, der durch seine bewusst gewählte Zusammensetzung, durch
politische Hinterlist und durch offensichtliche Betrügereien die Ungewissheit des Wahlausgangs möglichst klein halten sollte. Dennoch
hatte sein Wahlergebnis kaum etwas mit den „makellosen" 99,44 Prozent der Stalinzeit oder den manipulierten Präsidentschaftswahlen von
2008 zu tun.

Da sich die effektive Macht vom Zentralkomitee und Politbüro hin
zum Präsidenten, dem Obersten Sowjet und dem neu geschaffenen
Volksdeputiertenkongress verschoben hatte, war die Frage, wer die sow-

jetische Führung wählen sollte, Gegenstand ernster Auseinandersetzungen. Als die Entscheidung erst einmal gefallen war, dass der Präsident der UdSSR dieses erste Mal vom Parteitag gewählt werden sollte, war es nicht überraschend, dass Gorbatschow zum ersten und, wie sich herausstellen sollte, einzigen Präsidenten der UdSSR gewählt wurde. Überraschend und bezeichnend für das veränderte Verhältnis zwischen Wählern und Gewähltem war höchstens, dass Gorbatschow, der zu seiner Wahl als Präsident eine absolute Mehrheit der Parteitags-Mitglieder benötigte, nur 59 Prozent der abgegebenen Stimmen für sich gewann: Obwohl es keinen Gegenkandidat gab, erhielt Gorbatschow nur 1.329 Stimmen bei 495 Gegenstimmen und 420 Enthaltungen.[78]

Der gescheiterte Putsch

Wie der ehemalige amerikanische Botschafter in der Sowjetunion, Jack F. Matlock, angemerkt hat, spielt das öffentliche Bad (*banja*) in der russischen Politik und Wirtschaft häufig die Rolle, die verrauchte Hinterzimmer einst in der amerikanischen Politik spielten.[79] Es ist der Ort, an dem Intrigen eingefädelt und Geschäfte gemacht werden. So auch am 17. August 1991, als KGB-Chef Wladimir Krjutschkow, seit 1988 im Amt, verschiedene einflussreiche Personen in das Badehaus des KGB in Moskau einlud. Unter den Gästen waren auch Walentin Pawlow, seit Januar 1991 sowjetischer Ministerpräsident, und Dmitri Jasow, den Gorbatschow 1987 zum Verteidigungsminister berufen hatte.

Ihre Aktionen fanden vor dem Hintergrund von Entwicklungen historischen Ausmaßes statt. Von 1989 bis 1991 hatte die Sowjetunion den „Verlust" Osteuropas, eine Nahrungsmittelkrise vor allem in den großen Städten, einen Einbruch der Ölpreise, massive Unruhen aufseiten der Kohlebergarbeiter[80] und dramatische Unabhängigkeitsbestrebungen der Baltischen Republiken, der Republiken im südlichen Kaukasus und Russlands erlebt. Zu allem Überfluss sollte am 20. August ein Abkommen unterzeichnet werden, das die Union der Sozialistischen Sowjetrepubliken in eine Konföderation mit dem Namen Union der Sowjetischen Souveränen Republiken verwandelte.[81] Krjutschkow, Pawlow und Jasow schlossen sich kurz darauf zu dem von ihnen gebildeten und selbst ernannten Staatskomitee für den Ausnahmezustand in der UdSSR (GKTschP) zusammen. Zu ihnen stießen in der *banja* außerdem Oleg Schenin, Kader-Sekretär des Zentralkomitees, Gorbatschows Stabschef Waleri Boldin,[82] der seit 1981 auf Gorbatschows Seite gestanden hatte, sowie Oleg Baklanow, der für Verbindungen zur Verteidigungsindustrie zuständige ZK-Sekretär. Aus ihren Diskussionen und Krjutschkows früheren Bestrebungen entstand ein Plan.

Krjutschkow hatte schon Monate vor dem Treffen geplant, den Notstand zu verhängen, wofür seine Mitarbeiter detaillierte Vorbereitungen getroffen hatten – bis hin zu den „Namen der Personen, die verhaftet und deren Telefone abgehört werden sollten".[83] Außerdem hatte er sich über mehrere Monate mit vielen der infrage kommenden Mitglieder von Roeders „eisernem Dreieck" (dem Parteiapparat, der Schwerindustrie und den Streitkräften einschließlich der Geheimpolizei[84]) getroffen, um sich vor allem über den Bedeutungsverlust der Partei und die Gefahr eines Friedens zwischen Ost und West auszulassen. Auch Boldin, Jasow und Baklanow waren bei diesen Diskussionen zugegen gewesen.

Zunächst sah der Plan folgendes vor: Es sollte ein „temporäres" Staatskomitee eingerichtet werden und den Ausnahmezustand in der ganzen UdSSR ausrufen. Der Putsch sollte zwei Tage nach dem Treffen, am 19. August 1991, stattfinden und theoretisch auf sechs Monate beschränkt sein. Die handelnden Personen waren Funktionäre, die offensichtlich kraft ihrer Ämter dazugehörten. Neben den bereits genannten waren Innenminister Boris Pugo und Vizepräsident Gennadi Janajew Mitglieder dessen, was abfällig als Achterbande bezeichnet wurde.[85] Zwei weitere Mitglieder des Notstandskomitees waren offenbar ausgewählt worden wegen ihrer Verbindungen zu entscheidenden Wirtschaftszweigen, deren Unterstützung das Komitee zur Schau stellen wollte. Es handelte sich um Wassili Starodubzew, den Vorsitzenden des Bauernverbandes, und Alexander Tisjakow, einen Vertreter rüstungsorientierter Staatsunternehmen.[86] Dass ein Mitglied des Komitees für sich beanspruchte, für die Bauern zu sprechen,[87] und dass ein weiteres Mitglied – neben dem Verteidigungsminister, dem Chef des KGB und dem Innenminister – zum „eisernen Dreieck" zählte, erhöhte in den Augen der übrigen Mitglieder die Legitimität des GKTschP.

Starodubzews Lenin-Kolchose war ein Aushängeschild für das Kolchose-System im Allgemeinen; zudem stand er aufgrund der Ereignisse der vergangenen zwei Jahre gehörig unter Druck. Als Jelzin für das Amt des Russischen Präsidenten kandidierte, erhielt er nämlich in Starodubzews Region 76 Prozent der Stimmen.[88] Tisjakow, so hieß es später, sei von der Absetzung Gorbatschows besessen gewesen und habe sich schon vor Schaffung der Junta entschieden für einen aussichtreichen

Putsch eingesetzt.[89] Obwohl Krjutschkow der Hauptorganisator war, stammte „die Idee von einer Gründung des GKTschP als höchstem Machtorgan"[90] von Tisjakow.

Ein weiterer wichtiger Bestandteil ihres Plans, der teilweise dem Bedürfnis nach einem Hauch von Legitimität geschuldet war, war die Entsendung einer Gruppe führender Beamte auf die Krim, wo sie mit Gorbatschow in seiner Datscha zusammentrafen. Unter ihnen waren Waleri Boldin, Oleg Baklanow, General Walentin Warennikow, der stellvertretende Verteidigungsminister, Oleg Schenin und der KGB-General mit dem bezeichnenden Namen Wjatscheslaw Generalow.[91] Ihre Aufgabe bestand darin, Gorbatschow davon zu überzeugen, zurückzutreten und seine Macht an Janajew zu übergeben, der amtierender Präsident werden sollte. Bis dahin sollten Gorbatschow, seine Familie und seine engsten Mitarbeiter von der Außenwelt abgeschnitten und davon abgehalten werden, etwas zu unternehmen. Um ihrer Drohung Nachdruck zu verleihen, wurden die Telefonverbindungen zu Gorbatschows Sommerresidenz auf der Krim gekappt und die Gegend um sein Feriendomizil zu Wasser und zu Land militärisch abgeriegelt. Die Rechtmäßigkeit seines Amtsverzichts sollte dann von dem von Anatoli Lukjanow angeführten Obersten Sowjet bestätigt werden. Zur Vertuschung wollte das GKTschP offiziell erklären, Gorbatschow sei aufgrund nicht näher genannter gesundheitlicher Gründe nicht imstande, seinen Pflichten nachzukommen. Und tatsächlich ließ die Junta – ohne irgendein Einverständnis von Gorbatschow oder ein Gutachten eines Arztes – verlauten, Janajew sei nun amtierender Präsident, da Gorbatschow „aus gesundheitlichen Gründen außerstande [sei], seinen Verpflichtungen als Präsident nachzukommen".[92] Hätte Gorbatschow den Forderungen seiner Besucher nachgegeben, wäre er nach Moskau zurückgekehrt, allerdings in einer dem GKTschP nachgeordneten Position. Tisjakow erklärte recht unmissverständlich, dass die Aufgabe des künftigen Präsidenten ausschließlich darin bestehen werde, „dem Willen [des Notstandskomitees] nachzukommen".[93] Ob dem so gewesen wäre, werden wir allerdings nie wissen. Gorbatschow wies die Besucher kalt ab. In zweieinhalb Tagen war der Spuk vorbei.

Des Weiteren hatte der Plan vorgesehen, die Exekutive – die Armee, den KGB und die Miliz – untereinander abzustimmen, um die Ordnung aufrechtzuerhalten.[94] Wie die Bolschewiki 1917 wollte man zunächst die Macht in Moskau und Leningrad ergreifen. In seiner Jelzin-Biografie listete Colton die Truppen auf, die zur Machtübernahme in der sowjetischen Hauptstadt mobilisiert werden sollten.[95] Unter ihnen waren Panzer und andere gepanzerte Fahrzeuge sowie Personal der motorisierten Schützendivision von Taman, der Kantemirow-Panzerdivision der Roten Armee sowie der 27. Brigade der *spetsnaz* (Spezialkräfte) des KGB. Tags darauf trafen „Truppen aus der Dschersinskaja Motorschützendivision des MWD, Paratruppen aus Tula und Rjasan sowie Einheiten der Witebskaja-Division des KGB"[96] in Moskau ein. Colton bemerkt: „[D]ie acht Hauptakteure überfluteten Moskau mit Bewaffnung (rund 750 Panzern und Fahrzeugen) und mit Truppen"[97] und zitiert Jelzin in seinem Buch über Moskau, der sich nach Ausbruch des Putsches im Moskauer Weißen Haus versteckt hielt und nachträglich zugab, das Gebäude hätte „von einer einzigen Kompagnie gestürmt werden können".[98] Theoretisch hätten die mobilisierten Truppen die Schlagkraft gehabt, die Massen in Moskau und Leningrad dazu zu bewegen, den Befehlen des GKTschP zu folgen, was tatsächlich einen Ausnahmezustand im ganzen Land durchgesetzt und zu „einer Präsidialherrschaft in den Baltischen Republiken, in Moldawien, Georgien und in den wichtigsten Städten Russlands"[99] geführt hätte.

Unter den Vorzeichen *normaler* sowjetischer Politik hätte ihr Plan vielleicht funktioniert. Ich sage dies, obwohl es keinen klaren Anführer gab im GKTschP, allenfalls Krjutschkow (Janajew war hoffnungslos), und obwohl Mitglieder des Komitees in den entscheidenden Augenblicken des kurzen Bestehens betrunken und nicht imstande waren, die nächstliegenden Schritte zu unternehmen, etwa Jelzin und andere wichtige Führungsfiguren festzunehmen[100] oder ein echtes Monopol über die wichtigsten Kommunikationsmittel zu erzwingen. In dieser und anderer Hinsicht verblasste der russische Putsch im Vergleich zur Machtergreifung von General Wojciech Jaruzelski in Polen im Dezember 1981.[101] Geht man davon aus, dass die Sowjetbürger vor dem Zwang zum kollektiven Handeln standen, den die Atomisierung der sowjetischen Öffentlichkeit über lange Zeit erzeugt hatte, und unterstellt man ebenso, dass die Truppen Befehle blind ausgeführt hätten – wie sowjetische Führer annehmen durften –, dann waren die mobilisierten Kräfte der bevorstehenden Aufgabe durchaus angemessen.

Die sowjetische Politik hatte sich jedoch grundlegend gewandelt. Die Junta hatte den Staatsstreich gewagt, weil sie durch die Geschehnisse alarmiert war. So resultierte der Zeitpunkt des Putsches aus der Tatsache, dass das 9+1-Abkommen am 20. August unterzeichnet werden sollte, welches die UdSSR in eine Union souveräner Staaten verwandelt hätte. Nicht selbstlose Sorge um die Zukunft des Landes hatte die Komitee-Mitglieder angetrieben. Vielmehr hatte Krjutschkow ein Treffen Gorbatschows, Jelzins und Nursultan Nasarbajews (dem damaligen Präsidenten Kasachstans) abgehört, in dem sich die drei darauf verständigt hatten, dass Pawlow, Jasow und Krjutschkow abgesetzt werden sollten und Nasarbajew Ministerpräsident werden sollte. Doch schienen die Verschwörer die damit verbundenen institutionellen und Verhaltensänderungen nicht vollständig begriffen zu haben.[102] So gesehen waren die ergriffenen Maßnahmen der anstehenden Aufgabe ganz und gar nicht angemessen.

Was die Junta sich erhoffte, war eine Rückkehr zum Status quo vor der Perestroika – zu autoritärem Breschnewismus, einem politischen System, das Levitskys und Ways „vollem" Autoritarismus mehr ähnelte als dem Totalitarismus der Stalinzeit. Zu diesem Zweck ergriff die Junta Maßnahmen, die vor den Änderungen durch die Perestroika wirksam gewesen wären, die jedoch in einem Umfeld, in dem eine breite sowjetische – und insbesondere Moskauer – Öffentlichkeit zunehmend von Subjekten zu Bürgern wurden, weitaus weniger wirksam waren. So bemerkt Beissinger: „Das Breschnew'sche Repressionsregime war äußerst effizient, doch ... Breschnew stützte sich im Allgemeinen nicht auf harte Gewalt, um Angriffe abzuwehren. Vielmehr erwies sich die berechenbare, konsequente und effiziente Anwendung von niedrigem und moderatem Zwang als äußerst effektiv."[103] Hat ein Staat den Ruf, Demonstrationen meist zu unterdrücken, geht die Neigung zu groß angelegten Massenaktionen auf den Straßen erheblich zurück. Darin war das Breschnew-Regime relativ erfolgreich: Nach Beissingers Rechnung hatten zwei Drittel (67 Prozent) der Demonstrationen mit über 100 Teilnehmern eine Form von Repression zur Folge. Es herrschte eine Art Gleichgewicht: Die Demonstrationen waren im Allgemeinen klein, die Berechenbarkeit der Aktionen des Regimes relativ hoch, und die Höhe der Sanktionen gegen Demonstranten relativ niedrig – so beschränkten sich Strafen etwa auf Prügelstrafen und wurden nicht mehr mit hohen Gefängnisstrafen oder Tod geahndet.

So eine Art von autoritärer Herrschaft schwebte auch der Junta vor – die gute alte Zeit, in der das Politbüro oder eine Organisation vom selben Typ den Staatschef auswählte; als Angriffe auf das Regime im wahrsten

Sinne des Wortes als irrational galten; als „das psychologische Gefängnis zum Symbol für die Bestrebungen des Regimes wurde, die Loyalität zur bestehenden Ordnung mit einem Gefühl von Normalität zu erfüllen";[104] als zurückhaltende Machtdemonstrationen ausreichten, um zu verhindern, dass Massenaktionen aus dem Ruder liefen. Diesem Wunsch nach ruhigeren und repressiveren Zeiten verlieh Vizepräsident Janajew in seiner Pressekonferenz am 19. August Ausdruck, als er erklärte:

In unserem Land ist es zu einer unkontrollierbaren Situation gekommen, in der es keine klar definierten Zuständigkeitsbereiche mehr gibt. All dies kann nur zu weit verbreitetem Unmut unter der Bevölkerung führen. Auch ist es zu einer echten Gefahr der Auflösung des Landes und des Zerfalls unseres einheitlichen Wirtschaftsraums, unseres einheitlichen Raums der Bürgerrechte, unserer einheitlichen Verteidigungs- und unserer einheitlichen Außenpolitik gekommen. Unter diesen Umständen ist normales Leben unmöglich. In vielen Teilen der UdSSR kommt es bei Zusammenstößen zwischen Nationalitäten zu Blutvergießen, und der Zerfall der UdSSR hätte nicht nur im Inland, sondern auch im Ausland gravierende Folgen. Unter diesen Umständen haben wir keine andere Wahl als entschiedene Maßnahmen anzuwenden und das Abgleiten des Landes in eine Katastrophe aufzuhalten.[105]

Die Erwartung, eine Machtdemonstration werde schon ausreichen, um die Führung zu übernehmen, war in gewisser Weise begründet. Erst drei Jahre zuvor war in der *Sovetskaja Rossija* im Februar 1988 der berüchtigte reaktionäre Brief von Nina Andrejewa erschienen, und alle Reaktionen hatten darauf hingedeutet, dass ein Großteil der Bevölkerung sich jeder Machtbewegung an der Spitze fügen würde. Kaiser zufolge war der Kreis um Gorbatschow durch den Brief extrem verunsichert. „Wir waren alle Feiglinge", erklärte seinen Angaben zufolge einer von Gorbatschows Anhängern.[106] William und Jane Taubman hielten sich bei der Veröffentlichung von Andrejewas Brief in Moskau auf und berichten, dass viele (allerdings nicht alle) Intellektuelle, mit denen sie in engerem Kontakt standen, in Deckung gingen, bis Jakowlews offizielle Replik in der *Prawda* erschien.[107]

Wie sich jedoch im August 1991 zeigen sollte, hatten die Ereignisse sie längst überholt. Im Nachhinein behauptete Gorbatschow Remnick zufolge: Wenn das Notstandskomitee „12 oder 18 Monate früher so gehandelt hätte, wie es im August handelte, wäre [der Putsch] geglückt."[108] Gorbatschow mag mit dieser Einschätzung recht gehabt haben, auch wenn er erstaunlich uneinsichtig war, was den Putsch und die Bedeutung seines Scheiterns für den „sozialistischen Weg" anging. Seine Aussage impliziert, dass der Putsch erfolgreich verlaufen wäre, wenn der halbherzige, wenngleich blutige Putschversuch im litauischen Vilnius im Januar 1991 entweder wirksamer gewesen oder aber gar nicht erst geschehen wäre; wenn die verschiedenen Massendemonstrationen in Moskau 1991 nicht gewesen wären und wenn Jelzin im Juni 1991 nicht zum russischen Präsidenten gewählt worden wäre.

Es stellte sich nun die Frage, ob Gorbatschow weiter Präsident bleiben würde. Darüber entschieden jedoch nicht nur die Mitglieder der Junta und die mit ihnen verbundenen Streitkräfte, vielmehr hatten sich die entsprechenden Akteure gewandelt. Es gab einen Volksdeputiertenkongress, der zu zwei Dritteln in landesweiten Wahlen gewählt worden war. Es gab zwei Präsidenten, den sowjetischen Präsidenten Gorbatschow, der sich auf der Krim verschanzte und umzingelt war, und den russischen Präsidenten Jelzin, der zunehmend wie ein Staatsoberhaupt auftrat und die Kontrolle über den Zugang zu Russlands enormen Bodenschätzen hatte. Dieser Präsident war fast direkt nach der Bekanntmachung der Machtübernahme durch das Notstandskomitee nach Moskau gekommen, wo er sich im Weißen Haus versteckte und bald ebenfalls umzingelt war. Im physischen und immer stärker auch im institutionellen Sinne existierten zwei Kreml Seite an Seite. Nach Jelzins Amtseinführung einen Monat nach den Wahlen im Juni 1991 „genehmigte Gorbatschow Jelzin Räume im Kreml. Sie befanden sich im Gebäude Nr. 14 auf der anderen Seite des Kopfsteinpflaster-Platzes gegenüber von Gorbatschows Höhle im Gebäude Nr. 1."[109] Die Parallelen zur doppelten Macht in Petrograd am Vorabend der Oktoberrevolution lagen auf der Hand. Sie werden nur noch offensichtlicher, wenn man nicht nur das Entstehen unabhängiger russischer Institutionen, sondern auch die Präsenz der Bürger auf den Straßen beider Hauptstädte im August 1991 bedenkt.

Von einigen Ausnahmen abgesehen, weitete sich der Putsch noch nicht einmal auf Leningrad geschweige denn auf den Rest des Landes aus. Der Leningrader Bürgermeister Anatoli Sobtschak verurteilte ihn im städtischen Fernsehsender, der in vielen Städten des Landes zu empfangen war, und überzeugte den regionalen Militärkommandanten

Viktor Samsonow davon, in Anbetracht der riesigen Gegendemonstrationen auf dem Palastplatz von einer Truppenentsendung nach Leningrad abzusehen.

Das Drama spielte sich in Moskau ab. Weder die Junta noch das beträchtliche Aufgebot an Streitkräften erwies sich als fähig, zu putschen. Die normale sowjetische Politik hatte einerseits mit der Enthaltung der Massen und andererseits mit ihrer gezwungenen Beteiligung gerechnet.[110] Enthaltung war insofern zwingend, als autonomes Verhalten jenseits des Parteidiktats verfolgt wurde. Aktive Beteiligung war ebenso erzwungen,[111] da bloßes stillschweigendes Einverständnis als inakzeptabel galt. Von Bürgern wurde erwartet, dass sie durch die Wahl von Kandidaten des Regimes, durch die Teilnahme an den Paraden zum 1. Mai und so weiter ihre Unterstützung für das Regime bekundeten. Beide, Enthaltung wie mobilisierte Partizipation, erschwerten kollektives Handeln auf der einen Seite. Auf der anderen Seite verstärkten sie die Fähigkeit des Regimes zur Atomisierung der Gesellschaft und Mobilisierung der Bürger für substanziellere Ziele.[112] Dies ist natürlich etwas, was Studierende der sowjetischen Politik längst wussten, bevor formalisierte Probleme kollektiven Handelns in den Sozialwissenschaften in Mode kamen.

Es ist einer der Verdienste von Mark Beissinger, das Verständnis vom Problem kollektiven Handelns um den Nachweis erweitert zu haben, dass es aus der Sicht des Regimes weit mehr Ressourcen bedarf, um eine große Gruppe im Vergleich zu einer kleinen Gruppe zu kontrollieren. Die Relation verläuft bogenförmig und nicht nur linear.[113] Wenige unbewaffnete Demonstranten auf den Straßen sind denjenigen ausgeliefert, die Gewalt ausüben, ob es sich nun um die Geheimpolizei, das Militär oder vermeintlich private Sicherheitsdienstleister handelt, wobei Letztere häufig weitaus Besseres mit ihrer Zeit anzustellen wissen, als gegen eine wirklich große Menschenmenge vorzugehen, selbst wenn diese unbewaffnet ist.

Im August 1991 gehörten sowohl Enthaltung als auch regime-induzierte Beteiligung für einen erheblichen Teil der Moskauer der Vergangenheit an. In Jelzin hatten sie zudem eine politische Führungsfigur, die zur Zeit des Putsches bereits begonnen hatte, Gorbatschow in der Gunst der russischen Öffentlichkeit den Rang abzulaufen. Und Führung ist neben horizontalen Verbindungen eine der nächstliegenden Möglichkeiten, um den Zwang einer breiteren Masse zum kollektiven Handeln zu überwinden. Jelzins Reaktion auf den Putsch war legendär: Das am stärksten in Erinnerung gebliebene Bild vom Putsch entstand, als er aus dem Weißen Haus trat, auf einen Panzer kletterte und daraufhin – entweder aus wirklichem Mut, ausgesprochener Dummheit oder aus beidem – den Putsch vor den rund fünfzig um den Panzer versammelten Menschen verurteilte. Deren Zahl nahm exponentiell zu, als der in Moskau mit einfacher Antenne zu empfangende Fernsehsender CNN die Rede übertrug.[114]

Ebenso wichtig war der Umstand, dass es in Moskau im Laufe des Jahres 1991 regelmäßig zu Massendemonstrationen gekommen war. Am 22. Februar 1991 gingen geschätzte 400.000 Personen auf die Straße, um ihre Unterstützung für Jelzin zu bekunden und den Rücktritt Gorbatschows zu verlangen. Tags darauf, am „Tag der Roten Armee", fand eine Gegendemonstration von mehreren 10.000 Menschen statt. Zwei Wochen später, am 10. März, mobilisierte die führende prodemokratische Organisation „Demokratisches Russland" eine Demonstration von deutlich über 100.000 Menschen. Erneut verlangten die Demonstranten die Unterstützung Jelzins und den Rücktritt Gorbatschows. Weitere zwei Wochen gingen ins Land. Trotz Gorbatschows Bemühen, Demonstrationen in Moskau zu verbieten, und trotz seiner Entsendung von Truppen zur Aufrechterhaltung der Ordnung gingen weitere geschätzte 200.000 Demonstranten auf die Straße, um ihre Unterstützung für Jelzin zum Ausdruck zu bringen.[115] So hatten zum Zeitpunkt des Putsches Hunderttausende Moskauer bereits persönlich die Erfahrung damit gemacht, ihren Willen auf der Straße zu bekunden, oder kannten solche, die an den Massenkundgebungen beteiligt gewesen waren.

Bei einigen sehr großen Demonstrationen 1991 hatte es wenig oder keine Repressionen gegeben. Während in der Breschnew-Ära noch zwei Drittel aller Proteste Repressionen nach sich zogen, war diese Zahl in den ersten zwei Jahren der Gorbatschow-Ära auf weniger als ein Drittel gesunken und hatte nach den Ereignissen in Tiflis 1989 weiter abgenommen.[116] Erfahrung mit Protesten wirken sich auf Mobilisierungsmuster aus. Frühere Erfahrungen vermitteln Dissidenten ein Gefühl dafür, wo ihre Grenzen liegen. Sie liefern unter Umständen auch Informationen über die Protestbereitschaft anderer, was wiederum auf die Protestbereitschaft von Dissidenten zurückwirkt. Die Kombination aus der Erfahrung der Moskauer auf den Straßen und Jelzins Führung ließ das Problem kollektiven Handelns im August 1991 trivial erscheinen. Wer auf die Straße ging, bewies Mut, doch die Wenigsten fürchteten, sie könnten ihr Leben dabei aufs Spiel setzen. Dennoch blieben Waffen und Panzer auf den Straßen Moskaus ein ernstes Problem.

Die Anführer der Junta scheinen erwartet zu haben, dass die von ihnen mobilisierten Truppen die Kohäsionskraft liefern würden, welche die Rote Armee seit jeher bei der Bewältigung von Unruhen in den Satellitenstaaten oder an den Rändern der Sowjetunion dargestellt hatte. Insbesondere Protestbereite sind leicht abgeschreckt, wenn potenzielle Protestler nicht geschlossen auftreten, die Staatskräfte dies jedoch sehr wohl tun. Der Kampfgeist der Truppen hängt von dem Ausmaß ab, in dem sie mit ihren Führern und mit den potenziellen Protestlern mitfühlen bzw. sich identifizieren. Die Geschlossenheit der Protestler wird durch dieselben Faktoren beeinflusst – die Wirksamkeit und Sichtbarkeit der Führung, den eigenen Kampfgeist und die Fähigkeit, die Opposition zu vereinnahmen. Ihre Bereitschaft, Afghanen, Georgier und Balten zu unterdrücken, hatte den Streitkräften einen entsprechenden Ruf eingehandelt. Daher war den Anführern des Putsches offenbar nicht der Gedanke gekommen, manche Offizierskorps, die in Georgien oder in den Baltischen Republiken im Einsatz gewesen waren, könnten gerade deshalb Gewalt gegenüber eher abgeneigt sein. Ein noch größerer Teil der Offizierskorps insgesamt konnte sich zudem kaum für den Gedanken begeistern, auf ethnische Russen, insbesondere Frauen, zu schießen. Verschiedene Generäle, am auffälligsten General Jewgeni Schaposchnikow von den Luftstreitkräften, schlossen sich rasch den Russen an, und auch andere wechselten die Seiten. Zahlreiche spielten ein doppeltes Spiel. Mittlere Offiziere schenkten den Befehlen, die sie erhielten, zwar große Aufmerksamkeit, führten sie jedoch nie aus und kommunizierten insgeheim mit Jelzins Beratern im Weißen Haus. Im KGB kam es zu Meutereien, bei denen zentrale Einheiten den Einsatz verweigerten. Panzereinheiten wechselten die Seiten. Innerhalb des GKTschP tendierte ausgerechnet der Verteidigungsminister von allen Komitee-Mitgliedern am ehesten dazu, ein Blutvergießen zu vermeiden.

Da das Gefühl von Geschlossenheit so bedeutsam ist, sinkt der Anreiz zu Protesten dann, wenn schwerwiegende Informationsasymmetrien bestehen, wenn also die politische Führung die Kommunikationsmittel kontrolliert und Informationen über mögliche Proteste und ihren Umfang an anderen Orten zurückhält. Lenin und Trotzki hatten

die Telefone und den Telegrafen in Beschlag genommen. Die Beschlag-
nahme der Medien war 1991 weitaus ungewisser. Ausländer wie ich er-
hielten weiterhin E-Mails, ausländische Nachrichtenagenturen lieferten
weiterhin Meldungen. Manche Radiosender der Opposition, vor allem
Echo Moskwy, sendeten weiter, wenn auch mit Unterbrechungen. Jelzins
Rede wurde auf CNN übertragen, und selbst die großen nationalen
Fernsehkanäle lieferten relativ ausgewogene Beiträge, auch wenn sie alle
Dekrete des Notstandskomitees pflichtgemäß verlasen. Ein junger
Fernsehreporter, Sergej Medwedew, vereinbarte geschickt einen Beitrag
für die 21 Uhr-Nachrichtensendung *Wremja*, angeblich um zu zeigen,
wie „normal das Leben weitergeh[e]" – was, wie Remnick anmerkt, im
Grunde der Fall war: „Moskau schien wie fast der gesamte Rest des Landes zum großen Teil normal" –, schmuggelte dabei aber Clips vom Weißen Haus und die unvergesslichen Bilder von Jelzin auf einem Panzer
ein.[117] Die Oppositionszeitungen waren auf Verordnung hin geschlossen worden, doch eine *Samisdat*-Zeitung, die *Obschaja gazeta*, erschien.
Die Regierungszeitung *Iswestija* war gespalten: Die Drucker verlangten,
Jelzins Äußerungen zu drucken, während der Chefredakteur Nikolai Je-
fimow sie anwies, sich an die Vorgaben zu halten. Schlussendlich druck-
ten sie sowohl die Erklärung des Notstandskomitees als auch Jelzins
Aufruf, Widerstand gegenüber den Putschisten zu leisten. Die Erklärungen des Notstandskomitees erschienen auf Seite 1, Jelzins Appell auf
Seite 2.

Abgesehen von persönlichen machtpolitischen Erwägungen, die für
verschiedene Mitglieder des Komitees eine erhebliche Rolle spielten, da
ihre Ämter auf dem Spiel standen, war das Notstandskomitee gebildet
worden, um die Ordnung wiederherzustellen, die Auflösung der Sowjetunion zu verhindern und eine Situation zu schaffen, in der eine Organisation vom Typ des Politbüros mit Unterstützung der sowjetischen
Streitkräfte bestimmen sollte, wer das Land führte. Seine Mitglieder
handelten dabei nicht so, als hätten sie die Tragweite der eingetretenen
Veränderungen verstanden oder das Ausmaß der von Gorbatschow initiierten Prozesse, die inzwischen außerhalb Gorbatschows Kontrolle
lagen. Die Anzahl der Mitglieder des Volksdeputiertenkongresses, die
Gorbatschow direkt zum Präsidenten gewählt hatten, war verglichen
mit einer Wählerschaft, die ein allgemeines sowjetisches Erwachsenenwahlrecht dargestellt hätte, gering. Sie war jedoch deutlich höher als die
der Mitglieder des Politbüros und des Zentralkomitees. Und zwei Drit-

tel der Volksdeputierten waren bereits von den neu Wahlberechtigten, der erwachsenen sowjetischen Bevölkerung, gewählt worden.

Ziel der Anführer des GKTschP war es, in der gesamten Sowjetunion eine Situation wiederherzustellen, die das Land über weite Strecken seit dem Ende der Oktoberrevolution geprägt hatte. Sie hofften, die Wahlgewissheit wiederherzustellen, die man mit „voll" autoritären Systemen im Allgemeinen und den Praktiken der sowjetischen Führung im Besonderen assoziiert. Dabei gaben sie sich höchstwahrscheinlich einer Selbsttäuschung hin: Sofern keine bewaffnete Intervention stattfand, war die Ukraine nicht gewillt, Mitglied einer solchen Sowjetunion zu bleiben, ebenso wenig die kleineren Republiken etwa im Baltikum, wahrscheinlich aber auch Moldawien (die heutige Republik Moldau) sowie eine oder mehrere der südlichen Kaukasusrepubliken. Die Sowjetunion, die das Notstandskomitee zu regieren versuchte, war bereits ein Schatten ihrer selbst. Zudem wollten die Putschisten die Macht des falschen Präsidenten. Zum offiziellen Zusammenbruch der Sowjetunion kam es zwar erst im Dezember 1991, doch bereits im August 1991 war Jelzin der herausragende Präsident in Moskau, weil er zwei Risiken auf sich genommen hatte. Zum einen hatte er die Ungewissheit riskiert, die mit freien Wahlen einhergeht und die ihm Legitimität verschaffte, da er von der gesamten russischen erwachsenen Bevölkerung gewählt worden war. Zum anderen hatte er weit mehr als eine Wahlniederlage riskiert, als er auf höchst dramatische Weise verlangte, Gorbatschow wieder in sein Amt einzusetzen. In den Hauptstädten proklamierte Jelzins national definiertes Wahlvolk – das heißt ein russisches und nicht mehr ein sowjetisches – erneut seine Unterstützung für ihn und seine Politik; es verlangte, dass sein Erzrivale an seine rechtmäßig verliehene Position als Präsident der Sowjetunion zurückkehrte.

Gorbatschows Bestreben war gewesen, unter seiner Regie eine sozialistische Sowjetunion zu schaffen, die seinem Verständnis eines normalen Landes entsprach. Weder konnte er sich an den Gedanken gewöhnen, dass eine solche Union nicht unter seiner Führung stehen sollte (zumindest vor 1995, vor dem angekündigten nationalen Referendum über die Wahl des sowjetischen Präsidenten), noch wollte er die Vorstellung von einer geeinten und sozialistischen Sowjetunion aufgeben. Als er von seiner Datscha auf der Krim nach Moskau zurückkehrte, wurde er als Präsident wieder eingesetzt, allerdings als Präsident einer Sowjetunion, die ein Schatten ihrer selbst war und nach der Unabhängigkeitserklärung der Ukraine am 24. August rapide zerfiel. Selbst der Schein ihres Bestehens löste sich auf, als die Regierungschefs der Ukraine, Russlands und Weißrusslands im Dezember 1991 das Abkommen von Belowesch unterzeichneten, das offiziell das Ende der Sowjetunion besiegelte. Das GKTschP hatte versucht, Michail Gorbatschow als Präsidenten der UdSSR abzusetzen und war gescheitert. Den drei Regierungschefs der Ukraine, Russlands und Weißrusslands gelang es nun, ihn seines Amts zu entheben, indem sie die Sowjetunion auflösten, deren erster und einziger Präsident er gewesen war.

7. Russland demokratisieren, 1991–1997

Beim Zusammenbruch der Sowjetunion[1] vertraten Boris Jelzin und Michail Gorbatschow trotz ihrer zahlreichen Differenzen ähnliche Ansichten, was politische Kernthemen und politisches Handeln anging. Zum einen wollten sie beide ein *normales* Land schaffen – das war der Beweggrund Gorbatschows für all seine Neuerungen; das war der Grund, wie er dem Zentralkomitee erklärte, „weswegen [sie] alles überhaupt erst in Gang gesetzt [hätten] – damit ein Mensch sich in einem sozialistischen Staat normal und gut fühlen [könne]".[2] Die Bedeutung, die Jelzin der Umgestaltung Russlands in ein normales Land, in „ein Land wie alle anderen", beimaß, war so groß, dass er das erste Kapitel seines Tagebuchs *Auf des Messers Schneide* mit ebenjenem Titel überschrieb.[3]

Als Jelzin und Gorbatschow diesen Wunsch äußerten, hatten beide zudem ein westliches Konzept im Sinn. Nach der Auflösung der Sowjetunion waren sowohl Jelzin als auch Gorbatschow nach eigenem Bekunden Sozialdemokraten geworden. Was sie darunter verstanden, war jedoch sehr unterschiedlich. Nach Gorbatschows Rückkehr von der Krim nach Moskau im Anschluss an den August-Putsch und noch kurz vor dem Ende der Sowjetunion verlieh er in Bemerkungen seiner Überzeugung Ausdruck, die Partei könne als Medium den Übergang zur Sozialdemokratie gestalten. Obwohl ihm nach eigenen Aussagen als Modell Schweden vorschwebte,[4] deutet sein krampfhaftes Festhalten an der Vorstellung, die Partei könne noch immer ein Motor der Demokratisierung sein, darauf hin, dass er das Wesen westlicher Demokratien nicht wirklich begriffen hatte.

Jelzin dürfen wir beim Wort nehmen und davon ausgehen, dass er Sozialdemokrat geworden war. Sein instinktiver Enthusiasmus für Märkte deutet indes darauf hin, dass Colton genau richtig liegt, wenn er bemerkt: „Wenn Jelzin überhaupt Sozialdemokrat war, dann eher im Stil von Tony Blair in Großbritannien, Felipe Gonzalez in Spanien oder Gerhard Schröder in Deutschland und nicht im Stil der linken Etatis-

ten des Europas zwischen bzw. nach den Weltkriegen."⁵ In Jelzins Verständnis von Sozial- oder Sozialistischer Demokratie lag der Schwerpunkt auf „Demokratie" und nicht so sehr auf „sozial-". So hatte er sich
konsequenterweise auch dafür ausgesprochen, das „sozialistisch" im
Namen der politischen Einheit der 15 Nachfolgerepubliken der UdSSR
durch „souverän" zu ersetzen, wenn diese Union denn ein Land geblieben wäre. Colton berichtet von einem vielsagenden Gespräch zwischen
Jelzin und dem BBC-Korrespondenten John Simpson.

Simpson fragte: „Gorbatschow ... sprach von der schwedischen Sozialdemokratie; das ist sein Modell ... Ist Ihr Modell, Jelzins Modell ... das
Modell von François Mitterands Frankreich oder John Majors Großbritannien oder das der USA oder Japans oder Spaniens oder Deutsch-
lands?" Jelzin antwortete: „Ich würde alles zusammen nehmen; ich
würde aus jedem System das Beste übernehmen und es in Russland einführen." Simpson gratulierte ihm zu seiner politischen Antwort und
bohrte weiter nach; er würde gern „irgendeine Vorstellung" davon bekommen, welche Auffassung Jelzin vertrete, worauf dieser erwiderte:
„Man kann nicht einfach ein Modell übernehmen und es so, wie es ist,
umsetzen. Man kann vielleicht ein neues Modell schaffen und etwas aus
dem schwedischen Modell und vielleicht auch ein Element aus dem ja-
panischen Modell übernehmen – ein interessantes Element – und genauso aus dem französischen, gerade was den parlamentarischen Aspekt angeht? Und in den USA, wo es 200 Jahre Demokratie gibt, ...
haben sie einen klaren Rahmen für diese Demokratie, das ist ebenfalls
interessant."⁶

Gorbatschow und Jelzin waren in ähnliche institutionelle Kontexte
eingebunden. Russland war die einzige Republik, die dem Beispiel der
Sowjetunion folgte und die Institution eines mächtigen Präsidenten in
Verbindung mit einem Zweikammersystem schuf: einem Kongress der
Volksdeputierten, der nach Art des amerikanischen Wahlmännergremi-
ums die Aufgabe hatte, die zweite Kammer zu wählen, den Obersten
Sowjet. Beide Präsidenten hatten die Befugnis, Dekrete zu erlassen, die
gesetzlichen Regelungen gleichkamen – ein Recht, das Jelzin unter Vor-
behalt im November 1991 gewährt wurde. Beide hatten weitreichende
innenpolitische Veränderungen vor Augen, und beide hielten sich zur
Umsetzung dieser Veränderungen für unverzichtbar. Beide betrachteten sowjetische Institutionen (in Jelzins Fall genauer gesagt Institutionen sowjetischen Typs) als Hürden zur Verwirklichung ihrer Ziele. Und

beide entmachteten diese Institutionen, um allein das Sagen zu haben. Beide hatten zudem Probleme mit dem ungewissen Ausgang von Wahlen mit mehr als einem Kandidaten. Wie wir gesehen haben, zögerte Gorbatschow zunächst einen möglichen Moment der Wahrheit bis 1995 hinaus, während Jelzin zwar 1993 versprach, den Zeitpunkt der Präsidentschaftswahl auf das folgende Jahr vorzuziehen, sein Wort dann jedoch brach.

Wahlen demokratisieren, 1993–1999

Die gesamte (nicht inhaftierte) erwachsene Bevölkerung der Russischen Republik hatte als Wählerschaft gedient, als Jelzin im Juni 1991 mit überwältigender Mehrheit zum Präsidenten der Russischen Republik gewählt worden war. Die damit einhergehende Legitimität wurde noch verstärkt durch sein Vorgehen bei der Vereitelung des August-Putsches sowie sein Eintreten dafür, dass Gorbatschow Präsident der UdSSR blieb. Die institutionelle Zwiespältigkeit, die für diese Doppelmacht bezeichnend war, löste sich jedoch anders als die Sowjetunion nicht auf. Sicherlich gab es die sowjetische Legislative und Exekutive nicht mehr. Unmittelbar nach dem August-Putsch 1991 hatte der *sowjetische* Kongress der Volksdeputierten seinem eigenen Ende zugestimmt: „Der Kongress verabschiedete eine Resolution, sich auszusetzen und seine Exekutivmacht einem neuen Staatsrat zu übertragen, der bis zur Annahme einer neuen Verfassung regieren sollte. Ein rudimentärer Oberster Sowjet der UdSSR funktionierte zwar weiter, befand sich jedoch in einer zweifelhaften Grauzone zwischen verfassungskonformer und politischer Legitimität, da weder Russland noch die anderen Republiken seine Entscheidungen als rechtskräftig anerkannten.["]7 Und dann löste sich im Dezember desselben Jahres das Amt des Präsidenten mit dem Verschwinden der UdSSR auf.

Damit verschwanden jedoch nicht alle Institutionen sowjetischen Typs und alle Verfahrensnormen. Sicherlich deutete Jelzins Verhalten auf starke Parallelen zwischen dem russischen Präsidentenamt, in das er bei Bestehen der Sowjetunion gewählt worden war, und Gorbatschows Präsidentschaft der Sowjetunion hin. Jelzin begann zudem rasch, Gorbatschow insofern nachzueifern, als er sich hinsichtlich einer Neubestimmung des präsidialen Aufgabenbereichs in Russland durchsetzte. Im November 1991, also kurz nach dem gescheiterten Putschversuch des GKTschP und vor dem Zerfall der Sowjetunion, übertrug der russische Volksdeputiertenkongress temporär Jelzin die Vollmacht, Dekrete zu erlassen, eine Vollmacht, die auch Gorbatschow als Präsident der UdSSR innehatte.

Grundsätzlich galt nach wie vor die sowjetische Breschnew-Verfassung aus dem Jahr 1977, wie sie 1990 durch Gorbatschows institutionelle Neuerungen und die parallele russische Verfassung von 1978 modifiziert worden war. Trotz des Zusammenbruchs der Sowjetunion wurde keine russische Verfassung verabschiedet. Als Standarddokument diente die russische Verfassung der Sowjetzeit mit „all den bekannten sowjetischen Attributen".[8]

Während der *sowjetische* Kongress der Volksdeputierten nach dem gescheiterten August-Putsch seiner Abwicklung stillschweigend zugestimmt hatte, blieben die *russischen* Institutionen der Breschnew-Ära, wie sie auf Gorbatschows Initiative hin modifiziert worden waren, weiter bestehen, insbesondere der russische Kongress der Volksdeputierten. Wie Jelzin waren seine Mitglieder durch eine republikweite Wahl legitimiert. Der einzige Unterschied bestand darin, dass die Volksdeputierten bereits 1990 gewählt worden waren und nicht wie Jelzin erst ein Jahr später. Während eine Präsidentschaft, die auf der Trennung von Exekutive und Legislative basierte, ohne Beispiel in der sowjetischen Geschichte war, sollte ihr Gegenüber, der russische Volksdeputiertenkongress, gerade eine institutionelle Rückkehr zu leninistischen Normen hervorheben. Die Kontrollmechanismen des Kongresses und des Obersten Sowjets zeugten nicht von einer bloßen Gewaltenteilung, sondern vielmehr von der Vorrangstellung der Legislative gegenüber der Exekutive, was sowohl den Präsidenten als auch die Regierung einschloss. Wie sich überdies innerhalb eines Jahres nach dem Zusammenbruch abzeichnete, nahmen die Führung der Sowjetunion und der Großteil ihrer Mitglieder den Slogan „Alle Macht den Sowjets" ernst,[9] was im direkten Widerspruch zu Jelzins Vision des Präsidenten als wichtigstem Entscheidungsträger mit einem dauerhaften und nahezu unbeschränkten Mandat zur Umgestaltung der Wirtschaft stand. Als das Bild von Jelzin auf einem sowjetischen Panzer noch frisch im Gedächtnis war, mochte ihm der Oberste Sowjet außerordentliche Vollmachten gewährt haben; im Dezember 1992 weigerten sich seine Mitglieder jedoch, diese zu verlängern. So gingen Parlament und Präsident, beides Schlüsselinstitutionen der Russischen Föderation und gleichermaßen legitimiert, schon bald auf Konfrontationskurs, wobei sich beide mit ihren legitimen

Herrschaftsansprüchen auf Institutionen beriefen, die von einem inzwischen nicht mehr existenten Staat geschaffen worden waren.[10]

Obwohl beide Seiten bei fast allen Themen und in der Grundsatzfrage, wer entscheidet, anderer Meinung waren, stimmten sie darin überein, dass ein landesweites Referendum ein akzeptables Mittel zur Schlichtung sei. Wie McFaul anmerkt, „fürchteten beide Seiten eine neue Direktwahl, waren jedoch beide ebenfalls darauf erpicht, ein neues Mandat vom Volk zu erhalten".[11] Jede Seite legte Fragen vor, die in einem öffentlichen Referendum thematisiert werden sollten. Wie nicht anders zu erwarten, waren diese mit strategischer Absicht formuliert.

Nach zähem Ringen fand das – nicht bindende – Referendum im April 1993 statt. Diejenigen, die auch im Falle einer Präsidentschaftswahl an die Urnen gerufen worden wären, stimmten zum großen Teil für Jelzin und Jelzins Politik. Auf die Frage, ob sie Jelzin vertrauten, antworteten 59 Prozent mit ja. Eine knappe Mehrheit (53 Prozent) war mit der „sozioökonomischen Politik des russischen Präsidenten und der russischen Regierung seit 1992" einverstanden. Dieses Ergebnis war angesichts der erheblichen wirtschaftlichen Turbulenzen seit der Einführung der Wirtschaftsreformen und der Inflationspolitik des Zentralbank-Chefs Viktor Geraschtschenko überraschend. Nur knapp die Hälfte (49,5 Prozent) „sprach sich für vorgezogene Präsidentschaftswahlen"[12] aus, während zwei Drittel (67 Prozent) eine neue Parlamentswahl vor dem geplanten Termin forderten.[13]

In der Praxis war jedoch keine der beiden Seiten willens, sich vorwärts zu bewegen, ohne zugleich der Gegenseite Steine in den Weg zu legen. Die Kontroverse hielt den gesamten Sommer über an. Am 21. September löste Jelzin schließlich mit dem Dekret Nr. 1400[14] das Parlament auf und sah Wahlen für Mitte Dezember vor. Der Kongress und insbesondere der Vorsitzende des Obersten Sowjet, Ruslan Chasbulatow, traten ihm entschieden entgegen.[15] Er votierte für eine Amtsenthebung Jelzins und erklärte den Vizepräsidenten Alexander Ruzkoi zum amtierenden Präsidenten. Hunderte Deputierte marschierten auf dasselbe Weiße Haus zu, aus dem Jelzin im August 1991 hervorgetreten war, um den Putsch für unrechtmäßig zu erklären. Diesmal war Jelzin derjenige, der draußen stand.

Die Pattsituation dauerte mehrere Tage an, wobei es anscheinend beinahe zu einer Einigung darüber gekommen wäre, Anfang 1994 gemeinsame Wahlen abzuhalten.[16] Doch das Drama führte nicht zu dem, was die Russen in Anlehnung an Hollywood als *cheppi-end* bezeichnen. Ein Konsens kam nicht zustande. Stattdessen attackierten Demonstranten, die aufseiten Ruzkois standen, am 3. Oktober das dem Weißen Haus benachbarte Büro des Bürgermeisters von Moskau sowie den Fernsehsender *Ostankino*. Jelzin reagierte, indem er wichtige Militäreinheiten unter Druck setzte und so einen Sturm auf das Weiße Haus erzwang, wobei nach offiziellen Angaben 187[17] Menschen ums Leben kamen und rund 30 verhaftet wurden.[18]

Was folgte, war *eine Art* Gründungswahl,[19] die am 12. Dezember 1993 stattfand. „Eine Art" ist hier bewusst kursiv gesetzt. Michael Urban hat zu Recht betont, dass die Wahl im Dezember 1993 in vielerlei Hinsicht „als Replik der Wahlpraktiken in der späten Sowjetzeit" oder, wie er es bezeichnet, als „gelenkte Demokratie" zu betrachten sei.[20] Colton bezeichnet sie als „eine manipulierte Gründungswahl". Im unmittelbaren Anschluss an den Konflikt mit dem Kongress der Volksdeputierten scheute Jelzin Unwägbarkeiten genauso sehr, wie Gorbatschow es in den letzten Jahren der Sowjetmacht getan hatte. Jelzin hatte im September versprochen, die Präsidentschaftswahl auf Juni 1994 vorzuziehen. Im November 1993 brach er sein Wort und kündigte stattdessen an, die Präsidentschaftswahl wie vorgesehen 1996 stattfinden zu lassen. Er und sein Team griffen zu zahlreichen Maßnahmen, um den ungewissen Ausgang von Wahlen, bei denen mehrere Kandidaten ernsthaft und kämpferisch gegeneinander antraten, zu minimieren und durch die selektive Anwendung oder Missachtung von Wahlvorschriften die Wahrscheinlichkeit von Ergebnissen zu erhöhen, die ihnen zupass kamen.[21]

Generell waren die Wahlen, wie Urban anmerkt, zwar kompetitiv, fanden jedoch „innerhalb eines Rahmens statt, der von nur einer der Konfliktparteien formuliert und verfügt worden war".[22] Von einer ausgehandelten Transition konnte keine Rede sein.[23] Vielmehr scheint Michael McFauls Ansatz deutlich sinnvoller, der, einer politikwissenschaftlichen Tradition folgend, Hierarchie und Ungleichheit und eben nicht Gleichberechtigung zwischen den Parteien mit Stabilität gleichsetzt. Mit der Dezemberwahl versuchte Jelzin, der nun den Kongress bezwungen hatte, seinen Sieg zu institutionalisieren, indem er die öffentliche Zustimmung für eine superpräsidentielle Verfassung einholte, die dem „Präsidenten Russlands genau so viele Vollmachten [gab,] wie er benötigt[e], um das Land zu reformieren"[24] und die ihn nur minimal durch eine Legislative beschränkte.

Auch wenn ich vorsichtig formuliert habe, handelte es sich sehr wohl um eine Gründungswahl, wenn man eine minimalistische Definition zugrunde legt, wonach die relevanten Akteure jedes Wahlergebnis als Teil des Spiels akzeptieren und selbst unvermeidliche Fehler und vermeintlicher Wahlbetrug das Gesamtergebnis nicht wesentlich verzerren. Von einer übergreifenden systemischen Warte aus betrachtet, erreichte Jelzin, was er wollte. Fast drei Fünftel (58 Prozent) derjenigen, die laut der Zentralen Wahlkommission zur Wahl gingen, stimmten für die Verfassung. Zwar durfte nicht das gesamte Spektrum der politischen Parteien Russlands an der Wahl teilnehmen,[25] 13 Parteien waren jedoch zugelassen. Die amtlichen Ergebnisse für die Abstimmung über die Verfassung und die Stimmen für Vertreter im neu geschaffenen Parlament decken sich mit einer Schätzung, die sowohl Fehler als auch vermeintlichen Wahlbetrug mitberücksichtigt. Die veröffentlichten Gesamtergebnisse deuten in keiner Weise darauf hin, dass sie vorab zentral festgelegt worden wären. Die größte Überraschung war, dass Wladimir Schirinowskis sogenannte *Liberal-Demokratische Partei Russlands* (LDPR) die mit Abstand meisten Stimmen bei der Listenwahl erhielt (22,9 Prozent), eineinhalb Mal so viel wie die Kandidaten der vermeintlichen Partei der Macht, *Die Wahl Russlands* (15,5 Prozent). Dieses Ergebnis mag teilweise lokalem Wahlbetrug geschuldet sein, doch wie Colton bemerkt, lässt sich schwerlich schlüssig argumentieren, dass „vereinzelte Bürokraten den Rücklauf der Stimmen wieder und wieder verzerren konnten, um Jelzins Verfassung zu privilegieren [und außerdem] ... Stimmen der LDPR zuzuschieben, der nur wenige anhingen".[26]

Es ist außerdem wichtig zu betonen, wie sehr das Verhalten der *Kommunistischen Partei der Russischen Föderation* (KPRF), die 12,4 Prozent der Listenstimmen erhielt, und ihres ländlichen Partners, der *Agrarpartei Russlands* (7,9 Prozent), Jelzins Position in Sachen Verfassung stützte. Obwohl sie schwerlich auf Augenhöhe teilnahmen – die KPRF war unmittelbar nach dem Sturm auf das Weiße Haus verboten worden –, beschlossen sie, sich an der Wahl zu beteiligen, und fügten sich dem Ergebnis, obwohl sie es nicht befürworteten. Beides trug zur Anerkennung der Verfassung bei und signalisierte die Bereitschaft der KPRF, die politischen Spielregeln grundsätzlich zu akzeptieren.[27] Es ließ jedoch auch die Erwartungen ihres Parteichefs erkennen, der Kandidat der KPRF werde sich bei der bevorstehenden Präsidentschaftswahl schon behaupten, was noch Anfang 1996 eine berechtigte Annahme war.

Kurzum, für teleologisch veranlagte Menschen trugen die erstaunlichen Ergebnisse im Dezember 1993, welche die Rolle der LDPR in der künftigen Duma begünstigten, sowie die erheblichen Anstrengungen der KPRF und der *Agrarpartei* gegen Jelzin dialektisch zur Annahme einer superpräsidentiellen Verfassung bei. Da laut der Zentralen Wahlkommission eine Mehrheit die Verfassung befürwortete und die wichtigsten Akteure ungeachtet ihrer Meinung handelten, als akzeptierten sie die Spielregeln, konnten Jelzin und seine Nachfolger in vielen Bereichen mit zwar geringer, aber echter gegenseitiger Kontrolle agieren und sich dabei auf die Verfassung berufen. Die Verfassung von 1993 besteht bis heute (2015) als Rechtsordnung, sofern politische Akteure in Russland einer solchen Beachtung schenken wollen oder dazu gezwungen sind.[28]

Die Verfassung von 1993 verschob die Machtverteilung eindeutig in Richtung Exekutive, insbesondere in die des Präsidenten. Doch die durch die Verfassung neu geschaffene Duma war nicht machtlos, sofern die beteiligten Akteure im Rahmen des Gesetzes agierten. Wie es sich auf das politische Verhalten der Elite auswirkte, wenn Gesetze eingehalten werden, zeigten die ersten Amtshandlungen der neu geschaffenen Duma. Nach Jelzins Sieg 1993 beschloss die Duma eine Amnestie für Ruzkoi, Chasbulatow und 14 weitere Deputierte des ehemaligen Obersten Sowjet sowie für die übrigen am August-Putsch Beteiligten.[29] Alexej Kasannik, den Jelzin zum Generalstaatsanwalt ernannt hatte, kam zu dem Schluss, dass die Maßnahmen der Duma nach Artikel 103 der neuen Verfassung rechtmäßig seien; er befahl daher, die Amnestierten freizulassen, und reichte daraufhin seinen Rücktritt ein. Nach einigem Getöse und verschiedenen Drohungen gab Jelzin klein bei, was auf eine Etablierung der verfassungsmäßigen Ordnung hoffen ließ.[30]

Angesichts der Wahlergebnisse für die Duma war das Manipulieren und Lenken von Wahlen problematischer, als die Anhänger von Wahlmanipulationen gedacht hatten. Jelzin hatte durch seinen Wortbruch, Präsidentschaftswahlen vor 1996 anzusetzen, eindeutig Zeit gewonnen. Mit dem Durchdrücken seiner Verfassung hatte er darüber hinaus seine Freiheitsgrade erhöht. Der unerwartete Wahlausgang und die Angriffslust des Parlaments nach Dezember 1993 führten Jelzin und seiner Entourage jedoch vor Augen, dass sich Jelzins Wahl-„Manipulierer" und Verfassungs-„Planer" bis 1996 würden ins Zeug legen müssen, wenn sie einen ungewissen Wahlausgang verhindern wollten, der Wahlen in Demokratien und kompetitiv-autoritären Systemen charakterisiert.[31]

Die Präsidentschaftswahl 1996

Wie in vielen Ländern beginnen russische Präsidentschaftswahlen mit einem ersten Wahlgang. Erhält dabei keiner der Kandidaten eine absolute Mehrheit der abgegebenen Stimmen, findet eine Stichwahl zwischen dem Erst- und Zweitplatzierten statt.[32] Die russische Präsidentschaftswahl von 1996 wies kleinere Mängel auf, was das Vorgehen der Hauptakteure, ihrer Anhänger und derjenigen anging, die offene und faire Wahlen zu gewährleisten hatten. Obendrein gab es Schwachpunkte und offensichtliche Manipulationen. Von Mr. Booley, einer Figur des amerikanischen Schriftstellers Peter Finley Dunne, stammt der berühmte Kommentar: „Politics ain't beanbag" – Politik ist kein Zuckerschlecken. Und diese Erkenntnis gilt auch für die russische Präsidentschaftswahl 1996.

Verglichen mit den Ereignissen im folgenden Jahrzehnt oder mit anderen post-sowjetischen Ländern (ganz zu schweigen von osteuropäischen) schneidet Russland und insbesondere die Präsidentschaftswahl im Jahr 1996 relativ gut ab, wenn wir uns genau ansehen, was das Regime zu diesem Zeitpunkt tat bzw. unterließ, um das Wahlergebnis zu beeinflussen, und wenn wir untersuchen, inwieweit die Bevölkerung in der Lage war, ihre Rolle als Wähler zu spielen – ob sie also aus Bürgern oder Untertanen bestand (bzw. mit Bueno de Mesquita u. a. aus entrechteten Einwohnern).[33] Russland war zweifelsohne ein Land im Umbruch. Viele meinten die Richtung zu kennen, in die es steuerte. Als Datenpunkt in einer Zeitreihe, welche auch die sowjetischen Wahlen 1989, 1990 und 1991 und die russischen Wahlen 1993 und 1995 umfasst, könnte 1996 als Moment in einem Prozess gelten, der angemessen als Demokratisierung zu beschreiben wäre. Mikhail Myagkov, Peter Ordeshook und Alexander Sobyanin schließen ihren Artikel aus dem Jahr 1997, in dem sie die Entwicklung des russischen Elektorats von 1991 bis 1996 nachzeichnen, folgerichtig mit der Bemerkung, künftige Wahlen könnten andere Koalitionen hervorbringen als jene, die zu Jelzins Wahlsieg 1996 beitrug: „So sollte es in einer Demokratie natürlich auch sein."[34] Als Datenpunkt einer Zeitreihe, die auch spätere Wahlen aufzeichnet, lautet hingegen die beste Einschätzung zur Präsidentschaftswahl 1996, sie habe einen kompetitiven Autoritarismus in seiner vielversprechendsten Form dargestellt. Wie die Präsidentschaftswahlen 2000, 2004 und 2008 zeigen sollten, setzte sich dieser Trend allerdings nicht fort.

In deutlich weniger als zehn Jahren hatte der demokratische Wandel, den das Jahr 1996 und insbesondere die Präsidentschaftswahl zu verheißen schienen, deutlich nachgelassen. Nicht nur Wissenschaftler, sondern auch die Verfasser von Gesamtbewertungen nahmen diese Veränderungen zur Kenntnis. Zwei der besten Analytiker dieses Zeitraums, Timothy Colton und Michael McFaul, registrierten in ihren Artikeln zu Beginn des neuen Jahrhunderts die Kehrtwende hin zum Autoritarismus. Mit seinem Aufsatz „World Politics"[35] von 2002, der sich größtenteils Russland widmete, widerlegte McFauls die Vorstellung, die ehemals kommunistischen Staaten seien Teil einer dritten Demokratisierungswelle.[36] Stattdessen, so McFaul, solle man sie am besten als vierte Welle der Demokratie und Diktatur begreifen. Colton, dessen *Transitional Citizens* im Jahr 2000 erschienen war, bemerkte in einer 2005 veröffentlichten Festschrift für Archie Brown, es sei „besonders schmerzlich festzustellen, … dass Russland … erhebliche Rückschritte gemacht [habe] und nach den üblichen Maßstäben[37] weiter von einer demokratischen Regierungsform entfernt [sei] als zu Beginn der 1990er-Jahre".[38]

Es ist notwendig, die Präsidentschaftswahl 1996 sowohl aus einer Top-Down- als auch aus einer Bottom-Up-Perspektive zu betrachten. Die wichtigste Erkenntnis im Hinblick auf die Regierung ist die Tatsache, dass die Wahl überhaupt stattgefunden hat. Darüber hinaus waren die zur Sicherung von Jelzins Wiederwahl angewandten Methoden, wenn auch in mancher Hinsicht zweifellos illegal, doch solche, die man bei kompetitiv autoritären Wahlen auf der ganzen Welt antrifft. Von der Warte des Regimes und seiner Bürger war die Wahl verhältnismäßig fair, und so wurde sie von russischen Bürgern sowie externen Beobachtern auch wahrgenommen. Die Wahl war darüber hinaus ein Referendum über das politisch-ökonomische System an sich einschließlich der internationalen Ausrichtung Russlands.[39] Jelzin und seinen Anhängern gelang es, die Wahl auf eine Entscheidung zwischen Kommunismus und Demokratie zuzuspitzen, und das war keineswegs nur Wahlkampfrhetorik. Die Duma hatte nämlich eine unverbindliche Resolution verabschiedet, „den Vertrag von Belowesch von 1991 zu annullieren" – was, wie Jelzin selbst bemerkt, im Wesentlichen zur Folge gehabt hätte, „das Land zurück in sowjetische Verhältnisse [zu katapultieren]".[40]

Zudem wiesen die russischen Bürger unabhängig vom Vorgehen des Regimes drei entscheidende Merkmale auf, die für eine funktionierende Demokratie von zentraler Bedeutung sind. Sie waren verhältnismäßig gut über die verschiedenen Parteipolitiken und das politische System insgesamt informiert. Sie hatten verhältnismäßig kohärente Vorstellungen von den Kandidaten des Jahres 1996, ihren Prioritäten und den Themen, die sie als Präsident gezielt angehen würden. Und sie wählten diesen Erkenntnissen entsprechend. Wer 1996 Bürger dazu befragte, welches politische System im übergeordneten Sinne – einschließlich des Wirtschaftssystems und der internationalen Bündnispartner – sie für Russland am geeignetsten hielten, konnte mit hoher Verlässlichkeit prognostizieren, für wen diese Bürger in der Stichwahl zwischen Jelzin und Sjuganow stimmen würden.

Das Verhalten des Regimes

Jelzin und seine Clique waren geteilter Meinung, ob die Wahlen stattfinden oder verschoben werden sollten wie bereits 1993. Zwar ist relativ viel darüber bekannt, wie es im Kreml letztlich zu der Entscheidung kam, die Präsidentschaftswahlen nicht aufzuschieben, doch ist es wichtig, diese Informationen in einem größeren Kontext zu sehen.

So hatte auch die Duma-Wahl im Dezember 1995 stattgefunden. Jeder, der politisch zählte, darunter auch Personen, die sich 1993 noch entweder geweigert hatten, an den Wahlen teilzunehmen, oder denen eine Teilnahme verweigert worden war, war 1995 zur Wahl bereit gewesen. Dies hatte zu einem institutionellen Umfeld beigetragen, in dem ein Aufschub ein weitaus höheres politisches Risiko dargestellt hätte als eine Durchführung der Wahl. Also fand sie statt, obwohl zahlreiche Personen des öffentlichen Lebens, darunter der Sprecher des Föderationsrates (dem Oberhaus des Parlaments), Duma-Mitglieder, russische Bankiers und regionale Verwaltungsleiter dazu aufgerufen hatten, sie zu verschieben. Dass sie stattfand, war zudem von hoher symbolischer Bedeutung. Wie Michael McFaul betont, war es „die erste Wahl Russlands, die in Übereinstimmung mit einem Gesetz stattfand, das von einem gewählten Parlament und einer gewählten Exekutive verabschiedet worden war". Der damals erbrachte Beweis, dass ein demokratisches Verfahren wiederholt und eingeübt worden war, stellte gewissermaßen eine Messlatte für den politischen Prozess zur Präsidentschaftswahl 1996 dar.[41]

Ebenso wichtig für die Entscheidung, die Präsidentschaftswahl 1996 abzuhalten, waren die tatsächliche und/oder die wahrgenommene wirtschaftliche Situation[42] sowie die Tatsache, dass die KPRF die Zeit zwischen Dezember 1993 und Dezember 1995 dazu genutzt hatte, sich mit örtlichen Basisorganisationen „in jeder Stadt, jedem Dorf und jeder Kolchose in Russland"[43] landesweit aufzustellen.

Während der Duma-Wahl 1995[44] nahmen russische Bürger die Wirtschaft im Allgemeinen und ihre Familiensituation im Besonderen als arm oder sehr arm wahr und glaubten nicht, dass sich diese in nächster Zeit verbessern würde. 1995/96 führten Professor Colton und ich drei Befragungen durch, vor und nach der Duma-Wahl sowie nach der Präsidentschaftswahl. Vor der Duma-Wahl erklärten rund 11 Prozent der Teilnehmer, ihre familiäre Situation habe sich im vergangenen Jahr verbessert oder stark verbessert. 62 Prozent gaben an, ihre Situation habe sich verschlechtert oder erheblich verschlechtert. Was das kommende Jahr anging, so herrschte große Verunsicherung. Drei von zehn Befragten schätzten die Zukunft als ungewiss ein, und 28 Prozent glaubten, ihre materielle Situation werde sich im folgenden Jahr verschlechtern oder erheblich verschlechtern; ein weiteres Viertel der insgesamt Befragten (23 Prozent) gab an, ihre Situation werde im kommenden Jahr unverändert bleiben.

Die Kommunisten hatten daher allen Grund, der Präsidentschaftswahl optimistisch entgegenzusehen. Für den Amtsinhaber war die Stimmung im Land nicht gerade vielversprechend, wie Meinungsumfragen klar belegten. Jelzins Zustimmungswerte lagen im einstelligen Bereich. Colton zitiert Jegor Gaidar mit einer Bemerkung, die für Februar 1996 typisch war: „Ganz egal, welche Koalition zustande kommen wird – dass der Präsident gewinnen wird, ist nur schwer vorstellbar."[45] Es verwundert daher nicht, dass gewisse macht-maximierende Mitglieder aus Jelzins Koalition, insbesondere jene, die sich den Werten der Demokratie nicht verpflichtet fühlten, möglicherweise zu dem Schluss kamen, ein Aufschub der Präsidentschaftswahl sei weniger riskant als eine Durchführung zum vorgesehenen Zeitpunkt, da Jelzin die Wahl unmöglich gewinnen könne. Andere ebenso pragmatische Personen um Jelzin schätzten einen Aufschub hingegen als riskant ein.

Jelzin hatte seine Entscheidung, zu kandidieren, im Dezember 1995 verkündet. „Wir müssen die Wahlen gewinnen", hatte er erklärt, „um rasch zu beginnen, frei und in Würde zu leben, wie alle normalen Menschen in normalen Ländern."[46] Mitte Januar 1996 hatte er ein Wahlkampfkomitee unter Vorsitz des ersten stellvertretenden Premierministers Oleg Soskowez eingerichtet. Angesichts der – wie es schien – minimalen Chancen Jelzins auf einen Sieg werden sich Leser nicht wundern, dass den mutigen Worten seiner Rede anfangs keine Taten folgten. In Wirklichkeit war er unschlüssig. Im März unterzeichnete und realisierte er um ein Haar Pläne, die Wahl um zwei Jahre aufzuschieben, die KPRF zu verbieten und die Duma aufzulösen. Die stärksten Befürworter dieser Pläne waren Soskowez und Alexander Korschakow, ein ehemaliger Bodyguard Jelzins, der einer der sechs mächtigsten Männer im Kreml geworden war. Jelzins Bericht zufolge erklärte ihm Korschakow: „Es ist unsinnig, mit einem Umfrageergebnis von drei Prozent in die Wahl zu gehen. Mit diesen Wahlkampfspielen verlieren wir nur Zeit."[47] Korschakows unverblümter Kommentar entsprach zwar der Wahrheit, doch hatte er auch sehr viel weitreichendere Ziele im Blick. Er wollte den Ministerpräsidenten Viktor Tschernomyrdin durch Soskowez ersetzen, der daraufhin Thronfolger des herzinfarktgefährdeten Jelzin werden sollte.

Nach eigenen Angaben beschloss Jelzin, die Wahl zu verschieben und instruierte seine Mitarbeiter, die notwendigen Dokumente vorzubereiten. Die Entscheidung wurde jedoch nie umgesetzt, da eine interessante Koalition Jelzin erfolgreich überredete, sie noch einmal zu überdenken. In seinem *Mitternachtstagebuch* schreibt er dieses Verdienst seiner Tochter Tatjana Djatschenko und Anatoli Tschubais zu. Letzterer war zum Leiter einer „Analytischen Gruppe" ernannt worden, welche die Auswirkungen verschiedener Versuche der Wählermobilisierung evaluieren sollte. Tschubais sagte Jelzin auf den Kopf zu: „Es ist eine Schnapsidee, die Kommunisten auf diese Weise loszuwerden. Die kommunistische Ideologie steckt in den Köpfen der Menschen. Ein Präsidentendekret kann den Menschen nicht neue Köpfe aufsetzen. Nur wenn wir ein normales, starkes, reiches Land aufbauen, werden wir dem Kommunismus ein Ende setzen. Die Wahlen können nicht aufgeschoben werden."[48] In seinem *Mitternachtstagebuch* schreibt Jelzin: „Bis zu diesem Tag bin ich Anatoli Borisowitsch Tschubais und Tanja dankbar, dass in jenem Moment eine andere Stimme gehört wurde, und ich, der ich enorme Macht und Stärke besaß, schämte mich vor denen, die an mich glaubten."[49]

Ich bin gern bereit, Jelzins Äußerung zu akzeptieren, seine Tochter und Tschubais hätten den Ausschlag dafür gegeben, dass die Wahl nicht verschoben wurde. Ihr Intervenieren muss jedoch als Teil einer größeren Initiative betrachtet werden, Jelzin davon zu überzeugen, dass ein Wahlaufschub töricht sei. Als Beweis dafür, wie sich die Welt verändert hatte, schaltete sich der US-amerikanische Präsidenten Bill Clinton mit einem Brief an Jelzin ein. Den Anstoß dazu hatte Jegor Gaidar über den US-amerikanischen Botschafter in Moskau gegeben. Zu den Moskauer Schwergewichten, die gegen einen Aufschub waren, zählten auch Ministerpräsident Tschernomyrdin, der Moskauer Bürgermeister Juri Luschkow, Innenminister Anatoli Kulikow, Sergej Schachrai (zum damaligen Zeitpunkt Abgeordneter der Duma), Wiktor Iljuschin (Chefberater des Präsidenten) und andere.

Während Jelzins Tochter an seine bessere Seite appellierte und beispielhaft für die jungen Intellektuellen stand, die den Kern von Jelzins gesellschaftlicher Basis bildeten, stellte Kulikows heftiger Widerstand eine nützliche Prise Realismus dar. Jelzin war, wie er sagt, von der heftigen Widerstandsbekundung Kulikows überrascht. Dieser mobilisierte mit dem Vorsitzenden des Verfassungsgerichts Wladimir Tumanow und Generalstaatsanwalt Juri Skuratow zusätzliche wichtige Gegner eines Wahlaufschubs und nahm sie zu einem Treffen mit Jelzin mit.[50] Zudem gab er trotz Jelzins Beschimpfungen nicht nach. Vielleicht wichtiger noch war die Tatsache, dass er sich auf die mögliche Rolle des ultimativen Ejektorats berief, falls das Elektorat keine Gelegenheit haben sollte, auf gesetzlichem Weg ein Urteil abzugeben. Nach Jelzins Bericht gab Kulikow zu bedenken: „Die Kommunistische Partei ... kontrolliere in den meisten Regionen Russlands die Macht. Sie werde die Bevölkerung auf die Straße bringen. Er könne in einer solchen Situation für nichts garantieren. Was würde passieren, wenn die eine Hälfte der Miliz für den Präsidenten Partei ergreift und die andere gegen ihn? Das hieße Bürgerkrieg."[51] Kurzum: Als der Präsident der Vereinigten Staaten, der Innenminister, der russische Ministerpräsident, die zwei einflussreichsten Ökonomen des Landes, namhafte Juristen und verschiedene andere wichtige Berater sowie seine Tochter ihn bearbeiteten und Jelzin, wie es aussah, direkten Widerstand der Duma befürchten musste, tat er das Richtige. Er beschloss, die Wahl nicht zu verschieben. Die Frage, ob Jelzins Entscheidung anders ausgefallen wäre, wenn die Duma Mitte März 1996 nicht den im Dezember 1991 geschlossenen Vertrag von Belowesch aufgekündigt hätte,[52] ist nicht zu beantworten.

Als sich Jelzin entschieden hatte, mit voller Kraft Wahlkampf zu führen, übernahm Tschubais die Leitung des Wahlkampfstabs. Dadurch wurde Soskowez zunächst an den Rand gedrängt und dann im Juni zusammen mit Korschakow gefeuert.[53] Tschubais und seine Gruppe kurbelten die Kampagne prompt an und arbeiteten mit allen Mitteln des demokratischen Stimmenfangs. Auffällig war jedoch, dass sie ein Instrument nicht nutzten: Jelzin schloss sich keiner Partei an, wofür verschiedene Gründe angeführt worden sind. Wie viele hatte er eine Abneigung gegen den Begriff „Partei", den zahlreiche Russen mit der Kommunistischen Partei assoziierten. Entsprechend nannten sich viele der 43 Parteien, die 1995 auf dem Wahlzettel zur Duma standen, „Blöcke" oder „Bewegungen". Verglichen mit westlichen Demokratien oder den von der OECD als mittleren Ökonomien bezeichneten Ländern, welche die Nichtregierungsorganisation Freedom House als frei oder teilweise frei einstuft, wich Jelzins Kampagne hierin von den meisten herkömmlichen Präsidentschaftswahlkämpfen ab, obwohl man Parallelen zu anderen „Gründungsvätern" wie George Washington und Charles de Gaulle ziehen könnte.

Was Jelzin von anderen Präsidentschaftskandidaten 1996 unterschied, war nicht so sehr seine Abneigung gegenüber einer parteipolitischen Zuordnung. Jelzin entschied sich vielmehr, sich *über* die Parteien zu stellen, obwohl er anfangs mindestens eine[54] Partei befürwortet hatte, *Unser Haus Russland,* eine Art Vorläufer von *Einiges Russland* in den Jahren 2010/11. Colton erklärt dies damit, dass Jelzin seinen Spielraum nicht durch die Mitgliedschaft zu einer Partei einschränken wollte[55] – eine Befürchtung, die er sowohl mit Gorbatschow als auch mit Wladimir Putin teilte, dem späteren Vorsitzenden von *Einiges Russland,* der allerdings nie Parteimitglied war.

Davon abgesehen manifestierten sich all die anderen guten und schlechten Elemente einer Schumpeter'schen Demokratie des ausgehenden 20. Jahrhunderts und des kompetitiven Autoritarismus. Dieselbe Art von breiter Koalition, die Jelzin dazu gedrängt hatte, der Versuchung zum Wahlaufschub zu widerstehen, leistete enorme finanzielle Unterstützung – nach allgemeiner Erkenntnis deutlich über die Obergrenze hinaus. Sie brachte zudem überdeutlich ihre Unterstützung für Jelzin durch symbolische Gesten zum Ausdruck. Auch westliche Regierungschefs und Institutionen griffen tief in ihre Geldbörsen. Der IWF stellte einen Kredit von 10,2 Milliarden Dollar zur Verfügung, der speziell auf erhöhte Sozialausgaben und die Auszahlung von Lohnrückständen abzielte. Wie Reuters überflüssigerweise bemerkte, „dürfte der Schritt für Präsident Boris N. Jelzin bei der Präsidentschaftswahl im Juni hilfreich sein".[56] Ähnlich plumpe Gesten stammten von der Weltbank, deren Präsident am 23. Mai in Moskau ein 500-Millionen-Dollar-Projekt für die Kohleindustrie ankündigte und laut Colton „ohne mit der Wimper zu zucken" erklärte, „der Zeitpunkt des Kredits [sei] reiner Zufall".[57]

Weitere Unterstützung von ausländischen Staatsoberhäuptern kam in Form von wichtigen Entscheidungen, die bis nach der Wahl aufgeschoben wurden, sowie aktiver öffentlicher Unterstützung und Treffen, die Jelzin die Möglichkeit gaben, sich als Präsident zu inszenieren. Präsident Clinton vertagte die Erweiterung der NATO bis nach der Wahl, Bundeskanzler Helmut Kohl sagte Jelzin die wohl expliziteste Unterstützung zu, und ein G7-Treffen in Russland wurde um einen ganzen Tag verlängert, um Jelzin Fototermine mit politischen Führern aus aller Welt zu ermöglichen.[58]

Viele der neureichen Oligarchen, darunter die „Erzrivalen Wladimir Gussinski von der Most-Bank und Boris Beresowski von LogoWAS",[59] verpflichteten sich zu finanzieller Unterstützung gegenüber Jelzin, machten diese jedoch davon abhängig, dass Tschubais die Wahlkampagne leitete. Als Jelzin auf seiner Wahlkampftour durch das Land reiste, wurde in althergebrachter Weise Schweinefleisch verteilt. Ein besonders amüsantes Beispiel für einen typischen Wahlkampf-Tag liefert Colton, der einen Reporter der *New York Times* zitiert: „Präsident Boris N. Jelzin war am heutigen Wahlkampftag in wohltätiger, verschwenderischer Laune. Einem Anführer der Tartaren, den er auf der Straße traf, versprach er 50.000 Dollar, um hier [in Jaroslawl] ein neues muslimisches Kulturzentrum zu eröffnen. Er besuchte ein Kloster der russisch-orthodoxen Kirche und sicherte 10.000 Dollar aus der Staatskasse zu, um zur Deckung der Haushaltskosten beizutragen ... Einer Frau, die sich beschwerte, dass sie seit acht Jahren auf eine Telefonleitung warte, sagte er sogar verbindlich ein Telefon zu."[60] Dieses Szenario wiederholte sich in zahlreichen Variationen an verschiedenen Orten. Ähnlich instruierte Ministerpräsident Tschernomyrdin die Bürokratie, ihren Zugang zu staatlichen Fördermitteln zu nutzen, um Jelzins Chancen zu erhöhen. Fast jedem winkten Zuwendungen: alleinstehenden Müttern und Diabetikern, Unternehmen der Luft- und Raumfahrtindustrie, Menschen auf dem Land und Kleinunternehmern. Jelzin erhöhte die Pensionen für ältere Menschen und Veteranen. Er machte Mittel locker, um ausstehende Löhne auszugleichen oder Menschen zu helfen, die im Zuge der Inflation 1992 ihr Geld verloren hatten, und genehmigte Lohnerhöhungen für Lehrer und Industriearbeiter.[61] Zusätzlich versprach er ein Ende der Wehrpflicht.

Zur reinsten Farce wurde die Maßgabe, dass die Medien den verschiedenen Kandidaten gleich viel Aufmerksamkeit schenken sollten. Die drei größten Fernsehsender, ORT, NTW und RTR, unterstützten alle Jelzins Wiederwahl und hatten erheblichen Einfluss, da weitaus mehr russische Wähler die Nachrichten im Fernsehen als im Radio oder in der Zeitung verfolgten.[62] Insbesondere bei der Stichwahl zwischen Jelzin und Sjuganow schenkten sowohl staatliche als auch private Fernsehsender Jelzin weitaus mehr und positivere Beachtung. Die ohnehin schon verschwommene Grenze zwischen staatlichem und kommerziellem Fernsehen wurde nur noch fließender, als Igor Malaschenko, der Präsident von NTW, sich der Tschubais-Gruppe anschloss und mit der Kontaktpflege zu verschiedenen Fernsehsendern betraut wurde.[63]

Jelzin selbst trug zu dieser unverhältnismäßigen Aufmerksamkeit bei, indem er fast täglich von Region zu Region zog und populistische Stammtischparolen ausgab, die insbesondere beim Fernsehpublikum gut ankamen. Tschubais hatte auf Jelzin großen Eindruck gemacht, als er ihm zwei Fotos – das eine von 1991, das andere vom April 1996 – gezeigt hatte. Der Gegensatz hätte größer nicht sein können: 1991 war Jelzin von begeisterten Anhängern umgeben, während auf dem Foto vom April 1996 eine „mächtige Wand von Hinterköpfen und Torsos der Sicherheitskräfte [zu sehen war] und irgendwo in weiter Ferne eine mürrische Menschenmenge".[64] Jelzin hatte verstanden. Von da an erlebten die Russen erneut ihren „alten Jelzin, einer von ihnen", der das Bild von Jelzin beim Treffen mit den Staatsoberhäuptern aus aller Welt ergänzte. Besonders aktiv war Jelzin Ende Mai und in der ersten Junihälfte, er schüttelte Hände, küsste Babys, tanzte im Ufa Twist[65] und erschien in einer Stadt nach der anderen – Reisen, die automatisch für Nachrichten sorgten. Ende Juni wurde sein Gesundheitszustand zu einem ernsthaften Hindernis, da er am 26. Juni seinen vierten Herzinfarkt erlitt. Malaschenko, der um den Ernst der Lage wusste, sorgte dafür, dass die Information nicht in die Nachrichten gelangte. In einem Interview gab er Colton gegenüber allerdings unverblümt zu, ihm sei „ein toter Jelzin" lieber als ein lebender Sjuganow.[66]

Nicht alle von Jelzins Aktionen als Präsident liefen bloß darauf hinaus, Dollars[67] zu verteilen, durchs Land zu ziehen und Babys zu küssen. Im April 1996 gelang es ihm, ein Waffenstillstandsabkommen für den ersten Tschetschenienkrieg vorzulegen – einen äußerst unpopulären Krieg,[68] der für Russland eine militärische Blamage war.[69] Das Tschubais-Team war davon überzeugt gewesen, dass Jelzin bei laufendem Krieg die Wahl nicht gewinnen könne. Im selben Monat unterzeichnete er ein Abkommen mit Weißrussland, um eine Gemeinschaft Souveräner Republiken zu schaffen.[70] Auch wenn das Abkommen bald an unterschiedlichen Vorstellungen darüber scheiterte, wie die Umsetzung aussehen sollte, bot es fürs Erste Anlass zu einer hübschen Zeremonie.

Während Jelzins PR-Kampagne und Wahlgeschenke Wirkung zeigten, waren seine anfänglichen, eher strategischen Maßnahmen nicht von Erfolg gekrönt. Soskowez überredete ihn, er solle sich als „Kommunist und Nationalist" geben,[71] was in der Öffentlichkeit allerdings keine Begeisterungsstürme auslöste. Als das Tschubais-Team die Kampagne übernahm, verfolgte Jelzin eine erfolgreichere Strategie mit drei Komponenten. Wie die Umfragen zeigten,[72] standen Jelzins Chancen umso besser, je mehr Menschen zur Wahl gingen, weshalb Jelzins Wahlkampf-Team alles daran setzte, die Wahlbeteiligung zu verbessern. Unter anderem startete es eine Fernsehkampagne zur Steigerung der Wahlbeteiligung und änderte geschickt den Wahltermin. So wurde der Wahltag für die zweite Runde von einem Sonntag im Sommer, an dem die meisten wohlhabenden Russen z. B. in den beiden Hauptstädten mit großer Wahrscheinlichkeit auf ihren Datschen waren, auf einen Mittwoch verlegt.[73]

Zweitens bemühte Jelzin sich nicht länger, Sjuganow in nationalistischer oder kommunistischer Hinsicht zu übertrumpfen. Stattdessen änderte er die Tonlage seiner Kampagne und unterstrich, wie gering die Gefahr eines Bürgerkriegs sei, vorausgesetzt er bliebe Präsident; darüber hinaus stellte er die Wahl als eine Entscheidung zwischen Demokratie und Kommunismus dar.[74] Unter der breiten Bevölkerung war die Angst vor einem Bürgerkrieg immens. Auch der Versuch, die Wahl auf eine Entscheidung als Demokratie gegen Kommunismus zuzuspitzen, fiel auf fruchtbaren Boden. Da die KPRF inzwischen organisatorisch[75] gut aufgestellt war, war diese Zuspitzung ganz und gar nicht aus der Luft gegriffen. Die Abstimmung in der zweiten Runde der Präsidentschaftswahl 1996 wurde in der Tat als Referendum über das politische System gewertet und fiel entsprechend aus.

Drittens machte Jelzin Schritte zur Bildung einer Koalition, die ihm in der zweiten Runde eine Mehrheit sichern würde, nachdem er in der ersten Runde ein breites Spektrum an Wählern erreicht hatte. Die drei Kandidaten der ersten Runde, die Jelzin (35 Prozent) und Sjuganow (32 Prozent) am nächsten kamen, waren General Alexander Lebed (14,5 Prozent), Grigori Jawlinski (7 Prozent) und Wladimir Schirinowski (6 Prozent). Keiner der übrigen Kandidaten erhielt mehr als 1 Prozent der Stimmen.

Jelzins Meinungsforscher folgerten zu Recht, dass Schirinowskis Stimmen verloren waren und dass ein offenes Einwirken auf Schirinowski kontraproduktiv wäre. Von ihm erhoffte sich Jelzin „stillschweigende Unterstützung" und bekam sie: „In einer dramatischen und emotionalen Pressekonferenz ... machte [Schirinowski] ... Sjuganow und seine Verbündeten lächerlich, [beschuldigte sie, keine] Nationalisten zu sein ... [sondern] nicht reformierte Kommunisten."[76] Jelzin und sein Team versuchten demgegenüber, Jawlinski zur Unterstützung zu überreden, und waren bereit, mit sich handeln zu lassen. Jawlinski forderte jedoch mehr Zugeständnisse, als Jelzin bereit war zu geben. Erstaunlicherweise wurden diese Gespräche weit vor dem erstem Wahlgang aufgenommen, zu einem Zeitpunkt, als Jelzin in Umfragen noch hinter Jawlinski lag.[77] Eine der für Jelzin inakzeptablen Bedingungen Jawlinskis war die Absetzung Tschernomyrdins als Ministerpräsident. Jelzin ging recht in der Annahme, dass er in einer zweiten Runde den Großteil von Jawlinskis Stimmen auf sich vereinen würde, sodass sein wichtigstes strategisches Ziel darin bestand, Jawlinski in der ersten Runde nicht Platz zwei zu überlassen.

Der Kandidat, dessen Unterstützung für Jelzin am wichtigsten war, war General Alexander Lebed. Den Meinungsumfragen zufolge sollte er Stimmen von Sjuganow erhalten, in einer zweiten Runde würden jedoch viele seiner Anhänger Jelzin wählen. Für die erste Runde erhielt er daher finanzielle Unterstützung des Jelzin-Lagers. Zwei Tage nach der ersten Abstimmung wurde er zum nationalen Sicherheitsberater des Präsidenten und Sekretär des Sicherheitsrats ernannt „mit neu erweiterten Machtbefugnissen über das Verteidigungs- bzw. das Innenministerium".[78] Pawel Gratschew wurde als Verteidigungsminister durch einen dienstälteren General, Igor Rodionow, ersetzt. Wie Umfragen zeigten, fanden diese Schritte bei einer breiten Mehrheit Zustimmung. Die Koalition mit Lebed besiegelte Jelzins Wahl.

Es war eine Wahl, deren Ergebnisse nur marginal durch Betrug und manipulierte Wahlurnen beeinträchtigt wurden. Wenn es zu Machenschaften kam, so „auf beiden Seiten".[79] Sorgen bereiteten Jelzin und seinem Team in dieser Hinsicht die ländlichen Gegenden. Besonders beunruhigten sie die Kommunisten, die im sogenannten Roten Gürtel, einer Gegend größtenteils südlich des 55. Breitengrads, auf dem Land die Wahlurnen mit Stimmzetteln füllten, wo breite Mehrheiten für Sjuganow gewählt hatten. Um dagegen vorzugehen, schickten Jelzins Mitarbeiter ganze Busladungen voller junger Leute aufs Land – ein erfolgreicher Versuch, dessen Wirksamkeit in der zweiten Runde „die Kommunisten erst am Mittag des Wahltages erkannten".[80] Es gab wenige eklatante Beispiele für Wahlbeteiligung im sowjetischen Stil, womit „Persil"-Wahlen gemeint sind, die wir zu Recht mit der sowjetischen Ära verbinden (Tabelle 7.1). Eine Handvoll Rayons – vier von fünf in ländlichen Gegenden der Republiken – berichteten von fast vollständiger Wahlbeteiligung, doch keiner dieser Rayons meldete die fast einstimmige Wahl Jelzins. Die Wahlkommissionen in den Republiken waren etwas eilfertiger als ihre entsprechenden Pendants in den Oblasten, von ihrer angeblichen Wahlbeteiligung zu berichten, doch äußerte sich dies in nur vier Rayons, die einen Anteil von 90 Prozent oder mehr zugunsten von Jelzin vermeldeten.

Verzerrungen im Hinblick auf die Wahlbeteiligung zeigen sich höchstens in Bezug auf die Republiken, von denen mehrere hohe Werte in ihren Rayons meldeten. Nach Berichten der Zentralen Wahlkommis-

Hohe Wahlbeteiligung in den Rayons nach Zahl der Rayons	99 % oder mehr	90 % oder mehr	80 % oder mehr
In den Republiken	4	75	189
In den Oblasten	1	5	170
Insgesamt			359

Hohe Stimmenzahl für Jelzin in den Rayons nach Zahl der Rayons	99 % oder mehr	90 % oder mehr	80 % oder mehr
In den Republiken	0	4	36
In den Oblasten	0	0	20
Insgesamt	0	4	56

Tabelle 7.1. Hohe Wahlbeteiligung und hohe Stimmenzahl für Jelzin, zweiter Wahlgang, Präsidentschaftswahl im Juli 1996. Die Oblaste beziehen sich hier auf alle Nicht-Republiken. Ich danke Kirill Kalinin für die Zahlen, die er anhand der Berichte der Zentralen Wahlkommission aufbereitet hat.

sion traten 75 der 80 Fälle, in denen eine Wahlbeteiligung von 90 Prozent oder mehr gemeldet wurde, in Rayons der Republiken auf (Tabelle 7.1). Myagkov u. a. zeigen, dass in den Rayons der Oblaste (d. h. jenseits der Republiken) die für beide Wahlgänge der Wahl 1996 gemeldete Wahlbeteiligung durchgängig normal verteilt war, d. h. mit einer Häufung um den Mittelwert.[81] Eine gewisse Verzerrung lässt sich jedoch beobachten, wenn die Zahlen der Wahlbeteiligung in den Republiken abgebildet werden. Hier war die Wahlbeteiligung höher, als zu erwarten war. Myagkov u. a. ziehen hieraus das wichtige Fazit: „1996 war es Jelzins größter Herausforderer, Sjuganow, der am häufigsten von der Wahlbeteiligung profitierte."[82]

Zu außergewöhnlichen – und wenig glaubwürdigen – Veränderungen im Wahlverhalten zwischen der ersten und zweiten Runde kam es in Tatarstan und Dagestan. In diesen beiden Republiken ist die Differenz zwischen den Wahlausgängen der ersten und der zweiten Runde *(tur)* nur entweder, wie Myagkov u. a. sagen, mit Wahlbetrug oder mit einem Wunder zu erklären. Die Präsidenten dieser Republiken waren nach dem ersten Wahlgang offenkundig zu dem Ergebnis gekommen, dass sie aufs falsche Pferd gesetzt hatten. Als das Ergebnis anders ausfiel als erwartet, folgerten sie, dass Jelzin in der Stichwahl gewinnen würde und vermittelten diese Botschaft wahrscheinlich den jeweiligen Wahlkommissionen der Republiken, die wiederum die Wahlkomitees der Rayons instruierten, entsprechende Anpassungen vorzunehmen – was sie in einer Handvoll Fälle taten. Dies belegen Zahlen von Myagkov u. a., die anmerken: „Es sieht fast so aus, als ob die Namen der Kandidaten zwischen den beiden Runden ausgetauscht worden wären."[83] So erhielt Jelzin in einem der betreffenden Rayons Dagestans in der ersten Runde angeblich rund 5.300 Stimmen und Sjuganow circa fünfmal so viele. In der zweiten Runde soll Jelzin jedoch 23.350 Stimmen erhalten haben, während die für Sjuganow gemeldeten Gesamtstimmen auf knapp über 12.000 zurückgegangen waren. In einem weiteren Rayon Dagestans soll Jelzin in der ersten Runde gut 1.200 Stimmen erhalten haben, während Sjuganow angeblich fast 18.000 erhielt. In der zweiten Runde errang Jelzin etwas mehr als 11.200 Stimmen, während Sjuganow Berichten zufolge weniger als 10.000 Stimmen erhielt. Einem Rayon in Tatarstan gebührt wahrscheinlich der Preis für das unglaubwürdigste Ergebnis. Hier verkündete die regionale Wahlkommission, Jelzin habe in der ersten Runde etwa 7.400 Stimmen erhalten, Sjuganow etwas weniger als

11.000. In der zweiten Runde, so hieß es, seien die Stimmen für Sjuganow auf rund 1.400 zurückgegangen, während die für Jelzin auf fast
21.800 geklettert seien.[84]

Myagkov u. a.[85] zeigen ebenfalls, dass es hinsichtlich der Wahlbeteiligung in den Republiken nicht nur eine Häufung um den Mittelwert
gab, sondern eine weitere bei ungefähr 90 Prozent zu beobachten war.
Doch bei Weitem nicht alle Republiken zeigten so deutliche Auffällig-
keiten in den von ihnen gemeldeten Zahlen. Von den 21 Republiken
landeten nur drei unter den 15 Regionen mit der höchsten Wahlbeteiligung in der ersten Runde und fünf unter denen mit der höchsten Wahlbeteiligung in der zweiten Runde. Wie wir in den folgenden Kapiteln
sehen werden, verblassen diese Unregelmäßigkeiten im Vergleich zu
späteren Präsidentschaftswahlen. Alles in allem setzte das Jelzin-
Regime 1996 eher auf eine Mischung aus Monopolisierung der Massenmedien, etwas altmodisches Brainstorming seitens Jelzins, Ausgaben in
Höhe von 100 bis 500 Millionen Dollar – Summen, die weit über die
gesetzlich zulässigen rund drei Millionen Dollar hinausgingen –,[86] vermeintliche Aktionen, um aus dem Schlamassel in Tschetschenien her-
auszukommen, geschicktes Koalieren und ein Zuspitzen auf eine alles
entscheidende Schicksalswahl zwischen Demokratie und kommunistischer Diktatur. Insgesamt war das, was im Januar 1996 noch fast unmöglich erschien, im Sommer jenes Jahres keineswegs mehr überraschend. „Kurz vor 5 Uhr morgens [dem Tag nach dem zweiten Wahl-
gang] wurde klar, dass Boris Jelzin führte und sein Sieg hochverdient
war."[87]

Den Umfragen zufolge hatte Jelzin im Januar Umfragewerte im einstelligen Bereich gehabt. Laut Jelzins Meinungsforscher Alexander
Oslon gaben am 1. März 13 Prozent der Befragten an, sie würden Jelzin
wählen; Sjuganow erhielt 19 Prozent. Seinen Umfragen zufolge lagen
die beiden Kandidaten Mitte April und am 4. Mai gleichauf. Am 11. Mai
lag Jelzin in seiner Umfrage mit 28 zu 24 Prozent vor Sjuganow, wobei
sich die übrigen Stimmen auf die vielen anderen Kandidaten verteilten.
Am 11. Juni gaben doppelt so viele (36 Prozent) an, für Jelzin statt für
Sjuganow (18 Prozent) zu stimmen.[88] Obwohl ihn die Wahl im wahrsten Sinn des Wortes fast das Leben kostete, war Jelzin der klare Gewin-
ner. Sicherlich gab es auf beiden Seiten Mauscheleien, doch nicht in
einem Maße, welches das Gesamtergebnis beeinflusst hätte. Das musste
auch Sjuganow anerkennen. Nach Angaben der Wahlkommission er-

hielt Jelzin 53,8 Prozent und Sjuganow 40,3 Prozent der Gesamtstimmen. Die amtlichen Ergebnisse und die Ergebnisse einer Umfrage nach der Präsidentschaftswahl, die Colton und ich auf Basis einer nationalen Stichprobe durchführten, differierten um maximal einen Prozentpunkt.

Den Wahlzyklus 1995/96 prägte vieles, was der Demokratie nicht zuträglich war. Den Wahlgesetzen zum Trotz übten die Massenmedien, insbesondere das Fernsehen, mit überwältigender Mehrheit den Schulterschluss mit Jelzin. Wahlfälschung war in Teilen Dagestans und Tatarstans weit verbreitet. Die öffentlichen und privaten Geldsummen, die Jelzin im Wahlkampf ausgab, waren eindeutig gesetzeswidrig. Doch trotz all ihrer Fehler und Mängel hob sich die Präsidentschaftswahl 1996 entschieden positiv von denen zwischen 2000 und 2008 ab. Das Spektrum der Kandidaten in der ersten Runde bildete größtenteils das Spektrum politischer Positionen des Landes ab. Mit Ausnahme einiger weniger Rayons in den Republiken wurden die Stimmen frei und fair ausgezählt. Angesichts der Entscheidung für oder gegen Demokratie bzw. Kommunismus wussten die Bürger Russlands – das vermeintliche Elektorat – zwischen Kandidaten und den Gebieten zu unterscheiden, auf denen die Anwärter sich wahrscheinlich bewähren würden. Die drei bzw. vier Punkte (teilweise frei), welche die NGO Freedom House Russland Mitte der 1990er-Jahre im Hinblick auf das Einhalten politischer Rechte gab, waren angemessener als die ein oder zwei Punkte, die Freedom House an Staaten mit echten freien und fairen Wahlen verlieh. Daher waren teleologische Extrapolationen aus der Erfahrung der Präsidentschaftswahl 1996 auf zukünftige Wahlen mit weniger Mängeln und auf die Fortsetzung eines „Demokratisierungs"-Prozesses durchaus plausibel.[89]

Wie wir aber in den nächsten zwei Kapiteln sehen werden, schwächten sich die Argumente für die These, Russland sei auf dem Weg, ein *normales* demokratisches Land zu werden, nach der Wahl 1996 stetig ab. Das Moment eines ungewissen Ausgangs, das Wahlen in Demokratien und kompetitiv autoritären Regimen kennzeichnet, verschwand fast vollständig. Stattdessen war die Präsidentschaftswahl 2008 auf den „Fassadenstatus" reduziert worden, den Levitsky und Way mit „vollem" Autoritarismus in Verbindung bringen.[90] Als Dmitri Medwedew 2008 von Präsident Putin zum Nachfolger im Amt bestimmt wurde, war es keineswegs abwegig, die Geschehnisse als „wahl-artiges Ereignis" zu bezeichnen. Darüber hinaus gab es gewisse Parallelen zwischen der Präsidentschaftswahl 2008 und der von 2012, wobei die auffälligste darin bestand, dass eine einzige Person, Putin, sich einmal mehr so positionierte, als sei er das Elektorat. Allerdings fiel die Reaktion auf Putins Ankündigung, er und Medwedew hätten „rochiert", äußerst negativ aus. Sie provozierte mögliche Handlungen eines Ejektorats, das größtenteils aus städtischen Moskauern bestand, oder zumindest eines Elektorats, das genügend Macht hatte, das Ergebnis der ersten Runde der Präsidentschaftswahl vom März 2012 zu beeinflussen.

8. Die Rückkehr zur Gewissheit und der normale Autoritarismus, 1998–2008

Vor der Perestroika hatte Freedom House der Sowjetunion in Bezug auf die dort existierenden politischen Rechte die Noten Sechs und Sieben (= unfrei) gegeben, stufte Russland 1996 jedoch mit dem Verweis, es sei eine „Demokratie im Wandel", auf Drei hoch (= teilweise frei). Im letzten Vierteljahrhundert wurde eine Vielzahl von Begriffen für das politische System Russlands bemüht. Was den Zeitraum um die Mitte der 1990er-Jahre angeht, fallen mir sofort *kompetitiver Autoritarismus* (Steven Levitsky und Lucan Way),[1] *Wahldemokratie* (Michael McFaul[2] in Anlehnung an Adam Przeworski und Larry Diamond), *„teilweise freie"* Demokratie (Freedom House) oder einfach *Demokratie* (Myagkov u. a.)[3] ein. Wenngleich manche Spezialisten diesen Kategorisierungen widersprechen würden, gleichen sich die meisten Beurteilungen der ersten zwanzig Jahre des post-sowjetischen Systems Russland in drei Aspekten.

Erstens verraten die Beurteilungen und Forschungsschwerpunkte, dass die Spezialisten stark von Joseph Schumpeter und seinem minimalistischen Verständnis von Demokratie beeinflusst sind, wie er es in *Kapitalismus, Sozialismus und Demokratie* formulierte.[4] Schumpeter vergleicht die Demokratie mit dem Markt. Für ihn beinhaltet Demokratie „diejenige Ordnung der Institutionen zur Erreichung politischer Entscheidungen, bei welcher einzelne die Entscheidungsbefugnis vermittels eines Konkurrenzkampfs um die Stimmen des Volkes erwerben". Seinem Verständnis nach schließt ein solches Arrangement „unfaire" oder „betrügerische" Konkurrenz nicht aus, beinhaltet allerdings „freien Wettbewerb zwischen den Führungsanwärtern um die Stimmen der Wählerschaft". „Wenigstens im Prinzip [hat] jedermann die Freiheit ..., sich dadurch um die politische Führung zu bewerben, dass er sich der Wählerschaft vorstellt ... Namentlich wird es normalerweise ein beträchtliches Quantum Pressefreiheit bedeuten", um verschiedene Standpunkte einer breiten Öffentlichkeit zu vermitteln, die Schumpeter als „das Volk" bezeichnet.[5]

Zweitens dürften die meisten Wissenschaftler[6] – egal, ob sie sich Levitsky und Ways Kategorisierung politischer Systeme anschließen oder nicht – mit deren zusammenfassender Beschreibung der politischen Szene Russlands zur Mitte der 1990er-Jahre übereinstimmen. Wie in der Einleitung dargelegt, treffen Levitsky und Way eine grundlegende Unterscheidung zwischen kompetitivem Autoritarismus und voll entwickeltem Autoritarismus. Kompetitiven Autoritarismus kennzeichnet ihrem Verständnis nach das Vorhandensein verschiedener grundlegender demokratischer Institutionen, die „existieren und Bedeutung haben, jedoch systematisch zugunsten des Amtsinhabers missachtet" werden. Wahlen gelten „weithin als primärer Weg zur Macht", und ihr Ausgang ist in gewissem Maße ungewiss. In einem solchen Umfeld gibt es eine „wichtige [legale] Opposition", die „offen konkurrieren kann, aufgrund des Amtsmissbrauchs des Amtsinhabers jedoch erheblich benachteiligt wird". Im vollen Autoritarismus sind dagegen grundlegende demokratische Institutionen entweder „nicht-existent oder auf den Status einer Fassade reduziert"; Wahlen „gelten nicht als praktikabler Weg zur Macht" und „starker Widerstand [ist] verboten oder [besteht] größtenteils im Untergrund oder Exil".[7]

Vor diesem Hintergrund würden die meisten Levitsky und Ways Charakterisierung der politischen Szene Russlands Mitte der 1990er-Jahre zustimmen, dass nämlich „das Regime Anfang und Mitte der 1990er-Jahre relativ offen war. Wahlen waren in hohem Maße kompetitiv, die Legislative übte erhebliche Macht aus, und private Massenmedien – vor allem Wladimir Gussinskis NTW – kritisierten Jelzin regelmäßig und dienten als Forum für die Opposition".[8]

Drittens änderten sich die üblichen politischen Maßstäbe für Russland, um der Abkehr von der Demokratie im letzten Jahrzehnt Rechnung zu tragen. Auch die meisten Wissenschaftler, die nicht nur auf russische Bewertungen der Gesamtsituation, sondern auf die bekannten Ereignisse reagierten, kamen zu neuen Einschätzungen. Kurz gesagt verkamen die russischen Wahlen im ersten Jahrzehnt des 21. Jahrhunderts zu bloßen Inszenierungen ohne irgendeine ernsthafte Chance für einen bedeutenden Oppositionellen, an die Macht zu gelangen. Die Präsidentschaftswahlen im Zeitraum zwischen Jelzins Wahlsieg 1996 und Putins Wahl von Dmitri Medwedew 2008 zu seinem Nachfolger waren immer weniger offen, weniger kompetitiv und zunehmend bedeutungslos. Selbst großzügigen Schätzungen zufolge ging die Größe des Elektorats zwischen 1996 und 2008 rapide zurück. In der Praxis bestand das Elektorat 2008 – genau wie über weite Strecken der Sowjetunion unter Stalin – aus einer Person. Ähnlich ließ sich zwischen 2000 und 2008 ein Trend zu offensichtlich gefälschten Wahlbeteiligungszahlen beobachten, der von den Republiken auf die Oblaste übergriff.[9]

Diese Entwicklungen müssen im Kontext anderer, häufig äußerst öffentlichkeitswirksamer Ereignisse im Jahrzehnt nach Putins Erstwahl im Jahr 2000 gesehen werden. Zu nennen wären dabei sicherlich die selektive Durchsetzung von Steuergesetzen, die zur Inhaftierung bedeutender Oligarchen oder zu ihrer Flucht führten; die Gefahren politischer Berichterstattung für Journalisten; die Abschaffung der Direktwahl von Gouverneuren und Vertretern der Föderativen Versammlung nach der Geiselnahme von Beslan (einer Kleinstadt im Nordkaukasus) im September 2004; die völlig unausgewogene Fernsehberichterstattung über verschiedene Kandidaten; und der Ausschluss potenzieller landesweit bekannter Kandidaten von der Wahl.[10]

Vor dem Hintergrund dieser Ereignisse konstatierten Freedom House und die Weltbank eine Abkehr von der Demokratie. Was für Freedom House 1996 noch eine Drei in Bezug auf politische Rechte gewesen war, wurde bei Medwedews Wahl zum Präsidenten 2008 zu einer Sechs. Im allgemeinen Länderranking fiel Russland auf einer Skala der Weltbank, die Werte zu „Mitspracherecht und Verantwortlichkeit" verzeichnet, von 38 Prozent 1996 auf 22 Prozent 2009 und 2010 bzw. auf 22,5 Prozent im Jahr 2011. Ähnlich sank die Bewertung von Russlands Regierung (basierend auf einer Berechnung des Abstands vom allgemeinen Mittelwert) hinsichtlich des Mitspracherechts und der Verantwortlichkeit im selben Zeitraum um eine halbe Standardabweichung. 1996 wies die Bewertung für Mitspracherecht und Verantwortlichkeit für die Russische Föderation nur eine Drittel Standardabweichung vom Mittelwert auf (– 0,32), 2009 faktisch eine komplette Standardabweichung (– 0,96) und auch 2011 lag sie nur marginal näher am Mittelwert (– 0,94).[11]

Parallel zu diesen Veränderungen in den Gesamtbewertungen änderten sich die Einschätzungen der meisten westlichen Wissenschaftler, die um die Jahrhundertwende noch relativ wohlwollend auf das Russland der 1990er-Jahre zurückgeblickt hatten. Zu den Forschern, die ihre Meinung änderten, zählten Mikhail Myagkov u. a., Steven Fish, Timothy Colton und Michael McFaul, die alle auf Trends im politischen Verhalten Russlands reagierten.[12] Ihre qualitativen Neubewertungen deckten sich mit den oben aufgeführten Zahlenwerten.

Bevor die Entwicklungen eingehender erörtert werden, soll an dieser Stelle eine kurze Zusammenfassung der drei Präsidentschaftswahlen zwischen 1996 und 2012 genügen. In der Präsidentschaftswahl 2000 erhielt Wladimir Putin nach Angaben der Zentralen Wahlkommission mehr als die Hälfte der Stimmen (53 Prozent) im ersten Wahlgang. Es bestand zwar noch eine fundamental demokratische Institution wie die Präsidentschaftswahl und diese war auch bedeutungsvoll, sie wurde jedoch systematisch ausgehöhlt zugunsten von Putin, Jelzins designiertem Nachfolger. Die Wahl 2004 war dann kein Wettbewerb mehr. Ernst zu nehmende Kandidaten, darunter der Vorsitzende der KPRF, Gennadi Sjuganow, nahmen nicht teil. Putin erhielt laut Berichten der Zentralen Wahlkommission 71 Prozent der abgegebenen Stimmen. Besiegelt wurde diese Abkehr vom Wettbewerb durch die Ratifizierung von Putins Entscheidung für Medwedew 2008. Der ungewisse Wahlausgang, der Wahlen in Demokratien und in geringerem Maße auch in kompetitiv-autoritären Regimen kennzeichnet, war fast völlig verschwunden. Die einzigen Kandidaten, die möglicherweise eine wichtige Opposition hätten bilden können – der ehemalige Schachweltmeister Garri Kasparow und der ehemalige Ministerpräsident Michail Kassjanow[13] – wurden disqualifiziert. So blieben nur Sjuganow, Schirinowski und Andrej Bogdanow als Kandidaten der Opposition, ein Gespann, das zu Recht als „ein Vormaliger, ein Clown und ein Nobody" abqualifiziert wurde.[14] Mit Levitsky und Way gesprochen war Russland 2008 zu einem „voll" autoritären Regime geworden.[15]

Die Wahl 2000

Putin war der vierte Ministerpräsident, den Jelzin innerhalb von 17 Monaten erfolgreich berief. Fünfmal hatte Jelzin Ministerpräsidenten vorgeschlagen; bei dem Versuch, Tschernomyrdin erneut einzusetzen, scheiterte er jedoch und traf auf heftigen Widerstand der Duma. In der Praxis hatte die Duma 1998 wahrscheinlich weder die Schlagkraft noch das politische Geschick, den Präsidenten seines Amtes zu entheben. In Bezug auf die Wahl des Ministerpräsidenten stellte sie jedoch das wählende Gremium dar. Wann immer Jelzin in diesen anderthalb Jahren einen potenziellen Kandidaten vorschlug, musste er das im Hinterkopf behalten.[16] Sein erster Kandidat war Sergej Kirijenko, der bei den ersten

Abstimmung nur 143, im zweiten Wahlgang sogar nur 115 Stimmen erhielt. Nach viel Theater und Bestechung[17] konnte Jelzin im dritten Durchgang seinen Kandidaten durchsetzen. Kirijenko erhielt die nötige Stimmenzahl, und die Duma-Mitglieder erhielten Wohnungen in Moskau oder 5.000 Dollar.[18]

Innerhalb von vier Monaten war Kirijenko jedoch wieder von der Bildfläche verschwunden. Die wichtigste intervenierende Variable war der Kursverfall des Rubel, der innerhalb von zwei Wochen die Hälfte seines Wertes einbüßte. Jelzin nominierte erneut Tschernomyrdin – ein Schwergewicht, wie Jelzin bekräftigte. Obwohl dieser zu Sowjetzeiten einer der „roten Direktoren" gewesen war, wurde seine Kandidatur in der von der KPRF beherrschten Duma mit überwältigender Mehrheit abgelehnt. Im ersten Wahlgang erhielt er sogar weniger Stimmen (94) als Kirijenko. Bei der zweiten Abstimmung konnte Tschernomyrdin zwar mehr Stimmen (138) für sich verbuchen, allerdings fehlten ihm knapp 100 Stimmen, um bestätigt zu werden. Jelzin sah ein, dass Tschernomyrdins Kandidatur zum Scheitern verurteilt war,[19] und beschloss einen Rückzieher zu machen, anstatt zu riskieren, dass die Duma ein Amtsenthebungsverfahren verabschiedete, bevor er sie auflösen konnte.[20] Die Ironie will es, dass er selbst für dieses Problem verantwortlich war. Die Jelzin-Verfassung von 1993 sah nämlich ausdrücklich vor, dass der Präsident die Duma nicht auflösen konnte, wenn diese ein Amtsenthebungsverfahren beschlossen hatte. Stattdessen nominierte Jelzin mit Jewgeni Primakow einen Kompromiss-Kandidaten, der u. a. als Direktor des Instituts für Weltwirtschaft und Internationale Beziehungen, als Politbüro-Kandidat unter Gorbatschow und als Außenminister bereits zahlreiche Ämter bekleidet hatte. Er war einer der vielen Kandidaten Jelzins, die Beziehungen zur Geheimpolizei bzw. zum Militär hatten, zu den *silowiki*, um die in der Ära Putin so viel Wirbel gemacht wird. Primakow bildete eine Art Koalitionskabinett.[21]

Jelzin zog sich zurück, sein Gesundheitszustand verschlechterte sich zusehends, doch er war noch nicht fertig. Sein Verhältnis zu Primakow trübte sich ebenso wie sein Verhältnis zur Duma. Unmittelbar vor der Abstimmung, in der es um seine eigene Amtsenthebung ging, hatte er die Initiative ergriffen, Primakow abgesetzt und Sergej Stepaschin zum amtierenden Ministerpräsidenten ernannt, der wie zuvor Primakow wichtige Posten in den Sicherheitskräften bekleidet hatte. Er blieb keine drei Monate im Amt. Ihm folgte Wladimir Putin, der ja ebenfalls für seine engen Verbindungen zu den Sicherheitsdiensten bekannt ist. Wie Stepaschin und Primakow fand er die Unterstützung der Duma und wurde im ersten Durchgang in einem knappen Votum bestätigt, das von verschiedenen Mitgliedern der KPRF-Fraktion verlangte, für ihn zu stimmen – was sie auch taten.

Es gibt vielfältige, plausible und weniger plausible Erklärungen dafür, warum Jelzin ausgerechnet Putin wählte. Zu den plausibleren zählen Überlegungen, Boris Beresowski habe direkt oder indirekt über dessen Tochter Tatjana Djatschenko auf Jelzin eingewirkt, oder Putin habe belastendes Material *(kompromat)* gegen Djatschenko verwendet, um sich seine Ernennung zum Ministerpräsidenten zu sichern und/oder Jelzin und seiner Familie Immunität im Gegenzug für Jelzins Amtsübergabe an Putin versprochen.

Erklärungen, die sich auf den vermeintlichen Rücktritt Jelzins im Gegenzug für eine Familien-Immunität berufen, gehen möglicherweise darauf zurück, dass der entsprechende *ukasy* von Putin missverständlich formuliert ist. Verwechselt wird leicht, auf wen die verschiedenen Aspekte des Erlasses abzielten. So bezieht er sich sowohl auf „den Präsidenten der Russischen Föderation, der nicht mehr im Amt ist" – eine umständliche Umschreibung für Jelzin – als auch auf Mitglieder seiner Familie. Den „bei ihm wohnenden [Familienmitgliedern] wird medizinische Versorgung wie zu Zeiten seiner Präsidentschaft zugesichert". Nach seinem Tod haben die Mitglieder seiner Familie Versorgungsansprüche. Die „volle Immunität vor strafrechtlicher und/oder administrativer Verfolgung" gilt jedoch ausschließlich für Jelzin, nicht für seine Familie[22] und schon gar nicht für das mafia-artige Gebilde, das sich offenbar um Jelzin entwickelt hatte. Doch auch von möglichen Missverständnissen abgesehen steht diese These eines vermeintlichen Tauschhandels – Immunität der Familie als Gegenleistung für die Ernennung Putins zum amtierenden Präsidenten – auf wackligen Füßen. Auf Grundlage seiner Interviews mit den Hauptakteuren berichtet Colton, Jelzin habe „nie über Immunität oder einen anderen Aspekt von Putins Dekret verhandelt".[23] Außerdem hätte ein solches Dekret von der Duma gekippt werden können, die Putins Dekret im Februar 2001 in der Tat durch ein Statut ersetzte.

Die Behauptung, Beresowski oder andere „Oligarchen" hätten Jelzin direkt oder über seine Tochter beeinflusst, widerspricht den direkten Aussagen der Hauptakteure. So erklärt Colton, der alle Protagonisten interviewt hat, seiner Vermutung nach wäre „Beresowskis Unterstützung ... der Todesstoß für jeden Kandidaten gewesen".[24] Was Beresowski angeht, erklärte Jelzin lapidar: „Ich habe Boris Abramowitsch [Beresowski] nie gemocht und mag ihn bis heute nicht." Und: „Es gibt keine Mechanismen, über die Beresowski den Präsidenten beeinflussen könnte."[25] Nach Beresowskis eigenen Aussagen führte er nur sehr wenige Gespräche mit Jelzin.

Noch weiter hergeholt als Erklärung für die Wahl Putins zum Ministerpräsidenten und dann zum amtierenden Präsidenten ist die Behauptung, er habe eine „*kompromat*-Aktion gegen Jelzins Tochter eingeleitet, die er ... zur Berufung zum amtierenden Ministerpräsidenten und dann zum amtierenden Präsidenten genutzt habe",[26] wobei er als Gegenleistung Jelzin und seiner Familie Immunität gewährt habe. Ich will nicht ausschließen, dass Putin ein *kompromat* gegen Jelzins Tochter Tatjana Djatschenko lancierte. Der Einsatz von *kompromat* war in Moskau 1999/2000 weit verbreitet. Ich stelle jedoch in Frage, ob dies eine Rolle bei Jelzins Entscheidung spielte, Putin als Ministerpräsidenten zu nominieren und ihm dann die Amtsgeschäfte des Präsidenten zu übertragen. In ihrem dritten Interview mit Colton erklärte Jelzins Tochter, ihr Vater habe sie nicht um ihre Meinung zur Wahl von Putin gebeten[27] – was die Möglichkeit erheblich reduziert, dass Jelzins Berufung von Putin zum Ministerpräsidenten von Überlegungen im Hinblick auf das Wohlergehen seiner Tochter geleitet war.

Nicht zuletzt entsprach Putins Umgang mit Jelzin der Art und Weise, wie er mit anderen umging, die zurückgetreten waren oder zurücktreten mussten. Trotz des Vorgehens gegen Beresowski und andere Oligarchen sind Vergeltungsaktionen gegenüber Menschen, die zum Rücktritt gezwungen wurden oder anderweitig ihr Regierungsamt verloren, normalerweise nicht Putins Stil. In einem Land, dessen Geschichte übersät ist von Fällen, in denen aus einem Amt Enthobene mit einer Kugel im Kopf endeten, ist Putins Umgang mit Verlierern oder Ruheständlern im Allgemeinen freundlich gewesen und für die Verlierer normalerweise mit der Versetzung auf eine gut bezahlte, weniger bedeutende Stelle in den Provinzen einhergegangen.[28]

Verschwörungstheorien sind vielleicht aufregender, doch entsprechen langweiligere und einfachere Erklärungen weit eher den heute vorliegenden Beweisen und Indizien. Sie berichten plausibel davon, wie jemand wie Putin Ministerpräsident und daraufhin amtierender Präsi dent werden konnte, wie Jelzin im Ruhestand versorgt wurde und wie Putin eine derartige Präsenz erlangte, dass er auch in einer blitzsauberen Wahl gewählt worden wäre – wenn auch nicht unbedingt im ersten Durchlauf –, weil der erste Wahlgang (*tur*) eben im März 2000 stattfand.

Jelzin beschloss, Stepaschin infolge seiner schwachen Reaktion auf das Wiederaufflammen der Gewalt im Nordkaukasus und die Entstehung einer Anti-Kreml-Koalition unter Führung von Primakow und dem damaligen Bürgermeister von Moskau, Juri Luschkow, als Ministerpräsidenten abzulösen. Wäre diese Anti-Kreml-Koalition gewählt worden, hätte dies fast sicher zumindest für einige Mitglieder aus Jelzins Gewinnerkoalition unerwünschte Folgen gehabt. Der Tropfen, der das Fass zum Überlaufen brachte, war die Tatsache, „dass Stepaschin nicht entschlossen genug gegenüber den Lobbyisten durchgriff, die auf Gefälligkeiten der Regierung hofften, und Druck an Jelzin weitergab".[29] (Jelzin hatte Stepaschin gegenüber nie die Unterstützung bekundet,[30] die er unmittelbar nach der Wahl dem Ministerpräsidenten Putin entgegenbrachte. Jelzin wollte ihm nach eigenen Aussagen die Mütze des Monomach[31] übergeben.) Colton bezeichnet Stepaschin als „unentschlossen"[32], Jelzin beschreibt ihn als „zu weich".[33]

Aus Jelzins Aufzeichnungen wissen wir, was für eine Person das Land seiner Ansicht nach brauchte. Seine rückblickende Aufzählung der Eigenschaften, die er an Machthabern schätzte, ist aufschlussreich, auch wenn er von der hier gemeinten Person – Oberst Nikolai Bordjuscha[34] – bald enttäuscht war. Bordjuscha, so Jelzin, sei ein „genuin intellektueller Militäroffizier, dessen Weltsicht näher an der jüngeren Politikergeneration als am Kern der Generäle sei".[35] Was das Land brauche, so Jelzin weiter, sei „eine intelligente, demokratische, neu denkende, aber militärisch strenge Person".[36] Putin besaß Jelzins Meinung nach weitere Erfolg versprechende Eigenschaften – er sei relativ jung, schriebe präzise Vermerke, sei klar im Denken, ausgesprochen loyal[37] und habe die richtigen Werte. Putin, so schrieb Jelzin, sei jemand, der „demokratische Freiheiten [und] eine normale Marktwirtschaft im Land um jeden Preis unterstützen" werde.[38]

In seiner Rede an die Nation, in der er eröffnete, er werde einen neuen Ministerpräsidenten ernennen, hob Jelzin hervor, dass Putin seines Erachtens dem Land als Ministerpräsident einen großen Dienst erweisen werde und zumindest für den Moment auch sein Wunschkandidat für das Präsidentenamt sei.[39] Zugleich ließ Jelzin durchblicken, Putin beginne eine Art Probezeit, in der russische Bürger – um mit Schumpeter zu sprechen – Gelegenheit hätten, als ultimatives Elektorat zu fungieren:[40] Die Russen, so Jelzin, hätten „Gelegenheit, seine [Putins] arbeitsbezogenen und menschlichen Qualitäten zu bewerten". „Ich möchte, dass alle, die im Juli 2000 zur Wahlurne gehen, an ihn glauben und ihre eigene Wahl treffen. Ich denke, er hat genügend Zeit, um sich zu beweisen."[41]

Jelzin, der zwar grundsätzlich erkannt hatte, dass erwachsene Bürger theoretisch das Recht hatten zu wählen, beschränkte dennoch die für Demokratien typische Ungewissheit des Wahlausgangs, wodurch es zu einer Art kompetitivem Autoritarismus kam. „Die fehlende Rotation beim Übergang von Jelzin zu Putin ... überschattet den gesamten Prozess",[42] schreibt Richard Sakwa nicht zu Unrecht. Putins Amtszeit als Ministerpräsident war so kurz wie die seiner Vorgänger. Das lag jedoch nicht daran, dass er bei Jelzin in Ungnade fiel. Vielmehr nutzte Putin mit Unterstützung Jelzins und den Ressourcen des Kreml seine Probezeit in vollem Umfang aus, um sich als Nachfolger des Präsidenten zu positionieren.

Seine Chancen auf dieses Amt forcierte er in vielfältiger Hinsicht, vor allem aber, indem er die Oberaufsicht über den Zweiten Tschetschenienkrieg übernahm. Die weithin populäre Wiederaufnahme der Feindseligkeiten im Nordkaukasus bot ihm Gelegenheit, das Ergebnis des extrem unpopulären Ersten Tschetschenienkrieges zu revidieren. Die Kampfhandlungen brachen auf zweierlei Weise aus: Erstens marschierten rund 2.000 in Tschetschenien stationierte Freischärler nach Dagestan ein, wo ihre Anführer eine Islamische Republik Dagestan ausriefen; zweitens kam es zu terroristischen Bombenanschlägen in Moskau (31. August, 9. September und 13. September 1999) sowie in zwei Städten im Süden, Buinaksk (4. September) und Wolgodonsk (15. September).[43]

Wer wissen will, ob einige oder alle diese Ereignisse von russischen Geheimdiensten provoziert wurden, muss wahrscheinlich auf die Öffnung der Archive warten, allerdings hat es zahlreiche Spekulationen in diese Richtung gegeben.[44] Das liegt vor allem an dem verwirrenden Vorfall in Rjasan in der Nacht vom 22. auf den 23. September 1999 – eine Woche nach dem Bombenattentat von Wolgodonsk –, bei dem eine scharfe Bombe gefunden wurde. Der russische Inlandsgeheimdienst FSB behauptete jedoch, es sei nur eine Attrappe und Teil einer Übung gewesen.[45] Was auch immer den Anstoß dazu gegeben haben mag: Putins Verwicklung in den Krieg bot den Medien reichlich Gelegenheit, für seine Fähigkeiten zu werben und ihn als Gegenpol zum geschwächten Jelzin wie auch zum unentschiedenen Stepaschin aufzubauen.

Ähnlich startete die Kremlverwaltung eine gezielte Medienkampagne und den ernsthaften Versuch, eine Pro-Regierungs-Partei namens *Einheit (Jedinstwo)* zu schaffen, die offensiv bei der Duma-Wahl im Dezember 1999 antrat. Diese Wahl bekam den Charakter einer innerparteilichen Vorsondierung[46] für die Präsidentschaftswahl, die für den Juli 2000 angesetzt war. Dabei spielten zwei weitere Oppositionsparteien, die KPRF und *Vaterland Ganz Russland,* eine Rolle.

Die KPRF vereinte sowohl bei den Duma-Wahlen als auch bei den Präsidentschaftswahlen einen erheblichen Block an potenziellen Wählern auf sich. Das wahre Problem der Regierung (insbesondere Putins) war jedoch *Vaterland Ganz Russland,* ein Bündnis, dessen Vorsitzende der Moskauer Bürgermeister Juri Luschkow und der ehemalige Ministerpräsident Jewgeni Primakow waren. Ihnen war es gelungen, die Unterstützung einer großen Zahl von Gouverneuren zu gewinnen, sodass *Vaterland Ganz Russland* einen hohen Anteil der Sitze bei den Duma-Wahlen zu erringen versprach. Anders als Jelzin, dem 1996 alle großen Fernsehkanäle behilflich waren, genoss Putin nicht deren einhellige Unterstützung. Insbesondere der von Wladimir Gussinski gegründete Sender NTW lehnte den Zweiten Tschetschenienkrieg ab und stellte *Vaterland Ganz Russland* und der *Russischen Demokratischen Partei – Jabloko* erhebliche Sendezeit zur Verfügung. Außerdem finanzierte Luschkow „TV-Center" (Kanal 3), der ihm selbstverständlich weitaus mehr Sendezeit widmete als seinem Kontrahenten Putin. Wie Sarah Oates berichtet, fiel die Berichterstattung auf Kanal 3 zu 37 Prozent für Luschkow und zu 15 Prozent für Putin aus.[47] Oates zufolge fand Putin jedoch insgesamt „während der Kampagne [weitaus mehr] Resonanz in den Medien, fast 50 Prozent aller nationalen Fernsehsender insgesamt ... Die Berichterstattung in den größten staatlichen Sendern (ORT und RTR [Russisches Fernsehen und Radio]) fiel zugunsten der regierungsnahen Kräfte – in diesem Fall Putin – aus."[48] Putin profitierte außerdem von der Fernsehberichterstattung über Sergej Schoigu, dem damaligen Minister für Zivilschutz und einem der Mitbegründer von *Jedinstwo.* Wie Putin befürwortete er den Zweiten Tschetschenienkrieg und war in Berichten über den Krieg im russischen Fernsehen höchst präsent. Als

Putin ankündigte, er werde für *Jedinstwo* stimmen, begründete er dies u. a. mit seiner Freundschaft zu Schoigu.

Frühere Bemühungen, eine „Partei der Macht" zu schaffen, waren nie recht vorangekommen. Der auffälligste Misserfolg war der von *Unser Haus Russland* (russ. *Nasch Dom – Rossija*, was Spötter sofort in „Nasch Dom – Gazprom" umtauften), einer Partei, die gegründet worden war, um bei den Parlamentswahlen 1995 eine Kandidatenliste zu präsentieren. Trotz massiver Unterstützung des Kreml erhielt sie bei der Wahl 1995 nur 10 Prozent der Stimmen, während *Jedinstwo* erheblich erfolgreicher war. Je präsenter Putin wurde und je breitere Unterstützung er fand, umso mehr Zuspruch erfuhr *Jedinstwo*.

Tabelle 8.1 zeigt den Verlauf von Putins Präsidentschaftskandidatur sowie seine Zustimmungswerte als Ministerpräsident. Noch im August 1999 tauchte Putin kaum am Horizont auf: Nur zwei Prozent äußerten die Absicht, ihn zu wählen, obwohl seine Zustimmungswerte als Ministerpräsident mit 31 Prozent deutlich höher lagen. Im Oktober erklärte einer von fünf Befragten (21 Prozent), er oder sie wolle Putin wählen; zwei Drittel (66 Prozent) gaben gegenüber den Interviewern an, sie seien mit seiner Arbeit als Ministerpräsident einverstanden. Wie die Umfragewerte für November zeigten, errang er nun fast die Hälfte der Stimmen (45 Prozent), wobei seine Zustimmungswerte als Ministerpräsident bei 78 Prozent lagen. Am 24. November erklärte Putin „als Bürger", er werde bei den Duma-Wahlen für die Kandidaten von *Jedinstwo* stimmen. Wie Umfrageergebnisse im Dezember zeigten, lag er mit einer leichten Mehrheit (51 Prozent) vor allen anderen Kandidaten und genoss Zustimmungswerte von 79 Prozent.[49] In der zweiten Erhebungswelle der

Monat 1999	Prozentsatz, der nach eigenen Angaben für Putin als Präsident stimmen würde	Prozentsatz, der mit Putins Arbeit als Ministerpräsident einverstanden war
August	2	31
September	4	53
Oktober	21	66
November	45	78
Dezember	51	79

Tabelle 8.1[50]. Putins zunehmende Popularität während seiner Zeit als Ministerpräsident von August bis Dezember 1999

Befragung von Colton/McFaul 1999/2000, die nach den Parlamentswahlen und zumeist im Januar 2000 durchgeführt wurde, erklärten 57
Prozent derjenigen, die zu wählen beabsichtigten, sie würden für Putin
stimmen. Dieselbe Umfrage führte zu dem vielleicht noch wichtigeren
Ergebnis, dass Putin im direkten Vergleich, der besonders wichtig ist im
Hinblick auf eine mögliche Stichwahl, Primakow und Sjuganow mühe-
los hinter sich lassen würde.

Primakow zog seine Kandidatur Anfang Februar 2000 zurück und
wurde mit den Worten zitiert, eine Wahl zu veranstalten, sei „sinnlos, da
das zukünftige Staatsoberhaupt schon gewählt worden [sei]".[51] Sjuganow blieb weiter im Rennen, wenngleich er bestenfalls Chancen auf den
zweiten Platz hatte.

Im August 1999 hätte man noch ein Prophet sein müssen, um die
Ergebnisse der Parlamentswahl am 19. Dezember desselben Jahres vor-
auszusehen. Sie waren der Höhepunkt mehrerer Monate strategischen
Vorgehens der Präsidenten und Gouverneure zahlreicher Republiken
und Oblaste. Im Spätsommer 1999 gab es Pläne, „eine Pro-Kreml-Koali-
tion namens Einheit ... unter Führung von Sergej Schoigu, dem Minister
für Katastrophenschutz",[52] zu starten. Der Gründungskongress fand
am 3. Oktober 1999 statt.[53] Die frühere Erfahrung mit einer Partei der
Macht *(Unser Haus Russland)* war für den Kreml alles andere als ermuti-
gend gewesen. Doch das geschickte Umwerben der Gouverneure mithilfe administrativer Ressourcen in Verbindung mit dem Buhlen von
Putin überzeugte nach und nach viele führende Politiker der Regionen,
die zu den Gewinnern gehören wollten. Sie bekamen den Eindruck, dass
sich die Finanzelite und das Gros der regionalen Vertreter von Luschkow
und Primakow zu *Jedinstwo* hin bewegte, zu der Partei, die ihre Geschicke
an Putin gebunden hatte.[54] Nach einem zögerlichen Start war der Um-
schwung in der öffentlichen Unterstützung für *Jedinstwo* überwältigend.
Vier Prozent der Öffentlichkeit gaben in einer Massenumfrage des
WZIOM (Allrussisches Zentrum zur Erforschung der öffentlichen Meinung) am 2. November an, sie würden die Partei wählen; am 22. November waren es acht Prozent. Als Putin am 24. November ankündigte, er
werde Kandidaten von *Jedinstwo* wählen, löste er eine Kaskade[55] neuer
Anhänger für die Partei aus. Am 29. November erklärten 18 Prozent ihre
Unterstützung für *Jedinstwo*. In den Parlamentswahlen vom 19. Dezem-
ber erhielt sie 23 Prozent der Stimmen, nur geringfügig weniger als die
KPRF.[56] *Vaterland Ganz Russland* erhielt knapp über 13 Prozent. In Ver-

bindung mit Putins verblüffenden Leistungsbewertungen hatten die Parlamentswahlen praktisch die Rolle einer „Primary" bei den amerikanischen Präsidentschaftswahlen gespielt.[57]

Was letztlich den Ausschlag für Putin gab, war ein Kabinettstück Jelzins. Putins Vorgehen als Ministerpräsident hatte Jelzin davon überzeugt, dass er ihn zu Recht ernannt hatte. Geschickt trat Jelzin an Silvester 1999 zurück, was zwei wesentliche Konsequenzen hatte. Es machte Putin zum amtsführenden Präsidenten und löste Artikel 92 der Verfassung aus. Dieser sieht vor, dass im Falle des Rücktritts eines Präsidenten die Neuwahl innerhalb von 90 Tagen stattzufinden hat. Diese Vorverlegung vom Sommer in den Frühling steigerte Putins Chancen auf einen Wahlsieg enorm, da sie nicht nur die Wahlkampfzeit für seine Mitbewerber verringerte, sondern auch die Zeit verkürzte, in der Putins Umfragewerte von den überragenden Werten zu Beginn des neuen Jahrhunderts hätten zurückfallen können, wozu es später auch tatsächlich kam.

Bewertungen der Präsidentschaftswahl 2000

Mit relativ geringem Vorsprung gewann Putin in der ersten Runde und erhielt knapp mehr als die Mehrheit der 75 Millionen abgegebenen Stimmen (52,9 Prozent oder rund 39,7 Millionen Stimmen). Aus Sicht normativer Demokratietheorien ließ die Wahl sehr zu wünschen übrig. Das Timing von Präsident Jelzins Rücktritt in Verbindung mit Putins Vorteilen des Amtsführenden und der Unterstützung durch das Staatsfernsehen gaben der Wahl nach Ansicht vieler den Beigeschmack eines *fait accompli* und erinnerten an mexikanische Verhältnisse vor dem Jahr 2000. Für Putin standen die Chancen sicherlich sehr günstig, wenn man bedenkt, dass er durch seine Position als Ministerpräsident und amtsführender Präsident sowie seinen Zugang zu den Medien relativ leicht die politischen Führer der Regionen mobilisieren konnte. Man sollte jedoch bedenken, dass es kurz zuvor vier andere Ministerpräsidenten gegeben hatte. Keiner von ihnen hatte je Putins Umfragewerte erreicht, und keiner hatte sich so erfolgreich wie Putin den russischen Nationalismus auf die Fahnen geschrieben. Zudem war sein medialer Vorteil zwar erheblich, doch gab es neben den „scharfen Angriffen" von ORT auf Luschkow und Primakow auch eine „außergewöhnliche Flut an persönlichen Attacken" auf Putin von Seiten des Senders NTW.[58]

Trotz solcher Attacken verbreiteten sich genügend Informationen, dass Russen zwischen den Parteien und ihren Repräsentanten unter-

scheiden konnten.[59] Die Russen, einschließlich der Teilnehmer an Col-
ton/McFauls Umfragen von 1999/2000, hatten wenige Anhaltspunkte
für Putins Ansichten, da dieser sich weigerte, einen inhaltlichen Wahlkampf zu führen – ein traditioneller Trick des Favoriten. Als die Teilnehmer an der Studie von Colton/McFaul jedoch unmittelbar nach den
Parlamentswahlen im Dezember 1999 befragt wurden, war *Jedinstwo*
ihrer Ansicht nach am ehesten in der Lage, mit den Problemen in
Tschetschenien fertigzuwerden. *Vaterland Ganz Russland* unter der Führung des ehemaligen Außenministers und Ministerpräsidenten Primakow galt außenpolitisch am kompetentesten, auch wenn absolut gesehen mehr Menschen der Ansicht waren, *Jedinstwo* sei außenpolitisch am
fähigsten. *Jabloko,* eine marktorientierte Partei unter Führung des Ökonomen Grigori Jawlinski, erhielt für ihre Kompetenz in wirtschaftlichen
Belangen die Bestnoten. Die andere Partei der Rechten, die nur schwach
unterstützte *Union der Rechten Kräfte,* erhielt im Vergleich mehr Anerkennung für ihre Fähigkeit, „Menschenrechte und demokratische Freiheiten zu verteidigen". Die KPRF erhielt die Bestnote im Bereich der sozialen Sicherung.

Nach den Präsidentschaftswahlen im März wurden die Teilnehmer
erneut befragt. Wieder spiegelten die Antworten im Wesentlichen die
Präferenzen der Befragten für einzelne Kandidaten. Die Teilnehmer
wurden zu sechs politischen Themen befragt: Verbesserung der Wirtschaft, Sicherung sozialer Stabilität, Verteidigung von Rechten und
Freiheiten, Umgang mit Tschetschenien (stellvertretend für die russische Außenpolitik insgesamt) und Bekämpfung von Kriminalität und
Korruption. In jedem der sechs Punkte lag Putin vorn. Es gab jedoch
themenübergreifende Unterschiede in den Antwortmustern, die sugge-
rierten, dass bestimmte Kandidaten im Umgang mit gewissen Aspekten von Russlands Problemen besser abschnitten als andere. Sjuganow
galt als vergleichsweise eher imstande, soziale Stabilität zu gewährleisten. Dem politisch liberalen Ökonom Jawlinski wurde eher zugetraut,
die Wirtschaft zu verbessern und Menschenrechte und Freiheiten zu
verteidigen. Und so wie *Jedinstwo* im Dezember 1999 als die Partei galt,
die am ehesten das Tschetschenienproblem bewältigen konnte, rangierte auch Putin ganz besonders hoch bei der Einschätzung zum Umgang mit diesem Problem. Da Primakow bereits aus dem Rennen ausgeschieden war und Putin schon drei Monate das Amt des Präsidenten
führte, schnitt Letzterer in den Einschätzungen der russischen Teil-

nehmer zur mutmaßlichen Wirksamkeit seiner Außenpolitik ebenfalls sehr gut ab.[60]

Wie wir gesehen haben, erhielt Putin starke Unterstützung von Menschen aller demographischen Kategorien und erzielte im ersten Durchgang eine Mehrheit. In verschiedener Hinsicht unterschied sich die Wahl 2000 offenkundig erheblich von der 1996. Da Primakow seine Kandidatur zurückgezogen hatte, ähnelten die Themen, die das Wahlverhalten 2000 bestimmten, jedoch in Ansätzen denen von 1996. Die Frage „Welche Faktoren bestimmten das Wahlverhalten der Russen in der Präsidentschaftswahl 2000?" beantwortet sich zu einem guten Teil, wenn man die Urteile der Befragten über das für Russland geeignetste politische System und ihre Einschätzungen der Wirtschaft im kommenden Jahr in eine einfache additive Skala einfügt. Unter denjenigen, die angaben, sie hielten das gegenwärtige System oder eine westliche Demokratie für wünschenswert (die Zahl lag 2000 weit unter der von 1996), erklärten 95 Prozent, sie hätten Putin und nicht Sjuganow gewählt. Zwei Drittel (66 Prozent) derjenigen, die angaben, sie bevorzugten das sowjetische System von vor der Perestroika, berichteten, sie hätten für Sjuganow gestimmt. Die Haltung der Teilnehmer zur russischen Wirtschaft lieferte ähnlich klassisch soziotopische Wahlmuster:[61] Sofern die Befragten angaben, dass sich die Wirtschaft (erheblich) verbessern würde, wählten sie Putin. Die „Trefferquote" war sogar noch höher, wenn man die beiden Variablen kombinierte. Sjuganow erhielt fast alle Stimmen der Befragten, die das alte sowjetische System für Russland bevorzugten und die wirtschaftlichen Aussichten düster einschätzten. Ähnlich stimmten Befragte, die das gegenwärtige System oder westliche Demokratie bevorzugten und die kurzfristigen Wirtschaftsaussichten für Russland positiv bewerteten, fast einstimmig (97 Prozent) für Putin. Ausgehend von ihrer Bewertung der wirtschaftlichen Perspektiven betrachteten Russen die Wahl einmal mehr als ein Referendum über „Demokratie oder Kommunismus".[62]

Es gab jedoch mehr Belege als 1996, die daran zweifeln ließen, dass die Wahl den Schumpeter'schen Demokratiestandards genügte. Wohlwollende Menschen werden Jelzins grundsätzliche Anerkennung des Elektorats positiv beurteilen; sie werden ebenfalls auf Putins enorme Popularität verweisen, welche durch die überwältigende Zustimmung der Massen zu seiner Arbeit als Ministerpräsident und als amtierender Präsident belegt wurde; und sie werden betonen, dass die Menschen im ersten Wahlgang – auch wenn sie ihre Meinungen und Hoffnungen auf Putin projizierten – genügend über die anderen Kandidaten wussten, um Entscheidungen zu fällen, die in ihrer Gesamtheit mit den Positionen der verschiedenen Präsidentschaftskandidaten kongruent waren; nicht zuletzt werden sie hervorheben, dass in der Erhebung einer nationalen Stichprobe von Russen, die Colton/McFaul rund einen Monat nach der Wahl im März 2000 unternahmen, sechs Prozent mehr Menschen angaben, sie hätten für Putin gewählt, als amtliche Zahlen der Zentralen Wahlkommission belegen.[63] Wohlwollende Menschen würden anmerken, dass nur acht (von rund 27.000) Rayons bei der Wahl 2000 eine Wahlbeteiligung sowjetischen Stils von 99 Prozent oder mehr meldeten. In keinem Rayon hatten demnach 99 Prozent oder mehr für Putin gestimmt. Von den 114 Rayons, in denen nach Angaben der Zentralen Wahlkommission die Wahlbeteiligung bei 90 Prozent oder höher lag, gaben 23 vor allem ländliche Rayons in den Republiken an, 90 Prozent oder mehr hätten für Putin gestimmt.[64]

Dagegen ließe sich einwenden, dass Jelzin einmal mehr gegen einen ungewissen Wahlausgang optierte, aber so redete, als bestünde eine echte Wahlmöglichkeit. Genauso wäre an Primakows Entscheidung zu erinnern, nicht mehr als Kandidat anzutreten, sowie an das Timing von Jelzins Rücktritt und die daraus resultierenden Vorteile Putins als temporärem Amtsinhaber. Nicht zuletzt wären die von Myagkov u. a. generierten empirischen Daten ins Feld zu führen sowie Belege und Anekdoten aus der *Moscow Times,* die infrage stellen, ob Putin tatsächlich 50 Prozent plus 1 der im ersten Wahlgang abgegebenen Stimmen erhielt und ob nicht von den amtlichen 75 Millionen abgegebenen Stimmen rund 2,25 Millionen durch Manipulationen zustande kamen. Dass er im zweiten Durchgang gewonnen hätte, stellt hingegen niemand ernsthaft infrage.

Es gibt viele Wege, eine Wahl zu manipulieren. Die Möglichkeiten, die bei der Präsidentschaftswahl 2000 wichtig waren, lassen sich in vier Kategorien unterteilen: ein künstliches Aufblähen der Wahlbeteiligung auf nationaler Ebene; Maßnahmen der zentralen Wahlkomitees auf regionaler bzw. Rayon-Ebene; Verfahren auf Bezirksebene, wodurch sich die Stimmenzahl direkt erhöhte wie etwa das Füllen der Wahlurnen mit falschen Wahlzetteln sowie explizite Formen der Einschüchterung. Einige Faktoren, die Putins Gesamtstimmzahl deutlich geschönt haben, sind eindeutig betrügerisch. Andere sind weniger gesichert und unterschiedlich interpretierbar.

Ein wichtiges Moment, bei dem es sich eindeutig um Betrug handelte und das maßgeblich dazu beigetragen haben dürfte, Putin eine Mehrheit zu verschaffen, betrifft die erhöhte Wahlbeteiligung im März 2000 verglichen mit der Parlamentswahl im Dezember 1999. Selbstverständlich bedeutet eine erhöhte Wahlbeteiligung nicht automatisch Betrug. Sie kann auch das Resultat von verstärkter Mobilisierung oder der unterschiedlichen Relevanz von Wahlen sein. Ein Grund, weswegen ich die Präsidentschaftswahl 1996 – um dies nochmals zu sagen: mit all ihren Fehlern und Mängeln – als eine Wahl betrachte, die einer demokratischen Wahl nach Schumpeter'schen Kriterien näherkam als die Präsidentschaftswahlen 2000, 2004 und 2008, ist die Tatsache, dass Sjuganow 1996 von einer höheren Wahlbeteiligung insbesondere im ersten Wahlgang mehr profitiert hatte als Jelzin.[65] Angesichts der Jelzin verfügbaren und von ihm genutzten „administrativen Ressourcen" ist dies ein ziemlich bemerkenswertes Ergebnis. 2000 befand sich Sjuganow dagegen eindeutig im Nachteil: 2000 hatte Putin einen Vorsprung von vier zu eins und übertraf ihn häufig um hohe Prozentzahlen.[66]

Eines der größten Probleme bezüglich der amtlichen Wahlbeteiligung laut der Zentralen Wahlkommission ist die Differenz zwischen der Zahl der Wahlberechtigten bei der Duma-Wahl im Dezember 1999 und der Zahl der Wahlberechtigten bei der Präsidentschaftswahl im März 2000. In den dazwischen liegenden drei Monaten kamen zusätzliche 1,3 Millionen Wahlberechtigte hinzu. Wenn man annimmt, dass der von Myagkov u. a. berechnete Stimmenzuwachs so hoch wie angegeben ist, dann erklärt sich ein erheblicher Anteil des Überhangs von über 50 Prozent plus 1 für Putin durch diesen einen Faktor.

Der plötzliche Anstieg der Zahl der Wahlberechtigten wäre vielerorts leicht durch das unterschiedliche Interesse an einer Präsidentschafts- bzw. Parlamentswahl zu erklären, da sich die Bürger in vielen Staaten vor einer Wahl registrieren lassen müssen. Im russischen Fall kann dies jedoch nicht als ernsthafte Erklärung für die Diskrepanz herhalten, da alle Bürger per Gesetz automatisch an ihrem 18. Geburtstag als wahlberechtigt registriert sind. Um Wahlbetrug als Grund für den sprunghaften Anstieg der Wahlbeteiligung auszuschließen, müsste man also auf Erklärungen zurückgreifen, die auf irgendeine Kombination aus einem Geburtenanstieg 1982/83, dem Ende des Tschetschenienkriegs, einer massiven Amnestie von Gefangenen von Dezember 1999 bis März 2000 und/oder einer Masseneinwanderung im selben Zeitraum hinausliefen.[67]

Sicherlich feierten viele russische Bürger (aber schwerlich Hunderttausende) in den drei Monaten zwischen der Duma- und den Präsidentschaftswahl ihren 18. Geburtstag. Die erhöhte Wahlbeteiligung mit einem sprunghaften Geburtenanstieg 1982–83 zu begründen, wäre allerdings offen gesagt absurd, war ein solcher doch keineswegs zu verzeichnen; nach Angaben des Staatlichen Russischen Statistikamts Goskomstat sank die Bevölkerung 1999 sogar um über 800.000 und im ersten Quartal 2000 um weitere 235.000 Menschen (größtenteils durch einen Sterbeüberschuss begründet), wie Artikel in den *Moscow News* hervorhoben. Die Zeitung wies auch auf die offensichtliche Tatsache hin, dass Neugeburten für den Stimmenpool irrelevant waren, sodass der Rückgang an stimmberechtigten Wählern tatsächlich noch größer als die Abnahme der Gesamtbevölkerung sein musste. Ferner betont der Artikel, dass Thesen, die sich auf andere mögliche Quellen eines Bevölkerungszuwachses beriefen – Menschen, die aus dem Gefängnis freikamen und Nettozuwanderung – ebenfalls nicht der Prüfung standhielten: Nach Angaben des Justizministeriums hatte es im ersten Quartal 2000 national einen Anstieg von 38.000 Gefangenen gegeben. Laut Goskomstat war zwar eine leichte Erhöhung im Migrationssaldo (Einwanderer minus Auswanderer) von knapp über 50.000 zu verzeichnen. Dennoch stützt auch dies nicht ausreichend die Behauptung einer rechtmäßigen Zunahme der stimmberechtigten Wähler zwischen Dezember 1999 und März 2000. Kein Wunder also, dass es für die *Moscow Times* ein Leichtes war, ranghohe amerikanische und russische Demographen[68] auszumachen, welche die Begründungen der Zentralen Wahlkommission für die erhöhte Wahlbeteiligung ablehnten.[69] So lässt sich ebenfalls leicht erklären, wie Putin im Jahr 2000 „108 Prozent der Stimmen von *Jedinstwo* 1999 gewann oder ungefähr 1,25 Millionen Stimmen aus unbekannter Quelle".[70]

In manchen Republiken war zudem die Wahlbeteiligung abnormal hoch. Myagkov u. a. haben die Verteilung der amtlichen Wahlbeteiligung für die Republiken[71] auf Rayon-Ebene für 1996 und 2000 graphisch dargestellt. Ohne Verzerrungen würde man eine normale Glockenkurve erwarten. Bei Verwendung der windigen Zahlen der Zentralen Wahlkommission zeigt sich jedoch für die Republiken eine asymmetrische Häufung rechts vom allgemeinen Mittelwert. Diese Häufung spiegelt die Tatsache, dass zehn der 15 Regionen mit der höchsten Wahlbeteiligung bei den Wahlen im März 2000 Republiken waren,[72] die zum Teil unverändert Altlasten aus Sowjetzeiten mit sich schleppten.[73]

Im Fall der Oblaste war die Wahlbeteiligung weniger verzerrt, obwohl Sjuganow, der Kandidat der KPRF, sich lautstark über verschiedene Oblaste beschwerte. Insbesondere die Oblast Saratow wurde von der *Moscow Times* einer genauen Prüfung unterzogen. Wie im Falle von Dagestan fand der Pfusch mit den Protokollen (Berichte über abgegebene Stimmen, die vom Wahlbezirk an die regionalen Wahlkommissionen weitergeleitet werden) vor allem auf regionaler Ebene statt.[74] Im Gegensatz zu Tatarstan und Dagestan agierten die Kommunisten und die Reporter der *Moscow Times* im Falle von Saratow jedoch mit relativ gesicherten Zahlen, sodass die Verzerrung gering war. 2000 gab es in der Region 1.815 Wahllokale, und die KPRF hatte Zugang zu den Protokollen von 1.520 davon. Die Kommunisten stellten „direkten Betrug in 138 Wahllokalen" fest, der – wie es hieß – Putin „zusätzliche 11.779 Stimmen in Saratow" einbrachte. Da fast 1,525 Millionen Stimmen abgegeben wurden, hätte jedoch der Abzug von rund 12.000 Stimmen unerhebliche Auswirkungen auf das Gesamtergebnis Putins in der Oblast Saratow gehabt.

Tschetschenien ist ein weiteres klares Beispiel dafür, dass die Wahlmanipulation auf höherer Ebene als der der Wahllokale, nämlich wahrscheinlich im Republikzentrum oder vielleicht noch höher, angeordnet wurde. Anders als in Saratow, wo wir grobe Anhaltspunkte für die Zahl der tatsächlich für Putin abgegebenen Stimmen haben, besteht in Tschetschenien fast keine Möglichkeit, die von der regionalen Zentralen Wahlkommission gemeldeten Ergebnissen zu prüfen, wonach Putin etwas mehr als die Hälfte der abgegebenen Stimmen (50,04 Prozent) erhielt.[75] Unabhängig vom Verhalten der Einwohner Tschetscheniens zur Zeit der Präsidentschaftswahl war eine amtliche Zahl von etwas über 50 Prozent zu erwarten gewesen. Dieser Zahl sollte daher keinerlei Glauben geschenkt werden, wie die Reporter der *Moscow Times* betonten. Selbst die leichtgläubigen offiziellen internationalen Wahlbeobachter der OECD trauten den für die schwer gebeutelte Republik verkündeten Wahlergebnissen nicht über den Weg. In diesem Zusammenhang sei daran erinnert, dass die Duma-Wahl drei Monate zuvor aufgrund des Krieges, an dem Putin aktiv beteiligt war, in Tschetschenien ausgesetzt wurde. Als die Tschetschenen im März 2000 über den Präsidenten abstimmten, stand ihre Republik noch unter Kriegsrecht, und es waren weder inländische noch ausländische Beobachter in den Wahllokalen vor Ort. Fish bemerkt ironisch, dass das gemeldete „Ergebnis, wenn es denn stimmt, entweder einen überwältigenden Geist der Vergebung oder eine faszinierende Demonstration von Masochismus seitens der Menschen zum Ausdruck brachte, deren Häuser von einer eng mit Putin verbundenen Militäraktion dezimiert worden waren".[76] Allerdings passen die von der Zentralen Wahlkommission gemeldeten 50,04 Prozent sehr gut zu der Annahme, dass führende Politiker verschiedener Ebenen Zielvorgaben in Bezug auf die abgegebenen Stimmen und/ oder die für Putin abgegebenen Stimmen erhielten. 2008 waren die Beweise für diese Hypothese erdrückend.[77]

Der Hauptbetrug fand erneut im Regionalzentrum von Dagestan statt. Anders als im Falle von Tschetschenien sind wir hier jedoch eher der Lage, die Differenz zwischen der proklamierten Wahlbeteiligung sowie den Pro-Putin-Stimmen einerseits und den tatsächlichen Zahlen andererseits abzuschätzen. Dagestan widerlegt in der Tat die Behauptung, Putin hätte im ersten Wahlgang der Präsidentschaftswahl landesweit auch dann mehr als die Hälfte der Stimmen erhalten, wenn alle Akteure fair gespielt hätten. In der ökonometrischen Analyse von Myagkov u. a. taucht Dagestan zwischen Tatarstan und Baskortostan auf, wo Putins Stimmzahl ebenfalls aufgrund einer scheinbar höheren Wahlbeteiligung stieg.[78] Ähnlich hatte die *Moscow Times* allen Grund dazu, Dagestan Beachtung zu schenken, denn was die allgemeine Wahlbeteiligung der russischen Regionen anging, belegte Dagestan bei den Präsidentschaftswahlen im März den 10. Platz, während es bei den Parlamentswahlen im Dezember 1999 noch auf Platz 47 rangiert hatte. Wesentlichen Anteil an dieser Zunahme scheinen die von den Wahllokalen erstellten Protokolle auf Rayon- oder Republik-Ebene gehabt zu haben. Reportern der *Times* gelang es, Protokoll-Kopien aus 245 (16 Prozent) der 1.550 Wahlbezirke Dagestans zu untersuchen. Wie sie herausfanden, wurde Putins Ergebnis um rund 87.000 Stimmen zu hoch angegeben. Hochgerechnet würde dies bedeuten, dass in Dagestan rund 550.000 Stimmen unrechtmäßig für Putin verbucht wurden.[79] Die Wahlbezirke 876 und 903 veranschaulichen, wie Putins Stimmen erhöht wurden, Sjuganows reduziert und wie die Stimmen für andere Kandidaten vollständig unter den Tisch fielen. Im Wahlbezirk 876 sprach die Wahlkommission der Republik Putin 3.535 Stimmen zu, wohingegen das Protokoll laut Fish nur 1.070 Stimmen für Putin auflistete. Sjuganow wurden in der Kopie desselben Protokolls 689 Stimmen gutgeschrieben, die im offiziellen Bericht der Republik auf 258 herunterkorrigiert wurden. Die übrigen Kandidaten erhielten laut Protokollbericht vereinzelte Stimmen, in der endgültigen Version jedoch keine einzige. Ähnlich schnellte Putin im Wahlbezirk 903 von 480 Stimmen (auf der Kopie des Protokolls) auf 1.830 Stimmen (im Bericht der Republik), während Sjuganow laut Protokoll 401 Stimmen erhielt und die übrigen Kandidaten nur einige wenige. In der republikweiten offiziellen Auflistung erhielten Letztere gar keine Stimmen und Sjuganow 80.[80]

Eine im Buch von Fish[81] abgebildete Tabelle, die auf den Untersuchungen der Reporter der *Moscow Times* basiert, zeigt die Ergebnisse aus zehn Wahlbezirken, bevor und nachdem diese durch die Zentrale Wahlkommission der Republik geschönt worden waren. Fishs Tabelle führt drastisch vor Augen, wie ausgeprägt die Tendenz auf Republik-Ebene war, Kandidaten der Minderheit mit null Stimmen zu bedenken. So verzeichneten die Wahlbezirke 852, 855, 896, 899 und 903 überhaupt keine Stimmen für Kandidaten der Minderheiten, obwohl Wahlbezirke 896 und 903 anerkanntermaßen vier Stimmen „gegen alle" Kandidaten erhielten (eine Neuerung, die 2006 wieder abgeschafft wurde). Die Unbekümmertheit, mit der Sjuganows Gesamtstimmen heruntergerechnet wurde, war ebenfalls offensichtlich. Wahlbezirke 842, 852, 855 und 858 minderten sein Gesamtergebnis um 300 bzw. 400, 500 und 750 Stimmen.

Auch in der Republik Tatarstan wurden die Stimmen für Putin im Jahr 2000 erheblich nach oben korrigiert. Tatarstan ist stärker hierarchisch strukturiert als Dagestan. Während im Falle von Dagestan das Auffüllen der Wahlurnen mit erfundenen Wahlzetteln und das Erhöhen der Stimmen vor allem im Regionalzentrum auftrat, kam es in Tatarstan vor allem auf der Ebene der Wahlbezirke, wo die Protokolle entstanden, zu Unregelmäßigkeiten.[82] Die Leiter der Wahlbezirke hatten entsprechende Weisung erhalten. Die *Moscow Times* berichtet von einem Interview des Bürgermeisters von Nabereschnyje Tschelny (einer Stadt 200 Kilometer östlich der Republikhauptstadt Kasan), Raschid Chamadejew, in einer Lokalzeitung. Seinem Bericht nach hatte der Präsident Tatarstans, Mintimer Schaimijew, in Anbetracht der Tatsache, dass Primakow nicht kandidierte, die lokale Führung unter Druck gesetzt, sie möge die Menschen dazu zu drängen, für Putin zu stimmen. „Wenn ein [lokaler Vorsitzender] das nicht möchte, kann er sich natürlich weigern", fügte Schaimijew hinzu. „Nach den Wahlen habe ich jedoch den großen Wunsch, die Qualität der Arbeit jedes [lokalen Vorsitzenden] zu untersuchen. Wir ... werden sehen, wie er gearbeitet hat – zu wessen Gunsten? Ist er es wert, im Amt zu bleiben?"[83]

Eine gute Gelegenheit für massiven Betrug bot die Herstellung von Wahlzettelduplikaten in Tatarstan. Wie die KPRF behauptete, waren „Hunderttausende von Wahlzettelduplikaten im Kasan Polygraph Druckkombinat auf der Ulitsa Baumana [Baumann-Straße]" gedruckt worden. Obwohl ich mir über gewisse Vorwürfe aus dem Mund von KPRF-Funktionären und aufgrund von leicht verfügbaren Gegendarstellungen Sorgen mache, lässt die große Genauigkeit der Angaben diesen Vorwurf plausibel erscheinen, erst recht, wenn man sich das Verhalten der Geheimpolizei als Reaktion auf die Beschwerden der KPRF ansieht. Die Geheimpolizei wurde informiert und ein Beamter des FSB nahm die Ermittlung auf. Er kontaktierte die Person, welche die Anklage eingereicht hatte. So weit, so gut. Doch anstatt die Druckerpresse zu inspizieren, fragte der KGB-Beamte den Informanten nach seiner Quelle, womit er vermutlich andeutete, dass der Informant der Übeltäter sei, nicht die Hersteller überschüssiger Wahlzettel.

Das altbewährte Füllen der Wahlurnen mit zusätzlichen Stimmzetteln trug ebenfalls seinen Teil dazu bei, die Stimmauszählung in Gegenden wie Tatarstan zu verfälschen. Für Tatarstan liegen uns Aussagen von *Jabloko*-Beobachtern aus benachbarten Wahlbezirken vor, die berichteten, man habe sie aus dem Raum gedrängt, in dem die örtlichen Wahlbeamten die Stimmzettel auszählten. Die *Moscow Times* berichtet in ihrer Sonderausgabe von zahlreichen Beispielen ähnlicher Aktionen in Tatarstan und anderen Regionen.[84] Doch erneut stoßen wir hier auf das Problem der Generalisierbarkeit. In einer Republik wie Tatarstan scheint dies sehr häufig aufgetreten zu sein, doch inwieweit von dort auf andere Gebiete geschlossen werden kann, ist ungewiss, da dieses unrechtmäßige Auffüllen von Wahlurnen mit Stimmzetteln höchstwahrscheinlich vor allem in ländlichen Wahlbezirken stattfand, wo es nur ganz vereinzelt Beobachter für Parteien außer *Einiges Russland* gab und wo man auch in einer ehrlichen Wahl hohe Prozentzahlen für Putin hätte erwarten dürfen.

Betrugsfällen, von denen man plausibel auf die betroffene Republik insgesamt schließen konnte, fügt die Wahlberichterstattung der *Moscow Times* eine Reihe weiterer Episoden hinzu, welche die Stimmenzahl für Putin erhöhten. Diese Fälle haben sich so gut wie sicher ereignet, doch erneut lassen sie sich nicht anhand von gesicherten vorliegenden Zahlen verifizieren. Wer sich mit der amerikanischen Stadtentwicklungspolitik des späten 19. und frühen 20. Jahrhunderts auskennt, wird viele von ihnen wiedererkennen. In Kasan stellten Beobachter etwa eine besonders ungewöhnliche Mieterliste einer Wohnung fest: Nach offiziellen Angaben sollte hier ein Paar mit drei älteren Menschen wohnen, die alle Jahrgang 1901 waren. Wie sich allerdings herausstellte, handelte es sich bei den drei Mitbewohnern des Paares um deren Kinder.

Neuartiger war die Tendenz, dass sich ganze Wohnhäuser über Nacht vergrößerten. Ein gewisser Alkat Zaripow bemerkte ebenfalls in Kasan rein zufällig, dass „auf dem Formular, wo wir alle unterschreiben und unsere Passdaten angeben", sein Mietshaus von den tatsächlichen 180 Wohnungen auf 209 Mieteinheiten erweitert worden war und dass sich das benachbarte Gebäude mit 108 Wohnungen mit einem Mal in ein Haus mit 125 Wohnungen verwandelt hatte.

Wenn man das Russland des Jahres 2000 auf einer Skala angefangen von Demokratie über kompetitiven Autoritarismus bis hin zu vollem Autoritarismus einordnen will, war die vielleicht ominöseste Aktion die Einschüchterung von Wählern. Russland ist natürlich keineswegs das erste Land, in dem man örtlichen Regierungsbeamten zu verstehen gab, dass es einen Zusammenhang zwischen der Wahlbeteiligung in ihrem Bezirk und ihren langfristigen Perspektiven auf Beschäftigung gebe. Unheilvolle Drohungen dieser Art weiteten sich jedoch auf ein sehr viel breiteres Spektrum an Menschen aus. Verallgemeinernd lässt sich festhalten, dass im Verhältnis mehr Menschen auf dem Land als Stadtbewohner bedroht wurden. Angesichts des Zustands der Kolchosen in vielen Gegenden waren die Umstände für solche Drohungen im Jahr 2000 besonders günstig: „Bereits seit Jahren haben Kolchosen in Tatarstan, Baschkortostan, Kursk, Mordwinien und Dagestan ... die Löhne nicht pünktlich ausbezahlt und die Arbeiter stattdessen in Naturalien entlohnt ... Diese Erzeugnisse sind für die Dorfbewohner überlebensnotwendig."[85]

Es verwundert daher nicht, dass der Leiter der Kolchose Mordwinien den Bewohnern des Dorfes Permiewo erklärte, „wenn sie Sjuganow wählten", würde er „es herausfinden – und dann bekämen sie weder Traktoren zur Aussaat noch Holz oder Lebensmittel ... Die Dorfbewohner, von denen die meisten alte Mütterchen sind, bekamen es natürlich mit der Angst zu tun und stimmten für Putin."[86] Zu einer ähnlichen Situation kam es in Saratow, wo örtliche Beamte in etwa die gleichen

Drohungen erhielten wie ihre Amtskollegen in Mordwinien. Wie die *Moscow Times* berichtete, hatte sich der Vorsitzende eines Ortsverbandes der KPRF, Nikolai Lukowenko, beschwert, dass man Verwaltungsbeamten zu verstehen gegeben habe, wenn Putin in ihren Regionen nicht gewinne, „bräuchten sie am 27. März gar nicht erst zur Arbeit erscheinen". Außerdem hieß es, dass „ihre Regionen keinen Kraftstoff für die Landwirtschaft bekämen".[87]

Solche Drohungen beschränkten sich jedoch nicht auf Regierungsbeamte und Dorfbewohner. Die *Moscow Times* zitiert Fälle, in denen „örtliche Regierungs[beamte] Fabrikdirektoren, Schulleiter, Krankenhausverwalter und Kolchosen-Vorsteher unter Druck setzen, die wiederum ihre Angestellten und von ihnen Abhängige drangsalierten. Diejenigen, die nur widerwillig bereit waren, ‚richtig' zu wählen, gaben an, man habe ihnen mit dem Verlust ihres Arbeitsplatzes gedroht, ihnen die Wohnung gekündigt oder das Recht auf staatliche Unterstützung wie Rente verweigert."[88]

Wie verbreitet diese Einschüchterungen waren, ist auf Grundlage der von den Reportern der *Moscow Times* geschilderten Fälle schwer zu sagen. Eine Möglichkeit, zusätzliche Indizien ans Tageslicht zu bringen, bieten jedoch die Daten aus der Studie von Colton/McFaul aus dem Jahr 2000. Zwei der Republiken, nämlich Tatarstan und Kabardino-Balkarien, und drei der anderen Regionen (der Krai Primorje, die Oblast Saratow und die Stadt Nischni Nowgorod), über die sich Sjuganow offiziell beschwerte, waren in der Stichprobe von Colton/McFaul enthalten. In der Erhebung wurde nicht direkt gefragt, ob die Befragten vom verantwortlichen Politiker in der Region oder vom Verwaltungsleiter an ihrem Arbeitsplatz eingeschüchtert wurden. Die Studie fragte nur danach, ob die Teilnehmer in ihrer Wahlentscheidung von den Ansichten des Betriebsverwalters oder des Gouverneurs oder des Präsidenten der Region stark beeinflusst worden waren; „stark beeinflusst" ist nicht unbedingt identisch mit „eingeschüchtert", allerdings korrelieren die beiden mit hoher Wahrscheinlichkeit.

Legitim ist es meiner Ansicht nach, Folgendes zu berichten. Die drei Gebiete, über die sich Sjuganow beschwerte und die nicht in autonomen Republiken lagen, unterschieden sich in den Stichproben nicht maßgeblich von den anderen Gebieten außerhalb der Republiken. In allen Fällen berichtete ein großer Teil der Befragten, dass ihr Betriebsleiter bzw. der regionale Gouverneur keine Rolle bei ihrer Wahlentscheidung gespielt habe. Der Prozentsatz, der eigenen Angaben zufolge weder vom regionalen Gouverneur noch von seinem Betriebsleiter in seiner Entscheidung beeinflusst wurde (59 Prozent), entspricht dem Prozentsatz, der in der Befragung angab, für Putin gestimmt zu haben (59 Prozent), und korrespondiert in etwa mit dem Anteil der abgegebenen Stimmen, der nach Angaben der Zentralen Wahlkommission auf Putin entfiel (53 Prozent). Ähnlich gestaltete sich die Verteilung der verbleibenden Antworten von Personen, die angaben, sie seien vom regionalen Gouverneur oder dem Betriebsleiter beeinflusst worden, sowohl in den Regionen, über die sich Sjuganow beschwerte, als auch in den anderen Stichproben zu den Nicht-Republiken. In allen Beispielen für Gebiete außerhalb der Republiken gaben die Befragten umso häufiger an, für Putin gewählt zu haben, je häufiger sie berichteten, ihr Betriebsleiter oder Gouverneur habe ihre Wahlentscheidung beeinflusst.

Hinsichtlich der Teilnehmer, die innerhalb der Republiken gewählt haben und an den Stichproben teilnahmen, bin ich am ehesten geneigt, „die Wahlentscheidung beeinflussen" als Synonym für „eingeschüchtert durch" anzusehen. Die Antwortmuster in den Republiken unterscheiden sich fundamental von denen im Rest der Stichprobe. In beiden Republiken lautete die übereinstimmende Antwort der Teilnehmer, die angaben, sie seien stark durch die Präferenzen des Präsidenten der Republik beeinflusst worden (40 Prozent der Befragten; $n = 28$) und / oder dem Verwalter an ihrem Arbeitsplatz (35 Prozent; $n = 19$), sie hätten für Putin gestimmt.[89] Zum Vergleich berichteten acht Prozent der Befragten im Saldo der Antworten, sie seien stark von den Ansichten des Präsidenten ihrer Region beeinflusst worden und hätten für Putin gestimmt, während vier Prozent dasselbe über den Leiter an ihrem Arbeitsplatz sagten.

Wenn sich herausstellt, dass Befragte vier- bis fünfmal so häufig behaupten, sie seien durch einen führenden Vertreter der Region oder einen Betriebsleiter „stark beeinflusst" worden, und wenn sie angeben, sie hätten übereinstimmend für einen Kandidaten gestimmt, kann man kaum umhin, nicht einen Hauch von Einschüchterung zu wittern.

Die Wahlen 2004 und 2008

In der Begrifflichkeit von Schumpeter bedeutet Demokratie, „diejenige Ordnung der Institutionen zur Erreichung politischer Entscheidungen, bei welcher einzelne die Entscheidungsbefugnis vermittels eines Konkurrenzkampfs um die Stimmen des Volkes erwerben".[90] Nach Schumpeters Verständnis schließt ein solches Arrangement wie gesagt gewisse „‚unfaire‘ oder ‚betrügerische‘ Konkurrenz oder ... Konkurrenzbeschränkung" nicht aus;[91] es bedeutet jedoch „freien Wettbewerb zwischen den Führungsanwärtern um die Stimmen der Wählerschaft" und „wenigstens im Prinzip ... ein beträchtliches Quantum Pressefreiheit ..."[92] Als jemand, der Demokratie analog zum Markt beschreibt, hätte auch Schumpeter die Vormachtstellung über den Großteil der Fernsehsender, die Putin vor der Wahl 2004 errungen hatte, als Hinderungsgrund für „ein beträchtliches Quantum Pressefreiheit" betrachtet, zumindest was die Möglichkeit von Meinungsvielfalt in der breiten Öffentlichkeit anging.

Die Wahl 2004 ist, so meine These, am besten als ein Punkt auf einer Kurve zu betrachten, die von der Wahl 1996 an über die Wahlen 2000 und 2004 hin bis zur Wahl 2008 einen Niedergang beschreibt.[93] Die Wahl 2000 wurde im vorhergehenden Teil bereits erörtert. Die Wahl 2008 wiederum wäre für Schumpeter leicht zu kodieren und würde aus verschiedenen Gründen eindeutig als autoritär gelten: aufgrund der Monopolstellung, die *Einiges Russland* nach den drei Präsidentschaftswahlen 2000 bis 2008 eingenommen hatte; aufgrund des politischen Zweiergespanns Putin und Medwedew, das verhinderte, dass „wenigstens im Prinzip jedermann die Freiheit hat, sich ... um die politische Führung zu bewerben"; und aufgrund ihrer Kontrolle über die meisten Fernsehsender, die mit „ein[em] beträchtlichen Quantum Pressefreiheit" unvereinbar ist.[94] Inwieweit der Wahlzyklus 2011/12 eine oder keine Fortsetzung des beobachteten Trends darstellt, wird noch zu erörtern sein.

Die Frage, ob ein demokratisches Projekt im Mittelpunkt von Putins Denken stand, ist für den Zeitraum von seiner erster Amtszeit bis zur Wahl 2004 schwieriger zu beantworten als für den Zeitraum von der Wahl 2004 bis zu den ungeheuerlichen Wahlmanipulationen 2008. Je nach Interpretation der Ereignisse von 2000 bis 2004 haben manche Experten Putins Verhalten in diesem Zeitraum als Vorgehen „mit starker demokratischer Zielrichtung" gedeutet. In einem wichtigen Aufsatz aus dem Jahr 2011 datiert Robert Horvath die Kehrtwende in Richtung Autoritarismus auf die Zeit nach der Wahl 2004. Seiner Auffassung nach „schränkte das Putin-Regime die russische Öffentlichkeit ... nur von 2005–2007 ein";[95] Horvath zitiert zustimmend Richard Sakwa, der

2004 erklärte, Putin „verwand[le] das demokratisch-kapitalistische Projekt von einem Ausnahmezustand in einen Teil des normalen russischen Alltags".[96]

Sakwa wiederum stützte seine Charakterisierung Putins als Verteidiger der Demokratie größtenteils auf wichtige Äußerungen, die Putin in den ersten Jahren seiner Amtszeit machte. Zu den interessantesten zählten dabei sein Beitrag zur Diskussion über das Parteiengesetz von 2001. Wer nach Belegen für Putins demokratische Gesinnung suchte, konnte sie in seinen Äußerungen zu diesem Gesetz finden. Was er in den ersten Jahren seiner Amtszeit verlauten ließ, deutete an, dass er – wie Gorbatschow und Jelzin – die Aussage unterstützte, Mehrparteiendemokratie und die damit verbundene Erwartung eines allgemeinen Erwachsenenwahlrechts seien Schlüsselaspekte seiner Vision für Russland: „In Putins erster Amtszeit blieb der Kreml inmitten der Schrecken des Zweiten Tschetschenienkriegs und der terroristischen Gräuel in den russischen Städten dem liberalen demokratischen Projekt verpflichtet",[97] so Horvath. In seiner Rede an die Nation im Jahr 2000 begründete Putin das schließlich 2001 verabschiedete Parteiengesetz mit folgenden Worten: „Vor dem Hintergrund jahrhundertealter Traditionen von Parlamentarismus und Mehrparteiensystemen in anderen Ländern sind die Schwächen unseres Parteiensystems besonders auffällig ... Eine starke Regierung ist an starken Rivalen interessiert. Nur unter den Bedingungen von politischem Wettbewerb ist ein ernsthafter Dialog über die Entwicklung unseres Staates möglich."[98]

Auf dasselbe Thema kam er zurück, nachdem das Parteiengesetz im Sommer 2001 verabschiedet worden war: „Wenn es de facto Zwei-, Drei- und Vier-Parteiensysteme in entwickelten, zivilisierten Ländern gibt, warum muss ... es dann 350 oder 5000 in Russland geben? ... Das führt zu einer Situation, in der die Bevölkerung sich politisch nicht orientieren kann. Es führt zu einer Situation, in der die Menschen nicht zwischen Ideologien und Programmen, sondern zwischen Individuen und Persönlichkeiten entscheiden. Und so wird es in Russland immer sein, *wenn wir nicht eine normale politische Basis schaffen.*"[99]

Bei Erscheinen der zweiten Auflage seiner Putin-Biographie 2008 hatten sich Sakwas Ansichten allerdings leicht geändert. In diesem Zusammenhang ist zu beachten, dass selbst die erste Auflage von 2004 in ihrer Einschätzung von Putins Demokratieorientierung nuancierter war, als Horvath andeutet. Schon in der ersten Auflage griff Sakwa die

Tatsache auf, dass für Putin auch die Themen Patriotismus, Etatismus, soziale Solidarität und die Größe Russlands[100] zentral waren. Entsprechend schrieb er 2004 – auch wenn er nach wie vor Putins demokratische Gesinnung betonte: „Putins Politik der Normalität und einer ‚Rückkehr zur Normalität' [wurden] begleitet von beunruhigenden Anklängen an ‚Normalisierung' – ein Begriff, der verwendet wurde, um die Befriedung der Tschechoslowakei nach dem Einmarsch sowjetischer Truppen 1968 zu beschreiben."[101] In der Auflage von 2008 modifizierte er diese Aussage, indem er anfügte: „Putin wollte Normalität, doch die angewandten Methoden erinnerten an die ‚Normalisierung'."[102]

Die „angewandten Methoden" waren freilich Putins Methoden. Putins Verhalten in den Jahren 2000 bis 2004 war mehr dem Patriotismus, dem Etatismus, sozialer Solidarität und der Größe Russlands verpflichtet als einem Respekt vor westlichen Modellen des Parteiensystems oder vor der Demokratie im Allgemeinen. Wie oben erwähnt, konstatierten verschiedene Wissenschaftler, die rückblickend das Verhalten der russischen Führung in den 1990er-Jahren zunächst mit Wohlwollen betrachtet hatten, für die Zeit von 2004/05 einen Trend zum Autoritarismus – zum Teil deswegen, weil sie die Diskrepanz zwischen Putins Worten und seinen Taten erkannten. Jenseits aller Rhetorik war Putin entschlossen, jene Gruppen gefügig zu machen, deren Ressourcen groß genug waren, um sich ihm und seiner Politik entgegenzustellen; er wollte die Entwicklung einer starken Einheitspartei *(Einiges Russland)* fördern und ein Quasi-Pressemonopol nutzen, um Wahlunterstützung zu mobilisieren und sich – vor allem durch ein Aufblähen der Wahlbeteiligung und ganz gewöhnlichen Wahlbetrug – eine Vorrangstellung bei künftigen Wahlen zu sichern.

Diesen Standpunkt nehmen Olga Kryshtanovskaya und Stephen White in ihrem Aufsatz „The Sovietization of Russian Politics" ein. „Kurz nachdem Putin und sein Team an die Macht kamen", so behaupten sie, „wurde das Hauptziel formuliert: die Wiederherstellung der Wirksamkeit staatlicher Macht in allen Lebensbereichen. Dies bedeutete die Beseitigung [alternativer] Machtzentren, die mit dem Kreml um Ressourcen und politischen Einfluss zu konkurrieren begonnen hatten. Die Gouverneure waren in dieser Beziehung eine potenzielle Gefahr ... genauso wie [die] Duma[-Mitglieder] und Oligarchen, die sich als allmächtig betrachteten, sowie unabhängige Medien, Oppositionsparteien und öffentliche Organisationen. ... Sie wurden der Reihe nach abgewickelt."[103]

Die Entscheidung, die Direktwahl der Gouverneure abzuschaffen, fiel zwar erst im Dezember 2004 im Nachgang zur Geiselnahme von Beslan, hat jedoch eine Vorgeschichte, die sich durch die gesamte Ära Putin zieht. Wie Kryshtanovskaya und White anmerken, kam es bereits unmittelbar nach der Präsidentschaftswahl 2000 zu ersten Maßnahmen, um die Gouverneure auf Linie zu bringen.[104] Innerhalb von sechs Monaten wurden verschiedene wichtige machtpolitische Verschiebungen auf makropolitischer Ebene in Gang gesetzt.

Putin machte sich systematisch daran, dem weit verbreiteten asymmetrischen Regionalismus ein Ende zu setzten. Jelzin hatte in den 1990er-Jahren mit etlichen Regionen Sondervereinbarungen getroffen, die nun in der Hälfte aller Fälle bestanden.[105] In struktureller Hinsicht schuf Putin sieben Föderationskreise, die jeweils unter dem Vorsitz eines bevollmächtigten Vertreters des Präsidenten (*polpredy*) standen. Diese sieben Föderationskreise deckten sich jedoch mit den Regionen des Innenministeriums[106] – und nicht etwa mit den Wirtschaftsregionen des Landes. Von den ersten sieben Bevollmächtigten des Präsidenten waren fünf ranghohe Militär- oder Sicherheitsoffiziere. Auch wenn ihr Amt relativ vage war, war ihr genereller Auftrag klar: Sie sollten die Anwendung der Bundesgesetze überwachen und die Bundesstellen in den jeweiligen Bezirken kontrollieren. Gleichzeitig wurden „die Außenstellen der wichtigsten Bundesbehörden (insbesondere der Staatsanwaltschaft, der Föderalen Sicherheitsbehörde, des Innenministeriums und der Steuerbehörden) selbst neu um diese Föderationskreise organisiert".[107] Dies trug in hohem Maße dazu bei, die Bundesbehörden unabhängiger von lokalen Gouverneuren zu machen. Außerdem leitete Putin Schritte ein, föderale und regionale Gesetzgebung zu harmonisieren, wobei sich letztere in vielen Fällen immer mehr verselbstständigt hatte. Manche der in den Jelzin-Jahren verabschiedeten Gesetze kamen der Gründung einer russischen Konföderation gleich.

Ebenso beschränkte Putin die konkreten Ressourcen, die den verschiedenen führenden Regionalpolitikern zur Verfügung standen, und machte klar, dass ihre Zuständigkeitsbereiche den Gesetzen der Föderation nachgeordnet waren. Ein wichtiger Schritt war die Änderung des Steuerkodex und ein effizienteres Eintreiben der Steuern. Zu Beginn von Putins Amtszeit[108] hatte es noch nicht einmal in allen russischen Regionen ein Bundesamt für Steuern gegeben. Dem setzte Putin ein Ende. Er reformierte außerdem den Steuerkodex, um „sicherzustellen, dass die Gouverneure nur 30 Prozent des konsolidierten Haushalts der Region einbehalten konnten, während sie zuvor 60 bis 70 Prozent zurückbehalten hatten."[109] Eingeschränkt wurden die Gouverneure auch dadurch, dass ihnen nun das Recht verwehrt wurde, die Leiter staatlicher regionaler Medien[110] zu ernennen, auch wenn dies keine so große Rolle spielte, da die Gouverneure ohnehin immer häufiger *Einiges Russland* und Putin unterstützten.

Die zweite wichtige Aktion, mit der Putin die Gouverneure zu kontrollieren versuchte, war die Durchsetzung eines Gesetzes in der Duma, das Moskau das Recht gab, Gouverneure (und die örtlichen Legislativen) bei Verstößen gegen die föderale Verfassung abzusetzen. Im Ergebnis waren die Bundesbehörden in den Regionen präsenter, während den Gouverneuren nun geringere politisch relevante Ressourcen zur Verfügung standen.

Trotz dieser Kürzung besaßen die Gouverneure jedoch nach wie vor Ressourcen, die für die Zwecke Moskaus genutzt werden konnten, was bei den Parlamentswahlen 2003 bzw. später auch entsprechend stattfand. Ihre Namen waren den Menschen ein Begriff, weswegen Moskau sie bei den Duma-Wahlen als Lokomotiven *(paravozi)* an die Spitze der Wahlzettel von *Einiges Russland* setzte und mit ihnen auf Stimmenfang ging.[111] Auf der Grundlage von Daten aus der Erhebung von Colton/Hale 2004 fand Olesya Tkacheva heraus, dass die Befragten, auch wenn sie Gouverneure oder Parteien tendenziell als nicht sehr einflussreich einschätzten, Gouverneure als einflussreicher als politische Parteien bewerteten.[112]

Im Dezember 2001 hatten sich *Jedinstwo* und *Vaterland Ganz Russland* zu *Einiges Russland* zusammengeschlossen. Im Anschluss an diese Fusion war es nur noch mehr im Interesse der Gouverneure, *Einiges Russland* ihre Unterstützung und Mitgliedschaft anzubieten, sei es, weil sie dadurch deutlich bessere Chancen hatten, im Amt zu bleiben und Finanztransfers des Zentrums zu kassieren, oder weil sie sich durch den gezielten Einsatz von *kompromat* bedroht fühlten.

Aus einer russlandweiten Perspektive war die wichtigere Entwicklung die Entmachtung der Gouverneure als nationale Kraft, da ihr Einfluss in der Parlamentswahl 1999 und der Präsidentschaftswahl 2000 erheblich gewesen war. Ein entscheidender Schritt, ihren Einfluss nicht nur auf regionaler, sondern auch auf nationaler Bühne zu beschneiden, war die bereits erwähnte Schaffung der sieben Föderationskreise. Bereits im

August 2000 änderte die Duma auf Putins Geheiß die Zusammensetzung des Föderationsrats. Gouverneure waren nun nicht mehr automatisch Mitglieder des Oberhauses, sondern die Regionalparlamente ernannten Senatoren. Die nationale Präsenz regionaler Gouverneure und
damit auch die Rolle des Föderationsrats als Institution ging somit
deutlich zurück: „Gouverneure verschwanden von den Bildschirmen,
und Sitzungen des Föderationsrats verloren das Medienecho, das sie
zuvor gehabt hatten."[113]

Weitere Schritte zur Entmachtung der Gouverneure waren verschiedene „verfahrensrechtliche Neuerungen", welche die „Kontrolle [des
Präsidenten] über die internen Aktivitäten der Legislative" erleichterten.[114] Zu diesen zählte die Einführung von Vorprüfungen, sogenannten Nulllesungen, um Differenzen zwischen der Administration und
den Parteichefs von *Einiges Russland* schon vor den offiziellen ersten,
zweiten und dritten Lesungen beizulegen.[115]

Ähnlich büßte die Duma ihre Fähigkeit ein, die Pläne des Präsidenten
zu vereiteln. Erinnern wir uns an Jelzins Ringen mit der Duma, Putin
hatte derlei Probleme nicht. Ganz im Gegenteil gelang es ihm seit Anbe-
ginn seiner Amtszeit, eine enorme Agenda umzusetzen.[116] Dieser Erfolg
setzte sich bis zu Medwedews Präsidentschaft fort. Charakteristisch für
den Beginn seiner Amtszeit war ein sehr geschicktes Paktieren mit *Jedinstwo* – der Partei der Macht – und den anderen Parteien in der Duma.
Darunter fiel anfangs auch die außergewöhnliche Koalition aus *Jedinstwo* und KPRF, welche die übrigen Parteien aus Führungspositionen
ausschloss.[117] Im April 2002 wurde die KPRF ihrerseits aus dem Aus-
schussvorsitz gedrängt. Vor den Parlamentswahlen im Dezember 2003
schmiedete der Kreml mit großem Erfolg Koalitionen, um konkrete
Themen unter Einbeziehung von *Einiges Russland* und verschiedener anderer Parteien in der Duma von Fall zu Fall zu entscheiden.

Zum Zeitpunkt der Duma-Wahl im Dezember 2003 hatte sich für
Einiges Russland die Notwendigkeit, parteiübergreifende Fraktionen zu
bilden, erheblich reduziert, da Politiker auf nationaler Ebene von Putins
enormer Popularität profitierten. Politiker aller Ebenen hofften, unter
seinen Fittichen ins Amt zu segeln, mit dem Ergebnis, dass *Einiges Russland* nach der Wahl knapp über 300 der insgesamt 450 Sitze in der
Duma gewann. Zudem wurde die Mindestzahl zur Formierung einer
Abgeordnetengruppe von 35 auf 55 Duma-Mitglieder erhöht. Diese institutionelle Neuerung und Hürde für die Bildung von Interessensver-

bänden machte es für Einzelpersonen noch reizvoller, sich *Einiges Russland* anzuschließen.[118] Daneben nahm die Zahl der stellvertretenden Vorsitzenden in der Duma stark zu.

Diese letzte institutionelle Neuerung war nur ein Beispiel für das, was Thomas Remington als die „politische Logik eines autoritären dominanten Parteiensystems" bezeichnet hat.[119] In einem solchen System besitzt der Regierungschef zwei Möglichkeiten, die Willfährigkeit seiner Anhänger zu gewährleisten: Repression auf der einen und die Verteilung staatlicher Einnahmen auf der anderen Seite. Ein gewisser Zwang ist nötig, doch wie Remington im Anschluss an Dahl sowie Levitsky und Way bemerkt, „ist Zwang ... kostspielig und potenziell riskant."[120] Ein Verteilen staatlicher Einnahmen ist ebenfalls kostspielig, doch kombiniert mit selektivem Zwang und Einschüchterung kann es sehr effektiv für ein „harmonisches" Zusammenspiel der Eliten sorgen, sofern genügend Einnahmen vorhanden sind, die nicht nur untereinander, sondern in der breiten Öffentlichkeit verteilt werden können. Ein Punkt, in dem Russland vielen anderen Regimen gegenüber im Vorteil ist, ist sein Reichtum an natürlichen Ressourcen, vor allem Öl und Gas. Ein Punkt, in dem Putin seinem Vorgänger gegenüber im Vorteil war, war die Tatsache, dass sich die Öl- und Gaspreise zu seiner Regierungszeit (wenngleich mit erheblichen Preisschwankungen) auf einem historischen Höchststand befanden; das reichte aus, um eine „gigantische Klientel-Maschinerie" zu finanzieren und „laufende Einnahmen [zu generieren], um die Loyalität eines nationalen Netzwerks an Beamten [einschließlich der Duma-Mitglieder] zu wahren".[121]

Neben den regionalen Gouverneuren und der Duma setzte sich Putin auch gegenüber den berühmt-berüchtigten Oligarchen durch, gegen die er gleich nach seinem Amtsantritt vorging. Über Putins Umgang mit einzelnen von ihnen liegen zahlreiche Darstellungen vor.[122] Offenkundig hatte Putin kaum ein Problem damit, dass sehr reiche Menschen weiter sehr viel Geld verdienten, solange sie sich an gewisse Grundregeln hielten – solange ihr Reichtum nicht in politisch relevante Aktivitäten umgeleitet wurde oder mit der Kontrolle über eine wichtige Medienquelle einherging. Wenn es eine stillschweigende Abmachung gab,[123] bestand sie darin, dass die Oligarchen ihr Geld behalten konnten, solange sie sich nicht politisch betätigten. Daher richtete sich Putin primär gegen Wladimir Gussinski, Boris Beresowski und Michail Chodorkowski, wenngleich er auch andere im Visier hatte.[124]

Unabhängig davon, ob es nun eine Abmachung gab oder nicht: Die von Gussinski und Beresowski kontrollierten Medien beschränkten sich in ihrer Kritik nicht auf Putin. Gussinski gehörte neben NTW auch die Wochenzeitung *Itogi,* eine russische Kooperation mit *Newsweek,* sowie die Tageszeitung *Sewodnja,* sodass er als Erster unter Beschuss geriet. NTW war gegen den Ersten Tschetschenienkrieg gewesen und kritisierte gleichfalls den Zweiten.[125] Putins nationale Präsenz und sein positives öffentliches Image hingen jedoch maßgeblich davon ab, dass sich die Menschen mit der erfolgreichen Führung dieses zweiten Krieges identifizierten. Um Gussinski zu Fall zu bringen, kam eine ganze Reihe von Ressourcen zum Einsatz. Er wurde im Juni 2000 verhaftet. Obwohl die Anklage gegen ihn fallen gelassen wurde, setzte er sich nach Spanien ab. Bewaffnetes Sicherheitspersonal stürmte im April 2001 die Zentrale des Fernsehsenders; im selben Monat wurde *Sewodnja* gezwungen, ihr Erscheinen einzustellen.[126]

Als Nächster kam Boris Beresowski an die Reihe. Beresowski und Gussinski, so behauptet Tompson, hätten sich in einem entscheidenden Punkt unterschieden: „Gussinksi wurde dafür bestraft, dass er sich Putin entgegengestellt hatte", während „Putin kein Interesse daran hatte, dem ehrgeizigen und unpopulären Beresowski gegenüber verpflichtet zu erscheinen ... [Die Folge war], dass Gussinski dafür bestraft wurde, sich Putin entgegengestellt zu haben, und Beresowski dafür, Putin geholfen zu haben."[127] Das Alleinstellungsmerkmal der beiden gegenüber anderen Oligarchen war zum einen ihr beherrschender Einfluss auf die Medien, kontrollierte Beresowski doch den wichtigen Fernsehkanal ORT zu 49 Prozent. Zum anderen war es die Tatsache, dass Beresowski und Gussinksi diese Medien nicht nur zum Erhalt ihrer Unternehmen und ihres Reichtums, sondern auch zu politischen Zwecken nutzten. Im Sommer 2000 ging Beresowski nach Großbritannien ins Exil.

Danach hatte es der Kreml auf Chodorkowski abgesehen.[128] Seine Ressourcen beschränkten sich nicht auf die Leitung des Ölkonzerns „Yukos", sondern gingen weit über die gewöhnlicher Oligarchen hinaus. Chodorkowski hatte Putins Ansichten öffentlich infrage gestellt, „mindestens zwei Oppositionsparteien in erheblichem Maße finanziell unterstützt" und „eigene politische Ambitionen für die Zukunft durchblicken lassen".[129] Die Angriffe auf „Yukos" und Chodorkowski überschnitten sich wahrscheinlich nicht zufällig mit den Parlamentswahlen 2003 und den Präsidentschaftswahlen 2004. Nach einem langwierigen

Gerichtsverfahren wurde er des Betrugs und der Steuerhinterziehung angeklagt und im Mai 2005 für acht Jahre inhaftiert.[130] Putins Botschaft an reiche Geschäftsleute war klar: „Entweder so oder gar nicht" – oder wie Kryshtanovskaya und White es weniger salopp formulierten: „Jeder Versuch, sich politisch zu betätigen, wurde schleunigst unterdrückt … Geschäftsleute mussten entweder die neuen Spielregeln akzeptieren oder das Land verlassen."[131]

Ein Großteil der Angriffe auf die Oligarchen ging auf Putins Unbehagen gegenüber Massenmedien zurück, die nicht unter staatlicher Kontrolle standen. Wie schon sein anfängliches Eintreten für die Mehrparteiendemokratie, weisen auch in diesem Fall Äußerungen über die Medien aus den ersten Jahren seiner Präsidentschaft in eine ganz andere Richtung. Darin ließ er durchblicken, eine freie Presse sei für ein demokratisches System unerlässlich. So erklärte Präsident Putin laut Sakwa im Juli 2000 in einer Rede vor der Föderationsversammlung: „[O]hne wahrhaft freie Medien wird die russische Demokratie nicht überleben und wird es uns nicht gelingen, eine Zivilgesellschaft zu errichten."[132] Diese Aussage, so Sakwa, sei bezeichnend für Putins „Post-Sowjetdoktrin", die Sakwa den „neo-sowjetischen" Äußerungen der gleichen Zeit gegenüberstellt. So beklagte sich Putin, die Medien erzeugten häufig Darstellungen, welche „die politischen und geschäftlichen Interessen ihrer Besitzer" förderten, was zur „Desinformation der Massen" führe und „ein Mittel des Kampfes gegen den Staat" sei.[133]

Für die meisten Russen war und ist das Fernsehen die wichtigste Quelle, um sich über das politische Geschehen zu informieren. In einer Untersuchung fanden Hale und seine Kollegen 2003/04 heraus, dass „nur 49 Prozent der … Befragten in den acht Tagen vor der Befragung Gespräche über Politik geführt hatten, hingegen hatten 88 Prozent in dieser Zeit täglich eine Nachrichtensendung im Fernsehen verfolgt".[134] Angesichts der Bedeutung, die das Fernsehen als Informationsquelle für den überwiegenden Teil der normalen Bürger hatte, wäre es – sofern sie eine ernsthafte Opposition für Putin darstellen wollten – von entscheidender Bedeutung gewesen, die Standpunkte alternativer Führungspersönlichkeiten und alternative Sichtweisen der wirtschaftlichen Situation des Landes im Fernsehen zu präsentieren. Das geschah nicht. Vielmehr lag der Schwerpunkt von Putins Vorgehen in den Anfangsjahren seiner Amtszeit darauf, die Medien – vor allem das Fernsehen – zu kontrollieren und zu zeigen, dass es töricht war, sich ihm entgegenzustellen. Da die mächtigsten potenziellen Unterstützer eines möglichen Oppositionskandidaten eingeschüchtert, ausgewandert oder inhaftiert waren, da *Einiges Russland* nach den Wahlen im Dezember 2003 in der Duma den Ton angab und da die Massenmedien gänzlich unter der Kontrolle des Kreml standen, beschlossen die Chefs der wichtigsten Parteien mit Ausnahme von *Einiges Russland*, bei der Präsidentschaftswahl nicht zu kandidieren.

Vielleicht hätten sie selbst dann von einer Kandidatur abgesehen, wenn es zwischen 2000 und 2004 nicht die geschilderten fundamentalen Verschiebungen in der Machtverteilung zwischen dem Kreml und anderen Kräften in der Politik gegeben hätte, mussten die Chefs der Parteien mit Ausnahme von *Einiges Russland*[135] doch anerkennen, dass Putin und seine Berater ein gutes Produkt zu bewerben und gute Neuigkeiten zu verkünden hatten. Putin war jung und vital. Seine Erfolge in Tschetschenien und in der Außenpolitik insgesamt[136] verstärkten den allgemeinen Eindruck, er bringe von allen Kandidaten die besten Voraussetzungen mit, um ein breites Themenfeld anzugehen.[137] Darüber hinaus verzeichnete die Wirtschaft positive Entwicklungen, was vor allem mit dem Anstieg der weltweiten Ölpreise zusammenhing. Auch wenn sich nur wenige als Nutznießer dieser wirtschaftlichen Verbesserungen betrachteten,[138] steigerte die Vorstellung einer besseren Zukunft dank Putin seine Attraktivität.[139] Wo all diese Faktoren für ihn sprachen, fiel die Wahl mit überwältigender Mehrheit zu seinen Gunsten aus. Nach Angaben der Zentralen Wahlkommission erhielt er 72 Prozent der Stimmen. Anstelle von Parteichef Gennadi Sjuganow hatte die KPRF Nikolai Charitonow als Kandidaten aufgestellt, der 14 Prozent der Stimmen erhielt. Hale u. a. weisen darauf hin, dass kein anderer Kandidat über fünf Prozent der Stimmen erhielt,[140] noch nicht einmal Oleg Malyschkin (der Leibwächter Schirinowskis), der anstelle von Schirinowski, dem Chef der *Liberal-Demokratischen Partei*, ins Rennen ging.

Wie wir gesehen haben, hatte sich die Verteilung von Ressourcen – Geld, Medien, Monopole und Massenmobilisierung – maßgeblich zu Putins Gunsten verschoben. Dennoch verhielt sich Putin so, als müsse er seinen Wahlsieg sichern. Er schuf ein Klima, in dem verschiedene führende Regionalpolitiker insbesondere in den Republiken den Eindruck hatten, es zieme sich für sie, zu einem überwältigenden Wahlsieg Putins in ihrer Region beizutragen. 1996 hatte noch der Herausforderer Sjuganow von einer höheren Wahlbeteiligung profitiert. 2000 genoss jedoch Putin einen Vorteil von 4:1 in Regionen, wo „ein einprozentiger Anstieg in der Wahlbeteiligung einem Kandidaten eine Steigerung von 0,25"[141] seines Anteils einbrachte. In *allen* Regionen, in denen 2004 ein Kandidat aufgrund einer ungewöhnlich hohen Wahlbeteiligung einen Stimmenzuwachs um 25 Prozent oder mehr verbuchen konnte, war dieser Kandidat Putin.[142]

Hieraus folgte unter anderem, dass Rayons in einigen Oblasten Zahlen vorlegten, die an sowjetische Zeiten erinnerten und viele eine überdurchschnittlich hohe Wahlbeteiligung meldeten. Wie Myagkov u. a. zeigen, führten künstlich angehobene Zahlen von Seiten einiger Oblaste 2004 zu einer leichten Verschiebung der Gesamtbewertungen am rechten Rand: „[D]er übertriebene rechte Teil ... deutet auf die Möglichkeit einer künstlich aufgeblähten Wahlbeteiligung zumindest in einigen Wahlbezirken [der Oblaste] hin."[143] Doch wie zuvor waren es die Republiken, in denen die Verzerrungen im Hinblick auf Wahlbeteiligung und amtliche Stimmen für Putin mit Abstand am höchsten waren. Nach Angaben der Zentralen Wahlkommission gab es 1996 vier Rayons, in denen die Wahlbeteiligung scheinbar bei 99 Prozent oder höher gelegen hatte, in keinem Fall hatte Jelzin allerdings 99 Prozent der Stimmen oder mehr erhalten. 2000 berichtete die Zentrale Wahlkommission schon von acht Regionen (darunter sieben in den Republiken), in denen die Wahlbeteiligung bei 99 Prozent oder mehr gelegen hatte, in denen aber Putin in keinem Fall 99 Prozent oder mehr der Stimmen erhielt. Für 2004 gab es nach Angaben der Zentralen Wahlkommission in 35 Rayons eine Wahlbeteiligung sowjetischen Stils (d. h. von 99 Prozent oder mehr), darunter 32 in den Republiken. In 17 dieser Rayons erhielt Putin 99 Prozent oder mehr der Stimmen.[144] Auf Platz eins lag der Rayon Nurlatinski in Tatarstan. Nach Angaben der Zentralen Wahlkommission hatte es 2004 dort „19.109 registrierte Wähler gegeben, von denen 19.012 für Putin stimmten".[145]

„Voller" Autoritarismus: Die Wahl 2008

Im vorhergehenden Abschnitt haben wir festgestellt, dass in der ersten Amtszeit von Präsident Putin Vorboten für einen umfassenden Richtungswechsel hin zu einer Autokratie gab, der sich in der Zeit zwischen 2005 und 2007 fortsetzte, bis – laut Horvath – „der demokratische Prozess auf ein leeres Ritual" reduziert war.[146] Bei seinem Versuch, diese Wende zum Autoritarismus zu erklären, hat Horvath die angebliche Besorgnis der russischen Führung angesichts der Farbrevolutionen umfassend dokumentiert. Sie ging größtenteils auf die Ereignisse in den russischen Grenzregionen nicht nur im südlichen Kaukasus, sondern vor allem in der Ukraine[147] zurück, wo die Orangene Revolution zeitweise zu einer stark pro-westlichen Regierung geführt hatte, obwohl das „Putin-Regime unverhohlen versucht hatte, das Ergebnis der ukrainischen Präsidentschaftswahl zu beeinflussen".[148]

Dass es jedoch schon vor der Orangenen Revolution Vorboten für eine Hinwendung zum Autoritarismus gegeben hatte, entkräftet das Argument, wonach der Regimewechsel überwiegend auf die vermeintliche Besorgnis russischer Führer angesichts der Farbrevolutionen zurückzuführen sei: „Noch vor Putins wichtiger Rede [im Anschluss an die Geiselnahme von Beslan] war klar geworden, dass es Änderungen im Wahlrecht geben würde."[149] Nichtsdestotrotz ist Horvaths Punkt durchaus begründet. Die Führung war besorgt, die Farbrevolutionen könnten wie eine Krankheit auf Russland übergreifen.[150] Die Farbrevolutionen besaßen die Unterstützung des Westens und bestärkten Aktivisten in Russland. Mit dem Hinweis auf Letzteres war es ein Leichtes für das Regime, den Moment zu nutzen und die politischen Spielregeln zu ändern, brauchte es doch nur einen Zusammenhang zwischen den Ereignissen in Russland und der Unterstützung von außen herzustellen.[151]

Das beste Beispiel hierfür war Putins opportunistischer Umgang mit der Geiselnahme von Beslan, die er zur Einführung verschiedener institutioneller Änderungen nutzte, um die Position des Kreml gegenüber politischen Akteuren insbesondere in den Regionen zu stärken. Er legte verschiedene Maßnahmen zur Zentralisierung vor, von denen nur eine – „die Einrichtung einer speziellen föderalen Kommission zum Nordkaukasus - die Probleme direkt anging, ... deren Symptom Beslan war".[152] In Hinblick auf das politische System insgesamt bestand der entscheidende Vorschlag darin, die Direktwahl der regionalen Gouverneure abzuschaffen.[153] Andere Vorhaben zielten darauf, die Neugründung von Parteien zu erschweren, die nicht vom Regime finanziell gefördert wurden,[154] und den Handlungsspielraum einiger sehr präsenter Individuen einzuschränken. Unter den Ende 2006 verabschiedeten Maßnahmen war eine Änderung des Parteiengesetzes, das fortan eine Mindestzahl von 50.000 Mitgliedern vorsah, um eine Gruppe als Partei anzuerkennen; um in der Duma teilzunehmen, mussten Parteien nun mindestens sieben statt wie zuvor fünf Prozent der Stimmen erhalten; außerdem war nicht länger eine Mindest-Wahlbeteiligung von 50 Prozent bei nationalen Wahlen erforderlich, und das Wahlkästchen „keiner der obigen Kandidaten" entfiel; Bezirke mit nur einem Kandidaten wurden ausgeschlossen, und Parteien, in denen ein einziges Mitglied wegen Extremismus verurteilt worden war, konnte die Teilnahme an den Wahlen verwehrt werden.[155]

In ihrer Gesamtheit stellten diese Maßnahmen weitere Nachteile für Eliten dar, die Putin den Kampf angesagt hatten. Wie sich jedoch herausstellte, ging die erste Bedrohung der Regimestabilität nach Putins Neuwahl von Rentnern aus, die außer sich waren angesichts der von der Regierung geplanten Monetarisierung von Sozialleistungen (die in Form von Gratishilfen und Vergünstigungen größtenteils noch Überbleibsel aus der Sowjetzeit gewesen waren). In zahlreichen Großstädten – St. Petersburg, Samara, Saratow, Kasan, Ulan-Ude[156] – gingen Rentner auf die Straße und verlangten die Wiederherstellung der kostenlosen Sozialleistungen. Was als Protest über ökonomische Entscheidungen begann, schlug bald noch andere politische Töne an. Es ging um Forderungen, die sich nicht nur an die Regierung im Allgemeinen und die drei wirtschaftsliberalen Minister – Gesundheits- und Sozialminister Michail Subarow, Finanzminister Alexej Kudrin und Wirtschaftsminister German Gref – richteten. Vielmehr zielten sie auch konkret auf Putin: „Im ganzen Land skandierten Protestler ‚Nieder mit Putin' und hielten Transparente hoch, auf denen sie seinen Rücktritt forderten."[157]

Die Gruppen und Institutionen, die für die Rentner Partei ergriffen, standen darüber hinaus für breite Teile der Bevölkerung, die in ihrer Gesamtheit – wenn sie denn voll mobilisiert gewesen wären und wenn das Regime nicht rasch von seiner marktorientierten liberalen Politik abgerückt wäre – möglicherweise ein Ejektorat hätten darstellen können. Im gesamten politischen Spektrum regte sich Widerstand, doch die Proteste auf den Straßen verschiedener Städte waren nicht annähernd so groß wie die gegen den August-Putsch 1991 in Moskau oder die späteren Moskauer Demonstrationen als Reaktion auf die Duma-Wahlen und auf Putin im Dezember 2011. An den Rentnerprotesten scheinen sich nicht viel mehr als 10.000 Teilnehmern pro Stadt beteiligt zu haben – lächerlich wenig im Vergleich zu den Protesten in Moskau im Dezember 2011 oder zu den Massen, die im Vorfeld der Auflösung der Sowjetunion zugunsten von Jelzin auf die Straße gegangen waren.[158]

Die russisch-orthodoxe Kirche in Gestalt des Patriarchen Alexej II. von Moskau und der ganzen Rus' erklärte, die Monetarisierung „verkörpere nicht das Prinzip der Fairness", und bestand darauf, dass „Reformen unter keinen Umständen den Menschen verwehren sollten, Transportmittel und Kommunikation zu nutzen, ihre Häuser zu behalten und Zugang zu medizinischer Versorgung und Medikamenten zu haben".[159]

Kritik kam auch von Vertretern des Militärs. Der Befehlshaber der Luftstreitkräfte Wladimir Michailow erklärte: „Das Inkrafttreten der neuen Sozialleistungsgesetzes trifft junge Offiziere, deren Sold ohnehin gering ist, am härtesten."[160] Die Polizei reagierte umgehend: „[U]m Kündigungen im großen Stil unter den Polizeikräften abzuwenden, erhöhen Beamte eilig deren Lohn."[161]

Sie waren nicht die Einzigen. Gewerkschaftsvertreter aus der Oblast St. Petersburg und Leningrad schlossen sich zusammen, um gegen die Abschaffung der Sozialvergünstigungen zu protestieren. Das „Koordinationskomitee für gemeinsame Aktionen ... [verabschiedete] eine Resolution, ... die zu Vorbereitungen für Massenproteste gegen die Monetarisierung aufrief." „Dennoch", so *Kommersant*, „sagte der Pressesekretär der regierungsfreundlichen Föderation Unabhängiger Gewerkschaften, ... Andrej Baranow, ‚der Ersatz von Sozialleistungen durch Geldleistungen betrifft nicht nur Rentner, sondern alle werktätigen Menschen'; daher solle man ‚sich auf massive Proteste als die Demonstrationen von Rentnern einstellen'".[162]

Die Gruppe, von der diese „massiveren Proteste" möglicherweise hätten ausgehen können, waren kleine politische Parteien und ihre Unterorganisationen. Rogosins *Rodina* (Mutterland) nutzte die Situation, um sich als echte politische Partei unabhängig von Moskau und nicht nur als nationalistisches Parteiprojekt des Kreml zu etablieren, dessen Hauptziel die Schwächung der KPRF gewesen wäre. Rogosin ließ sich sogar dazu hinreißen, Putin zu warnen, dass „eine Verschärfung der Situation im Land ... nach dem in den Nachbarländern erprobten Szenario ablaufen"[163] würde und wagte sich noch ein bisschen weiter vor, indem er forderte, „die Meinungsfreiheit, die Menschenrechte und Grundfreiheiten sowie die Möglichkeit wiederherzustellen, seine Meinung frei und ohne Zensur zu äußern";[164] zudem rief er dazu auf, auf die Straße zu gehen. Sowohl *Rodina* als auch *Jabloko* hatten Jugendgruppen, die sie zu diesem Zweck mobilisieren konnten; *Junges Jabloko* war ein besonderes Besorgnis, da ihr Vorsitzender Ilja Jaschin während der Orangenen Revolution eine Zeitlang in Kiew gelebt hatte und der Ansicht war: „Politische Straßenproteste sind das Einzige, was uns bleibt."[165]

Die Reaktion der Putin-Regierung auf diese geballten Äußerungen von Kirche, Polizei, Militär, zweier kleinerer Parteien und Jugendorganisationen kam einem stillschweigenden Einverständnis gleich, dass diese Gruppen in ihrer Gesamtheit ein Ejektorat bilden konnten. Die Regierung reagierte auf zweifache Weise. Was den Ersatz der Sachbezüge anging, gab sie in der Sache fast sofort klein bei.[166] Putins Anweisungen folgend, taten Gesundheits- und Sozialminister Subarow und Finanzminister Kudrin den verschiedenen Regionalgouverneuren kund, die Föderationsregierung werde sich an den Kosten für fortgesetzte Vergünstigungen im Bereich der öffentlichen Verkehrsmittel beteiligen. Die Gouverneure wiederum sollten den nach nationalen Kriterien oder regionalen Bestimmungen Anspruchsberechtigten die entsprechenden Fahrscheine verkaufen. Subarow und Kudrin war bewusst, dass ihr Vorschlag ein „klarer Rückzug"[167] war, und Kudrin räumte ein: „Es wird nicht möglich sein, von heute auf morgen auf marktwirtschaftliche, kostendeckende Fahrpreise für Verkehrsmittel umzustellen. Unsere Aufgabe ist es, in einem ersten Schritt ein Mittel der Finanzierung des öffentlichen Verkehrs durch ein anderes Mittel zu ersetzen und dabei von nicht-zweckgebunden Vergünstigungen abzurücken."[168]

Doch weitere Schritte folgten, welche die Fähigkeit des Regimes stärkten, die Proteste auf der Straße zu kontrollieren. Dies war zum einen die Gründung der Jugendorganisation *Naschi* (Die Unseren), die gewisse Ähnlichkeit mit der einstigen, reichlich mit Kommissaren gesegneten *Komsomol* hatte. *Naschi* hatte zwei Hauptaufgaben:[169] Erstens sollte sie Jugendliche zu Unterstützern des Regimes machen und sie von schädlichen (ausländischen) Einflüssen fernhalten. Zweitens sollte sie als Gruppe bereit sein, demokratischere Jugendorganisationen von Straßenprotesten „abzuhalten", was vor allem kleinere Einheiten, etwa Fans des Fußballvereins „Spartak Moskau", durchaus handgreiflich interpretierten, die Mitglieder eher demokratisch gesinnter Jugendorganisationen zusammenschlugen. Auch weniger handfest bekundeten die Mitglieder von *Naschi* ihre Putin-Treue erfolgreich durch öffentlichkeitswirksame Auftritte, die sich an ein Publikum in Ost und West richteten. Robertson zufolge erklärte Wladimir Frolow vom „Fonds für

Effektive Politik": „Wenn es hart auf hart kommt, wird es Aufgabe von
Naschi sein, jeden öffentlichen Platz vor jedem wichtigen öffentlichen
Gebäude zu besetzen, damit CNN ein hübsches Bild mit dem Kreml im
Hintergrund hat."[170] Ein Beispiel für *Naschis* Mission war die Ankündi-
gung der Organisation am 21. Februar 2012 – im Vorfeld der Wahl
2012 –, dass „20.000 seiner Aktivisten die Straßen Moskaus am Wahltag
patrouillieren [würden], um sicherzustellen, dass die Opposition ‚die
Situation nicht destabilisiert' bzw. – und das ist der entscheidende
Punkt – ‚die Wahlergebnisse in Zweifel zieht'".[171]

Ein weiteres vom Regime geschaffenes Instrument, um sich gegen
Einflüsse von außen zu wehren und Organisationen zu kritisieren, die
vom Westen profitierten, war die Doktrin von einer „Souveränen Demokratie". „Souveräne Demokratie", beinahe ein Widerspruch in sich,
war kein dummer Slogan. „Demokratie" – ihr Inhalt wurde nicht näher
spezifiziert – war ein positiv besetztes Wort, das zu verheißen schien,
Russland werde ein „normaler", d. h. westlicher Staat. „Souverän" sym-
bolisierte demgegenüber die Entschlossenheit Russlands, den Einfluss
westlicher Fördergelder zu begrenzen; diese stellten unter Umständen
nämlich die nötigen Mittel für Nicht-Regierungs-Organisationen
(NGOs) bereit, um die Bevölkerung derart zu mobilisieren, dass sie Putins so geschätzte Stabilität in Russland infrage stellen und gefährliche
neue Praktiken einführen konnten, die seine Machtposition schwächen
würden. In der schlichten Logik dieser Denkweise[172] waren die Farbrevolutionen letztlich ein Produkt des US State Departments und der
CIA, die mit der Soros Foundation und anderen westlichen Stiftungen
unter einer Decke steckten. Subtiler war die Äußerung von Wladislaw
Surkow (dem Vize-Ministerpräsidenten, der im Mai 2013 von seinem
Amt zurücktrat), der „souveräne Demokratie als ein Modell des politischen Lebens [definierte], in dem die Behörden, ihre Organe und Handlungen einzig und allein von der russischen [*rossijskaja*] Nation in all
ihrer Vielfalt und Einheit gewählt, geformt und geleitet werden mit dem
Ziel, materiellen Wohlstand, Freiheit und Gerechtigkeit für alle Bürger,
sozialen Gruppen und Völker, die sie bilden, zu erreichen."[173]

Auch der Versuch, NGOs für sich einzuspannen und verschiedene
kleinere politische Parteien in ihren Handlungsmöglichkeiten zu beschneiden oder zu verbieten, war Teil von Putins Klaviatur, die er zur
Eindämmung der Straßenproteste spielte. Vor ihrer Verschärfung im
Frühjahr 2012 waren die Gesetze über NGOs Auslegungssache und

konnten verwendet werden, um die betreffenden Institutionen zu kontrollieren oder zu fördern.[174] 2012 wurden die Gesetze über NGOs no-
velliert, um Organisationen mit politischen Zielen und Finanzierung
aus dem Ausland dazu zu zwingen, sich als Auslandsagenten zu deklarieren. Doch schon vor der Präsidentschaftswahl 2008 war der Kreml
„buchstäblich imstande, Aktivitäten der Zivilgesellschaft zu lizenzie-
ren".[175]

Dieses Muster galt auch für das Parteiengesetz, das die Chancen für
Parteien, die nicht fest in der Fünften Duma etabliert waren (etabliert
waren *Einiges Russland*, die KPRF, die LDPR und *Gerechtes Russland*) erheblich einschränkte, da sie nun zwei Millionen gültige Unterschriften
innerhalb weniger Wochen sammeln mussten und nicht mehr als fünf
Prozent dieser erforderlichen Unterschriften ungültig sein durften.
Diese wurde im Frühjahr 2012 drastisch verschärft. Wie im Falle der
NGOs wurde sie allerdings nur punktuell umgesetzt. Im Ergebnis war
Andrej Bogdanow, der Vorsitzende der *Demokratischen Partei Russlands*,
die einzige Person auf dem Stimmzettel, die einer Partei ohne Mitglieder in der Fünften Duma angehörte. Bogdanows Kandidatur,
so Igor Romanow, wurde von der Zentralen Wahlkommission bestätigt, um sicherzugehen, dass seine Präsenz auf dem Stimmzettel „die
Wahl vor dem Scheitern bewahrte",[176] falls jemand seine Kandidatur
zurückzöge. Andere hatten weniger Glück: Dem Vorsitzenden der *Russischen Partei der Pensionäre*, Waleri Gartung, wurde der Zugang zum Sit-
zungssaal der Delegierten verwehrt. Rogosin wurde gezwungen, aus
Rodina auszutreten. Der ehemalige Ministerpräsident Michail Kassjanow war außerstande, die Zentrale Wahlkommission davon zu überzeugen, dass er innerhalb weniger Wochen die erforderlichen zwei Millionen Unterschriften gesammelt hatte, wovon nicht mehr als fünf
Prozent ungültig sein durften. Zwar legte er die zwei Millionen Unterschriften vor, doch von diesen wurden 13 Prozent für ungültig erklärt.[177]

Schumpeter hätte das gar nicht gefallen. Die selektive Anwendung
des Parteiengesetzes schloss faktisch „freien Wettbewerb zwischen den
Führungsanwärtern um die Stimmen der Wählerschaft" aus, der zu
einer Situation führen würde, in der „wenigstens im Prinzip jeder ... frei
wäre, sich um politische Führung zu bewerben, indem er sich der Wählerschaft präsentiert" und dies „normalerweise ein beträchtliches Quantum Pressefreiheit bedeuten" würde.[178]

Von keinem dieser Elemente – freiem Wettbewerb zwischen den Führungsanwärtern und Pressefreiheit – konnte in der Präsidentschaftswahl 2008 die Rede sein. Ihr Fehlen allein hätte genügt, um die Wahl als unfrei und unfair zu betrachten. Zwei andere Faktoren waren jedoch neu und untermauerten in ihrer Kombination Michael McFauls These, dass die Präsidentschaftswahl 2008 „die am wenigsten kompetitive Wahl in der postkommunistischen Geschichte Russlands" gewesen sei.[179] Der eine Faktor betraf das Elektorat, der andere die Verzerrung der Wahlbeteiligung.

Im Hinblick auf das Elektorat führte Putin einen Geniestreich, der dessen Größe auf das theoretische Minimum, nämlich auf eine Person, d. h. auf ihn selbst, reduzierte, ohne zugleich die russische Verfassung zu unterlaufen, die ganz explizit mehr als zwei aufeinanderfolgende Amtszeiten für einen Präsidenten ausschloss. In einer Manier, die an Sowjetzeiten und Daniels' zirkulären Machtfluss erinnerte, installierte Putin Medwedew als seinen Nachfolger im Amt. Medwedew wiederum ernannte Putin zum Ministerpräsidenten.[180] Diese „Tandem-Demokratie" stieß auf keinen entscheidenden Widerstand in der Öffentlichkeit, sondern schien vielmehr für weite Teile, bei denen die beiden führenden Politiker relativ beliebt waren, akzeptabel zu sein. Erst als die beiden im September 2011 ankündigten, Putin werde im März 2012 als Präsident kandidieren, Medwedew das Amt des Ministerpräsidenten übernehmen und dies sei bereits 2007 vereinbart worden, reagierte eine Bevölkerungsgruppe – die städtische Mittelschicht – ablehnend.

Im Hinblick auf die Wahlbeteiligung nahmen die Verzerrungen zu. Wissenschaftler, die Wahlergebnisse analysieren, halten sich, solange keine Flut an eindeutigen Beweisen vorliegt, in der Regel zurück, bevor sie von Wahlfälschung sprechen. Die Ergebnisse 2008 waren allerdings ein klarer Fall. Allein die von der Zentralen Wahlkommission für Medwedew verkündeten Ergebnisse machten stutzig, da sie für ihn und Putin allzu bequem waren. Medwedew erhielt nach Angaben der Zentralen Wahlkommission 70,3 Prozent aller Stimmen – eine Zahl, die ihn erstens hübsch knapp unter die von der Zentralen Wahlkommission gemeldeten Stimmen für Putin 2004 (71,3 Prozent) platzierte und die zweitens hoch genug war, um der russischen Öffentlichkeit das Gefühl zu geben, dass Medwedew selbst ohne gewisse Betrügereien in der ersten Runde gewonnen hätte. Der überzeugendste Beweis für Wahlbetrug betraf jedoch die Beteiligung. Auch 2008 kamen fingierte Abstimmungen dort am offensichtlichsten vor, wo sie schon seit Jahren aufgetreten waren: in den Republiken. Dies geht sehr anschaulich aus Abbildung 8.1 hervor, welche die Wahlbeteiligung an der Präsidentschaftswahl in den Republiken darstellt. In denselben Regionen, in denen schon bei den vorangegangenen Duma- und Präsidentschaftswahlen entsprechende Zahlen aufgefallen waren, zeichnete sich auch 2008 eine Wahlbeteiligung sowjetischen Stils ab. Angesichts der auf Moskau eingeschworenen Führungen in den meisten Republiken und angesichts der Subventionen, welche die meisten Republiken von der Föderationsregierung erhielten, war ein so erkennbar manipuliertes Wahlverhalten nicht überraschend.

Neu war hingegen, dass das Geschwür manipulierter Wahlbeteiligung, um mit Evgeniya Lukinova zu sprechen, bereits im gesamten Gemeinwesen Metastasen gebildet hatte.[182] Abbildung 8.2 veranschaulicht die gemeldete Wahlbeteiligung in den Oblasten mit ihren deutlichen Ausreißern bei Vielfachen von zehn (sechzig, siebzig, ... hundert) und

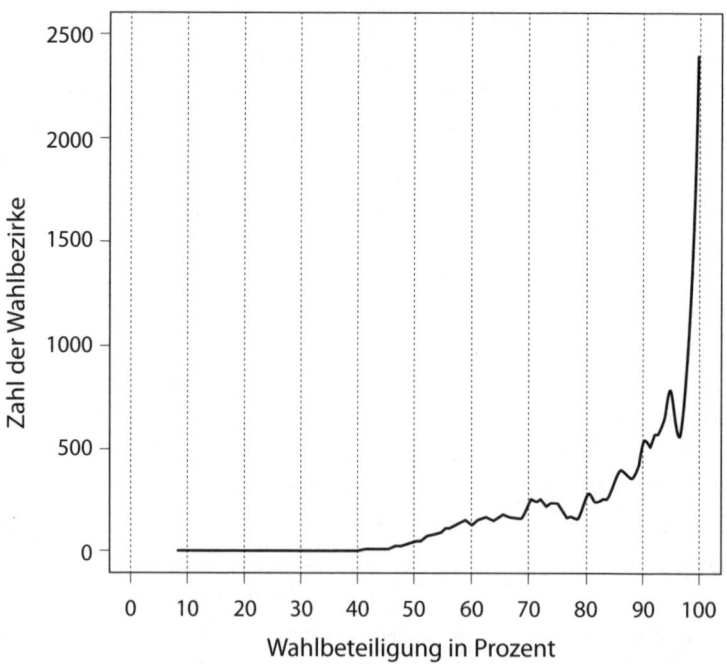

Abb. 8.1[181]. Gemeldete Wahlbeteiligung nach Wahlbezirken in den Republiken 2008.

weniger ausgeprägten Spitzen für Wahlbeteiligungen, die nur durch fünf teilbar sind, und zeigt eindrücklich, wie sehr sich die Manipulationen im März 2008 im gesamten System ausgebreitet hatten.

Die plausibelste Erklärung für diese ungewöhnlichen Ergebnisse ist die, dass Menschen in den Wahlbezirken Zielvorgaben genannt wurden und sie sich daran hielten. Sie waren sich wahrscheinlich gar nicht bewusst, wie die ausgewiesenen Gesamtergebnisse auf Menschen jenseits der „Machtvertikalen" wirken würden oder hielten die möglichen Auswirkungen sogar für vernachlässigbar. Die kleineren Lichter, die dafür verantwortlich waren, die Wahlbeteiligung in ihrem Bezirk zu melden, begriffen, dass es in ihrem Interesse war, Vollzug zu melden, wobei ohnehin alle Befragungsdaten zeigten, dass die breite Öffentlichkeit mangels Alternativen mit dem Tandem Putin/Medwedew mindestens zufrieden war.[183]

Aus der Balance geriet die Situation erst drei Jahre später, als Putin und Medwedew im September 2011 ankündigten, dass erstens Putin im

Abb. 8.2. Gemeldete Wahlbeteiligung nach Wahlbezirken in den Oblasten 2008.

März 2012 als Präsidentschaftskandidat antreten werde, dass zweitens Medwedew Ministerpräsident würde und dass sie sich drittens bereits 2007 hierauf geeinigt hätten. Als Putin Medwedew als seinen Nachfolger im Präsidentenamt designierte und dieser wiederum Putin zum Ministerpräsidenten berief, hatte das keine nennenswerten Reaktionen ausgelöst. Die Kombination dieser drei Ankündigungen hingegen rief scharfen Protest hervor, der sich nicht nur gegen die Regierungspartei *Einiges Russland*, sondern auch gegen Putin als dominierende Figur in der russischen Politik richtete. Wie wir im folgenden Kapitel sehen werden, sollte die Politik jedoch erst im Winter 2011 / 12 nach Russland zurückkehren. Zumindest vorübergehend war das Land dann nicht mehr das autoritäre System, das es durch die Präsidentschaftswahl 2008 geworden war. Das Ein-Mann-Elektorat erweiterte sich dramatisch. Es gab sogar Anzeichen dafür, dass Putin und seine Gegner trotz ihrer höchst asymmetrischen Machtpositionen die Möglichkeit eines Putsches in Betracht zogen. Zumindest kurzfristig nahm das politische System Eigenschaften an, die sich in Anlehnung an Levitsky und Way[184] als die eines kompetitiv autoritären Regimes beschreiben lassen; eines Regime, in dem die Machthabenden vor der Auszählung der Stimmzettel zumindest einige schlaflose Nächte haben.

9. Die Rückkehr der Ungewissheit?
Der Wahlzyklus 2011/12

Russland sorgt immer wieder für Überraschungen. Hochrechnungen anhand der drei vorhergehenden Wahlen hätten für den Wahlzyklus 2011/12 erheblich danebengelegen. Wie Kapitel 8 gezeigt hat, wurden die Wahlen 2000, 2004 und 2008 sukzessive immer autoritärer und weniger ungewiss in ihrem Ausgang. Die Ankündigung Putins und Medwedews am 24. September 2011, sie würden nach der Wahl im März 2012 ihre Ämter tauschen („Rochade", *rokirowka*) schien ein Vorbote für anhaltenden „voll" ausgeprägten Autoritarismus[1] zu sein – mit einem Elektorat aus einer oder maximal zwei Personen und großer Gewissheit, was den Ausgang der Präsidentschaftswahl anging.

Die Ereignisse entwickelten sich jedoch anders als gedacht. Von dem voll autoritären System, das Russland zur Zeit der Wahlzyklen 2003/04 und 2007/08 gewesen war, verwandelte sich das Land – zumindest vorübergehend – in ein kompetitiv autoritäres System: ein System mit einigen wichtigen legalen Oppositionsparteien (andere waren hingegen nicht zugelassen), in dem keiner Partei der Weg zur Macht schon gänzlich bereitet war und in dem ein gewisses Maß an Ungewissheit vorherrschte, was das Ergebnis für *Einiges Russland* in der Duma-Wahl im Dezember 2011 bzw. das Ergebnis für Putin bei der Präsidentschaftswahl im März 2012 anging.[2] Viele Russen lehnten den Versuch von Putin und Medwedew ab, sich das Elektorat unter Ausschluss aller anderen zu teilen. Stattdessen galt beinahe allgemeines Wahlrecht. Der Einfluss von außen war erheblich, in der Phantasie und Rhetorik Wladimir Putins sogar noch größer.

Der Wahlzyklus 2011/12 war komplizierter und weniger vorsehbar als seine Vorgänger. Den amtlichen Ergebnissen der Zentralen Wahlkommission zufolge erhielt *Einiges Russland* in der Duma-Wahl im Dezember 2011 noch nicht mal eine einfache, ganz zu schweigen von einer Zweidrittelmehrheit. Dennoch machte sich die Überzeugung breit, die von der Zentralen Wahlkommission veröffentlichten Ergeb-

nisse seien manipuliert, was in den Monaten bis zur Präsidentschaftswahl im März vor allem in Moskau zu Massenprotesten führte. Eine
Konsequenz aus den Demonstrationen war, dass der Kreml zahlreiche
Wahlbeobachter für die Präsidentschaftswahl im März 2012 zuließ und
zahlreiche Überwachungskameras in den Wahllokalen installierte. Er
war offenbar zu dem Ergebnis gekommen, nicht genügend Ressourcen
mobilisiert zu haben, um der Strategie der Opposition für die Duma-
Wahl zu begegnen, und fuhr nun schweres Geschütz auf,[3] um sicherzugehen, dass Putin bei der Präsidentschaftswahl die absolute Mehrheit
erhalten würde. Mit Erfolg. Unterdessen musste Putin sich jedoch mit
der Tatsache auseinandersetzen, dass eine Mehrheit für ihn im ersten
Wahlgang trotz der finanziellen, medialen und politischen Ressourcen
des Kreml keine ausgemachte Sache war.

Doch wie kam es, dass *Einiges Russland* keine Mehrheit fand und dass
Putin noch einen Monat vor den Präsidentschaftswahlen Zweifel äußerte, ob er im ersten Wahlgang eine Mehrheit erzielen werde?

Das Tandem hat einen Platten

Einer der führenden russischen Politikwissenschaftler, Wladimir Gelman, gibt Putin und Medwedew für ihre Idee eines politischen Tandems
die Note sehr gut. Doch da nichts so gründlich scheitert wie Erfolg,
funktionierte die Strategie beim zweiten Mal deutlich schlechter. Allerdings wurde die Entscheidung von Putin und Medwedew, zu „rochieren", sodass Putin 2012 Präsident werden und Medwedew nach der
Präsidentschaftswahl 2012 zum Ministerpräsidenten ernannt werden
würde, auf dem Parteitag von *Einiges Russland* immerhin so freundlich
aufgenommen, dass Medwedew anmerkte: „Angesichts dieses Applau-
ses brauche ich nicht zu erklären, welche Erfahrung und Kompetenz
Wladimir Putin besitzt."[4] Wie zu erwarten, befürworteten die Partei-
tags-Delegierten von *Einiges Russland* die Kandidatur. Den meisten Berichten zufolge fiel die Entscheidung einstimmig, auch wenn der Reporter der BBC, Artem Krechetnikov, anmerkte: „52 der 639 Delegierten
nahmen an der geheimen Abstimmung nicht teil; vier gaben eine ungültige Stimme ab und eine Person ... stimmte sogar dagegen."[5]

Unter anderen wichtigen Wählerschaften stieß die Ankündigung auf
weit weniger Anklang, ganz besonders unter der städtischen Mittelschicht Moskaus und unter Literaten. Michail Prochorow, ein Oligarch,
der sich als Präsidentschaftskandidat hatte aufstellen lassen, traf den

Nagel auf den Kopf, als er in einem Interview mit *Spiegel Online* erklärte: „[Die Rochade] war zynisch. Das hat die Bürger richtig geärgert. Die kreative Klasse hat sich da gesagt: Moment mal, wir verdienen die Steuern. Deshalb verdienen wir Respekt und fordern Respekt ein. Die Menschen schweigen nicht länger, wenn über ihre Köpfe hinweg entschieden wird."[6]

In gewissem Maß hatte sich das Tandem dies durch seine Arroganz und die Behauptung, die Entscheidung zum Rollentausch sei bereits Jahre vor der Präsidentschaftswahl 2012 gefallen, selbst zuzuschreiben. Forscher wie Brian Whitmore, Tatjana Stanowaja und ich tendieren zu der Vermutung, dass der Rollentausch in Wirklichkeit erst im Jahr vor der Ankündigung vom 24. September beschlossen wurde und nicht schon während des Wahlzyklus 2007/08.

Putin und Medwedew machten zwei Fehler, als sie der russischen Öffentlichkeit von ihrer Absicht erzählten, als Tandem weiterzumachen. Der erste und kleinere Fehler war die Ankündigung, Putin werde erneut Präsident werden, was kaum überraschte. Der zweite war die Behauptung, die Entscheidung zur Rochade sei bereits vier Jahre zuvor gefallen, als er und Medwedew sich erstmals auf den Ämtertausch geeinigt hätten. Es war nicht schwierig, sich die Fortsetzung dieses Hin- und Hertauschens bis weit in das 21. Jahrhundert hinein vorzustellen. Am 25. September 2011 berichtete Krechetnikov, „eine Reihe von Experten habe seit Langem angenommen, dass die Mitglieder des Tandems sich untereinander darauf geeinigt hätten, auf immer zu rochieren". Weiter erklärte er: „[W]enn es zu keiner sozialen Explosion kommt, dann wird die Amtszeit der russischen Führer im 21. Jahrhundert – wie die der vorrevolutionären Monarchen und die in der UdSSR – von der Biologie und nicht von der Politik bestimmt."[7]

Da uns keine entsprechenden Memoiren oder glaubwürdigen Dokumentationen vorliegen, scheint es zweifelhaft, dass eine endgültige Entscheidung über 2012 bereits zum Zeitpunkt der Wahl 2008 gefallen war – es war höchstwahrscheinlich „ein informeller Vertrag",[8] der jedoch nicht in Stein gemeißelt war. Plausibler scheint vielmehr, dass es zu einer endgültigen Entscheidung erst geraume Zeit nach der Wahl 2008 kam und dass Tatajana Stanowaja recht hat, wenn sie behauptet: „Als Putin ungefähr zwei Jahre nach Medwedews Wahl den ungeheuren Tatendrang und sogar Druck vonseiten Medwedews sah, begann er ernsthaft über eine Rückkehr nachzudenken."[9] Für beide Annahmen gibt es jedoch Indizien.

Ein Beweis für die Theorie, Medwedew und Putin hätten sich gleich zu Beginn darauf geeinigt, dass Medwedew nur eine Amtszeit regieren und Putin ihn dann ersetzen würde, stammt aus der Zeit kurz nach der Wahl Medwedews. Relativ zu Beginn seiner Amtszeit unternahm er einen Schritt, der es Putin erleichterte, das Präsidentenamt zum Ende von Medwedews erster Amtszeit wieder zu übernehmen. Diese Maßnahme war die Verlängerung der Amtszeit des Präsidenten von vier auf sechs Jahre, was bedeutete, Putin würde bis 2024 im Amt bleiben können, sofern Medwedew seine vierjährige Amtszeit voll ausschöpfte. Medwedew unterbreitete den Vorschlag in seiner Antrittsrede am 5. November 2008, sechs Monate nach seiner Wahl im März. Damit überraschte er, wie Treisman berichtet, seine Mitarbeiter „einen Tag, nachdem Medwedew ein langes Vieraugengespräch mit Putin geführt hatte ...“[10]

Die Idee stammte allerdings nicht von Medwedew. Die Zeitung *Vedomosti* berichtete unter Berufung auf „unbekannte Quellen aus dem Kreml“, dass Wladislaw Surkow, seinerzeit Erster stellvertretender Stabschef, bereits 2007, als Putin noch Präsident war, darauf gedrängt habe, die Amtszeit zu verlängern. „Dies war nicht Medwedews Improvisation, sondern die Reform wurde unter Wladimir Putin [von Surkow] angedacht, [der] die Wahl eines Nachfolgers [plante]; dieser sollte die nötigen Verfassungsänderungen und unpopulären Sozialreformen durchführen, damit Putin für eine längere Amtsperiode in den Kreml zurückkehren konnte.“[11] „Kreml-Kritikern“ zufolge hatte Medwedew genau dies getan: „Die Verlängerung der Amtszeit als Präsident von vier auf sechs Jahre [war] Teil eines Plans, den mächtigen ehemaligen Präsidenten Wladimir Putin in sein altes Amt zurückzuwählen.“[12] Dies deutet zwar darauf hin, dass es zum Zeitpunkt der Wahl 2008 möglicherweise eine gewisse Übereinkunft über das Vorgehen 2012 gab, es bedeutet jedoch nicht notwendigerweise eine explizite Vereinbarung. Vielmehr vermute ich, dass es sich auch in diesem Fall verhielt wie damals, als Putin die politischen Spielregeln für Oligarchen änderte: Bei einer überwältigenden Mehrheit kam die Botschaft an, doch eben nicht bei allen. Medwedew hingegen begriff zweifelsfrei sehr gut, was Putin wünschte.

Die Argumente für die Annahme, die Entscheidung sei erst im Vorfeld des Wahlzyklus 2011/12 gefallen und bei Medwedews Wahl im März 2008 noch nicht in Stein gemeißelt gewesen, beruhen größtenteils auf dem Verhalten und auf Äußerungen des Tandems in den Jahren 2010 und 2011. Zwar ließ Putin verlauten, für ihn habe sich das Thema

„vor mehreren Jahren" erledigt. Medwedews Bemerkungen sind in dieser Hinsicht jedoch widersprüchlich: Einem Bericht zufolge „erörterten sie diese Möglichkeit [eines Rollentauschs 2012], als sich das Tandem gerade erst gebildet hatte".[13] In einer anderen Darstellung einigten sie sich darauf nach „ausreichend langer Analyse".[14]

Für Außenstehende schienen Putin und Medwedew vor der Ankündigung der Rochade im September 2011 Wahlkampf gegeneinander zu führen. Putin machte sich daran, sich und seinen Anhängern zu versichern, er besäße noch immer die Eigenschaften, die zu seiner ersten Wahl zum Präsidenten 2000 beigetragen hatten. Und seine Wähler mussten durchaus überzeugt werden.

Teilnehmer an Befragungen des Lewada-Zentrums hatten aus einer langen Liste an positiven Eigenschaften übereinstimmend das „sachorientierte, umtriebige, energische" Auftreten Putins als sein zentrales Merkmal bezeichnet. Im Februar 2008 hatten 62 Prozent der Befragten diese drei Züge als seine Stärken benannt. Noch im September 2011 und April 2012 wurden diese drei Merkmale als die treffendsten Beschreibungen von Putins Stärken wahrgenommen, jedoch war die Anzahl der Personen, die ihm diese Eigenschaften zuschrieben, im September 2011 auf 46 Prozent gesunken und fiel weiter bis auf 39 Prozent im April 2012.[15]

Putin entschied sich, die Eigenschaften zu betonen, die ihm schon früher zum Vorteil gereicht hatten, und besann sich auf das Verhalten, mit dem er sich erfolgreich von Jelzin abgesetzt hatte. PR-Aktionen wie eine Spritztour durch Sibirien in einem gelben Lada und das Tauchen nach (extra für ihn dort abgelegten) Amphoren – das war „Putin pur".[16] Er wirkte wie jemand, der sich und seine Anhänger damit beruhigen will, dass er noch immer ein junger, vitaler Mann war, der es verdiente, erneut an der Spitze des Landes zu stehen. Viktor Titovs Kommentare anlässlich eines runden Tisches in der Abteilung für Soziologie und Psychologie der Politik an der Universität Moskau[17] deuten allerdings darauf hin, dass solche Showeinlagen an Überzeugungskraft verloren hatten: „Zuerst stellte man [Putins] Vorzüge heraus – ein echter Macho, zuverlässig, charismatisch, willensstark und so weiter ... Aber zwölf Jahre später sind die Russen nicht mehr blind gegenüber seinen Verbindlichkeiten – den nie gehaltenen Versprechen, der fehlenden Kontrolle über seine Untergebenen und der Verschlechterung des Lebensstandards."

Ähnlich ordnet Brian Whitmore verschiedene von Medwedews Handlungen 2010/11 ein, die auf seinen Wahlkampf für eine weitere Amtszeit hindeuteten. Eine davon war das Großreinemachen unter Gouverneuren, deren bekanntester der Bürgermeister von Moskau war, Juri Luschkow; diese Aktion deuteten manche als „den Startschuss eines … Kampfes zwischen … [Putin und Medwedew], wer [2012] der Präsidentschaftskandidat des Establishments sein" würde.[18] Eine zweite Aktion war die Veröffentlichung eines groß angelegten Aufrufs zur Liberalisierung, der vom Moskauer Institut für Moderne Entwicklung (INSOR) ausging, dessen Kuratorium Medwedew vorsaß. Der Aufruf liest sich wie ein Wahlkampfpamphlet. Eine dritte Aktion war Medwedews Anordnung vom März 2011, Regierungsbeamte hätten aus den Aufsichtsräten verschiedener Staatsunternehmen auszuscheiden. Als Medwedew und Putin dann noch angesichts der NATO-Bombenangriffe auf Libyen öffentlich aneinandergerieten, war dies der Tropfen, der das Fass zum Überlaufen brachte. Putin hatte die Bombenangriffe als einen „mittelalterlichen Aufruf zum Kreuzzug"[19] gegeißelt, wobei er in seiner Rede ausdrücklich unterstrich, diese Entscheidung falle nicht in seinen Zuständigkeitsbereich, sondern in den des Präsidenten, nur um schließlich zu bemerken: „Wenn Sie aber an meiner persönlichen Meinung interessiert sind, so habe ich natürlich eine."[20]

Es war nicht das erste Mal, dass die beiden während Medwedews Präsidentschaft über Kreuz lagen.[21] Doch Medwedews prompter Rüffel – „Eine Wortwahl wie ‚Kreuzzüge' und so weiter, die geeignet [sei], zu Zusammenstößen zwischen Zivilisationen zu führen, [sei] absolut inakzeptabel"[22] – hatte eine neue Qualität. Die von russischen Kommentatoren angeführte Begründung, Medwedew und Putin hätten sich an unterschiedliche Zielgruppen gerichtet, ist nicht hinreichend.[23]

Zu dieser Einschätzung kam auch Igor Bunin, der Präsident des Zentrums für Politische Technologien in Moskau. Er liefert eine plausible Interpretation des Verhaltens der beiden zu den Luftschlägen der NATO gegen Libyen. Seiner Ansicht nach versuchte Putin, „die Stärke der Position des Präsidenten auszutesten. Hätte Medwedew es [Putin] erlaubt, in seinen Zuständigkeitsbereich vorzudringen und ihm Anweisungen zu erteilen, hätte sich eine breitere Kampagne angeschlossen … Beide wären in die Offensive gegangen.' … Putin wollte testen, inwieweit der Präsident imstande war, seinen Autoritätsbereich zu verteidigen … Und

Medwedew ... reagierte äußerst scharf, wenngleich er keine Namen nannte. *Er reagierte wie ein Oberbefehlshaber.*"[24]

Diese Bestimmtheit stand im Gegensatz zu früheren innen- und außenpolitischen Richtungsentscheidungen, bei denen Medwedew Putin gegenüber nachgegeben hatte. Es mag eben jenes präsidiale Auftreten Medwedews gewesen sein, das erst zu Putins Entschlossenheit beitrug, erneut zu kandidieren. Eine wichtige Zwischenetappe war Putins Ankündigung im Mai 2011, er werde eine diffuse Dachorganisation namens *Allrussische Volksfront* gründen, die in nicht allzu ferner Zukunft[25] durchaus führende Parteien ablösen könnte, darunter auch *Einiges Russland,* die Putin unterstützte. Wenn Medwedew sich weiter wie ein Präsident verhalten hätte, wäre es durchaus im Bereich seiner Möglichkeiten gewesen, das Verfassungsrecht im vollen Umfang auszuschöpfen und den Ministerpräsidenten zu ersetzen. In verschiedenen Interviews[26] behauptete Gleb Pawlowski (der bis April 2011 Berater des Präsidenten gewesen war), Mitglieder aus Putins Team hätten „Putin mit dem Märchen [Angst eingejagt], Medwedew bereite seine Ablösung vor. Und Medwedew [mit dem Gerücht], Putin werde ... Regimente nach Moskau verlegen, falls das geschehen sollte."

Eine Schlappe für *Einiges Russland*

Regimente wurden selbstverständlich nicht verlegt, sondern Medwedew nominierte Putin als Präsidentschaftskandidaten unter dem Banner von *Einiges Russland* – eine Nominierung, die von der großen Mehrheit der Partei getragen wurde. Die Sache war nun abgekartet. Was ausgehend von den vorhergehenden Wahlen zum Standardthema geworden war, wiederholte sich, wenn auch vielleicht etwas schleppender. Dass die Möglichkeit, auf dem Stimmzettel „gegen alle Kandidaten" anzukreuzen, 2006 abgeschafft worden war, erleichterte es *Einiges Russland,* die Mehrheit zu erlangen. Parteien, die eine echte Opposition hätten darstellen können, wurden zudem aufgrund von Formfehlern ausgeschlossen. Wie in früheren Wahlen griff man auf administrative Ressourcen zurück, auf die eigene Medienmacht, das „Karussell" – ein Chauffieren ganzer Busladungen von Wahllokal zu Wahllokal –, die Mobilisierung von Militäreinheiten und von Menschen in Altersheimen sowie auf die Einschüchterung von Angestellten.[27]

Dieses Mal wich das gemeldete Ergebnis der Duma-Wahlen jedoch erheblich von den Ergebnissen früherer Parlaments- oder Präsidentschaftswahlen ab. Im Sommer 2011 war man allgemein überzeugt gewesen, *Einiges Russland* werde im Dezember dieselbe haushohe Mehrheit erringen wie 2007[28] und dies werde die Vorstufe für die Wiederwahl Putins als Präsident sein. So kam es jedoch keineswegs. Vielmehr berichtete die Zentrale Wahlkommission, *Einiges Russland* habe im Dezember 2011 keine einfache Mehrheit erlangt (49,3 Prozent) und sei meilenweit von einer Zweidrittelmehrheit und von den 64,3 Prozent entfernt, welche die Partei 2007 erhalten hatte.

Dabei hätte *Einiges Russland* von einer hohen Wahlbeteiligung profitieren können.[29] In einer Metastudie vergleicht Anatoli Karlin verschiedene Untersuchungen zum Wahlverhalten 2011 und verweist auf eine von dem Mathematiker Maxim Pschenitschnikow erstellte Kurve.[30] Karlin stellt fest: „[Vom] Punkt der 60 Prozent Wahlbeteiligung an ... tauchen gleichbleibende Scheitelpunkte zu ‚günstig gelegenen' Intervallen von 5 Prozent auf, als ob die Wahllokale mit einer Wahlbeteiligung von 70 Prozent, 75 Prozent, 80 Prozent, 90 Prozent und 100 Prozent nach Zielvorgaben arbeiteten!"[31] – und genau so war es mit großer Wahrscheinlichkeit auch. Karlin und der Mathematiker Sergej Kusnezow weisen darauf hin, dass einige dieser Peaks arithmetisch zu erklären sind. Sie betonen jedoch auch, dass „sich die endlastige Verteilung und einige der 5-Prozent-Intervalle ... *nicht* anhand der Zahlentheorie erklären lassen – z. B. 65 Prozent, 70 Prozent, 85 Prozent, 90 Prozent, 95 Prozent; dieses deute vielmehr „auf ein wahrscheinlich hohes Maß an Betrug hin".[32] Wie hoch das Ausmaß des Betrugs war, lässt sich schwer mit großer Sicherheit sagen. Auch wenn weitere Untersuchungen noch ausstehen, scheint Karlins Schätzung von 5–7 Prozent begründet. Er vergleicht verschiedenste analytische Ansätze und berücksichtigt die Umfragen zum Wahlausgang, von denen noch die besten suspekt waren, weil so viele Befragte eine Aussage ablehnten. Somit sind nach eingehender Prüfung sowohl die Behauptung der Zentralen Wahlkommission, es habe gar keinen Betrug gegeben, als auch die von Golos unterstützten Schätzungen, nach denen die Verzerrungen bei 15 Prozent liegen, hinfällig.

Der Rochade-Trick und das Auftauchen eines wichtigen Protagonisten, Alexej Nawalny, werden in journalistischen Beiträgen aus Russland häufig als ausschlaggebende Faktoren für das Ergebnis der Duma-Wahl im Dezember 2011 und die darauf folgenden Proteste betrachtet, die bis zur Präsidentschaftswahl am 4. März vor allem in Moskau anhielten.

Beide Faktoren verdienen hier besondere Beachtung, müssen jedoch in einem breiteren Kontext gesehen werden. Dieser umfasst den Wandel der Wirtschaft von 2007 bis Anfang 2012, die Neubewertung Putins in diesem Zeitraum, die allgemeine öffentliche Wahrnehmung von Korruption und illegalem Verhalten ohne strafrechtliche Konsequenzen seitens der Reichen und Mächtigen, die zwiespältige Rolle der Massenmedien und die sich wandelnde Rolle des Internets und seiner Begleitphänomene.

Sowohl der wirtschaftliche Wandel als auch die nachlassende Zufriedenheit mit der Arbeit Putins sind in angesehenen, nationalen Umfragen umfassend dokumentiert worden. Stichproben auf nationaler Ebene, die das Lewada-Zentrum regelmäßig ab Ende 2007 machte, dokumentieren, wie die allgemeine Unterstützung für die Führung vor und nach dem September 2011 kontinuierlich nachließ. Dies zeigte sich in den monatlichen Befragungen von 1.600 russischen Teilnehmern. Die Teilnehmer wurden gefragt, wie sie die aktuelle Situation Russlands charakterisierten: als „Wachstum und Entwicklung", als „Stabilisierung" oder als „reduziertes Wachstum und Stagnation". Tabelle 9.1 stellt die Antworten vom November 2007, November 2010 und Dezember 2011 nebeneinander.

Vor der Duma-Wahl im Dezember 2007 bewerteten etwas mehr als zwei Drittel (69 Prozent) der Befragten die Situation zum damaligen Zeitpunkt als stabil bzw. als Wachstums- und Entwicklungssituation. Nur einer von fünf Befragten (21 Prozent) bezeichnete sie als Situation reduzierten Wachstums bzw. der Stagnation. Unmittelbar nach der Duma-Wahl vom Dezember 2011 beschrieben etwas mehr als zwei Drittel (68 Prozent) der Befragten die Situation als stabil bzw. als Situation reduzierten Wachstums und der Stagnation. Weniger als einer von fünf (18 Prozent) bezeichnete die Verhältnisse als Wachstum und Entwick-

	11/2007 (%)	11/2010 (%)	12/2011 (%)
Wachstum und Entwicklung	38	24	18
Stabilisierung	31	29	32
Reduziertes Wachstum und Stagnation	21	32	36
Schwierig zu sagen	10	15	14

Tabelle 9.1[33]. Gesamteinschätzungen der Befragten zur Situation in Russland 2007, 2010 und 2011. (Anmerkung: N = 1600)

lung. Ähnlich war in den monatlichen Umfragen des Lewada-Zentrums ein stetiger und fast monotoner Rückgang von Oktober 2010 bis Januar 2012 erkennbar auf die Standardfrage: „Sind Sie mit der Arbeit Wladimir Putins in seiner Position als Ministerpräsident einverstanden?" Etwas mehr als drei Viertel (77 Prozent) gaben Putin im Oktober 2010 gute Noten. Im Februar 2011 waren seine Umfragewerte zwar noch immer hoch, doch auf 73 Prozent gefallen und fielen im Juni auf 69 Prozent. Diese Zahl ging im Oktober 2011 auf 66 Prozent zurück und lag im Januar 2012 bei 64 Prozent.[34]

Dass der Eindruck von Korruption selbst unter Menschen weit verbreitet war, die nur flüchtig bzw. aus dritter Hand von Nawalnys Versuchen wussten, Informationen über korruptes Verhalten zu verbreiten, ist ein Punkt, den Julia Latynina nachdrücklich hervorhebt.[35] Diese Menschen wussten, so Latynina, zwar häufig nichts von dem skandalösen Vorfall auf dem Lenin-Prospekt in Moskau. Dort waren zwei Ärztinnen im Alter von 36 bzw. 72 Jahren bei einem Zusammenstoß mit dem Wagen des Vizepräsidenten von „Lukoil", Anatoli Barkow, ums Leben gekommen. Barkow war trotz des Todes der beiden Frauen straffrei geblieben. Ebenso wenig hatten die Menschen von Putins Palast in Gelendschik gehört, der angeblich mit öffentlichen Geldern gebaut worden war. Vielfach hatten sie selbst oder eine nahestehende Person schon Erfahrungen mit ähnlichen Ungerechtigkeiten gemacht – hatten „einen Verwandten, der von einem Bürokraten überfahren worden war", ohne dass der Täter belangt worden wäre, oder „dem Eigentum weggenommen worden war und der nicht in der Lage war, sein Recht einzufordern".[36]

Angesichts der Plätze, die Russland auf den verschiedenen Indizes von Transparency International einnimmt, scheint dies nur plausibel. Wie das globale Korruptionsbarometer der Organisation zeigt, gab ein Viertel (26 Prozent) der befragten Russen an, 2010 ein Bestechungsgeld gezahlt zu haben. Auf die Frage, ob die Korruptionsbekämpfung der Regierung zwischen 2007–2010 zugenommen habe, gleichgeblieben oder gesunken sei, antworteten 53 Prozent, sie habe zugenommen, 39 Prozent, sie sei gleich geblieben, und 8 Prozent, sie sei gesunken. Trotz dieses Eindrucks bezeichnete nur einer von fünf Befragten (19 Prozent) die „Anstrengungen der Regierung zur Korruptionsbekämpfung" als effektiv. Von den restlichen Befragten sagten 28 Prozent, die Bemühungen seien weder effektiv noch ineffektiv, während 53 Prozent sie als ineffektiv bewerteten. Weltweit belegte Russland 2011 auf dem Korruptionswahrnehmungsindex Platz 143 von 183, wobei der Staat Platz 1 einnimmt, in dem am wenigsten Korruption wahrgenommen wird; im Hinblick auf die Unabhängigkeit der Justiz rangierte Russland 2011/12 auf dem 123. von 142 Plätzen.

Gleichwohl gab es unmittelbar nach der Ankündigung der Rochade und vor der Duma-Wahl kaum öffentliche Unmutsbekundungen, allerdings bemerkte Jawlinski, „die Zahl der Menschen, die [nach dem Parteitag von *Einiges Russland*] mit [ihm] und *Jabloko* zusammenarbeiteten [wollten], [habe] stark zu[genommen]".[37] Zum ersten, unüberhörbaren Protest kam es ausgerechnet bei einer Kampfsport-Veranstaltung im Moskauer Olympiastadion, wo Putin im November am Ende des Wettbewerbs in den Ring trat. Ganz im Gegensatz zu seinen früheren Erfahrungen mit dieser Art Publikum wurde er öffentlich ausgepfiffen.[38]

Typischer war in den zwei Monaten unmittelbar nach der Ankündigung des Rollentauschs am 24. September das Verhalten des bekannten Autors Boris Akunin, das die Unzufriedenheit und das Dilemma eines Literaten und wichtigen Vertreters der städtischen Mittelschicht Moskaus spiegelt, der sich vor der Duma-Wahl zurückhielt und damit wahrscheinlich für viele andere Moskauer stand. Anfangs schimpften Akunin und seine Frau, Erika Ernestowna, nur über die Ereignisse und taten so, als hätten sie keinerlei Mittel, ihre Meinung in Russland wirksam zum Ausdruck zu bringen. Akunin, seine Frau und, wie sich herausstellte, Tausende anderer, scheuten die Folgen, die ein erster Schritt nach sich ziehen konnte. Für den russischen Schriftsteller waren die Wochen nach der Ankündigung vom 24. September, wie Akunin sagt, „eine der deprimierendsten Phasen [meines] Lebens".[39]

Aus einem Gefühl der Ohnmacht heraus wollte Akunins Frau das Land verlassen.[40] „„Das war's", sagte sie. „Wir müssen hier raus. Ich will nicht den Rest meines Lebens im Land von Mister Dobby verbringen." Akunin, welcher der Wirksamkeit von Straßenprotesten skeptisch gegenüberstand, vertrat den Standpunkt: „Dies ist nicht sein [Putins] Land. Lass uns noch etwas abwarten." „Es wird einen Ausbruch sozialer Unruhen geben. Die Menschen sind ja keine Idioten, sie werden diesem Rollentausch nicht zustimmen."[41] Es gab tatsächlich so etwas wie einen Ausbruch sozialer Unruhen, und Akunin spielte bei den Massenprotesten im Anschluss an die Duma-Wahl eine maßgebliche Rolle.

An dieser Stelle kam die relative Medienvielfalt durch das Internet und seine Begleiterscheinungen – LiveJournal, Facebook, YouTube – ins Spiel und minderte das übliche Problem kollektiven Handelns, zu dem sich nicht-organisierte Bürger normalerweise in einem autoritären, die Medien beherrschenden System gezwungen sehen. In einem kompetitiv autoritären System war es zudem leichter, seinem Unmut Luft zu machen, als es im voll ausgeprägten autoritären System Russlands um 2008 gewesen war.[42] So hatte der Kreml zwar umgehend reagiert und das Auspfeifen Putins bei der Kampfsport-Veranstaltung aus den Fernsehberichten entfernt. Doch obwohl der Kreml dazu in der Lage war, das Auspfeifen aus Nachrichtensendungen zu löschen, diskutierten Internetnutzer weiterhin rege „den spontanen akustischen Angriff auf den Ministerpräsidenten".[43]

Selbst die Kontrolle des Fernsehens war nicht so absolut wie in den Jahren zuvor. Die Fernsehberichterstattung während der Duma-Wahl war weniger einseitig als in früheren Wahlzyklen, da unter anderem über die Protestkundgebungen berichtet wurde. Dies lag zum Teil auch daran, dass gewisse Elemente in den Medien sich an Medwedews Forderung nach Modernisierung orientiert hatten. So erklärte ein Fernsehfunktionär zu Recht, es habe „in den letzten rund 18 Monaten eine zunehmende Vielfalt im Fernsehen [gegeben], falls das jemandem noch nicht aufgefallen sein sollte".[44]

Henry Hale fiel das durchaus auf. Seinem Bericht zufolge plante der staatliche Sender *Rossija 1* nicht nur Debatten mit den verschiedenen Parteivorsitzenden (wie in früheren Wahlkämpfen verweigerten Putin und Medwedew die Teilnahme) zu vernünftigen Zeiten, zu denen „die Menschen sie auch sehen würden (um 22:50 Uhr unter der Woche zwischen beliebten Sendungen), sondern übertrug sie live ... und kündigte sie sogar als dramatische Ereignisse [an], die anzusehen sich lohn[e]".[45] Ähnlich vermittelten die Berichte über die Anti-Putin-Demonstrationen nach der Duma-Wahl etwas von den Ereignissen, auch wenn sie selektiv vorgingen.

So meldete die *Moscow Times:* „Seitdem es nach den Duma-Wahlen im Dezember zu ‚Massenprotesten' gekommen ist, haben die Fernsehsender die Menschen mit ihrer teilweise ungewöhnlich fairen Berichterstattung über die Demonstrationen überrascht."[46]

Zugleich wurden diejenigen unter Druck gesetzt, die nach der Auffassung einer Person „zu weit gegangen" waren. *Echo Moskwy* wurde zu Änderungen in der Zusammensetzung seines Verwaltungsrats gedrängt.[47] Die Talkshow *Gosdep* (kurz für Außenministerium) des ehemaligen Glamour-Girls Xenija Sobtschak,[48] die sich zu einer Fürsprecherin der Demokratie gemausert hatte, wurde abgesetzt, da sie Alexej Nawalny als Gast in eine der kommenden Sendungen eingeladen hatte; zur Begründung hieß es, ihr Publikum interessiere sich nicht für Politik.[49] Von Kontakten in entfernten östlichen Regionen Russlands erfuhr der langjährige Fernsehjournalist Wladimir Posner, dass sein Interviewmitschnitt mit Nawalny zensiert worden war, bevor er im Moskauer Programm erschien.

Aller Zensur zum Trotz trug der weit verbreitete Zugang zu elektronischen Medien dazu bei, Informationen über die Proteste nach der Duma-Wahl zu verbreiten und die Zahl derer zu erhöhen, nach deren Ansicht die Wahl weder frei noch fair gewesen war. Obwohl das Fernsehen nach wie vor die beherrschende Informationsquelle über die Wahlen und die Kundgebungen zwischen den zwei Wahlen des Zyklus 2011/12 war, boomte das Internet.[50] Von 2000 bis 2012 stieg die Zahl der täglichen Internetnutzer von 3,1 Millionen auf rund 52 bis 54 Millionen bzw. fast zwei Fünftel der russischen Bevölkerung an.[51] Insbesondere Menschen unter 35 nannten deutlich häufiger das Internet als wichtige Informationsquelle; sie empfanden es als wichtiger als Radio und Zeitungen, allerdings nicht so wichtig wie das Fernsehen. Das Internet, insbesondere Blogs und soziale Netzwerke, leistete einen maßgeblichen Beitrag zur Mobilisierung der Russen nach der Duma-Wahl. An den Demonstrationen am 10. und 24. Dezember und am 4. Februar (einen Monat vor der Präsidentschaftswahl) nahmen Tausende teil. Allerdings schwankte die geschätzte Teilnehmerzahl erheblich und bewegte sich für die Kundgebung vom 4. Februar von 36.000 Teilnehmern laut Polizeischätzung bis hin zu 120.000 nach Angaben der Organisatoren. Wenn wir als Richtwert nehmen, dass die „reelle" Teilnehmerzahl an Veranstaltungen dieser Art die Summe der beiden Schätzungen von Organisatoren- bzw. Polizeiseite geteilt durch zwei ist, dann sind die Zahlen von 50.000 bis 60.000, die das Online-Portal lenta.ru angibt, wahrscheinlich nicht so falsch.[52] In jedem Fall würde niemand bestreiten, dass zahlreiche Menschen bei eisigen Temperaturen (–19° C) auf die Straße gingen, und dies in erster Linie als Reaktion auf die ihrer

	2011 (%)	2007 (%)
Kommunistische Partei der Russischen Föderation	19,2	11,6
Liberal-Demokratische Partei	11,7	8,1
Gerechtes Russland	13,2	7,7
Jabloko	3,4	1,6
Einiges Russland	49,3	64,3

Tabelle 9.2[53]. Ergebnisse der Duma-Wahlen 2011 und 2007 im Vergleich (Angaben der Zentralen Wahlkommission)

Meinung nach weder freie noch faire Duma-Wahl und aus Frust über den Ämtertausch von Putin und Medwedew.

Was uns zu Alexej Nawalny bringt. Nawalny, der 2013 sogar für das Bürgermeisteramt in Moskau kandidieren sollte, hatte sich vor allem mit einer wirkungsvollen Strategie und einem griffigen Slogan einen Namen gemacht. Seine Strategie hatte erhebliche Auswirkungen auf die Ergebnisse der Duma-Wahl, und der Slogan legitimierte den Widerstand, ja sogar die Verachtung für die dominante Partei *Einiges Russland*. Die Strategie bestand schlicht und einfach darin, einen – um mit Gelman zu sprechen – „Negativkonsens"[54] zu erzielen, und hatte den großen Vorteil, an Nationalisten, Demokraten, Liberale und Linke zugleich zu appellieren, deren Parteien zu Recht in dem Ruf stehen, mit Personen einer anderen ideologischen Ausrichtung nicht sprechen geschweige denn zusammenzuarbeiten zu können oder zu wollen. Dieses Problem hatte Nawalny nicht. Er akzeptiere, wie er sagte, die Unterstützung von „Nationalisten, Liberalen, Linken, Grünen, Vegetariern, Marsmenschen".[55] Nawalny drängte die Menschen, für eine andere Partei als *Einiges Russland* zu wählen, auf jeden Fall aber zur Wahl zu gehen, anstatt zu Hause zu bleiben oder einen ungültigen Stimmzettel abzugeben. Dieses strategische Kalkül kam allen etablierten Parteien mit Ausnahme von *Einiges Russland* zugute (siehe Tabelle 9.2). Nach Angaben der Zentralen Wahlkommission erhielt die *Kommunistische Partei der Russischen Föderation* 2011 fast zweimal so viele Stimmen wie 2007 (19,2 Prozent gegenüber 11,6 Prozent). Schirinowskis *Liberal-Demokratische Partei* konnte einen leichten Anstieg (11,7 Prozent) im Vergleich zu ihren 8 Prozent 2007 verbuchen. *Gerechtes Russland* konnte seine Stimmen nahezu verdoppeln (von 7,7 Prozent 2007 auf 13,2 Prozent 2011), und auch *Jabloko* verdoppelte seinen Anteil von 1,6 Prozent 2007 auf 3,4 Prozent 2011. Wie bereits angemerkt, erhielt *Einiges Russland* nach Aussage der Zentralen Wahlkommission 49,3 Prozent der Stimmen im Jahr 2011 – ein deutlicher Rückgang im Vergleich zu den amtlichen 64,3 Prozent im Jahr 2007.

Der Slogan war sogar noch plakativer. *Einiges Russland*, so Nawalny, sei die „Partei der Gauner und Diebe" *(partija schulikow i worow)*. Egal, ob man direkt in einem Blog auf den Slogan stieß oder ihn aus zweiter oder dritter Hand hörte – sein Titel prägte sich vor allem deshalb ein, weil er der Erfahrung eines erheblichen Teils der russischen Bevölkerung entsprach. Um noch einmal Latynina zu zitieren: „Es gibt Dinge, die man Leuten aufschwatzen kann, und es gibt Dinge, die man Leuten nicht aufschwatzen kann ... Die Menschen werden es nie glauben, wenn man ihnen erzählt, in Russland würden neue Straßen gebaut, hochrangige Beamte würden mit ihren Limousinen keine Menschen überfahren und die Polizei sei damit beschäftigt, Verbrecher zu fangen."[56] Sowohl Befragungsdaten als auch anekdotische Evidenz belegen, wie sehr sich der neue Name für die Partei verbreitete und warum Putin sich still und heimlich von *Einiges Russland* distanzierte. Lev Gubkow und seine Gruppe vom Lewada-Zentrum berichteten von nationalen Erhebungen im April bzw. Juni 2011, dass 31 bzw. 33 Prozent auf die Frage „Stimmen Sie der Aussage zu oder nicht zu, dass ‚Einiges Russland' die Partei der Gauner und Diebe ist?" mit „ja" geantwortet hätten. Die Anzahl zustimmender Antworten kletterte im November 2011 auf 36 Prozent. Im Januar 2012 hatte sie 41 Prozent erreicht, war im April desselben Jahres jedoch auf 38 Prozent zurückgefallen. Der Anteil derjenigen, die zu einer negativen Antwort tendierten, verringerte sich nach und nach von 45 Prozent im April 2011 auf 43 Prozent im Januar und stieg dann im April 2012 auf 48 Prozent. Im August 2012 überwogen die Stimmen derjenigen, die der Aussage zustimmten, nur noch leicht mit 45 gegenüber 42 Prozent. Ein Jahr darauf, im August 2013, belief sich die Zahl der Zustimmungen auf 44 und die der Ablehnungen auf 35 Prozent (siehe Tabelle 9.3).

Nawalnys Slogan hatte den Namen von *Einiges Russland* als Marke tatsächlich landesweit beschädigt. Hale weist darauf hin, dass Wladimir Schirinowski in einer der Debatten auf dem staatlichen Kanal *Rossija 1* vor der Duma-Wahl einen Sprecher von *Einiges Russland*, Alexander Chinschtein, erfolgreich zu der Bemerkung verleitete, es sei „besser, eine

	April 2011 (%)	Juni 2011 (%)	November 2011 (%)	Januar 2012 (%)	April 2012 (%)	August 2013 (%)
Stimme voll zu oder tendiere zu Zustimmung	31	33	36	41	38	44
Stimme keinesfalls zu oder tendiere zu Ablehnung	45	47	45	43	48	35
Schwer zu sagen	23	19	20	15	15	11

Tabelle 9.3[57]. Antworten auf die Frage. „Stimmen Sie der Aussage zu oder nicht zu, dass *Einiges Russland* die Partei der Gauner und Diebe ist?" (Anmerkung: N = 1,601)

Partei der Gauner und Diebe zu sein als eine Partei der Mörder, Räuber und Vergewaltiger".[58] Diese Bemerkung wurde von den Gegnern von *Einiges Russland* prompt zu Behauptungen verzerrt, „*Einiges Russland* habe selbst *zugegeben*, es sei eine Partei der Gauner und Diebe".[59] In einem bemerkenswerten Wahlwerbespot vor der Duma-Wahl geschah dies tatsächlich. Ein gewisser Robert Schlegel erklärte nämlich: „Russen sollten für die Partei der Diebe und Gauner stimmen ... Egal, wie sie uns nennen, wir lieben unser Land und arbeiten zusammen für sein Wohl. Wählt *Einiges Russland*."[60] Ähnlich wurde in Nowosibirsk der Ortsverband von *Gerechtes Russland* angeklagt, *Einiges Russland* verunglimpft zu haben, da die Partei eine Buswerbung geschaltet habe, in der Bürger dazu aufgerufen wurden, für ein Russland ohne Gauner und Diebe zu stimmen. Auch wenn *Einiges Russland* nicht explizit genannt wurde, ging die Polizei offenbar davon aus, dass quasi jeder in Nowosibirsk *Einiges Russland* mit der Partei der Gauner und Diebe in Verbindung brachte.[61]

Der Widerstand beschränkte sich nicht auf eine Strategie, um die Gegenstimmen für *Einiges Russland* zu maximieren, und auf einen Slogan, der in den allgemeinen Sprachgebrauch der gesamten Russischen Föderation einging. Im Großen und Ganzen lautete die zentrale Forderung der Kundgebungen im Anschluss an die Duma-Wahl, die Präsidentschaftswahl müsse frei und fair sein. Das Verhältnis der etablierten Parteien zu diesen Kundgebungen war zwiespältig. Sjuganow zum Beispiel war überzeugt, die Anführer folgten dem Beispiel des ehemaligen ukrainischen Präsidenten Wiktor Juschtschenko während der Orangenen Revolution und des damaligen georgischen Präsidenten Micheil Saakaschwili während der Rosenrevolution.[62] Den Demonstranten schwebte im Wesentlichen ein Schumpeter'sches Demokratiekonzept mit nahezu allgemeinem Wahlrecht vor, wobei Kandidaten des gesamten politischen Spektrums zur Wahl stünden. Auch Putin hatte natürlich eine Art Wahlverfahren angekündigt, das ihn und Medwedew ins Amt befördern sollte, der Auswahlprozess war jedoch ein stark beschränkter, waren doch alle anderen potenziell gefährlichen Bewerber wie Grigori Jawlinski, Boris Nemzow und Michail Kassjanow aus fadenscheinigen Gründen gar nicht erst zur Wahl zugelassen worden.

Nawalnys öffentliche Äußerungen auf Kundgebungen und in Interviews nach der Duma-Wahl am 4. Dezember waren unmissverständlich. Ziel war für ihn „die Umgestaltung Russlands in einen normalen demokratischen Staat, in dem Macht immer durch ehrliche demokratische Wahlen erzielt [werde]", wie er einem BBC-Reporter erklärte. Dies sei ein Ziel, das „einen unbestimmten Prozess und einen langen Atem" verlange. „Wladimir Putin", so Nawalny, „wird dieses Datum natürlich so lange wie möglich hinauszögern."[63] Seiner Meinung nach werde „sich das Regime aufgrund einer Wahl nicht ändern".[64] Auch sollte sich der Umgestaltungsprozess seiner Vorstellung nach nicht an den Farbrevolutionen orientieren, deren Inbegriff die Ereignisse in der Ukraine nach den Wahlen 2004 waren. Den Regimewechsel stellte er sich vielmehr analog zu den Samtenen Revolutionen in Osteuropa 1989 vor. Dies werde seiner Ansicht nach irgendwann in so etwas wie Verhandlungen am Runden Tisch gipfeln. Dieses Ziel setze die Bemühungen eines Ejektorats voraus, das verschiedenste Taktiken „unterschiedlicher Intensität [verwende]: von Verhandlungen bis zu Straßenprotesten mit Tausenden von Teilnehmern und Scharen von Menschen, die Beamte aus dem Büro werfen und sie dann erhängen".[65] „Wir sind friedliche Menschen, und wir tun das noch nicht. Doch wenn diese Gauner und Diebe uns weiter betrügen, werden wir uns nehmen, was uns zusteht", erklärte er auf der Kundgebung am 24. Dezember 2011.[66]

Vom Widerstand zur Wiederwahl

Nach der Kundgebung am 4. Februar, die absichtlich auf den Tag genau einen Monat vor der Präsidentschaftswahl angesetzt war, gingen die Demonstrationen zurück. Der Kreml tat so, als habe er begriffen, dass er die Duma-Wahl zu beiläufig behandelt hatte – ein Fehler, der im Vorfeld der Präsidentschaftswahl nicht noch einmal gemacht wurde. Unmittelbar im Anschluss an die Kundgebungen verhielt er sich außerdem so, als sei er tatsächlich alarmiert. Als Zugeständnis an die Protestler schlug

Medwedew die Wiedereinführung der Gouverneurswahl und eine Lockerung der Vorschriften zur Registrierung von Parteien vor. Wie unter solchen Umständen üblich, wurde natürlich bestritten, dass die politischen Neuerungen in irgendeiner Form eine Reaktion auf die Proteste seien. Und wie in anderen Fällen in der Ära Putin hatten die Änderungsvorschläge zwar einen demokratischen Anstrich, doch steckte der Teufel im Detail. In diesem Fall hatte er bei Gesetzesnovellen seine Hand im Spiel, die nach Putins Wiederwahl verabschiedet wurden.

Sowohl das Gesetz, welches die Direktwahl der Gouverneure wieder einführte, als auch jenes, das die Vorschriften zur Parteiengründung lockerte, wurden in erheblich modifizierter Form verabschiedet, sodass sie, wie Zyniker interpretierten, ohne Weiteres vom Establishment zu manipulieren waren. Mit dem Vorschlag zur Wiederherstellung der Gouverneurswahl bewies Medwedew dennoch größeren Weitblick als im September 2009, als er noch erklärte hatte, er könne sich keine „Umstände [vorstellen], unter denen wir die Entscheidung [zur Abschaffung der Gouverneurswahl] rückgängig machen werden, weder heute noch in hundert Jahren".[67] Das Gesetz, das die Duma schließlich verabschiedete, sah nicht nur Konsultationen des Präsidenten, den sogenannten „Präsidentenfilter", sondern auch einen „Kommunalfilter" vor, der verlangte, dass die Nominierten die Unterstützung von fünf bis zehn Prozent der Abgeordneten der Kommunalparlamente in ihrer Region bekamen.[68] Dies, so die Absicht der Duma-Mehrheit, sollte Nominierten, die nicht Mitglied von *Einiges Russland* waren, eine Kandidatur für die Gouverneurswahl erschweren. Wie hoch diese Hürde war, deutet die pseudobiblische Äußerung des kommunistischen Duma-Abgeordneten Anatoli Lokot an, der behauptete: „Eher geht ein Kamel durch ein Nadelöhr, als dass ein Oppositionskandidat Gouverneur wird."[69]

Die andere wichtige Neuerung betraf die Registrierung von Parteien. Grigori Golossow weist darauf hin, dass die Lockerung der diesbezüglichen Vorschriften – die offensichtlichste Änderung bestand in der Senkung der nachzuweisenden Mitglieder von 40.000 auf 500 – leicht von der regierenden Partei missbraucht werden konnte; die größte Gefahr bestand darin, dass Pro-Regime-Parteien gegründet werden konnten, deren Hauptzweck es war, Stimmen von anderen, seriöseren Herausforderern abzuziehen. Auch wenn er diese und andere Vorbehalte anmeldet, kommt Golossow dennoch zu dem Schluss, dass die „Vereinfachung des Registrierungsprozesses ... ein wichtiger Sieg für die Demokratie-Bewegung in Russland ist ... [wenn sie] der Regierung einmal mehr ihre Regeln auferlegen [kann, wie sie es im Winter 2011–12 tat, und sich nicht nur] ... brav der Parteilinie unterordnet".[70]

Die Wahl im März 2012

Trotz der Zugeständnisse im Anschluss an die Kundgebungen waren der Wahlkampf und die Präsidentschaftswahl in vielerlei Hinsicht enttäuschend. Der Wahlkampf war begleitet von einer gezielten Kampagne des Status quo, von Stabilität und Nationalismus, die Ängste vor einer Orangenen Revolution schürte,[71] von Vorwürfen, die Protestler seien von den USA bezahlt und orchestriert worden, sowie von grotesken Andeutungen Putins, die Opposition suche „unter einigen ihrer prominenten Figuren nach einem Opfertier. Sie werden einen, verzeihen Sie den Ausdruck, umlegen, und dann sagen, die Regierung sei schuld daran."[72] Derlei Anschuldigungen gingen einher mit dem Einsatz administrativer Ressourcen von der Art, wie sie bereits in den vorangegangenen Wahlen der Dekade von 2001 bis 2010 zur Anwendung gekommen waren.

Darüber hinaus wurden keine Mühen gescheut, um große Gegendemonstrationen zu mobilisieren und so die Wirkung der Kundgebungen von Putins Gegnern aufzufangen. Frühere Aktionen – insbesondere die Beseitigung des Wahlkästchens „gegen alle" und der Ausschluss von Wahlkandidaten, die das Gesamtergebnis der Opposition möglicherweise positiv beeinflusst hätten – waren weiterhin wirksam.

Trotz all dieser Bemühungen war die Präsidentschaftswahl 2012 eine Wahl mit einem erheblichen Elektorat – als erst einmal klar wurde, dass die Öffentlichkeit sich nicht wie 2008 fügen und Putins Entscheidung, sich erneut zur Wahl zu stellen, hinnehmen würde. Bei einer breiten Koalition, die sich überproportional aus Rentnern, dem Militär und der Arbeiterklasse zusammensetzte, fand Putin Zustimmung. Die Präsidentschaftswahl 2012 war nicht bloß ein „wahlähnliches Ereignis" trotz der massiven Anstrengungen des Regimes, den für eine kompetitive Wahl charakteristischen ungewissen Ausgang zu beseitigen. Bis relativ spät im Wahlprozess musste Putin um eine Mehrheit in der ersten Runde bangen. Auf der Basis verschiedener Umfrageergebnisse des Lewada-Zentrums, der Public Opinion Foundation (POF) und des Meinungsforschungsinstituts WZIOM vom Dezember 2011 und Januar 2012 prognostizierte Gordon Hahn,[73] Putin werde vermutlich keine 50

Prozent in der ersten Runde erreichen. Einen Monat vor der Wahl am 4. März räumte Putin diese Möglichkeit ein. „Eine Stichwahl ist nichts Schlimmes",[74] erklärte er, auch wenn sie zu „einer gewissen Destabilisierung, einer Fortsetzung des politischen Kampfes" führen könne.[75] Trotz dieser gespielten Zuversicht erkannte Putin damit die Ungewissheit an, die Levitsky und Way[76] mit kompetitivem Autoritarismus verbinden, und gestand implizit ein, dass das politische System an der Schwelle zwischen vollem Autoritarismus[77] und kompetitivem Autoritarismus stand. Der Kreml war nicht nur entschlossen, die Präsidentschaftswahl zu gewinnen, sondern wollte auch einen fundamentalen Systemwechsel zum kompetitiven Autoritarismus verhindern. Entsprechend wurden alle Anstrengungen unternommen, um in der ersten Runde eine Mehrheit zu erzielen, statt sich mit der Gewissheit im Hinblick auf die zweite Runde zufriedenzugeben. Dies bedeutete, dass niemandem außer den stubenreinen, system-internen Kandidaten unter irgendwelchen Um-

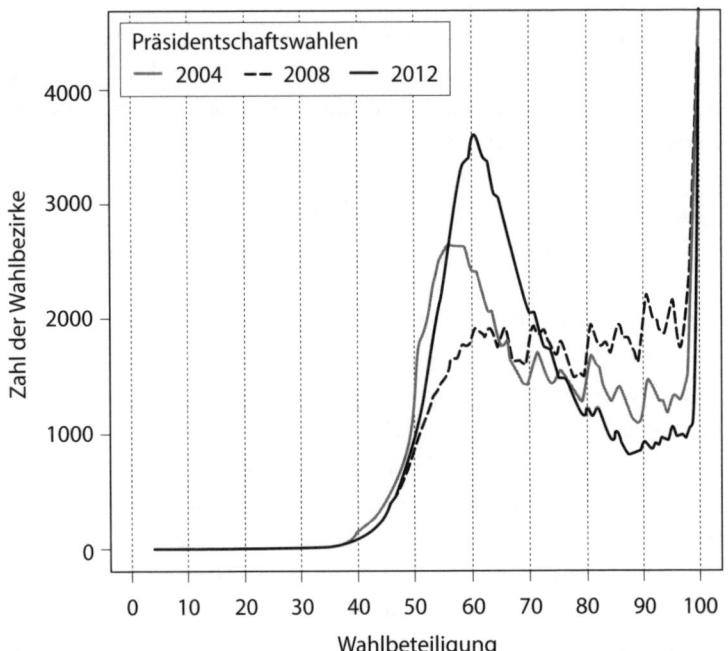

Abb. 9.1. Wahlbeteiligung an den Präsidentschaftswahlen 2004, 2008 und 2012. Die Grafik stammt von meinem Mitarbeiter Kirill Kalinin.

ständen gestattet werden durfte, nach dem Präsidentenamt zu trachten, und dass ihnen der massive Einsatz von Geld, Medienpräsenz und Mobilisierung verwehrt werden musste.

Die Strategie ging auf. Mitte Februar war die Stimmung derart umgeschlagen, dass WZIOM Putin einen komfortablen Sieg mit 59 Prozent der Stimmen voraussagte.[78] Putins ehemaliger Stabschef Alexander Woloschin erinnerte an Levitsky und Way, als er Ende Februar twitterte: „die Nachricht [dass Putin 59 Prozent der Stimmen holen wird] ... würde viele ruhiger schlafen lassen".[79] Die WZIOM-Prognose lag nur knapp daneben. Nach Angaben der Zentralen Wahlkommission erhielt Putin 63,6 Prozent (oder 45,6 Millionen gültige Stimmen) – deutlich mehr als 2000, aber erheblich weniger als 2004.

Ironischerweise war der Präsidentschaftswahl 2012 nicht so sehr Betrug vorzuwerfen wie der Duma-Wahl im Dezember 2011. Zwar meldeten auch 2012 verschiedene Republiken eine Wahlbeteiligung sowjetischen Stils um die 100 Prozent, doch davon abgesehen fällt der Unterschied zwischen der amtlichen Wahlbeteiligung an der Präsidentschaftswahl 2012 und denen von 2004 und 2008 auf (vgl. Abb. 9.1). Die Präsidentschaftswahl 2012 wurde eindeutig weniger verfälscht. Dass die Wahl weniger manipuliert wurde, war in hohem Maße eine Reaktion des Kreml auf die Massenkundgebungen nach der Dezember-Wahl. In den allermeisten (angeblich 90.000 von insgesamt 94.000) Wahllokalen der Bezirke waren Webcams installiert worden, um die Stimmabgabe per Video zu überwachen. Putin erlaubte der *Liga der Wähler*, freiwillige Wahlbeobachter in die Bezirkswahllokale zu entsenden. Zusätzlich dienten Tausende Vertreter systeminterner Parteien (darunter auch *Jabloko*) als Wahlbeobachter. In Moskau fielen, anders als in St. Petersburg, die Wahlmanipulationen deutlich geringer aus als im Dezember 2011 (als der Wahlbetrug erheblich war). Im Ergebnis seiner Metastudie beziffert Anatoli Karlin die Wahlfälschung zugunsten von Putin in der gesamten Föderation auf etwa 3 bis 4 Prozent, was erneut rund die Hälfte weniger ist als die Verzerrungen, die *Einiges Russland* bei der Duma-Wahl im Dezember 2011 zugutekamen; es ist zudem offenkundig weniger als die Differenz zwischen der erforderlichen Mehrheit und den von der Zentralen Wahlkommission gemeldeten 63 Prozent.[80]

Gleichwohl war Russland noch immer weit davon entfernt, verdientermaßen als demokratisch im Schumpeter'schen Sinne bezeichnet zu werden. Seine größten Defizite in dieser Hinsicht waren die überwältigende, wenn auch nicht ausschließliche Präsenz des Regimes in den wichtigsten Medien sowie der Ausschluss von potenziellen Herausforderern, deren Name auf dem Stimmzettel einen Sieg Putins in der ersten Runde womöglich hätte verhindern können. Die zugelassenen Gegner waren von der alten Garde (Sjuganow, Schirinowski) oder Menschen, deren Unabhängigkeit von Putin (Sergej Mironow, Michail Prochorow) zumindest zu Beginn des Präsidentschaftsrennens fragwürdig war. Die zugelassene Opposition sah nicht viel besser aus als zu der Zeit, da Medwedew 2008 gegen eine Troika (Sjuganow, Schirinowski und Andrej Bogdanow) gewonnen hatte, die man leicht als Zählkandidaten abtun konnte.[81]

Im Sommer 2011 wäre ein Fazit in Bezug auf die Demokratieaussichten Russlands wahrscheinlich uneingeschränkt pessimistisch ausgefallen, was zumindest die politische Zukunft anging. Man hätte leicht zu dem Schluss gelangen können, dass es angesichts fast eines Jahrhunderts russischer Politik von 1917 bis 2012 nur zwei echte Optionen für die russische Politik im ersten Viertel des 21. Jahrhunderts gab. Entweder hätte Medwedew 2012 wiedergewählt werden können mit Putin als Königsmacher – eine Option, die jedoch im September 2011 ausgeschlossen wurde –, oder Putin würde bis 2024 Präsident bleiben.[82]

Die außergewöhnlichen Ereignisse vom Dezember 2011 bis Juni 2012 erfordern jedoch ein Umdenken im Hinblick auf langfristige mögliche Optionen für Russland aus vergleichender Perspektive. Solche Vergleiche müssen zeitübergreifend sein und erfordern daher teilweise erneut eine Betrachtung der russischen Politik seit der Oktoberrevolution. Verschiedene führende russische Persönlichkeiten haben öffentlich Stellung bezogen und die Entwicklung Russlands hin zu einem „normalen" Land gewürdigt, wobei sie mit „normal" „westlich" meinen. Sie alle haben allerdings eigene Interessen in den Vordergrund gestellt und somit dieses übergeordnete Ziel in die Zukunft verschoben. Die wichtigste Entwicklung jedoch war die Entstehung einer strategisch denkenden urbanen Öffentlichkeit, die sich Gehör zu verschaffen verstand, vor allem in Moskau, aber auch in anderen Städten. In klassischer postmoderner Manier[83] hat sie ein Maß an materieller Zufriedenheit erreicht, das in etwa dem von vergleichbaren Westeuropäern und Nordamerikanern entspricht, und hat sich zu typisch postmateriellen Werten bekannt. Sie fordert für sich u. a. eine tragende Rolle bei fairen Wahlen von politischen Führern ein, wie sie ihre Pendants in Westeuropa und Nordamerika spielen.

Im nächsten Kapitel lehne ich mich mal aus dem Fenster und wage eine Vorhersage, wie sich diese Dynamik zwischen gesellschaftlichen Veränderungen und politischer Führung auf die politische Ordnung Russlands um 2020 auswirken wird.

10. Vergangenheit und Zukunft des russischen Autoritarismus

Ich habe dieses Buch mit einer Art Entschuldigung begonnen, da ich der Untersuchung, inwieweit Russland im länderübergreifenden Vergleich als „normales" demokratisches Gemeinwesen zu bezeichnen ist, im gesamten Buch letztlich nur wenig Aufmerksamkeit geschenkt habe; stattdessen habe ich mich auf den Charakter der verschiedenen politischen Systeme Russlands von 1917 bis zur Wiederwahl Putins im März 2012 und ihre unmittelbaren Auswirkungen konzentriert. Es scheint jedoch, dass die Eigenschaften, die führende russische Politiker und Studierende russischer Politik im Sinn haben, wenn sie feststellen, Russland sei „normal" oder eben „nicht normal", nützliche Aufhänger sind, an denen sich die Entwicklung der politischen Systeme Russlands im Laufe der Zeit festmachen lässt.

Lenins Denken in den ersten Tagen der Sowjetmacht wurde zu einem großen Teil von Überlegungen bestimmt, was die Sowjetideologie von anderen unterscheiden würde; weniger beschäftigte ihn die Möglichkeit, sich sozialdemokratischen Ideen des Westens anzunähern. Zu diesem Zweck formulierte er weit vor der Oktoberrevolution eine Strategie zur Machtübernahme, die im Kern ein Plädoyer für eine kleine, geschlossene und eng vernetzte Partei neuen Typs war. Als die Bolschewiki mit Lenin an der Spitze das Zarenregime stürzten, zogen sie sich bald – wenn auch nicht ohne Kontroversen – aus dem Ersten Weltkrieg zurück und entwickelten Institutionen, die ihnen den Machterhalt sicherten. Dies bedeutete anfangs eine kleine Oligarchie von Entscheidungsträgern. Innerhalb dieser Oligarchie hielten sich die Bolschewiki peinlich genau an Entscheidungsverfahren, während sie sich erfolgreich aus dem Krieg zurückzogen. Innerhalb weniger Jahre stellten sie eine Armee europäischen Stils auf die Beine, eine zivile Arbeiterfront mit hierarchischen Strukturen, die an das Militär erinnerten, und Regierungsinstitutionen, die sich an Lenins Strategie zur Machtübernahme orientierten und eine bewusste Absage an die Organisationsstrukturen der sozialistischen Parteien in Europa waren. Dabei sank die Zahl der Personen, die man als Elektorat betrachten könnte, vor allem, wenn man die Wahl der Konstituierenden Versammlung (unangemessenerweise) als ursprünglichen Bezugsrahmen wählt. Diese Wahl fand zwar nach der Machtergreifung der Bolschewiki statt, doch initiiert hatten die Bolschewiki sie nicht. Im Gegenteil hatten sie die Konstituierende Versammlung fast umgehend aufgelöst. Doch selbst gemessen am Maßstab der ersten Tage der Sowjetmacht schrumpfte die Größe des Elektorats rapide. Diejenigen, die von der Sowjetmacht als klare Repräsentanten des alten Regimes definiert wurden, wurden mit der Verfassung von 1918 entrechtet. Dasselbe Dokument änderte auch den Status der Bauern.

Innerhalb kurzer Zeit wurden selbst die Arbeiter von mündigen Bürgern zu bloßen „Bewohnern".[1] Die Gewerkschaften verloren ihre Unabhängigkeit und die Arbeiter das Streikrecht. Sie wurden beinahe genauso für das Regime zwangsmobilisiert wie die Armee und vom Sowjetkongress faktisch ausgeschlossen, der Ende 1919 zu 97 Prozent aus Bolschewiki bestand. 1922 definierte sich die Wahlberechtigung nicht mehr über den Status als Arbeiter oder als Werktätiger, sondern über die Mitgliedschaft in der Partei. Darüber hinaus verhinderten die Resolutionen, die auf dem IX. Parteitag (März bis April 1920) verabschiedet wurden und die das Regime zur Umsetzung der Einmannleitung in den Betrieben verpflichteten, in erheblichem Maße, dass gewöhnliche Arbeiter auf betrieblicher Ebene – ganz zu schweigen von der nationalen Ebene – das Elektorat bilden konnten. Diese Tendenz machte sich im Winter 1920/21 nur noch deutlicher bemerkbar, als es angesichts der Beziehung der Gewerkschaften zum Staat und zur Partei zu einer wichtigen Debatte innerhalb der kommunistischen Führung kam. Nicht zur Debatte stand unter den ZK-Mitgliedern (einschließlich der Demokratischen Zentralisten) jedoch die Frage, ob die Kommunisten in den Gewerkschaften von ihren Mitgliedern gewählt oder von den zentralen Parteiorganen ernannt werden sollten – ob das Regierungsprinzip in einem proletarischen Staat also die Diktatur des Proletariats oder die Parteidiktatur über das Proletariat sein sollte. Die ZK-Mitglieder sprachen sich für Letzteres aus.

Ergebnis der Debatte um die Gewerkschaften war, dass die Bolschewiki ihren Anspruch auf Ernennung der Gewerkschaftsführer faktisch geltend machten und damit gleichermaßen die Arbeiter – Kommunisten wie Nicht-Kommunisten – entrechteten. Die Zentralisierung von

Entscheidungsprozessen setzte sich im Laufe der 1920er-Jahre fort. Der Parteiapparat wuchs rasant. Mit der Zunahme der „Organe" und mit dem Verfahren, Personen strategisch für bestimmte Funktionen zu ernennen und zu versetzen, verkleinerte sich das Elektorat erheblich. Was Roeder als reziproke Rechenschaftspflicht bezeichnet und Daniels als zirkulären Machtfluss beschrieben hat, wurde zum üblichen Verfahren, das es dem Sekretariat und dem Politbüro immer leichter machte, Mitglieder in den Institutionen (anfangs dem Parteitag, dann dem Zentralkomitee) zu kontrollieren, die theoretisch damit betraut waren, die Zentralorgane einzusetzen.

Zugleich strebte das Regime eine (temporäre) Einigung mit den Bauern an. Die Neue Ökonomische Politik (NÖP) war ein solches Arrangement. Sie unterschied sich radikal von dem ihr vorausgehenden Kriegskommunismus und erst recht von der sich anschließenden Kollektivierung und den Fünfjahresplänen. Der Kriegskommunismus war ein Versuch, die Bevölkerung auf eine Weise einzuspannen, die unseren Vorstellungen von einem totalitär mobilisierenden Regime entspricht, während die NÖP im Hinblick auf die Beziehungen zwischen Regime und Gesellschaft eher einem traditionellen (für Levitsky und Way „voll") autoritären Regime entsprach. Anstelle von Zwangsbeschlagnahmungen durfte der Markt funktionieren, was für die erfolgreicheren Bauern ein Anreiz war, mehr Getreide anzubauen. Die NÖP ging auch mit der Entstaatlichung aller Wirtschaftsbereiche außer den Kommandohöhen der Wirtschaft einher (was die Konsumneigung der Bauern verstärkte, da es nun Dinge gab, die sie kaufen konnten) und brachte eine Stabilisierung der Währung mit sich. Diese Stabilisierung verlieh der Währung Bedeutung und ließ sie zum Tauschmittel werden, was zur Zeit der Hyperinflation des Kriegskommunismus nicht der Fall gewesen war.

Die Kollektivierung stand in scharfem Gegensatz zur NÖP. Zusammen mit der Kulturrevolution und dem Großen Umbruch in den Städten bedeutete sie eine Mischung aus Repression und Mobilisierung (Kapitel 2), deren Ziel eine radikale Umgestaltung sowohl der Dörfer als auch der Städte war. Aus der Veröffentlichung zahlreicher Archivdokumente in den letzten Jahren wissen wir, dass das Ergebnis ein Bürgerkrieg war. Die Bauern leisteten nicht nur weithin passiven, sondern auch aktiven Widerstand. Einem Bericht der Geheimpolizei[2] zufolge nahmen 1930 rund 2,5 Millionen Menschen an Unruhen teil, im selben Jahr wurden fast 1.200 Beamte und andere Befürworter der Kollektivierung ermordet. Dennoch war die Zahl derer, die für die Transformationsziele des Regimes eingespannt wurden, enorm. Sie wurden in Lagern interniert, als Zwangsarbeiter für infrastrukturelle Baumaßnahmen wie den Weißmeer-Ostsee-Kanal eingesetzt und in entlegene Regionen im äußersten Nordosten des Landes verbannt.

Der Anstoß zur Umgestaltung hatte auch die Städte ergriffen. In vielen Bereichen wurden Aufrufe nach einer Erneuerung der bürgerlichen (herkömmlichen) Wissenschaft durch eine sozialistisch-proletarische laut. Auf manchen Gebieten standen die Schwerpunkte von Forschern und Wissenschaftlern im Einklang mit Stalins Anstößen zur Umgestaltung. Ein besonders bemerkenswertes Beispiel waren Trofim Lyssenkos pseudowissenschaftliche Vorschläge zur Umgestaltung der Landwirtschaft, eine Scharlatanerie, die gut zu Stalins und später Chruschtschows transformativen Zielen passte. Auf anderen Gebieten wie dem Recht und der Bildung gab die Kulturrevolution Anlass zu radikalen Umgestaltungsvorschlägen, die eigentlich Stalins Modernisierungsbestrebungen zuwiderliefen. Dazu zählte u. a. die große Bedeutung des Staates im Bildungswesen, die Bedeutung von Institutionen wie konventionellen Schulen und von historischen Narrativen, in denen Staatsgründer wie Peter der Große eine wichtige und positive Rolle spielten.

Mit diesen Entwicklungen einhergehend verwischten sich in den 1930er-Jahren die Grenzen zwischen Regime und Gesellschaft. Unter der Terrorherrschaft – die schlimmste Zeit waren die Jahre 1937 und 1938 – gerieten alle unter Verdacht. Damals war es so gut wie unmöglich, die Folgen der eigenen Handlungen abzuschätzen. Bestimmte Gruppen von Menschen fielen systematisch den „Säuberungen" zum Opfer – Altbolschewiki, Geistliche, Angehörige einer an den Grenzen der Sowjetunion angesiedelten ethnischen Gruppe, Menschen, die ins Ausland gereist waren oder anderweitige Kontakte zu Ausländern hatten. Im Allgemeinen waren die „Säuberungen" jedoch stochastisch: Obwohl man offenkundig aufgrund von Untererfüllung oder bloßer Einhaltung des Plans ins Visier geraten konnte, konnte man genauso gut wegen Übererfüllung des Plans dem Terror zum Opfer fallen, da Stalin behauptete, Saboteure verkleideten sich, indem sie den Plan übererfüllten. Um mit Ilja Ehrenburg zu sprechen: „Das Schicksal eines Menschen gleicht nicht einer Schachpartie, sondern einem Lotteriespiel."[3]

Das galt sowohl für die breite Bevölkerung als auch für die Führung. Die politische Arena verengte sich in den gesamten 1930er-Jahren. Zu Beginn des Jahrzehnts konnten Mitglieder des Politbüros noch konspirieren, um Stalin dazu zu verleiten, sich in der Rolle des Staatsoberhaupts zu verlieren, wie Lenin es getan hatte. Dahinter stand, so Khlevniuk, die Absicht, den Generalsekretär mit Kleinigkeiten des politischen Tagesgeschäft zu überhäufen und damit das Politbüro als Institution zu stärken. Zwar blieb diese Konspiration erfolglos, hatte jedoch auch keine negativen Folgen für die Beteiligten.

Am Ende des Jahrzehnts war das Politbüro kein Elektorat mehr, obwohl es zu diesem Zeitpunkt ausschließlich aus Mitgliedern bestand, die von Stalin ernannt worden waren. Mitte der 1930er-Jahre entzog Stalin dem Politbüro systematisch die Funktionen, die ursprünglich zu seiner Gründung geführt hatten, als Kontrollinstanz gegenüber größeren Fraktionen oder älteren Parteifunktionären. Stattdessen wurden kleinere „Kommissionen" des Politbüros – „Fünfergruppen", „Sechsergruppen" – zur maßgeblichen Entscheidungsinstanz, wenn Stalin nicht eigenmächtig handelte, wie es zunehmend der Fall war. Mitglieder des Zentralkomitees und sogar des Politbüros konnten – ohne auch nur eine pro-forma-Anhörung durch die Partei – verhaftet und erschossen werden. Alle außer Stalin und seinen engsten Mitarbeitern waren zu entrechteten Einwohnern geworden.

Der Große Terror erreichte in den Jahren 1937 und 1938 seinen Höhepunkt. Anfang 1938 begann Stalin, die von ihm entfesselten Entwicklungen wieder zu drosseln. Das NKWD, so hieß es, sei schuld an den „Auswüchsen", sein Leiter Nikolai Jeschow wurde abgelöst, innerhalb eines Jahres verhaftet und 1940 exekutiert. Der Massenverfolgung war nun ein Ende gesetzt, ihre Gefahr jedoch nicht gebannt. Die rechtliche Grundlage zur Wiederaufnahme der „Säuberungen" bestand, wie Solomon betont, nach wie vor. In der Theorie wurde zudem die Unterscheidung zwischen Parteimitgliedern und anderen Personen insofern wieder hergestellt, als die Verhaftung von Parteimitgliedern die Genehmigung der Parteiorganisation auf betreffender Stufe erforderte. Diese Ereignisse gingen zeitlich mit Gesten einher, die den Mann auf der Straße davon überzeugen sollten, dass mehr und mehr Waren verfügbar wären und dass der Staat Kollektivgüter wie günstige Bildung, Unterkunft und Unterhaltung bereitstellen würde. Ob allein die Versorgung mit diesen Gütern ohne den begleitenden Terror geeignet sein würde, um jene effektive Massenmobilisierung zu garantieren, die das Sowjetsystem von konventionelleren autoritären Systemen unterschieden hatte, war eine Grundsatzfrage. In seinen letzten Monaten scheint Stalin diese negativ beantwortet zu haben. Er war im Begriff, eine weitere „Massensäuberung" zu starten, als er im März 1953 starb und damit sehr wahrscheinlich die Lebenszeit verschiedener älterer Politbüro-Mitglieder wie auch vieler anderer weniger bedeutender Akteure verlängerte.

Stalins Tod hatte einige unmittelbare Konsequenzen und weitreichende Folgen. Unmittelbar gestoppt wurden die Ärzteverschwörung sowie die Verfolgung des Chefs der Geheimpolizei, Lawrenti Berija, und verschiedener seiner Untergebenen. Danach hatten auch die Erschießungen wichtiger Regierungs- und Parteifunktionäre ein Ende. Mit der Zeit setzte sich die wechselvolle Abkehr vom Totalitarismus hin zu einem normaleren autoritären System fort, die sich bereits in den letzten Jahren der Stalinzeit abgezeichnet hatte. Auf der Ebene der Elite entwickelten sich langsam Normen, was die Folgen einer Niederlage in Machtkämpfen anging. Der Versuch, Nikita Chruschtschow 1957 als ersten Sekretär der KPdSU zu stürzen, wurde von Mitgliedern des Politbüros/Präsidiums, durch das Militär und durch einen Appell an das ZK verhindert, wobei das ZK angesichts der Gespaltenheit des Politbüros/ Präsidiums die Funktion des Elektorats übernahm. Die führenden Mitverschwörer wurden nicht erschossen, sondern versetzt, Molotow als Botschafter auf einen Härteposten in Ulan Bator, Malenkow als Kraftwerksdirektor in den Norden Kasachstans. Unter Leonid Breschnew führte die Niederlage in einem Machtkampf üblicherweise zu einem attraktiven Botschafterposten fernab von Moskau, zu Zwangspensionierung oder zur Berufung auf ein weniger bedeutendes Regierungsamt in Moskau. In der Breschnew-Ära standen ZK-Mitglieder beispielhaft für das Prinzip der „Kaderstabilität". Vor dem Hintergrund von Chruschtschows Sturz 1964 ging Breschnew im Wesentlichen eine ganz ähnliche Abmachung mit den ZK-Mitgliedern ein, wie sie das Regime mit den Bürgern getroffen hatte: Mobilisierung wurde zur Alltagsroutine, im Gegenzug für die Duldung des Regimes genossen Bürger sichere Arbeitsplätze.

Die Eliten fluktuierten in der Chruschtschow-Ära rasant, da Chruschtschow seine Ambitionen zur Umgestaltung der sowjetischen Gesellschaft mit der politischen Zusammensetzung des Politbüros in

Einklang zu bringen versuchte. Der Versuch, das Sowjetsystem ohne Terror zur Durchführung großer Pläne zu mobilisieren, blieb jedoch erfolglos. Vielmehr war im Laufe der Ära Chruschtschow ein langsamer, aber steter Rückgang der Fähigkeit des Regimes festzustellen, seine Bürger zu mobilisieren. Dieser Rückgang, gekoppelt mit immer deutlicheren Wunsch- und Willensbekundungen der Eliten und Subeliten, ließ es folglich immer weniger passend erscheinen, das politische System durch eine schlichte Gegenüberstellung der Politik innerhalb des Elektorats auf der einen Seite und den Beziehungen zwischen Regime und Gesellschaft auf der anderen Seite zu beschreiben. Dieser Trend setzte sich in der gesamten Ära Breschnew fort. Die Akteure bestanden zunehmend aus einem kleinen Elektorat, einer aufmerksamen gut informierten Öffentlichkeit, einigen insoweit in Institutionen verwurzelten Subeliten, dass sie Ansprüche auf Ressourcen stellen konnten, und einer riesigen konformistischen Masse. Letztere hatte sich zum Zeitpunkt von Breschnews Tod größtenteils auf eine Art Sozialvertrag eingelassen, den allerdings gerade die besten und klügsten Köpfe nicht unterschreiben wollten.

Ungeachtet dessen war die Fluktuation der Elite in der Ära Breschnew kaum nennenswert und ähnelte so etwas wie einer Peerswürde auf Lebenszeit im britischen Oberhaus. Allerdings kam es zu einem natürlichen Generationenwechsel. Zu Breschnews Lebzeiten (er starb 1982) und unmittelbar nach seinem Tod verstarben unter anderem Kossygin (1980), Suslow (1982) und Ustinow (1984). Breschnew wurde von Juri Andropow abgelöst, der wie sein Nachfolger Konstantin Tschernenko eine nicht unbedeutende, aber nur vorübergehende Rolle dabei spielte, ein Milieu zu schaffen, in dem Michail Gorbatschow die erste Wahl des Zentralkomitees für das Amt des Generalsekretärs sein konnte. Das Recht des Politbüros, seinen eigenen Vorsitzenden zu wählen, wurde pro forma gewahrt: Solange das Politbüro es richtig machte – sprich sich für Gorbatschow entschied – blieb es offiziell die Instanz, die den Generalsekretär wählte. ZK-Mitglieder und regionale Parteisekretäre gaben jedoch ziemlich unmissverständlich zu erkennen, dass das Politbüro nur dann weiter dieses Elektorat bleiben konnte, wenn es die Frage „Wer soll der nächste Generalsekretär sein?" richtig beantwortete. Das tat es, denn die Mitglieder des Politbüros wählten Gorbatschow.

Gorbatschow legte sofort los. Nach sowjetischen Standards war seine Umgestaltung des Sekretariats, des Politbüros und des Zentralkomitees im ersten Jahr seiner Amtszeit geradezu verblüffend: Mehr als zwei Fünftel (43 Prozent) der stimmberechtigten ZK-Mitglieder wurden in Gorbatschows erstem Jahr neu gewählt.

Die ersten Lesarten von Gorbatschows Politik basierten häufig auf konventionellen Vorstellungen der sowjetischen Politik auf Führungsebene. Gorbatschow war jedoch insbesondere in dem dreijährigen Zeitraum von 1988 bis 1990 entschlossen, über die von Philip Roeder so bezeichnete „normale Politik"[4] hinauszugehen und die Spielregeln zu ändern. Er wollte sowohl seine Machtposition festigen als auch das System verändern. Mit seinem Erfolg hätte er Maßnahmen auf den Weg gebracht, welche die Zusammensetzung des sowjetischen Wahlvolks fundamental verändert hätten: Bei der 1995 (nach Ablauf seiner ersten Amtszeit) anstehenden Präsidentschaftswahl hätte die Wählerschaft die gesamte erwachsene Bevölkerung des Landes umfasst. Bereits zuvor war das Elektorat erheblich erweitert worden, da sich die Regeln zur Wahl des Generalsekretärs geändert hatten – auch wenn es freilich bis zur Wahl eines mächtigen Präsidenten durch die gesamte erwachsene Bevölkerung noch ein weiter Weg war. Nach den neuen Regelungen sollte der Generalsekretär vom Parteitag gewählt werden. Einen Präsidenten der Sowjetunion zu wählen, bedeutete jedoch eine Machtverschiebung von den Partei- zu den Regierungsinstitutionen einschließlich der zwei nationalen Legislativen, dem Kongress der Volksdeputierten und dem Obersten Sowjet. Allerdings war dafür der Fortbestand der Sowjetunion eine wesentliche Voraussetzung.

Zwei Drittel der ersten Mitglieder des Volksdeputiertenkongresses waren vom Volk gewählt, das letzte Drittel wurde von „öffentlichen Organisationen", angefangen von der KPdSU bis hin zur Allrussischen Gesellschaft für den Kampf für Abstinenz, ausgewählt. Die Stimmen der ersten zwei Drittel lieferten einige außergewöhnliche Ergebnisse. Es war die erste echte nationale Wahl seit der Konstituierenden Versammlung 1917, bei der die Kommunisten insbesondere aus den nördlichen Regionen und den Hauptstädten eine schwere Niederlage erlitten. Gorbatschow (der von der KPdSU gewählt worden war und sich keinerlei Wettbewerb stellen musste) wertete die zahlreichen Niederlagen anderer als Teil eines „normalen Prozesses, eines demokratischen", der „nicht als Teil irgendeiner Tragödie" zu betrachten sei.[5] Vielmehr seien die Wahlen Teil eines größeren Systemwechsels. Aus diesem Grund, so Gorbatschow, sei „alles überhaupt erst in Gang gesetzt" worden.[6]

Die Wahlen, auf die sich Gorbatschow bezog, hatten vor dem Hintergrund massiver Veränderungen innerhalb und an den Rändern der Sowjetunion stattgefunden, darunter rasch wachsenden Autonomieforderungen verschiedener Republiken in den europäischen Teilen der Sowjetunion einschließlich Russlands selbst.[7]

Gorbatschows Pläne scheiterten, weil der Unionsvertrag, der am 20. August 1991 unterzeichnet werden sollte, durch einen Staatsstreich unter Führung eines selbsternannten *Staatskomitees für den Ausnahmezustand in der UdSSR (GKTschP)* verhindert wurde. Zentrale sowjetische Funktionäre, die den Putsch am 19. August initiiert hatten, waren entschlossen, Gorbatschow abzusetzen und die Sowjetunion zu erhalten. Sie verstanden sich als Bewahrer, die den autoritären Breschnewismus wiederherstellen wollten – ein System, das Levitskys und Ways vollem Autoritarismus deutlich mehr ähnelte als dem Totalitarismus der Stalinzeit. Für sie wie für Wladimir Putin 20 Jahre später war das Abnorme der Mangel an Stabilität. Sie standen vor einer, wie Vizepräsident Gennadi Janajew es nannte, „unkontrollierbaren Situation, in der es keine klar definierten Zuständigkeitsbereiche mehr [gab,] ... [in der] normales Leben unmöglich [war]".[8] Der Putsch scheiterte kläglich.

Er trug sogar noch erheblich dazu bei, den Niedergang der Sowjetunion zu besiegeln. Gorbatschow wurde offiziell als Präsident wieder eingesetzt, doch das blieb bedeutungslos. Am 24. August, weniger als eine Woche nach dem gescheiterten Putsch, erklärte die Ukraine ihre Unabhängigkeit. Es war, wie Mark R. Beissinger bemerkt, „der letzte Todesstoß für die UdSSR".[9] Innerhalb weniger Monate war Gorbatschow ein Präsident ohne Land. Die Anführer des Putsches hatten verloren, ebenso jedoch Gorbatschow. Das maßgebliche Land war nun Russland und der maßgebliche Präsident Boris Jelzin, der anders als Gorbatschow bereits von einer Wählerschaft bestehend aus der erwachsenen Bevölkerung seines Landes gewählt worden war.

Jelzin und Gorbatschow hatten Verschiedenes gemeinsam. Beide wollten nach eigenen Aussagen ein „normales" Land schaffen, und beide waren selbsternannte Sozialdemokraten. Für unsere Darstellung ist zu betonen, dass beide trotz ihrer öffentlichen Bekundungen Probleme mit dem ungewissen Ausgang kompetitiver Wahlen hatten und sich ambivalent gegenüber ihren eigenen Vision zur staatlichen Umgestaltung verhielten. Jelzins Vorstellung von Umgestaltung führte zu einem Konflikt mit der Duma, was wiederum einen Sturm auf das

Weiße Haus zur Folge hatte, bei dem Jelzin diesmal draußen stand, während sich Mitglieder der Duma drinnen aufhielten und ihre Legitimität erklärten. Schließlich wurde eine neue Verfassung verabschiedet, die – eher überraschend – bis zum heutigen Tag gültig ist und – weniger überraschend – deutlich zugunsten der Exekutive ausgerichtet war. Mit der neuen Verfassung im Hintergrund brach Jelzin sein Versprechen, frühzeitig Präsidentschaftswahlen abzuhalten, und verschob sie auf 1996. Er lehnte es – wenn auch nicht im selben Maße wie sein Vorgänger oder Nachfolger – ab, die Ungewissheit zu ertragen, die mit demokratischen oder kompetitiv autoritären Wahlen einhergeht. Im Dezember 1995 kündigte er an: „Wir müssen die Wahlen gewinnen, um anzufangen, frei und mit Würde zu leben, wie alle normalen Menschen in normalen Ländern."[10] 1996 hätte er die Wahl um ein Haar erneut verschoben, besann sich dann jedoch eines Besseren und bedauerte im Nachhinein seine Unschlüssigkeit. Die Einflussnahme mächtiger in- und ausländischer Vertreter sowie das Drängen seiner Tochter und Anatoli Tschubais führte dazu, dass die Wahl wie vorgesehen stattfand.

Was viele russische und westliche Wissenschaftler als Demokratisierung beschrieben haben, schien Mitte der 1990er-Jahre auf einem guten Weg, doch der Trend setzte sich nicht fort. Die Wahl 1996 war offener als die Präsidentschaftswahlen 2000, 2004 oder 2008. Verglichen mit den Wahlen danach erscheint die Zeit Anfang und Mitte der 1990er-Jahre in Russland beachtlich. Es waren Jahre geprägt von „Wahlen [, die] ausgesprochen kompetitiv waren". Jelzin gelang es, die Wahl 1996 als Schicksalswahl zwischen Kommunismus und Demokratie darzustellen. Zudem gab es einerseits eine „Legislative [, die] erhebliche Macht ausübte, und private Massenmedien ... [, die] Jelzin regelmäßig kritisierten und eine Plattform für die Opposition darstellten".[11] Andererseits mussten sich sowohl Sjuganows als auch Jelzins Team Vorwürfe des Wahlbetrugs gefallen lassen, wobei das Verhalten von Jelzins Kräften in Tatarstan und Dagestan in der zweiten Runde besonders dubios war. Auch leistete ihm dieselbe breite Koalition, die Jelzin gedrängt hatte, der Versuchung zu widerstehen und die Wahl nicht noch einmal aufzuschieben, bei dieser Wahl enorme finanzielle Unterstützung – nach allgemeiner Erkenntnis deutlich über die gesetzliche Obergrenze hinaus. Sie brachte ihre Unterstützung für Jelzin außerdem überdeutlich durch symbolische Gesten zum Ausdruck. Die drei wichtigsten Fernsehsender unterstützten Jelzin ebenfalls. Der Präsident von NTW schloss sich gar

Jelzins Wahlkampfteam an und ließ damit die Grenze zwischen staatlichem und kommerziellem Fernsehen nur noch mehr verschwimmen, wobei das Fernsehen zu diesem Zeitpunkt die beherrschende Nachrichtenquelle war.

Die Erwartung vieler, die kommenden Wahlen würden in zunehmendem Maße demokratisch werden, erfüllte sich nicht. Das darauf folgende Jahrzehnt war vielmehr von repressiven Maßnahmen geprägt, welche die Hoffnung auf günstige Entwicklungen in Russland zunichte machten. Die selektive Anwendung der Steuergesetze trieb Oligarchen entweder aus dem Land oder hinter Gitter. Die Direktwahl der Gouverneure wurde abgeschafft, die Hürden zur Neugründung von Parteien angehoben. Die Massenmedien, allen voran das Fernsehen, wurden noch parteiischer. Potenzielle Kandidaten wurden daran gehindert, sich zur Wahl zu stellen. Wahlfälschung durch das Füllen von Wahlurnen mit zusätzlichen Stimmzetteln wurde insbesondere in einigen Republiken zur Regel.

In Vorbereitung auf das Jahr 2000 fädelte Jelzin geschickt seinen Rücktritt ein, damit Wladimir Putin gewählt werden würde – was angesichts seiner Beliebtheit auch ohne den Wahlbetrug und die Einschüchterung zur Sicherung seines Sieges in verschiedenen Republiken geschehen wäre, wenn auch möglicherweise erst in der zweiten Runde. Nach Angaben von Myagkov u. a. kam 2000 der Zuwachs aufgrund höherer Wahlbeteiligung mit vier zu eins Putin zugute, während Sjuganow 1996 noch stärker von der höheren Wahlbeteiligung profitiert hatte als Jelzin.[12]

Die Präsidentschaftswahlen 2004 und 2008 waren noch weniger demokratisch. Die Wahl 2004 fand im Grunde ohne Gegenkandidaten statt, während die Wahl 2008 an Daniels' zirkulären Machtfluss erinnerte. Putin machte Medwedew zum Präsidentschaftskandidaten, während Medwedew ankündigte, Putin werde Ministerpräsident werden. Um noch deutlicher zu machen, dass das Elektorat auf eine einzige Person geschrumpft war, wurde die einzig mögliche Alternative, Michail Kassjanow, der bereits ein wichtiges Regierungsamt innegehabt hatte, nicht zur Wahl zugelassen, weil angeblich ein hoher Anteil seiner Unterstützungsunterschriften ungültig war. Die Wahl 2008 ist leicht zu beschreiben. In der Begrifflichkeit von Levitsky und Way kam sie einer Wahl im „vollen" Autoritarismus gleich und zeigte starke Indizien für das Fehlen von Demokratie im Schumpeter'schen Sinne. Wie sehr die

Wahl manipuliert war, lässt sich am besten an Abbildung 8.2 ablesen, wo die gemeldete Wahlbeteiligung in den Oblasten sich zufällig an Punkten häuft, die bei Werten über 50 durch zehn (und in geringerem Maße durch fünf) teilbar sind.

Der Zyklus der Parlaments- bzw. Präsidentschaftswahlen 2011/12 erinnerte daran, wie sehr die Ereignisse in Russland zuweilen für Überraschungen sorgen. Ende September 2011 kündigte der damalige Ministerpräsident Wladimir Putin an, er werde im März 2012 für das Präsidentenamt kandidieren, während der damalige Präsident Dmitri Medwedew ihn als Ministerpräsident beerben werde. Diese Rochade kam bei weiten Teilen der Bevölkerung nicht gut an. Anfangs zögerten sie und unternahmen wenig in Form von öffentlichen Demonstrationen, bis Putin im November erstmals bei einer Kampfsport-Veranstaltung ausgepfiffen wurde. Die Rochade hatte jedoch in Verbindung mit der zusätzlichen Feindschaft gegenüber *Einiges Russland* weitreichende Folgen für die Duma-Wahl im Dezember 2011. *Einiges Russland*, die dominante politische Kraft, konnte selbst den dubiosen Berechnungen der Zentralen Wahlkommission zufolge keine Mehrheit erzielen. Vor dem Hintergrund von wirtschaftlichen Veränderungen, von sinkenden Umfragewerten für Putin, von Medientoleranz und einer größeren Wahrnehmung der weit verbreiteten Korruption etikettierten Alexej Nawalny und andere *Einiges Russland* erfolgreich als die „Partei der Gauner und Diebe". Obwohl viele noch nie von Nawalny gehört hatten, teilten sie seine Vorwürfe. Das Etikett hing der Partei von nun an nach. Nawalny wurde eine höchst öffentlichkeitswirksame Figur, einem BBC-Reporter erklärte er, sein Ziel sei, dass Russland „ein normaler demokratischer Staat [werde], in dem Macht immer durch ehrliche demokratische Wahlen erzielt wird".[13]

Im Anschluss an die Wahl vom Dezember 2011 kam es zu einer Flut von Massendemonstrationen, die das Regime offenbar alarmierten. Putins Reaktion bestand zum Teil darin, die USA der Unterstützung der Protestler zu beschuldigen und zu behaupten, die Demonstranten gefährdeten die Sicherheit des Landes. Zugeständnisse wurden jedoch gemacht; insbesondere wurden die Direktwahl der Gouverneure wieder eingeführt und die Vorschriften zur Parteienbildung geändert. Beide gingen mit Einschränkungen einher, welche die Ziele der Protestler zunichte machen konnten. Die drastische Lockerung der Hürden für die Registrierung von Parteien (um eine Partei zu gründen, benötigte man

nun nur noch 500 statt 40.000 Unterschriften) und für die Nominierung eines Kandidaten für einen Gouverneursposten (das Gesetz enthielt zwei Filter – Konsultationen mit dem Präsidenten und Unterstützung durch einen Teil der Abgeordneten der Kommunalparlamente der
Region) brachte Gefahren des Missbrauchs mit sich; Grigori Golossow
hat jedoch zu Recht behauptet, dass die gelockerten Hürden zur Parteiengründung potenziell „einen Sieg für die Demokratiebewegung"[14] darstellten.

Die wirkliche Frage lautete jedoch: „Konnte das Regime in der ersten
Runde die nötigen Stimmen erzielen, damit Putin bei der Wahl am 4.
März erneut zum Präsidenten gewählt werden würde?" Nirgends wurde
deutlicher, dass Russland im Jahr 2012 erneut ein kompetitiv autoritäres Regime statt eines voll autoritären Regimes geworden war. Ungefähr
zur Halbzeit zwischen der Duma-Wahl im Dezember 2011 und der Präsidentschaftswahl im März 2012 wurde unmissverständlich klar, dass
Putin einem landesweiten Elektorat gegenüber stand und dass mit
einem passiven Verhalten der Öffentlichkeit, das es ihm 2008 erlaubt
hatte, Medwedew zum Präsidenten zu machen, nicht mehr zu rechnen
war, auch wenn seine Wahlkampfgegner relativ schwach waren. Noch
einen Monat vor der Wahl sprach Putin öffentlich die Möglichkeit einer
Stichwahl an. Das Regime setzte unterdessen alles daran, zu verhindern,
dass ein ernst zu nehmender Kandidat ins Rennen ging. Es bot Unsum-
men an Wahlkampfmitteln auf, nutzte seine Medienmacht und bewies,
dass das Spiel so zu machen war. Zwei Wochen vor der Wahl erklärte
WZIOM, Putin könne mit einem komfortablen Sieg rechnen. Und so
war es. Nach Angaben der Zentralen Wahlkommission erhielt er 63,6
Prozent der Stimmen bei schwachen Gegenkandidaten.

Ausblick

Hätte ich diese Seiten im Herbst 2011 geschrieben, wäre mein Fazit über
die Entwicklung der nationalen Politik Russlands in absehbarer Zeit
fast gänzlich negativ ausgefallen. Damals war es schwierig, sich eine
Führung in den Jahren um 2020 vorzustellen, die den Westen und westliche Werte nachdrücklich befürwortete und deren Interesse sich nicht
auf Stabilität und den besonderen Charakter Russlands beschränkte.
Eher wäre ein politisches System mit nationalen Wahlen ganz im Stil
der Präsidentschaftswahl 2008 vorstellbar gewesen, ein Elektorat aus
höchstens einigen wenigen Personen und wahrscheinlicher noch aus-

schließlich aus Putin. In einem solchen System wäre das passive Verhalten einer zwangsmobilisierten Öffentlichkeit gewährleistet, ebenso die Kontrolle des Regimes über das Militär und andere Streitkräfte, seine Medienmacht sowie die Zwangsrekrutierung von Gruppen, die in Form ihres Lohnes oder ihrer Rente vom Regime abhängen. Potenzielle Rivalen würden durch selektive Einschüchterung kaltgestellt, ebenso politische Parteien oder Organisationen, die gern die Straße nutzen, um politische oder Führungsthemen zu beeinflussen. Diese Einschüchterung würde üblicherweise einhergehen mit der gezielten Auswahl derjenigen, die dem Regime am bedrohlichsten scheinen und deren Einschüchterung vermutlich am wenigsten Protest hervorrufen würde.

Die Ereignisse im Herbst 2011 und im Winter 2011/12 deuteten hingegen die Möglichkeit eines anderen Verlaufs an. Im September 2011 kündigten Putin und Medwedew ihren Ämtertausch an, der laut Putin bereits weit zuvor festgelegt worden war. Die Erklärung löste eine Reihe von Ereignissen aus, die im Anschluss an die Duma-Wahl im Dezember 2011 zu Massendemonstrationen führten. Obwohl die Zentrale Wahlkommission ankündigte, *Einiges Russland* habe knapp die Mehrheit der abgegebenen Stimmen erhalten, nahmen weite Teile der Bevölkerung bei der Duma-Wahl 2011 große Diskrepanzen zwischen der wirklichen Abstimmung und den laut der Zentralen Wahlkommission amtlichen Ergebnissen wahr. Korruptes Verhalten der Eliten ging häufig zu Lasten normaler Bürger. Rechtswidrige Vergehen der Elite blieben ungestraft. Zwar stand Putin bei der breiten Masse den Umfragen zufolge noch immer hoch im Kurs, in vielerlei Hinsicht gingen seine Werte jedoch stetig zurück. Anfang Februar schien es für viele (einschließlich Putin) möglich, dass er keine Mehrheit in der ersten Abstimmungsrunde Anfang März erhalten würde.

Er bekam sie dennoch. Was folgte, war entmutigend für alle, die sich ein demokratischeres Ergebnis für Russland vorgestellt hatten. Vor dem Hintergrund von Appellen an Sicherheit und Patriotismus hat die Duma Opposition zu einer hochriskanten Unternehmung gemacht. 2012 entzog sie einem Kommunisten und einem Abgeordneten von *Gerechtes Russland* die Immunität. Zudem verabschiedete sie verschiedene Gesetze, die es möglich machten, Kritik am System als Hochverrat auszulegen und somit zu verhindern. Vor allem erließ die Duma ein Gesetz, das es erlaubt, Webseiten ohne Gerichtsbeschluss zu sperren. Darüber hinaus schränkte sie nicht genehmigte Demonstrationen massiv ein und verlangte von NGOs, die Gelder aus dem Ausland erhielten und sich politisch betätigten, sich als „ausländische Agenten" zu deklarieren. Letzteres erwies sich als höchst umstritten und führte bislang zu widersprüchlichen Ergebnissen. NGOs weigerten sich und griffen auf verschiedene Winkelzüge zurück, um die Etikettierung als „ausländische Agenten" zu umgehen. Einige wurden zu hohen Geldstrafen verurteilt,[15] andere wurden von den Behörden drangsaliert, woraufhin sie Gegenstrategien entwickelten – mit unterschiedlichem Erfolg. Sogar der Wahlbeobachtungsorganisation Golos, die einigen Behörden ein besonderer Dorn im Auge war,[16] gelang es, den Kopf über Wasser zu halten, indem sie sich neu als „Bewegung" gründete. Man verfahre nur analog zur Gründung von Putins *Allrussischer Volksfront,* erklärten die Vorsitzenden von Golos. Mitte Juli 2013 wurden die Auflagen sowohl von Putin als auch von den regionalen Gerichten etwas gelockert.[17] Ende August kündigte die Presseagentur ITAR-TASS an, Golos sei eine der Organisationen, die künftig Fördergelder des Präsidenten erhalten werde. Fast zeitgleich wurde einer Allianz unabhängiger Wahlbeobachter, die im selben August von der Golos-Bewegung gegründet worden war, ihr Moskauer Büro gekündigt.[18]

Wer sich die Typologie in der Einleitung zu diesem Buch vergegenwärtigt, wird von dieser Mischung aus Interessenausgleich und Repression nicht überrascht sein. Anders als totalitäre Systeme passen autoritäre Regime ihre Maßnahmen an komplexe Gesellschaften an, in diesem Fall an die Realität einer Bevölkerung in den größten Städten, die sich Gehör zu verschaffen weiß; der Kreml ist jedoch entschlossen, NGOs die potenzielle Hebelwirkung zu verwehren, die mit finanzieller Unterstützung durch ausländische Quellen einhergeht. Dazu ist er in einigen Fällen sogar bereit, für die Finanzmittel aufzukommen, die manche NGOs bislang aus dem Ausland bezogen haben. Zugleich toleriert und fördert das Regime andere Bestrebungen, die Wirksamkeit von NGOs einzuschränken.

Eine ähnliche Botschaft wurde dem Lewada-Zentrum übermittelt. Im Mai 2013 hatte die Staatsanwaltschaft das Zentrum informiert, sein Einfluss auf die öffentliche Meinung käme politischer Aktivität gleich, weswegen sich das Meinungsforschungsinstitut als Auslandsagent registrieren müsse. Es war nicht das erste Mal, dass Behörden das Zentrum unter Druck setzten. Im August 2013 kündigte RIA Nowosti an,

Lewada werde 2,8 Millionen Rubel (damals umgerechnet rund 64.000 Euro) von der russischen Regierung erhalten.[19]

Ebenso hat das Regime seit der Amtseinführung von Präsident Putin im Mai 2013 die Bereitschaft zu öffentlichen Protesten – zumindest bislang – gedämpft. Wer dachte, Straßenproteste seien die logische Reaktion auf die Einschüchterungsversuche nach der Amtseinführung, sah sich Ende 2013 eines Besseren belehrt. Die Anführer der Opposition (Sergej Udalzow, Alexej Nawalny, Ilja Jaschin und andere) wurden unter verschiedenen Anklagepunkten und mit Gefängnisstrafen zwischen zwei Wochen und zehn Jahren belegt, ohne dass es zu anhaltenden Reaktionen auf den Straßen kam.

Nawalnys Prozess in Kirow begann im April 2013, eine Woche nach seiner Ankündigung, 2018 für das Präsidentenamt kandidieren zu wollen.[20] Auch wenn die Eule der Minerva, wie Hegel sagt, erst mit der einbrechenden Dämmerung ihren Flug beginnt, möchte ich nicht versäumen, die Geschehnisse zwischen diesem Zeitpunkt und Ende 2013 zu rekapitulieren. Wie erwartet, wurde Nawalny Mitte Juli für schuldig befunden und zu fünf Jahren Straflager verurteilt. Einen Tag nach dem Urteil und nachdem es in Moskau zu Protesten gekommen war, wurde er bis zum Abschluss eines Beschwerdeverfahrens auf freien Fuß gesetzt, woraufhin er seinen Wahlkampf für die Bürgermeisterwahl in Moskau wieder aufnahm. Bei den Wahlen am 8. September 2013 landete er mit 27 Prozent der Stimmen auf dem zweiten Platz. Der aktuelle Bürgermeister, Sergej Sobjanin, soll nach offiziellen Angaben 51 Prozent erhalten haben. In der Zwischenzeit erklärte Putin Anfang August 2013, er „finde es seltsam", dass „ein Angeklagter, den Sie erwähnten" (bis Anfang September nannte Putin Nawalnys Namen nie in der Öffentlichkeit), „eine fünfjährige Haftstrafe erhalten" habe, verglichen mit anderen, die gestanden und mit den Ermittlern kooperiert hätten.[21]

Putins Äußerung sollte man im Zusammenhang mit der für Dezember 2013 erwarteten und erfolgten Amnestie sowie der Entscheidung des russischen Verfassungsgerichts vom 9. Oktober sehen; dem Präsidenten des Verfassungsgerichts, Waleri Sorkin, zufolge konnte „den früher Verurteilten [mit Ausnahme lebenslang verurteilter Personen] das Recht, sich zur Wahl zu stellen, nicht für immer entzogen werden".[22] Die beiden Ereignisse bildeten den Hintergrund für die Entscheidung des Berufungsgerichts Kirow vom 16. Oktober, Nawalnys Haftstrafe auszusetzen. Seit Februar 2014 steht Putins Widersacher unter Hausarrest. Im Dezember wurde er zu dreieinhalb Jahren Haft auf Bewährung verurteilt. Gemeinsam mit seinem Bruder soll er den französischen Kosmetikkonzern Yves Rocher um knapp eine halbe Million Euro betrogen haben. Obwohl Yves Rocher den Vorwurf zurückgenommen hatte, sprach das Gericht die Brüder schuldig.

Wie sich seine Rolle unter diesen Umständen entwickelt, ist schwer zu sagen. Auf irgendeiner Ebene (fast sicher oberhalb der drei Berufungsrichter in Kirow und wahrscheinlich erheblich höher) wurde entschieden, dass er als jemand, der die Last des Urteils zu tragen hat und der damit einhergehenden Überwachung ausgeliefert ist, weniger gefährlich ist als ein Märtyrer in einem Straflager. Er wird weiterhin derjenige sein, der bei der Wahl in Moskau einen Achtungserfolg erzielte und für den viele auf die Straßen gingen, um einen politisch motivierten Prozess und eine entsprechende Verurteilung anzufechten. Nawalny wird jedoch auch der „suspendierte Oppositionsführer" sein.[23]

Mit dieser Last zu agieren, wird eine schwierige Aufgabe sein. Dessen ungeachtet bleiben auch andere Probleme der Opposition bestehen. Nawalny und andere werden ihre internen Streitigkeiten in den Griff bekommen und beweisen müssen, dass sie die Bürger mobilisieren können. Noch unmittelbar im Anschluss an die Aussetzung des Urteils 2013 wurde Nawalny von Eduard Limonow beschuldigt, mit dem Regime zusammenzuarbeiten; Nawalny habe, so Limonow, das „nette Angebot [des Kreml angenommen,] ... anstatt ins Gefängnis zu gehen, um so zu tun, als gehöre er zur Opposition. Dabei besteht kein Zweifel, dass er geheime Absprachen mit den Behörden getroffen hat."[24] Zugleich verstört Nawalny, der Nationalist, viele, die im Winter 2011/2012 auf die Straße gegangen sind.[25] Dennoch sind Szenarios vorstellbar, in denen die Opposition koordiniert vorgehen und es zu Massenprotesten in einer Größenordnung kommen könnte, wie es sie im Winter 2011/2012 gab.

Die Opposition wird außerdem Kontakte zu einem größeren Teil der Elite knüpfen müssen, was möglicherweise leichter sein wird, als die Straße zu mobilisieren. Wir haben bereits gesehen, dass mächtige und einflussreiche Figuren wie Michail Prochorow, Alexander Lebedew und vor allem Alexej Kudrin sich in gewissem Maße von Putin distanziert haben. Kudrin ist als potenzieller Mediator zwischen dem Regime und der Opposition in Erscheinung getreten. Er ist die treibende Kraft hinter der Organisation eines Komitees für Bürgerinitiativen – (noch) keine

Partei –, das sich offen gegen die Regierung stellen will. Seine Ansichten über den Prozess gegen Nawalny und das NGO-Gesetz hat er recht unmissverständlich dargelegt: Im April 2013 erklärte er in seinem Blog, der Prozess gegen Nawalny in Kirow lasse Zweifel „an den Grundlagen der Marktwirtschaft in Russland aufkommen", und verglich ihn mit einer „Zeitreise in sowjetische Zeiten".[26] Ähnlich hat er das NGO-Gesetz als „offenkundige Beschränkung der Zivilgesellschaft" bezeichnet.[27] Vor der Wahl Putins 2012 schien Kudrin einer der aussichtsreichsten Anwärter auf einen Posten in seiner Regierung – sei es (erneut) als Finanzminister oder als Ersatz für Medwedew. Kudrins Äußerungen im Jahr 2013 waren indes nicht die Worte eines Menschen, der darauf hoffte, von Putin in ein hohes Amt berufen zu werden – jenem Putin, dessen Maßnahmen seit seiner Amtseinführung den Schwerpunkt auf die Verschärfung des Demonstrationsrechts gelegt und NGOs daran gehindert hatte, Unterstützung aus dem Ausland zu erhalten. Im Juli 2013 kündigte Kudrin in der Tat an, das Komitee für Bürgerinitiativen sei „bereit, die Funktion von Wahlbeobachtern zu übernehmen", die Golos bis zu seiner Weigerung, sich als „ausländischer Agent" zu deklarieren, innegehabt hatte. Ich habe Zweifel, ob Putin oder Kudrin ihre Grundausrichtung ändern werden, selbst wenn Kudrin eine tragende Rolle in der Putin-Regierung übernehmen sollte.

Wie sind die Aussichten, dass es im politischen System Russlands zu grundlegenden Veränderungen kommen wird, bis Putin – so seine Gesundheit es erlaubt – um das Jahr 2018 erneut für das Präsidentenamt kandidieren wird? Wenn wir zum in der Einleitung dargelegten Schema zurückkehren, sind alle vier Zellen der Spalte möglich – Demokratie, kompetitiver Autoritarismus, voller Autoritarismus und Totalitarismus. Am wenigsten wahrscheinlich ist eine Rückkehr zum Totalitarismus, wenngleich sich diese Option nicht völlig ausschließen lässt. Es könnte zu einem Krieg mit China oder zu gleichzeitigen Unabhängigkeitsbewegungen im Nordkaukasus[28] und in Sibirien kommen.

Um diesen Entwicklungen gewachsen zu sein, könnte ein russischer Herrscher – speziell Putin, aber nicht nur er – ein von Grund auf repressives Regime durchsetzen und den Vorwand eines Krieges oder die Kriegsgefahr nutzen, um zu einem Grad an Mobilisierung wie in der Sowjetunion vor dem Zweiten Weltkrieg zurückzukehren. Im Allgemeinen hat sich der Totalitarismus jedoch als das erwiesen, was Richard Lowenthal als eine Krankheit des Übergangs von einer vorindustriellen zu einer industriellen Gesellschaft bezeichnet hat. Er ist zudem höchst kostspielig. Sogar das stalinistische Regime handelte offenbar so, als sei Wohlfahrtsautoritarismus das bevorzugte Mittel zur sozialen Kontrolle und Mobilisierung, obwohl Stalin gegen Ende seines Lebens den Schluss gezogen zu haben scheint, dass eine Rückkehr zum Terror zwingend erforderlich sei.

Die Chancen auf Demokratie sind bedauerlicherweise ebenso gering. Es gibt gewisse Anzeichen dafür, dass die jüngeren Moskauer Eliten – hier definiert als Eliten ab dem Jahrgang 1970 – Demokratie westlichen Stils eher unterstützen als die in den 1960er-Jahren Geborenen. Letztere stehen ihr jedoch positiver gegenüber als ältere Jahrgänge. In einer 2012 durchgeführten Befragung unter den Moskauer Eliten[29] gaben 40 Prozent der nach 1969 Geborenen an, Demokratie westlichen Vorbilds zu bevorzugen (n = 14). Unter den Jahrgängen der 1960er-Jahre gaben 34 Prozent (n = 30) und unter den vor 1960 Geborenen 25 Prozent an (n = 16), Demokratie für das für Russland geeignetste politische System zu halten (tauc = 0,16, p < 0,01). Diese Werte deuten auf einen schwachen Moskauer Trend in Richtung Demokratie hin, weil dort die Opposition gegenüber dem Kreml und Putin am stärksten ausgeprägt ist. Leider ging diese Einstellung nicht mit einem Bekenntnis zu den mit tatsächlicher westlicher Demokratie verbundenen zentralen Werten einher, wobei der Trend in westlichen Demokratien im Allgemeinen eher in die umgekehrte Richtung zu gehen scheint.[30] Obwohl die Demonstrationen im Winter 2011/12 durchaus eine gewisse Annäherung an ein demokratischeres Systems erkennen ließen, lieferten sie keinen Grund zu der Annahme, dass die Forderung nach Demokratie zum Zeitpunkt der Wahl 2018 qualitativ zunehmen wird. Moskau ist heute eine demokratische Stadt. Ob dieser Trend zur Demokratie auch auf andere Großstädte überspringen wird, ganz zu schweigen von Kleinstädten und ländlichen Gegenden, bleibt abzuwarten.

Im Vorfeld der Kommunalwahlen vom 8. September 2013 gab es in verschiedenen Großstädten außerhalb Moskaus Anzeichen für politisches Leben.[31] Allerdings bedarf es der Gründung einer oder mehrerer ernsthafter Oppositionspartei(en).[32] Dies wäre zum Beispiel durch einen Sturz der Führungsriege der KPRF und der *Liberal-Demokratischen Partei* denkbar oder durch die Gründung konkurrierender politischer Parteien, die landesweit nicht nur demokratisch gesinnte Bürger, sondern auch linke und moderate Nationalisten ansprechen.

Sollten diese Entwicklungen nicht eintreten, bleiben zwei Alternativen: voller oder normaler Autoritarismus und kompetitiver Autoritarismus. Keine dieser Alternativen kann ernsthaft ausgeschlossen werden. Wir haben ausreichend Gelegenheit gehabt, Zeiten zu identifizieren, zu denen das Sowjetsystem und das post-sowjetische russische System als voller Autoritarismus umrissen werden konnte. Selbst Stalin schwächte seine Maßnahmen während des Zweiten Weltkriegs ab. Breschnew bot den Bürgern eine Abmachung an, die auf eine Art normale Beziehung zwischen Regime und Gesellschaft hinauslief, in der die Bürger sich anpassten und funktionierten. Im Gegenzug dafür konnten sie erwarten, „aufzuatmen ... und ruhig zu leben". Unter diesem Gesichtspunkt ahmte Breschnew in vielerlei Hinsicht die NÖP der 1920er-Jahre nach. In seiner Rechtfertigung verteidigte Vizepräsident Janajew den Putsch gegen Gorbatschow mit der Behauptung, er und seine Mitverschwörer seien entschlossen, eine normale Situation wiederherzustellen – womit er innere Stabilität à la Breschnew und den fortgesetzten Zusammenhalt der Sowjetunion meinte, keine Rückkehr zu so etwas wie dem Stalinismus. Insbesondere in den ersten Monaten seiner Amtszeit als Präsident tat Putin seinen Äußerungen zufolge so, als seien westliche Parteiensysteme die Norm, doch vor, während und nach der zeitweiligen Unterbrechung durch Medwedew[33] beharrte er auf einer Stabilität, in der er Vorrang vor anderen Alternativen hatte und selektive Repression ausübte sowie staatliche Einnahmen verteilte, um ein politisches System zu garantieren, das mehr mit vollem Autoritarismus als mit kompetitivem Autoritarismus zu tun hat.

Dies deutet darauf hin, dass die Aussichten für vollen Autoritarismus möglicherweise besser stehen als die für kompetitiven Autoritarismus. Zu sehr mangelt es an unabhängigen Institutionen – an uneingeschränkt unabhängigen Gerichten, an wirklich konkurrierenden Parteien neben *Einiges Russland* bzw. einer möglichen Nachfolgepartei und an unabhängigen Medien –, als dass man sich am Ende von Putins derzeitiger Amtszeit ein demokratisches Ergebnis vorstellen könnte. Die Duma ist damit beschäftigt, systematisch eine Vielzahl von Einschränkungen auf den Weg zu bringen, um das erneute Auftreten von Großdemonstrationen zu verhindern. Bislang haben diese Einschränkungen wenig ausgelöst, was die Menschen – insbesondere in Städten außerhalb von Moskau – auf die Straße treiben würde. Dies deutet darauf hin, dass die Aussichten für kompetitiven Autoritarismus – ganz zu schweigen von Demokratie – ähnlich düster sind wie vor Ankündigung der Rochade im September 2011. In meinem Urteil habe ich mich möglicherweise zu sehr auf die Medienmacht des Regimes, seine Kontrolle über das Militär und seine Fähigkeit, die Menschen auf die Straße zu locken, verlassen. Gewisse objektive Überlegungen könnten meinen Pessimismus erneut als unbegründet entlarven. Putin könnte es selbst nach der ersten Runde im März 2018 mit ernsthaften Schlafproblemen zu tun bekommen. Dank Fracking könnten die USA zu einem Nettoexporteur von Gas und Öl werden, was die möglicherweise Putin geschuldete Energieabhängigkeit Europas von Russland verringern würde. Daneben findet ein Generationenwechsel statt, dessen Konsequenzen für die Unterstützung Putins sich 2018 bemerkbar machen werden. Eine klare und höchst sichtbare Alternative zu Putin könnte auftauchen. Die rasante Zunahme von elektronischen Geräten könnte es erschweren, die rasche Verbreitung von Informationen zu verhindern, auch wenn die Duma sich bemüht, die sozialen Medien zu kontrollieren. Dies ermöglicht es einer Organisation wie der umstrukturierten Golos oder – direkt oder indirekt – dem Komitee für Bürgerinitiativen, die Präsidentschafts- oder Duma-Wahlen zu überwachen, ohne auf finanzielle Hilfe aus dem Westen angewiesen zu sein. Die Opposition könnte den Bemühungen des Regimes, Proteste zu verhindern, den Kampf angesagt und herausgefunden haben, dass die unter den neuen Gesetzen möglichen Sanktionen in der Praxis nicht vollständig umgesetzt werden.

All dies scheint für sich genommen schon unwahrscheinlich, die Wahrscheinlichkeit, dass alles auf einmal eintritt, ist geradezu marginal. Überrascht hat mich jedoch, mit welcher Verachtung die Fälschungen der Duma-Wahl vom Dezember 2011 in Szene gesetzt wurden und wie mobilisierungsbereit normale Moskauer Bürger waren, als sie merkten, dass man sie hereingelegt hatte. Putin könnte den Versuch unternehmen, sich 2018 erneut zum Präsidenten zu ernennen. Ein im Vergleich zum Wahlzyklus 2011/12 veränderter Kontext – die schwächere Rolle des Fernsehens im Vergleich zu anderen Kommunikationsmitteln, ein anhaltender Abwärtstrend in Putins Umfragewerten, geringere Profite durch den Export von Energieressourcen – könnte es einer anderen Person erlauben, einen nicht unerheblichen Anteil der Bevölkerung um sich zu scharen, der zu dem Schluss kommen könnte, es sei Zeit für Putin, zu gehen.

Wenn es nicht deutlich mehr Abwanderungen der Elite geben wird, als wir bislang im Anschluss an den Wahlzyklus 2011/12 erlebt haben, wird das wahrscheinlichere Ergebnis jedoch so aussehen, dass die Politik der selektiven Repression gegen potenzielle Oppositionsführer und den einen oder anderen Demonstranten bei gleichzeitiger Bestechung der für Putin mobilisierten breiten Öffentlichkeit, der Organisationen und Eliten, ausreichen wird, um eine ernsthafte Opposition 2018 zu verhindern. Wenn dem so ist, wird der Wahlzyklus 2016 bis 2018 (mit einer wahrscheinlich reduzierten Rolle für *Einiges Russland*) an das „wahlähnliche Ereignis" 2008 erinnern: Putin wird einmal mehr an der Spitze der Wahlliste des *Einigen Russland* oder wahrscheinlicher der *Allrussischen Volksfront* stehen, und die Präsidentschaftswahl 2024 wird möglicherweise von so etwas wie kompetitivem Autoritarismus geprägt sein.

11. Nachwort zur deutschen Ausgabe

Die englische Originalausgabe dieses Buches, die im Frühjahr 2014 erschien, suchte die Zeitspanne von der Bolschewistischen Revolution bis in das Jahr 2013 abzudecken. Auf Grundlage der in der Einleitung dargelegten Typologie beschrieb ich in Kapitel 10 die außergewöhnlichen Ereignisse im Zusammenhang mit der Präsidentschaftswahl im März 2012. Dazu zählten unter anderem die negative Reaktion insbesondere der Moskauer Intelligenzija auf Medwedews und Putins Ankündigung der Rochade.

Der Unmut über diese Rochade beschränkte sich nicht auf die Moskauer Eliten. Er war auch in der sinkenden Unterstützung für Putin in nationalen Umfragen zur anstehenden Präsidentschaftswahl im März 2012 deutlich zu spüren. Nach Umfragen Anfang 2012 bestand die reale Möglichkeit, dass Putin in der ersten Runde keine Mehrheit erringen würde, was er Anfang Februar selbst einräumte. Die Wahlbarometer fanden ihre Entsprechung in den alljährlich im Mai stattfindenden Umfragen des Lewada-Zentrums, die sich mit Putins Amtsführung beschäftigten. Von 2007 bis 2010 hatten rund 80 Prozent der 1.600 landesweit befragten Teilnehmer die Frage „Sind Sie im Allgemeinen mit der Arbeit von Wladimir Putin als Präsident Russlands einverstanden oder nicht?" bejaht. Während die Unterstützung im internationalen Vergleich hoch blieb, sanken seine Werte 2011 und 2012 auf 69 Prozent und 2013 auf 64 Prozent.[1]

Als Putin Anfang Februar 2012 eingestand, dass er möglicherweise keine Mehrheit in der ersten Runde der Präsidentschaftswahlen im Februar 2012 erringen würde, erkannte er faktisch an, dass Russland sich zu einem – um mit Levitsky und Way zu sprechen – kompetitiv-autoritären System entwickelt hatte, in dem die amtierende Führung – wie in typischen Demokratien – vor der Wahl nicht ruhig schlafen kann, weil der Wahlausgang letztlich offen ist.[2] Entsprechend setzten er und seine Clique alles daran, diese Ungewissheit zu minimieren bzw. ganz auszuschließen und seine Wahl in der ersten Runde zu sichern. Das gelang ihnen, indem sie eine überwältigende Präsenz in den wichtigsten Medien nutzten, potenziell ernst zu nehmende Kandidaten ausschlossen, Rentnern und Staatsangestellten drohten, Gegner inhaftierten und schließlich die Kontrolle des Kreml über das Militär und andere Streitkräfte geltend machten.

Putins nachlassende Beliebtheit, die sich in Umfragen vor der Präsidentschaftswahl abzeichnete, war nicht der einzige Grund, warum man die Zukunftsaussichten für das Wachstum der Zivilgesellschaft nach der Wiederwahl Putins verhalten optimistisch beurteilen durfte. Die neuen Medien spielten bei der Mobilisierung in den größten Städten – vor allem in Moskau – trotz des Quasi-Monopols des Regimes im Wahlzyklus 2011/12 eine wichtige Rolle.[3] Unter den Eliten fand ein Generationenwechsel statt; eine Umfrage unter russischen Eliten aus dem Jahr 2012 deutete darauf hin, dass die nach 1970 Geborenen eine westliche Demokratie eher befürworteten als ältere Menschen. An ganz anderer Front hatte sich überdies abgezeichnet, dass Fracking (Stichwort Ölpreise) die Position der USA in der globalen politischen Ökonomie grundlegend verändert hatte – eine Änderung, die möglicherweise zutiefst negative Auswirkungen auf Russland haben würde. Und es war zu Zugeständnissen gekommen – äußerst eingeschränkten Zugeständnissen zwar, aber Zugeständnissen nichtsdestotrotz. Dazu zählten die Rückkehr zur Direktwahl der Regionalgouverneure, eine deutliche Lockerung der Voraussetzungen für eine Parteigründung und die Installation von Webcams in der überwiegenden Zahl der Wahllokale für die Präsidentschaftswahl.[4]

Dieser Optimismus war unberechtigt. Putin war entschlossen, die Erfahrung des Wahlzyklus 2011/12 nicht zu wiederholen. Wladimir Gelman und Simon Saradzhyan weisen zu Recht darauf hin, dass Putin es durchaus ernst meinte, als er wenige Tage nach seiner Wahl im März 2012 erklärte, man werde die Schrauben anziehen.[5] Wie Saradzhyan berichtet, hatte Putin gefragt: „Wie können wir darauf verzichten?"

Die Verschärfung der Kontrolle betraf und betrifft alle Bereiche. Sie führte zur Repression von Oppositionsmitgliedern, von denen viele ins Ausland gingen[6] und Einzelne inhaftiert wurden.[7] Wer an der Ermordung des prominenten Oppositionsführers Boris Nemzow am 27. Februar 2015 beteiligt und wer der Drahtzieher war, ist bis zum heutigen Zeitpunkt ungeklärt. Putins Politik führte zu verstärkten Einschränkungen der Unabhängigkeit elektronischer Medien, allen voran dem

Gesetz vom Dezember 2013, das „dem russischen Generalstaatsanwalt die außergerichtliche Befugnis gibt, sämtliche Webseiten auf die Ru-Net-Sperrliste zu setzen, die ‚Aufrufe zu Unruhen, extremistischen Aktivitäten ... terroristischen Aktivitäten oder zur Teilnahme an öffentlichen Veranstaltungen entgegen den einschlägigen Verfahren' enthalten".[8]

Die Bemühungen von Oppositionsparteien, in verschiedenen Städten wie etwa der drittgrößten russischen Stadt Nowosibirsk auf den Wahlzettel zu kommen, sind auf erheblichen Widerstand gestoßen, und man darf spekulieren, dass – selbst wenn „registrierte politische Parteien imstande sein werden, das Sammeln von Unterschriften zu umgehen"[9] – irgendeine Variante dieser Erschwernisse in der Duma-Wahl 2016 eine Rollen spielen wird (der Termin für die Wahl wurde vom Dezember auf den September vorverlegt, höchstwahrscheinlich, um die Wahlbeteiligung herabzusetzen).

Die Hebelwirkung der Zivilgesellschaft auf die Gestaltung der Politik wurde weiter durch Vorschriften drastisch eingeschränkt, wonach NGOs sich als „ausländische Agenten" registrieren lassen müssen, wenn sie Mittel aus dem Ausland beziehen und sich in nicht spezifizierter Weise „politisch" betätigen. (‚Ausländischer Agent' ist im russischen Kontext besonders negativ besetzt.) In jüngster Zeit war es Aufgabe der Behörden, über die Einstufung als Auslandsagent und die „politische" Betätigung der jeweiligen NGO zu befinden. Das Gesetz ist bei den meisten NGOs auf erheblichen Widerstand gestoßen – verständlicherweise, da eine entsprechende Einstufung mit empfindlichen Geldstrafen (400.000 Rubel, das sind deutlich über 5.000 €) verbunden ist.[10]

Drei Beispiele vom Sommer 2015 verdeutlichen die unterschiedlichen Richtungen, die NGOs als Reaktion auf ihre Einstufung als Auslandsagent eingeschlagen haben. Das erste Beispiel betrifft Transparency International-R – eine Organisation, die sich vor allem für die Bekämpfung der Korruption einsetzt. Sie wehrt sich gegen die Einstufung als Auslandsagent, indem sie – möglicherweise mit einem ironischen Seitenhieb – den Standpunkt vertritt, ihre Ziele stünden mit denen der Regierung in Einklang, da die Regierung die Korruptionsbekämpfung zu einer ihrer Prioritäten gemacht habe. Zwei andere Fälle aus jüngster Zeit sind ebenfalls aufschlussreich. Der eine betrifft das „Komitee gegen Folter", wobei auch die Folter eine Praxis ist, die die Regierung vorgeblich ablehnt. Die Leiter des Komitees können so darauf bestehen, dass ihre NGO keine Organisation ist, die die Politik der Regierung verändern will. Das Komitee hat sich in „Komitee zur Vermeidung der Folter" umbenannt. Als solches erhält es keine Unterstützung aus dem Ausland mehr und ist fortan eine Dachorganisation mit sechs verschiedenen Untergruppen und weniger Ressourcen als ihre Vorgängerorganisation.

Die dritte Schließung in jüngster Zeit betrifft den Fonds „Dynastie" (Dinastija), eine Stiftung, die fast ausschließlich von dem Telekom-Magnaten Dmitri Simin – dem Gründer des Mobilfunkriesen Wympelkom – finanziert wird. Ihr Hauptziel besteht darin, junge Forscher und Wissenschaftler zu ermutigen, in Russland zu bleiben, anstatt ins Ausland abzuwandern. Die Stiftung besitzt einen Ableger, die „Liberale Mission" (Liberalnaja Missija) unter Leitung von Jewgeni Jasin, Wirtschaftsminister unter Präsident Boris Jelzin. Ziel der Stiftung sei es, so Jasin in seinem Leitbild, „liberale Werte und Ideen in ganz Russland zu entwickeln und zu verbreiten".[11]

Simin, ein russischer Staatsbürger, hat einen Großteil seines Geldes im Ausland angelegt, was im Wesentlichen der Grund dafür war, seine Stiftung als Auslandsagent zu qualifizieren. Sehr viel wahrscheinlicher war den Behörden das Leitbild der Stiftung „Liberale Mission" ein Dorn im Auge. Liberale Werte genießen in Russland, insbesondere im Kreml, derzeit kein hohes Ansehen. „Dynastie" hat erklärt, ihre Tätigkeit einstellen zu wollen, und Simin hat das Land verlassen. Das muss nicht das Ende von „Dynastie" bedeuten. Mehrere Tausend Protestler, darunter Wissenschaftler und Intellektuelle,[12] gingen im Juni 2015 auf die Straße, um gegen die Einstufung von „Dynastie" als Auslandsagent zu protestieren. Wie im Falle der Wahlbeobachtungsorganisation Golos, in dem die Regierung die Verurteilung zu einer Geldstrafe von 400.000 Rubel zurücknahm, könnte die Regierung auch im Falle von „Dynastie" feststellen, dass sie „einen Fehler gemacht" hat, was insbesondere das fadenscheinige Argument betrifft, Simin sei ein ausländischer Agent, weil er sein Geld im Ausland anlege.

Es gibt weitere schlechte Nachrichten für die Zivilgesellschaft. Abgesehen von der Diskriminierung als ‚ausländischer Agent' wurden die Auflagen für NGOs durch ein im Mai unterzeichnetes Gesetz nochmals verschärft. Das Gesetz schränkt „unerwünschte ausländische Organisationen" ein, die vom Generalstaatsanwalt und dem Außenministerium als „Gefahr für die verfassungsmäßige Ordnung, die Verteidigungsfähigkeit oder die Sicherheit des russischen Staates"[13] betrachtet werden. Einen solchen Stempel zu erhalten ist für die NGO, ihre Leiter und für alle, die mit ihr zu tun haben, noch schwerwiegender als die Etikettierung als ausländischer Agent.[14]

Der überwiegende Teil der Organisationen, die als Erste unter das neue Gesetz fielen, hat seinen Hauptsitz in den USA. Die so designierten unterschieden sich deutlich in ihrer Mission und ihrer Finanzierung. Die vom Föderationsrat als unerwünscht bezeichneten NGOs, die an den Generalstaatsanwalt weitergereicht wurden, waren eine Mischung, die im Kontext der amerikanisch-russischen Beziehungen zum Teil verständlich war. Andere dieser NGOs hatten Aufgaben, die sich weit weniger leicht als politisch charakterisieren ließen. Ihre Etikettierung als unerwünscht sollte somit klar diejenigen schwächen, die sich wie die MacArthur Foundation und die Mott Foundation um die Förderung zivilgesellschaftlicher Initiativen auf lokaler oder nationaler Ebene bemühten. Beide haben angekündigt, ihre russischen Büros zu schließen.

Die Liste der inkriminierten Organisationen wird sich zweifellos im Laufe der Zeit ändern und sich wahrscheinlich erweitern, doch nach Stand vom Sommer 2015 befand sich ein Dutzend NGOs auf der ersten schwarzen Liste, die der Föderationsrat dem Justizministerium, dem Generalstaatsanwalt und dem Außenministerium vorlegte. Unter den NGOs mit Sitz in den USA waren das Open Society Institute, das National Endowment for Democracy, das International Republican Institute, das Political Democratic Institute for International Affairs, die MacArthur Foundation, Freedom House und die Mott Foundation. Auch zwei polnische Stiftungen, die Stiftung Erziehung zur Demokratie und das Osteuropäische Demokratische Zentrum, standen auf der Liste. Daneben gab es NGOs mit Verbindungen zur Ukraine oder zu Ukrainern, so den Ukrainischen Weltkongress, den Ukrainischen Weltkoordinationsrat und die Feldmission Menschenrechte auf der Krim.

Die Maßnahmen gegen amerikanische und ukrainische NGOs und eine NGO auf der Krim müssen im Kontext der russischen Beteiligung am Bürgerkrieg und Russlands Annexion der Krim gesehen werden. Diese wurde in Russland von einer massiven Medienberichterstattung begleitet, die der düsteren Seite der ukrainischen Politik – nämlich dem rechten Sektor – mehr Aufmerksamkeit schenkte als den wichtigsten russischen Parteien – *Einiges Russland*, der KPRF oder der *Liberal-Demo-*

kratischen Partei Russlands (LDPR).[15] Russlands Annexion der Krim hat zu Reaktionen geführt, die eine deutliche Zustimmung zu Wladimir Putin in seinem Amt als Präsident Russlands erkennen lassen. Die Zustimmung rangierte in den Umfragen des Lewada-Zentrums in den ersten fünf Monaten 2015 zwischen 83 und 86 Prozent. Diese Zahlen stellen eine deutliche Zunahme gegenüber denen von 2011 und 2013 dar, lagen jedoch nur wenige Prozentpunkte über den Ergebnissen, die Putin in den Umfragen zwischen 2007 und 2010 erzielte.

Die Medienkampagne blendete autonome russische Stimmen (mit einigen wenigen Ausnahmen wie *Echo Moskwy*) fast komplett aus. Im Spätsommer 2015 ist die Prognose, mit der ich Ende 2013 die englische Originalausgabe dieses Buches schloss – dass nämlich die Präsidentschaftswahl 2018, so es Putins Gesundheit erlaube, ein „wahl-ähnliches Ereignis" sein werde – nur noch offensichtlicher. Bedauerlicherweise scheinen die Aussichten für eine lebendige Zivilgesellschaft heute ebenfalls noch düsterer als im Dezember 2013.

William Zimmerman, im August 2015

Anhang

Dank

Dieses Buch zu schreiben hat einige Zeit in Anspruch genommen, und ich bin verschiedenen Menschen zu Dank verpflichtet. Zusammen mit drei ehemaligen Graduierten – Valerie Bunce, Olesya Tkacheva und David Rivera – leitete ich einen Workshop, in dem wir einen Entwurf der ersten zwei Drittel meines Buches besprachen. Die Erfahrung wiederholte ich per Videokonferenz mit den russischen Kollegen Wladimir Gelman, Eduard Ponarin, Yegor Lazarev und Kirill Kalinin. Sie alle machten mündlich und schriftlich wertvolle Kommentare zum jeweiligen Stand des Manuskripts und brachten konstruktive Vorschläge ein, welche Richtungen ich zu seiner Fertigstellung einschlagen solle. Ohne die finanzielle Unterstützung und das von Teresa Sullivan ausgesprochene Vertrauen – sie war zu Beginn dieses Projekts Provost der Universität – und ohne die Bereitschaft von Vize-Provost Lori Pierce, die nach dem Weggang von Professor Sullivan aus Ann Arbor (sie wurde Präsidentin der University of Virginia in Charlottesville) Nachsicht mit meinem schleppendem Tempo hatte, wäre ich nicht in der Lage gewesen, die beiden Buchkonferenzen durchzuführen.

Rivera, Kalinin (derzeit fortgeschrittener Graduierter in Michigan) und Tkacheva leisteten weitere Unterstützung bei diesem Projekt. Rivera machte ausführliche kritische Kommentare zu jedem Kapitel, Kalinin bereitete die Zahlen in Kapitel 8 und 9 vor, und Tkacheva half mir bei Fragen der Transliteration. Kelly Grossmann war eine große Hilfe bei der Vorbereitung der Auswahlbibliographie. Darüber hinaus bewies Kira Youdina, wie sinnvoll das Undergraduate Research Opportunities-Programm der Universität sowohl für Studierende als auch für Lehrende sein kann, da sie diffuse Quellen aufspürte und russische bzw. englische Versionen von entscheidenden Äußerungen verschiedener früher Bolschewiki miteinander verglich.

Besonderer Dank gilt George Breslauer und Patrick Shields, die beide wertvolle Kommentare zu Fassungen des Manuskripts machten. Wie bereits mehrfach zuvor und in diversen Funktionen im Laufe unserer

50-jährigen Freundschaft zwang mich George, meine Überlegungen zum Buch schärfer herauszuarbeiten. Patrick machte gute Anregungen zur Verbesserung des Manuskripts und ließ nicht ab, bis ich es fertig stellte. Ein anonymer Gutachter machte hilfreiche inhaltliche Anregungen und verwies mich außerdem auf Möglichkeiten, das Manuskript für fortgeschrittene Bachelor-Studierende zugänglicher zu machen.

Frühere Fassungen von Teilen verschiedener Kapitel sind bereits erschienen. Meine Anmerkungen zu Marshal Sokolovsky wurden zunächst als Rezension im *Journal of Conflict Resolution* abgedruckt. Meine Analyse der Meinungen russischer Bürger zu den Stärken und Einstellungen ihrer Führer greift auf eines meiner früheren Bücher zurück, das bei der Princeton University Press erschienen ist (*The Russian People and Foreign Policy*, 2002). Die empirische Untersuchung dieser Fragen wäre nicht möglich gewesen, wenn ich nicht 1995/96 an einer Welle von Massenbefragungen mit Timothy Colton als Projektleiter teilgenommen hätte und Colton nicht Daten aus späteren Erhebungen mit mir geteilt hätte. Mein erster Versuch, die Abkehr von mobilisierter Partizipation sowie ihre Auswirkungen auf das Wesen des sowjetischen Systems systematisch aufzuzeigen, ergab sich aus meiner Teilnahme am Sowjetischen Interview-Projekt und erschien in dem von James Millar herausgegebenen Band *Politics, Work, and Daily Life in the USSR* (© Cambridge University Press, 1987). Der Abschnitt, in dem ich auf die Möglichkeit eingehe, Veränderungen in den sowjetischen Militärausgaben abzuschätzen, erschien erstmals als Artikel (mit Glenn Palmer als Koautor) im *American Political Science Review* (© Cambridge University Press).

Meine Frau Susan McClanahan hat mich in vielfältiger Weise unterstützt, vor allem, indem sie wohlwollend und ohne es mir übel zu nehmen akzeptiert hat, dass ich seit meiner Emeritierung dasselbe tue, was ich tat, als ich von der University of Michigan ein Gehalt bezog.

Dieses Buch wäre nicht möglich gewesen ohne den Rat, die Forschungsprojekte und die Freundschaft ehemaliger Studierender, die ich im Laufe der Jahre kennengelernt habe. Es ist mir daher ein besonderes Vergnügen, ihnen dieses Buch zu widmen.

Bill Zimmerman
Center for Political Studies and Department of Political Science
University of Michigan Ann Arbor

Anmerkungen

Einleitung

1 William Zimmerman, „‚Normal Democracies‘ and Improving How They Are Measured: The Case of Russia", *Post-Soviet Affairs*, Jg. 23, Nr. 1 (Januar–März 2007), S. 1–17. Siehe auch Peter T. Leeson und William N. Trumbull, „Comparing Apples: Normalcy, Russia and the Remaining Post-Socialist World", *Post-Soviet Affairs*, Jg. 22, Nr. 2 (April–Juni 2006), S. 225–49.

2 Es gibt Ausnahmen. So versichert etwa Richard Pipes in *Russia under the Old Regime* (New York: Scribner, 1974): „Russland gehört *par excellence* [Hervorhebung im Original] zu jener Kategorie von Staaten, die man in der politischen und soziologischen Fachliteratur üblicherweise als ‚patrimonial‘ bezeichnet." (S. xxii)

3 Boris Jelzin, *Auf des Messers Schneide. Tagebuch des Präsidenten* (aus dem Russ. von Helmut Ettinger, Berlin: Siedler, 1994), S. 11.

4 Andrei Shleifer und Daniel Treisman, „A Normal Country", *Foreign Affairs*, Jg. 83, Nr. 2 (März–April 2004), S. 20–38; Shleifer, *A Normal Country: Russia after Communism* (Cambridge, MA: Harvard University Press, 2005).

5 Leeson und Trumbull, „Comparing Apples"; Zimmerman, „‚Normal Democracies‘".

6 Sheila Fitzpatrick, *Everyday Stalinism: Ordinary Life in Extraordinary Times: Soviet Russia in the 1930s* (Oxford: Oxford University Press, 1999), Richard Sakwa, *Putin: Russia's Choice* (New York: Routledge, 1. Auflage 2004; 2. Auflage 2008), Martin Malia, *The Soviet Tragedy: A History of Socialism in Russia, 1917–1991* (New York: Free Press, 1994), und Vladimir Shlapentokh, *A Normal Totalitarian Society* (Armonk, NY: M.E. Sharpe, 2001) sind einige der Autoren, die den Begriff der Normalität auf die sowjetische oder russische Politik oder Gesellschaft anwenden.

7 Steven Levitsky und Lucan Way, *Competitive Authoritarianism: Hybrid Regimes after the Cold War* (New York: Cambridge University Press, 2010), S. 12.

8 In *Red Sunset: The Failure of Soviet Politics* (Princeton, NJ: Princeton University Press, 1993), S. 24, bezeichnet Philip Roeder das Elektorat (im Original „selectorate"), als diejenigen, welche die Macht haben, „zu wählen und abzusetzen". Siehe auch Susan Shirk, *The Political Logic of Economic Reform* (Berkeley: University of California Press, 1993) sowie Bruce Bueno de Mesquita u. a., *The Logic of Political Survival* (Cambridge, MA: MIT Press, 2003).

9 Im englischen Originaltext ebenfalls mit der Wortfindung „ejectorate" bezeichnet. Für Joseph Schumpeter, *Kapitalismus, Sozialismus und Demokratie* (7. Auflage. Tübingen: A. Francke, 1993), S. 432, schließt die Rolle der Wählerschaft bei der Wahl einer Regierung die Funktion „ihrer Absetzung" ein.

10 In diesem Buch sind die Vergleiche größtenteils intertemporal und in deutlich geringerem Maße international. Westliche (z. B. Katherine Stoner-Weiss,

Andrew Konitzer, Olesya Tkacheva) wie russische (z. B. Wladimir Gelman, Grigori Golossow) Wissenschaftler haben zahlreiche gute Arbeiten zu innerrussischen räumlichen Vergleichen unter Berücksichtigung der Zentralregierung vorgelegt. Weitere gute Beispiele aus der jüngsten Vergangenheit sind u. a. William M. Reisinger, Hg., *Russia's Regions and Comparative Subnational Politics* (New York: Routledge, 2013) und das Sonderheft von *Europe-Asia Studies*, Jg. 68, Nr. 3 (Mai 2011), „Russian Regional Politics under Putin and Medvedev".

11 Levitsky und Way, *Competitive Authoritarianism*, insbesondere S. 12–16 und 369–71.

12 Im englischen Original „totalitarian/mobilizational".

13 Diese unterscheidet sich nur geringfügig von einer Definition von Mobilisierung, die mir George Breslauer in einem persönlichen Gespräch vorgeschlagen hat.

14 Zbigniew K. Brzezinski, *Ideology and Power in Soviet Politics* (New York: Praeger, 1962), insbesondere S. 14–19.

15 William Zimmerman, „Mobilized Participation and the Nature of the Soviet Dictatorship", in James R. Millar, Hg., *Politics, Work, and Daily Life in the USSR: A Survey of Former Soviet Citizens* (Cambridge: Cambridge University Press, 1987), S. 332–53.

16 Brzezinski, *Ideology and Power*, S. 16.

17 Ibid.

18 Diese Tabelle orientiert sich maßgeblich an Zimmerman, „Mobilized Participation and the Nature of the Soviet Dictatorship", in James Millar, Hg., *Politics, Work, and Daily Life in the USSR: A Survey of Former Soviet Citizens* (Cambridge: Cambridge University Press, 1987), S. 332–53; Steven Levitsky und Lucan Way, *Competitive Authoritarianism: Hybrid Regimes after the Cold War* (New York: Cambridge University Press, 2010), und Zbigniew Brzezinski, *Ideology and Power in Soviet Politics* (New York: Praeger, 1962), insbesondere S. 14–20. Spalten I–III stammen aus Levitsky und Way, *Competitive Authoritarianism*, insbesondere Tabelle 1.1, S. 13, sowie die entsprechenden inhaltlichen Ausführungen und erscheint mit freundlicher Genehmigung. Spalte IV beruht weitgehend auf Brzezinski, *Ideology and Power*. Zeilen 4 und 5 beruhen auf Zimmerman, „Mobilized Participation".

19 Shlapentokh, *A Normal Totalitarian Society*, S. 3. Der Fairness halber „erkennt [Shlapentokh] bedeutende Unterschiede zwischen den verschiedenen Epochen der sowjetischen Geschichte an", behauptet jedoch auch, dass die „sowjetische Gesellschaft [dennoch] *totalitär* [Hervorhebung im Original] war, wie von verschiedenen Autoren in den USA und im Ausland dargestellt worden ist" und verweist auf die üblichen Verdächtigen.

20 Einen ausgewogenen historischen Abriss des Denkens über den Totalitarismus liefert Abbot Gleason in *Totalitarianism: The Inner History of the Cold War* (New York: Oxford University Press, 1995).

21 Fitzpatrick, *Everyday Stalinism*; Terry Martin, *The Affirmative Action Empire: Nations and Nationalism in the Soviet Union, 1923–1939* (Ithaca, NY: Cornell University Press, 2001); Oleg Khlevniuk, *1937: Stalin, NKVD, i Sovetskoe obshchestvo* (Moskau: Respublika, 1992); Khlevniuk, *Politbiuro: Mekhanizmi politicheskoi vlasti* (Moskau: Rosplan, 1996); Khlevniuk u.a., *Stalinskoe Politbiuro v 30–e gody: Sbornik dokumentov* (Moskau: AIRO-XX, 1995).

22 Levitsky und Way, *Competitive Authoritarianism*.

23 „Dieser Prozess, eine Führung zu wählen, muss unter gewissen oder festen Regeln stattfinden, jedoch mit einem ungewissen Ausgang, der nicht rückgängig gemacht werden kann." McFaul u. a., „Introduction", in McFaul u. a., *Between Dictatorship and Democracy: Russian Post-communist Political Reform* (Washington, DC: Carnegie Endowment for International Peace, 2004), S. 2.

24 Levitsky und Way, *Competitive Authoritarianism*, S. 191.

25 Olga Kryshtanovskaya und Stephen White, „The Sovietization of Russian Politics", *Post Soviet Affairs*, Jg. 25, Nr. 4 (Oktober–Dezember 2009), S. 283–309.

26 Gerald Easter, „The Russian State in the Time of Putin", *Post-Soviet Affairs*, Jg. 24, Nr. 3 (Juli–September, 2008), S. 206.

27 Levitsky und Way, *Competitive Authoritarianism*, S. 370–71.

28 Vgl. hierzu ausführlicher Zimmerman, „Mobilized Participation", S. 332–53; William E. Odom, *The Collapse of the Soviet Military* (New Haven, CT: Yale University Press, 1998); Steven L. Solnick, *Stealing the State: Control and Collapse in Soviet Institutions* (Cambridge, MA: Harvard University Press, 1998).

29 Bueno de Mesquita u. a., *The Logic of Political Survival*, S. 39.

30 George W. Breslauer, *Gorbachev and Yeltsin as Leaders* (Cambridge: Cambridge University Press, 2002).

31 Robert V. Daniels, „Soviet Politics since Khrushchev", in John W. Strong, Hg., *The Soviet Union under Brezhnev and Kosygin: The Transition Years* (New York: van Nostrand Reinhold, 1971), S. 20.

32 Es handelt sich bewusst um minimalistische Kriterien. Für Beispiele von Aufsätzen, die sich auf ein breiteres Verständnis von Demokratie konzentrieren und sich mit postkommunistischen Systemen beschäftigen, siehe Richard D. Anderson, Jr. u. a., *Postcommunism and the Theory of Democracy* (Princeton, NJ: Princeton University Press, 2001).

33 Reuters berichtete am 26. Februar 2013, er sei nicht auf der Liste der Vorstandmitglieder für 2013 verzeichnet.

34 „Bank Buries Navalny Debit Cards", *RIA Novosti*, 13. Dezember 2012.

35 Perm hatte mehr als eine Million Einwohner, doch im jüngsten Zensus sank seine Einwohnerzahl auf unter eine Million.

1. Vom demokratischen Zentralismus zum demokratischen *Zentralismus*

1 In der umfangreichen Fachliteratur sind insbesondere Richard Pipes, *The Russian Revolution* (New York: Vintage Books, 1991), und Alexander Rabinowitch, *The Bolsheviks Come to Power: The Revolution of 1917 in Petrograd* (New York: Norton, 1976), zu erwähnen.

2 Zu den Grünen siehe Vladimir Brovkin, *Behind the Front Lines of the Civil War* (Princeton, NJ: Princeton University Press, 1994), insbesondere S. 145–50. Auf S. 145–146 beschreibt Brovkin die Grünen als „Bauernrebellen", größtenteils Deserteure, die „in jeder Provinz des europäischen Russlands unter bolschewistischer Kontrolle" zu finden waren und (wo vorhanden) die Wälder zur Deckung nutzten.

3 Oliver H. Radkey, *Russia Goes to the Polls: The Election to the All-Russian Constituent Assembly, 1917* (Ithaca, NY: Cornell University Press, 1989), S. 3. Das Gesamtergebnis ist auf S. 18–19 abgedruckt.

4 Ibid., S. 55.

5   Ich beziehe mich auf die englischsprachige Fassung, die in Robert C. Tuckers, Hg., *The Lenin Anthology* (New York: Norton, 1975), S. 418–22 auf S. 422 abgedruckt ist. Einige bolschewistischer Führer waren offensichtlich dazu bereit, der Konstituierenden Versammlung Maßnahmen zuzugestehen, welche die bolschewistische Machtergreifung hätten gefährden können. Lenin rügt „einige Bolschewistenführer", sie hätten wohl nicht begriffen, dass eine Unterstützung der Konstituierenden Versammlung „ein Verrat an der Sache der Proletarier sei". Ibid., S. 421. Zu Einzelheiten, siehe William Henry Chamberlin, *The Russian Revolution, 1917–1921* (New York: Macmillan, 1935), Bd. 1, S. 365–71.

6   Bueno de Mesquita u. a., *The Logic of Political Survival*, S. 6.

7   Ibid.

8   James H. Meisel und Edward S. Kozera, Hg., *Materials for the Study of the Soviet System: State and Party Constitutions, Laws, Decrees, Decisions, and Official Statements of the Leaders*, 2. Auflage (Ann Arbor, MI: Wahr, 1953), S. 88.

9   Die Wahlen nach der Revolution von 1905 und vor dem Ersten Weltkrieg benachteiligten Bauern und Arbeiter. Terence Emmons, *The Formation of Political Parties and the First National Elections in Russia* (Cambridge, MA: Harvard University Press, 1983), S. 238.

10 Merle Fainsod, *Wie Russland regiert wird* (ergänzt und auf den neuesten Stand gebracht von Georg Brunner, aus dem Amerikanischen von Karl Römer, Köln: Kiepenheuer & Witsch, 1965), S. 398.

11 Bueno de Mesquita u.a., *The Logic of Political Survival*, S. 6.

12 Lars T. Lih, *Bread and Authority in Russia, 1914–1921* (Berkeley: University of California Press, 1990).

13 Fainsod, *Wie Russland regiert wird*, S. 158.

14 In diesem Abschnitt lehne ich mich stark an Roeder an, *Red Sunset*, S. 48.

15 Roeder, *Red Sunset*, S. 45.

16 Fainsod, *Wie Russland regiert wird*, S. 208.

17 Roeder, *Red Sunset*, S. 47.

18 Politische Polizei.

19 Bueno de Mesquita u. a., *The Logic of Political Survival*, S. 39.

20 John Wheeler-Bennett, *Brest-Litovsk: The Forgotten Peace, March 1918* (1938; Nachdruck, New York: Norton, 1971), S. 269, auf Grundlage der Außenbeziehungen des amerikanischen State Department, 1918.

21 Die besten Darstellungen sind noch immer die von Wheeler-Bennett, *Brest-Litovsk*, und Louis Fischer, *The Soviets in World Affairs: A History of the Relations between the Soviet Union and the Rest of the World* (London: Jonathan Cape, 1930), Bd. 1, S. 15–78. Ronald I. Kowalski, *The Bolshevik Party in Conflict: The Left Communist Opposition of 1918* (Pittsburgh: University of Pittsburgh Press, 1991) erweitert die Debatten unter der Führungsriege mit einer eingehenden Darstellung der Standpunkte regionaler Parteiorganen und staatlicher Organe zu den Verhandlungen mit den Deutschen. Zu den Standard-Darstellungen der Machtergreifung und frühen Jahre der Sowjetmacht, die Brest-Litowsk behandeln, zählen Pipes, *The Russian Revolution*, S. 567– 605; Leonard Bertram Schapiro, *The Origin of the Communist Autocracy: Political Opposition in the Soviet State, First Phase, 1917–1922* (London: London School of Economics and Political Science, 1955), S. 89–110; Fainsod, *Wie Russland regiert wird*, S. 166–74; Rabinowitch, *The Bolsheviks Come to Power*; Rabinowitch, *The Bolsheviks in Power: The First Year of Soviet Rule in Petrograd* (Bloomington: Indiana University Press, 2007).

22 Roeder, *Red Sunset;* Schapiro, *The Origin;* Fainsod, *Wie Russland regiert wird;*
    Malia, *The Soviet Tragedy;* Pipes, *The Russian Revolution;* und viele andere.

23 Alle Darstellungen stimmen darin überein, dass die russischen Unterhändler
    ein bunt zusammengewürfelter Haufen waren. Unter ihnen befanden sich
    selbstverständlich Bolschewistenführer, unter anderem der Leiter der Delega-
    tion, Adolf Joffe, sowie Militäroffiziere. Sie spannten jedoch auch eine sozial-
    revolutionäre Attentäterin, einen Soldaten, einen Matrosen, einen Arbeiter
    und einen Bauern ein. Die Rekrutierung des Bauern verrät einiges über die At-
    mosphäre jener Tage unmittelbar nach der Revolution. Wie Wheeler-Bennett
    berichtet, bemerkten die Delegationsführer auf dem Weg zum Warschauer
    Bahnhof, dass in der Delegation „die Bauernklasse unterrepräsentiert war"
    und stießen zufällig auf „einen alten Mann in einem Bauernmantel", der allem
    Anschein nach auf dem Weg zu einem Bahnhof war. „Komm mit uns nach
    Brest-Litowsk und schließe Frieden mit den Deutschen", habe man laut Whee-
    ler-Bennett dem Mann gesagt. Und nach „ein bisschen Überredungskunst,
    einem versprochenen Sümmchen Geld" tat er, wie geheißen, und vervollstän-
    digte das Verhandlungsteam. Dies war meines Wissens nach das erste Beispiel
    für das, was später als „political correctness" bezeichnet wurde (*Brest-Litovsk,*
    S. 86-87).

24 Kowalski, *The Bolshevik Party,* S. 11.

25 Wheeler-Bennett, *Brest-Litovsk,* S. 187.

26 Fischer, *The Soviets,* Bd. 1, S. 48-49.

27 Wheeler-Bennett, *Brest-Litovsk,* S. 193.

28 Ibid., S. 245.

29 Fischer, *The Soviets,* Bd. 1, S. 60.

30 Ibid.

31 V. I. Lenin, *Polnoe Sobranie Sochinenii,* 5. Auflage (Moskau: Gosizdat, 1970-85),
    S. 489, Hervorhebung im Original.

32 Eine Drohung, die auch in der *Prawda* erschien. Vgl. Wheeler-Bennett, *Brest-*
    Litovsk, S. 257 und S. 257 Fußnote 2.

33 Ibid., S. 107.

34 Schapiro, *The Origin,* S. 106.

35 Bueno de Mesquita u.a., *The Logic of Political Survival,* S. 65-68.

36 Wheeler-Bennett, *Brest-Litovsk,* S. 259.

37 Ibid.

38 Kowalski, *The Bolshevik Party,* S. 15. Diese Sicht steht im Gegensatz zu der von
    Wheeler-Bennett, *Brest-Litovsk* (S. 191), dem zufolge sich nur ein paar Ort-
    schaften dagegen wandten. Kowalskis Darstellung der regionalen Aktionen
    scheint fundierter.

39 Kowalski, *The Bolshevik Party,* S. 13-14.

40 Ibid., S. 14 zitiert O. [Oskar] Anweiler, *The Soviets: The Russian Workers, Peasants,*
    and Soldiers Councils, 1905–1921, 1. amerikanische Ausgabe (New York: Pan-
    theon Books, 1975), S. 222.

41 Schapiro, *The Origin,* S. 134 und Kowalski, *The Bolshevik Party,* S. 17.

42 Schapiro, *The Origin,* S. 134.

43 Kowalski, *The Bolshevik Party,* S. 17.

44 Schapiro, *The Origin,* S. 135.

45 Fischer, *The Soviets,* Bd. 1, S. 68.

46 Pipes, *The Russian Revolution,* S. 600.

47 Ibid.

48 Robert V. Daniels, *The Conscience of the Revolution* (Cambridge, MA: Harvard University Press, 1960), S. 88.

49 Fischer, *The Soviets*, Bd. 1, S. 74 und Wheeler-Bennett, *Brest-Litovsk*, S. 304; laut Pipes (*The Russian Revolution*, S. 603) lautete das Ergebnis 724–276–118, doch hierbei handelte es sich möglicherweise um andere wichtige Abstimmungen. Dessen ungeachtet ist das Muster 75–25 eindeutig.

50 Zu den Abstimmungen am 21. und 22. Januar, siehe Richard Pipes, *The Russian Revolution* (New York: Vintage Books, 1991), S. 583. Die Abstimmungen vom 18. Februar schildet Leonard Bertram Schapiro in *The Origin of the Communist Autocracy: Political Opposition in the Soviet State, First Phase, 1917–1922* (London: London School of Economics and Political Science, 1955), S. 103–4. Zur Abstimmung am 23. Februar, siehe Louis Fischer, *The Soviets in World Affairs: A History of the Relations between the Soviet Union and the Rest of the World* (London: Jonathan Cape, 1930), Bd. 2, S. 65. Alexander Rabinowitch, *The Bolsheviks Come to Power: The Revolution of 1917 in Petrograd* (New York: Norton, 1976), S. 198, zitiert den VII. Parteitag am 7. März, während Pipes und Fischer das Abstimmungsergebnis mit 28-9-1 angeben. Zur Tagung des Sowjetkongresses am 16. März, siehe John Wheeler-Bennett, *Brest-Litovsk: The Forgotten Peace, March 1918* (New York: Norton, 1971), S. 304.

51 Wheeler-Bennett, *Brest-Litovsk*, S. 193.

52 Siehe insbesondere Pipes, Hg., *The Unknown Lenin* (New Haven, CT: Yale University Press, 1996), passim.

53 Pipes, *The Russian Revolution*, S. 593.

54 Fainsod, *Wie Russland regiert wird*, S. 167.

55 Brovkin, „Workers' Unrest and the Bolsheviks' Response in 1919", *Slavic Review*, Jg. 49, Nr. 3 (Herbst 1990), S. 350–73 auf S. 351. Siehe auch Brovkin, „The Mensheviks' Political Comeback: The Elections to the Provincial City Soviets in Spring 1918", *Russian Review*, Jg. 42, Nr. 1 (Januar 1983), S. 1–50.

56 Schapiro, *The Origin*, S. 230.

57 Wie Schapiro schreibt, „drängte Trotzki ziemlich offen auf Militarisierung und Zwang als normale Methoden des proletarischen Staates". Ibid., S. 277.

58 Zitiert in Daniels, *The Conscience*, S. 109. Hervorhebung im Original.

59 Vgl. Schapiro, *The Origin*, S. 232. Siehe auch Daniels, *The Conscience*, S. 109.

60 Die Differenzen zwischen Trotzki und Lenin wurden dadurch verschärft, dass Sinowjew den Widerstand der Gewerkschaftsfunktionäre und anderer außerhalb des Zentralkomitees gegenüber Trotzki aktiv beförderte.

61 Trotzki, zitiert in Schapiro, *The Origin*, S. 277.

62 Ibid.

63 Zitiert in Schapiro, *The Origin*, S. 278.

64 Daniels, *The Conscience*, S. 141.

65 Ibid.

66 Schapiro, *The Origin*, S. 288.

67 Daniels zufolge errang Lenins Position in einer Umfrage 19 Stimmen, Trotzki und Bucharin erhielten zusammen 11 (Trotzki 7), alle anderen 7 – darunter die Demokratischen Zentralisten, die Arbeiteropposition und die Ignatow-Gruppe. Daniels, *The Conscience*, S. 140. Nach dieser Abstimmung solidarisierte sich Ignatow mit der Arbeiteropposition (ibid., S. 132–40).

68 Ibid., S. 140.

69 Zu Bucharins unterschiedlichen Standpunkten im Januar 1921, als er der Arbeiteropposition nahestand, und seinen Ansichten auf dem X. Parteikongress, als er sich völlig hinter Trotzki und gegen die Arbeiteropposition stellte, siehe Schapiro, *The Origin*, S. 286–87.

70 Blair Ruble, *Soviet Trade Unions: Their Development in the 1970s* (Cambridge: Cambridge University Press, 1981), S. 12.

71 Ibid., S. 11.

72 Schapiro, *The Origin*, S. 224.

73 Ibid.

74 Schapiro, *The Origin*, S. 285.

75 S. N. Kanev, „The Party Masses in the Struggle for Unity of the Russian Communist Party in the Period of the Trade Union Discussion, 1920–21", *Voprosy Istorii*, Nr. 2, (Februar 1956), 17–27, abgedruckt in *Current Digest of the Russian Press*, Bd. 8, Nr. 14 (16. Mai 1956), 15–19, dlib.eastview.com/browse/doc/13974718. Ich danke Olesya Tkacheva, die mich auf diesen Artikel aufmerksam gemacht hat.

76 Ruble, *Soviet Trade Unions*, S. 10–12.

77 In der umfangreichen Fachliteratur ragt Paul Gregorys *Before Command: An Economic History of Russia from Emancipation to the First Five-Year Plan* (Princeton, NJ: Princeton University Press, 1994) heraus.

78 Zitiert in Roeder, *Red Sunset*, S. 43.

79 In fast allen Standardquellen zu dieser Zeit z. B. Fainsod, *Wie Russland regiert wird*, S. 169.

80 Schapiro, *The Origin*, S. 318.

81 Wiederum in jeder Standardquelle, z. B. Fainsod, *Wie Russland regiert wird*, S. 171.

82 Graeme Gill, *The Origins of the Stalinist Political System* (New York: Cambridge University Press, 1990), S. 25–122.

83 Roeder, *Red Sunset*, S. 46.

84 Ich füge hier „aktiv" hinzu, um darauf hinzuweisen, dass das Zentralkomitee anfangs drei Sekretäre ernannte. Der dritte, L. P. Serebrjakow, erkrankte und spielte folglich kaum eine Rolle.

85 Siehe z. B. Daniels, *The Conscience,* S. 151.

86 Roeder, *Red Sunset*, S. 47.

87 Schapiro, *The Origin*, S. 261.

88 Ibid., S. 264.

89 Für die Zeit davor liegen keine zuverlässigen Aufzeichnungen vor, um die Situation in den Regionen einschätzen zu können.

90 Roeder, *Red Sunset*, S. 51.

91 Ibid., S. 27.

92 Ibid., S. 47.

93 John W. Strong, Hg., *The Soviet Union under Brezhnev and Kosygin: The Transition Years* (New York: Van Nostrand, 1971), S. 20.

94 Fainsod, *Wie Russland regiert wird*, S. 249.

95 Bezüglich der Treffen des Politbüro vgl. Tabelle 3.2.

96 Schapiro, *The Origin*, S. 324.

97 Wolf-Dietrich Gutjahr, *Revolution muss sein. Karl Radek – die Biographie* (Köln/Weimar/Wien: Böhlau, 2012), S. 473/74.

98 Diese beruhten allerdings auf Gegenseitigkeit, wie Lenins Zugeständnisse an Trotzki in der Debatte über die Verhandlungen mit Deutschland in Brest-Litowsk gezeigt haben.

99 Schapiro, *The Origin*, S. 320.

100 Zitiert in Daniels, *The Conscience*, S. 138, Hervorhebung im Original.

101 Die Kommunistische oder Dritte Internationale war eine internationale Arbeiterorganisation, die sich explizit gegen die Zweite oder Sozialistische Internationale wandte. Sie wurde nach dem Ersten Weltkrieg gegründet und von Beginn an von den Russen dominiert. Als Geste an die Kriegsalliierten der UdSSR, die Vereinigten Staaten und das Vereinigte Königreich, wurde sie 1943 aufgelöst.

102 Zitiert in Roeder, *Red Sunset*, S. 51.

2. Alternative Mobilisierungsstrategien, 1917–1934

1 Siehe Levitsky und Way, *Competitive Authoritarianism*, S. 13.

2 Jowitt, „Soviet Neotraditionalism", S. 275–97.

3 Zitiert in Pipes, *The Russian Revolution*, S. 728.

4 Brovkin, *Behind the Front Lines*, S. 127.

5 Ibid., S. 312–18; Oliver H. Radkey, *The Unknown Civil War in Soviet Russia: A Study of the Green Movement in the Tambov Region, 1920–1921* (Stanford, CA: Hoover Institution Press, Stanford University, 1976).

6 Brovkin, *Behind the Front Lines*, S. 156.

7 Ibid.

8 Ibid., S. 146.

9 Richard Pipes, *The Unknown Lenin: From the Secret Archives* (New Haven, CT: Yale University Press, 1996), S. 50, Hervorhebung im Original.

10 Brovkin, *Behind the Front Lines*, S. 157.

11 Fainsod, *Wie Russland regiert wird*, S. 515.

12 Der Rat der Volkskommissare wurde 1946 zum Ministerrat, als Bezeichnungen wie Volkskommissar aus der Mode kamen.

13 Fainsod, *Wie Russland regiert wird*, S. 515.

14 Zitiert in ibid.

15 John Erickson, „The Origins of the Red Army", in Richard Pipes, Hg., *Revolutionary Russia* (Cambridge, MA: Harvard University Press, 1968), S. 224–58 auf S. 229.

16 R. Craig Nation, *Black Earth, Red Star: A History of Soviet Security Policy, 1917–1991* (Ithaca, NY: Cornell University Press, 1992), S. 18.

17 Zitiert in Pipes, *The Russian Revolution*, S. 629.

18 Fainsod, *Wie Russland regiert wird*, S. 520.

19 Zitiert in ibid.

20 Zitiert in ibid., S. 519.

21 Zitiert in ibid., S. 518.

22 Nation, *Black Earth*, S. 19, wo er Trotzki zitiert. Dies ist ein frühes Beispiel für die Ansicht sowjetischer Führer, die Sozialisten hätten im Krieg einzigartige Vorteile. Stalin war der prominenteste Vertreter dieser Position, wie sie in seiner Vorstellung von „permanent agierenden Faktoren" zum Ausdruck kommt.

23 Michael Morozow zitiert in Nation, *Black Earth*, S. 19.

24 Nation, *Black Earth*, S. 19.

25 Ibid., S. 21.

26 Zitiert in Chamberlin, *The Russian Revolution*, Bd. 2, S. 398.
27 Pipes, *The Russian Revolution*, S. 599.
28 Ibid., S. 707.
29 Wie so häufig in der gesamten sowjetischen Ära schätzten sowjetische Führer die Bedeutung des Nationalismus für die Umsetzung ihrer Ambitionen nicht hoch genug ein (eklatante Beispiele dafür sind Chruschtschows Geheimrede 1956 und Gorbatschow zur Reaktion der Osteuropäer auf die Glasnost-Politik).
30 Pipes, *The Russian Revolution*, S. 734.
31 Eine englische Übersetzung ist zu finden in Meisel und Kozera, *Materials for the Study of the Soviet System*, S. 27.
32 Paul Gregory, *The Political Economy of Stalinism: Evidence from the Soviet Secret Archives* (Cambridge: Cambridge University Press, 2004), S. 29.
33 Ibid., S. 28.
34 Sicherlich genoss das Proletariat Privilegien, wenn es um Lebensmittelhilfen ging, die viele andere nicht erhielten; auch waren die Arbeiter qua Verfassung gegenüber den Bauern privilegiert.
35 Pipes, *The Russian Revolution*, S. 709.
36 Meisel und Kozera, *Materials for the Study of the Soviet System*, S. 58.
37 Pipes, *The Russian Revolution*, S. 706.
38 Ibid., S. 706.
39 Trotski, *Kak vooruzhalos'* II, Teil 2, S. 78, zitiert in Pipes, *The Russian Revolution*, S. 710.
40 Chamberlin, *The Russian Revolution*, Bd. 2, S. 293. Seine Quelle ist Trotzki, „The Economic Upbuilding of the Soviet Republic", S. 107–14.
41 Siehe unter vielen Quellen Gregory, *Before Command*, S. 86 ff., und Gregory, *The Political Economy*, S. 28–29.
42 Zur NÖP in der Außenpolitik, siehe die allgemeinen Darstellungen von Fischer, *The Soviets;* Adam Ulam, *Expansion and Coexistence* (New York: Holt, Rinehart and Winston, 1974). Zu den britisch-amerikanischen Handelsbeziehungen mit Sowjetrussland zwischen 1918 und 1924, siehe Christine White, *British and American Commercial Relations with Soviet Russia, 1918–1924* (Chapel Hill: University of North Carolina Press, 1992).
43 Jowitt, „Soviet Neotraditionalism", S. 275–97.
44 Gregory, *The Political Economy*, S. 28.
45 Ibid., S. 24.
46 Gregory, *The Political Economy*, S. 26.
47 Ibid., S. 33, Hervorhebung im Original.
48 Ibid., S. 32.
49 Gregory, *Before Command*, S. 110 und *The Political Economy*, S. 33.
50 Gregory, *Before Command*, S. 112.
51 Quelle: Paul Gregory, *The Political Economy of Stalinism: Evidence from the Soviet Secret Archives* (Cambridge: Cambridge University Press 2004), S. 33.
52 Auch wenn die Schätzungen auseinandergehen, sind Ökonomen zu dem Schluss gekommen, dass die Kollektivierung keinesfalls die Nettoeinsparungen der Industrie erhöhte – die übliche Begründung für Stalins Entscheidungen in diesem Zusammenhang. Holland Hunter und Janusz Szyrmer, *Faulty Foundations: Soviet Economic Policies, 1928–1940* (Princeton, NJ: Princeton University

Press, 1992); Gregory, *Before Command*, S. 117-18. Gregory, *The Political Economy*, S. 47, zitiert James Millar, Michael Ellman und A. A. Barsov, die behaupten, „es gab quasi keinen Überschuss."

53 Lynne Viola, *The Best Sons of the Fatherland: Workers in the Vanguard of Soviet Collectivization* (New York: Oxford University Press, 1987).

54 Ibid., S. 3.

55 Das Politbüro stimmte am 1. März 1930 Richtlinien für eine Muster-Kolchose zu, am selben Tag, an dem Stalin seine berühmte Rede „Vor Erfolgen von Schwindel befallen" hielt, die einen vorübergehenden Stopp der Kollektivierung signalisierte. Sheila Fitzpatrick, *Stalin's Peasants: Resistance & Survival in the Russian Village after Collectivization* (New York: Oxford University Press, 1994), S. 49.

56 Zu den englischen Übersetzungen siehe den Austausch von Dokumenten und den Briefwechsel in Lynne Viola u. a., *The War Against the Peasantry, 1927–1930: The Tragedy of the Soviet Countryside* (New Haven, CT: Yale University Press, 2005), insbesondere S. 199-201. Zu weiteren Informationen über Syrzow, siehe S. 93-97.

57 Viola u. a., *The War Against the Peasantry*, S. 167.

58 Ibid., S. 201.

59 Fitzpatrick, *Stalin's Peasants*, S. 49.

60 Viola u. a., *The War Against the Peasantry*, S. 340-69. Die angegebene Zahl von Unruhen steht auf S. 341, die Gesamtzahl auf S. 343 und die Zahl der Morde und Mordversuche auf S. 368. Siehe auch Viola, „The Other Archipelago: Kulak Deportations to the North in 1930 (Dekulakized Peasant Families in the Soviet Union)", *Slavic Review*, Jg. 60, Nr. 4 (Winter 2001), S. 730-55.

61 Viola u. a., *The War Against the Peasantry*, S. 357-58.

62 Sheila Fitzpatrick kommt zu dem Schluss, dass zwischen 1928 und 1932 rund 12 Millionen Menschen vom Dorf in die Stadt zogen (*Stalin's Peasants*, S. 80).

63 Viola u. a., *The War Against the Peasantry*, S. 228-29.

64 Lynne Viola, *The Role of the OGPU in Dekulakization, Mass Deportations, and Special Resettlement in 1930*, The Carl Beck Papers in Russian & East European Studies (Pittsburgh: Center for Russian & East European Studies, University of Pittsburgh, 2000), S. 21.

65 Fitzpatrick, *Stalin's Peasants*, S. 83.

66 Ibid., S. 75.

67 Bericht an Wiktor Krawtschenko, in: ders., *I Chose Freedom* (New York: Scribner, 1946), S. 130, zitiert in Tucker, *Stalin in Power: The Revolution from Above, 1928–1941* (New York: Norton, 1990), S. 195.

68 Tucker zieht in *Stalin in Power*, S. 195-99, einen überzeugenden Vergleich zwischen dem Frondienst vor der Französischen Revolution („corvée") und der „barshchina" vor der Russischen Revolution. Siehe auch Fitzpatrick, *Stalin's Peasants*, S. 128-42, und Robert V. Daniels, *The Rise and Fall of Communism in Russia* (New Haven, CT: Yale University Press, 2007), insbesondere S. 202.

69 Auch wenn die Kolchosbauern in der Praxis eher in der Lage waren, eine Ausreisegenehmigung zu erhalten, als die Regeln besagten.

70 Lynne Viola, Hg., *Contending with Stalinism: Soviet Power and Popular Resistance in the 1930s* (Ithaca, NY: Cornell University Press, 2002); Viola, *The Best Sons*.

71 Angesichts des Mangels an Erfahrung sowohl aufseiten der Betriebsleitung als auch aufseiten der Arbeiter verwundert es kaum, dass die hergestellten Produkte mangelhaft waren und es zu größeren Industrieunfällen kam. Es gibt

keine Hinweise, welche die Theorie von einer vom Ausland finanzierten Ver-
schwörung zur Zerstörung der sowjetischen Industrialisierung bestätigen. John
Scott, *Behind the Urals: An American Worker in Russia's City of Steel* (Boston:
Houghton Mifflin, 1942); ebenfalls Loren Graham, *The Ghost of the Executed
Engineer: Technology and the Fall of the Soviet Union* (Cambridge, MA: Harvard Uni-
versity Press, 1993). Eine plausible Darstellung der Politbüro-Debatten zum
Schachty-Prozess ist enthalten in Michael Reiman, *The Birth of Stalinism: The
USSR on the Eve of the "Second Revolution"* (Bloomington: Indiana University
Press, 1987), S. 57– 66.

72 Tucker, *Stalin in Power*, S. 77-78.

73 Ibid., S. 99. Der Hauptangeklagte, P. A. Paltschinski, so hieß es in dem „Programmheft", sei bereits vor dem Prozess hingerichtet worden. Siehe auch
Graham, *The Ghost*, insbesondere S. 46, wo es heißt, die zentrale Anklage
gegen Paltschinski habe darin bestanden, dass dieser „‚detaillierte Statistiken'
zu Bergbau- und Erdölindustrie" publiziert habe. Vor der Revolution hatte
Paltschinski Daten zu Arbeitsthemen im Don-Becken veröffentlicht, wofür er
vom Zarenregime verbannt worden war (ibid.).

74 Siehe Lowenthals Kapitel „Development vs. Utopia in Communist Policy", in
Chalmers Johnson, Hg., *Change in Communist Systems* (Stanford, CA: Stanford
University Press, 1970), S. 33-116.

75 Tucker, *Stalin in Power*, S. 100-101.

76 Ich verwende den Begriff im Sinne von Thomas Kuhn.

77 Ibid., S. 101.

78 *Prawda*, 14. Juli 1963, und zitiert in William Zimmerman, *Soviet Perspectives on
International Relations* (Princeton, NJ: Princeton University Press, 1969), S. 5.

79 Sheila Fitzpatrick in Fitzpatrick, Hg., *Cultural Revolution in Russia, 1928–1931*
(Bloomington: Indiana University Press, 1984), S. 3.

80 Ich zitiere Fainsod, *Wie Russland,* S. 130, der wiederum Stalins Politischen Bericht des Zentralkomitees des XVI. Allrussischen Parteitags der KPdSU zitiert
aus Stalins *Sochineniya*, Bd. 12, S. 369-70.

81 Fainsod, *Wie Russland,* S. 472.

82 Ibid.

83 Nikita S. Khrushchev, *K pobede v mirnom sorevnovanii s kapitalizmom* (Moskau:
Gospolitizdat, 1959), S. 154.

84 Wobei Stalins Gefolgsmann, Georgi Malenkow, die Doktrin kapitalistischer
Umzingelung bereits 1949 infrage gestellt hatte, als er bemerkte: „Nie zuvor in
seiner Geschichte war unser Land von Nachbarn umgeben, die so freundlich
zu unserem Staat sind." Malenkow, 6. November 1949, zitiert in Robert C.
Tucker, *The Soviet Political Mind: Stalinism and Post-Stalin Change*, Neuauflage
(New York: Norton, 1971), S. 94-95.

85 Der Ruf nach einem Verschwinden des Rechtswesens, der während der Kulturrevolution und dem ersten Fünfjahresplan im Mittelpunkt stand, war im
Grunde das zweite Mal, dass russische Rechtsexperten hartnäckig auf sein Verschwinden drängten. Das erste Mal hatte sich dies in den Monaten unmittelbar nach der Machtergreifung der Bolschewiki 1917 zugetragen. Sehr bald
hatte sich damals jedoch ein Rechtssystem entwickelt, das große Ähnlichkeit
mit dem aufwies, welches Menschen wie John Hazard als europäisches Zivil-
rechtssystem bezeichneten. Hazard, *Settling Disputes in Soviet Society: The Formative Years of Legal Institutions* (New York: Columbia University Press, 1960).

86   Eine Generation später veröffentlichte Alexander Solschenizyn „Matrjonas Hof", eine wunderbare Erzählung, deren Heldin nicht ohne Grund eine alte russische Frau ist. In Alexander Solschenizyn, *Stories and Prose Poems* (London: Bodley Head, 1971).

87   Loren R. Graham, *Science in Russia and the Soviet Union: A Short History* (Cambridge: Cambridge University Press, 1993), S. 113.

88   Ein besonders bekannter Vertreter dieser Überzeugung war der Physiker Boris Hessen, der seinen berühmten Vortrag 1931 auf einer Konferenz in Großbritannien hielt. Er vertrat die sowjetische Auffassung in Bezug auf Newtons Arbeiten, wollte sie jedoch auch auf die westliche Physik der damaligen Zeit anwenden. Leider machte er den Fehler, als Mitglied einer achtköpfigen sowjetischen Delegation, unter der sich Bucharin befand, an der Konferenz teilzunehmen. Er starb während der „Säuberungen". Ibid., S. 149-51.

89   Graham, „Quantum Mechanics and Dialectical Materialism", *Slavic Review*, Jg. 25, Nr. 3 (September 1966), S. 383.

90   So Graham, *Science in Russia*, S. 133. Siehe auch Ethan Pollock, *Stalin and the Soviet Science Wars* (Princeton, NJ: Princeton University Press, 2006), S. 41-71.

91   Alfred G. Meyer, *Marxism: The Unity of Theory and Practice; a Critical Essay* (Cambridge, MA: Harvard University Press, 1970).

92   Siehe insbesondere Sharlets Kapitel in Fitzpatrick, *Cultural Revolution*, S. 169-88, an dem sich dieser Abschnitt maßgeblich orientiert. Siehe auch sein „Stalinism and Soviet Legal Culture", in Robert Tucker, Hg., *Stalinism: Essays in Historical Interpretation* (New York: Norton, 1977), S. 155-79.

93   So Sharlet in Fitzpatrick, *Cultural Revolution*, S. 172.

94   Ibid., S. 180.

95   Sharlet in Tucker, *Stalinism*, S. 163.

96   Sharlet in Fitzpatrick, *Cultural Revolution*, S. 187.

97   Sharlet in Tucker, *Stalinism*, S. 178.

98   Peter H. Solomon, *Soviet Criminal Justice under Stalin* (Cambridge: Cambridge University Press, 1996), S. 92.

99   Gail Lapidus, „Educational Strategies and Cultural Revolution", in Fitzpatrick, *Cultural Revolution*, S. 78-104.

100   Ibid., S. 96.

101   Ibid., S. 99.

102   Ibid., S. 103.

103   Eine naheliegende Formulierung, die meines Wissens nach zuerst von Richard Lowenthal verwendet wurde.

104   So Lapidus in Fitzpatrick, *Cultural Revolution*, S. 103.

105   Siehe hierzu Nicholas S. Timasheff, *The Great Retreat: The Growth and Decline of Communism in Russia* (New York: E. P. Dutton, 1946), S. 215-25.

106   Englischsprachige Versionen der betreffenden russischen Dokumente sind zu finden in Katerina Clark u. a., *Soviet Culture and Power: A History in Documents, 1917–1953* (New Haven, CT: Yale University Press, 2007).

107   Rufus Mathewson, *The Positive Hero in Russian Literature* (New York: Columbia University Press, 1958), S. 213.

108   Zur englischen Fassung des Politbüro-Beschlusses, siehe Clark u. a., *Soviet Culture and Power*, S. 151-53.

109 In diesem Zusammenhang ist zu betonen, dass der Beschluss des Zentralkomitees, die Schriftstellerunion zu gründen, ebenfalls „analoge *Veränderungen in dieser Richtung wie in den anderen Kunstformen*" vorsah. Ibid., S. 152, Hervorhebung im Original.

110 Zitiert in Mathewson, *The Positive Hero*, S. 290, Hervorhebung im Original.

111 Raymond Bauer, *The New Man in Soviet Psychology* (Cambridge, MA: Harvard University Press, 1952), S. 88.

112 Ibid., S. 98.

113 Ibid., S. 94.

114 V. N. Kolbanowsky, ein prominenter sowjetischer Psychologe, zitiert in Bauer, *The New Man*, S. 111, Hervorhebung im Original. Zu den Einschränkungen empirischer Sozialforschung, siehe auch B. M. Firsov, *Istoriya Sovetskoi sotsiologii* (St. Petersburg: European University, 2001).

115 John Barbers Analyse der Zeit betont die autonomen Handlungen „militanter Intellektueller [wie Pokrowski], von denen die Parteiführung [häufig] abgekoppelt war", und weniger Stalins Revolution von oben. Siehe John Barber, „Stalin's Letter to the Editors of Proletarskaya Revolyutsiya", *Europe-Asia Studies*, Jg. 28, Nr. 1 (1976), S. 21–41 auf S. 25. Siehe auch sein *Soviet Historians in Crisis, 1928–1932* (London: Macmillan, 1981) und George Enteen, „More about Stalin and the Historians: A Review Article", *Europe-Asia Studies*, Jg. 34, Nr. 3 (Juli 1982), S. 448–54.

116 Barber, „Stalin's Letter", S. 22.

117 Ibid.

118 Enteen, „Marxist Historians during the Cultural Revolution: A Case Study of Professional In-Fighting", in Fitzpatrick, *Cultural Revolution*, S. 165; er zitiert den sowjetischen Historiker Isaak Minz.

119 Ibid., S. 166–68.

120 Barber, „Stalin's Letter", S. 25.

121 Siehe jedoch Gregory, *The Political Economy*, S. 68–75 zu den nebensächlichen Details – dem Fluch der Diktatoren – mit denen sich Stalin und andere Mitglieder des Politbüros beschäftigten.

122 Kaganowitsch war zu diesem Zeitpunkt das Mitglied des Politbüros, das für die Aufsicht über alle kulturellen und wissenschaftlichen Angelegenheiten zuständig war. Enteen, „Marxist Historian", in Fitzpatrick, *Cultural Revolution*, S. 166.

123 Ein typisches Beispiel ist die Laufbahn von Jewgeni Tarle. Tarle war vor der Kulturrevolution ein Historiker von gewissem Format. Während der Kulturrevolution wurde er festgenommen und für fünf Jahre nach Alma Ata (das heutige Almaty) in Zentralasien verbannt. Sein Eintreten für staatliche Maßnahmen und seine nationalistischen Ansichten entsprachen eher der von Stalin eingeschlagenen Richtung als den Ansichten der radikalen Marxisten, die während der Kulturrevolution die beherrschende Rolle gespielt hatten. Nach 13 Monaten im Exil kehrte Tarle nach Leningrad zurück und erhielt Anstellungen in den dortigen Institutionen. Er schrieb und publizierte weiter. Unter seinen Veröffentlichungen ist ein wichtiges Werk zu Napoleon, das 1936 erschien. Allerdings hatte er die unglückliche Idee, es unter der Herausgeberschaft von Karl Radek zu veröffentlichen, der Anfang 1937 zum Volksfeind erklärt worden war. Daraufhin erschienen zwei Verrisse, einer in der *Prawda*, einer in der

Iswestija. Dann jedoch, um mit einem russischen Historiker nationalistischer Prägung aus dem 21. Jahrhunderts zu sprechen, „geschah ein Wunder". (Viktor Vrachev, *Travlya Russkikh istorikov* [Moskau: Algorithm, 2006], S. 185-88, S. 187.) Stalin intervenierte, um Tarle zu verteidigen, und erklärte, Tarle sei „verglichen mit ... anderen bürgerlichen Historikern ... einer der besseren" und es gebe daher „keine Grundlage ...[dafür,] seinen Namen mit dem seines Herausgebers in Verbindung zu bringen, dem Volksfeind, dem Trotzkischen Banditen Radek." Mit Tarles Karriere ging es daraufhin steil nach oben. Er gewann etliche Stalin- und Lenin-Preise, insbesondere für seine Arbeiten während des sogenannten „Großen Patriotischen Krieges" (des Zweiten Weltkriegs), als er zahlreiche historische Monografien und Artikel über den mutigen Kampf der Russen in der Geschichte verfasste.

124   Barber, „Stalin's Letter", S. 23.

125   Zu Deborin siehe insbesondere David Joravsky, *Soviet Marxism and Natural Science, 1917–1932* (New York: Columbia University Press, 1961), passim.

3. Vom kleinen Elektorat zur Autokratie

1   Schapiro, *The Origin;* Roeder, *Red Sunset;* Fainsod, *Wie Russland regiert wird;* Robert Conquest, *The Great Terror: A Reassessment* (New York: Oxford University Press, 1990); Gill, *The Origins of the Stalinist Political System;* Tucker, *Stalin in Power;* Isaac Deutscher, *Stalin: A Political Biography*, 2. Auflage (Oxford: Oxford University Press, 1967).

2   Conquest, *The Great Terror*, S. 7.

3   Roeder, *Red Sunset*, S. 57.

4   Gill, *The Origins of the Stalinist Political System*, S. 58.

5   Zur Rolle der Zentralen Kontrollkommission, siehe insbesondere Roeder, *Red Sunset*, S. 59: „Die Parteiregeln gaben ... erweiterten Plenarsitzungen [des Zentralkomitees und der Zentralen Kontrollkommission] Sondervollmachten bei Fragen der Parteidisziplin und Einheit. Um die Super-Mehrheit von zwei Dritteln zu fabrizieren, die zum Ausschluss eines Mitglieds aus dem Zentralkomitee nötig war, berief Stalin gemeinsame Treffen mit der Zentralen Kontrollkommission ein, die er beherrschte."

6   Insbesondere Gill, *The Origins of the Stalinist Political System*, S. 140-41.

7   Ibid., S. 141.

8   Schapiro, *The Origin*, S. 336. Auch Daniels, *The Conscience*, S. 162.

9   Daniels, *The Conscience*, S. 239.

10   Gill, *The Origins of the Stalinist Political System*, S. 142.

11   Ibid., S. 224; J. Arch Getty, *Origins of the Great Purges: The Soviet Communist Party Reconsidered, 1933–1938* (Cambridge: Cambridge University Press, 1985), S. 17.

12   Aus diesem Grund wurde der XVII. Parteitag auch als Parteitag der Sieger tituliert. Dieser Ausspruch Stalins wird in zahlreichen Quellen zitiert, u. a. in Conquest, *The Great Terror*, S. 31.

13   Lenin verfasste im Dezember 1922 sein „Testament". Darin schrieb er: „Stalin ist zu rücksichtslos . . . ein Fehler, der im Dienstzimmer des Generalsekretärs unerträglich [wird]. Darum schlage ich den Genossen vor, einen Weg zu finden, Stalin aus diesem Amt zu entfernen." Die Delegierten des XIII. Parteitags wurden von seiner Existenz in Kenntnis gesetzt und beschlossen, nicht darauf

zu reagieren. Das Testament tauchte 1956 wieder auf, als die Delegierten des XX. Parteitags es in Kopie als Vorankündigung zu Chruschtschows „Geheimrede" erhielten. Die hier zitierte Fassung des Testaments stammt aus der Rede, die abgedruckt ist in Russian Institute, Columbia University, *The Anti-Stalin Campaign and International Communism: A Selection of Documents* (New York: Columbia University Press, 1956), S. 7.

14 L. Shaumian, „Na rubezhe pervykh piatiletok", *Prawda*, 7. Februar 1964, zitiert in Conquest, *The Great Terror*, S. 32.

15 Ibid., S. 32

16 Antonov Ovseenko, *The Time of Stalin: Portrait of a Tyranny* (New York: Harper & Row, 1981), S. 82. Shaumians Aufsatz deutet nicht darauf hin, dass diese Fragen für diejenigen zur Debatte standen, die Stalin auf einen anderen Posten versetzen wollten.

17 Diese Wahlkommission leitete Nikolai Schwernik; ein weiterer Ausschuss zur Prüfung der Vollmachten hatte zuvor diese 1.225 Mitglieder zur Stimmabgabe berechtigt.

18 Man sollte beachten, dass den Stimmberechtigten bei diesem Parteitag nur eine einzige Kandidatenliste mit den für Sekretariat und Politbüro nominierten Personen vorgelegt wurde, die vom Zentralkomitee zu „wählen" waren.

19 Ibid., S. 83.

20 Tucker, *Stalin in Power*, S. 260- 61, zitiert „Skol'ko delegatov XVII s'yezda partii golosovalo protiv Stalina?", *Izvestia Ts. K. KPSS*, Nr. 7 (1989), S. 114.

21 Gill, *The Origins of the Stalinist Political System*, S. 278.

22 *Anti-Stalin Campaign*, S. 23.

23 Ibid., S. 22–23.

24 Fainsod, *Wie Russland regiert wird*, S. 248.

25 *Anti-Stalin Campaign*, S. 21.

26 Was seine Mitglieder betraf, so gab es erhebliche Überschneidungen mit denen anderer Institutionen, insbesondere der Regierung, dem Sownarkom; dies widerspricht jedoch nicht der zentralen Rolle des Zentralkomitees.

27 Gill, *The Origins of the Stalinist Political System*, S. 59.

28 Ibid., S. 150 und 151.

29 Robert V. Daniels, „Office Holding and Elite Status: The Central Committee of the CPSU", in Paul Cocks u. a., Hg., *The Dynamics of Soviet Politics* (Cambridge, MA: Harvard University Press, 1976), S. 77–95, insbesondere S. 78–80. Siehe auch Roeder, *Red Sunset*, S. 56.

30 Daniels, „Office Holding", S. 79.

31 Daniels, „Soviet Politics since Khrushchev", S. 20.

32 Ibid.

33 Quellen: Diese Tabelle orientiert sich maßgeblich an Graeme Gill, *The Origins of the Stalinist Political System*, S. 61, 145 und 227 sowie Merle Fainsod, *Wie Russland regiert wird*, S. 163–64. Für die Jahre 1952 bis 1971, siehe Robert V. Daniels, „Office Holding and Elite Status: The Central Committee of the CPSU", in Paul Cocks u. a., Hg., *The Dynamics of Soviet Politics* (Cambridge, MA: Harvard University Press, 1976), S. 80.

34 *Anti-Stalin Campaign*, S. 22–23.

35 Gill, *The Origins of the Stalinist Political System*, S. 296.

36 Ibid., S. 145, 225–26 und 281.

37 Roeder, *Red Sunset*, S. 58.

38   Gill, *The Origins of the Stalinist Political System*, S. 65.

39   Zitiert in Khlevniuk u. a., *Stalinskoe Politburo*, S. 7.

40   Lars Lih u. a., *Stalin's Letters to Molotov 1925–1936* (New Haven, CT: Yale University Press, 1995), insbesondere S. 90-93, S. 115, und passim, S. 97-132; und Khlevniuk, *Politburo*, S. 48.

41   Stephen E. Hanson, *Time and Revolution: Marxism and the Design of Soviet Institutions* (Chapel Hill: University of North Carolina Press, 1997) ist eins der wenigen Bücher, das Sinowjew ernst nimmt.

42   Quelle: E. A. Rees, „Stalin, the Politburo and Rail Transport Policy", in Julian Cooper u. a., *Soviet History, 1917–53: Essays in Honour of R.W. Davies* (London: Macmillan, 1995), S. 106. Andere Wissenschaftler gelangen zu etwas anderen Tabellen, z. B. O. V. Khlevniuk, *Politburo: Mekhanizmi politicheskoi vlasti* (Moskau: Rosplan, 1996), S. 288, die jedoch in dieselbe Richtung weisen.

43   Zum Beispiel Gill, *The Origins of the Stalinist Political System*, S. 193.

44   Ibid., S. 193.

45   E. A. Osokina, *Our Daily Bread: Socialist Distribution and the Art of Survival in Stalin's Russia, 1927–1941* (Armonk, NY: M.E. Sharpe, 2001; Viola u. a., *The War Against the Peasantry*, S. 118-22; und Yuzuru Taniuchi, „Decision-Making on the Ural-Siberian Method", in Julian Cooper u. a., *Soviet History, 1917–53: Essays in Honor of R.W. Davies* (New York: St. Martin's, 1995), S. 78-103.

46   Gill, *The Origins of the Stalinist Political System*, S. 193-94, wo er Frumkin als Finanzminister bezeichnet. Siehe auch Stephen F. Cohen, *Bukharin and the Bolshevik Revolution: A Political Biography, 1888–1938* (New York: Vintage Books, 1973), S. 286, und M. Lewin, *Russian Peasants and Soviet Power: A Study of Collectivization* (New York: Norton, 1975), S. 299-300, wo er wie im Text beschrieben wird.

47   Lewin, *Russian Peasants and Soviet Power*, S. 487.

48   Conquest, *The Great Terror*, S. 23; Hugh Seton-Watson, *From Lenin to Khrushchev: The History of World Communism* (New York: Praeger, 1960), S. 163-64.

49   Siehe zum Beispiel Khlevniuk, *Politburo*; Khlevniuk u. a., *Stalinskoe Politburo*; O. V. Khlevniuk, *In Stalin's Shadow: The Career of „Sergo" Ordzhonikidze* (Armonk, NY: M.E. Sharpe, 1995).

50   Eine englischsprachige Übersetzung des Briefes ist zu finden in Lih u. a., *Stalin's Letters*, S. 217-18, Hervorhebung im Original.

51   Ibid., S. 217.

52   Khlevniuk, *Politburo*, S. 41.

53   Ibid., S. 42.

54   Ibid.

55   Ibid.

56   Unter Berufung auf Khlevniuks Angaben zur Zahl der Sitzungen und zur Zahl der Beschlüsse behauptet Paul R. Gregory, dass die Zentralisierung der Macht des Politbüros und des Generalsekretärs bereits zum „Fluch der Diktatoren" geführt habe. Gregory, *The Political Economy*, S. 68-75.

57   Khlevniuk, *Politburo*, S. 43.

58   Ibid.

59   Khlevniuk, *In Stalin's Shadow*, S. 30-39 auf S. 31.

60   Zitiert in Khlevniuk, *In Stalin's Shadow*, S. 32.

61   Eine englische Fassung von Stalins Brief ist enthalten in Lih u. a., *Stalin's Letters*, S. 162, Hervorhebung im Original.

62 Khlevniuk, *In Stalin's Shadow,* S. 35-38; Khlevniuk u. a., *Stalinskoe Politburo,* S. 310.

63 Siehe Davies, „The Syrtsov-Lominadze Affair" und die verschiedenen hier zitierten Publikationen von Khlevniuk.

64 Der obenstehende Abschnitt lehnt sich stark an Khlevniuk, *Politburo,* S. 44, an. Aus ihm stammt auch das Zitat im Text.

65 Khlevniuk folgert in seinem Kapitel „Stalin, Syrtsov, Lominadze: Preparations for the ‚Second Great Breakthrough'", dass „Resnikows wiederholte Kontakte zu Syrzow und anderen Oppositionellen sehr wahrscheinlich Teil einer Sondermission waren, die ihm von einem hohen Parteifunktionär, wenn nicht gar von Stalin selbst, übertragen worden war." Paul R. Gregory und Norman Naimark, Hg., *The Lost Politburo Transcripts: From Collective Rule to Stalin's Dictatorship* (New Haven, CT: Yale University Press, 2008), S. 78-96, auf S. 84.

66 Khlevniuk u. a., *Stalinskoe Politburo,* S. 97 und wiedergegeben aus Sowjetarchiven.

67 Ibid.

68 Ibid.

69 Ibid., S. 99, Streichungen von Khlevniuk u. a. und auszugsweise wiedergegeben in Khlevniuk, *Politburo,* S. 46.

70 Khlevniuk, *Politburo,* S. 48.

71 Ein Beispiel aus Lih u. a., *Stalin's Letters* (S. 123), in dem Stalin Molotow bittet, eine Angelegenheit mit Ordschonikidse wieder ins Lot zu bringen, ist aufschlussreich: „Je eher du dich dieser Kleinigkeit annimmst, umso besser."

72 So argumentiert Khlevniuk. Siehe sein *Politburo,* S. 170.

73 Khlevniuk, *In Stalin's Shadow,* S. 39. In Lih u. a., *Stalin's Letters,* S. 197, heißt es, Lominadse sei „aus der Partei ausgeschlossen" worden. Dies scheint ein Fehler zu sein. Ähnlich wird Lominadse auch in Gettys *Origins of the Great Purges,* S. 19, „für kurze Zeit aus der Partei ausgeschlossen, aber bald wieder zugelassen und zum Parteisekretär [für] das Bauprojekt in Magnitogorsk ernannt." In dem direkten Zitat aus der Resolution, die auf einer gemeinsamen Sitzung von Politbüro und Präsidium der Zentralen Kontrollkommission verabschiedet wurde und in Khlevniuk u. a. (*Stalinskoe Politburo,* S. 106) zu lesen ist, ist nur von einer Entscheidung die Rede, „Syrzow und Lominadse aus den Mitgliedern" des Zentralkomitees zu entfernen.

74 Khlevniuk, *In Stalin's Shadow,* S. 69-70.

75 Timur Kuran betrachtet falsche Präferenzen als die Neigung, statt der echten eigenen Meinung gesellschaftlich akzeptable Ansichten zu vertreten. „Now out of Never: The Element of Surprise in the East European Revolution of 1989", *World Politics,* Jg. 44, Nr. 1 (Oktober 1991), S. 7-48 und in einem späteren Buch, *Private Truths, Public Lies: The Social Consequences of Preference Falsification* (Cambridge, MA: Harvard University Press, 1995). Deutsch: *Leben in Lüge: Präferenzverfälschungen und ihre gesellschaftlichen Folgen* (Tübingen: Mohr Siebeck, 1997).

76 Im Gegensatz zu Gettys *Origins of the Great Purges.*

77 Khlevniuk, *Politburo,* S. 177.

78 Ibid., S. 237-38.

79 Ibid., S. 238.

80 *Anti-Stalin Campaign,* S. 83.

81 Ibid., S. 84.

82   Ibid.

83   Ibid., S. 82.

84   Dies zeigt sich am Beispiel einiger Lebensläufe. Der ehemalige Vorsitzende der Gewerkschaften, Michail Tomski, beging am selben Tag Selbstmord, als der Generalstaatsanwalt Andrej Wyschinski seinen Namen unter denjenigen aufführte, die in die Prozesse gegen Kamenew und Sinowjew verwickelt waren. Er war seit 1904 Parteimitglied gewesen, von 1919 bis 1934 Mitglied des Zentralkomitees und von 1922 bis 1930 Mitglied des Politbüros. Als er 1929 stellvertretender Vorsitzender des Obersten Wirtschaftsrates und Vorsitzender der Allrussischen Union der Chemieindustrie wurde, ging es mit seiner Karriere bis zu seinem Tod 1936 bergab. Von 1932 bis 1936 war er ebenfalls Vorsitzender des Verbandes der Staatsverlage. Einer der Chefs der Geheimpolizei, N. I. Jeschow, gab hingegen folgende Zusammenfassung: Als Parteimitglied ab 1917 stieg er Mitte der 1930er-Jahre kometenhaft auf. Er wurde Mitglied des Zentralkomitees und Mitglied der Zentralen Kontrollkommission der KPdSU. 1934 wurde er zum stellvertretenden Vorsitzenden der Kontrollkommission und 1935 zum Vorsitzenden ernannt. Daraufhin wurde er 1936 Volkskommissar des NKWD und 1937 Kandidat des Politbüros. Alle dieser späteren Anstellungen waren von kurzer Dauer: 1938 wurde er als Volkskommissar des NKWD abgelöst und im selben Jahr zum Volkskommissar für Wassertransport ernannt. 1939 wurde er aus dem Politbüro ausgeschlossen und am 4. Februar 1940 erschossen.

      Skizzenhafte Viten fast aller entscheidender Akteure in der sowjetischen Politik in den 1930er-Jahren sind zu finden in Khlevniuk u. a., *Stalinskoe Politburo*, S. 259–321. Hieraus stammt auch das obige Beispiel.

85   „Where you stand, depends on where you sit." Graham T. Allison, *Essence of Decision: Explaining the Cuban Missile Crisis* (Boston: Little, Brown, 1971), S. 176.

86   Die Urteile fielen im Januar 1935. Khlevniuk, *In Stalin's Shadow*, S. 75–76.

87   Ibid., S. 77.

88   Khlevniuk, *Politburo*, S. 170.

89   Ibid., S. 174. Die wörtliche Übersetzung des Zitats lautet, alles „nach dem Buchstaben des Gesetzes (*po bukve zakona*)" zu erledigen.

90   Ibid., S. 175.

91   Khlevniuk, *In Stalin's Shadow*, S. 131, zitiert einen Bericht, der am 21. Februar 1937 in der *Za industrializatsiyu* erschien – nach Ordschonikidses Tod und bevor Stalin klar gemacht hatte, dass Ordschonikidse *persona non grata* war.

92   Khlevniuk, *In Stalin's Shadow*, S. 131, zitiert *Voprosy istorii*, Nr. 8, 1993, auf S. 18.

93   In diesem Zusammenhang sei noch einmal daran erinnert, dass andere Mitglieder des Politbüros, selbst Molotow, Familienangehörige verhaften ließen

94   Khlevniuk, *Politburo*, S. 178. Obwohl dies für die Darstellung im Text unerheblich ist, deutet Khlevniuk die Rolle von Lawrenti Berija beim Sturz von Ordschonikidse deutlich anders als Robert Tucker in seiner Biographie *Stalin in Power*. Andere Forscher sind ausgehend von Tuckers These zu dem Schluss gekommen, dass Stalin Ordschonikidse umbringen ließ.

95   Gregory, *The Political Economy*, S. 68. Gregory zitiert einen unglaublichen Brief von Kaganowitsch, in dem dieser seine Aktivitäten an zwei gewöhnlichen Tagen Ende August 1931 darlegt; diesem Brief wurde so viel Bedeutung beigemessen, dass er an Stalin weitergeleitet wurde (ibid. S. 69). Gregory verweist auf Khlevniuks Aufstellung in *Politburo*, S. 288–91, welche die jährlich rund

3.000 Themen auflistet, die in den 1930er-Jahren im Politbüro erörtert wurden.

96 Siehe Fußnote 67 oben und den betreffenden Text.

97 Roeder, *Red Sunset*, S. 7.

98 *Anti-Stalin Campaign*, S. 25

99 Bueno de Mesquita u. a., *The Logic of Political Survival*, S. 39. Siehe auch Gill, *The Origins of the Stalinist Political System*, S. 294–96.

100 Yevgeniya Semenovna Ginzburg, *Journey into the Whirlwind* (New York: Harcourt, Brace, 1967), S. 3.

101 Gill, *The Origins of the Stalinist Political System*, S. 296.

4. Der Große Terror

1 Timasheff, *The Great Retreat;* David L. Hoffmann, *Stalinist Values: The Cultural Norms of Soviet Modernity, 1917–1941* (Ithaca, NY: Cornell University Press, 2003). Ein Kritiker hat in jüngster Zeit bemängelt, Timasheff habe verkannt, dass sich das Ziel des sozialistischen Aufbaus nie geändert habe. Dies erscheint mir wie ein Kampf gegen Windmühlen, die nur in der Phantasie des Kritikers existieren. Der Begriff des „Rückzugs" impliziert einen taktischen Abzug und ist mit unveränderten Zielen völlig kompatibel. „Sozialismus in einem Land" galt auch als vergleichbares Indiz dafür, dass sich die außenpolitischen Ziele der Sowjetunion verändert hatten. Nach den Worten von Alexander Dallin war „Sozialismus in einem Land nach dem anderen" allerdings eine treffendere Beschreibung der sowjetischen Außenpolitik der Stalinzeit.

2 Lapidus, „Educational Strategies", S. 78–104, und Jowitt, *New World Disorder: The Leninist Extinction* (Berkeley: University of California Press, 1992).

3 So der Titel von Kapitel 13 in Fainsods *Wie Russland*.

4 Fitzpatrick, *Everyday Stalinism*, S. 3.

5 Ibid.

6 Oleg Kharkhordin, *The Collective and the Individual in Russia: A Study of Practices* (Berkeley: University of California Press, 1999), insbesondere S. 108; Stephen Kotkin, *Magnetic Mountain: Stalinism as Civilization* (Berkeley: University of California Press, 1995).

7 Dies war natürlich nur eine der vielen Weisen, mit denen das Regime eine Atomisierung zu erreichen versuchte. Sie stand auch im Kern seiner Bemühungen, Bürger davon zu überzeugen, sie stünden mit ihrer negativen Sicht auf das Regime allein.

8 Ein Grund für den Erfolg der Revolution in Ungarn 1956 war die Tatsache, dass sich bedeutende Persönlichkeiten der verschiedenen nichtkommunistischen Parteien im Lager häufig eine Zelle mit den Vorsitzenden anderer Parteien geteilt und sich so verbündet hatten. Als sie nach ihrer Amnestie frei kamen, traten sie erneut in Kontakt zu Mitgliedern ihrer Partei und berichteten diesen Menschen, ihre Zellengenossen und damit auch andere nichtkommunistische Parteien seien vertrauenswürdig. Die Zivilgesellschaft war fast über Nacht wieder vernetzt. Vgl. Paul Kecskemeti, *The Unexpected Revolution: Social Forces in the Hungarian Uprising* (Stanford, CA: Stanford University Press, 1961).

9 Oleg Kharkhordin weist darauf hin, dass in späteren, weniger repressiven Zeiten der Druck der Gemeinschaft zu gleichen Zwecken genutzt wurde (allerdings mit sehr unterschiedlichem Erfolg), *The Collective*, S. 319.

10 Zur Denunziationspflicht unter der Zarenherrschaft, siehe A. M. Kleimola, „The Duty to Denounce in Muscovite Russia", *Slavic Review,* Jg. 31, Nr. 4 (1972), S. 759–79.

11 Siehe Peter Kenez' Besprechung von Catriona Kelly, *Comrade Pavlik: The Rise and Fall of a Soviet Boy Hero* (London: Granta Books, 2005) in *Slavic Review,* Jg. 65, Nr. 3 (2006), S. 610–11 auf S. 610.

12 Siehe unter vielen anderen Yevgeniya Ginzburg, *Journey into the Whirlwind* (New York: Harcourt Brace, 1967).

13 Siehe insbesondere Fitzpatrick, *Everyday Stalinism,* S. 210–11.

14 Ibid., S. 141.

15 Alex Inkeles und Raymond Bauer, *The Soviet Citizen: Daily Life in a Totalitarian Society* (Cambridge, MA: Harvard University Press, 1961), S. 213.

16 Ibid., S. 213.

17 Elena Bonner, *Mothers and Daughters* (New York: Knopf, 1992), auf S. 317 und zitiert von Fitzpatrick, *Everyday Stalinism,* S. 213, Hervorhebung in Fitzpatrick.

18 Solomon, *Soviet Criminal Justice,* S. 244–52.

19 Dies waren natürlich Sitten, Geschmäcker und Güter, die noch kurz zuvor als bourgeois attackiert worden waren. Hoffmann, *Stalinist Values.*

20 Vadim Volkov, „The Concept of Kul'turnost': Notes on the Stalinist Civilizing Process", in Sheila Fitzpatrick, Hg., *Stalinism: New Directions* (London: Routledge, 2000), S. 210–30.

21 Vera S. Dunham spricht vom Entstehen von „Werten des Mittelstands" zur Stalinzeit. *In Stalin's Time. Middleclass Values in Soviet Fiction* (Durham, NC: Duke University Press, 1990).

22 Volkov, „The Concept of Kul'turnost'."

23 S. Frederick Starr, *Red and Hot: The Fate of Jazz in the Soviet Union,* 2. Aufl. (New York: Oxford University Press, 1994), S. 111.

24 Zu Belegen dafür, dass manche Komsomol-Führer westlicher Tanzmusik 1938 feindlich gegenüberstanden, siehe David L. Hoffmann, *Stalinist Values,* S. 33.

25 Richard Stites, *Russian Popular Culture: Entertainment and Society since 1900* (Cambridge: Cambridge University Press, 1992), S. 64–97. Der Verweis auf Molotow und Woroschilow findet sich auf S. 75.

26 Der obige Abschnitt orientiert sich maßgeblich an Fitzpatrick, *Stalin's Peasants,* S. 90–91.

27 Dunham, *In Stalin's Time,* passim.

28 Aus einem persönlichen Gesprächs des Autors mit Dunham.

29 Alex Inkeles und Raymond Bauer, *The Soviet Citizen: Daily Life in a Totalitarian Society* (Cambridge MA: Harvard University Press, 1961), S. 113. Anmerkung: Aufgrund von Rundungen beläuft sich die Summe pro Zeile nicht immer auf 100 Prozent.

30 Stalin, zitiert in Tucker, *Stalin in Power,* S. 321, meine Hervorhebung.

31 Tucker, *Stalin in Power,* S. 307.

32 Timur Kurans Klassiker „Now Out of Never", S. 7–48.

33 Fitzpatrick, *Everyday Stalinism,* S. 108. Fitzpatrick zitiert den Tagebucheintrag eines kommunistischen Autors anlässlich der Novemberparade 1935 zum Gedenken an die Oktoberrevolution: „Woroschilow nahm die Parade auf einem prächtigen Pferd in einer neuen Marschall-Uniform in Empfang ... Die Truppen waren ebenfalls in neue Uniform gekleidet. Sie trugen Epauletten, die man seit 18 Jahren nicht gesehen hat. Für das Nachwuchs- Offizierskorps, Haupt-

gefreite, Unteroffizieren, Feldwebel wurden Streifen eingeführt, für die Offiziere goldene Epauletten."

34 Tucker, *Stalinism*, S. 323 und S. 648 und ebenfalls zitiert in Fitzpatrick, *Everyday Stalinism*, S. 108.

35 Fitzpatrick, *Everyday Stalinism*, S. 107. Fitzpatrick (ibid.) weist zu Recht darauf hin, dass die Rückkehr zu Schuluniformen zur Folge hatte, dass es keine sichtbaren Unterschiede mehr unter den Schülern gab. Andererseits erwarben Lehrer Ende der 1930er-Jahre Titel, und die fünf Noten von ungenügend bis sehr gut, die aus der Zeit vor der Revolution stammten, wurden wieder eingeführt. Tucker, *Stalinism*, S. 323.

36 Tucker, *Stalinism*, S. 322.

37 Timasheff, *The Great Retreat*, S. 319 verweist darauf, dass im Zweiten Weltkrieg Orden eingeführt wurden, die nach vorrevolutionären Helden wie Alexander Suworow, Michail Kutosow und Alexander Newski benannt wurden, um Orden wie den Leninorden zu ergänzen.

38 Zum weiteren Feld der materiellen Anreize, siehe Joseph Berliners Ausführungen zu den Prämien in *Factory and Management in the USSR* (Cambridge, MA: Harvard University Press, 1957), insbesondere S. 27–43.

39 Vladimir Shlapentokh, *A Totalitarian Society: How the Soviet Union Functioned and How It Collapsed* (Armonk, NY: M.E. Sharpe, 2001), S. 69.

40 Es sollte erwähnt werden, dass es – wie Fitzpatrick berichtet – für viele, insbesondere für die typische Familie mit zwei Einkommen, „normal" war, einen oder zwei Bedienstete zu haben. *Everyday Stalinism*, S. 99.

41 Tucker, *Stalinism*, S. 323.

42 Siehe Oleg Khlevnyuk, „The Objectives of the Great Terror, 1937–38", in Cooper u. a., *Soviet History*, S. 158–76, zur großen Zahl an ehemaligen Mitgliedern der KPdSU, die potenziell zur Mobilisierung gegen Stalin zur Verfügung standen.

43 Asif Siddiqi, „The Rockets' Red Glare: Technology, Conflict, and Terror in the Soviet Union", *Technology and Culture*, Jg. 44, Nr. 3 (Juli 2003), S. 470–501.

44 Laut Siddiqi sorgte die Auseinandersetzung über die jeweiligen Vorteile von Salpetersäure und Flüssigsauerstoff für „weitaus schärfere Kontroversen als die über Feststoffe und Flüssigkeiten." Ibid., S. 482.

45 Ibid., S. 480.

46 Ibid., S. 490, Klammern im Original.

47 Ibid., S. 490, Hervorhebung im Original.

48 Ibid., S. 491.

49 Ibid., S. 492.

50 Khlevniuk, „The Objectives of the Great Terror." Siehe auch Khlevniuk in David Hoffmann, Hg., *Stalinism: The Essential Readings* (Malden, MA: Blackwell, 2003), S. 99–122.

51 Martin, *The Affirmative Action Empire*.

52 James Morris, „The Polish Terror: Spy Mania and Ethnic Cleansing in the Great Terror", *Europe-Asia Studies*, Jg. 56, Nr. 5 (Juli 2004), S. 751–66. Gab es Spione? Natürlich gab es sie, aber gewiss nicht annähernd in dem Ausmaß, wie Stalin es behauptete.

53 Die Ausnahme, welche die Regel bestätigt, waren die Charbiner, die vom NKWD als Gruppe identifiziert wurden, gegen die mit Terror vorgegangen werden sollte. Laut Martin (*The Affirmative Action Empire*, S. 343) waren sie fast

ausschließlich ethnische Russen, die im chinesischen Harbin lebten, wo sich die Zentrale der chinesisch-mandschurischen Eisenbahn befand; diese wurde bis Mitte der 1930er-Jahre von den Russen geleitet. Viele der Charbiner kehrten in die Sowjetunion zurück, nachdem die Eisenbahn an die Japaner verkauft worden war. Sie standen weiter mit Menschen in Harbin in Kontakt, was durchaus der Grund gewesen sein mag, weswegen sie ins Visier des NKWD gerieten.

54 In diesem Abschnitte orientiere ich mich maßgeblich an Martin, *The Affirmative Action Empire,* insbesondere Kapitel 8.

55 Diese Episode berichtet Morris in „The Polish Terror", S. 751.

56 N. V. Petrov und A. B. Roginsky, „‚Pol'skaya Operatsiya' NKVD 1937–1938 gg.", in A. E. Guryanov, Hg., *Repressii protiv Polyakov i Pol'skiskh grazhdan 1937– 1938* (Moskau: Zvenya, 1997).

57 Martin, *The Affirmative Action Empire,* S. 338.

58 Ibid., S. 334.

59 Ibid.

60 Vgl. auch den vielsagenden Austausch zwischen Felix Chuev und Molotow 1986, dessen englische Version enthalten ist in J. Arch Getty und Oleg Naumov, *The Road to Terror: Stalin and the Self-Destruction of the Bolsheviks, 1932– 1939* (New Haven, CT: Yale University Press, 1999), S. 487. Auf die Frage von Chuev, „Warum richteten sich die Repressionen an Frauen und Kinder?", antwortete Molotow: „Was soll das heißen, warum? Sie mussten in gewissem Maße isoliert werden. Sonst hätten sie alle möglichen Beschwerden ... und in gewissem Maße Verfall verbreitet." (ibid., S. 487) Laut ihrer Schilderung verstand Molotow noch nicht einmal die Frage. Zur russischen Version, siehe Chuev, *Sto sorok besed* (Moskau: Terra, 1991), S. 415.

61 Martin, *The Affirmative Action,* S. 426-27.

62 Ibid. In diesem gesamten Abschnitt orientiere ich mich maßgeblich an den zwei Seiten in Martin.

63 Ibid.

64 Starr, *Red and Hot,* S. 171.

65 Die vielleicht beste Einzelquelle für das Ausmaß der „Säuberungen" ausländischer Kommunisten außerhalb der Sowjetunion ist die Mitrochin-Akte, die zahlreiche Fälle europäischer, vom NKWD ermordeter Kommunisten schildert. Christian Andrew und Vasily Mitrokhin, *The Mitrokhin Archive* (London: Allen Lane, 1999 und 2003).

66 Tucker, *Stalin in Power,* S. 504-12.

67 Andrew und Mitrokhin, *Mitrokhin Archive.*

68 Zbigniew K. Brzezinski, *The Soviet Bloc: Unity and Conflict* (Cambridge, MA: Harvard University Press, 1960), S. 96. Diese Erfahrung trug dazu bei, dass die Führung der polnischen Kommunisten sich nach dem Zweiten Weltkrieg an die Norm hielt, sich nicht gegenseitig zu töten. Ein wichtiges Ergebnis hiervon war, dass ein Kommunist (nämlich Wladyslaw Gomulka) während der polnischen Oktoberrevolution 1956 zum Oberhaupt des Landes werden konnte; er war zwar verhaftet, aber nicht erschossen worden und war sowohl für Kommunisten als auch für Nicht-Kommunisten akzeptabel.

69 Chruschtschow in seiner Geheimrede, zitiert in *The Anti-Stalin Campaign,* S. 22-23.

70 Teddy Uldricks, „The Impact of the Great Purges on the People's Commissariat of Foreign Affairs", *Slavic Review*, Jg. 36, Nr. 2 (Juni 1977), S. 187–204 auf S. 190.

71 Khlevniuk, „The Objectives of the Great Terror", S. 159.

72 Diese Analyse untermauert Khlevniuks These, die sich auf Kategorien wie „detaillierte biologische Angaben" im obigen Text bezieht. Ich bevorzuge den Begriff „detaillierte Angaben aus dem Lebenslauf". Diese umfassen Eigenschaften, die aus einem Lebenslauf unmittelbar hervorgehen und nicht „biologisch" waren wie etwa „Arbeitserfahrung, die direkten Kontakt zu Ausländern umfasste" oder „Auslandserfahrung" oder „ehemaliges Mitglied, KPdSU". Sie alle erwiesen sich als wichtige Anhaltspunkte dafür, ob jemand unterdrückt wurde oder nicht.

73 So etwa Moshe Lewin, der auf Stalins „düstere Persönlichkeit mit eindeutig paranoiden Tendenzen" verweist, in Tucker, *Stalinism*, S. 111–36 auf S. 130–31 und Tuckers gesamte Forschungsarbeiten.

74 Uldricks, „The Impact", S. 192.

75 Nikita Chruschtschow, *Chruschtschow erinnert sich. Die authentischen Memoiren* (hg. Strobe Talbott, eingeleitet und kommentiert von Edward Crankshaw, mit einem Vorwort zur Taschenbuchausgabe von Botho Kirsch, Hamburg: Rowohlt, 1992), S. 152.

76 *Anti-Stalin Campaign*, S. 49.

77 *Anti-Stalin Campaign*, S. 48–49.

78 Wobei Kendall Bailes zugleich darauf hinweist, dass die Folgen des Terrors für technische Innovationen schwer abzuschätzen seien.

79 Kendall Bailes, *Technology and Society under Lenin and Stalin: Origins of the Soviet Technical Intelligentsia, 1917–1941* (Princeton, NJ: Princeton University Press, 1978), S. 353–54.

80 Tucker, *Stalin in Power*, S. 588.

81 Das Zitat entstammt einer Resolution des ZK-Plenums und ist enthalten in Solomon, *Soviet Criminal Justice*, S. 253.

82 Das Dokument ist zu finden in Getty und Naumov, *Road to Terror*, S. 519.

83 Ibid., S. 528.

84 Solomon, *Soviet Criminal Justice*, S. 254.

85 Zu einer ausführlichen Darstellung der Regierungsmaßnahmen, siehe ibid., S. 254–55, auf die sich Obiges maßgeblich stützt.

86 Zitiert in Getty and Naumov, *Road to Terror*, S. 553.

87 Man beachte, dass in dieser Äußerung die Deportationen vom nördlichen Kaukasus oder von den Baltenrepubliken oder der westlichen Ukraine etc. ausdrücklich ausgenommen waren.

88 Solomon, *Soviet Criminal Justice*, S. 252–59.

89 Ibid., S. 258, wo das betreffende Dokument zitiert wird. Solomon bezieht sich auf „Parteimitglieder und Beamte". Dieser Abschnitt lehnt sich stark an Solomon an.

90 Ibid., S. 258, Interjektion im Original.

91 Die Gesamtzahl der Offiziere, die 1937–38 hingerichtet oder inhaftiert wurden, war erschütternd. Eine englischsprachige Tabelle, welche die Zahlen nach Rang zusammenfasst, findet sich in Andrei Kokoshin, *Soviet Strategic Thought, 1917–91* (Cambridge, MA: MIT Press, 1998), S. 43.

92   Fainsod, *Wie Russland,* S. 420.
93   Solomon, *Soviet Criminal Justice,* S. 260.
94   Ibid.
95   Tucker, *Stalinism,* S. 106–7.
96   Khlevniuk, „The Objectives of the Great Terror".
97   Nation, *Black Earth,* S. 124–25.
98   Roeder, *Red Sunset,* S. 55.
99   Ibid., S. 55.
100   Solomon, *Soviet Criminal Justice,* S. 258–60.
101   Zu den Völkern, die nicht aus dem Nordkaukasus stammten, zählten die Wolgadeutschen und die Krimtataren.

5. Vom Totalitarismus zum Wohlfahrts-Autoritarismus

1   George Breslauer, *Khrushchev and Brezhnev as Leaders: Building Authority in Soviet Politics* (London: George Allen & Unwin, 1982).
2   Vgl. insbesondere Grey Hodnett, „Succession Contingencies in the Soviet Union", *Problems of Communism,* Jg. 24 (März–April 1975), S. 1–21. Eine große Schwäche der Politik- und Geschichtswissenschaft besteht – wie mir Michel Oksenberg am stärksten bewusst gemacht hat – darin, dass beide übertrieben erfolgsorientiert sind, sodass den Gewinnern übermäßig viel Aufmerksamkeit geschenkt wird, während die systemischen Implikationen für die Verlierer aus dem Blick geraten.
3   Jerry Hough, *Soviet Leadership in Transition* (Washington, DC: Brookings Institution, 1980), S. 64.
4   Walter Connor, *The Accidental Proletariat: Workers, Politics, and Crisis in Gorbachev's Russia* (Princeton, NJ: Princeton University Press, 1991), passim.
5   Der Begriff des „Ersten" implizierte, dass diese Person „primus inter pares" war; „General-" brachte zum Ausdruck, dass sein Tätigkeitsbereich alle Ressorts abdeckte.
6   Jowitt, „Soviet Neotraditionalism", S. 275–97.
7   Während Politikwissenschaftler stöhnen, wenn der Begriff „Sozialvertrag" auf die sowjetische Politik angewendet wird, finden ihn viele, die sich mit dem sowjetischen System beschäftigt haben, gerade zur Beschreibung der Breschnew-Ära nützlich.
8   Gemeint ist hier Stalins Aussage: „Wer nicht für uns ist, ist gegen uns."
9   Brzezinski, *Ideology and Power,* S. 16.
10   Siehe insbesondere Vladimir Shlapentokh, *Public and Private Life of the Soviet People* (New York: Oxford University Press, 1989).
11   Solomon, *Soviet Criminal Justice,* S. 258.
12   Zur Mingrelischen Affäre siehe Robert Conquest, *Power and Policy in the USSR: The Study of Soviet Dynamics* (New York: St. Martin's, 1961), S. 130 und 140, sowie William Taubman, *Khrushchev: The Man and His Era* (New York: Norton, 2003), S. 221. Zur Leningrader Affäre siehe *Conquest, Power and Policy,* insbesondere S. 95–111, und Werner G. Hahn, *Postwar Soviet Politics: The Fall of Zhdanov and the Defeat of Moderation, 1946–53* (Ithaca, NY: Cornell University Press, 1982).
13   Der Name wurde 1966 wieder in Politbüro geändert.
14   Chruschtschows Geheimrede nach ihrer Fassung in *The Anti-Stalin Campaign,* S. 84.

15 Vgl. Chruschtschow, *Chruschtschow erinnert sich,* S. 285, wo er an folgenden Vorfall zurückdenkt: „Ich erinnere mich, dass er sich einmal an Bulganin wandte und etwas sagen wollte, sich dann aber nicht an dessen Namen erinnern konnte. Stalin starrte ihn an und sagte dann: ‚Sie da, wie heißen Sie?' ‚Bulganin.' ‚Bulganin, natürlich! Was wollte ich doch noch sagen?'"

16 Ibid. Chruschtschow behauptet außerdem, Stalin habe Woroschilow zehn Jahre lang verdächtigt, ein englischer Spion zu sein. Das scheint kaum vorstellbar.

17 *The Anti-Stalin Campaign,* S. 84.

18 Chruschtschow, *Chruschtschow erinnert sich,* S. 288. Auch zitiert in Taubman, *Khrushchev,* S. 218.

19 Taubman resümiert die unterschiedlichen Einschätzungen in *Khrushchev,* S. 706, Fußnote 66.

20 Ibid., S. 221.

21 Conquest, *Power and Policy,* S. 188, meine Hervorhebung.

22 Wenngleich auch Malenkow von sich behauptete, er habe die Aktion gegen Berija angeführt. Taubmans Überblick über die Allianzen, „Neuversicherungs-Verträge" und mutmaßliche Doppelzüngigkeit der sowjetischen Führer ist besonders lesenswert. Was die konkurrierenden Behauptungen im Hinblick auf die Führung des Staatsstreichs angeht, scheint Taubmans Zusammenfassung entscheidend: „Molotow, der [Chruschtschow und Malenkow] hasste, ... und Mikojan, der mit beiden auskam, bestätigten Chruschtschows Darstellung." *Khrushchev,* S. 250.

23 Roeder, *Red Sunset,* p. 24.

24 Conquest, *Power and Policy,* S. 322–24, sekundiert von Roeder, *Red Sunset,* S. 100–101, Richard Lowenthal, „The Revolution Withers Away", in *Problems of Communism,* Jg. 14 (Januar–Februar 1965), S. 12, und Taubman, *Khrushchev,* S. 369. Roy und Zhores Medvedev, *Khrushchev: The Years in Power* (New York: Columbia University Press, 1976), S. 76 berichten, die Anti-Partei-Gruppe habe geplant, Chruschtschow zu verhaften. (Ebenfalls zitiert in Grey Hodnett, „The Pattern of Leadership Politics," in Bialer, Hg., *The Domestic Context of Foreign Policy,* S. 91.)

25 Taubman, *Khrushchev,* S. 369. Conquest, *Power and Policy,* S. 322, weist darauf hin, dass gewisse Vorwürfe sich ausschließlich gegen Kaganowitsch richteten.

26 Taubman, *Khrushchev,* S. 369.

27 Dem jugoslawischen Botschafter in Moskau, Veljko Mićunović, klagte er: „Selbst der Außenminister [in Ulan Bator] ist ein Tierarzt." Taubman, *Khrushchev,* S. 368.

28 Nach seiner Entlassung war Jegorytschew zunächst ein Posten im Ministerium zur Traktorherstellung zugewiesen worden. Dennoch ist rätselhaft, warum Harry Gelman die Behandlung Jegorytschews als „drakonische" Strafe beschreibt. Harry Gelman, *The Brezhnev Politburo and the Decline of Détente* (Ithaca, NY: Cornell University Press, 1984), S. 53.

29 T. H. Rigby, „The Soviet Regional Leadership: The Brezhnev Generation", *Slavic Review,* Jg. 37, Nr. 1 (März 1978), S. 1–24.

30 Roeder, *Red Sunset,* S. 57.

31 Strong, *The Soviet Union under Brezhnev and Kosygin*, S. 20, und zitiert u. a. in Roeder, *Red Sunset,* S. 57.

32 *Red Sunset,* S. 71.

33 Es kam „zu wenig und zu spät", wie Taubman bemerkte. Taubman, *Khrushchev*, S. 367.

34 Chruschtschow zitiert in ibid.

35 In „Succession Contingencies" listet Hodnett viele dieser widersprüchlichen Aussagen auf, S. 2.

36 Breslauer, *Khrushchev and Brezhnev*.

37 Sicherlich nicht immer, manchmal spulte er sie einfach nur ab.

38 Anderer Auffassung ist T. H. Rigby, „The Soviet Leadership: Towards a Self-stabilizing Oligarchy," *Soviet Studies*, Jg. 22, Nr. 2 (Oktober 1970), S. 167–91 auf S. 173.

39 Hodnett, „Succession Contingencies", S. 4.

40 Chruschtschow, *Chruschtchow erinnert sich*, S. 465, zitiert von Taubman, *Khrushchev*, S. 541.

41 Ibid. (Taubman), S. 546.

42 Diesen Punkt betont Hodnett. Vgl. „The Pattern", S. 92.

43 Hodnett, „The Pattern", S. 107.

44 „Breschnews persönliche Autorität und Kollektivität in der sowjetischen Führung," www.foia.cia.gov/sites/default/files/document . . . /DOC000049598. pdf, konstatiert, dass alle drei Mitglieder an der Spitze des Politbüros auch Mitglieder des Verteidigungsrates waren.

45 Zur Anerkennung internationaler Beziehungen als Disziplin, siehe Zimmerman, *Soviet Perspectives*, Kap. 2.

46 In einem Zeitraum von zwei Jahren, zwischen 1959 und 1961, brachten sowjetische Verlage (vor allem Voenizdat) russischsprachige Fassungen unter anderem von Klaus Knorrs *The War Potential of Nations* (korrekt übersetzt als *Voennyi potentsial gosudarstv*), Pierre Gallois' *Stratégie de l'âge nucléaire*, Henry Kissingers *Nuclear Weapons and Foreign Policy*, Bernard Brodies *Strategy in the Missile Age*, Maxwell Taylors *The Uncertain Trumpet* und Robert Osgoods *Limited War* heraus. (Zimmerman, *Soviet Perspectives*, S. 52.)

47 Die Entscheidung, westliche Bücher zu Sicherheitsthemen zu übersetzen und sie einem breiteren Publikum zugänglich zu machen, geriet zuweilen in Konflikt mit den politischen Aufpassern. (Zimmerman, *Soviet Perspectives*, S. 51–54.) Daher griff man zu verschiedenen Winkelzügen, um die Sanktionen des *Glavlit* (des sowjetischen Zensurbüros) bzw. des Zentralkomitees zu umgehen. Ein solcher Trick bestand darin, die korrekte Übersetzung eines wichtigen Werks mit einer sinnentstellenden Einleitung eines notorisch kriegstreiberischen Generals (die niemand zu lesen verpflichtet war) zu neutralisieren (vgl. die Einleitung und den Text der russischsprachigen Version von Bernard Brodies *Strategy in the Missile Age* [Moskau: Voenizdat, 1961]). Ähnlich wurden zum Teil politisch heikle Passagen gestrichen, ohne dass Leser darauf hingewiesen wurden. Ein Leser der russischen Ausgabe von Henry Kissingers *Nuclear Weapons and Foreign Policy* konnte zum Beispiel nicht ahnen, dass das Kapitel, in dem Mao als eine Art Stratege dargestellt wurde, ausgelassen worden war.

48 Ich selbst erstand die meisten dieser Bücher 1966 in einer Militärbuchhandlung in Samarkand, heute Usbekistan.

49 Siehe zum Vergleich Tabelle 3.2 zur Häufigkeit von Sitzungen in der Stalinzeit.

50 Hodnett, „The Pattern", S. 101.

51 Mithilfe der von John Patrick Willerton gelieferten Daten zeigt Roeder (*Red Sunset*, S. 107) grafisch die übergeordnete bimodale Fluktuationsverteilung

(1953–89), wobei die Fluktuation in der Breschnew-Ära im Allgemeinen weit unter der Fluktuation der Jahre davor und danach lag.

52 Hough, *Soviet Leadership*, S. 64.

53 Hodnett, „Succession Contingencies", S. 8.

54 Gelman, *The Brezhnev Politburo*, S. 129; Roeder, *Red Sunset*, S. 109.

55 John Dornberg, *Brezhnev: The Masks of Power* (New York: Basic Books, 1974), S. 262– 64, auf das Roeder, *Red Sunset*, S. 109, Bezug nimmt.

56 Zu Abtrünnigkeit, siehe Roeder, *Red Sunset*, S. 108-9 und Gelman, *The Brezhnev Politburo*, S. 52-54.

57 Roeder, *Red Sunset*, S. 101.

58 In beiden Zeitungen erschien Schelepins Rede in der Ausgabe vom 10. Dezember 1966. Die *Iswestja* strich die kursiv gedruckte Passage aus der folgenden Erklärung, die im *Roten Stern* erschien. Ich habe den Teil kursiv markiert, der den Eindruck vermittelte, die Verschlechterung der internationalen Situation sei eine Folge einer allgemeinen Konfrontation der imperialistischen und revolutionären Kräfte. Der Text in der *Iswestja* ließ durchblicken, dass der Hauptgrund für die verschärften internationalen Spannungen der Vietnamkrieg war. „Infolge der Intensivierung der aggressiven Pläne der Imperialisten ist es zu einer ernsthaften Verschlechterung der weltweiten Lage gekommen. *Die Reaktion der Welt, angeführt von der Hauptkraft von Krieg und Aggression – dem amerikanischen Imperialismus – entfacht mal hier, mal dort die Brutstätten von Konflikten. In zahlreichen Regionen sind die Imperialisten bestrebt, die koloniale Ordnung gewaltsam wieder herzustellen, die nationale Befreiungsbewegung der Menschen zu ersticken.* Die USA führen seit mehreren Jahren einen plündernden Kolonialkrieg gegen die Völker Vietnams." Zimmerman, „The Korean and Vietnam Wars," in *Diplomacy of Power: Soviet Armed Forces as a Political Instrument* (Washington, DC: Brookings Institution, 1981), S. 314–56 auf S. 344.

59 Zu Schelest, siehe Grey Hodnett und Peter Potichnyi, „The Ukraine and the Czechoslovak Crisis" (Australian National University Department of Political Science, Occasional Paper Nr. 6, 1970); zu Breschnews Agrarpolitik und Woronows Ablehnung ebendieser, siehe Gelman, *The Brezhnev Politburo*, S. 239 Fußnote 24 und das hier zitierte Material.

60 Hodnett, „The Pattern", S. 98.

61 Breslauer, *Khrushchev and Brezhnev*, S. 242-44.

62 William Zimmerman, „The Transformation of the Modern Multistate System: The Exhaustion of Communist Alternatives", *Journal of Conflict Resolution*, Jg. 16, Nr. 3 (September 1972), S. 303-17.

63 Siehe insbesondere Kharkhordin, *The Collective*.

64 Ibid., S. 275.

65 Ibid., S. 297 und unter Bezugnahme auf Peter Juviler, *Revolutionary Law and Order: Politics and Social Change in the USSR* (New York: Free Press, 1976).

66 Harold D. Lasswell, *Politics: Who Gets What, When, and How* (New York: P. Smith, 1950).

67 „Institutionell miteinander verbundene" ist kursiv gesetzt, um den anhaltenden Widerstand des Regimes gegenüber autonomen Gruppen oder Gruppierungen zu betonen.

68 Milton Lodge, „Soviet Elite Participatory Attitudes in the Post-Stalin Period", *American Political Science Review*, Jg. 62, Nr. 3 (September 1968), S. 828.

69 Central Intelligence Agency, *Estimated Soviet Defense Spending: Trends and Prospects* (Springfield, VA: National Technical Information Service, 1978), S. 13.

70 William Zimmerman und Glenn Palmer, „Words and Deeds in Soviet Foreign Policy: The Case of Soviet Military Expenditures", *American Political Science Review*, Jg. 77 (1983), S. 358-67.

71 Von 1959 bis 1982 war Wassili Garbusow Finanzminister.

72 Zu den Ausgaben für 1963, siehe *Prawda*, 11. Dezember 1962, zitiert in Zimmerman und Palmer, „Words and Deeds", S. 360, und für 1961, *Prawda*, 21. Dezember 1960, zitiert in Zimmerman und Palmer, „Words and Deeds", S. 360.

73 Shishkos Reihe wiederum beruhte auf Schätzungen des Stockholmer Friedensforschungsinstituts (SIPRI), die er mit 1976 vom CIA freigegebenen Dokumenten verknüpfte.

74 Zu Einzelheiten, siehe Zimmerman und Palmer, „Words and Deeds", S. 359. Die einzige westliche Schätzung, die unsere Ergebnisse relativierte, war die 1982 veröffentlichte CIA-Serie, die eine breitere Definition der sowjetischen Verteidigungsausgaben verwendete. Der CIA behauptete, seine engeren „Schätzungen [seien] detaillierter und genauer". (Estimated Soviet Defense Spending, zitiert in Zimmerman und Palmer, „Words and Deeds", S. 359).

75 Robert Axelrod und William Zimmerman, „The Soviet Press on Soviet Foreign Policy: A Usually Reliable Source", *British Journal of Political Science*, Jg. 11, Nr. 2 (April 1981), S. 183-200.

76 Zimmerman und Palmer, „Words and Deeds".

77 Englischsprachige Versionen sind enthalten in *Military Strategy* (New York: Praeger, 1963) und *Soviet Military Strategy* (Englewood Cliffs, NJ: Prentice Hall, 1963).

78 Es ist das Verdienst (bzw. die Schuld) von Stalin und Berija, Atom- und Wasserstoff-Bomben entwickelt zu haben; vor ihrem Tod hatte jedoch niemand in öffentlich zugänglichen Quellen die strategischen Implikationen des Atomzeitalters oder die genauen Folgen eines Krieges unter Einsatz von Nuklearwaffen begriffen. Zu Stalins Rolle bei der Entwicklung von Atomwaffen ist David Holloways *Stalin and the Bomb: The Soviet Union and Atomic Energy, 1939–1956* (New Haven, CT: Yale University Press, 1994) nach wie vor die wichtigste Quelle. Vgl. Herbert S. Dinerstein, *War and the Soviet Union* (New York: Praeger, 1959) zu den anfänglichen sowjetischen Bemühungen, das Wesen des Kriegs nach Stalins Tod neu zu konzeptualisieren.

79 Zur Dokumentation siehe Zimmerman, „Sokolovskii [Sokolowski] and His Critics: A Review", *Journal of Conflict Resolution*, Jg. 8, Nr. 3 (September 1964), S. 322-28 und die dort zitierten Quellen.

80 *Soviet Military Strategy*, S. 33-34.

81 Ibid., S. 104 bzw. S. 130, meine Hervorhebung.

82 Eine dritte Auflage erschien 1968.

83 Sokolovsky, *Voennaya Strategiya*, 2. Auflage (Moskau: Voenizdat, 1963), S. 5.

84 Quelle: Milton Lodge, „,Groupism' in the Post-Stalin Period", *Midwest Journal of Political Science*, Jg. 12, Nr. 3 (August 1968), S. 330-51, hier S. 341.

85 Es sei nachdrücklich darauf hingewiesen, dass hier von langsamen Änderungen über Jahre die Rede ist und dass die Angst vor Repression lange bestehen blieb. Selbst in der späten Ära Gorbatschow gingen viele Sowjetbürger in Deckung, als der berühmte Brief Nina Andrejewas erschien, in dem sie eine Rückkehr zu den schlechten alten Tagen forderte.

86 Siehe Vladimir Shlapentokh, *Public and Private Life of the Soviet People: Changing Values in Post-Stalin Russia* (New York: Oxford University Press, 1989), S. 164.

87 Ibid., S. 167.

88 Eine detaillierte Beschreibung der Kriterien für die Einordnung der Befragten in die verschiedenen Kategorien findet sich in Zimmerman, „Mobilized Participation", S. 334–36. Die Hauptbeschäftigung wurde nach dem offiziellen sowjetischen Berufs-System klassifiziert, das im Zensus von 1970 verwendet wurde. Es sei unterstrichen, dass ich mit der Bezeichnung „politische Führungspersonen" Personen meine, die sich zwei oder mehr Ebenen unterhalb des Politbüros oder Ministerrats befanden, aber für jenen Zensus als Führungspersonen klassifiziert wurden. Zu weiteren Einzelheiten, siehe ibid., S. 334.

89 Theodore Friedgut, *Political Participation in the USSR* (Princeton, NJ: Princeton University Press, 1979), S. 118.

90 Zur Verwendung von Triaden bei Menschen, welche die Besetzung durch die Nazis und/oder Sowjets während des Zweiten Weltkriegs erlebten, siehe Keith Darden, *Enduring Occupation* (in Vorbereitung).

91 Kharkhordin, *The Collective*, S. 312–14.

92 Donna Bahry, „Politics, Generations, and Change in the USSR", in Millar, *Politics, Work, and Daily Life*, S. 70.

93 William Zimmerman, „Mobilized Participation and the Nature of the Soviet Dictatorship", in James R. Millar, Hg., *Politics, Work, and Daily Life in the USSR: A Survey of Former Soviet Citizens* (Cambridge: Cambridge University Press, 1987), S. 332–53 auf S. 344.

94 Ibid.

95 Breslauer, *Khrushchev and Brezhnev*, S. 192, zitiert die englische Übersetzung in Leo Gruliow u. a., Hg. *Current Soviet Policies VI: The Documentary Record of the 24th Congress of the Communist Party of the Soviet Union* (Columbus, OH: AAASS, 1973), S. 119.

96 Zimmerman, „Mobilized Participation", S. 348 und 350. Unter denjenigen, die ihre erste Stelle zwischen 1976–81 antraten, war es unerheblich, ob sie Rosch ha-Schana (54 Prozent) feierten und unerheblich, ob sie an der Entscheidung zur Ausreise unwesentlich beteiligt waren (50 Prozent), ob sie an der Entscheidung teilhatten (51 Prozent) oder diese Entscheidung fällten (48 Prozent).

97 Auch wenn man die Rolle der Befragten bei der Entscheidung zur Ausreise berücksichtigt, ändert sich das Ergebnis nicht: Das Muster, nicht jedoch die Häufigkeit, ist grundsätzlich gleich.

98 William Zimmerman, „Mobilized Participation and the Nature of the Soviet Dictatorship", in James R. Millar, Hg., *Politics, Work, and Daily Life in the USSR: A Survey of Former Soviet Citizens* (Cambridge: Cambridge University Press, 1987), S. 332–53, S. 348 und S. 350.

99 Jowitt, *New World Disorder*, S. 144.

100 Zimmerman, „Mobilized Participation", S. 352. Ebenfalls William Zimmerman und Michael L. Berbaum, „Soviet Military Manpower Policy in the Brezhnev Era: Regime Goals, Social Origins and ‚Working the System'", *Europe-Asia Studies*, Jg. 45, Nr. 2 (1993), S. 281–302. Für die späten 1980er-Jahre, siehe Solnick, *Stealing the State*, und Odom, *The Collapse of the Soviet Military*.

101   William Zimmerman, „Mobilized Participation and the Nature of the Soviet Dictatorship", in James R. Millar, Hg., *Politics, Work, and Daily Life in the USSR: A Survey of Former Soviet Citizens* (Cambridge: Cambridge University Press, 1987), S. 332–53, S. 348 und S. 350.

102   Wayne Di Francesco und Zvi Gitelman, „Soviet Political Culture and ‚Covert Participation' in Policy Implementation", *American Political Science Review*, Jg. 78, Nr. 3 (September 1984), S. 603–21.

103   Brzezinski, *Ideology and Power*, S. 16.

6. Ungewissheit und „Demokratisierung": Politik nach Breschnew, 1982–1991

1   Malia, *The Soviet Tragedy*, S. 407–409.

2   Andropow wandte sich jedoch auch an andere. Ein hervorragendes Beispiel hierfür war Georgy Arbatov, *The System: An Insider's Life in Soviet Politics* (New York: Times Books, 1993). Allgemeiner siehe Archie Brown, *The Gorbachev Factor* (New York: Oxford University Press, 1996).

3   Malia, *The Soviet Tragedy*, S. 408.

4   Breslauer, *Gorbachev and Yeltsin*, S. 41 und 47; Richard Sakwa, *Gorbachev and His Reforms, 1985–1990* (New York: Prentice Hall, 1990), S. 6; Brown, *The Gorbachev Factor*, insbesondere S. 47.

5   Sakwa, *Gorbachev*, S. 11.

6   Sowohl Breslauer (*Gorbachev and Yeltsin*, S. 31) als auch Brown (*The Gorbachev Factor*, S. 66) verwenden dieses Adjektiv.

7   Jegor Ligatschow, *Wer verriet die Sowjetunion?* (aus dem Russischen von Rolf Junghans, Berlin: Das Neue Berlin, 2012), S. 36 und 37.

8   Ibid., S. 60/61. Ligatschow stellte sich Gorbatschow später entgegen, setzte sich jedoch zu dieser Zeit stark für ihn ein. Siehe auch Brown, *The Gorbachev Factor*, insbesondere S. 74, wo diese Äußerung zitiert wird, und allgemein S. 69–88.

9   Grischin tat mit seinen öffentlichen Auftritten zusammen mit Tschernenko etwas sehr Ähnliches, obwohl Tschernenkos gesundheitlicher Zustand die Zahl dieser Auftritte stark einschränkte.

10   Nach ihrem Treffen machte Margaret Thatcher die berühmte Bemerkung, Gorbatschow sei jemand, mit dem der Westen „Geschäfte machen" könne. Weniger gut ist im Gedächtnis, dass sie fast im gleichen Atemzug ebenfalls nette Worte für Tschernenko fand. Gorbatschow war zuvor 1983 nach Kanada gereist, wo er viel Zeit mit dem damaligen sowjetischen Botschafter Alexander Jakowlew verbracht hatte. Jakowlew wurde später Gorbatschows engster Berater, als dieser Generalsekretär wurde.

11   Breslauer, *Gorbachev and Yeltsin*, S. 48.

12   Ibid., S. 49.

13   Roeder, *Red Sunset*, S. 222.

14   Die letzten drei Sätze des obigen Abschnitts stammen aus Brown, *The Gorbachev Factor*, S. 78–79.

15   Brown, *The Gorbachev Factor*, S. 81; Breslauer, *Gorbachev and Yeltsin*, S. 41.

16   Breslauer, *Gorbachev and Yeltsin*, S. 41 vergleicht 1985 mit 1953 und stellt „innerhalb des Politbüros und des Zentralkomitees ein weit verbreitetes Gefühl [fest], dass man nicht weitermachen könne wie bislang". Siehe auch ibid.,

S. 42 Fußnote 3, in der verschiedene Publikationen genannt sind, die diesen allgemeinen Unmut unter hohen Parteifunktionären verdeutlichen.

17 Ligatschow, *Wer verriet die Sowjetunion?*, S. 71.

18 Ligatschows Ansicht zufolge hätte Ustinow Gorbatschow unterstützt. Ibid., S. 80 f.

19 Genau genommen gab es einen weiteren Punkt: wer nämlich die Beerdigungskommission leiten würde.

20 Zu den Aufenthaltsorten von Kunajew, Schtscherbitski und Worotnikow, siehe Brown, *The Gorbachev Factor*, S. 84–85. Jack F. Matlock berichtet, dass Schtscherbitski ein Stück des Weges nach Moskau zurückkreiste, „mit freundlicher Erlaubnis der US Air Force, die ihn von San Francisco nach New York brachte, wo ein Aeroflot-Flugzeug auf ihn wartete". *Autopsy on an Empire: The American Ambassador's Account of the Collapse of the Soviet Union* (New York: Random House, 1995), S. 45. Matlock gibt keinerlei Hinweise darauf, ob der Pilot angewiesen war, mit Weile zu eilen.

21 Ligatschow zitiert diese Passage aus Jelzins Buch und weist korrekt darauf hin, dass er zu diesem Zeitpunkt Mitglied des Sekretariats und noch nicht Mitglied des Politbüros war.

22 Boris Jelzin, *Aufzeichnungen eines Unbequemen* (aus dem Russischen von Annelore Nitschke. München: Droemer Knaur, 1990), S. 163–64.

23 Vgl. Ligatschow, *Wer verriet die Sowjetunion?*, S. 79.

24 Ligatschow erklärte Gorbatschow, „um die 15 oder 20" Provinzsekretäre hätten ihn besucht. Ibid., S. 78.

25 Ibid.

26 Brown behauptet, dass die „Wahl von Gorbatschow keine Ausnahme" zur bestehenden Praxis war, dass die „echte Wahl vom Politbüro – oder sogar einem inneren Kreis innerhalb des Politbüros" – vorgenommen wurde (*The Gorbachev Factor*, S. 84); aus seiner Schilderung geht jedoch klar hervor, dass das Zentralkomitee nur deshalb am Althergebrachten festhielt, weil das Politbüro Gorbatschow als Kandidat wählte.

27 Breslauers Darstellung in *Gorbachev and Yeltsin* ist in diesem Punkt besonders lesenswert.

28 Fairerweise merkte er ebenso an, dass – falls Gorbatschow sich durchsetzen sollte – „die Sowjetunion zu einem normaleren und aufgeklärteren Land werden" würde. John Gooding, „Gorbachev and Democracy", *Soviet Studies*, Jg. 42, Nr. 2 (April 1990), S. 195–231 auf S. 195.

29 Jerry Hough, „Gorbachev's Endgame", *World Policy Journal*, Jg. 7, Nr. 4 (Herbst 1990), S. 639–72 auf S. 639.

30 Roeder, *Red Sunset*, S. 22, Hervorhebung im Original.

31 Archie Brown, Hg. *Political Leadership in the Soviet Union* (London: Macmillan with St. Anthony's College, 1989), S. 193.

32 Ibid.

33 Roeder (*Red Sunset*, S. 112) deutet dies als Belege für ein ausgewogenes Politbüro, das Gorbatschow torpedierte; Letzterer hatte nur ein Jahr zuvor gesagt, es sei für den Generalsekretär angemessen, beide Ämter zu bekleiden. Angesichts der zahlreichen weiteren personellen Veränderungen, die Gorbatschow in seinem ersten Jahr vornahm, habe ich meine Zweifel. Eine einfache Erklärung wäre, dass Gorbatschow versuchte, es Gromyko schwer zu machen, ein großes Mitspracherecht in auswärtigen Angelegenheiten zu haben, während er

ihn zugleich mit einer symbolischen, aber relativ harmlosen Position als Dank für seine Unterstützung nur wenige Monate zuvor abspeiste. Zu Gorbatschows Bedürfnis, Gromyko gegenüber Fingerspitzengefühl zu zeigen, siehe Brown, *Political Leadership*, S. 190. 25 Jahre später erwähnte Gorbatschow Gromyko noch immer als einen Vertreter der Alten Garde, der die Notwendigkeit grundlegenden Wandels erkannte (New York Times, 14. März 2010).

34   Eine ausführliche Beschreibung ist zu finden in Timothy J. Colton, *Moscow: Governing the Socialist Metropolis* (Cambridge, MA: Belknap, 1995), S. 571–72.

35   Brown in Brown, *Political Leadership*, S. 191.

36   Sakwa, *Gorbachev*, S. 12.

37   Robert G. Kaiser, *Why Gorbachev Happened* (New York: Simon & Schuster, 1991), S. 115.

38   Es war die erste solche Konferenz seit Beginn des Zweiten Weltkriegs.

39   Brown, *The Gorbachev Factor*, S. 187, Hervorhebung im Original.

40   Hough, „Gorbachev's Endgame", S. 660. Auch wenn es offensichtlich scheint, sei dies hiermit nochmals betont: Diejenigen, die 1986 ihres Amtes enthoben wurden, wurden weder erschossen noch verschwanden sie in den Lagern.

41   Ibid., S. 647.

42   Obwohl Brown argumentiert, dass der XXVIII. Parteitag Gorbatschow „noch immer keine Mehrheit an echten Anhängern innerhalb" des Zentralkomitees und des Politbüros verschaffte (*The Gorbachev Factor*, S. 177).

43   Hough, „Gorbachev's Endgame", S. 660.

44   Kaiser, *Why Gorbachev Happened*, S. 115.

45   Ibid.

46   Zitiert von Brown, *The Gorbachev Factor*, S. 196. Zum Original siehe A. S. Chernyaev, *Shest' let s Gorbachevym* (Moskau: Progress, 1993), S. 345. Zu einer englischsprachigen Version von Gorbatschows Beziehungen zu Tschernjajew, siehe *My Six Years with Gorbachev* (University Park: Pennsylvania State University Press, 2000).

47   Kaiser, *Why Gorbachev Happened*, S. 411.

48   Roeder, *Red Sunset*, S. 212.

49   Ligatschow, *Wer verriet die Sowjetunion*, S. 118–119. Das Sekretariat trat nach dem XXVIII. Parteitag der KPdSU 1990 wieder zusammen. Ligatschow bekräftigt ebenfalls (S. 120): „Das Prinzip der kollektiven Führung, einschließlich der Erörterung der Personalfragen, war hochgradig ausgehöhlt worden."

50   Roeder, *Red Sunset*, S. 220.

51   Hough, „Gorbachev's Endgame", S. 659.

52   Kaiser, *Why Gorbachev Happened*, S. 354. Zu den Arbeiterstreiks siehe insbesondere Stephen Crowley, *Hot Coal, Cold Steel: Russian and Ukrainian Workers from the End of the Soviet Union to the Post-Communist Transformations* (Ann Arbor: University of Michigan Press, 1997).

53   Roeder, *Red Sunset*, S. 216.

54   Richard Pipes, *The Formation of the Soviet Union: Communism and Nationalism, 1917–1923* (New York: Atheneum, 1978).

55   Die meisten waren im Juli 1990 aus dem Politbüro ausgeschieden.

56   Sakwa, *Gorbachev*, S. 162–63.

57   Ibid.; Brown, *The Gorbachev Factor*, S. 208–9.

58   Brown, *The Gorbachev Factor*, S. 208; Hough, „Gorbachev's Endgame", S. 659.

59   Brown, *The Gorbachev Factor*, S. 275.

60 Hough, „Gorbachev's Endgame", S. 659.
61 Ibid., S. 654 bzw. S. 661– 62.
62 *New York Times,* 13. März 2010.
63 Zitiert in Kaiser, *Why Gorbachev Happened,* S. 376.
64 Hough, „Gorbachev's Endgame", S. 642. Der Ausdruck „unmittelbar bevor-
    stehender Zusammenbruch" erscheint auf S. 640. Zu Bialers ebenfalls 1990
    erschienenen Artikeln siehe „The Passing of the Soviet Order?", *Survival,* Jg. 32,
    Nr. 2 (März–April 1990), S. 107–20 auf den sich Hough bezieht, sowie „Is So-
    cialism Dead?," *Bulletin of the American Academy of Arts and Sciences,* Jg. 44,
    Nr. 2 (November 1990), S. 19–29.
65 Shoon Kathleen Murray, *Anchors Against Change: American Opinion Leaders' Beliefs
    after the Cold War* (Ann Arbor: University of Michigan Press, 1996).
66 Roeder, *Red Sunset,* S. 92.
67 Ibid., passim.
68 Michael E. Urban, *More Power to the Soviets: The Democratic Revolution in the USSR*
    (Aldershot: Edward Elgar, 1990), S. 93. Als Briefmarkensammler befriedigt es
    mich, zu wissen, dass den Philatelisten im Parteitag dasselbe Gewicht beige-
    messen wurde wie denen, die sich entschlossen für Abstinenz unter Russen
    einsetzten.
69 Sowjetische Zeitungen, so der sowjetische Ökonom Rewold Entow, der seiner-
    zeit zu Besuch in Ann Arbor war, seien besser als die *New York Times* und die
    Washington Post: „Ihr lest sie, um zu erfahren, was gestern passiert ist. Wir lesen
    sowjetische Zeitungen, um zu erfahren", was im letzten halben Jahrhundert
    passiert ist.
70 Unangenehm war es auch für viele, die sich entschieden, gegen Parteifunktio-
    näre anzutreten. Die „schmutzigen Tricks", die vergeblich angewandt wurden,
    um Boris Jelzins Wahl in den Parteitag zu verhindern, sind ausführlich doku-
    mentiert. Eine lebhafte Schilderung der Konsequenzen, die ein freimütiger
    Schweißer infolge seiner Bereitschaft erlebte, sich als Stellvertreter aufstellen
    zu lassen, findet sich in Kaiser, *Why Gorbachev Happened,* S. 256–57.
71 V. A. Kolosov u. a., *Vesna 89: Geografiya i anatomiya parlamentskikh vyborov* (Mos-
    kau: Progress, 1990), S. 75. Dieser Band ist die bei Weitem ausführlichste mir
    bekannte Darstellung der Wahlergebnisse vom März 1989.
72 Ibid., S. 83.
73 Ibid., S. 78.
74 Sein Konflikt mit Ligatschow (und Gorbatschow) sowie sein Verstoß gegen
    Normen, die vorschrieben, Konflikte zwischen Mitgliedern des Politbüros im
    kleinen Kreis auszutragen, der Verlust seines Sitzes im Politbüro und seine un-
    gewöhnliche Rückkehr in die „große" Politik werden in zahlreichen Quellen
    ausführlich behandelt. Siehe Timothy J. Colton, *Yeltsin: A Life* (New York: Basic
    Books, 2008), insbesondere S. 153–73; Colton, *Moscow,* S. 581–83; Roeder,
    Red Sunset, S. 216; Breslauer, *Gorbachev and Yeltsin,* insbesondere S. 118–20;
    Brown, *The Gorbachev Factor,* S. 110–11; Kaiser, *Why Gorbachev Happened,* S.
    179–86; Jelzin, *Aufzeichnungen eines Unbequemen,* S. 213–36.
75 Um gegen jemanden zu stimmen, musste man den Namen der Person durch-
    streichen.
76 Dieser Abschnitt stützt sich maßgeblich auf Urban, *More Power to the Soviets,*
    S. 112; das Zitat von Gorbatschow findet sich in ibid., S. 115.
77 Zitiert von Kaiser, *Why Gorbachev Happened,* S. 276.

78 Kaiser, *Why Gorbachev Happened,* S. 327; Sakwa, *Gorbachev,* S. 162.
79 Matlock, *Autopsy on an Empire,* S. 579.
80 Crowley, *Hot Coal, Cold Steel.*
81 Zum sogenannten 9 + 1-Abkommen, siehe Mark R. Beissinger, *Nationalist Mobilization and the Collapse of the Soviet State* (Cambridge: Cambridge University Press, 2002), insbesondere S. 422-25.
82 Zu große Nähe verdirbt die Freundschaft. Wie sich herausstellte, konnte Boldin Gorbatschow tatsächlich nicht leiden, noch weniger seine Frau. Boldins *Ten Years That Shook the World* (New York: Basic Books, 1994) wird von Robert Legvolds in der Juli/August-1995-Ausgabe von *Foreign Affairs* besprochen (Jg. 74, Nr. 4, S. 149-50).
83 Kaiser, *Why Gorbachev Happened,* S. 423. Zu ausführlichen und verräterischen Passagen aus den Aussagen der Verschwörer und Gorbatschows, siehe V. G. Stepankov und E. K. Lisov, *Kremlevskii zagovor* (Moskau: Izdatel'stvo 'Ogonek', 1992).
84 Roeder, *Red Sunset,* passim.
85 Das Amt des Vizepräsidenten war ein Novum und auf Gorbatschows Drängen erst Anfang 1991 geschaffen worden. Janajew war der Erste, der es bekleidete, wenngleich seine Ernennung von den Mitgliedern des Volksdeputiertenkongresses nicht begrüßt worden war; in der ersten Abstimmungsrunde hatte er keine Mehrheit erhalten und war erst auf Gorbatschows Appell hin im zweiten Wahlgang bestätigt worden. Diesen Appell sollte Gorbatschow später bitter bereuen.
86 Brown, *The Gorbachev Factor,* S. 296.
87 In Wirklichkeit trat Starodubzew eher für die Fortdauer der Leibeigenschaft von Bauern ein.
88 Stepankov und Lisov, *Kremlevskii,* S. 127.
89 Zu seiner obsessiven Planung der anstehenden Schritte nach erfolgtem Putsch siehe ibid., S. 130.
90 Ibid., S. 129. Siehe auch Beissinger, *Nationalist Mobilization,* S. 368-69.
91 Gorbatschows „Besucher" werden in zahlreichen Büchern aufgeführt, so etwa in Stuart Loory und Ann Imse, *Seven Days That Shook the World* (Atlanta, GA: Turner, 1991). Gorbatschow wurde begleitet von Juri Plekhanov, in dessen Verantwortungsbereich der Schutz der sowjetischen Führung fiel.
92 Stepankov und Lisov, *Kremlevskii,* S. 92. Die Erklärung wurde unterzeichnet von Janajew, Pawlow und Baklanow.
93 Ibid., S. 130.
94 Nützliche Darstellungen liefern Matlock, *Autopsy,* und Kaiser, *Why Gorbachev Happened,* S. 420-30.
95 Colton, *Yeltsin,* S. 196.
96 Colton, *Moscow,* S. 648-49.
97 Ibid., S.196.
98 Ibid., S. 649.
99 Beissinger, *Nationalist Mobilization,* S. 426.
100 Remnick berichtet, das GKTschP habe 250.000 Handschellen und 300.000 Arrestformulare geordert, obwohl nur eine Handvoll Personen tatsächlich festgenommen wurden. David Remnick, *Lenin's Tomb: The Last Days of the Soviet Empire* (New York: Random House, 1993), S. 453.
101 Einen Vergleich liefert insbesondere ibid., S. 452.

102 Sie waren nicht die Einzigen. Der amerikanische Botschafter Jack Matlock übte scharfe Kritik an George Bush Sen., der sich zunächst so verhalten habe, als werde der Putsch gelingen. Matlock, *Autopsy,* S. 588. Er erinnert sich außerdem daran, dass – als er „am 19. August in Nightline auf ABC interviewt wurde – … jeder zweite Kommentator … stillschweigend voraussetzte, es sei töricht zu denken, der KGB und die Armee könnten keine Kontrolle aufrechterhalten, wenn sie dies wollten." (Ibid., S. 604.) George Breslauer wies mich darauf hin, dass Garri Kasparow am selben Abend auf CNN prophezeit hatte, der Putsch werde innerhalb einer Woche scheitern – was Jeanne Kirkpatrick in derselben Sendung zur Verzweiflung trieb.
103 Beissinger, *Nationalist Mobilization,* S. 334.
104 Ibid., S. 70.
105 *Prawda,* 20. August 1991, in der Übersetzung des *Current Digest of the Post-Soviet Press,* Jg. 43, Nr. 33 (18. September 1991), S. 11–13, dlib.eastview.com/sources/article.jsp?id=13537887.
106 Kaiser, *Why Gorbachev Happened,* S. 211.
107 William Taubman und Jane Taubman, *Moscow Spring* (New York: Summit Books, 1989).
108 Remnick, *Lenin's Tomb,* S. 498.
109 Colton, *Yeltsin,* S. 194.
110 Roeder, *Red Sunset,* S. 42 ff.
111 Zimmerman, „Mobilized Participation", S. 332–53.
112 Kuran, „Now Out of Never", S. 7–48.
113 Beissinger, *Nationalist Mobilization.*
114 Loory und Imse, *Seven Days,* S. 235.
115 Die Schätzungen in diesem Abschnitt stammen aus Beissinger, *Nationalist Mobilization,* S. 421–27.
116 Ibid., S. 347–53.
117 Remnick, *Lenin's Tomb,* S. 473.

7. Russland demokratisieren, 1991–1997

1 Breslauer, *Gorbachev and Yeltsin;* Chernyaev, *My Six Years With Gorbachev;* Kaiser, *Why Gorbachev Happened;* Brown, *The Gorbachev Factor.*
2 Kaiser, *Why Gorbachev Happened,* S. 276.
3 Boris Jelzin, *Auf des Messers Schneide. Tagebuch des Präsidenten,* S. 11.
4 So der BBC-Korrespondent John Simpson, zitiert in Colton, *Yeltsin,* S. 218.
5 Ibid., S. 222.
6 Ibid., S. 218–19.
7 Thomas F. Remington, *The Russian Parliament: Institutional Evolution in a Transitional Regime, 1989–1999* (New Haven CT: Yale University Press, 2001), S. 45. Die Frage, ob der Kongress für sein weiteres Bestehen gestimmt hatte, bis man sich auf eine neue Verfassung einigte, oder nicht, veranschaulicht die institutionelle Ambivalenz, die alle Institutionen durchdrang, wie das Zitat in Remingtons Text andeutet. Die betreffenden Darstellungen gehen auseinander. Gorbatschow etwa behauptet, der Oberste Sowjet der UdSSR habe bis zur Verabschiedung einer neuen Verfassung weiter funktionieren sollen, erklärte dann jedoch, der erste Geschäftsakt des Staatsrats sei die Anerkennung der Unabhängigkeit der Baltischen Staaten gewesen. Gorbachev, *Memoirs: Mikhail Gorbachev*

(New York: Doubleday, 1995), S. 648–51. Jelzin behauptet, Gorbatschow habe am Rednerpult gedroht, „wenn der Kongress sich nicht selbst auflöse, könne man ihn auch auseinanderjagen" und „die Erklärung des Rates der Staatsoberhäupter wurde schließlich angenommen". Jelzin, *Auf des Messers Schneide*, S. 117.

8 Victor Sheinis, „The Constitution", in McFaul u. a., *Between Dictatorship and Democracy*, S. 57.

9 John Lowenhardt, *The Reincarnation of Russia: Struggling with the Legacy of Communism, 1990–1994* (Durham, NC: Duke University Press, 1995), insbesondere S. 127–28; Eugene Huskey, *Presidential Power in Russia* (Armonk, NY: M.E. Sharpe, 1999), insbesondere S. 163–82.

10 In der Außenpolitik übernahm die Russische Föderation die rechtlichen Pflichten und Privilegien (insbesondere den ständigen Sitz im Sicherheitsrat der Vereinten Nationen) der UdSSR. In bilateralen Beziehungen hat Russland sich nur dann als Erbe der Sowjetunion geriert, wenn es opportun schien. So behauptete es, es sei die Sowjetunion gewesen, die Osteuropa und den Baltischen Staaten ein kommunistisches Regime aufgezwungen habe. Dagegen habe Russland diese Staaten vom Terror der Nazis befreit.

11 Michael McFaul und Nikolai Petrov in McFaul u. a., *Between Dictatorship and Democracy*, S. 34.

12 Ibid., S. 35. Auf derselben Seite ist die englischsprachige Version aller vier Fragen zu finden.

13 Eine Zusammenfassung der Fragen in Zusammenhang mit der Stimmauszählung liefern Timothy J. Colton und Jerry F. Hough, Hg., *Growing Pains: Russian Democracy and the Election of 1993* (Washington, DC: Brookings Institution, 1998), S. 31 Fußnote 8. Ein besonderer Streitpunkt war der zu verwendende Nenner, d. h. ob ungültige Stimmen gezählt werden sollten oder nicht.

14 Die hohe Zahl der Erlasse ist bezeichnend für Jelzins direktives Vorgehen.

15 Zu einer Darstellung der Ressourcen, über die Chasbulatow als Vorsitzender des Obersten Sowjet verfügte, siehe Thomas F. Remington, „Ménage à Trois: The End of Soviet Parliamentarism", in Jeffrey W. Hahn, Hg., *Democratization in Russia: The Development of Legislative Institutions* (Armonk, NY: M.E. Sharpe, 1996), S. 106–40, insbesondere S. 120–23.

16 Colton und Hough, *Growing Pains*, S. 6–7, zitieren ein Interview mit Waleri Sorkin, dem Präsidenten des russischen Verfassungsgerichts, das am 12. November 1993 in der *Nezawissimaja gaseta* erschien.

17 Colton, *Yeltsin*, S. 279.

18 Lowenhardt, *The Reincarnation of Russia*, S. 138.

19 Zu Gründungswahlen im Allgemeinen, siehe Guillermo O'Donnell und Philippe C. Schmitter, *Transitions from Authoritarian Rule: Tentative Conclusions about Uncertain Democracies* (Baltimore: Johns Hopkins University Press, 1986).

20 Michael Urban, „December 1993 as a Replication of Late-Soviet Electoral Practices", *Post-Soviet Affairs*, Jg. 10, Nr. 2 (April–Juni 1994), S. 127 und 129.

21 Ibid., passim; Colton in Colton und Hough, *Growing Pains*, S. 7–11. Sie dokumentieren ebenfalls, wie sehr die verschiedenen staatlichen Behörden gegeneinander arbeiteten und wie rasch Jelzin von vielen der eher drakonischen Maßnahmen, die er im ersten Monat nach der Machtübernahme im Weißen Haus getroffen hatte, abrückte.

22 Urban, „December 1993", S. 128, Hervorhebung im Original.

23 Ibid.; Colton, „Introduction", in Colton und Hough, *Growing Pains,* insbeson-
dere S. 7-16. Zur ausgehandelten Transition, siehe Adam Przeworski, *Latin Democracy and the Market: Political and Economic Reforms in Eastern Europe and America*
(Cambridge: Cambridge University Press, 1991). Zur Kritik, siehe die zahlreichen Veröffentlichungen von Michael McFaul, vor allem *Russia's Unfinished
Revolution: Political Change from Gorbachev to Putin* (Ithaca, NY: Cornell University
Press, 2001); McFaul u. a., *Between Dictatorship and Democracy;* und McFaul,
„The Fourth Wave of Democracy and Dictatorship: Noncooperative Transitions in the Post Communist World", *World Politics,* Jg. 54, Nr. 2 (Januar
2002), S. 212-44.
24 *Iswestija,* 16. November 1993, zitiert in Colton, *Yeltsin,* S. 280.
25 Gewisse Parteien wie die Russische Kommunistische Arbeiterpartei sowie die
Russische Offiziersunion, die sich an den Auseinandersetzungen im Oktober
beteiligt hatten, wurden ausgeschlossen. Die Zentrale Wahlkommission entschied, dass andere, die im Durchschnitt angeblich 107.000 Unterschriften
erhalten hatten, nicht die nötigen 100.000 Unterschriften vorgelegt hatten
(Colton, in Colton und Hough, *Growing Pains,* S. 17).
26 Colton, in Colton und Hough, *Growing Pains,* S. 26.
27 McFaul und Petrov, „Elections", in McFaul u. a., *Between Dictatorship and Democracy,* S. 37; McFaul, *Russia's Unfinished Revolution,* insbesondere S. 239-40.
28 Richard Sakwa, „The Dual State in Russia", *Post-Soviet Affairs,* Jg. 26, Nr. 3
(Juli–September 2010), S. 185-206.
29 Colton, *Yeltsin,* S. 282. Zu allem Überfluss „hatten alle Mitglieder des Obersten Sowjet von 1990-93 das Recht, die ihnen zugewiesenen Wohnungen zu
behalten". Ibid. In einem nützlichen Aufsatz vergleicht Olga Kryshtanovskaya
die Behandlung von Verlierern innerhalb der politischen Elite Russlands im
Laufe der Zeit: „Has Beens: Trends of Downward Mobility of the Russian
Elite", *Russian Social Science Review,* Jg. 46, Nr. 2 (März–April 2005), S. 4–51. Er
erschien ursprünglich in zwei Teilen in *Obshchestvennye nauki i sovremennost',*
2003, Nr. 5, S. 33–39, und Nr. 6, S. 62–77.
30 McFaul, *Russia's Unfinished Revolution,* S. 238 sowie Colton, *Yeltsin,* S. 282.
31 Zu Demokratien, siehe McFaul und Petrov, „Elections", S. 40. Zu kompetitiv
autoritären Systemen, siehe Levitsky und Way, *Competitive Authoritarianism,* insbesondere S. 16 ff.
32 Bis Mitte 2006 konnten russische Wähler alle Kandidaten ablehnen. Der Zentralen Wahlkommission zufolge votierten in der zweiten Runde der Präsidentschaftswahl 1996 4,8 Prozent sowohl gegen Jelzin als auch gegen Sjuganow.
Wie sich diese Option auf einige Wahlen auswirkte, erörtert Derek S. Hutcheson in „Disengaged or Disenchanted? The Vote 'Against All' in Post-communist Russia", *Journal of Communist Studies and Transition Politics,* Jg. 20, Nr. 1
(2004), S. 98–121.
33 „Subjects obey. Citizens choose". Timothy Colton, *Transitional Citizens: Voters
and What Influences Them in the New Russia* (Cambridge, MA: Harvard University
Press, 2000), S. vii; Bueno de Mesquita u. a., *The Logic of Political Survival,* S. 39.
34 Mikhail Myagkov, Peter Ordeshook und Alexander Sobyanin, „The Russian
Electorate, 1991–1996", *Post-Soviet Affairs,* Jg. 13, Nr. 2 (April-Juni 1997), S.
134–66 auf S. 165. Siehe außerdem Myagkov, Ordeshook und Dimitri Shakin,
The Forensics of Election Fraud: Russia and Ukraine (Cambridge: Cambridge University Press, 2009).

35 McFaul, „The Fourth Wave of Democracy "

36 Das klassische Argument für eine solche dritte Welle ist natürlich Samuel P. Huntington, *The Third Wave: Democratization in the Late Twentieth Century* (Norman: University of Oklahoma Press, 1991).

37 Womit er in erster Linie die jährlichen Berichte von Freedom House meinte.

38 Timothy J. Colton, „Putin and the Attenuation of Russian Democracy", in Alex Pravda, Hg., *Leading Russia: Putin in Perspective* (Oxford: Oxford University Press, 2005), S. 103–18 auf S. 103–4.

39 Auf diesen Punkt gehe ich näher ein in *The Russian People and Foreign Policy: Russian Elite and Mass Perspectives, 1993–2000* (Princeton, NJ: Princeton University Press, 2002), insbesondere S. 131–38.

40 Boris Jelzin, *Mitternachtstagebuch. Meine Jahre im Kreml* (München: Ullstein, 2001), S. 26.

41 Die Zitate und dieser Abschnitt im Allgemeinen sind McFauls *Russia's Unfinished Revolution,* S. 288, entnommen.

42 Wie Shleifer und Treisman in „A Normal Country" (S. 22–26) überzeugend argumentieren, deuteten die Indikatoren des Energieverbrauchs darauf hin, dass der wirtschaftliche Abschwung weniger gravierend war als gemeinhin angenommen.

43 McFaul, *Russia's Unfinished Revolution,* S. 283.

44 Diese Einschätzungen schwankten während des gesamten Wahlzyklus nicht wesentlich.

45 Zitiert in Colton, *Yeltsin,* S. 351. Gaidar war bekanntlich der Hauptverantwortliche für die Umsetzung der als „Schocktherapie" bezeichneten Wirtschaftspolitik.

46 Yu. M. Baturin u. a., *Epokha Yeltsina: Ocherki politicheskoi istorii* (Moskau: Vagrius, 2001), S. 554. Baturin ist eine interessante Person. Er war Jelzins Berater für Rechts- und Sicherheitspolitik und wurde später Kosmonaut.

47 Zitiert in Jelzin, *Mitternachtstagebuch,* S. 26.

48 Ibid., S. 25.

49 Ibid. Colton, *Yeltsin,* S. 566 Fußnote 53 zitiert Peter Reddaway und Dmitri Glinski, *The Tragedy of Russia's Reforms: Market Bolshevism against Democracy* (Washington, DC: U.S. Institute of Peace, 2001), S. 513, denen zufolge Jelzin „keine Skrupel hatte, die Verfassung aus dem Fenster zu werfen". Wie Colton anmerkt, „hatte er jedoch sehr wohl solche Skrupel und handelte entsprechend." Wie die obigen Ausführungen verdeutlichen, hatte Colton Recht.

50 Colton, *Yeltsin,* S. 356–57.

51 Jelzin, *Mitternachtstagebuch,* S. 27.

52 Baturin u.a., *Epokha Yeltsina,* S. 558: Diejenigen, die gegen einen Aufschub der Wahl waren, „erhielten unabsichtlich Unterstützung von der Duma."

53 Zu Einzelheiten des Skandals, der sich vor der Absetzung von Soskowets und Korschakow als Tropfen erwies, der das Fass zum Überlaufen brachte, siehe Colton, *Yeltsin,* S. 371–72.

54 Die unbestimmte Bezeichnung soll ausdrücken, dass mir bewusst ist, dass er anfangs auch den *Iwan Rybkin Block* unterstützte. Dies mag zwar kontraproduktiv gewesen sein, kam aber ohnehin „nie richtig in Gang." McFaul, *Russia's Unfinished Revolution,* S. 282. Ohne Jelzins Hilfe hatte *Unser Haus Russland* sich die Unterstützung von 36 Gouverneuren in der Duma-Wahl im Dezember 1995 gesichert, jedoch enttäuschend abgeschnitten und nur 11 Prozent der Stim-

men erhalten. Die zweite Partei, der *Wahlblock Iwan Rybkin,* hatte sogar noch schlechter abgeschnitten und 1995 weniger als ein Prozent der Stimmen erhalten.

55   Colton, *Yeltsin,* S. 350.
56   Zitiert in Zimmerman, *The Russian People,* S. 137.
57   Zitiert in Colton, *Yeltsin,* S. 363.
58   In diesem Abschnitt beziehe ich mich stark auf Colton, *Yeltsin,* S. 363.
59   McFaul, *Russia's Unfinished Revolution,* S. 293.
60   Colton, *Yeltsin,* S. 369. Zu weiteren Ausführungen zum selben Punkt, siehe ibid., S. 370.
61   Ich habe die Listen von Colton, *Yeltsin,* S. 367 und McFaul, *Russia's Unfinished Revolution,* S. 295, zusammengeführt. Auch wenn sie sich in manchen Punkten unterscheiden, weisen sie in dieselbe Richtung.
62   Zimmerman, *The Russian People,* S. 23; Sarah Oates und Laura Roselle, „Russian Elections and TV News: Comparison of Campaign News on State-Controlled and Commercial Television Channels", *Harvard International Journal of Press/Politics,* Jg. 5, Nr. 2 (2000), S. 30–51.
63   Oates und Roselle, „Russian Elections", S. 39; Baturin u. a., *Epokha Yeltsina,* S. 503 merkt an, dass NTW vor 1996 nur begrenzte Sendezeit hatte; nachdem der Sender Jelzin jedoch „tatkräftig unterstützt" hatte, erhielt er das Recht, 24 Stunden am Tag auf dem Vierten Kanal zu senden.
64   Baturin u. a., *Epokha Yeltsina,* S. 565.
65   Colton, *Yeltsin,* S. 368.
66   Das Interview erschien in ibid., S. 372.
67   Der Dollar war damals das übliche Zahlungsmittel.
68   Baturin u.a., *Epokha Yeltsina,* S. 548.
69   In der Befragung von Colton/Zimmerman 1995/96 stimmten nur 11 Prozent der Teilnehmer der Aussage zu oder voll zu, es sei richtig gewesen, in Tschetschenien Gewalt anzuwenden.
70   McFaul, *Russia's Unfinished Revolution,* S. 256. David Rivera, der seinerzeit in Moskau lebte, berichtet, dort habe man das Vorgehen überwiegend als Versuch gewertet, „die nationalistischen Stimmen von Sjuganow wegzulenken." (Persönliches Gespräch.)
71   Ibid., S. 293.
72   Jelzin schreibt stolz, seine russischen Umfrageforscher hätten bei der Wahlprognose bessere Ergebnisse erzielt als ihre französischen Kollegen bei der Prognose der französischen Präsidentschaftswahlen.
73   McFaul, *Russia's Unfinished Revolution,* S. 299.
74   Er bezeichnete es als „ein abermaliges Referendum über den Kommunismus", wie McFaul es ausdrückte. Ibid., S. 293.
75   In der Umfrage von Colton/Zimmerman waren 44 Prozent der Befragten der Ansicht, bei einer Niederlage ihres Kandidaten wäre ein Bürgerkrieg ausgebrochen.
76   Ibid., S. 299. McFaul nahm an der Pressekonferenz teil.
77   Baturin u.a., *Epokha Yeltsina,* S. 570.
78   McFaul, *Russia's Unfinished Revolution,* S. 298.
79   Baturin u.a., *Epokha Yeltsina,* S. 573.
80   Ibid.
81   Mikhail Myagkov u.a., „Fraud or Fairytales: Russia and Ukraine's Electoral Experience", *Post-Soviet Affairs,* Jg. 21, Nr. 2 (April–Juni 2005), S. 97.

82 Ibid., S. 105.
83 Ibid., S. 95.
84 Siehe ibid., an den sich dieser Abschnitt stark anlehnt.
85 Ibid., S. 98.
86 Michael McFaul, *Russia's 1996 Presidential Election: The End of Polarized Politics* (Stanford, CA: Hoover Institution Press, 1997), S. 13.
87 Baturin u.a., *Epokha Yeltsina*, S. 573.
88 Die Angaben dieses Abschnitts stammen aus Colton, *Yeltsin*, S. 362. Er zitiert wiederum das hausinterne Mitteilungsblatt der „Public Opinion Foundation", dessen gesammelte Ausgaben Colton von Oslon erhalten hatte (*Yeltsin*, S. 566 Fußnote 70).
89 Michael McFaul und Nikolai Petrov, „Elections", S. 26: „Der Wahlzyklus 1995-1997 ... war möglicherweise der kompetitivste und folgenreichste in der kurzen demokratischen Geschichte Russlands."
90 Levitsky und Way, *Competitive Authoritarianism*, insbesondere S. 13.

8. Die Rückkehr zur Gewissheit und der normale Autoritarismus, 1998–2008

1 Levitsky und Way, *Competitive Authoritarianism* sowie die in der Einleitung dargelegte Typologie.
2 „Dieser Prozess, Führungspersonen zu wählen, muss unter gewissen oder festgelegten Regeln stattfinden, jedoch mit ungewissem Ausgang, der nicht umgekehrt werden kann." McFaul u. a., „Introduction", S. 2.
3 Myagkov u. a., „The Russian Electorate", S. 165. Vgl. Myagkov u. a., „Fraud or Fairytales."
4 Die meisten allerdings indirekt über Robert Dahl.
5 Schumpeter, *Kapitalismus, Sozialismus und Demokratie,* (7. Auflage), S. 428, 452 und 431. Um Missverständnisse zu vermeiden: Ich beziehe mich hier auf das hervorragende Kapitel 22, nicht seine Ausführungen zur Staatsangehörigkeit in Kapitel 20, die weniger hilfreich sind.
6 Nicht alle Wissenschaftler teilten die relativ wohlwollende Bewertung der Präsidentschaftswahl 1996. Zu den schärfsten Kritikern zählen Steven Rosefielde und Stefan Hedlund, *Russia since 1980: Wrestling with Westernization* (Cambridge: Cambridge University Press, 2009) sowie Reddaway und Glinski, *The Tragedy*.
7 Alle Zitate im obigen Abschnitt stammen aus Levitsky und Way, *Competitive Authoritarianism,* S. 13.
8 Ibid., S. 191.
9 Evgeniya Lukinova u. a. „Metastasized Fraud in Russia's Presidential Election", *Europe-Asia Studies,* Jg. 63, Nr. 4 (Juni 2011), S. 603–21.
10 Wir konzentrieren uns in diesem Kapitel auf potenzielle Präsidentschaftskandidaten. Das Phänomen war aber keinesfalls auf das Ausbooten von Kandidaten für das Präsidentenamt beschränkt.
11 Siehe http://info.worldbank.org/governance/wgi/index.aspx#home
12 Vergleiche etwa die Artikel von Myagkov u. a., „The Russian Electorate" und Myagkov u. a., „Fraud or Fairytales", S. 91–132; Steven Fish, *Democracy from Scratch* (Princeton, NJ: Princeton University Press, 1995) und *Democracy Derailed in Russia: The Failure of Open Politics* (Princeton, NJ: Princeton University Press, 2005). Unter denjenigen, die das politische Verhalten Russlands zur Mitte der

1990er-Jahre positiv bewertet hatten und die zu den nicht-demokratischen Tendenzen im ersten Jahrzehnt des 21. Jahrhunderts Stellung nahmen, siehe Colton, *Transitional Citizens* und „Putin and the Attenuation of Russian Democracy", S. 103–18; siehe auch die Tendenz in den Veröffentlichungen von Michael McFaul, z. B., *Russia's Unfinished Revolution*; (Masha Lipman u. a. „Putin and the Media", in Dale Herspring, Hg., *Putin's Russia: Past Perfect, Future Uncertain* (Lanham, MD: Rowman & Littlefield, 2003), S. 63–84; (Masha Lipman mit Nikolai Petrov und Andrei Ryabov) *Between Dictatorship and Democracy;* (Masha Lipman mit Kathryn Stoner-Weiss) „The Myth of the Authoritarian Model", *Foreign Affairs,* Jg. 87, Nr. 1 (Januar–Februar 2008), S. 68–84.

13 John P. Willerton, „Semi-Presidentialism and the Evolving Executive", in Stephen White u. a., *Developments in Russian Politics* 7 (New York: Palgrave Macmillan, 2010), S. 20–42 auf S. 26. Maria-Luiza Tirmaste, „Central Electoral Commission Rejects Mikhail Kasyanov", *Kommersant,* 28. Januar 2008, und zitiert in *Current Digest of the Russian Press,* Bd. 60, 19. Februar 2008, S. 6, dlib.eastview.com/browse/doc/20437104.

14 „Russia's Presidential Election", *Times Online,* 29. Februar 2008, www.timesonline.co.uk, zitiert in Levitsky und Way, *Competitive Authoritarianism,* S. 200.

15 An einer Stelle (Levitsky und Way, *Competitive Authoritarianism,* S. 186) heißt es zwar, „Russland war bis 2008 ein stabiles kompetitiv autoritäres Regime"; aus anderen Textstellen geht jedoch hervor, dass sich die Autoren hier verschrieben haben müssen.

16 Die „Jelzin"-Verfassung von 1993 sah die Auflösung der Duma und landesweite Neuwahlen vor, falls die Duma den Kandidaten des Präsidenten drei Mal innerhalb von zwei Wochen ablehnte.

17 Jelzin beauftragte den Leiter der Immobilienverwaltung des Präsidenten, einen gewissen Pawel Borodin, sich um die „Probleme" jener Deputierten zu kümmern, die „konstruktiv" an die Lösung der Verfassungskrise herangingen. „Konstruktiv" bedeutete in diesem Zusammenhang Moskauer Wohnungen und andere Vergünstigungen. Colton, *Yeltsin,* S. 410.

18 Dies war Gerüchten zufolge die Summe, die der Kreml Abgeordneten bot, damit sie „richtig" wählten.

19 Boris Jelzin, *Prezidentskii Marafon* (Moskau: Izdatel'stvo AST, 2000), S. 225.

20 Colton, *Yeltsin,* S. 416–17.

21 Ibid., S. 418.

22 Eine englischsprachige Version des Dekrets ist im Anhang (S. 100–102) des Kapitels von Virginie Coulloudon, „Putin's Anti-Corruption Reforms" zu finden in Herspring, *Putin's Russia.*

23 Ibid., S. 431.

24 Colton, *Yeltsin,* S. 431.

25 Yeltsin, *Prezidentskii Marafon,* S. 110.

26 Rosefielde und Hedlund, *Russia since 1980,* S. 172–73.

27 Colton, *Yeltsin,* S. 586 Fußnote 84.

28 Kryshtanovskaya, „Byvshiye: Tendentsii niskhodiyashchei mobil'nosti rossiiskoi elity", *Obshchestvenniye nauki i sovremennosti,* 2003, Nr. 5, S. 33–39 und Nr. 6, S. 62–77.

29 Colton, *Yeltsin,* S. 430.

30 Zu seiner mangelnden Unterstützung siehe ibid., S. 430, sowie Reddaway und Glinski, *The Tragedy,* S. 610.

31 Jelzin, *Prezidentskii Marafon*, S. 315. Das russische Wort lautet *schapka*, wörtlich
    übersetzt „Mütze". Im Englischen und Deutschen bringt die Mütze des Mono-
    mach jedoch nicht die Last der Verantwortung zum Ausdruck, die das rus-
    sische Wort impliziert.

32 Colton, *Yeltsin*, S. 430.

33 Jelzin, *Prezidentskii Marafon*, S. 311.

34 Sakwa, *Putin*, 2. Auflage, berichtet, Bordjuscha sei als „‚Putin Nr. 1' beschrie-
    ben worden." (S. 18)

35 Jelzin, *Prezidentskii Marafon*, S. 253.

36 Ibid., S. 254.

37 Putin scheint sich am Einsatz von kompromittierendem Material *(kompromat)*
    des Kreml gegen Juri Skuratow beteiligt zu haben, um Skuratows Korruptions-
    ermittlungen zuvorzukommen, die möglicherweise ungemütlich nah an den
    Kreml herangekommen wären. Stephen Blank, „The 18th Brumaire of Vladi-
    mir Putin", in Iuri Ra'anan, Hg., *Flawed Succession: Russia's Flawed Power Transfer
    Crises* (Lanham, MD: Lexington Books, 2006), S. 147. In jedem Fall unter-
    stützte Putin öffentlich die Skuratow zur Last gelegten wahrlich „skandalösen
    Vorwürfe". (Colton, *Yeltsin*, S. 431.)

38 Jelzin, *Prezidentskii Marafon*, S. 315.

39 Angesichts der politischen Lebenserwartung von Putins Vorgängern im Amt
    des Ministerpräsidenten hatte Putin allen Grund zu befürchten, seine Ernen-
    nung sei sein politischer Todesstoß. In *Aus erster Hand* zitiert er Gennadi Sele-
    snjow, der gesagt haben soll: „‚Warum haben die das mit Ihnen gemacht? Die
    haben Sie doch abgehakt.' Alle meinten damals, das ist das Ende." Natalija
    Geworkjan, Andrei Kolesnikow, Natalja Timakowa. *Aus erster Hand. Gespräche
    mit Wladimir Putin* (aus dem Russischen von Eva Henkensiefken, München:
    Heyne, 2000), S. 168.

40 Wie Schumpeter betonte, als er schrieb: „Sechstens sollte beachtet werden,
    dass indem ich es zur Hauptfunktion der Wählerschaft machte …, eine Regie-
    rung hervorzubringen, ich in diese Formulierung auch die Funktion ihrer Ab-
    setzung einschließen wollte." *Kapitalismus, Sozialismus*, S. 432. Siehe auch
    Sakwa, *Putin*, 2. Aufl., S. 17.

41 Jelzin, *Prezidentskii*, S. 364.

42 Sakwa, *Putin*, 2. Auflage, S. 17.

43 Der obige Abschnitt lehnt sich stark an Sakwa, *Putin*, 2. Aufl., S. 21, und die
    entsprechenden Fußnoten (S. 333–34) an.

44 Blank vertritt die These, dass „angesichts der vorliegenden Belege der FSB ein
    sehr viel plausiblerer Schuldiger" an den Bombenattentaten ist, siehe „The
    18th Brumaire", S. 158.

45 Zur Verschwörungsthese, siehe Masha Gessen, *The Man without a Face: The Unli-
    kely Rise of Vladimir Putin* (New York: *Penguin*, 2012), dt.: *Der Mann ohne Gesicht.
    Wladimir Putin – Eine Enthüllung* (München: Piper 2012). Daniel Treisman, *The
    Return: Russia's Journey from Gorbachev to Medvedev* (New York: Free Press, 2011),
    berichtet auf S. 97-98: „Die Duma weigerte sich, die Bombenanschläge auf
    Wohnungen 1999 zu untersuchen, und beschloss, alles mit dem Vorfall in Rja-
    san zusammenhängende Material 75 Jahre lang unter Verschluss zu halten."

46 Olga Shvetsova, „Resolving the Problem: The 1999 Parliamentary Election as
    a Presidential ‚Primary'", in Vicki L. Hesli und William M. Reisinger, Hg., *The
    1999–2000 Elections in Russia: Their Impact and Legacy* (Cambridge: Cambridge
    University Press, 2003), S. 213-31.

47 Sarah Oates, „Television, Voters, and Development of the ‚Broadcast Party',"
in Hesli und Reisinger, *The 1999–2000 Elections in Russia*, S. 29–50 auf S. 45.
Auf S. 29 definiert Oates eine solche Partei als „eine politische Bewegung,
deren Gründung und Wahlerfolg – nicht jedoch deren Überleben – maßgeblich vom Fernsehen abhängen."

48 Ibid., S. 46.

49 Alle Angaben stammen von der WZIOM und werden zitiert in Timothy J. Colton und Michael McFaul, *Popular Choice and Managed Democracy: The Russian
Elections of 1999 and 2000* (Washington, DC: Brookings, 2003), S. 173. Die
Webseite des Lewada-Zentrums veröffentlicht seit Januar 2000 jeden Monat
die aktuellen Umfragewerte des Präsidenten.

50 Alle Zahlen stammen vom staatlichen WZIOM (Allrussisches Zentrum zur Erforschung der öffentlichen Meinung) und werden zitiert in Timothy J. Colton
und Michael McFaul, *Popular Choice and Managed Democracy: The Russian Elections
of 1999 and 2000* (Washington, DC: Brookings Institution, 2003), S. 173. Die
Webseite des unabhängigen Lewada-Zentrums liefert seit Januar 2000 die aktuellen monatlichen Zustimmungswerte für den Präsidenten (www.levada.ru/
eng/).

51 Ibid.

52 Colton, *Yeltsin*, S. 434.

53 Henry E. Hale, *Why Not Parties in Russia? Democracy, Federalism, and the State*
(New York: Cambridge University Press, 2006), S. 82. Shvetsova schildert aus-
führlich die Bemühungen, die verschiedenen Präsidenten der Republiken und
Gouverneure der Oblaste vor Oktober zu umwerben: „Resolving the Problem",
S. 223–26.

54 Ibid., S. 223.`

55 Zu Kaskadeneffekten, siehe Susanne Lohmann, „The Dynamics of Informational Cascades: The Monday Demonstrations in Leipzig, East Germany", *World
Politics*, Jg. 47, Nr. 1 (Oktober 1994), S. 42–101; Beissinger, *Nationalist Mobilization*.

56 Diese Zahlen aus den Umfragen von WZIOM stammen aus Shvetsova, „Resolving the Problem", S. 223.

57 Ibid., S. 223–26.

58 Beide Zitate stammen aus Sakwa, *Putin*, 2. Auflage, S. 20.

59 Ich verwende diese Umschreibung, weil Putin nie Mitglied von *Jedinstwo* oder
ihrer Nachfolgepartei *Einiges Russland* war.

60 Dieser Abschnitt stützt sich maßgeblich auf S. 142–43 von Zimmerman, *The
Russian People*. Sakwa, *Putin*, (2. Aufl., Kap. 10) legt besonderes Augenmerk auf
Putins Rolle, Russlands außenpolitischen Ansprüche geltend zu machen.

61 Donald R. Kinder und D. Roderick Kiewit, „Sociotropic Politics: The American
Case", *British Journal of Political Science*, Jg. 11 (1981), S. 129–61.

62 Quelle: Tabelle 4.10 in Zimmerman, *The Russian People*, S. 145.

63 Die Tendenz, sich fälschlicherweise zu erinnern, für den Sieger gestimmt zu
haben, ist ein bekanntes Phänomen aus amerikanischen Präsidentschaftswahlen.

64 Nach Angaben der Zentralen Wahlkommission und Berechnungen von Kalinin.

65 Wie Myagkov u. a. herausfanden.

66 Myagkov u. a., „Fraud or Fairytales", S. 105.

67 Im Folgenden beziehe ich mich stark auf die Artikel, die zur Wahl 2000 in der *Moscow Times* erschienen sind, sowie die betreffenden Seiten in Fish, *Democracy Derailed*, insbesondere S. 39–52. Die entsprechenden Artikel sind abrufbar unter dlib.eastview.com/browse/doc 228188 bis 228203. Sie sind ebenfalls verfügbar über *Eastview: Russian Central Newspapers* (UDB_COM Moscow Times, The, und dann nach Datum) sowie online im Archiv der Zeitung. Die meisten Veröffentlichungen nennen Yevgeniya Borisova als Autorin.

68 Murray Feshbach (Georgetown University), Yevgeny Andrei (Russian Institute of National Economic Forecasting) und Irina Rakhmaninova (Goskomstat).

69 Der obige Abschnitt lehnt sich stark an Yevgeniya Borisova, „Baby Boom or Dead Souls", *Moscow Times*, 9. September 2000, an (übernommen von Lexis-Nexis Academic) sowie Fishs Erörterung der Artikel in der *Moscow News* in *Democracy Derailed*, S. 33–52.

70 Myagkov u. a., „Fraud or Fairytales", S. 108.

71 Ibid., S. 98.

72 Ibid., S. 106.

73 Siehe die Ausführungen zu Tatarstan, Dagestan und Tschetschenien in Myagkov u. a. Zu Kabardino-Balkariya, siehe Zimmerman, „A Return to False Preferences" (unveröffentlichtes Manuskript).

74 Allerdings nicht ganz. Siehe zum Beispiel die Beschwerde von 55 Bewohnern eines kleinen Dorfes im Rayon Jerschow und von 18 Unterzeichnern eines noch kleineren Dorfes, die behaupteten, es hätten mehr von ihnen für Sjuganow gewählt, als in den örtlichen Protokollen auftauchten. Zu den Informationen in dieser Fußnote und dem Abschnitt im Text, siehe Yevgeniya Borisova, „Saratov", in *Moscow Times*, 9. September 2000, übernommen von LexisNexis Academic.

75 Die Zahl 50,6 Prozent erscheint erstmals in Borisova „And the Winner Is . . ." Mein Nenner ist die Summe aller von der Zentralen Wahlkommission gemeldeten Stimmzettel in stationären und mobilen Wahlurnen (die etwa zu Menschen im Krankenhaus oder nach Hause gebracht wurden). Die Stimmzettel in mobilen Urnen waren ein leichtes Ziel für Wahlfälschungen.

76 „And the Winner Is . . .", *Moscow Times*, 9. September 2000, zitiert in LexisNexis Academic und enthalten in Fish, *Democracy Derailed*, S. 40.

77 Vgl. mit Abbildungen 8.1 und 8.2.

78 Myagkov u. a., „Fraud or Fairytales", S. 104. Ihre Schätzungen basieren auf der Berechnung des Verhältnisses von Wähler zu Häufigkeit der Wahlbeteiligung stimmberechtigter Wähler. Sie legen ihre Berechnung für Baschkortostan 2004 ausführlich dar, geben für 2000 jedoch nur ihre Ergebnisse an.

79 Fish, *Democracy Derailed*, S. 34–35.

80 Ibid., S. 36–38.

81 Ibid.

82 Dasselbe galt für Baschkortostan. Zu Beispielen, siehe Fish, *Democracy Derailed*, S. 40, der Artikel aus der *Moscow Times* zitiert.

83 „And the Winner Is . . ."

84 In Tatarstan, www.themoscowtimes.com/print/news/article/tatarstan/258956.html, S. 1–2, und www.themoscowtimes.com/news/article/and-the-winner-is—part-2/258956.html, S. 4 und 5. Zu anderen Republiken: ibid., S. 5.

85 „And the Winner Is . . ."

86 Ibid.
87 Ibid., S. 1. Eine ähnliche Geschichte spielte sich in Kaliningrad ab, siehe www.
    themoscowtimes.com/news/article/kaliningrad/258959.html, S. 2.
88 „And the Winner Is. . . ."
89 Alle außer drei [Gouverneure] bzw. zwei [Betriebsleiter] der übrigen Befragten
    sagten, sie seien in keiner Weise beeinflusst worden.
90 Schumpeter, *Kapitalismus, Sozialismus und Demokratie,* 7. Auflage, S. 428.
91 Ibid., S. 431.
92 Ibid., S. 452 bzw. 431.
93 Gut dokumentiert wird der Wahlzyklus 2003–4 in Vladimir Gelman Hg., *Tretii
    elektoralnyi tsikl v Rossii, 2003–2004 gody* (St. Petersburg: European University
    Press, 2007).
94 Ibid., S. 431.
95 Robert Horvath, „Putin's ‚Preventive Counter-Revolution': Post-Soviet Autho-
    ritarianism and the Spectre of Velvet Revolution", *Europe-Asia Studies,* Jg. 63,
    Nr. 1 (Januar 2011), S. 1–25 auf S. 1. Peter Duncan vertritt die These, dass die
    Farbrevolutionen ernster genommen wurden, siehe „Russia, the West and the
    2007–2008 Electoral Cycle: Did the Kremlin Really Fear a Coloured Revolu-
    tion", *Europe-Asia Studies,* Jg. 65, Nr. 1 (Januar 2013), S. 1–25.
96 Sakwa, *Putin,* 1. Aufl., S. 40.
97 Horvath, „Putin's ‚Preventive Counter-Revolution'", S. 1.
98 Zitiert in Kenneth Wilson, „Party-System Development under Putin," *Post-
    Soviet Affairs,* Jg. 22, Nr. 4 (Oktober–Dezember 2006), S. 314–48 auf S. 315.
99 Ibid., S. 342, meine Hervorhebung.
100 Diese stammen aus Putins Rede „Russia at the Turn of the Millennium", zitiert
    von Sakwa, *Putin,* 1. Aufl., S. 46, Hervorhebung durch Sakwa.
101 Sakwa, *Putin,* 1. Auflage, S. 42, 2. Auflage, S. 49.
102 Ibid.
103 Kryshtanovskaya und White, „The Sovietization of Russian Politics," S. 284.
104 Ibid., S. 286.
105 Daniel Treisman, „Deciphering Russia's Federal Finance: Fiscal Appeasement
    in 1995 and 1996," *Europe-Asia Studies,* Jg. 50, Nr. 5 (Juli 1998), S. 893–906.
106 Nikolai Petrov und Darrell Slider, „Putin and the Regions", in Herspring,
    Putin's Russia, S. 203–24 auf S. 210.
107 Neil Melvin, „Putin's Reform of the Russian Federation", in Alex Pravda, Hg.,
    Leading Russia: Putin in Perspective (New York: Oxford University Press, 2005), S.
    203–27 auf S. 209.
108 Ibid., S. 210.
109 Ibid.
110 Andrew Konitzer, *Voting for Russia's Governors* (Washington, DC: Woodrow Wil-
    son Press, 2005), S. 4–5.
111 Olesya Tkacheva, „Federalism and Democratic Consolidation and Beyond"
    (Dissertation an der University of Michigan, 2009), S. 11. Tkacheva bezeich-
    net diese Menschen als „Aushängeschilder". Angesichts ihres Bekanntheits-
    grades trugen sie zur Gesamtstimmenzahl von *Einiges Russland* bei, zogen sich
    dann jedoch fast alle zurück, sodass ein Kandidat weiter unten auf der Liste
    gemäß dem Proportionalwahlrecht als Duma-Mitglied nachrücken konnte.
112 Ibid., S. 14.
113 Kryshtanovskaya und White, „The Sovietization of Russian Politics", S. 287.

114 Ibid., S. 126. Chaisty weist auf die Parallelen zwischen dieser Entwicklung und dem britischen Unterhaus hin, wie es von Gary Cox in *The Efficient Secret* (Cambridge: Cambridge University Press, 1987) beschrieben wird.

115 Chaisty, „Majority Control", S. 127.

116 Thomas F. Remington präsentiert in „Putin, the Duma, and Political Parties", in Herspring, *Putin's Russia*, S. 39– 62 auf S. 41, eine vielsagende und relativ lange Liste der Wirtschaftsreformen, welche die Duma in Putins erster Amtszeit erließ.

117 Ibid., S. 46–47; Paul Chaisty, „Majority Control and Executive Dominance: Parliament-President Relations in Putin's Russia," in Pravda, *Leading Russia*, S. 119–37.

118 Ibid., S. 124.

119 Thomas Remington, „Patronage and the Party of Power: President-parliament Relations under Vladimir Putin," *Europe-Asia Studies*, Jg. 60, Nr. 6 (2008), S. 959–87 auf S. 960.

120 Ibid.

121 Ibid.

122 Sakwa erörtert Wladimir Gussinski auf S. 144–51 in der 2. Auflage von *Putin*; Boris Beresowski auf S. 145–53; und Michail Chodorkowski auf S. 146–47 und 174–75. McFaul u. a. behandeln Gussinski in *Between Dictatorship and Democracy* auf S. 181–83 und 185–90, Beresowski auf S. 182–85 und Chodorkowski auf S. 294–329. Kryshtanovskaya und White behandeln Putins Beziehungen zu Gussinski kurz, aber lohnend in „The Sovietization of Russian Politics", S. 287, Beresowski, S. 288, und Chodorkowski, S. 288.

123 William Tompson, „Putin and the Oligarchs", in Pravda, *Leading Russia*, S. 185–86: „Die stillschweigende Übereinkunft wurde nie in irgendeiner Weise vertraglich geregelt, und aus zeitgenössischen Berichten des Treffens [zwischen den Oligarchen und Putin] geht nicht klar hervor, was – wenn überhaupt – die eine Seite der anderen versprach." und S. 194: Die Abmachung „wurde nirgendwo schriftlich festgehalten und war ungleich verteilt ..."

124 So wurden Platon Lebedew von „Yukos", Oleg Deripaska von „RUSAL", Roman Abramowitsch von „Sibneft" und Wladimir Potanin von „Norilsk Nickel" alle in irgendeiner Form einer Prüfung unterzogen. (Sakwa, *Putin, 2.* Aufl., S. 147.)

125 Kryshtanovskaya und White, „The Sovietization of Russian Politics", S. 287.

126 Ibid., S. 287. Putin war schlau genug, keine Fingerabdrücke auf den u. a. gegen Gussinski eingesetzten Instrumenten zu hinterlassen. So kritisierte er die Festnahme Gussinskis. Gussinski wurde nach vier Tagen freigelassen, das Gerichtsverfahren jedoch fortgesetzt. Schlussendlich hatte er die Wahl zwischen einer Strafanzeige oder der Ausreise. Er entschloss sich, das Land zu verlassen. Tompson, „Putin and the Oligarchs", passim.

127 Ibid., S. 186.

128 Ibid., S. 192.

129 Ibid.

130 Kryshtanovskaya und White, „The Sovietization of Russian Politics", S. 288. 2010 wurde Chodorkowski erneut vor Gericht gestellt und seine Strafe erheblich verlängert.

131 Ibid., S. 288. Nach zehnjähriger Gefängnisstrafe akzeptierte Chodorkowski im Dezember 2013 diese Spielregeln, wurde begnadigt und reiste zunächst nach Deutschland aus.

132 Sakwa, *Putin,* 2. Aufl., S. 151–52.

133 Ibid., S. 151–52.

134 Henry Hale u. a., „Putin and the ‚Delegative Democracy' Trap: Evidence from Russia's 2003–04 Elections," *Post-Soviet Affairs,* Jg. 20, Nr. 4 (Oktober–Dezember 2004), S. 285–319 auf S. 311.

135 Bei den Duma-Wahlen 2003 wurden drei kleine Parteien ebenfalls vom Kreml unterstützt: *Vaterland* (Rodina), die *Partei des Lebens* und die *Partei der Pensionäre.*

136 Zu Putins Außenpolitik und ihren positiven Auswirkungen auf die Russen, siehe insbesondere Sakwa, *Putin,* 2. Aufl., insbesondere Kap. 10.

137 Hale u. a., „Putin and the ‚Delegative Democracy'" S. 307.

138 In der Erhebung von Hale u. a. (ibid., S. 308) – und vermutlich im gesamten Land – gab nur ein Fünftel (20 Prozent) der Befragten an, dass – unabhängig von der von ihnen gewählten Partei – „die wirtschaftliche Situation ihrer eigenen Familie sich in den letzten zwölf Monaten verbessert habe."

139 Ibid., S. 307.

140 Ibid., S. 292.

141 Myagkov u. a., „Fraud or Fairytales", S. 105.

142 Ibid.

143 Ibid., S. 99.

144 Die Zahlen basieren auf Berechnungen meines wissenschaftlichen Mitarbeiters Kirill Kalinin, die er auf Grundlage der Angaben der Zentralen Wahlkommission erstellt hat.

145 Myagkov u. a., „Fraud or Fairytales," S. 102.

146 Horvath, „Putin's ‚Preventive Counter-Revolution'", S. 1.

147 Adrian Karatnycky, „Ukraine's Orange Revolution," *Foreign Affairs,* Jg. 84, Nr. 2 (März–April 2005), S. 35–52.

148 Horvath, „Putin's ‚Preventive Counter-Revolution'", S. 6.

149 Stephen White und Olga Kryshtanovskaya, „Changing the Russian Electoral System: Inside the Black Box", *Europe-Asia Studies,* Jg. 63, Nr. 4 (Juni 2011), S. 557–78 auf S. 557.

150 Graeme B. Robertsons Ansicht nach spielen die Farbrevolutionen keine so große Rolle für die Repression in Putins Russland, siehe „Managing Society: Protest, Civil Society, and Regime in Putin's Russia", *Slavic Review,* Jg. 68, Nr. 3 (Herbst 2009), S. 528–47.

151 Horvath zitiert ein Gespräch Valery Soloveis mit einem der „intellektuellen Sprachrohre des Kreml", der im persönlichen Gespräch zugab, dass „die Krisensituation im Land [ein Ergebnis] des Vorgehens des Regimes selbst [sei] und nicht des Auslands." Horvath, „Putin's ‚Preventive Counter-Revolution'", S. 21–22.

152 Sakwa, *Putin,* 2. Aufl., S. 141; Wilson, „Party-System Development", S. 337–41.

153 Vor der Wiedereinführung der Wahl der Gouverneure im Frühjahr 2012 war der letzte Gouverneur im Februar 2005 gewählt worden. Kryshtanovskaya und White, „The Sovietization of Russian Politics", S. 286. Zu abweichenden Sichtweisen darüber, wie strategisch Putin bei der Geiselnahme von Beslan vorging, um seine zentralistischen Bestrebungen voranzutreiben, siehe ibid. und Sakwa, *Putin,* 2. Aufl., S. 142.

154 Eine Partei, die mit dem Segen des Kreml gegründet wurde, ist *Rodina* (Vater-
     land), deren Vorsitzende zunächst Dmitri Rogosin und Sergei Glasjew waren.
     Ihr Hauptziel scheint anfangs gewesen zu sein, Stimmen von der KPRF abzu-
     ziehen. Weitere „Kreml-Projekte" waren die *Partei des Lebens,* die *Partei der Pensi-
     onäre* und die *Volkspartei.* Wilson, „Party-System Development", S. 331.
155 Sakwa, Putin, 2. Aufl., S. 122.
156 „Pensioners Have Lost Faith in a Benevolent Government", *Current Digest of the
     Russian Press* [CDRP], Jg. 57, Nr. 5 (2. März 2005), S. 9 zitiert *Nesavissimaja
     Gaseta*, 1. Februar 2005.
157 Horvath, „Putin's ‚Preventive Counter-Revolution'", S. 8, zitiert A. Levina in
     Novaya gazeta, 24. Januar 2005, S. 9.
158 Beissinger, *Nationalist Mobilization,* passim.
159 „Church Renounces the State", CDRP, Jg. 57, Nr. 1 (2. Februar 2005), S. 5,
     und unter Verweis auf *Kommersant*, 14. Januar 2005, S. 1, dlib.eastview.com/
     browse/doc/13771860.
160 Ibid., S. 1–2.
161 „Baton of Protest", CDRP, Jg. 57, Nr. 1 (2. Februar 2005), zitiert German Pe-
     telin in *Noviye Izvestia*, 13. Januar 2005, S. 6, dlib.eastview.com/browse/
     doc/13771834.
162 „Church Renounces", S. 2.
163 Zitiert von Horvath, „Putin's ‚Preventive Counter-Revolution'", S. 9.
164 Ibid.
165 Ibid., S. 12.
166 „Public Transit Runs over Monetarization", CDRP, Jg. 57, Nr. 3 (16. Februar
     2005), S. 4–5, zitiert Vadim Visloguzov, „Ministers Draft Plan to Defuse Crisis,
     Pushing Regions to Sell Pensioners Cheap Transit Passes, They Admit Offer Is
     Retreat from Monetization", *Kommersant,* 20. Januar 2005, S. 3. dlib.eastview.
     com/browse/doc/13771818.
167 Ibid., S. 4.
168 Ibid.
169 Maya Atwal vertritt die Ansicht, dass Naschi trotz ihrer Verbindungen zu Putin
     zunehmend unabhängig wurde. Siehe „Evaluating Nashi: Sustainability:
     Autonomy, Agency, and Activism", *Europe-Asia Studies,* Jg. 61, Nr. 5 (2009),
     S. 743–58.
170 Robertson, „Managing Society", S. 543–44. The Power Vertical (Brian Whit-
     more), „Can the Decembrist Uprising lead to a Moscow Spring?", in: *Radio
     Free Europe/Radio Liberty,* 21. Februar 2012. (www.rferl.org/content/the_
     march_5th_syndrome_can_the_decembrist_uprising_become_a_moscow_
     spring/24491726.html).
171 The Power Vertical, „Can the Decembrist Uprising?"
172 Horvath, „Putin's ‚Preventive Counter-Revolution'", S. 22. Auf den Gemein-
     platz „Schuld sind immer die Amerikaner" kommt Putin immer wieder zurück.
     So warf er zum Beispiel der damaligen US-Außenministerin Hillary Clinton
     vor, zu den Protesten vom Dezember 2011 aufgerufen zu haben; auch berief er
     sich in einer Rede in der Region Moskau ausdrücklich auf souveräne Demo-
     kratie. *JRL,* Nr. 3 (22. Februar 2012).
173 Pavel Dulman, „Nation-Preserving Methods of Democracy", *CDRP,* Jg. 58, Nr.
     47 (20. Dezember 2006), S. 6–7. Stephen White weist darauf hin, dass das
     Konzept der souveränen Politik nicht die allgemeine Anerkennung der rus-

sischen Eliten fand. Medwedew, der von Putin bald als Präsidentschaftskandidat ausgewählt werden sollte, war von dem Begriff nicht begeistert und erklärte 2006, er spräche lieber von „echter Demokratie" bzw. von einer „Demokratie innerhalb umfassender Staatssouveränität" und sorge sich um den Eindruck, den der Begriff insbesondere im Ausland erwecken könne. White, *Understanding Russian Politics* (New York: Cambridge University Press, 2011), S. 360. White berichtet außerdem von einer Äußerung Medwedews vom Januar 2007, wonach seine Differenzen mit Surkow „terminologischer Art" gewesen seien (ibid., S. 362). 2007 beschrieb Putin souveräne Demokratie als „kontroversen Begriff", der die russische Außen- und Innenpolitik falsch darstelle. (Ibid.)

174   Jo Crotty, „Making a Difference? NGOs and Civil Society Development in Russia", *Europe-Asia Studies,* Jg. 61, Nr. 1 (2009), S. 85–108.

175   Robertson, „Managing Society", S. 541.

176   „Lucky Stiff!", *CDRP,* Jg. 60, Nr. 3 (12. Februar 2008), S. 10, dlib.eastview.com/browse/doc/20437158, zitiert Igor Romanov, *Nesawissimaja Gaseta,* 25. Januar 2008, S. 1. Siehe auch Richard Sakwa, *The Crisis of Russian Democracy: The Dual State, Factionalism, and the Medvedev Succession* (Cambridge: Cambridge University Press, 2011), S. 279.

177   Sakwa, *The Crisis,* S. 275–80 und Horvath, „Putin's ‚Preventive Counter-Revolution'", S. 17–20.

178   Schumpeter, *Kapitalismus, Sozialismus,* S. 428, 452 und 431.

179   Zitiert in Jim Nichol, „Russia's March 2008 Presidential Election: Outcome and Implications", *CRS Report for Congress,* 13. März 2008, S. 3.

180   Medwedew mag sich schon früh darauf eingelassen haben, dass Putin 2012 abermals Präsident werden würde; Argumente dafür werden im Weiteren erörtert. Vgl. „Putin to Run for President as Medvedev Bows Out", *CDRP,* Jg. 63, Nr. 39 (26. September 2011), zitiert Nikita Girin, „The Congress of Victors", *Nowaja Gaseta,* 26. September 2011, S. 3–4, /dlib.eastview.com/browse/doc/26165119. Die Schlagzeile der *Nowaja Gaseta* sollte bewusst an den XVII. Parteitag der KPdSU 1934 erinnern.

181   Die Berechnungen wurden von meinem Assistenten Kirill Kalinin (Kkalinin@umich.edu) erstellt. Frühere Fassungen von Abbildungen 8.1 und 8.2 erschienen erstmals in Mebane und Kalinin, „Comparative Election Fraud", und wurden auf der Tagung der „American Political Science Association" im September 2009 in Toronto vorgestellt. Veröffentlichung mit freundlicher Genehmigung des Hauptautors.

182   Lukinova u. a. „Metastasized Fraud", S. 603–21.

183   Richard Rose und William Mishler, „How do Electors Respond to an ‚Unfair' Election? The Experience of Russians", *Post-Soviet Affairs,* Jg. 25, Nr. 2 (April–Juni 2009), S. 118–36.

184   Levitsky und Way, *Competitive Authoritarianism,* S. 12.

9. Die Rückkehr der Ungewissheit? Der Wahlzyklus 2011/12

1   Levitsky und Way, *Competitive Authoritarianism,* insbes. S. 12–13.

2   Ibid. und die erweiterte Typologie in der Einleitung zu diesem Band.

3   Gelman, „Treshchiny v stene", S. 95.

4   CNN, „Russia's Medvedev Backs Putin for Another Presidential Run", www.cnn.com/2011/09/24/world/europe/russia-putin.

5 Artem Krechetnikov, „Medvedev opredelilsya, k ch'ei partii on prenadlezhit",
www.bbc.co.uk/russian/russia/2011/09/110924_putin_medvedev_shuffle.
shtml, S. 2.
6 Spiegel Online, „Milliardär gegen Putin: ,Im schlimmsten Fall droht Bürgerkrieg'", www.spiegel.de/politik/ausland/milliardaer-gegen-putin-im-schlimm-
sten-fall-droht-buergerkrieg-a-812058.html
7 „Medvedev opredelilsya ...", www.bbc.co.uk/russian/russia/2011/9/110924_
putin_medved-shuffle.shtml, S. 1
8 Gelman, „Treshchiny v stene", S. 98.
9 Zitiert in Brian Whitmore, „The Essence of Decision", RFE, 18. Oktober 2011,
S. 2.
10 Treisman, The Return, S. 159.
11 Vedomosti, 7. November 2008, zitiert in Brian Whitmore, „Is Medvedev Prepa-
ring Putin's Return to the Presidency?", RFE, 11. November 2008, S. 1–2 und
zitiert auf www.rferl.content/Is_Medvedev_Preparing_Putins_Return_To_the_
Presidency/.1348061.html.
12 Brian Whitmore, „Longer Presidential Term in Russia Closer to Reality", RFE,
19. November 2008, S. 1, www.rferl.org/content/Russia_Lawmakers_
Approve_Longer_Presidential_Term/1350636.hml.
13 www.russiatoday.com, 25. September 2011, Johnson's Newsletter 172, Nr. 13,
25. September 2011.
14 www.rferl.org/content/putin_medvedev_2012_decision/24363764.html, S. 1.
15 Lev Gudkov, Prezidentskiye vybory v Rossii 2012 goda: post-elektoralnyi analiz (Moskau: Lewada-Zentrum, 2012), S. 6.
16 Leser können Putins Tour durch Sibirien auf YouTube nachverfolgen und
sehen, wie Putin an anscheinend gewöhnlichen Arbeitern vorbeifährt. Die
Fahrzeugkolonne besteht aus einem zweiten gelben Lada, verschiedenen anderen Wagen, Geländewagen, LKWs und Wohnmobilen sowie einem Abschlepp-
wagen mit einem dritten gelben Lada, der offenbar liegen geblieben war. Siehe
auch: http://www.spiegel.de/politik/ausland/putins-imagekampagne-road-
movie-mit-reserve-lada-a-715296.html
17 Zitiert in www.rferl.org/content/putins_winter_of_ discontent/2497812.html.
18 Fred Weir, „Mayor Luzhkov Ouster: Sign of Crack in Putin-Medvedev Unity?",
Christian Science Monitor, 28. September 2010, www.csmonitor.com/World/
Europe/2010/0928/Mayor-Luzhkov-ouster-sign-of-crack-in-Putin-Medvedev-
unity.
19 „Putin, Medvedev Clash over Libya Intervention", CDRP, Jg. 63, Nr. 12, S. 5–8
auf S. 5, zitiert Vladimir Solovyov u. a., Kommersant, 22. März 2011, dlib.east-
view.com/browse/doc/24741093, S. 1.
20 Ibid.
21 Vgl. etwa ihre unterschiedlichen Einstellungen zu Eduard Limonow und
Michail Kassjanow. Sergei Anisimov, Iswestija, 11. Januar 2011, „Is Russia at a
Political Crossroads," CDRP, Jg. 63, Nr. 1 (1. Januar 2011), S. 6. Limonow ist
der Gründer der Nationalbolschewistischen Partei Russlands. Kassjanow war
zu Beginn der Ära Putin Ministerpräsident.
22 „Putin, Medvedev Clash", S. 2
23 Putin habe sich an ein Publikum im Inland, Medwedew an die internationale
Gemeinschaft gewandt, hieß es. Vgl. etwa Olga Kryshtanovskaya und Nikolai
Petrov, zitiert von Aleksandra Samarina, Nesawissimaja Gazeta, 23. März 2011,
S. 1, und übersetzt von CDRP, Jg. 63, Nr. 12 (21. März 2011), S. 7.

24 Ibid., S. 7, eckige Klammer im Original, Hervorhebung von Zimmerman.

25 Vgl. insbesondere Aleksandra Samarina und Iva Rodin, „Field Exercises of the All-Russia People's Front", *Nesawissimaja Gaseta*, 29. März 2013, S. 1 und abgedruckt in *CDRP*, Vol. 65, Nr. 1: „Wladimir Putin schafft vor den [Duma-] Wahlen 2016 eine Koalition von Parteistrukturen, um den Wählern ein Spektrum an ideologischen Plattformen zu präsentieren, die imstande sind, die Gunst der Bevölkerung zu gewinnen."

26 Eins gab er dem britischen *Guardian* im März 2012, ein zweites fand mit Yevgeniya Albats statt und erschien Anfang April 2012 in der *Moscow New Times*. Das Zitat (einschließlich der Klammern) stammt aus Brian Whitmores Artikel „The Unraveling: The Tandem's Slow Death", *The Power Vertical*, 2. April 2012, S. 2.

27 Obiges ist eine nüchternere Zusammenfassung eines Abschnitts aus dem Artikel von Julia Latynina, einer Kommentatorin der *Nowaja Gaseta*: „Die meisten Menschen, die gegen die Partei der Gauner und Diebe (Einiges Russland) stimmten, haben Nawalnys Blog nicht gelesen", en.novayagazeta.ru/columns/50110.html.

28 Henry E. Hale, „Putin Machine Sputters: First Impressions of the 2011 Duma Election", *Russian Analytical Digest*, Nr. 106 (Dezember 2011), S. 1; Gelman, „Treshchiny v stene", S. 94.

29 Ibid., S. 95.

30 Die Kurve ähnelt der unseren zur Wahlbeteiligung bei der Präsidentschaftswahl 2008 in den Oblasten auf S. 267. Die beiden Kurven unterscheiden sich inhaltlich, nicht aber im Verlauf.

31 Anatoli Karlin, „Measuring Churov's Beard: The Mathematics of Russian Election Fraud", S. 4, www.darussophile.com/2011/12/measuring-churovs-beard.

32 Ibid., S. 12, Hervorhebung im Original.

33 Quelle: L. D. Gudkov u. a., *Rossiiskiye parlamentskiye vybory: elektoralnyi protsess pri avtoritarnom rezhime* (Moskau: Lewada-Zentrum, 2012), S. 5.

34 Levada-tsentr, *Indeksy*, September 2013.

35 Latynina, „The Majority of the People", S. 9.

36 Ibid.

37 Grigori Jawlinski: „Change is Only Possible if There is an Alternative", http://www.rferl.org/content/interview_with_grigory_yavlinsky/24357791.html.

38 Hale, „Putin Machine Sputters", S. 3.

39 „Let's Not Rush to Win in Russia", *New York Times*, 20. Januar 2012, Gastkommentar.

40 Albert O. Hirschman, *Exit, Voice, and Loyalty* (Cambridge, MA: Harvard University Press, 1970).

41 „Let's Not Rush to Win".

42 Gelman beschäftigt sich mit diesem Aspekt im Rahmen seines übergreifenden Themas, *Einiges Russland* sei nicht genügend „monolothisch" gewesen, „Treshchiny v stene", S. 96

43 Christopher Walker und Robert Orttung, „Russia's Revolution Won't Be Televised", *Radio Free Europe*, 30. November 2011.

44 Aleksandr Melman, „The Great Television Revolution", *Moskovsky Komsomolets*, 1. Februar 2012, der in *JRL*, Nr. 19 (2. Februar 2012) zitiert wird; in der Nr. 20 wird Anton Khrekov erwähnt, der Moderator der Talkshow NTVshniki.

45 Hale, „Putin Machine Sputters", S. 4.

46 Nikolaus von Twickel, „Media Thaw's Staying Power Hotly Debated", *Moscow Times,* Nr. 4844, 16. März 2012.

47 Zitiert in http://eastview.com/browse/doc26762954. „Am 29. März 2012 setzte der Verwaltungsrat von *Echo Moskwy* den Chefredakteur Alexej Wenediktow, den Ersten Stellvertretenden Chefredakteur Wladimir Warfolomejew und die unabhängigen Direktoren Jewgeni Jasin und Alexander Makowski als Vorstandsmitglieder des Senders ab. Mit dieser Aktion wurde sichergestellt, dass Wenediktow leichter absetzbar war, wenn der Kreml sich zu einem solchen Verlauf entscheiden sollte." Robert W. Orttung und Christopher Walker, „Putin and Russia's Crippled Media", *Russian Analytical Digest,* Nr. 123 (21. Februar 2013), S. 2–5 auf S. 4.

48 Andrew Meir, „The Stiletto in Putin's Side", *New York Times Magazine,* 8. Juli 2012, S. 16–19, zeichnet die verschiedenen Stationen von Xenija Sobtschaks Werdegang auf Englisch nach.

49 Die folgenden Ausgaben ihrer Talkshow erschienen auf *Doschd,* der über das Internet und über Kabel zu empfangen ist.

50 Olesya Tkacheva, „Fighting Electoral Fraud in the 2011 Russian Election with Internet and Social Media", in Tkacheva u. a., Hg., *Internet Freedom and Political Space* (Santa Monica, CA: RAND, 2013).

51 Tkacheva, „Fighting Electoral Fraud", S. 124–25.

52 Anna Arutunyan, „Protest Stays Festive, Tandem Leaderless", *Moscow News,* 6. Februar 2012, zitiert in *JRL,* Nr. 22 (7. Februar 2012), Nr. 27.

53 Zur Stimmenverteilung in der Duma 2011 und 2007 nach Partei, siehe auch „Final Result of the Duma Election, 4. Dezember 2011", www.russiavotes.org/duma/duma_today.php, basierend auf offiziellen Zahlen der Zentralen Wahlkommission (www.vybory.izbirkom.ru).

54 Gelman, „Treshchiny v stene", S. 104.

55 Ellen Barry, „Rousing Russia with a Phrase", *New York Times,* 9. Dezember 2011.

56 Latynina, „Every Man for Himself", S. 9.

57 levada.ru/print/16-09-2013/schitayut-li-rossiyane-edinuyu-rossiyu-partiei-zhulikov-i-vorov.

58 Hale, „Putin Machine Sputters", S. 4.

59 Ibid, S. 4, Hervorhebung im Original.

60 „Government Deputy Tells Russians to Vote for Party of Thieves and Swindlers", www.rferl.org/content/ruling_party_deputy_calls_on_russians_to_vote_for_the_party_of_thieves_and_swindlers/24409518.html.

61 „Novosibirsk Equates United Russia with Swindlers and Thieves", *The Other Russia,* 13. November 2011.

62 „Parliamentary Opposition Distances Itself from Street Protestors", *CDRP,* Jg. 63, Nr. 51 (19. Dezember 2011), S. 7. Als die Präsidentschaftswahlen näher rückten, schlug er einen etwas anderen Ton an.

63 „Navalny: Sistema Putina ne prozhivet dol'she polutora let", S. 1, www.bbc.co.uk/russian/russia/2012/02/120214_navalniy_interview.shtml.

64 „I Believe Good Will Triumph over Evil", Interview mit Aleksej Nawalny, *New Times,* Nr. 44–45 (26. Dezember 2011).

65 Ibid.

66 Lynn Berry und Vladimir Isachenkov, „Putin Protests: Tens of Thousands Demand Free Elections", *Huffington Post,* 24. Dezember 2011.

67 „Medvedev: Rossiya ne vernetsiya k prezhnei sisteme vyborov gubernatorov", Gazeta.ru, 9. September 2009, www.gazeta.ru/news/ lenta/2009/09/15/n_1403803.shtml.

68 Die genauen Erfordernisse sind beschrieben in Atle Staalesen, „Governor Elections Are Back", *Barents Observer*, 1. Juni 2012, barentsobserver.com/en/politics/governor-elections-are-back sowie Lilya Biryukov und Maxim Glikin, „Filter for Whoever Does Not Belong", *Vedomosti*, 16. April 2012. *JRL*, Nr. 70 (16. April 2012). Zu Igor Kokins Argument, der „kommunale Filter ... wird kommunalen Wählern selbst nicht nützen", siehe *JRL*, Nr. 123 (9. Juli 2012), Nr. 11.

69 Zitiert von Maria Rybakova, „Kremlin Bill Passes Parliament, but Barely", *JRL*, Nr. 76 (25. April 2012), Nr. 2.

70 Grigorii Golosov, „Medvedev's Party Reform: Concession or Convenience?", S. 5, www.opendemocracy.net/od-russia/grigorii-golosov/medvedev's-party-reform-concession-or-convenience.

71 Das stieß zu diesem Zeitpunkt bei der kommunistischen Führung auf Anklang. Siehe Fußnote 58 oben zu Sjuganows Kommentaren.

72 Fred Weir, „For Vladimir Putin, Winning Russia's Presidency May Be the Easy Part", *Christian Science Monitor*, 1. März 2012, und zitiert in *JRL*, Nr. 38 (2. März 2012), Nr. 6.

73 „Problems of Putinism", 5. Februar 2012, zitiert in *JRL*, Nr. 21 (6. Februar 2012), Nr. 19.

74 Aleksandra Odynova, „Putin Says He's Prepared for Runoff", *Moscow Times*, 2. Februar 2012, zitiert in *JRL*, Nr. 19 (2. Februar 2012), Nr. 2. Siehe auch Vladimir Isachenkov, „Putin Admits He May Face Runoff in Russia's Presidential Election," *AP*, 1. Februar 2012, und zitiert in *JRL*, Nr. 18 (1. Februar 2012), Nr. 1.

75 Ilya Arkipov, „Putin Aims to Dodge Kremlin Runoff as Stability Loses Appeal", Bloomberg, 2. Februar 2012, zitiert in *JRL*, Nr. 19 (2. Februar 2012), Nr. 6.

76 Levitsky und Way, *Competitive Authoritarianism*, S. 12.

77 „Beamte in voll autoritären Regimen können am Vorabend der Wahl ruhig schlafen". Ibid., S. 12.

78 Guy Faulconbridge, „Putin to Win Russian First Round: Poll", www.reuters.com/article/2012/02/20/us-russia-election-putin-idUSTRE81G1J920120220.

79 Ibid., S. 2.

80 Anatoli Karlin, „The Provincialization of Russian Electoral Fraud", in www.darussophile.com/2012/03/provincialization-russian-fraud.

81 Zu einer noch abschätzigeren Charakterisierung, siehe S. 226, wo ich ein Zitat aus der *Times Online* vom 29. Februar 2008 erwähne, zitiert in Levitsky und Way, *Competitive Authoritarianism*, S. 200.

82 Theoretisch bestand eine dritte Alternative. Medwedew hätte erneut gewählt werden können, sodass Putin nur zwölf Jahre von 2018 bis 2030 hätte amtieren können.

83 Siehe die zahlreichen Publikationen von Ronald F. Inglehart wie etwa *Modernization and Postmodernization* (Princeton, NJ: Princeton University Press, 1997).

10. Vergangenheit und Zukunft des russischen Autoritarismus

1 Bueno de Mesquita u. a., *The Logic of Political Survival*, S. 39.

2 Auf Englisch in Viola u. a., *The War Against the Peasantry*, S. 341–43.

3 Die beiden Zitate sind Kapitel 5 vorangestellt von Alexander Dallin und George Breslauer, *Political Terror in Communist Systems* (Stanford, CA: Stanford University Press, 1970), S. 57.

4 Roeder, *Red Sunset*, S. 212.

5 Oben S. 181 und in Anlehnung an Urban, *More Power to the Soviets*, S. 112 ff.

6 Kaiser, *Why Gorbachev Happened*, S. 276.

7 Beissinger, *Nationalist Mobilization*, insbes. S. 422–25.

8 Zur Quelle dieser Äußerung, siehe Kapitel 6.

9 Beissinger, *Nationalist Mobilization*, S. 429.

10 Baturin u. a., *Epokha Yeltsina*, S. 554.

11 Levitsky und Way, *Competitive Authoritarianism*, S. 191.

12 Myagkov u. a., „Fraud or Fairytales", S. 105.

13 „Navalny: Sistema Putina", S. 1.

14 „Medvedev's Party Reform", S. 5.

15 Eine Liste der NGOs, die bedroht oder bestraft wurden, ist zu finden unter rferl.org/section/crackdown-on-ngos-in-Russia/3272.html.

16 Sie erhielt eine saftige Geldstrafe und musste sechs Monate jegliche Aktivitäten einstellen.

17 „Perm NGO Cleared over Refusal to Register as ‚Foreign Agent'", *Moscow Times* (18. Juli 2013). Siehe auch Aleksei Anishchuk, „Russia's Putin Urges Moderate Changes in NGO ‚Foreign Agent' Law," Reuters, 4. Juli 2013, *JRL*, Nr. 122 (5. Juli 2013), Nr. 4.

18 „Kremlin Gives Money to 'Foreign Agents'", *Russian Press Review*, 22. August 2013, *JRL*, Nr. 154 (22. August 2013), Nr. 19; BBC Monitoring, „Russian Election Watchdog Reports Being Ejected from Office", *Echo Moskwy*, 22. August 2013, *JRL*, Nr. 155 (23. August 2013), Nr. 12.

19 „Kremlin to Finance ‚Foreign Agent' NGOs Report", *RIA Nowosti*, 26. August 2013, nach einem Bericht in *JRL*, Nr. 157 (27. August 2013), Nr. 14.

20 „Navalny Announces Presidential Ambitions", *Moscow Times* (8. April 2013).

21 „Putin Questions Jail Term for Opposition Leader Navalny", *RIA Nowosti*, 2. August 2013, und zitiert in *JRL*, Nr. 140 (2. August 2013), Nr. 4.

22 „Russia's Constitutional Court Allows Former Convicts to Run in Elections", *RT*, 10. Oktober 2013. Hervorhebung im Artikel.

23 BBC News, „Russia's Alexei Navalny's Sentence Suspended on Appeal", 16. Oktober 2013 zitiert ein „spöttisches Hashtag".

24 Interfax, „Russian Politicians Welcome Navalny News but Zhirinovskiy Wants him Banged up", (16. Oktober 2013). *JRL*, Nr. 186 (17. Oktober 2013), Nr.13.

25 Nawalny hat recht explizit auf seiner Bereitschaft insistiert, auf weite Teile der Bevölkerung zuzugehen. In einer scharfsinnigen Stellungnahme dazu, was u. U. mit einer erfolgreichen Haltung einhergeht, hat Matt Taylor bemerkt, die größte Bedrohung der Regierung sei „ein ausgebuffter Politiker, der weiß, wie man auf der nativistischen Klaviatur spielt ... und zugleich die wachsenden Bedenken hinsichtlich der Rechtmäßigkeit des Rechtswesens aufgreift." „Why is Russia's legal system taking it easy on Alexei Navalny? *Blouin News* (blogs. blouinnews.com), (16. Oktober 2013), *JRL*, Nr.186 (17. Oktober 2013), Nr. 14.

26 Vielerorts zitiert u. a. *RFE/RL*, „Russian Opposition Leader's Trial Adjourned in Kirov", 18. April 2013.

27 Brian Whitmore, „Putin's Game and Kudrin's Choice", *The Power Vertical, 20.* Mai 2013, S. 2.

28 Bei dem Bericht über Putins geschicktes Ausnutzen des Zweiten Tschetschenienkriegs als Sprungbrett für seine Präsidentschaft 2000 wurde vergessen, zu erwähnen, dass der Erste Tschetschenienkrieg mit einem Abkommen beendet wurde, dem zufolge Konflikte zwischen beiden Parteien nach internationalem Recht zu regeln seien, d. h. dass Russland die Unabhängigkeit Tschetscheniens anerkannte.

29 Die Umfrage unter 240 Personen wurde von Eduard Ponarin und mir geleitet. Es war (nach den Befragungen 1993, 1995, 1999, 2004, 2008, 2012) die sechste Studie dieser Art, die wie ihre Vorgänger von der (heutigen) Firma Bashkirova and Partners durchgeführt wurden.

30 William Zimmerman, „2020 Vision: Russian Elites in 2020 Perspective – Political System Preference and National Interests" (Entwurf für eine Präsentation vor dem Waldai-Klub via Videokonferenz, 31. Juli 2013).

31 Als Kandidat von Prochorows Partei „Bürgerplattform" gewann Jewgeni Roisman (mit einem Drittel der Stimmen) im September 2013 die Bürgermeisterwahl in Jekaterinburg. Robert Coalson, „Controversial Opposition Wildcard Yevgeny Roizman Takes Over in Yekaterinburg", *RFE/RL,* 9. September 2013.

32 Falls es sogar zur Bildung mehrerer Parteien kommen sollte, wäre für einen Erfolg Voraussetzung, dass sie ungeachtet ihrer sonstigen Ansichten die Überzeugung teilen, Putin oder sein designierter Nachfolger müsse gehen.

33 Eine kenntnisreiche, wenngleich optimistische Bewertung von Medwedews Präsidentschaft liefert Hahn, „Perestroyka 2.0", S. 472–515.

11. Nachwort zur deutschen Ausgabe

1 www.levada.ru/28-05-2015/maiskie-reitingi-odobreniya-i-doveriya

2 Faulconbridge, „Putin to win Russian first round..." S. 2 zitiert Alexander Woloschin. [siehe Guy Faulconbridge auf http://www.reuters.com/article/2012/02/20/us-russia-election-putin-idUSTRE81G1J920120220]

3 Olesya Tkacheva u. a. *Internet Freedom & Political Space.* The RAND Corporation: Santa Monica, CA 2013.

4 Ibid. S.144.

5 Wladimir Gelman, „Calculus of Dissent: How the Kremlin is Countering its Rivals," *Russian Analytical Digest,* Nr. 166, 15. April 2015, S. 3, und Simon Saradzhyan, „In Russia, Putin is Tightening the Screws," *Power & Policy,* 30. August 2012, S. 1. Wladimir Gelman, „Calculus of Dissent: How the Kremlin is Countering its Rivals," *Russian Analytical Digest,* Nr. 166, 15. April 2015, S. 3, und Simon Saradzhyan, „In Russia, Putin is Tightening the Screws," *Power & Policy,* 30. August 2012, S. 1. Am 22. Juli 2014 versicherte Putin: „Wir werden ... diesen Weg definitiv nicht einschlagen, einige Schrauben [anzuziehen]." Die Indizien deuten jedoch darauf hin, dass Gelman und Saradzhyan richtig lagen. („No Plans for Tightening Screws", *RT,* 22. Juli 2014.)

6 Eine Liste bedeutender Personen, die das Land verlassen haben, liefert Robert Coalson in „Twelve Who Left: A New Wave of Russian Emigration," RFE/RL, 4. August 2015. Seinem Bericht zufolge emigrierten nach amtlichen Angaben der russischen Regierung in den ersten acht Monaten des Jahres 2014 203.000 Menschen, ein Anstieg gegenüber den 186.000, die das Land im Vergleichszeitraum des Vorjahres verließen.

7 Die sichtbarsten Oppositionellen, die zu Haftstrafen verurteilt wurden, sind Sergej Udalzow und Aleksej Nawalnys Bruder Oleg.

8 „Everything You Need to Know about Russia's Internet Crackdown", *Global Voices*, online gestellt am 5. Juli 2014.

9 Ibid.

10 Es bestehen erhebliche Unterschiede unter den Erfahrungen, die NGOs mit dem Gesetz gemacht haben und die nicht immer belastend oder vorhersehbar sind. In manchen Fällen hat die Regierung denjenigen Mittel zur Verfügung gestellt, die auf ihre ausländischen Finanzierungsquellen verzichtet haben. Der Umgang mit Golos, einer Organisation, die vor allem auf dem Gebiet der Wahlbeobachtung tätig ist, ist ein interessanter Fall, und ihre Zusammenstöße mit dem Kreml sind höchst verblüffend. Die Organisation wurde 2013 aufgelöst. Anfang Juli 2015 wurden ihre Büroräume und die Wohnungen ihrer Mitarbeiter durchsucht und die Organisation mit einer Geldstrafe von 400.000 Rubel belegt. Nur zwei Wochen darauf, am 23. Juli 2015, berichtete *The Moscow Times,* die „russische Wahlbeobachtungs-NGO Golos [nicht jedoch eine regionale Schwesterorganisation] sei von der Liste ausländischer Agenten gestrichen" worden und das Justizministerium habe „die Geldstrafe [von 400.000 Rubel] erstattet, die die NGO für ihre Weigerung, sich freiwillig zu registrieren, gezahlt habe." [http://www.themoscowtimes.com/news/article/russian-election-monitoring-ngo-golos-removed-from-foreign-agents-list/526048.html]

11 www.dynastyfdn.com/english/programs/society/liberal.

12 http://www.english.rfi.fr/asia-pacific/20150607-russian-scientists-stage-rare-anti-government-protest

13 Johnson Russian Newsletter, Nr. 102 (25. Mai 2015), Nr. 13, www.rt.com, „Putin signs bill on ‚undesirable foreign groups' into law," S. 24.

14 Ibid., S. 25.

15 Ilya Yashin, Ol'ga Shorina, Hg. *Putin, Voina,* S. 10, www.putin-itogi.ru zitiert www.kashin.guru.

Auswahlbibliographie

Allison, Graham T. Essence of Decision: Explaining the Cuban Missile Crisis. Boston: Little, Brown, 1971.

Anderson, Richard, u. a. Postcommunism and the Theory of Democracy. Princeton, NJ: Princeton University Press, 2001.

Antonov-Ovseenko, Anton. The Time of Stalin: Portrait of a Tyranny. New York: Harper & Row, 1981.

Anweiler, Oskar. The Soviets: The Russian Workers, Peasants, and Soldiers Councils, 1905-1921. New York: Pantheon Books, 1975.

Atwal, Maya. „Evaluating Nashi: Sustainability: Autonomy, Agency, and Activism." Europe-Asia Studies 61, Nr. 5 (2009): 743-58.

Barber, John. Soviet Historians in Crisis, 1928-1932. Studies in Soviet History and Society. London: Macmillan, 1981.

———. „Stalin's Letter to the Editors of Proletarskaya Revolyutsiya." Europe-Asia Studies 28, Nr. 1 (1976): 21-41.

Baturin, Iu. M., u. a. Epokha Yeltsina: Ocherki Politicheskoi Istorii. Moskau: Vagrius, 2001.

Bauer, Raymond A. The New Man in Soviet Psychology. Russian Research Center Studies. Cambridge, MA: Harvard University Press, 1952.

Beissinger, Mark R. Nationalist Mobilization and the Collapse of the Soviet State. Cambridge: Cambridge University Press, 2002.

Blank, Stephen. „The 18th Brumaire of Vladimir Putin." In Iuri Ra'anan, Hg., Flawed Succession: Russia's Flawed Power Transfer Crises. Lanham, MD: Lexington Books, 2006: 133-70.

Breslauer, George W. Gorbachev and Yeltsin as Leaders. Cambridge: Cambridge University Press, 2002.

Brovkin, Vladimir N. Behind the Front Lines of the Civil War: Political Parties and Social Movements in Russia, 1918-1922. Princeton, NJ: Princeton University Press, 1994.

———. „The Mensheviks' Political Comeback: The Elections to the Provincial City Soviets in Spring 1918." Russian Review 42, Nr. 1 (1983): 1-50.

———. „Workers' Unrest and the Bolsheviks' Response in 1919." Slavic Review 49, Nr. 3 (Fall 1990): 350-73.

Brown, Archie. The Gorbachev Factor. New York: Oxford University Press, 1996.

Bueno de Mesquita, Bruce, u. a. The Logic of Political Survival. Cambridge, MA: MIT Press, 2003.

Chaisty, Paul. „Majority Control and Executive Dominance: Parliament-President Relations in Putin's Russia." In Alex Pravda, Hg., Leading Russia. New York: Oxford University Press, 2005: 119-37.

Chamberlin, William Henry. The Russian Revolution, 1917-1921. Zwei Bände. New York: Macmillan, 1935.

Chernyaev, Anatoli S. My Six Years with Gorbachev. University Park: Pennsylvania State University Press, 2000.

Chruschtschow, Nikita. *Chruschtschow erinnert sich. Die authentischen Memoiren.* Hg. Strobe Talbott. Eingeleitet und kommentiert von Edward Crankshaw. Mit einem Vorwort zur Taschenbuchausgabe von Botho Kirsch. Hamburg: Rowohlt, 1992.

———. siehe auch Khrushchev

Clark, Katerina, u. a. Soviet Culture and Power: A History in Documents, 1917–1953. Annals of Communism. New Haven, CT: Yale University Press, 2007.

Cohen, Stephen F. Bukharin and the Bolshevik Revolution: A Political Biography, 1888-1938. New York: Vintage Books, 1975.

Colton, Timothy J. „Putin and the Attenuation of Russian Democracy." In Alex Pravda, Hg., Leading Russia: Putin in Perspective. Oxford: Oxford University Press, 2005: 103–18.

———. Transitional Citizens: Voters and What Influences Them in the New Russia. Cambridge, MA: Harvard University Press, 2000.

———. Yeltsin: A Life. New York: Basic Books, 2008.

Colton, Timothy J. und Jerry F. Hough, Hg., Growing Pains: Russian Democracy and the Election of 1993. Washington, DC: Brookings Institution, 1998.

Colton, Timothy J. und Michael McFaul. Popular Choice and Managed Democracy: The Russian Elections of 1999 and 2000. Washington, DC: Brookings Institution, 2003.

Conquest, Robert. The Great Terror: A Reassessment. New York: Oxford University Press, 1990.

Coulloudon, Virginie. „Putin's Anti-Corruption Reforms." In Dale R. Herspring, Hg., Putin's Russia: Past Imperfect, Future Uncertain. Lanham, MD: Rowman & Littlefield, 2003.

Crotty, Jo. „Making a Difference? NGOs and Civil Society Development in Russia." Europe-Asia Studies 61, Nr. 1 (2009): 85–108.

Crowley, Stephen. Hot Coal, Cold Steel: Russian and Ukrainian Workers from the End of the Soviet Union to the Post-Communist Transformations. Ann Arbor: University of Michigan Press, 1997.

Dallin, Alexander und George Breslauer. Political Terror in Communist Systems. Stanford, CA: Stanford University Press, 1970.

Daniels, Robert V. The Conscience of the Revolution. Cambridge, MA: Harvard University Press, 1960.

———. „Office Holding and Elite Status: The Central Committee of the CPSU." In Paul Cocks, Robert V. Daniels und Nancy W. Heer, Hg., The Dynamics of Soviet Politics. Cambridge, MA: Harvard University Press, 1976: 77–95.

———. The Rise and Fall of Communism in Russia. New Haven, CT: Yale University Press, 2007.

———. „Soviet Politics since Khrushchev." In John W. Strong, Hg., The Soviet Union under Brezhnev and Kosygin: The Transition Years. New York: Van Nostrand Reinhold, 1971: 16–25.

Davies, R. W. „The Syrtsov-Lominadze Affair." Soviet Studies 33, Nr. 1 (1981): 29–50.

Deutscher, Isaac. Stalin: A Political Biography. 2. Auflage. New York: Oxford University Press, 1967.

Duncan, Peter. „Russia, the West and the 2007–2008 Electoral Cycle: Did the Kremlin Really Fear a Coloured Revolution?" Europe-Asia Studies 65, Nr. 1 (Januar 2013): 1–25.

Easter, Gerald M. „The Russian State in the Time of Putin." Post-Soviet Affairs 24, Nr. 3 (Juli–September 2008): 199–230.

Emmons, Terence. The Formation of Political Parties and the First National Elections in Russia. Cambridge, MA: Harvard University Press, 1983.

Enteen, George. „Marxist Historians during the Cultural Revolution: A Case Study of Professional In-Fighting." In Sheila Fitzpatrick, Hg., Cultural Revolution in Russia. Bloomington: Indiana University Press, 1984: 154–68.

———. „More about Stalin and the Historians: A Review Article." Europe-Asia Studies 34, Nr. 3 (Juli 1982): 448–54.

Erickson, John. "The Origins of the Red Army." In Richard Pipes, Hg., Revolutionary Russia. Cambridge, MA: Harvard University Press, 1968: 224–58.

Fainsod, Merle. Wie Russland regiert wird. Ergänzt und auf den neuesten Stand gebracht von Georg Brunner. Köln: Kiepenheuer & Witsch, 1965.

Firsov, B. M. Istoriia Sovetskoi Sotsiologii 1950–1980-kh godov: Kurs Lektsii. St. Petersburg: European University in St. Petersburg, 2001.

Fischer, Louis. The Soviets in World Affairs: A History of the Relations between the Soviet Union and the Rest of the World. Zwei Bände. London: J. Cape, 1930.

Fish, Steven. Democracy Derailed in Russia: The Failure of Open Politics. Princeton, NJ: Princeton University Press, 2005.

———. Democracy from Scratch. Princeton, NJ: Princeton University Press, 1995.

Fitzpatrick, Sheila, Hg. Cultural Revolution in Russia, 1928–1931. Studies of the Russian Institute, Columbia University. Bloomington: Indiana University Press, 1984.

———. Everyday Stalinism: Ordinary Life in Extraordinary Times. Soviet Russia in the 1930s. New York: Oxford University Press, 1999.

———. Stalin's Peasants: Resistance and Survival in the Russian Village after Collectivization. New York: Oxford University Press, 1994.

Gelman, Vladimir. „Treshchiny v stene." Pro et Contra, Januar–April 2012, 94–115.

———, Hg. Tretii elektoralnyi tsikl v Rossii, 2003–2004 gody. St. Petersburg: European University Press, 2007.

———. Iz ogniya da v polymya: Rossiiskaya politika posle SSSR. St. Petersburg: BKhV-Peterburg, 2013.

Gessen, Masha. Der Mann ohne Gesicht. Wladimir Putin – Eine Enthüllung. Aus dem Englischen von Henning Dedekind und Norbert Juraschitz. München: Piper, 2012.

Getty, J. Arch. Origins of the Great Purges: The Soviet Communist Party Reconsidered, 1933–1938. Soviet and East European Studies. Cambridge: Cambridge University Press, 1985.

Gill, Graeme J. The Origins of the Stalinist Political System. Soviet and East European Studies. Cambridge: Cambridge University Press, 1990.

Ginzburg, Yevgeniya Semenovna. Journey into the Whirlwind. New York: Harcourt, Brace, 1967.

Gorbatschow, Michail. Erinnerungen. Aus dem Russischen von Igor Petrowitsch Gorodetski. München: BTB, 1996.

Graham, Loren R. The Ghost of the Executed Engineer: Technology and the Fall of the Soviet Union. Russian Research Center Studies. Cambridge, MA: Harvard University Press, 1993.

———. „Quantum Mechanics and Dialectical Materialism." Slavic Review 25, Nr. 3 (1966): 381–410.

———. Science in Russia and the Soviet Union: A Short History. Cambridge History of Science. Cambridge: Cambridge University Press, 1993.

Gregory, Paul R. Before Command: An Economic History of Russia from Emancipation to the First Five-Year Plan. Princeton, NJ: Princeton University Press, 1994.

———. The Political Economy of Stalinism: Evidence from the Soviet Secret Archives. Cambridge: Cambridge University Press, 2004.

Gregory, Paul R. und Norman M. Naimark, Hg. The Lost Politburo Transcripts: From Collective Rule to Stalin's Dictatorship. The Yale-Hoover Series on Stalin, Stalinism, and the Cold War. New Haven, CT: Yale University Press, 2008.

Gudkov, Lev. Prezidentskiye vybory v Rossii 2012 goda: post-elektoralnyi analiz. Moskau: Lewada-Zentrum, 2012.

———. Rossiiskiye parlamentskiye vybory: elektoralnyi protsess pri avtoritarnom rezhime. Moskau: Lewada-Zentrum, 2012.

Hahn, Gordon M. „Perestroyka 2.0: Toward Non-Revolutionary Regime Transformation in Russia?" Post-Soviet Affairs 28, Nr. 4 (September–Dezember 2012): 472–515.

Hale, Henry E. „Putin Machine Sputters: First Impressions of the 2011 Duma Election." Russian Analytical Digest, Nr. 106 (Dezember 2011).

———. Why Not Parties in Russia? Democracy, Federalism, and the State. New York: Cambridge University Press, 2006.

Hale, Henry E., u. a. „Putin and the 'Delegative Democracy' Trap: Evidence from Russia's 2003–04 Elections." Post-Soviet Affairs 20, Nr. 4 (Oktober–Dezember 2004): 285–319.

Hanson, Stephen E. Time and Revolution: Marxism and the Design of Soviet Institutions. Chapel Hill: University of North Carolina Press, 1997.

Hazard, John N. Settling Disputes in Soviet Society: The Formative Years of Legal Institutions. Studies of the Russian Institute, Columbia University. New York: Columbia University Press, 1960.

Hirschman, Albert O. Exit, Voice, and Loyalty. Cambridge, MA: Harvard University Press, 1970.

Hoffmann, David L. Stalinist Values: The Cultural Norms of Soviet Modernity, 1917–1941. Ithaca, NY: Cornell University Press, 2003.

Horvath, Robert. „Putin's 'Preventive Counter-Revolution': Post-Soviet Authoritarianism and the Spectre of Velvet Revolution." Europe-Asia Studies 63, Nr. 1 (Januar 2011): 1–25.

Hunter, Holland und Janusz Szyrmer. Faulty Foundations: Soviet Economic Policies, 1928–1940. Princeton, NJ: Princeton University Press, 1992.

Huntington, Samuel P. The Third Wave: Democratization in the Late Twentieth Century. Norman: University of Oklahoma Press, 1991.

Huskey, Eugene. Presidential Power in Russia. Armonk, NY: M.E. Sharpe, 1999.

Hutcheson, Derek S. „Disengaged or Disenchanted? The Vote 'Against All' in Post-communist Russia." Journal of Communist Studies and Transition Politics 20, Nr. 1 (2004): 98–121.

Inglehart, Ronald F. Modernization and Postmodernization. Princeton, NJ: Princeton University Press, 1997.

Jelzin, Boris. Auf des Messers Schneide. Tagebuch des Präsidenten. Aus dem Russischen von Helmut Ettinger. Berlin: Siedler, 1994.

———. Mitternachtstagebuch. Meine Jahre im Kreml. Aus dem Russischen von Alfred Frank, Sergej Gladich und Franziska Seppeler. München: Ullstein, 2001.

Joravsky, David. Soviet Marxism and Natural Science, 1917–1932. Studies of the Russian Institute, Columbia University. New York: Columbia University Press, 1961.

Jowitt, Kenneth. New World Disorder: The Leninist Extinction. Berkeley: University of California Press, 1992.

———. „Soviet Neotraditionalism: The Political Corruption of a Leninist Regime." Soviet Studies 35, Nr. 3 (1983): 275–97.

Kaiser, Robert G. Why Gorbachev Happened. New York: Simon & Schuster, 1991.

Karatnycky, Adrian. „Ukraine's Orange Revolution." Foreign Affairs 84, Nr. 2 (März–April 2005): 35–52.

Karlin, Anatoli. „Measuring Churov's Beard: The Mathematics of Russian Election Fraud." www.sublimeoblivion.com/2011/12/26/measuring-churovs-beard.

Kecskemeti, Paul. The Unexpected Revolution: Social Forces in the Hungarian Uprising. Stanford, CA: Stanford University Press, 1961.

Kharkhordin, Oleg. The Collective and the Individual in Russia: A Study of Practices. Studies on the History of Society and Culture. Berkeley: University of California Press, 1999.

Khlevniuk, O. V. Politbiuro: Mekhanizmy Politicheskoi Vlasti v 1930-e gody. Moskau: Rosspen, 1996.

———. 1937-i: Stalin, NKVD i Sovetskoe Obshchestvo. Moskau: Izdatel'stvo „Respublika", 1992.

———. Stalinskoe Politbiuro v 30-e gody: Sbornik Dokumentov. Moskau: AIRO-XX, 1995.

Khlevniuk, O. V., Donald J. Raleigh und Kate Transchel. In Stalin's Shadow: The Career of "Sergo" Ordzhonikidze. The New Russian History. Armonk, NY: M.E. Sharpe, 1995.

Khrushchev, Nikita Sergeyevich. The Anti-Stalin Campaign and International Communism: A Selection of Documents. New York: Columbia University Press, 1956.

———. K Pobede v Mirnom Sorevnovanii s Kapitalizmom. Moskau: Gosizdat, 1959.

Kinder, Donald R. und D. Roderick Kiewit. „Sociotropic Politics: The American Case." British Journal of Political Science 11 (1981): 129– 61.

Kleimola, Ann M. „The Duty to Denounce in Muscovite Russia." Slavic Review 31, Nr. 4 (1972): 759–79.

Kotkin, Stephen. Magnetic Mountain: Stalinism as a Civilization. Berkeley: University of California Press, 1995.

Kowalski, Ronald I. The Bolshevik Party in Conflict: The Left Communist Opposition of 1918. Pitt Series in Russian and East European Studies. Pittsburgh: University of Pittsburgh Press, 1991.

Kryshtanovskaya, Olga. „Has Beens: Trends of Downward Mobility of the Russian Elite." Russian Social Science Review 46, Nr. 2 (März–April 2005): 4–51.

Kryshtanovskaya, Olga und Stephen White. „Putin's Militocracy." Post-Soviet Affairs 19, Nr. 4 (Oktober–Dezember 2006): 289–306.

———. „The Sovietization of Russian Politics." Post-Soviet Affairs 25, Nr. 4 (2009): 283–309.

Konitzer, Andrew. Voting for Russia's Governors. Washington, DC: Woodrow Wilson Press, 2005.

Kuran, Timur. „Now Out of Never: The Element of Surprise in the East European Revolution of 1989." World Politics 44, Nr. 1 (Oktober 1991): 7–48.

———. Private Truths, Public Lies: The Social Consequences of Preference Falsification. Cambridge, MA: Harvard University Press, 1995.

Lapidus, Gail Warshofsky. „Educational Strategies and Cultural Revolution: The Politics of Soviet Development." In Sheila Fitzpatrick, Hg., Cultural Revolution in Russia. Bloomington: Indiana University Press, 1978: 78–104.

Leeson, Peter T. und William N. Trumbull. „Comparing Apples: Normalcy, Russia, and the Remaining Post-Socialist World." Post-Soviet Affairs 22, Nr. 3 (Juli–September 2006): 225–48.

Lenin, Vladimir Ilyich, Richard Pipes, David Brandenberger und Catherine A. Fitzpatrick. The Unknown Lenin: From the Secret Archive. Annals of Communism. New Haven, CT: Yale University Press, 1996.

Levitsky, Steven und Lucan Way. Competitive Authoritarianism: Hybrid Regimes after the Cold War. Problems of International Politics. New York: Cambridge University Press, 2010.

Lewin, Moshe. Russian Peasants and Soviet Power: A Study of Collectivization. The Norton Library. New York: Norton, 1975.

Ligatschow, Jegor. Wer verriet die Sowjetunion? Aus dem Russischen von Rolf Junghans. Berlin: Das Neue Berlin, 2012.

Lih, Lars T. Bread and Authority in Russia, 1914–1921. Studies on the History of Society and Culture. Berkeley: University of California Press, 1990.

Lih, Lars T., Oleg V. Naumov, L. Kosheleva und O. V. Khlevniuk. Stalin's Letters to Molotov 1925–1936. New Haven, CT: Yale University Press, 1995.

Lipman, Masha und Michael McFaul. „Putin and the Media." In Dale Herspring, Hg., Putin's Russia: Past Perfect, Future Uncertain. Lanham, MD: Rowman & Littlefield, 2003: 63–84.

Lohmann, Susanne. „The Dynamics of Informational Cascades: The Monday Demonstrations in Leipzig, East Germany." World Politics 47, Nr. 1 (Oktober 1994): 42–101.

Loory, Stuart und Ann Imse. Seven Days That Shook the World. Atlanta, GA: Turner, 1991.

Löwenhardt, John. The Reincarnation of Russia: Struggling with the Legacy of Communism, 1990–1994. Durham NC: Duke University Press, 1995.

Lowenthal, Richard. „Development vs. Utopia in Communist Policy." In Chalmers Johnson, Hg., Change in Communist Systems. Stanford, CA: Stanford University Press, 1970: 33–116.

Lukinova, Evgeniya, u. a. „Metastasized Fraud in Russia's Presidential Election." Europe-Asia Studies 63, Nr. 4 (Juni 2011): 603–21.

Malia, Martin E. The Soviet Tragedy: A History of Socialism in Russia, 1917–1991. New York: Free Press, 1994.

Mathewson, Rufus W. The Positive Hero in Russian Literature. New York: Columbia University Press, 1958.

Matlock, Jack F. Autopsy on an Empire: The American Ambassador's Account of the Collapse of the Soviet Union. New York: Random House, 1995.

McFaul, Michael. Post-Communist Political Reform. Washington, DC: Carnegie Endowment for International Peace, 2004.

———. „The Fourth Wave of Democracy and Dictatorship: Noncooperative Transitions in the Post Communist World." World Politics 54, Nr. 2 (Januar 2002): 212–44.

———. Russia's Unfinished Revolution: Political Change from Gorbachev to Putin. Ithaca, NY: Cornell University Press, 2001.

———. Russia's 1996 Presidential Election: The End of Polarized Politics. Stanford, CA: Hoover Institution Press, 1997.

McFaul, Michael, u. a. Between Dictatorship and Democracy. Washington, DC: Brookings Institution, 2004.

McFaul, Michael und Kathryn Stoner-Weiss. „The Myth of the Authoritarian Model." Foreign Affairs 87, Nr. 1 (Januar–Februar 2008): 68–84.

Meisel, James H. und Edward S. Kozera, Hg. Materials for the Study of the Soviet System: State and Party Constitutions, Laws, Decrees, Decisions, and Official Statements of the Leaders. 2. Auflage. Ann Arbor, MI: Wahr, 1953.

Melvin, Neil. „Putin's Reform of the Russian Federation." In Alex Pravda, Hg., Leading Russia: Putin in Perspective. New York: Oxford University Press, 2005: 203–27.

Meyer, Alfred G. Marxism: The Unity of Theory and Practice; a Critical Essay. Russian Research Center Studies. Cambridge, MA: Harvard University Press, 1970.

Myagkov, Mikhail, u. a. „Fraud or Fairytales: Russia and Ukraine's Electoral Experience," Post-Soviet Affairs 21, Nr. 2 (April–Juni 2005): 91–132.

Myagkov, Mikhail, Peter Ordeshook und Alexander Sobyanin. „The Russian Electorate, 1991–1996." Post-Soviet Affairs 13, Nr. 2 (April–Juni 1997): 134–66.

Myagkov, Mikhail, Peter Ordeshook und Dimitri Shakin. The Forensics of Election Fraud: Russia and Ukraine. Cambridge: Cambridge University Press, 2009.

Nation, R. Craig. Black Earth, Red Star: A History of Soviet Security Policy, 1917–1991. Ithaca, NY: Cornell University Press, 1992.

Nichol, Jim. „Russia's March 2008 Presidential Election: Outcome and Implications." CRS Report for Congress, 13. März 2008.

Oates, Sarah und Laura Roselle. „Russian Elections and TV News: Comparison of Campaign News on State-Controlled and Commercial Television Channels." Harvard International Journal of Press/Politics 5, Nr. 2 (2000): 30–51.

Odom, William E. The Collapse of the Soviet Military. New Haven, CT: Yale University Press, 1998.

O'Donnell, Guillermo und Philippe C. Schmitter. Transitions from Authoritarian Rule: Tentative Conclusions about Uncertain Democracies. Baltimore: Johns Hopkins University Press, 1986.

Orttung, Robert und Christopher Walker. „Putin and Russia's Crippled Media." Russian Analytical Digest, Nr. 123 (21. Februar 2013).

Osokina, E. A. Our Daily Bread: Socialist Distribution and the Art of Survival in Stalin's Russia, 1927–1941. The New Russian History. Armonk, NY: M.E. Sharpe, 2001.

Petrov, Nikolai und Darrell Slider. „Putin and the Regions." In Dale R. Herspring, Hg., Putin's Russia: Past Imperfect, Future Uncertain. Lanham, MD: Rowman & Littlefield, 2003: 203–24.

Pipes, Richard. Russia under the Old Regime. History of Civilisation. New York: Scribner, 1974.

———. The Russian Revolution. Erste Vintage Books Ausgabe. New York: Vintage Books, 1991.

Pollock, Ethan. Stalin and the Soviet Science Wars. Princeton, NJ: Princeton University Press, 2006.

Przeworski, Adam. Latin Democracy and the Market: Political and Economic Reforms in Eastern Europe and America. Cambridge: Cambridge University Press, 1991.

Geworkjan, Natalija; Andrei Kolesnikow und Natalja Timakowa. Aus erster Hand: Gespräche mit Wladimir Putin. München: Heyne, 2000.

Rabinowitch, Alexander. The Bolsheviks in Power: The First Year of Soviet Rule in Petrograd. Bloomington: Indiana University Press, 2007.

———. The Bolsheviks Come to Power: The Revolution of 1917 in Petrograd. 1. Auflage. New York: Norton, 1976.

Radkey, Oliver H. Russia Goes to the Polls: The Election to the All-Russian Constituent Assembly, 1917. Studies in Soviet History and Society. Ithaca, NY: Cornell University Press, 1989.

———. The Unknown Civil War in Soviet Russia: A Study of the Green Movement in the Tambov Region, 1920–1921. Stanford, CA: Hoover Institution Press, Stanford University, 1976.

Reddaway, Peter und Dmitri Glinski. The Tragedy of Russia's Reforms: Market Bolshevism against Democracy. Washington, DC: U.S. Institute of Peace, 2001.

Reiman, Michal. The Birth of Stalinism: The USSR on the Eve of the „Second Revolution." Indiana-Michigan Series in Russian and East European Studies. Bloomington: Indiana University Press, 1987.

Remington, Thomas F. „Patronage and the Party of Power: President-Parliament Relations under Vladimir Putin." Europe-Asia Studies 60, Nr. 6 (2008): 959–87.

———. „Putin, the Duma, and Political Parties." In Dale R. Herspring, Hg., Putin's Russia: Past Imperfect, Future Uncertain. Lanham, MD: Rowman & Littlefield, 2003.

———. The Russian Parliament: Institutional Evolution in a Transitional Regime, 1989–1999. New Haven, CT: Yale University Press, 2001.

———. „Ménage à Trois: The End of Soviet Parliamentarism." In Jeffrey W. Hahn, Hg., Democratization in Russia: The Development of Legislative Institutions. Armonk, NY: M.E. Sharpe, 1996: 106–40.

Remnick, David. Lenin's Tomb: The Last Days of the Soviet Empire. New York: Random House, 1993.

Rivera, Sharon Werning and David W. Rivera. „The Russian Elite under Putin: Militocratic or Bourgeois." Post-Soviet Affairs 22, Nr. 2 (April–Juni 2006): 125–44.

Robertson, Graeme B. „Managing Society: Protest, Civil Society, and Regime in Putin's Russia." Slavic Review 68, Nr. 3 (Herbst 2009): 528–47.

Roeder, Philip G. Red Sunset: The Failure of Soviet Politics. Princeton, NJ: Princeton University Press, 1993.

Rose, Richard und William Mishler. „How Do Electors Respond to an 'Unfair' Election? The Experience of Russians." Post-Soviet Affairs 25, Nr. 2 (April–June 2009): 118–36.

Rosefielde, Steven und Stefan Headlund. Russia since 1980: Wrestling with Westernization. Cambridge: Cambridge University Press, 2009.

Ruble, Blair A. Soviet Trade Unions: Their Development in the 1970s. Soviet and East European Studies. Cambridge: Cambridge University Press, 1981.

Sakwa, Richard. The Crisis of Russian Democracy: The Dual State, Factionalism, and the Medvedev Succession. Cambridge: Cambridge University Press, 2011.

———. „The Dual State in Russia," Post-Soviet Affairs 26, Nr. 3 (Juli–September 2010): 185–206.

———. Putin: Russia's Choice. 2. Auflage. London: Routledge, 2008.

———. Putin: Russia's Choice. London: Routledge, 2004.

Schapiro, Leonard Bertram. The Origin of the Communist Autocracy: Political Opposition in the Soviet State, First Phase, 1917–1922. London: London School of Economics and Political Science, 1955.

Schumpeter, Joseph A. Kapitalismus, Sozialismus und Demokratie. 7. Auflage. Tübingen: A. Francke, 1993.

Scott, John. Behind the Urals: An American Worker in Russia's City of Steel. Boston: Houghton Mifflin, 1942.

Seton-Watson, Hugh. From Lenin to Khrushchev: The History of World Communism. Books That Matter. New York: Praeger, 1960.

Sheinis, Victor. „The Constitution." In Michael McFaul u. a., Between Dictatorship and Democracy: Russian Post-communist Political Reform. Washington, DC: Carnegie Endowment for International Peace, 2004: 56-82.

Shirk, Susan L. The Political Logic of Economic Reform in China. California Series on Social Choice and Political Economy. Berkeley: University of California Press, 1993.

Shlapentokh, Vladimir. A Normal Totalitarian Society: How the Soviet Union Functioned and How It Collapsed. Armonk, NY: M.E. Sharpe, 2001.

Shleifer, Andrei. A Normal Country: Russia after Communism. Cambridge, MA: Harvard University Press, 2005.

Shleifer, Andrei und Daniel Treisman. „A Normal Country: Russia after Communism." Journal of Economic Perspectives 19, Nr. 1 (Winter 2005): 151-74.

Shvetsova, Olga. „Resolving the Problem: The 1999 Parliamentary Election as a Presidential 'Primary.'" In Vicki L. Hesli und William M. Reisinger, Hg., The 1999-2000 Elections in Russia: Their Impact and Legacy. Cambridge: Cambridge University Press, 2003: 213-31.

Solnick, Steven Lee. Stealing the State: Control and Collapse in Soviet Institutions. Russian Research Center Studies. Cambridge, MA: Harvard University Press, 1998.

Solomon, Peter H. Soviet Criminal Justice under Stalin. Cambridge Russian, Soviet and Post-Soviet Studies. Cambridge, UK: Cambridge University Press, 1996.

Solschenizyn, Alexander. Die großen Erzählungen. München: Langen Müller, 2005.

Solzhenitsyn, Aleksandr Isayevich. Stories and Prose Poems. London: Bodley Head, 1971.

Stepankov, V. G. und E. K. Lisov. Kremlevskii zagovor. Moskau: Izdatel'stvo 'Ogonek,' 1992.

Strong, John W. The Soviet Union under Brezhnev and Kosygin: The Transition Years. New York: Van Nostrand Reinhold, 1971.

Taubman, William und Jane Taubman. Moscow Spring. New York: Summit Books, 1989.

Timasheff, Nicholas S. The Great Retreat: The Growth and Decline of Communism in Russia. New York: E.P. Dutton, 1946.

Tkacheva, Olesya. Federalism and Democratic Consolidation and Beyond. University of Michigan Dissertation, 2009.

Tkacheva, Olesya, u. a., Hg. Internet Freedom & Political Space. Santa Monica, CA: RAND, 2013.

Tompson, William. „Putin and the Oligarchs." In Alex Pravda, Hg., Leading Russia. New York: Oxford University Press, 2005: 185-94.

Treisman, Daniel. The Return: Russia's Journey from Gorbachev to Medvedev. New York: Free Press, 2011.

———. „Deciphering Russia's Federal Finance: Fiscal Appeasement in 1995 and 1996." Europe-Asia Studies 50, Nr. 5 (Juli 1998): 893-906.

Tucker, Robert C., Hg. The Lenin Anthology. New York: Norton, 1975.

―――. The Soviet Political Mind: Stalinism and Post-Stalin Change. Überarbeitete Auflage. New York: Norton, 1971.

―――. Stalin in Power: The Revolution from Above, 1928–1941. New York: Norton, 1990.

―――, Hg. Stalinism: Essays in Historical Interpretation. New York: Norton, 1977.

Urban, Michael. „December 1993 as a Replication of Late-Soviet Electoral Practices." Post-Soviet Affairs 10, Nr. 2 (April–Juni 1994): 127–58.

Viola, Lynne. The Best Sons of the Fatherland: Workers in the Vanguard of Soviet Collectivization. New York: Oxford University Press, 1987.

―――, Hg. Contending with Stalinism: Soviet Power and Popular Resistance in the 1930s. Ithaca, NY: Cornell University Press, 2002.

―――. „The Other Archipelago: Kulak Deportations to the North in 1930 (Dekulakized Peasant Families in the Soviet Union)." Slavic Review 60, Nr. 4 (Winter 2001): 730–55.

―――. The Role of the OGPU in Dekulakization, Mass Deportations, and Special Resettlement in 1930. The Carl Beck Papers in Russian & East European Studies. Pittsburgh: Center for Russian & East European Studies, University of Pittsburgh, 2000.

Viola, Lynne, u.a., Hg. The War Against the Peasantry, 1927–1930: The Tragedy of the Soviet Countryside. New Haven, CT: Yale University Press, 2005.

Wheeler-Bennett, John. Brest-Litovsk: The Forgotten Peace, March 1918. New York: Norton, 1971.

White, Stephen. Understanding Russian Politics. New York: Cambridge University Press, 2001.

White, Stephen und Olga Kryshtanovskaya. „Changing the Russian Electoral System: Inside the Black Box." Europe-Asia Studies 63, Nr. 4 (June 2011): 557–78.

Wilson, Kenneth. „Party-System Development under Putin." Post-Soviet Affairs 22, Nr. 4 (Oktober–Dezember 2006), 314–48.

Zimmerman, William. „Mobilized Participation and the Nature of the Soviet Dictatorship." In James R. Millar, Hg., Politics, Work, and Daily Life in the USSR: A Survey of Former Soviet Citizens. Cambridge, UK: Cambridge University Press, 1987: 332–53.

Register